༄༅། །གནའ་རབས་རྒྱ་གར་གྱི་མཚན་ཉིད་རིག་པ་ལས་བདག་དང་བདག་མེད་ལྟ་བའི་འདོད་ཚུལ་དང་འཕྲོས་དོན་སྐོར་གླེང་བ།

ཨེ་ཁྲུར་བཀྲས་བརྩམས།

བོད་ལྗོངས་བོད་ཡིག་དཔེ་རྙིང་དཔེ་སྐྲུན་ཁང་།

图书在版编目(CIP)数据

佛教“无我论”意旨及余义研究 :藏文/普布扎西著. --拉萨:西藏藏文古籍出版社, 2018.12

ISBN 978-7-5700-0168-2

Ⅰ. ①佛… Ⅱ. ①普… Ⅲ. ①无我(佛教)-研究-藏语 Ⅳ. ①B94

中国版本图书馆 CIP 数据核字(2018)第 165164 号

佛教“无我论”意旨及余义研究

作　　者	普布扎西
责　　编	龙康·平措多吉
出版单位	西藏藏文古籍出版社
发行单位	西藏自治区新华书店
印　　刷	拉萨市明鑫印刷有限公司
开　　本	880×1230　1/32
印　　张	12.625
版　　次	2018 年 12 月第 1 版
印　　次	2018 年 12 月第 1 次印刷
印　　数	01-3,000
书　　号	ISBN 978-7-5700-0168-2
定　　价	32.00 元

སྔོན་འགྲོའི་མཚམས་སྦྱོར་བཀའ་མཆིད།

༄༅། །བོད་རིག་པ་སྨྲ་བའི་ཤེས་རམས་པ་ཨེ་ཕུར་བཀྲས་བརྩམས་པའི་གནའ་རབས་རྒྱ་གར་གྱི་མཚན་ཉིད་རིག་པ་ལས་བདག་དང་བདག་མེད་ལྟ་བའི་འདོད་ཚུལ་དང་འཕྲོས་དོན་སྐོར་གླེང་བ་ཞེས་པའམ་མཚན་བྱང་བསྡུས་པར་བདག་དང་བདག་མེད་ཅེས་བྱ་བའི་དཔྱད་རྩོམ་འདིར། ཐོག་མར་གནའ་རབས་རྒྱ་གར་གྱི་མཚན་ཉིད་རིག་པའི་འབྱུང་ཁུངས་གནའ་བོའི་ཤེས་རིག་དར་བའི་རྒྱལ་ཁབ་ཆེན་པོ་བཞི་ཡི་ཡ་གྱལ་རྒྱ་གར་གྱི་རིག་བྱེད་རིག་གནས་སོགས་ལས་འཕྲོས་ཏེ། རིམ་བཞིན་ཕྲམ་ཟེའི་ཆོས་ལུགས་སོགས་རྨང་གཞིར་བྱས་པ་ལས་སངས་རྒྱས་ཆོས་ལུགས་ཀྱི་མཚན་ཉིད་རིག་པའི་ལྟ་གྲུབ་ཇི་ལྟར་བྱུང་ཚུལ་སོགས་ཀྱིས་གླེང་བསླངས་ཤིང་། མཐར་བདག་དང་བདག་མེད་ཀྱི་གླེང་གཞི་དེ་ཉིད་ཇི་ལྟར་མཚན་ཉིད་རིག་པའི་ལྟ་བར་གྱུར་ཚུལ་རྒྱ་གར་ཕྱི་ནང་གི་གྲུབ་མཐའ་མི་འདྲ་བ་ལ་བསྟོས་ནས་བདག་གི་འདོད་ཚུལ་མི་འདྲ་བ་རྟག་པ་དང་། ཆད་པ་དང་། མེད་པ་སོགས་ཅི་རིགས་ཀྱི་ལྟ་བ་བྱུང་ཚུལ་རྒྱ་གཞུང་ཁུངས་ཐུབ་རྣམས་དང་། བོད་གཞུང་ཚད་མར་བྱེད་པ་རྣམས་བོད་སྔ་རབས་ཕྱི་རབས་ཀྱི་མཁས་དབང་ཙམ་མ་ཟད། དེང་གི་ཆར་རྒྱ་ནག་གི་མཁས་དབང་རྣམ་པས་རིག་ཚན་དེ་དང་འབྲེལ་བའི་ཞིབ་འཇུག་གི་ཁྱབ་ཁོངས་སུ་བཤད་པའི་རྒྱུན་ཇི་ལྟར་སྐྱོང་བའི་ཚུལ་སོགས་ཡང་ལུང་རིགས་ཀྱིས་ཞིབ་དཔྱད་མི་དམན་པ་བགྱིས་ཡོད།

དེ་ཡང་ཇི་སྐད་དུ། རང་བཞིན་དང་ནི་བཅོས་མིན་དང་། །གཞན་ལ་བལྟོས་

པ་མེད་པའོ། །ཞེས་པའི་ཤུགས་བསྟན་གྱི་བརྗོད་བྱ་ལས་སྣང་ཕྱོགས་རྟེན་འབྲེལ་བཀྲ་བའི་བཀའ་རྩོམ་པ་པོའི་འོས་བབ་བཟུང་བ་འདི་ཉིད་ཀྱིས་སྤྱི་ལོ་ཉིས་སྟོང་བཅུ་ནས་བཅུ་གསུམ་བར་ཤེས་རམས་སློབ་གནས་ཞུ་བའི་ལམ་ལ་ཞུགས་རིང་། རྗེ་བཙུན་བློ་བཟང་ནོར་བུ་སོགས་ཀྱི་གསུང་ལ་དང་བ་ཚད་མེད་བསྐྱེད་ཅིང་། བདག་ཅེས་པའི་བརྡ་ཚད་དེ་ལས་གྲུབ་མཐའི་གཞི་ལམ་འབྲས་གསུམ་གྱི་རྣམ་གཞག་ཇི་ལྟར་བྱུང་ཚུལ་ལ་མནོ་བསམ་དུང་ངེ་བ་དང་འཕྲེང་འཕྲེང་པོར་ནར་མར་གཏོང་དགོས་པ་ཞིག་བྱུང་མཐར། རྒྱ་བོད་ཡིག་ཆ་ཁག་བཙལ་འཚོལ་གྱིས་བདག་མེད་པའི་ལྟ་བ་དེ་ཉིད་མཚན་ཉིད་རིག་པའི་ལྟ་བ་འཇིག་རྟེན་མི་ཆོས་ལ་སྨན་པ་ཞིག་ཡིན་ཚུལ་ལ་སྤྱི་ཤུགས་ལྷག་པར་འཕེལ་བའི་རྒྱུ་ཚོགས་ཡོངས་སུ་ཚང་སྟེ། འཐད་པའི་རིགས་པས་བསྒྲུབ་བྱ་མགོ་ལུས་ཚང་བར་ཚུལ་གསུམ་གྱིས་ལེགས་པར་སྒྲུབ་ཚུལ་ཡང་བརྗོད་བྱ་གོང་འོག་གི་དོན་རྣམས་གཏན་ཚིགས་ཀྱི་འགྲོས་བཙན་ཞིང་འབྲེལ་ཆགས་པ། རྗོད་བྱེད་ཚིག་རྣམས་ཀྱང་སྒྲ་དག་ལ་སྦྱོར་གཙང་བ་སོགས་རིག་ཚན་འདི་ཡི་ཞིབ་འཇུག་གནས་བབས་གོང་མཐོར་འདེགས་པའི་བྱེད་ལས་འཛོམས་པ་གཞིར་བཅས་ལེགས་ཆ་ཇི་སྙེད་མཆིས་པའི་བརྩམས་ཆོས་ཤིག་ཏུ་གྱུར་ཡོད་པ་ད་ཐེངས་དཔྱོད་ལྡན་རྣམས་ཀྱིས་གཟིགས་མོར་འབུལ་བ་ལགས་ན། དེས་ཀྱང་འདུན་པ་གཉིས་ལྡན་གྱི་སེམས་བསྐྱེད་བཟང་པོ་རྒྱུད་ལ་བསྐྱེད་ཅིང་། ཡིད་ཅན་ཀུན་གྱི་བདེ་དོན་གྲུབ་པའི་རྒྱུར་གྱུར་ཅིག་གོ་ཞེས་སྨོན་ནོ། །

གང་དེ་ཡི་ལྷག་བསམ་བཟང་པོའི་བསྐུལ་ངོ་མ་བཀློག་པར་སློབ་དཔོན་གྱི་མིང་འཛིན་པ་ལྷག་པ་ཚེ་བརྟན་གྱིས་བོད་ས་ཁྲི་སྤྱི་ལོ་༢༠༡༨ ལོའི་ས་ཟླའི་༧ ཚེས་གང་བ་བཟང་པོར་སྤེལ་བ་དགེའོ། །

ལྷད་མེད་ཤིས་བརྗོད་མགུལ་དར།

རང་གཞན་གཞུང་ལུགས་རྒྱ་མཚོའི་གཏིང་མཐའ་ཀུན། །
བགྲང་བྱ་གསུམ་གྱི་ངལ་བས་རབ་བསྒྲུབས་ལས། །
བསྐལ་མང་སྙེད་པར་དཀའ་བའི་རིན་ཆེན་ནོར། །
བདག་མེད་ལྷ་ལ་དཔྱོད་པའི་བློ་གསར་སྙེད། །
རབ་དང་མཆོག་དང་ཕུལ་དུ་བསྔགས་པའི་གནས། །
རྟེན་འབྲེལ་ཟབ་མོའི་གཞུང་ལ་དོན་འགྱུར་གྱི། །
ཐེ་ཚོམ་ཟ་ཙམ་སྲིད་རྩ་རྩུལ་བྱེད་ན། །
ཕྲ་ཞིབ་རིགས་པས་དཔྱོད་འདི་ཨེ་མ་རྨད། །
སྡེབ་ལེགས་ཚིག་འཛེབས་གསེར་གྱི་སྲད་བུ་ལ། །
ལུང་རིགས་སྤེལ་མར་བརྒྱུས་པའི་དོ་ཤལ་འདི། །
ཟང་ཟིང་དོ་ཤལ་གཞན་གྱིས་སྐྲུན་མིན་ཕྱིར། །
བློ་ལྡན་མཆེད་གྲོགས་ཁྱེད་ཀྱི་བློ་གྲོས་རྒྱན། །
ལེགས་སྤྱད་འདི་ཡིས་སྐྱེས་ཤིང་སྐྱེ་བ་རུ། །
ཟབ་དོན་དཔྱོད་པའི་ཐོས་བསམ་སྒོམ་གསུམ་གྱི། །
ཤེས་རབ་རྒྱས་པའི་དགེ་ལེགས་ཆར་བསྙིལ་ནས། །
ཚོགས་གཉིས་དཔལ་ལ་རོལ་བའི་ཤིས་པ་སྩོལ། །

ཞེས་ཤེས་པ་བརྗོད་པའི་ཚིག་གིས་སྤྲན་བསྡུས་ནས་མཆེད་གྲོགས་ཕྱུར་བགྲ་ལགས་ཀྱིས་བརྩམས་པའི་བདག་དང་བདག་མེད་ལྟ་བའི་སྐོར་གྱི་དཔྱད་རྩོམ་འདི་དཔར་སྐྲུན་བྱེད་འཆར་སྟོན་ལ་ཚིག་དོན་ཀུན་ལ་ཆད་ལྷག་ཡོད་མེད་ཞུ་དག་གི་ཚུལ་དུ་ལྟ་ཀློག་བྱེད་པའི་སྐལ་བ་ཐོབ་པ་ནི་གུས་པའི་བསོད་ནམས་ཀྱི་དཔལ་དུ་འཁྱུམས།

བརྩམས་ཆོས་འདིར་བརྗོད་བྱ་གཏིང་ཟབ་ཅིང་རྟོགས་དཀའ་ལ། རྟོགས་ན་དོན་ཆེ་བའི་ནང་དོན་སྙིང་པོ་ཅན་ཞིག་བདམས་ཡོད་པས། རྩོམ་པ་པོ་གང་ཉིད་ཞིབ་འཇུག་གི་སྙིང་སྟོབས་ཆེ་བ་དང་། རིག་གཞུང་ལ་ཐོས་བསམ་མི་དམན་པ་ཞིག་ཡིན་པ་དཔོག་ནུས། དེ་ཡང་སྤྱོད་འཇུག་ལས། ཡན་ལག་འདི་དག་ཐམས་ཅད་ནི། །ཐུབ་པས་ཤེས་རབ་དོན་དུ་གསུངས། །ཞེས་པ་ཇི་བཞིན་བདག་མེད་རྟོགས་པའི་ཤེས་རབ་རང་རྒྱུད་ལ་སྐྱེ་ཐབས་བྱ་རྒྱུ་ལས་ལྷག་པའི་མི་ལུས་དོན་ལྡན་ཡོང་བའི་བྱ་བ་ཞིག་ཅང་མ་མཆིས་སྙམ།

དེས་ན་རྩོམ་པ་པོས་རྟག་གེ་སྟེ་ལྷ་སོགས་ཕྱི་རོལ་པའི་གཞུང་དང་རང་སྡེ་སངས་རྒྱས་པའི་གྲུབ་མཐའ་སྨྲ་བ་བཞིའི་གཞུང་ལུགས་རྒྱ་མཚོ་ལྟ་བུ་དག་ལས་བདག་དང་བདག་མེད་ཀྱི་སྐོར་གྱི་གནད་འགག་དག་ལ་ལུང་རིགས་སྤེལ་མས་བརྟག་པ་བྱས་ཤིང་། ཕྱི་རོལ་པས་བདག་འདོད་པ་དང་། འདོད་ལུགས་མི་འདྲ་བའི་ཁྱད་པར། ནང་པ་སངས་རྒྱས་པས་བདག་མི་འདོད་པའི་ཚུལ་དང་། རང་རང་གྲུབ་མཐའི་བཞེད་གཞུང་གི་ས་མཚམས་མི་འདྲ་བ་སོགས་ཁ་གསལ་ལ་གོ་བདེ་བ་ནི་དཔྱད་རྩོམ་རྩིལ་པོའི་གཞུང་ཤིང་དུ་གྱུར་འདུག་སྙམ། རྩོམ་ཡིག་ནང་རྒྱ་གར་གནའ་བོའི་ཤེས་རིག་དར་ཚུལ་ནས་བཟུང་སྟེ། བདག་ཡོད་བདག་མེད་ཀྱི་ལྟ་བ་འགལ་བ་ལྟག་སྤྱོད

གཉིས་ཀྱི་འཕེལ་རིམ་དང་། གཞུང་ཁུངས། དེ་གཉིས་དབར་གྱི་དཔྱད་བསྡུར་དང་། བརྒྱལ་ལན་སོགས་བརྗོད་ནས་ས་བཅད་རེའི་མཇུག་ཏུ་རང་ཉིད་ཀྱི་ལྟ་ཚུལ་དང་བཅས་པའི་བསྡུས་དོན་ཡང་བཀོད་ཡོད།

བདག་ལྟ་བུ་བློ་གྲོས་ཀྱིས་ཡོངས་སུ་ཕོངས་པ་ཞིག་གིས་རྩོམ་དཀའ་བའི་གནད་འདི་ལྟ་བུ་ལ་དགེ་སྐྱོན་འཚོལ་བའི་སྤོབས་པ་བྲལ་ཡང་། རྩོམ་ཡིག་ལྟ་ཀློག་བྱེད་པའི་བརྒྱུད་རིམ་ནང་སྒྱུར་ཚོར་འདི་འདྲ་ཞིག་བྱུང་སྟེ། དཔྱད་རྩོམ་འདི་དེང་གི་སློབ་གྲྭ་ཆེ་མོའི་རིག་གཞུང་ཞིབ་འཇུག་གི་ཐབས་ལམ་དང་མཐུན་པར་ས་བཅད་ཁ་གསལ་བ་དང་། ནང་དོན་འབྲུ་ར་ཐོན་པ། སྐབས་བྱེད་ཁུངས་བཙན་གྱིས་ཀློག་པ་པོར་ལྟ་བདེ་གོ་བདེ་ཡོང་བ་དང་། ཡང་སྐོམ་རྒྱ་ཆེ་ཞིང་གཏིང་ཟབ་པའི་གཞུང་ལུགས་ཁག་ལ་ལྟ་མི་ནུས་པ་དང་། བལྟས་ཀྱང་གཏིང་མི་དཔོག་པའི་ནང་དོན་དག་སྟེང་ལེགས་ཆོག་གིས་རིམ་པ་བསྟར་ཆགས་སུ་བསྒྲིགས་པ་འདིས་རིག་གཞུང་འདི་ལ་སློབ་པར་འདོད་པའི་ལས་དང་པོ་བ་རྣམས་ལ་བློ་སྒོ་འབྱེད་པའི་ལྡེ་མིག་ཅིག་སྤྲིན་པ་ལྟ་བུའི་ཕན་ཐོགས་འབྱུང་ངེས་སྙམ།

མདོར་ན། རྗེས་སུ་ཡི་རང་དང་བཅས་དཔྱད་རྩོམ་འདི་དཔར་སྐྲུན་བྱུང་རྗེས། དགེ་བ་གང་དེས་དཔལ་ན་ལེནྡྲའི་རིག་གཞུང་འཛིན་པའི་གངས་ཅན་ལྗོངས་ཀྱི་རིག་གནས་མཐའ་དག་རྫོགས་ལྡན་གསར་པའི་དཔལ་ལ་སྤྱོད་པའི་བཀྲ་ཤིས་སུ་གྱུར་ཅིག་གོ །

ཕྲན་བཀྲ་ཤིས་དོན་གྲུབ་ཀྱིས།

༢༠༡༨ ལོའི་ཟླ་ཚེས་བཟང་པོར་བྲིས།

དཀར་ཆག

གླེང་གཞི།

རབ་རྫོངས་འགྲོ་བའི་རེ་སྐྱོང་གདོང་ལྷའི་སྲས། །
རབ་འབྱམས་ཤེས་བྱའི་ཀུན་གསལ་ཁྱོན་གཞལ་ཞིང་། །
རབ་འཚེར་བཀའ་བསྟན་ཉིན་བྱེད་སྣང་བ་ཡིས། །
རབ་འཐིབས་མུན་སེལ་ཉི་མའི་གཉེན་ལ་འདུད། །
དེ་ཡི་ཐུགས་རྗེའི་འོད་ཀྱིས་གངས་ལྗོངས་ན། །
དེ་ཡི་མདོ་སྔགས་ཆུ་ཀླུང་རྟག་འབབ་ཅིང་། །
དེ་ཡི་རྗེས་འཇུག་མཁས་གྲུབ་བྱེ་བ་ཡིས། །
དེ་བསྟན་དཔྱིད་དཔལ་བསྐུས་པ་ཨེམ་དགེ །
བོད་ཡུལ་མུན་སེལ་ཆོས་རྒྱལ་རྣམ་གསུམ་གཙོས། །
བོད་ལ་བརྩེ་བའི་ལོ་པཎ་དུ་མ་ཡིས། །
བོད་དུ་བསྒྱུར་བའི་ལྷ་བྲུང་རིག་པའི་ཚོགས། །
བོད་དང་འཛམ་གླིང་སྤྱི་ཡི་གཅེས་པའི་ནོར། །
བདེ་གཤེགས་གསུང་ལ་དྲང་ངེས་ལེགས་ཕྱེ་ཞིང་། །
བདེ་ལེགས་རྟེན་འབྱུང་ཟབ་ཞིའི་ལམ་ཡངས་བཙོས། །
བདེ་སྟོང་འོད་གསལ་མདོ་སྔགས་བསྟན་བཅོས་ཀྱི། །
བདེ་དངོས་བསྒྲུལ་མཛད་གངས་ཅན་མཁས་དགུར་འདུད། །

ཆོས་ཉིད་སྟོང་པ་བདག་མེད་དཔའ་བོ་དང་། །
ཆོས་ཀྱི་རྩ་བ་བྱམས་བརྩེའི་མདའ་མོ་ཡིས། །
ཆོས་མིན་སྡིག་པའི་ཤེ་མོང་ཀུན་བཅོམ་ནས། །
ཆོས་བཞིན་འགྲོ་ཀུན་སྐྱབས་མཛད་ཨེ་མ་མཚར། །
མ་གྱུར་ནམ་མཁས་གར་ཁྱབ་འགྲོ་བ་ལ། །
མ་གཅིག་བདག་དང་གཞན་ཞེས་རིགས་འབྱེད་པའི། །
མ་རིག་བདག་འཛིན་འཁྲུལ་བ་ཤེད་ཆེ་ན། །
མ་གཡེང་སྣང་བས་བདག་ཏུ་མེད་པ་སྒོམས། །
བདག་མེད་ལྷ་དང་གཞན་ཕན་བརྩེ་བ་ཟུང་། །
བདག་གཞན་འགྲོ་བའི་རྒྱུད་ལ་ཟུང་སྦྲེལ་ནས། །
བདག་སོགས་བདེ་འདོད་སེམས་ཅན་མཐའ་ཡས་ཀུན། །
བདག་མེད་བདེ་ལེགས་བདུད་རྩིས་ཏག་ཚིམ་ཤོག །
གང་དག་སེམས་ཅན་བདེན་པར་མོས་འགྱུར་ཕྱིར། །
གང་འགྲོ་ངེས་མེད་བདག་བློ་སྨོན་པ་འདི། །
གང་ཐུབ་ཟབ་མོའི་བརྗོད་བྱར་རབ་གཙུན་ནས། །
གང་ནུས་བདག་དང་བདག་མེད་སྨྲ་ལ་སྤྲོ། །

འདས་སོང་བའི་བགྲང་བྱ་ནི་མཚུབ་རྩེར་བགྲང་རིན་ཡོད་པ་ཞིག་མ་བྱུང་ལ། བདག་གིས་ཐོས་བསམ་བསྐྱེད་སྦྱོང་བའི་སློབ་གླིང་སྙིང་པ་ནི། སྔར་བཞིན་གསར་སྐྱེས་དང་གསར་སྐྱེས་ཤིག་ལ་རེ་བའི་སྨྲུན་ཟུང་གཏོད་ཀྱིན་པའི་བཤེས་གཉེན་ཚོའི་

འདུ་བྲེལ་གྱི་བར་ནས། བློ་སྤྲོག་གི་མི་ར་སྐྱོང་གིན་པས། བདག་ལ་གཏམ་རྒྱུད་གསར་པ་ཅི་ཡང་འཆད་རྒྱུ་མེད་ཟེར་འོས། འོན་ཏེ་ང་རང་ཤ་ཚ་བའི་གནའ་གཏམ་ཉན་རྒྱུར་དགའ་ལ། དེ་བས་བདེན་དོན་གྱི་སྒོ་འཕར་ཕྱེ་བའི་རྐྱེན་སྦྲ་ཙམ་ཟད་ལ་ཡང་ཐ་བ་བླགས་རྒྱུར་གོམས་པས། ཡིད་དབང་འཕྲོག་པའི་གནའ་དེང་གི་དཔེ་དེབ་དག་ནི། ངའི་བློ་གྲོས་ཀྱི་ལམ་བཟང་བགྲོད་པའི་ཐེམ་སྐས་དང་། བག་ཆགས་ཟབ་པའི་སློབ་གླིང་རྙིང་པ་ཡང་། སྔར་བཞིན་ངའི་བརྗོད་མི་ཚར་བའི་གཏམ་རྒྱུད་སྔོན་མོ་ཞིག་གི་ཕ་ཁྲིམ་ཡིན།

གཅིག

ཐོག་མར་གྲུས་པའི་རྩོམ་ཡིག་གི་ཁ་བྱང་སྐོར་ཙམ་ཟད་འཆད་པ་ལ། གྲུས་པའི་རྩོམ་ཡིག་གི་ཁ་བྱང་ཆ་ཚང་ལ་གནའ་རབས་རྒྱ་གར་གྱི་མཚན་ཉིད་རིག་པ་ལས་བདག་དང་བདག་མེད་ལྟ་བའི་འདོད་ཚུལ་དང་འཕྲོས་དོན་སྐོར་གླེང་བ་ཞེས་སོ། །དེ་ཡང་གནའ་བོའི་རྒྱ་གར་དང་། གནའ་བོའི་ཨེ་ཛིབ། གནའ་བོའི་པ་བི་ལུན། གནའ་བོའི་ཀྲུང་གོ་བཅས་ལ་གནའ་བོའི་ཤེས་རིག་དར་བའི་རྒྱལ་ཁབ་ཆེན་པོ་བཞི་ཞེས་གྲགས་པ་དང་། དེ་དག་ལས་གནའ་བོའི་རྒྱ་གར་དུ་རིག་བྱེད་ཀྱི་ཤེས་རིག་དང་བྲམ་ཟེའི་ཆོས་ལུགས་སོགས་ལས་མཆེད་པའི་མུ་སྟེགས་པའི་གྲུབ་མཐའ་སྣ་ཚོགས་དར་བ་མ་ཟད། ནང་བསྟན་ཤེས་རིག་གི་ཐོག་མའི་སྨྲ་གྲུ་ཡང་འབྱུས་ཡོད་ལ། གྲུབ་མཐའ་ཕྱི་ནང་ཞེས་པའི་ཕྱོགས་ཁག་གཉིས་ཀྱིས་རང་རང་ལུགས་ཀྱི་ལྟ་གྲུབ་ཡང་དག་ཡིན་ཚུལ་

ཐད་ཕན་ཚུན་གཞིགས་འགྲེད་པའི་འགོ་ཡང་ཚུགས་པ་ཡིན། ཕྲན་གྱི་རྩོམ་ཡིག་གི་བརྗོད་བྱ་གཙོ་བོ་བདག་དང་བདག་མེད་ཀྱི་ལྟ་ཚུལ་གཉིས་པོ་ནི་ཕྱི་ནང་གྲུབ་མཐའི་ལྟ་བའི་མི་མཐུན་ཕྱོགས་གཙོ་བོ་ཞིག་དང་། ཕན་ཚུན་དགག་སྒྲུབ་བྱེད་སའི་གཞི་གཙོ་བོ་ཡང་ཡིན་པས། རྩོམ་བྱང་དུ་གནའ་བོའི་རྒྱ་གར་ཞེས་པའི་མིང་ཚིག་དེ་བཀོད་པ་ཡིན།

རྩོམ་འདིའི་བརྗོད་བྱ་ཆོས་ལུགས་ཀྱི་ལྟ་ཚུལ་སྐོར་ཡིན་བཞིན་དུ་དེ་ལ་མཚན་ཉིད་རིག་པ་ཞེས་པའི་ཐ་སྙད་ཇི་ལྟར་སྦྱད་དམ་ཞེ་ན། མཚན་ཉིད་རིག་པ་ཞེས་པ་ནི་མི་རྣམས་ཀྱིས་འཛིག་རྟེན་ལ་ངོས་འཛིན་བྱེད་པའི་རིག་པ་ཞིག་ལ་ཟེར་བ་དང་། དེ་ནི་རང་བྱུང་དང་། སྤྱི་ཚོགས། མིའི་བསམ་བློ་བཅས་གཅིག་སྡུད་ཀྱིས་མཚོན་པར་བྱེད་པའི་ཕྱོགས་བསྡུས་རང་བཞིན་ཅན་ཞིག་དང་། འཛིག་རྟེན་ལྟ་ཚུལ་(世界观)དང་བརྟག་ཐབས་སྨྲ་བ་(方法论)ཟུང་དུ་འབྲེལ་བའི་རིག་གཞུང་ཞིག་ཡིན། མ་གཞི་གནའ་བོའི་རྒྱ་གར་དུ་དར་བའི་ཆོས་ལུགས་གྲུབ་མཐའ་དེ་དག་གི་ལྟ་གྲུབ་དང་། ཆོས་ལུགས་དེ་དག་དང་འབྲེལ་བའི་རིག་གནས་ཐམས་ཅད་ནི་མཚན་ཉིད་རིག་པ་ཡིན་ཞེས་སྨྲས་ན་སྨྲ་བ་དེ་ནི་ཤིན་ཏུ་ནས་མཚང་དང་ལྡན་པ་ཞིག་ཏུ་འགྱུར་བར་ཐེ་མི་ཚོམ་ཡང་། ཆོས་ལུགས་ཀྱི་གྲུབ་མཐའ་དེ་དག་ལ་ཐུན་མོང་མ་ཡིན་པའི་འཛིག་རྟེན་བརྟན་གཡོའི་ཆོས་ལ་ངོས་འཛིན་བྱེད་པའི་རིག་པ་དུ་མ་མཆིས་ལ། ལྷག་པར་དུ་བདག་དང་བདག་མེད་པའི་ལྟ་བ་ནི་མི་རྣམས་ཀྱིས་འཛིག་རྟེན་སྣོད་བཅུད་ལ་ངོས་འཛིན་བྱེད་པའི་བསམ་བློའི་འདུ་ཤེས་མཚོན་པའི་རིག་པ་ཁྱད་པར་བ་ཞིག་ཡིན་ཁར། ལྟ་བ་དེ་གཉིས་དང་འབྲེལ་ནས་གནའ་བོའི་རྒྱ་གར་གྱི་རྟོག་གེ་པའི་མཚན་ཉིད་ཀྱི་སྨྲ་གྲུ་འབུས་པ་ཡིན་ཞིང་། རྩོད་སྒྲུབ་རིག་པའི་འཕེན་ལྟ་བུར་གྱུར་བ་ཡང་ལྟ་བ་དེ་གཉིས

གཙོ་བོ་ཡིན་ཞེས་བཤད་ཆོག མ་ཟད་ལྟ་བ་དེ་གཉིས་དང་འབྲེལ་ནས་ཆོས་ལུགས་ཀྱི་གྲུབ་མཐའ་འཛིན་མཁན་མི་འདྲ་བ་ཚོའི་འཇིག་རྟེན་ལྟ་ཚུལ་དང་། མི་ཚེའི་ལྟ་ཚུལ་སོགས་ལ་ང་ཚོས་ཚན་རིག་དང་མཐུན་པའི་བསམ་གཞིག་དང་ཚོད་འདོམས་བྱས་ཆོག་པ་ཡིན། དེང་སང་ནང་བསྟན་མཚན་ཉིད་རིག་པ་ཞེས་པའི་ཐ་སྙད་དེ་རྒྱ་ཁྱབ་ཏུ་སྤྱོད་པ་ཡིན་ཏེ། རྒྱ་ཡི་མཁས་པ་ཡའོ་ཤའེ་ཆུན (姚卫群) གྱི་རྒྱ་གར་གྱི་མཚན་ཉིད་རིག་པ་《印度哲学》ཞེས་པ་དང་། གནའ་བོའི་རྒྱ་གར་གྱི་མཚན་ཉིད་རིག་པའི་གྲུབ་མཐའ་རྡེར་སོན་དྲུག①ཅེས་པའི་གསུང་རྩོམ་སོགས་མཆིས་པ་ལས་ཤེས་ནུས་ལ། སྒོ་ཤེས་རབ་རྒྱ་མཚོས། “དེའི་ནང་ནས་ཀྱང་མངོན་པའི་སྡེ་སྣོད་ནི་སྙིང་པོ་ཉིད་དུ་མཐོང་སྟེ། ནང་བསྟན་མཚན་ཉིད་རིག་པ་ཞེས་འབོད་རུང་བའི་གཙུག་ལག་གཞུང་ལུགས་ཕལ་མོ་ཆེ་ཞིག་སྡེ་སྣོད་འདིའི་ཁོངས་སུ་གཏོགས་ཤིང་”②ཞེས་གསུངས་པ་དང་། ཚུ་སྐྱེས་དགེ་འདུན་བསམ་གཏན་གྱིས། “མཚན་ཉིད་རིག་པ་ནི་ཆོས་མཐའ་དག་གི་གནས་ལུགས་གཏན་ལ་འབེབས་བྱེད་ཀྱི་རིག་གཞུང་ཟབ་མོ་ཞིག་ཡིན་ལ།”③ཞེས་སོགས་གསུངས་པའི་གཞི་གཙོ་བོ་ནི། རྟགས་དང་གཏན་ཚིགས་དུ་མ་ལ་བརྟེན་པའི་དགག་སྒྲུབ་ཀྱི་སྙིང་པོའི་གཞི་ལྟ་བ་དེ་གཉིས་པོ་དང་དངོས་བརྒྱུད་གང་ནས་འབྲེལ་འདུག་པ་སོགས་རྒྱུ་མཚན་དང་དགོས་པ་མང་པོའི་དབང་གིས། དེང་གི་རིག་

①姚卫群.《古印度六派哲学经典》. 商务印书馆. 2003 年版.

②སྒོ་ཤེས་རབ་རྒྱ་མཚོས་མཛད་པའི་རྒྱན་ཤེས་དང་ལམ། ཀན་སུའུ་མི་རིགས་དཔེ་སྐྲུན་ཁང་། ༢༠༡༡ལོར་དཔར། ཤ༧

③ཚུ་སྐྱེས་དགེ་འདུན་བསམ་གཏན་གྱིས་མཛད་པའི་ཚད་མའི་དགོངས་དོན་གསལ་བར་བྱེད་པའི་གཏན་ཚིགས་དུས་ཀྱི་སྒྲོན་མེ། ཀན་སུའུ་མི་རིགས་དཔེ་སྐྲུན་ཁང་། ༡༩༩༥ལོར་དཔར། ཤ༥

གཞུང་གླིང་འགྲོས་ཀྱི་དགོངས་པ་སྤྱི་དང་མཐུན་པར་མཚན་ཉིད་རིག་པ་ཞེས་པའི་ཐ་སྙད་སྤྱད་པ་ཡིན། དེ་ལྟར་ཡིན་པ་ལས། དེང་གི་རིག་པ་སྨྲ་བ་འགའ་ཡིས་ནང་བསྟན་ནི་སེམས་ཁམས་རིག་པ་ཡིན་ཞེས་པ་དང་། ཡང་ནང་བསྟན་ནི་མཚན་ཉིད་རིག་པ་ཡིན་ཞེས་པ་སོགས་ཁ་ཆོན་ནན་པོ་བཅད་ནས་སྨྲ་བ་དེ་འདྲ་མ་ཡིན། རིག་གནས་ཀྱི་ནང་ཚན་ཅི་འདྲ་ཞིག་ཡིན་རུང་ཧ་ལམ་ནང་ཕན་ཚུན་མཐུན་ཕྱོགས་དང་མི་མཐུན་ཕྱོགས་གཉིས་ཀ་ཡོད་པ་ཞིག་ཡིན་པས། མཐུན་ཕྱོགས་ཤིག་གིས་གཉིས་རེ་ཡོངས་སུ་མཐུན་ཞེས་དང་། མི་མཐུན་ཕྱོགས་ཤིག་གིས་གཉིས་རེ་ཡོངས་སུ་ཐ་དད་ཅེས་སྨྲ་བ་ནི་བབ་ཅོལ་ཡིན་པར་སེམས། དཔེར་ན། ནང་རིག་པ་དང་དེང་གི་སེམས་ཁམས་རིག་པ་གཅིག་གོ་སྙམ་ཡང་། དོན་དུ་གཅིག་པ་ག་ལ་ཡིན་ཏེ། གཅིག་ནི་ཆོས་ལུགས་རིག་གནས་ཏེ་ཐར་གྲོལ་ལ་དམིགས་པ་ཞིག་དང་། ཅིག་ཤོས་ནི་འཛིག་རྟེན་པའི་རིག་གནས་ཤིག་ཡིན། འོན་ཀྱང་དེ་གཉིས་ལ་མཐུན་ཕྱོགས་ཤིན་ཏུ་མང་པོ་ཡོད་དེ། ནང་བསྟན་རིག་གནས་ཀྱིས་གཙོ་བོ་སེམས་ཀྱི་བདེ་བ་འཚོལ་བ་བསྟན་པ་དང་། ལྷག་པར་དུ་སེམས་ཀྱི་ངོ་བོར་ཕྲ་ཞིང་ཕྲ་བའི་དབྱེ་ཞིབ་ནན་པོ་བྱས་ཡོད་པས་སོ། ། དཔེར་ན། ཕན་ཚུན་མཐུན་ཕྱོགས་དང་མི་མཐུན་ཕྱོགས་ལ་བལྟོས་པའི་དབང་གིས་སྔར་ནས་ད་བར་ཆོས་དང་འཛིག་རྟེན་སོ་སོ་རེད་ཅེས་པ་དང་། ཆོས་དང་འཛིག་རྟེན་ཁག་ཁག་མ་རེད་ཅེས་སོགས་སྨྲ་ཚུལ་སྣ་ཚོགས་ཡོད་པ་ལྟ་བུའོ། །

ཇོམ་བྱུང་དུ་གསལ་བའི་བདག་དང་བདག་མེད་པའི་ལྟ་བ་ཞེས་པ་ནི་ཕྱི་ནང་གྲུབ་མཐའི་འབྱེད་ཆོས་ཀྱི་ལྟ་བ་ཡིན་པས་ཞིབ་དཔྱད་དང་རྟོག་དཔྱོད་དགོས་ངེས་ཀྱི་གནད་འགག་ཤིན་ཏུ་ཆེན་པོ་ཞིག་ལགས། རྒྱ་ཡི་མཁས་པ་ཀྲའོ་ཀུད་ཧྭ་(周贵华)

ཡིས་ཀྱང་། "སྟོན་ལ་བདག་ཡོད་དང་བདག་མེད་ཀྱི་རིམ་པ་བརྗོད་ཀྱི་ཡིན། རྩ་བའི་རིམ་པ་དེས་ནི་འཇིག་རྟེན་ན་དར་བའི་ཕྱི་ནང་གྲུབ་མཐའི་ཤན་འབྱེད་ཐུབ་པ་ཡིན།"①ཞེས་གསུངས་སོ། །དེ་འདྲའི་ལྟ་བའི་གནད་འགག་ཆེ་ས་དེ་ཕྲན་གྱི་རྩོམ་ཡིག་ཧྲིལ་པོའི་གཞུང་ཤིང་དུ་གྱུར་ཡོད་པས། རྩོམ་བྱང་དུ་བདག་དང་བདག་མེད་ཅེས་པའི་ཐ་སྙད་དག་བྱུང་བ་ཡིན། འདོད་ཚུལ་ཞེས་པ་ལས་སྐབས་བབ་ཀྱི་བརྗོད་བྱར་བདག་དང་བདག་མེད་པའི་ལྟ་བའི་འདོད་ཚུལ་ཇི་ལྟར་ཡིན་པ་ངོ་སྤྲོད་དང་དབྱེ་ཞིབ་བྱ་རྒྱུ་གཙོ་བོ་ཡིན་པས་རགས་པའི་ཚུལ་ཙམ་འཆད་པ་ལས་བདག་མེད་རྟོགས་པ་དང་སྒོམ་པའི་ས་དང་ལམ་གྱི་རིམ་པའི་དཔྱད་འཇོག་གི་སྒོམ་མམ་ཉམས་ལེན་གྱི་སྐོར་དང་། དེ་ལ་བལྟོས་པའི་གཉེན་པོའི་སྟོབས་ཀྱིས་གཞོམ་བྱ་བདག་འཛིན་ཕྲ་རགས་ཀྱི་སྐོར་ཡང་འདིར་འཆད་མེད་པ་ཤུགས་ཀྱིས་གསལ་ལོ། །འཕྲོས་དོན་སྐོར་གླེང་བ་ཞེས་པ་ནི་དེང་གི་གཞོན་སྐྱེས་སྐོར་ཞིག་དང་ལྷག་པར་དུ་རིག་པ་སྨྲ་བ་འགའ་ཡིས་བདག་དང་བདག་མེད་པའི་ལྟ་བའི་ཐད་ལ་ངོས་འཛིན་སྟངས་ཅི་རིགས་བྱུང་བ་ལ་གླེང་སློང་དང་། གཙོ་བོ་བདག་མེད་པའི་ལྟ་བ་ལས་འཕྲོས་ཏེ་ལུང་རིགས་ཟུང་གིས་དཔྱད་པ་ཅི་ལྕོགས་བགྱི་བ་ལ་གཞིགས་ནས་རྩོམ་བྱང་དུ་བྱུང་བ་ཞིག་གོ །

གཉིས།

ཆོས་འབྲིའི་ཀུན་སློང་དང་དམིགས་ཡུལ་གྱི་སྐོར་ནས་ཅུང་ཟད་འཆད་པར་བྱ་

①周贵华.《作为佛教的佛教》. 宗教文化出版社. 2010 年：p114

སྟེ། འཛམ་བུའི་གླིང་འདིར་ད་ཕན་ལུགས་མི་གཅིག་པའི་ཆོས་ཀྱི་བསྟན་པ་འདྲ་མིན་དར་ཡོད་པ་ལས། དེང་འཛམ་གླིང་གི་ཆོས་ལུགས་ཆེན་པོ་གསུམ་ཞེས་སྙན་པ་ཆེར་འབར་བ་ནི། སངས་རྒྱས་ཆོས་ལུགས་དང་། ཡེ་ཤུའི་ཆོས་ལུགས། དབྱི་སི་ལན་གྱི་ཆོས་ལུགས་རྣམས་སོ། །དེ་དག་ཆོས་ལུགས་མ་གཅིག་པ་དུ་མའི་དབུས་ནས་ཆེན་པོ་གསུམ་དུ་འཛོག་དོན་གཙོ་བོ་ནི་གཅིག་ནས་དེ་གསུམ་པོ་འཛམ་གླིང་རྒྱལ་ཁབ་འགའ་ཡིས་རྒྱལ་ཁབ་ཀྱི་ཆོས་ལུགས་སུ་བཀུར་བ་དང་། དད་པ་བྱེད་མཁན་གྱི་མི་གྲངས་ཆེས་མང་བས་རེད། ཡེ་ཤུའི་ཆོས་ལུགས་ནི་སྟོན་པ་ཡེ་ཤུས་སྤྲུལ་བཏོད་པའི་འཇིག་རྟེན་གྱི་མགོན་པོ་དང་། འཇིག་རྟེན་བཀོད་པ་པོ་ཡོད་པར་འདོད་མཁན་ཞིག་དང་། དམ་པའི་གསུང་རབ་ཅེས་པའི་དཔེ་ཆ་ཚད་མར་བཀུར་མཁན་ཞིག་ཡིན། ཕོ་ཆོའི་མཚོན་རྟགས་གཙོ་བོ་ཡེ་ཤུ་སྲོག་གཅོད་གཏོང་བྱེད་ཀྱི་རྒྱ་གྲམ་གྱི་རྟགས་དེ་ལགས་ཤིང་། དེར་གནམ་བདག་ཆོས་ལུགས་དང་། ཡེ་ཤུའི་ཆོས་ལུགས་གསར་མ། ཤར་དག་ཆོས་(དངོས་བརྒྱུད་ཆོས་ལུགས་ཤར་པ་)བཅས་གྲུབ་མཐའ་ཆེ་བ་གསུམ་ཡོད་པ་དང་། ༢༠༠༨ ལོའི་བསྡོམས་རྩིས་ལྟར་ན་འཛམ་གླིང་ཁྱོན་དུ་དད་པ་བྱེད་མཁན་མི་གྲངས་དུང་ཕྱུར་༢༧.༤ཙམ་ཡོད་སྐད། དབྱི་སི་ལན་ཆོས་ལུགས་ཀྱི་སྟོན་པ་ནི་མུ་ཧན་མུ་ཏྟ་ཞེས་པ་ཡིན་ཞིང་། རྗེས་འབྲང་པ་རྣམས་ལ་མུ་སི་ལིན་ཞེས་ཟེར་བ་དང་། ཕོ་རན་གསུང་རབ་(Koran)ཅེས་པའི་དཔེ་ཆ་ལ་ཉམས་ལེན་བྱེད་པ་ཡིན། དེར་ཡང་སུན་ཎི་ལུགས་དང་ཤི་ཡཱད་ལུགས་ཞེས་པའི་གྲུབ་མཐའ་གཉིས་ཡོད་ཅིང་། ༢༠༠༨ ལོའི་བསྡོམས་རྩིས་ལྟར་ན། འཛམ་གླིང་ཁྱོན་དུ་དད་པ་བྱེད་མཁན་མི་གྲངས་དུང་ཕྱུར་༧༥.༧ཙམ་ཡོད་སྐད། གོང་སྨྲོས་ཀྱི་ཆོས་ལུགས་ཆེན་པོ་དེ་གཉིས་ཀྱིས

གཙོས་འཛམ་གླིང་གི་ཆོས་ལུགས་ཕལ་མོ་ཆེ་ནི་དམངས་ཀྱི་བདེ་བ་དོན་དུ་གཉེར་བར་ཕྱོགས་པའི་ངང་དུ་རྒྱ་ཆེར་དར་བ་ཞིག་ལགས་ཀྱང་། རྗེས་འཇུག་པ་རྣམས་ཀྱིས་དད་པ་ཁོ་ནར་བརྟེན་ནས་ཆོས་ལུགས་དེ་དག་གི་ལྟ་བ་འཛིན་པ་ལས། ཤེས་རབ་ཀྱིས་ཟབ་མོའི་ལྟ་བ་འཚོལ་བའི་སྲོལ་མེད་པའམ། མི་ནུས་པའམ། བག་ལ་ཞ་བ་འབའ་ཞིག་ཡིན་ཞེས་རབ་ཏུ་གྲགས། གནའ་བོའི་རྒྱ་གར་དུ་གྲགས་པ་འབར་བའི་མུ་སྟེགས་པའམ་ཕྱི་པའི་གྲུབ་མཐའ་རྣམས་ལ་རྟོག་གེའི་གཏན་ཚིགས་ཀྱི་རྩོད་སྒྲུབ་རིག་པ་དར་ཡོད་ཀྱང་། དེ་དག་གིས་རྒྱུ་འབྲས་འཚོལ་ནས་སྒྲ་བས་ལས་རྒྱུ་འབྲས་ལ་སྐྱུར་བ་འདེབས་མཁན་ཡོད་ལ། ཕལ་ཆེར་འཇིག་རྟེན་བཀོད་པ་པོ་འདོད་མཁན་ཡིན་མོད། གནའ་བོའི་རྒྱ་གར་དུ་དར་བའི་ནང་པ་སངས་རྒྱས་པའི་གྲུབ་མཐའ་ནི་མུ་སྟེགས་རྟོག་གེ་སྒྲ་བའམ་རིགས་པ་འཛིན་པ་དུ་མའི་དབུས་ན་རི་དྭགས་ཚོགས་སུ་ཁྱུ་མཆོག་འགྱིང་བ་ལྟར། རིགས་པས་ཡང་ཡང་བཞུན་བརྡར་བྱས་པ་ལས་འབྲུངས་པའི་ལྟ་བའི་རྒྱལ་མཚན་མངོན་པར་འཕགས་པ་ཞིག་དང་། མི་འཇིགས་པའི་གདོང་ལྔ་པ་བཞིན་དུ་ངེས་པ་བརྙེས་པའི་གནས་ལུགས་ཡང་དག་ལ་བརྟེན་ནས་རིགས་པའི་གད་རྒྱངས་སྒྲོགས་ཐེངས་རེ་རེས། ཕས་ཀྱི་རྒོལ་བ་མི་བསྲུན་ཚྭངས་སྤྱོད་རྒོད་པའི་མ་རིག་སྨག་གི་དུ་ཁམ་ལུས་པ་བཅོམ་སྟེ། སྐྱེ་འགྲོ་ཀུན་ལ་གནས་སྐབས་དང་མཐར་ཐུག་གི་བདེ་བ་ཇི་སྙེད་བསྐྲུན་རྗེས་རིགས་པ་དང་བྱམས་སྙིང་བརྗེས་ཉེ་བར་བསྩོལ་གནང་བཞིན་པ་ནི་བསྟོན་དུ་མེད་པ་སྟེ་དེང་མཁས་མང་གི་ཐུགས་ལུང་དྲི་མ་མེད་པའི་གདམས་ངག་རྣལ་མ་དག་ལས་ལེགས་པར་རྟོགས་ནུས་སོ། །

དེ་ཡང་། ནང་པ་སངས་རྒྱས་པའི་ལྟ་གྲུབ་ཀྱི་རྣམ་གཞག་ནི་གནའ་བོའི་རྒྱ་

གར་གྱི་མཚན་ཉིད་རིག་པའི་ལྟ་བ་སྣ་ཚོགས་པ་ལས་ཁྱུངས་བཙན་ཞིང་རྣམ་པར་དག་པ་ཞིག་ཡིན་ཞེས་པ་ནི། གཙོ་བོ་ཕྱི་པ་མུ་སྟེགས་ཀྱི་ལྟ་བ་རྣམས་ལ་སྙིགས་དོར་བཅུད་ལེན་གྱིས་འཕེལ་རྒྱས་ཕྱིན་པ་ལས་སྨིན་པ་ཞིག་ཡིན་པའི་ལོ་རྒྱུས་ཀྱི་དངོས་དོན་དེས་ཀྱང་བདེན་དཔང་ཡང་དག་ཅིག་བྱ་ཐུབ། ནང་པའི་ཆོས་ལུགས་ཞེས་པ་དེ་ཡང་སྙིང་ཇི་ལྟ་བུ་ཞིག་ཡིན་ནམ་ཞེ་ན། ལུགས་འདིའི་སྟོན་པ་ཤཱཀྱ་ཐུབ་པས། དམ་པའི་ཆོས་ནི་ཐོག་མར་དགེ་བ། བར་དུ་དགེ་བ། ཐ་མར་དགེ་བ། དོན་བཟང་པོ། ཚིག་འབྲུ་བཟང་པོ། མ་འདྲེས་པ། ཡོངས་སུ་རྫོགས་པ། ཡོངས་སུ་དག་པ། ཡོངས་སུ་བྱང་བ་ཞིག་ཡིན་པར་གསུངས་ཡོད་ལ། གསོ་སྦྱོང་གི་ཚིགས་སུ་བཅད་པ་ཞེས་པར་ཡང་། སྡིག་པ་ཅི་ཡང་མི་བྱ་ཞིང་། །དགེ་བ་ཕུན་སུམ་ཚོགས་པར་སྤྱོད། །རང་གི་སེམས་ནི་ཡོངས་སུ་དུལ། །དེ་ནི་སངས་རྒྱས་བསྟན་པ་ཡིན། །ཞེས་གསུངས་ཡོད་པ་སོགས་ལས། སངས་རྒྱས་ཆོས་ཀྱི་ངོ་བོ་ནི་སྡིག་པའམ་སྒོ་གསུམ་གྱི་ལས་མ་རུང་བ་ལ་རྒྱབ་ཀྱིས་ཕྱོགས་ཤིང་། རུང་བ་རྣམས་ལ་འདུ་བྱེད་པ་ཞིག་ཡིན་པ་རྟོགས་ནུས། གཞན་ཡང་སངས་རྒྱས་ཆོས་ལུགས་ཀྱི་སྤྱོད་པ་འཚེ་བ་མེད་པ་དང་། ལྟ་བ་རྟེན་འབྱུང་ཞེས་ཀླུང་ལྟར་གྲགས་པ་ལས་ཀྱང་། ལུགས་འདིའི་ངོ་བོ་ཇི་ལྟ་བུ་ཞིག་ཡིན་པ་རྟོགས་ནུས། འོན་ཏེ་འཁོར་བ་པ་རྣམས་ནི་མ་རིག་པའི་དབང་གིས་ལོག་པའི་ལམ་ལ་འཕྱན་པ་ཡིན་ཕྱིར། འཁོར་བའི་རྩ་བ་མ་རིག་པའི་རྐྱེན་གྱིས་ཉོན་མོངས་དུག་གསུམ་བསྐྱེད་ནས་རང་གཞན་བདེ་བའི་འདུན་མ་འཇོམས་བྱེད་ཀྱི་ལམ་ངན་པར་འཇུག་པར་བྱེད་པ་དང་། ཡང་ཡང་སྡུག་བསྔལ་གྱིས་གཙེས་པར་བྱེད་པས་སྙིང་ན་བའི་འོ་དོད་ཀྱི་སྨྲེ་སྔུ་ཡང་མངོན་སུམ་དུ་ལེན་དགོས་ཀྱི་ཡོད། དེས་ན་མ་རིག་པ་གང་ཞེ་ན། བདག་ཏུ

འཛིན་པ་དང་བདག་གི་བར་འཛིན་པའི་བློའོ། །ཅི་ཕྱིར་ཞེ་ན། བདག་འཛིན་ནི་རང་གཞན་ལ་སྡུག་བསྔལ་འབྱིན་བྱེད་དང་། རང་ཉིད་སྲིད་པར་ཟོ་ཆུན་འཁོར་ལོ་བཞིན་དུ་རྒྱུན་ཆད་མེད་པར་ཡང་ཡང་འཁོར་བའི་རྒྱུ་གཙོ་བོ་ཡིན་པས་སོ། །རྗེ་ཙོང་ཁ་བ་ཆེན་པོའི་ལམ་གྱི་གཙོ་བོ་རྣམ་གསུམ་ལས། "བདག་འཛིན་ལྕགས་ཀྱི་དྲ་བའི་སྦུབས་སུ་ཚུད། །མ་རིག་མུན་པའི་སྨག་ཆེན་ཀུན་ནས་འཐིབས། །མུ་མེད་སྲིད་པར་སྐྱེ་ཞིང་སྐྱེ་བ་རུ། །སྡུག་བསྔལ་གསུམ་གྱིས་རྒྱུན་ཆད་མེད་པ་མནར། །"① ཞེས་དང་། དཔལ་མགོན་འཕགས་པ་ཀླུ་སྒྲུབ་ཞབས་ཀྱིས། "ཇི་སྲིད་ཕུང་པོར་འཛིན་ཡོད་པ། །དེ་སྲིད་དེ་ལ་ངར་འཛིན་ཡོད། །ངར་འཛིན་ཡོད་ན་ཡང་ལས་ཏེ། །དེ་ལས་ཡང་ནི་སྐྱེ་བ་ཡིན། །"② ཞེས་གསུངས་ལ། སློབ་དཔོན་ཟླ་བ་གྲགས་པའི་ཞབས་ཀྱིས། "དང་པོར་ང་ཞེས་བདག་ལ་ཞེན་གྱུར་ཅིང་། །བདག་གི་འདི་ཞེས་དངོས་ལ་ཆགས་བསྐྱེད་པ། །ཟོ་ཆུན་ལྟར་འབྱུན་རང་དབང་མེད་པ་ཡི། །འགྲོ་ལ་སྙིང་རྗེར་གྱུར་གང་དེ་ལ་འདུད། །"③ ཅེས་སོགས་གསུངས་པ་ལས་དང་། འཁོར་བར་འཁོར་བའི་རྒྱུ་བདག་འཛིན་གྱི་སྟོང་པོ་གཅོད་པར་གཉེན་པོ་བདག་མེད་རྟོགས་པའི་ཤེས་རབ་ཀྱི་སྟེ་རེར་བརྟེན་དགོས་ཏེ། 《དབུ་མ་བཞི་བརྒྱ་པ་》ལས། "ཡུལ་ལ་

---

①བསྟོད་སྨོན་ཕྱོགས་སྒྲིག མཚོ་སྔོན་མི་རིགས་དཔེ་སྐྲུན་ཁང་། ༢༠༠༨ལོར་དཔར། ཤ༡༢༠

②དཔལ་མགོན་འཕགས་པ་ཀླུ་སྒྲུབ། དབུ་མ་རིགས་པའི་ཚོགས་དྲུག་དང་བྱང་ཆུབ་སེམས་འགྲེལ། སེར་གཙུག་ནང་བསྟན་དཔེ་སྙིང་འཚོལ་བསྡུ་ཕྱོགས་སྒྲིག་ཁང་། གངས་ཅན་ཁྱད་ནོར་དཔེ་ཚོགས་པོད་ཕྲེང་སོ་དྲུག་པ། ཤ༡༠༧

③རྗེ་བཙུན་བྱམས་མགོན་དང་དཔལ་ལྡན་ཟླ་བ་གྲགས་པ། མངོན་རྟོགས་རྒྱན་དང་དབུ་མ་འཇུག་པ། སེར་གཙུག་ནང་བསྟན་དཔེ་སྙིང་འཚོལ་བསྡུག་ཕྱོགས་སྒྲིག་ཁང་། གངས་ཅན་ཁྱད་ནོར་དཔེ་ཚོགས་པོད་ཕྲེང་ཉིས་བརྒྱ་སོ་གཅིག ཤ༢༨

བདག་མེད་མཐོང་ན་ནི། །སྲིད་པའི་ས་བོན་འགག་པར་འགྱུར། །"① ཞེས་གསུངས་སོ། །དེས་ན་ནང་པ་སངས་རྒྱས་པའི་ཆོས་ལུགས་ཀྱིས་ཆོས་རྣམས་ཀྱི་རང་བཞིན་རྟེན་ཅིང་འབྲེལ་འབྱུང་ལས་བདག་ཏུ་མེད་པ་དང་། བདག་ཏུ་མེད་པས་རང་གཅེས་པར་འཛིན་པའི་འཛིན་པ་བཅད་ནས་གཞན་སེམས་ཅན་ལ་འཚེ་བ་སྤོང་དགོས་པའི་ལྟ་སྤྱོད་ཀྱི་རྣམ་གཞག་རྣམས་སྒྲིགས་པར་བྱེད་དོ། །

ཕྱིན་རང་མ་གཞི་རྩོམ་རིག་སྒྱུ་རྩལ་ལ་ཞིན་པ་ཆེ་ཞིང་བྱང་གོམས་ཀྱང་ཅུང་ཟད་ཡོད་ཅེས་སྨྲས་ན་ཐལ་ཆེ་བ་མེད་ལ། ནམ་རྒྱུན་དུ་ནང་བསྟན་ཆོས་ལུགས་རིག་གནས་ལ་རང་གི་ནུས་པས་ཕྱོགས་ཚོད་ཀྱིས་དོ་སྣང་ཅུང་ཟད་བྱེད་ཀྱི་ཡོད་ཅེས་བརྗོད་ན་ཡང་དྲང་གཏམ་དུ་ཟད། ད་ལམ་གྲུབ་མཐའི་ཐད་ལ་སློབ་སྦྱོང་བྱ་རྒྱུའི་སྤྲོ་བ་བཏས་པ་ཁོ་ན་རང་གི་ཐོས་པའི་སྒོ་འཕར་ཅུང་ཟད་ཕྱེ་ཐུབ་ན་སྙམ་པས་ཡིན་ལ། རིགས་པ་དོན་གཉེར་དང་ལྷག་པར་དུ་བོད་ཀྱི་རིག་གནས་ལ་སློབ་སྦྱོང་དང་ཞིབ་འཇུག་ལ་མོས་པ་ཡོད་མཁན་ཞིག་གི་ངོས་ནས་སྨྲས་ན། ནང་རིག་པར་དོ་སྣང་ཅུང་ཟད་བྱ་རྒྱུ་ནི་ཤིན་ཏུ་གལ་ཆེན་པོ་ཡིན་ཏེ། ཀུན་གཟིགས་བཅུ་པ་ཆེན་པོས། "སངས་རྒྱས་ཆོས་ལུགས་མ་ཤེས་པར་བོད་རིག་པ་ལ་ཞིབ་འཇུག་བྱེད་འདོད་པ་ནི་ཚིག་སྟོང་པ་ཙམ་དུ་ཟད་དོ། །"② ཞེས་བཀའ་སློབ་ནན་ཏར་དུ་མཛད་ཡོད་པས་སོ། །ལྷག་དོན་རྩོམ་

①སློབ་དཔོན་ཟླ་བ་གྲགས་པ། བྱང་ཆུབ་སེམས་པའི་རྣལ་འབྱོར་སྤྱོད་པ་བཞི་བརྒྱ་པའི་རྒྱ་ཆེར་འགྲེལ་པ། སེར་གཙུག་ནང་བསྟན་དཔེ་རྙིང་འཚོལ་བསྡུ་ཕྱོགས་སྒྲིག་ཁང་། གངས་ཅན་ཁྱད་ནོར་དཔེ་ཚོགས་པོད་ཕྲེང་ཉེར་གསུམ་པ། ༡༥༨༩

②ཕུ་ཐུག སངས་རྒྱས་ཆོས་ལུགས་ཀྱི་སྤྱི་དོན་གསར་དཔྱད། མི་རིགས་དཔེ་སྐྲུན་ཁང་། ༢༠༡༢ལོར་དཔར། ༡༦ལ་ལུང་དུ་དྲངས་ཡོད།

ཡིག་འབྲི་བའི་ཐད་ལ་བདག་དང་བདག་མེད་ཀྱི་སྐོར་འབྲི་བ་ཡང་རང་རྒྱུད་ལ་ཤེས་བྱའི་གནད་འགག་གང་དེར་རྒྱུས་མོན་བྱ་འདོད་ཀྱི་འདུན་པ་མེ་ལྷེ་འབར་བཞིན་ཡོད་པས་ཡིན། འོན་ཏེ་དེ་ག་ཙམ་ནི་རྩོམ་འབྲིའི་དམིགས་ཡུལ་ལམ་ཀུན་སློང་གཙོ་བོ་དེ་མིན་ཏེ།

༡ བདག་མེད་པའི་ལྟ་བ་ཞེས་པས་ནང་པའི་ཆོས་ཀྱི་ལྟ་གྲུབ་རྣམ་གཞག་སྤྱི་ཡི་ནང་དུ་གནས་བབས་ཤིན་ཏུ་མཐོ་པོ་བཟུང་ཡོད་པའི་ཕྱིར། དེའི་སྐོར་ལ་ཅུང་ཟད་གོ་ཤེས་ཐུབ་ཐབས་བྱ་རྒྱུ་ནི། ནང་ཆོས་ལ་སློབ་སྦྱོང་དང་། ངོས་འཛིན། ཞིབ་འཇུག་སོགས་བྱེད་པའི་བྱ་བ་མཐའ་དག་དང་ཁ་བྲལ་དུ་མེད་ལ། དོན་གཉེར་བ་སུ་དང་གང་གི་ངོས་ནས་འདོར་མེད་ཀྱི་དམིགས་གཏོད་འགངས་ཆེན་ཞིག་ཡིན། དེ་ལྟར་ནའང་ནང་ཆོས་ཀྱི་བདག་མེད་ལྟ་བ་ནི་གཞི་རྐང་ཕྱི་པའི་བདག་གི་འདོད་ཚུལ་གྱི་ཉེས་སྐྱོན་ལ་བསྙོས་ཏེ་དེ་དག་འགོག་པར་བྱེད་པ་ལས་འཕེལ་རྒྱས་བྱུང་བ་ཞིག་ཡིན་ངེས་ན། ངེས་པར་དུ་ཕྱི་པའི་བདག་འདོད་ཚུལ་གྱི་རྣམ་གཞག་རྣམས་ལ་ཡང་རྒྱུས་མོན་གང་ཙམ་དགོས་པ་ཡིན་པས། ཕྲན་གྱི་རྩོམ་ཡིག་འདིའི་ནང་དུ་བདག་དང་བདག་མེད་གཉིས་ཀ་སྒྲིང་དོན་ཡང་། ཤེས་བྱའི་གནད་འགག་ཆེན་པོ་ལ་དམིགས་ནས་ཡིན་པའོ། །

༢ དེང་གི་དུས་སུ་ནང་བསྟན་རིག་གནས་ཀྱི་སློབ་སྦྱོང་དང་ཞིབ་འཇུག་གི་ཁྱབ་ཁོངས་སུ་བདག་དང་བདག་མེད་ཀྱི་སྐོར་དེ་སྒྲིང་མཁན་ཉུང་ཉུང་མིན་ཞིང་། དཔྱད་རྩོམ་ཡང་ཐར་ཐོར་རེ་མཇལ་རྒྱུ་ཡོད་མོད། དུས་ཀྱི་ཁྱད་པར་སོགས་ཀྱིས་བལྟ་བདེ་བ་དང་ཆ་ལག་ཚང་བ་ཞིག་ཏ་ལམ་མིག་བློའི་སྒྱུད་བྱར་དཀོན་ལ། སྔར་གྱི་མཁས་པ་རིགས་པ་ལ་བླ་མེད་པ་རྣམས་ཀྱིས་གཞུང་ཆེན་པོ་གང་དང་ཅི་ཡི་ནང་དུ་ཡང་ཏ་

ལམ་དེ་དོན་མི་འཆད་ཐུ་མེད་ལྷ་བུར་གནད་དུ་བཟུང་ནས་འཆད་པར་མཛད་ཡོད་ཀྱང་། མང་པོ་ཞིག་རྒྱ་ལ་གྲམ་ནས་དོན་གཉེར་བ་སྐྱི་དང་། ཞིབ་འཇུག་པའི་ངོས་ནས་འཕྱེར་བདེ་དང་འཛིན་བདེའི་རྣམ་པར་མི་སྣང་བས། དེའི་ཐད་ལ་ཅུང་ཟད་ཁ་གསབ་ཐུབ་རེ་བཅངས།

༣ ནང་བསྟན་རིག་གནས་སློབ་སྦྱོང་དང་དོན་དུ་གཉེར་མཁན་ལས་དང་པོ་བའི་ངོས་ནས་བཤད་ན། བདག་དང་བདག་མེད་ཅེས་པའི་བརྡ་དོན་ལ་གོ་བ་ཅུང་ཟད་ཅིག་བྱུང་ཚེ། གཞུང་ཆེན་པོ་རྣམས་མཇལ་སྐབས་སུ་ལྷ་བའི་གནད་མང་པོ་ཞིག་གསེད་བཀྲོལ་ཐུབ་སྲིད་སྙམ་པས། རྩོམ་ཡིག་འདི་འདྲ་ཞིག་བྲིས་ཏེ་རང་ཉིད་དང་འདྲ་བའི་ལས་དང་པོ་བ་རྣམས་ཀྱིས་གཞུང་ཆེན་པོ་མཇལ་བའི་སྒོ་ལྷ་བུ་དང་། དཀའ་བཀྲོལ་དོགས་སེལ་གྱི་ལྡེ་མིག་ལྟ་བུ་ཞིག་ཏུ་གྱུར་ན་སྙམ་པའི་འདུན་པ་ཡང་བཅངས་ཡོད།

༤ བདག་དང་བདག་མེད་ལྟ་བའི་ཐད་ལ་དེང་གི་མཁས་པ་མང་པོའི་ལབ་གླེང་ཐར་ཐོར་བྲིས་པ་མཐོང་རྒྱུ་ཡོད་ལ། ལྷག་པར་སྤྱི་ཚོགས་གླེང་བརྗོད་ཀྱི་དཔེ་ཆ་སྐོར་ཞིག་གི་ནང་དུ་ལྟ་བ་དེ་གཉིས་ཀྱི་ཐད་ལ་མ་རྟོགས་ལོག་བཤད་ཀྱི་གཏམ་སྤེལ་བ་སོགས་ཚུལ་དང་མི་མཐུན་པ་རྣམས་ལ་དགག་སྒྲུབ་ཅུང་ཟད་ཐུབ་ན་སྙམ་པ་ཡིན།

༥ བདག་མེད་ལྟ་བའི་ཐུན་མོང་མ་ཡིན་པའི་ཕན་དགེའི་སྐོར་གླེང་བ་ཡིས། ལྟ་བ་དེས་སེམས་ཅན་སྤྱི་ལ་སྨན་པ་དང་། ཡང་སྐོས་སུ་དེང་གི་སྤྱི་ཚོགས་འཕེལ་རྒྱས་ཀྱི་ཁྲོད་དུ་དེས་མིའི་བསམ་ངོར་མི་ཆོས་དང་མཐུན་པའི་འཇིག་རྟེན་གྱི་ལྟ་ཚུལ་དང་། མི་ཚེའི་ལྟ་ཚུལ་སོགས་གསལ་སྟོན་ཐུབ་ནས། ཀུན་ལ་ཕན་དགེ་བསྐྲུན་པའི་བདེན་

དོན་གྱི་ཐད་ལ་ར་སྦྲོད་ཅུང་ཟད་ཐུབ་ན་སྙམ་པ་སོགས། མདོར་ན་ཀུན་སློང་རྣམ་པར་དག་པ་གཞན་ལ་ཕན་དགེ་འབྱུང་སྙད་དང་། དམིགས་ཡུལ་རྣམ་པར་དག་པ་བདེན་པའི་ང་རོ་སྒྲོགས་སྙད་ཡིན་ཞེས་སྨྲས་ན་ཁ་གཏམ་གཡུ་འབྲུག་གི་སྐད་ལས་ཆེ་བར་སོང་ཡང་། གཏམ་ལ་གཡོ་ཟོལ་དང་རྫུན་ཚིག་གིས་མ་བསླད་པ་ཡིན་ཞེས་མ་སྨྲོས་སོ། །

གསུམ།

ད་ནི་བརྗོད་བྱའི་ནང་དོན་གྱི་ཐད་ལ་ཅུང་ཟད་ཞུ་བར་བྱ་སྟེ། ཕྲན་གྱི་རྩོམ་ཡིག་འདི་བཞིན་དངོས་གཙོ་རྩོད་སྒྲུབ་རིག་པའི་ལྟ་བ་ཚད་ཤིང་དུ་བཟུང་ཞིང་། གནའ་བོའི་རྒྱ་གར་གྱི་མཁས་པའི་རྟོག་ལྟ་བུར་གྱུར་པ་ཀླུ་སྒྲུབ་ཡབ་སྲས་ཀྱི་གཞུང་འགའ་དང་། བོད་གངས་ཅན་མགོ་ནག་སྐྱེ་ཡི་མགོན་མཆོག་ཏུ་གྱུར་པ་རྒྱལ་བ་ཙོང་ཁ་བ་ཡབ་སྲས་སོགས་སྐྱེས་བུ་དམ་པ་རྣམས་ཀྱི་གཞུང་རྣམ་དག་ཁག་གཅིག་ལ་གཏུགས་ཏེ། རང་གི་རིགས་པས་གང་ལྕོགས་ལྕོགས་ཀྱིས་དོན་གྱི་སྙིང་པོ་བཀྲལ་བ་དང་ཆབས་ཅིག་ཏུ་དེང་གི་ཤེས་རིག་དོ་ནའི་ཁྱབ་ཁོངས་སུ་རྒྱ་ཡན་དུ་འཁྱམས་པའི་གཏམ་མ་ལེགས་སུ་ཐལ་འདུག་སྙམ་པ་ཁག་གཅིག་ལ་ལུང་རིགས་ཟུང་གིས་བརྟར་ཤ་གཅོད་ཁྲུལ་དང་དགག་བཞག་ཀྱང་ངེས་ཅན་བྱས་ཡོད། རྩོམ་ཡིག་ཧྲིལ་པོ་ལེའུ་ཆེ་བ་གསུམ་དུ་དབྱེ་ཡོད་པ་དང་། དེ་དག་རེ་རེ་ལ་ཡང་དོན་གྱི་བབས་ལ་བསྟུན་ཏེ་ས་བཅད་དང་ནང་ཚན་འགའ་ཞིག་དབྱེ་ཡོད།

ལེའུ་དང་པོའི་ནང་དོན་ལ་ཕྱི་རོལ་པས་བདག་ཇི་ལྟར་འདོད་ཚུལ་དང་།

ནང་པས་བཅིངས་གྲོལ་གྱི་གཞིའི་བདག་གི་མཚན་གཞི་ཇི་ལྟར་འདོད་ཚུལ་གྱི་རྩ་བའི་དབྱེ་བ་གཉིས་ཡོད་ཅིང། སྟོན་འགྲོའི་ཚུལ་དུ་བདག་མེད་གླེང་བ་ལ་བདག་འཆད་དགོས་པའི་དགོས་དམིགས་སྐོར་གྱི་ས་བཅད་གཅིག་བསྟན་པས་ས་བཅད་གསུམ་ལས་གྲུབ་པ་ཞིག་ཡིན། དེ་ཡང་ལེའུ་དང་པོའི་ནང་དུ་ལོ་རྒྱུས་འཕེལ་འགྱུར་དང་སྤྱི་ཚོགས་རྒྱབ་ལྗོངས་ཀྱི་ཆ་ནས་བདག་དང་བདག་མེད་ལྟ་བའི་འཕེལ་རྒྱས་ཀྱི་རྒྱ་འགོ་ངོ་སྤྲོད་དང། བདག་མེད་ལྟ་བ་འཆད་པའམ་སློབ་སྦྱོང་གི་བགྱི་བ་རྩོམ་པ་ལ་བདག་འཆད་པ་དང་རྒྱུས་ལོན་དགོས་པའི་རྒྱུ་མཚན་ཅི་ཡིན་གསལ་བཤད་ཙུང་ཙམ་བར་བྱས་ཡོད། ལྷག་པར་དུ་ཕྱི་རོལ་མུ་སྟེགས་པའི་གྲུབ་མཐའ་བརྙིང་བའམ་རྩ་བའི་སྡེ་ལྔ་སོགས་བདག་གི་འདོད་ཚུལ་ཐད་ལ་རིགས་པ་སྐྱེན་པ་དང། རྣམ་གཞག་ལོ་ལག་ཙུང་ཙམ་བའི་གྲུབ་མཐའ་ཁག་གིས་རྟག་པ་དང། གཅིག་པུ། རང་དབང་བ་སོགས་ཀྱི་བདག་དེ་ཇི་ལྟར་འདོད་ཚུལ་དང། རང་སྡེས་བཅིངས་གྲོལ་གྱི་གཞིའི་བདག་གི་མཚན་གཞི་ཇི་ལྟ་བུ་ཞིག་ཏུ་ངོས་བཟུང་ཚུལ་དང། དེ་བཞིན་དུ་གང་ཟག་དང་གང་ཟག་གི་བདག་གི་རྣམ་དབྱེ་ཇི་ལྟར་འབྱེད་དགོས་ཚུལ་སོགས་ཀྱི་ཐད་ལ་སྟོན་འབྱིན་རིགས་པའི་དཔའ་བོ་རྣམས་ཀྱི་གཞུང་ལ་གཏུགས་ཏེ་གསལ་འགྲེལ་དང། རང་གི་གོ་རིག་ཟུང་གིས་དཔྱད་གླེང་གང་ལྷོགས་ལྷོགས་ཞུས་ནས། དོན་རྣམས་གཅིག་སྒྲིལ་དང། གནད་རྣམས་གསེད་བཀྲོལ་ཐུབ་པ་སོགས་བྱས་ཡོད།

ལེའུ་གཉིས་པ་ནི་ས་བཅད་ལྔ་ལས་གྲུབ་པ་ཞིག་ཡིན། ས་བཅད་དང་པོའི་ནང་དུ་བདག་མེད་ལྟ་བའི་གོ་དོན་ཏེ། གཙོ་བོ་བདག་མེད་ལྟ་བ་ཞེས་བྱ་བ་ཡང་སྙིང་ཇི་ལྟ་བུ་ཞིག་ལ་ངོས་བཟུང་ཚུལ་གསལ་བཤད་བྱས་ཡོད་ལ། བདག་མེད་ཅེས་པའི་

དགག་བྱ་ལོག་རྟོག་སྟེ་བདག་ཏུ་འཛིན་པའི་འཛིན་པ་གཉིས་ཀྱི་སྐོར་ལ་ཅུང་ཟད་གསལ་བཤད་དང་དཔྱད་གླེང་ཞུས་ཡོད། ས་བཅད་གཉིས་པའི་ནང་དུ་རང་སྡེའི་གྲུབ་མཐའ་བཞི་པོས་ཕྱིར་ཕྱི་རོལ་པའི་བདག་རྟག་པར་སྨྲས་ནས་རྟག་མཐར་ལྷུང་བ་དང་། བདག་ཆད་པར་སྨྲས་ནས་ཆད་མཐར་ལྷུང་བའི་ཉེས་སྐྱོན་རྣམས་ཇི་ལྟར་སེལ་བའམ་བདག་ཇི་ལྟར་འགོག་ཚུལ་གྱི་ཐད་ལ་གང་བསྡུས་བསྡུས་དང་གང་གོ་བདེ་བདེའི་ཚུལ་དུ་འཆད་ཡོད་ཅིང་། དེ་ཡང་གཙོ་བོ་ཕྱི་རོལ་པའི་གྲུབ་མཐའ་སྣ་ཚོགས་ལས་གྲུབ་མཐའི་གཞུང་བཀླིང་བ་ཁག་གཅིག་གི་འདོད་པ་ཇི་ལྟར་འགོག་ཚུལ་གྱི་སྐོར་ཞུས་ནས་བརྗོད་དོན་སྙིང་པོ་གསལ་མཆོན་ཐུབ་ཐབས་བྱས་ཡོད། ས་བཅད་གསུམ་པའི་ནང་དུ་རང་སྡེས་གང་ཟག་གི་བདག་མེད་ཇི་ལྟར་འདོད་ཚུལ་སྐོར་འཆད་ཡོད་ཅིང་། དེ་ཡང་ཕྱིར་རང་སྡེའི་གྲུབ་མཐའ་བཞི་པོ་སོ་སོས་གང་ཟག་གི་བདག་མེད་འདོད་སྟངས་ཇི་ལྟར་ཡིན་ཚུལ་དང་། གཙོ་བོ་དབུ་མའི་ལུགས་ཀྱི་གང་ཟག་གི་བདག་འགོག་པའི་རིགས་པ་སྟེ། ཕུང་པོ་རྣམ་བཞིའི་རིགས་པ་དང་། ཕུང་པོ་རྣམ་ལྔའི་རིགས་པ། ཕུང་པོ་རྣམ་བདུན་གྱི་རིགས་པ་ཇི་ལྟར་ཡིན་ཚུལ་འཆད་ཡོད་ལ། དེ་དག་གི་དཔེར་གྱུར་པ་ཤིང་རྟར་དཔྱད་པ་རྣམ་བདུན་གྱི་རིགས་པ་དང་། དེ་ལས་འཕྲོས་ཏེ་གཅིག་དུ་བྲལ་གྱི་རིགས་པའི་སྐོར་ཅུང་ཟད་འཆད་ཡོད། མ་ཟད་བདག་བཀག་པས་བདག་གི་བ་ཇི་ལྟར་ཁེགས་ཚུལ་ཡང་གང་གསལ་གསལ་གྱི་ཚུལ་དུ་འཆད་པར་བྱས་ཡོད། ས་བཅད་བཞི་པའི་ནང་དུ་གཙོ་བོ་ཆོས་བདག་འགོག་པའི་རིགས་པའི་སྐོར་འཆད་ཡོད་ཅིང་། དེ་ཡང་ཕྱིར་སེམས་ཙམ་པ་དང་དབུ་མ་པའི་གྲུབ་མཐའ་སོ་སོས་ཆོས་ཀྱི་བདག་མེད་ཕྲ་རགས་ཀྱི་འདོད་སྟངས་ཇི་ལྟར་ཡིན་ཚུལ་དང་། སྔོས་སུ་དབུ་

མའི་ལུགས་ཀྱི་ཆོས་བདག་འགོག་པའི་རིགས་པ་གཙོ་བོ་སྟེ། མཐའ་བཞིའི་སྐྱེ་བ་འགོག་པའི་རིགས་པ་སོགས་ཀྱི་སྐོར་བསྟན་ཡོད། ས་བཅད་ལྔ་པའི་ནང་དུ་བདག་མེད་སྒྲུབ་བྱེད་ཀྱི་རིགས་པ་གཙོ་བོ་རིགས་པའི་རྒྱལ་པོ་རྟེན་འབྲེལ་གྱི་རྟགས་དང་། རིགས་པའི་རྒྱལ་པོ་རྟེན་འབྲེལ་གྱི་རྟགས་ཀྱིས་ཆོས་ཐམས་ཅད་བདག་མེད་པར་ཇི་ལྟར་སྒྲུབ་པར་བྱེད་ཚུལ་སོགས་གོ་བདེ་བ་དང་། བལྟ་བདེ་བ། རྟོགས་སླ་བའི་ཚུལ་དུ་ཅུང་ཟད་འཆད་ཡོད།

ལེའུ་གསུམ་པ་ནི་ས་བཅད་གསུམ་ལས་གྲུབ་པ་ཞིག་དང་། ས་བཅད་དང་པོ་བདག་མེད་ལྟ་བའི་འཕེལ་རིམ་ལ་དཔྱད་པ་ཞེས་པའི་ནང་དུ་གཙོ་བོ་བདག་མེད་ལྟ་བ་ནི་ཕྱི་རོལ་པས་འདོད་པའི་བདག་གི་ཉེས་སྐྱོན་རྣམས་སེལ་བར་བྱས་པ་ལས་འཕེལ་བ་དང་། གང་ཟག་གི་བདག་འགོག་ཕྱིར་གསུངས་པའི་གང་ཟག་གི་བདག་མེད་པའི་ལྟ་བ་དེ་ཡང་ཕྱིར་ཆོས་ཀྱི་བདག་མེད་ཀྱི་ལྟ་བ་ལས་དར་སྔ་བ་ཡིན་པ་དང་། དེ་གཉིས་ལ་ཡོངས་སུ་དར་ཚུལ་གྱི་ཆ་ལ་སྔ་ཕྱི་ཡོད་པ་སོགས་བསྒྲུབས་ཡོད་ལ། དེང་གི་རིགས་པ་སྨྲ་བ་ཚ་བ་མདའ་སྨྱུག་གིས་བདག་ཡོད་པར་གསུངས་པ་སྒྲུབ་ཐབས་མེད་པའི་གཏམ་ཡིན་ཚུལ་སོགས་དང་། དེ་མིན་མཁས་པ་གཞན་གྱིས་བདེན་བཞི་མི་རྟག་སོགས་བཅུ་དྲུག་གི་མི་རྟག་སྡུག་བསྔལ་སྟོང་བདག་མེད་ཀྱི་བདག་མེད་ལ་འགྲེལ་བཤད་འཐད་ལྡན་དུ་མ་གྲུབ་པ་སོགས་ཀྱི་ཐད་ལ་དོགས་དཔྱོད་ཅུང་ཟད་བྱས་ཡོད། ས་བཅད་གཉིས་པའི་ནང་དུ་ཞོགས་དྲུང་སོགས་ཀྱིས་བྲིས་པའི་བདག་དཔེ་ཚོགས་ཀྱི་བདག་ཅེས་པའི་ཐ་སྙད་ཀྱི་གོ་དོན་དེ་གང་ལ་གོ་ན་འོས་མིན་གྱི་ཐད་དཔྱད་བརྗོད་ཅུང་ཁ་གསལ་ཞིག་བྱས་ཡོད་ལ། ཁོ་ཚོའི་དཔེ་ཚོགས་ལས་འཕྲོས་ཏེ་ནང་བསྟན་ཆོས་ལུགས་རིག་

གནས་སྤྱི་ཡི་ཐད་ལ་བསམ་གཞིག་དང་གླེང་སློང་བྱས་ཡོད། ས་བཅད་གསུམ་པའི་ནང་དུ་གཙོ་བོ་བདག་མེད་ལྟ་བས་ནང་པ་སངས་རྒྱས་པའི་ཆོས་ཀྱི་ལྟ་བ་རྟེན་འབྲེལ་དང་སྤྱོད་པ་འཚེ་བ་མེད་པ་གཉིས་ཇི་ལྟར་མཚོན་ཚུལ་དང་། དེ་ལས་འཕྲོས་ཏེ་ནང་པའི་ལྟ་བས་འགྲོ་བ་སེམས་ཅན་སྤྱི་ཡི་བདེ་སྡུག་ལ་སྨན་པའི་གནས་ལུགས་ཇི་ལྟར་བསྟན་མིན་སོགས་འཆད་ཡོད། ལྷག་པར་དུ་བདག་མེད་ལྟ་བས་འཛིག་རྟེན་མི་ཆོས་ཀྱི་ཀུན་སྤྱོད་ལ་ཇི་ལྟར་ཤུགས་རྐྱེན་ཐེབས་པ་དང་། ཤུགས་རྐྱེན་དེ་བཟང་ཕྱོགས་དང་ངན་ཕྱོགས་གང་གི་ཐད་ལ་ཐེབས་མིན་གསལ་བར་བསྟན་པ་མ་ཟད། འཛིག་རྟེན་མི་ཆོས་དང་དམ་པའི་ལྷ་ཆོས་ཞེས་པར་ངོས་འཛིན་ཇི་ལྟར་བྱ་དགོས་ཚུལ་ཐད་ལ་གོ་བདེ་ལ་གནད་ལ་འཁེལ་བའི་དཔྱད་གླེང་བྱས་ཁུལ་ཡིན། དེ་མིན་དེང་གི་སྤྱི་ཚོགས་འཕེལ་རྒྱས་ཀྱི་དགོས་མཁོ་དང་བསྟུན་ཏེ་བདག་མེད་ལྟ་བས་ཞི་མཐུན་སྤྱི་ཚོགས་འཛུགས་སྐྲུན་དང་། རང་བྱུང་སྐྱེ་ཁམས་སྲུང་སྐྱོབ་སོགས་ཀྱི་ཐད་ལ་ཇི་ལྟར་སྨན་ཚུལ་ཡང་དཔེ་མཚོན་ཅན་གྱི་གཏམ་རྒྱུ་མཚན་དང་བཅས་པའི་ཐོག་ནས་དཔྱད་གླེང་གང་ལེགས་བྱས་ཡོད་དོ། །①ངེད་རང་ཁ་ཡོའི་གཏམ་དང་ཙ་ཙོ་སྒྲོགས་པར་དགའ་པོ་མེད་ལ། མུན་ནག་སྦར་ཞུལ་བྱས་ནས་གཡང་ས་འགྲིམས་མཁན་ཡང་མིན་སྙམ་མོད། བདེན་དོན་གྱི་དཔང་པོ་ནི་འདི་ན་གསལ་ཡོད་པས། ངས་སྨྲས་ཚད་ལ་ཆ་འཛོག་བྱ་དགོས་པའི་རེ་

①གསལ་བཤད་ཞུ་རྒྱུར། ནང་པ་སངས་རྒྱས་པས་ཁས་ལེན་པའི་བདག་གི་སྐོར་སྤྱིར་འཆད་སྐབས་དབུ་མ་ཐལ་འགྱུར་བའི་ལུགས་ཀྱི་ང་ཙམ་དང་བཏགས་པ་ཙམ་ཞེས་སོགས་ཀྱི་ཐ་སྙད་སྤྱད་པ་རེ་ཟུང་ཡོད་ལ། བདག་མེད་སྤྱིར་འཆད་སྐབས་དབུ་མ་ཐལ་འགྱུར་བའི་ལུགས་བཞིན་རང་བཞིན་བདེན་པར་གྲུབ་པས་སྟོང་བ་སོགས་ཀྱི་གོ་དོན་བཀྲལ་བ་ཡང་རེ་ཟུང་ཡོད་པ་རྣམས་དགོས་པའི་དབང་གིས་ཡིན་ཏེ། སྐབས་ཚང་མར་འདོད་ལུགས་སོ་སོར་འཆད་ན་ཡི་གེ་མང་བར་དོགས་པས་ཡིན་པའོ། །

པ་ཡེ་ནས་མེད། ཤེས་རིག་ལ་ཐོས་བསམ་བྱ་རྒྱུ་དེ་མགོ་ཐོག་ཏུ་བབས་ཤིང་གཡོལ་དུ་མི་བཏུབ་པའི་འགན་འཁྲི་ཞིག་མིན་ཡང་། ལྷག་བསམ་གྱིས་བསྐུལ་བའི་ལེགས་སྐྱེས་ཤིག་ལ་དམིགས་པ་བཙལ་བས། སྙིང་ཁོང་ནས་བཞུར་བའི་ཚིག་འབྲུའི་ཐིགས་པ་རེ་རེས། བོད་ཟླ་མོ་སྒང་གི་སྟོད་བཙུད་ལ་ཕན་ན་སྙམ་པ་དོན་ཐོག་ཏུ་ཙུང་ཟད་སྨིན་སོང་ན། དཀའ་སྤྱད་ཀྱི་དོན་གོ་ཚོད་སོ་སྙམ། བསམ་པ་དོན་ཐོག་ཏུ་གྲུབ་པའི་བཀྲ་ཤིས་ཀྱི་བྱ་བ་ཞིག་ཀྱང་ཡིན་ངེས། འོན་ཏེ་ངེད་རང་སྐྱེས་སྦྱངས་ཀྱི་ཤེས་རབ་ཤིན་ཏུ་དམན་པ་ཞིག་གིས་གཞུང་ཆེན་མོ་རྣམས་ཀྱི་ཞལ་ཁ་དག་འབྱེད་དགོས་པ་མ་ཟད། ནང་དོན་ལ་གོ་བ་ཡང་བསྐྱེད་དགོས་དུས། རྩོམ་ཡིག་གི་མགོ་མཇུག་བར་གསུམ་དུ་མ་རྟོགས་ལོག་རྟོག་དང་། གོང་འོག་འགལ་འབྲུལ་ཤོར་བ་སོགས་ཀྱི་ནོངས་པའི་ཆ་ཅི་རིགས་འབྱུང་སྲིད་པས། མཁྱེན་དཔྱོད་ཡངས་ལ་ལྷག་བསམ་དཀར་བའི་ཤེས་ལྡན་རྣམས་ཀྱིས་བཀའ་སློབ་ཀྱི་གྲུ་ཆར་གྲུས་པའི་ཤེས་འདོད་ཀྱི་ཞིང་ས་འདིར་གང་མང་དབབ་རྒྱུའི་རེ་བ་ཡོད་དོ། །

ལེའུ་དང་པོ། ཕྱི་ནང་གྲུབ་མཐས་བདག་དང་བདག་གི་མཚན་གཞི་ཇི་ལྟར་འདོད་ཚུལ་སྐོར།

ས་བཅད་དང་པོ། བདག་མེད་སྒྲེང་བ་ལ་བདག་འཆད་དགོས་པའི་དགོས་དམིགས་སྐོར།

དང་པོ། ཤེས་རིག་རྒྱབ་ལྗོངས་ཀྱི་ཆ་ནས་སླབ་པ།

རིག་བྱེད་ཀྱི་ཤེས་རིག་ནི་གནའ་བོའི་རྒྱ་གར་ཤེས་རིག་གི་ཆུ་འགོ་ལྟ་བུ་ཡིན་འདུག་སྟེ། བྲམ་ཟེའི་ཆོས་ལུགས་ཞེས་འབོད་པའི་རིག་བྱེད་ཕྱི་མའི་དུས་སམ་མུ་སྟེགས་པའི་གྲུབ་མཐའི་ཐོག་མའི་སྨྱུ་གུ་འབུས་དུས་དང་། མུ་སྟེགས་བྱེད་ཀྱི་ལུགས་རྒྱ་ཁྱབ་ཏུ་དར་དུས་གང་ལ་ཡང་རིག་བྱེད་འགྱུར་བ་མེད་པར་སྨྲ་བ་དང་། ལྷ་ཆེན་དབང་ཕྱུག་དང་ཚངས་པ། ཁྱབ་འཇུག་བཅས་གཙོ་བོར་འཛིན་པ་སོགས་ལས་རྟོགས་ཐུབ། དཔེར་ན། མུ་སྟེགས་གྲངས་ཅན་པ་ཡིས་དབང་ཕྱུག་ནག་པོའི་རྒྱུད་①བསྟེན་ཅིང་། དབང་ཕྱུག་གིས་རྗེས་སུ་བཟུང་བར་སྨྲ་བ་དང་། དེ་བཞིན་དུ་ཚངས་པ་བ་དང་། དབང་ཕྱུག་པ། ཁྱབ་འཇུག་པ་སོགས་ནི་ལྷ་ཅི་སྨོས། དེས་ན་བདག་མེད་ལྟ་

---

①ལྷ་ཆེན་དབང་ཕྱུག་གིས་རྗེས་སུ་བཟུང་བའི་དྲང་སྲོང་ཆུ་སྐྱེང་གིས་བརྩམས་ཤིང་། དབང་ཕྱུག་ནག་པོའི་རྒྱུད་སུམ་ཅུ་པ་དང་དྲུག་ཅུ་པ་སོགས་བརྩམས་པས་དེ་ཉིད་གྲངས་ཅན་ཕྱི་མ་སྟེ་གྲངས་ཅན་ལྷར་བཅས་པ་རྣམས་ཀྱིས་སྟོན་པར་འཛིན་པའོ། །

བ་ཞེས་པ་བདག་ཡོད་ལྟ་བའི་གདོང་གཏད་དུ་དར་ཕྱིར། བདག་མེད་ལྟ་བ་མ་དར་སྔོན་གྱི་ཤེས་རིག་གི་རྒྱབ་ལྗོངས་ནི་མ་འཆད་ཐབ་མེད་དུ་སྣང་།

༡ རིག་བྱེད་ཀྱི་དུས།

ཤེས་རིག་དཔལ་གྱིས་ཕྱུག་ཅིང་སྣན་པའི་གྲགས་པ་ས་གསུམ་ཁྱབ་ན་འབར་བའི་གནའ་བོའི་རྒྱ་གར་གྱི་ས་གཞི་ཡངས་པོར་གདོད་ནས་གནས་བཅའ་མཁན་གྱི་ཡང་མེས་ཚོ་བྱུང་ནས་ད་ཕན་ལོ་ངོ་ཁྲི་ཚོ་དུ་མ་ཕྱིན་ཡོད་པ་དེང་གི་མཁས་པས་བཞེད། ལྷག་པར་དུ་ཧ་ལམ་སྤྱི་ལོའི་སྔོན་གྱི་ལོ་ངོ་ཉིས་སྟོང་ལྔ་བརྒྱའི་གཡས་གཡོན་ནས་སྤྱི་ལོའི་སྔོན་གྱི་ལོ་ངོ་ཆིག་སྟོང་བདུན་བརྒྱའི་བར་ཙམ་ལ་གནའ་བོའི་རྒྱ་གར་གྱི་ཆུ་བོ་སེནྡྷུའི་ཤེས་རིག་བཏོད་ཡོད་པ་རེད། ལོ་དུས་དེ་ནི་གནའ་རྫས་རྟོག་ཞིབ་པས་དུས་རབས་གོང་མའི་ལོ་རབས་ཉི་ཤུའི་ནང་སེནྡྷུ་ཆུ་བོའི་ཉེ་འགྲམ་དུ་ཧ་རབ་པྤ(哈拉巴)དང་མོ་ཧེན་ཛོ་ད་རོ་(摩亨佐・达罗)ཞེས་པའི་གདོད་མའི་གྲོང་ཁྱེར་གྱི་གནའ་ཤུལ་གཉིས་བཙལ་རྙེད་བྱུང་རྗེས་ར་སྤྲོད་ཐུབ་པ་ཞིག་དང་། དེང་གི་མཁས་པས“རིག་གནས་གཅིག་གི་ཁོངས་སུ་གཏོགས་པས་སྤྱི་ལ་ཧ་རབ་པྤའི་རིག་གནས་སམ་སེནྡྷུ་ཆུ་བོའི་ཤེས་རིག”①ཟེར། དེ་ལྟར་ན་འང་། “ཧ་ལམ་སྤྱི་ལོའི་སྔོན་གྱི་ལོ་ཉིས་སྟོང་གི་དུས་དཀྱིལ་དུ་ཨཱཪྱའི་②མི་རྣམས་སྐོར་དང་སྐོར་བྱས་ཏེ་ཧིན་དུ་ཆུ་བོའི་བཞུར་རྒྱུད་དུ

①རྒྱ་ཡེ་བཀྲ་རྫོས་བརྩམས་པའི་རྒྱ་གར་འཕགས་པའི་ཡུལ་གྱི་རིག་གནས་བོད་གངས་ཅན་གྱི་རྩོམ་རིག་དང་ཇི་ལྟར་འབྲེལ་བའི་ཚུལ་ལ་དཔྱད་པ་དཔྱོད་ལྡན་ཡིད་ཀྱི་དགའ་སྟོན། ཀྲུང་གོའི་བོད་རིག་པ་དཔེ་སྐྲུན་ཁང་། ༢༠༡༥ལོར་དཔར། ༤༨

②ལེགས་སྦྱར་ཡིན་ཞིང་། དབྱིན་ཡིག་ཏུ0Aryanཞེས་དང་། རྒྱ་ཡིག་ཏུ 雅利安人 ཞེས་འབོད་ལ། བོད་ཀྱི་སྐད་དུ་འཕགས་པ་ཞེས་སོ། །

གཞིས་ཆགས་ཤིང་གནས་གཞི་བཟུང་བ་ནས་རྒྱ་གར་གྱི་ཆབ་སྲིད་དང་དཔལ་འབྱོར་རིག་གནས་བཅས་ཛཱཏྲུའི་མི་རིགས་འདིས་བདག་དབང་མཛད་" ①པས། རིམ་པར་ཆུ་བོ་སིནྡྷུའི་རིག་གནས་ཉིད་འཛིག་པར་གྱུར་ཏེ་དགུང་གི་འཇའ་ལྟར་ཡལ་བར་འདོད་མཁན་མང་ཡང་། ཛཱཏྲུའི་མི་རྣམས་ནམ་ཙམ་ལ་རྒྱ་གར་དུ་སླེབས་པ་དང་། ཆུ་བོ་སིནྡྷུའི་རིག་གནས་ཀྱི་འཛིག་རྐྱེན་སྐོར་ལ་ད་དུང་ཡིད་རྟོན་རུང་བའི་ངེས་ཚིག་ཅིག་མ་མཐོང་། མ་གཞི་ཧ་རབ་ཀྱི་རིག་གནས་ལ་གྲུད་ཆག་བྱུང་ན་ཡང་ལོ་རྒྱུས་ཀྱི་དུས་རིམ་ནང་ཛཱཏྲུའི་མི་རིགས་དང་ཡུལ་དེར་གདོད་ནས་གནས་བཅའ་མཁན་མི་རིགས་དབར་ཕན་ཚུན་རྒྱུད་འདྲེས་ཡོད་ཅིང་། རིག་གནས་ཀྱི་ཤུགས་རྐྱེན་ཡང་ཐེབས་ཡོད་པ་རེད་དེ། དགེ་རྒན་ཆེན་མོ་རྒྱ་ཡེ་བཀྲ་རྡོས། "འོན་ཀྱང་ཧ་རབ་པའི་རིག་གནས་དང་དེའི་ཕྱིས་སུ་བྱུང་བའི་བྲམ་ཟེའི་② རིག་གནས་གཉིས་ལ་ནང་གི་འབྲེལ་བ་ཞིག་ཡོད་པར་ངེས་ཏེ། དབང་ཕྱུག་དང་། ལིངྒ་དང་། སྐྱེ་དངོས་དང་སྲོག་ཆགས་འགའ་རེ་ལ་དད་པ་སོགས་ནི་ཛཱཏྲུའི་མི་རྣམས་ཀྱིས་ཆུ་བོ་སིནྡྷུའི་རྒྱུད་ཀྱི་མི་དེ་དག་ལས་བླངས་པ་ཡིན་ཤས་ཆེ" ③ཞེས་གསུངས་སོ། །དེ་བས་ཛཱཏྲུའི་མི་རིགས་དེ་ཉིད་གནའ་བོའི་རྒྱ་གར་གྱི་ནུབ་བྱང་ནས་རིམ་པར་ཤར་ཕྱོགས་སུ་རྒྱ་སྐྱེད་ནས

---

①སྔོན་བཟང་པ་དགེ་འདུན་སྐྱབས་ཀྱིས་བརྩམས་པའི་ནང་དོན་རིག་པའི་སྤྱི་བཤད། ཀྲུང་གོའི་བོད་ཀྱི་ཤེས་རིག་དཔེ་སྐྲུན་ཁང་། ༡༩༩༧ལོར་དཔར། ཤ༨

②བྲམ་ཟེ་ཞེས་པ་ལེགས་སྦྱར་སྐད་དུ་བྲཱཧྨཎ་ཞེས་དང་། དོན་ནི་གཙང་མའམ་ཚངས་སྤྱོད་ལ་གནས་པའོ། །

③རྒྱ་ཡེ་བཀྲ་རྡོར་གྱིས་བརྩམས་པའི་རྒྱ་གར་འཕགས་པའི་ཡུལ་གྱི་རིག་གནས་བོད་གངས་ཅན་གྱི་རྩོམ་རིག་དང་ཇི་ལྟར་འབྲེལ་བའི་ཚུལ་ལ་དཔྱད་པ་དཔྱོད་ལྡན་ཡིད་ཀྱི་དགའ་སྟོན། ཀྲུང་གོའི་བོད་རིག་པ་དཔེ་སྐྲུན་ཁང་། ༢༠༡༥ལོར་དཔར། ཤ༡༠

འཕེལ་རྒྱས་འགྲོ་བའི་བགྲང་བྱའི་འཁོར་འགྲོས་ནང་དང་། སིནྡྷུ་ཆུ་བོའི་བཞུར་རྒྱུད་དུ་གཞིས་ཆགས་གནས་སྡོད་བྱས་པ་ནས་རིམ་བཞིན་རིག་བྱེད་ཤེས་རིག་གི་ཆུ་འགོ་བརྙེལ་བ་རེད།

རིག་བྱེད་བཞི་ཡི་བྱུང་རྩུལ་ཐད་ལ། "གསུམ་ལྡན་གྱི་དུས་ཙ་ན་དུད་འགྲོ་རྣམས་རི་དྭགས་དང་ལུང་དྭགས་ཚན་པ་གཉིས་སུ་གྱུར་ཏོ། །ཚངས་པའི་ཤར་གྱི་ཞལ་ནས། ངེས་བརྗོད་རིག་བྱེད་དང་། སྙེབ་སྦྱོར་དཔལ་འགྲོ་དང་། ཚིགས་བཅད་ཧྲིབྲིཏ་གསུམ་འབྲེལ་སོགས་གདོང་གཞན་ལ་སྦྱར་ཏེ་མ་སྨྲས་སོ་"① ཞེས་དང་། ཡང་གྲུབ་མཐའི་རྣམ་གཞག་འཁྲུལ་སྤོང་གདོང་ལྔའི་སྒྲ་དབྱངས་ལས། "ཚངས་སོགས་སྟོན་དང་ཐམ་ཟེ་རིག་བྱེད་དང་། །ཚངས་པ་པད་སྐོང་ལས་སྐྱེས་དུས་མིང་བདུན། །ཞལ་བཞི་ལུས་ཆ་བཞི་ལས་རིག་བྱེད་བཞི། །མི་རིགས་བཞི་སྐྱེས་འཇིག་རྟེན་བྱེད་པ་པོ། །"② ཞེས་གསུངས་པ་བཞིན་དུ་ཚངས་པའི་ཞལ་རས་བཞི་ལས་རིག་བྱེད་བཞི་སྐྱེས་པར་འདོད་ལ། དེ་བཞིན་དུ་མི་རིགས་བཞིར་དབྱེ་བ་སོ་སོ་ཡང་ཚངས་པའི་ཞལ་ནས་བྲམ་ཟེ་རྣམས་དང་། དཔུང་པ་ནས་རྒྱལ་རིགས་རྣམས། བརླ་ནས་རྗེའུ་རིགས། རྐང་མཐིལ་ནས་དམངས་རིགས་སྐྱེས་པར་འདོད་ཅིང་། རིག་བྱེད་ལ་མཁས་པ་

①མཁས་དབང་དགེ་འདུན་ཆོས་འཕེལ་གྱི་གསུང་རྩོམ་ཕྱོགས་སྒྲིག་པོད་གཉིས་པ། བོད་ལྗོངས་བོད་ཡིག་དཔེ་རྙིང་དཔེ་སྐྲུན་ཁང་། ༡༩༩༠ལོར་དཔར། ཤ༡༠༡

②ཀུན་མཁྱེན་འཇམ་དབྱངས་བཞད་པས་མཛད་པའི་གྲུབ་མཐའི་རྣམ་བཤད་རང་གཞན་ཀུན་དང་ཟབ་དོན་མཆོག་ཏུ་གསལ་བ་ཀུན་བཟང་ཞིང་གི་ཉི་མ་ལུང་རིགས་རྒྱ་མཚོ་སྐྱེ་དགུའི་རེ་བ་ཀུན་སྐོང་ཞེས་བྱ་བ་བཞུགས་སོ། ། སེར་གཙུག་ནང་བསྟན་དཔེ་རྙིང་འཚོལ་བསྡུ་ཁང་ནས་བསྒྲིགས། གངས་ཅན་ཁྱད་ནོར་དཔེ་ཚོགས། པོད་ཕྲེང་བཞི་བརྒྱ་དོན་བདུན། ཤ༣

རྣམས་ཀྱང་ལྷའི་རྒྱུད་དང་ལྷ་མིའི་འབྲེལ་བ་བྱེད་ཤེས་མཁན་འབབ་ཞིག་ཡིན་སྐད། རྗེ་བཙུན་ཏཱ་ར་ནཱ་ཐའི་རྒྱ་གར་ཆོས་འབྱུང་དུ་ཡང་། "སྒྲ་སྙེགས་བྱེད་ཀྱི་གཞུང་རྣམས་ལས་རྫོགས་ལྡན། གསུམ་ལྡན། གཉིས་ལྡན་གྱི་དུས་སོ་སོར་རྒྱལ་པོ་དང་དྲང་སྲོང་ལ་སོགས་པའི་རབས་མང་པོ་ཡོད་ནའང་། ཅི་རིགས་པར་རྫུན་ཚིག་ཀྱང་འདྲེས་པས་མཐའ་གཅིག་ཏུ་ཡིད་རྟོན་དཀའ་བ་དང་། དམ་པའི་ཆོས་ཀྱི་ལོ་རྒྱུས་དང་འབྲེལ་བ་གཅིག་ཀྱང་མེད་པས། རྣམ་དཀར་དོན་གཉེར་ལ་ནི་བར་མཁོ་བར་མི་སྣང་"①ཞེས་གསུངས་པ་བཞིན་རིག་བྱེད་ཀྱི་གཞུང་དུ་བརྗོད་བྱར་སྒྲོ་བཏགས་པའི་ཆ་ཤེན་ཏུ་མང་བས། གོང་སྨྲོས་རིག་བྱེད་བཞི་པོའི་བྱུང་ཚུལ་ཡང་སྒྲོ་བཏགས་པའི་གཏམ་ལས་མ་འདས་སོ། །དོན་དུ་ཇི་ལྟར་ལགས་སམ་ཞེ་ན། གྲུབ་མཐའ་ཆེན་མོ་ཏུ། རིག་བྱེད་ལུང་ལས། སྔན་ངག་རི་ལ་སྔན་ངག་བྱས། །སྲིད་སྲུང་རི་ལ་སྲིད་རིག་བྱས། །སྐལ་ལྡན་གྱི་ནི་ཕུག་རོན་ཅན། །ངེས་བརྗོད་ཨཀྵི་ར་བས་བྱས། །ཞེས་དང་། སྤྱན་རས་གཟིགས་བརྟུལ་ཞུགས་དང་། འཕགས་བསྟོད་ཀྱི་འགྲེལ་པ་ལྟར། རི་བོ་སྔན་པ་དང་། སྐལ་ལྡན་ཕུག་པར་དྲང་སྲོང་ཨ་ཏྲིས་སྔན་ཚིག་གི་རིག་བྱེད་དང་། སྲིད་སྲུང་གི་རིག་བྱེད་ཉི་མའི་རྒྱུད་བྱས། རི་བོ་ངེས་པར་མངོན་བརྗོད་དང་། ཡང་མཆོད་སྦྱིན་ངན་

①རྫོ་ནང་རྗེ་བཙུན་ཏཱ་ར་ནཱ་ཐས་མཛད་པའི་རྒྱ་གར་ཆོས་འབྱུང་། སི་ཁྲོན་མི་རིགས་དཔེ་སྐྲུན་ཁང་། ༡༩༨༨ལོར་དཔར། ༦༨

སྤྱོད་དང་ཨཏྨིར་གཉིས་ཀྱིས་བྱས་①ཞེས་སོགས་གསུངས་ནས་རིག་བྱེད་རྩོམ་སའི་ཡུལ་དང་རྩོམ་མཁན་གསལ་ཡོད་པས་དེ་དེ་བཞིན་ཡིན་པ་དཔོག་ནུས། སློབ་དཔོན་འཆི་མེད་བཟང་པོས་མཛད་པའི་མངོན་བརྗོད་འཆི་མེད་མཛོད་ལས། “ངེས་བརྗོད་རིག་བྱེད་ཚིགས་བཅད་ཀྱི་མཛོད། །སྙན་ཚིག་རིག་བྱེད་སླུའི་མཛོད། །མཆོད་སྦྱིན་རིག་བྱེད་ཆོ་གའི་མཛོད། །སྲིད་སྲུང་རིག་བྱེད་མན་ངག་གི་མཛོད། །”②ཅེས་གསུངས་པ་བཞིན་དུ་ངེས་བརྗོད་རིག་བྱེད་ནི་རང་བྱུང་གི་སྣང་ཚུལ་ལྷ་རུ་བརྩི་བ་རྣམས་ལ་ཚིགས་བཅད་ཀྱིས་བསྟོད་པར་བྱེད་པ་གཙོ་བོ་དང་། སྙན་ཚིག་རིག་བྱེད་ལ་རྗོད་བྱེད་སྙན་ངག་གི་རྩོམ་ལུས་ལམ་ནས་ཨཱརྱའི་མི་རྣམས་ཀྱིས་གདོད་ནས་དར་བའི་ངེས་བརྗོད་རིག་བྱེད་ཀྱི་བརྗོད་དོན་རྟོགས་དཀའ་བ་རྣམས་ཟབ་མོར་བྱས་ནས་འགྲེལ་བ་དང་། དུས་མཚུངས་སུ་དབང་པོའི་སྤྱོད་ཡུལ་དུ་མེད་པའི་ལྷ་ལ་དད་པ་བྱེད་པའི་སྲོལ་བཏོད་ཅིང་། ལྷ་མང་ལ་དད་པ་ནས་རིམ་བཞིན་ཚངས་པ་དང་དབང་ཕྱུག ཁྱབ་འཇུག་བཅས་ལྷ་ཆེན་གསུམ་གཙོ་བོར་འཛིན་པ་མ་ཟད། ཚངས་པ་སྣང་སྲིད་ཀུན་གྱི་བདག་པོར་འདོད་པ་དང་། བརྟན་གཡོའི་འཇིག་རྟེན་ཅི་ཡང་ལྷ་ཆེན་པོ་ཚངས་པའི་སྒྱུ་མ་ཙམ་དུ་འདོད་པ་སོགས་རིག་བྱེད་བཞི་པོའི་ལུགས་ནི་ཕལ་ཆེར་ལྷ་ལ་དད་པ་བྱེད་

①ཀུན་མཁྱེན་འཇམ་དབྱངས་བཞད་པས་མཛད་པའི་གྲུབ་མཐའི་རྣམ་བཤད་རང་གཞན་ཀུན་དང་ཟབ་དོན་མཆོག་ཏུ་གསལ་བ་ཀུན་བཟང་ཞིང་གི་ཉི་མ་ལུང་རིགས་རྒྱ་མཚོ་སྐྱེ་དགུའི་རེ་བ་ཀུན་སྐོང་ཞེས་བྱ་བ་བཞུགས་སོ། །སེར་གཙུག་ནང་བསྟན་དཔེ་རྙིང་འཚོལ་བསྡུ་ཁང་ནས་བསྒྲིགས། གངས་ཅན་ཁྲོད་ནོར་དཔེ་ཚོགས་པོད་ཕྲེང་བཞི་བརྒྱ་དོན་བདུན། ཤ༡༩༢

②སྙན་བཟང་པ་དགེ་འདུན་སྐྱབས་ཀྱིས་བརྩམས་པའི་ནང་དོན་རིག་པའི་སྤྱི་བཤད། ཀྲུང་གོའི་བོད་ཀྱི་ཤེས་རིག་དཔེ་སྐྲུན་ཁང་། ༡༩༩༧ལོར་དཔར། ཤ༡༥པར་ལུང་དྲངས་པ་ལས་བཏུས་པའོ། །

པ་དང་། མཆོད་སྦྱིན་བྱེད་པ་སོགས་གཙོ་བོར་འཛིན་པ་དང་། རིག་བྱེད་ཀྱི་བྱུང་བའི་སྐོར་ལ་བཞེད་པ་མ་གཅིག་པ་རེ་ཟུང་ཡོད་ཀྱང་། རིག་བྱེད་ཀྱི་གཞུང་རྣམས་ནི་བྲམ་ཟེའི་ཆོས་གཞུང་གི་ཕྱི་མོ་ཡིན་པའོ། །གཞན་རིག་བྱེད་བཞི་པོ་དར་སྔ་ཕྱིའི་ཐད་ལ་ཕལ་མོ་ཆེས་ངེས་བརྗོད་རིག་བྱེད་ཐོག་མར་བྱུང་བར་བཞེད་ལ། དེའི་སྐོར་ལ་སྨན་བཟང་པ་དགེ་འདུན་སྐྱབས་ཀྱིས། “ངེས་བརྗོད་རིག་བྱེད་འཛིན་མཁན་ཆོས་རང་བྱུང་ཁམས་ཀྱི་སྣང་ཚུལ་མང་པོ་ལྷར་བཏགས་ནས་བཀུར་ཅིང་མཆོད་པར་བྱེད་པ་སྟེ། ནམ་མཁའ་སྟོ་སངས་ནི་ཌྱཽ་བྱ་བ་དང་། ས་གཞི་ཆེན་པོ་ནི་ཡུམ་བྲི་ཐ་བྱ་བར་འདོད་ལ། དེ་བཞིན་རྒྱ་མཚོ་ས་མུ་དྲ་བྱ་བའི་ལྷ་དང་། དབང་པོའི་གཞོན་པ་གླང་པོ་ཆེ་ནི་ཐྲིན་དང་། དེས་བ་གླང་རྣམས་སྐྱོང་བར་བྱེད་ཅིང་། ནམ་དགའ་བར་གྱུར་བ་ན་དེ་དག་གི་འོ་མ་ས་རུ་འཛོ་བ་ལ་ཆར་དང་། གནམ་ལྕགས་ནི་དེའི་ལག་ཆ་རྡོ་རྗེ་དང་། འབྲུག་སྒྲ་ནི་དབང་པོ་ཁྲོས་པའི་སྐད་དང་། གློག་ནི་དེའི་མདའ་དང་། འཇའ་ནི་དབང་པོའི་གཞུ་ཡིན་པར་སྨྲ་བ་དང་། གནམ་ན་གཟི་བརྗིད་ཆེ་བ་ཉི་མ་ནི་སུརྻ་བྱ་བའི་ལྷ་དང་། ས་ན་གཟི་བརྗིད་ཆེ་བ་མེ་ནི་ཨགྣི་བྱ་བའི་ལྷ་དང་། རླུང་ནི་བ་ཡུ་བྱ་བ་དང་། འཚུབ་མ་ནི་མ་རུ་ཏ་བྱ་བ། སྐྱ་རེངས་ནི་ཨུཥ་བྱ་བའི་ལྷ་མོ་ཡིན”①པར་བརྗོད་པ་ལས། སྐབས་དེའི་ངེས་བརྗོད་རིག་བྱེད་འཆང་བ་པོ་རྣམས་ནི། བློ་རིག་བརྟུལ་བའི་གདོད་མའི་མི་རྣམས་ཀྱིས་རང་བྱུང་ཁམས་ལ་ངོས་འཛིན་དང་དད་པ་བྱེད་པའི་རྣམ་པ་ཙམ་སྟེ། ཡོངས་སུ་གྲགས་པའི་མིའི་རིགས་ཀྱི་སྤྱི་ཚོགས་འཕེལ་བའི་

①སྨན་བཟང་པ་དགེ་འདུན་གྱིས་བརྩམས་པའི་ནང་དོན་རིག་པའི་སྤྱི་བཤད། ཀྲུང་གོའི་བོད་ཀྱི་ཤེས་རིག་དཔེ་སྐྲུན་ཁང་། ༡༩༩༧ལོའི་པར་ཐེངས་དང་པོ། ཤ༥

བརྒྱུད་རིམ་ཁྲིད་ཀྱི་གདོད་མའི་མི་རྣམས་ཀྱིས་རང་བྱུང་ཁམས་ཀྱི་རི་ཆུ་ཤིང་ལ་སོགས་པར་ལྷ་རུ་བཀུར་ནས་དད་མོས་དང་བསང་མཆོད་སོགས་བྱེད་པའི་རྣམ་པ་ལས་མ་འདས་ལ། སྐབས་དེའི་མི་རྣམས་ཀྱིས་རང་བྱུང་ཁམས་ཀྱི་སྣང་ཚུལ་དང་འཇིགས་པ་མཐའ་དག་ལ་འགྲེལ་པ་རྒྱག་མི་ཐུབ་པས་ལྷའི་དབང་གིས་ཡིན་པར་འདོད་ཅིང་། ལྷ་དེ་དག་ལ་དད་པ་དང་མཆོད་པ་བྱས་ཆེ་འཇིགས་པ་ལས་ཐར་བར་སེམས་པ་རེད། དེ་བཞིན་དུ་སྔོན་ཆོག་རིག་བྱེད་དང་། མཆོད་སྦྱིན་རིག་བྱེད། སྲིད་སྲུང་རིག་བྱེད་བཅས་པའང་། ཆུ་འགོ་གངས་ལ་ཐུག་པའི་ཆུ་ཡི་རྒྱུན་བཞིན་དུ་ལྷ་མང་ལ་དད་པ་བྱེད་པའི་རྣམ་པ་འབའ་ཞིག་ཡིན་ལ། ལྷ་ལ་དད་མོས་བྱེད་ལུགས་མི་འདྲ་བ་དང་། རང་རང་ལུགས་ཀྱི་རིག་བྱེད་གཞུང་གི་བརྗོད་བྱར་ཁྱད་པར་མི་འདྲ་བས་ཆོ་ག་སོགས་བྱེད་ཚུལ་ལའང་མི་གཅིག་པ་བྱུང་བ་རེད།

༢ བྲམ་ཟེའི་ཆོས་ལུགས།

གངས་ཅན་བོད་ཀྱི་སྔོན་བྱོན་གྲུབ་མཐའ་སྨྲ་བ་རྣམས་ལ་ཡོངས་སུ་གྲགས་པ་ལྟར་ན། འཛམ་བུའི་གླིང་དུ་ཆེས་གདོད་མའི་སྐབས་སུ་མི་རྣམས་རང་རང་ས་ལ་དགའ་བདེར་འཚོ་བ་ནས་མི་ལས་ལ་མི་དགའ་བ་འགའ་ཞིག་ཕྱི་མའི་ཟས་ཀྱི་སྣ་གོན་དེ་རིང་ནས་བགྱིས་པ་དང་། དེ་ལ་མི་འདོད་པ་ཆེ་བ་འགས་སྲེད་པ་བཅངས་ནས་བཀྲུ་བྱས་པས་ཕན་ཚུན་ཐོབ་ཤོར་གྱི་འཁོན་རྫོད་བྱུང་བ་དང་། ཕྱིས་འཁོན་རྫོད་ལ་འདུམ་བྱེད་པའི་རྒྱལ་པོ་བྱུང་སྟེ་ཁྲིམས་དང་བཅས་པས། རང་དབང་བདེ་བར་འཚོ་བའི་སྣང་བ་མེད་པའི་སྐྱོ་ཤས་བྱུང་སྟེ། ནགས་གསེབ་དབེན་པ་རུ་གནས་བཅས་ཏེ་རྩྭ་དང་ལྕང་ལོའི་སྤྱིལ་བུ་བྱས་ནས་ཆོས་བསམ་གཏན་བསྒོམས་ཏེ་རང་དབང་འཚོལ་མཁན་

བྱུང་བ་ནས་རིམ་བཞིན་བྲམ་ཟེ་བྱུང་བར་འཆད། དེ་ཡང་། གྲུབ་མཐའི་བྱུང་བ་བརྗོད་པ་ལས། "དེ་ལྟར་ས་ལུ་ཟོས་པ་ན་ལེ་ལོ་ཅན་ཞིག་གིས་ནངས་དགོང་གི་ས་ལུ་ཅིག་ཅར་བླངས། གཞན་རྣམས་ཀྱང་དེ་བཞིན་བྱས་པས་མཐར་ཟླ་གཅིག་གི་བར་དུ་ལྡང་བའི་ས་ལུ་བླངས། ཞེས་སོགས་དང་། དེ་ནས་མི་གཅིག་གིས་གཞན་གྱི་ས་ལུ་མ་བྱིན་པར་བླངས་པས་འཇིག་རྟེན་ན་རྐུ་བ་དང་པོ་བྱུང་སྟེ། ཞེས་སོགས་དང་། བདག་ཅག་གི་ནང་ནས་མི་སེམས་རྒྱུད་དྲང་པོར་གནས་པ་ཞིག་བསྐོས་ནས་ཆད་པས་གཅོད་འོས་པ་ལ་ཆད་པ་གཅོད་ཅིང་། ཞེས་སོགས་དང་། དེའི་དུས་ན་མི་ཁ་ཅིག་གིས། འཛིན་པའི་ཉེས་དམིགས་མཐོང་སྟེ་གྲོང་ནས་དགོན་པའི་①གནས་སུ་བསྐྱོད་དེ་ཡལ་ག་དང་ལོ་མའི་སྤྱིལ་བུ་བྱས་ནས་སྡོད་ཅིང་། ཟས་འདོད་པ་ན་བསོད་སྙོམས་ལ་ཞུགས་ནས་དགོན་པར་བསམ་གཏན་བསྒོམས་པ་ལ་དྲང་སྲོང་ཞེས་བྱའོ། །དེ་དག་གི་ནང་ནས་ཁ་ཅིག་དགོན་པ་ནས་གྲོང་མཐར་ཁང་ཁྱིམ་བརྩིགས་ནས་མགྲོན་པོ་རྣམས་ཚོམ་པར་བྱས་ཤིང་གྲོང་ལས་ཕྱི་རོལ་ཏུ་བརྟེན་པས་བྲམ་ཟེ་ཞེས་བྱའོ། །བྲམ་ཟེའི་རིགས་ཀྱི་ཐོག་མའོ། །"②ཞེས་སོགས་གསལ་བ་ལས་བྲམ་ཟེའི་རིགས་ཀྱི་བྱུང་བ་བསྟན་འོང་ལ། བྲམ་ཟེ་ནི་ཚངས་པའི་ཞལ་ནས་སྐྱེས་ཤིང་ཚངས་པའི་བུ་ཡིན་པར་འདོད་པ་གང་ཞིག་རིག་བྱེད་དག་ཚངས་པའི་ཞལ་ནས་བྱུང་བར་སྨྲས་ཕྱིར། བྲམ་ཟེའི་བྱེད་ལས་གཙོ་བོ་ནི་རིག་བྱེད་གཞུང་སྒྲ་བའམ་བཀླག་པར་བྱེད་པ་ཡིན་ཚུལ་རིགས་པས་དཔོག

①འདིར་དགོན་པ་ཞེས་བྱ་བ་ནི་གྲོང་ལས་རྒྱང་གྲགས་གཅིག་སྟེ་གཞུ་འདོམ་ལྔ་བརྒྱའི་ཚད་གཅིག་གིས་ཚོད་པའི་དབེན་གནས་ལ་གོ

②དགེ་བཤེས་ཡེ་ཤེས་དབང་ཕྱུག་གིས་དབུ་མཛད་ནས་བརྩམས་པའི་གྲུབ་མཐའི་བྱུང་བ་བརྗོད་པ། ༡༩༨༥ལོར་དཔར། ཤ༧པ་ནས་༨པ་བར།

ཉུས།

བྲམ་ཟེའི་ཆོས་ལུགས་ནི་ཏ་ལམ་རིག་བྱེད་གཞུང་ལས་ཐར་པ་དང་གྲོལ་བའི་འགྲེལ་ཚུལ་སྟོན་པའི་དུས་སྐབས་ཙམ་ལ་བྱུང་སྟེ། གནའ་བོའི་རྒྱ་གར་དུ་དབང་སྒྱུར་མཁན་གྱི་ཁྲིམས་ཚད་ཏ་ཙང་ནན་པོ་ཡིན་ཞིང་། གྲལ་རིམ་གྱི་དབྱེ་བ་ཤུགས་ཆེར་གྱུར་བའི་འདྲ་མཉམ་མེད་པའི་སྤྱི་ཚོགས་སུ་མི་མང་པོ་བཟོད་དཀའི་སྡུག་བསྔལ་ལས་ཐར་བའི་ཐབས་མི་རྙེད་པའི་སྐབས་ལ། མི་རེ་ཟུང་ཞིག་འདུ་འཛི་དང་འགལ་ཟླ། རྙོག་འཛིང་གི་སྤྱི་ཚོགས་འཚོ་བར་ངེས་འབྱུང་བཅོས་མ་མིན་པ་སྐྱེས་པས་རྐྱེན་བྱས་ནས། དབེན་པའི་གནས་ན་ཞི་ལྷོད་བག་ཕེབས་སུ་འཚོ་བའི་སྐབས་ལ། རང་གི་འཚོ་ཆོས་ལ་དམིགས་པ་སོགས་པའི་དགོས་དབང་གིས་རང་རང་གི་རྟོག་པ་རྙེད་ཚུལ་ལ་དཔག་པའི་གཞུང་ལུགས་བརྩམས་པ་དང་། གཞུང་ལུགས་འཆད་སྤེལ་ལ་བརྟེན་ནས་སྤྱི་ཚོགས་འཚོ་བའི་གནས་བབས་འཚོལ་བ་རེད། དེ་ལྟར་བྲམ་ཟེ་ཆོས་པ་རྣམས་ཀྱིས་སྔ་མོ་ནས་སྔ་དེར་རིང་དུ་གནས་པའི་རིག་བྱེད་ཀྱི་གཞུང་ལུགས་བརྟན་རྙིང་པར་གྱུར་ནས་གོ་བ་རྙེད་དཀའ་བ་རྣམས་ལ་བཀྲོལ་བཤད་བྱེད་པ་མ་ཟད། གཞུང་འགྲེལ་བྱེད་པ་དང་ཆབས་ཅིག་ཆོ་ག་ཕྱག་ལེན་ལ་རྒྱ་ཆེར་ཞུགས་པའི་རྐྱེན་གྱིས། མི་རྣམས་ཀྱིས་ཕོ་ཆོ་ཤེས་ཡོན་ཅན་གྱི་མཆོག་ཏུ་བརྩིས་ནས་གོང་བཀུར་བྱེད་པའི་མུར། བྲམ་ཟེའི་ཆོས་པ་ཚོས་རང་གི་གཞུང་དུ་བསྟན་པ་ནི་འགྱུར་བ་མེད་པ་དང་། འཇིག་རྟེན་གྱི་སྣང་ཚུལ་དུ་མ་ལྷའི་དབང་གིས་ཡིན་པར་བཀྲལ་ནས། རང་གི་ཁེ་ཕན་སྲུང་སྐྱོབ་བྱེད་པ་རེད། དེ་བཞིན་བྲམ་ཟེ་རྣམས་ཀྱིས་གཏན་བདེ་ཐོབ་བྱེད་ཀྱི་ལམ་གཙོ་བོ་ཡང་ལྷ་ལ་མཆོད་སྦྱིན་བྱེད་པ་དང་། བྲམ་ཟེའི་ཆོས་ཁྲིམས་ལ་བརྩི་འཛོག ཆོས་ཀྱི་ཚོ་གར་འཇུག་པ།

ཆོས་ཕྱིར་དགའ་བ་སྤྱོད་པ་སོགས་ཡིན་པར་བརྗོད་ཅིང་། བྲམ་ཟེའི་རིགས་རྣམས་རང་གིས་མཆོད་སྦྱིན་བྱས་པ་ལ་བརྟེན་ནས་ཐར་པ་ཐོབ་ནུས་པ་དང་། རྒྱལ་རིགས་དང་རྗེའུ་རིགས་ཀྱིས་ངེས་པར་དུ"བྲམ་ཟེའི་ཆོས་ཀྱི་མཚན་ཉིད་རིག་པའི་གསུང་རབ་གཙོ་བོའི་ལྟ་བ་བདག་ཡོད་སྨྲ་བ"①སོགས་ལ་དམིགས་པ་དང་། བྲམ་ཟེའི་ཆོས་དཔོན་གྱི་གདམས་ངག་ལ་བརྟེན་ནས་སྐྱེ་བ་དུ་མར་དཀའ་ཐུབ་སྤྱད་ཚེ་ཐར་པ་ཐོབ་པར་འདོད། དེ་བས་དམངས་རིགས་ལ་ཐར་པ་ཐོབ་པའི་རྒྱུ་མེད་པར་ནུས་པ་གང་ཡོད་ཀྱིས་དབང་སྒྱུར་གྲལ་རིམ་གྱི་ཁེ་ཕན་ལ་སྨན་བྱེད་ཀྱི་ལུས་སེམས་དུབ་པའི་བགྱི་བ་འབའ་ཞིག་ལྷུར་ལེན་དགོས་པ་ཡིན།

༣ མུ་སྟེགས་པའི་ལུགས།②

དེ་ལྟར་བྲམ་ཟེའི་ཆོས་ལུགས་རྒྱ་ཆེར་དར་བའི་སྐབས་ལ། ཆུ་བོ་གངྒཱའི་རྒྱུག་ཁུལ་དུ་བདག་ལྟའི་སྲོལ་པ་གཙོ་བོར་འཛིན་ནས་རྟོག་གེ་དང་གཏན་ཚིགས་སྨྲ་བའི་མུ་སྟེགས་བྱེད་ཀྱི་གྲུབ་མཐའ་སྣ་ཚོགས་པ་ཆར་རྗེས་ཀྱི་ཤ་མོ་བཞིན་དུ་དར་བ་ཡིན་ཅིང་། མུ་སྟེགས་པའི་གྲུབ་མཐའི་སྟོན་པ་ཕལ་ཆེར་གྱིས་གཏན་གྱི་བདེ་བ་འཚོལ་བའི་ཐབས་བསྟན་པའི་རང་རང་གི་གཞུང་སྣ་ཚོགས་པ་བརྩམས་པ་མ་ཟད། རྩེ་གཅིག་ཏུ་ཐར་པ་དང་གྲོལ་བའི་ཐབས་འཚོལ་མཁན་གྱི་རྗེས་འབྲང་པ་ཡང་མང་དུ་བྱུང་བ་རེད། དེ་དག་ལ་སྤྱིར་ན་དགེ་སྦྱོང་ཞེས་སུ་གྲགས་ཤིང་། དོན་དངོས་ཐོག

①姚卫群.“古印度主要哲学经典中的“我”的观念”.《杭州师范大学学报》[社会科学版],2013(6)

②སྤྱིར་ན་བྲམ་ཟེའི་ཆོས་ལུགས་དང་མུ་སྟེགས་ལུགས་ཞེས་སོགས་སུ་དགར་དགོས་དོན་མེད་མོད། འདིར་བོད་གཞུང་བཞིན་མུ་སྟེགས་རྩ་བའི་སྡེ་རྣམས་དམིགས་སུ་བསྟན་ཕྱིར་དོན་ཚན་ཟུར་པ་བཀོད་པའོ། །

བོད་གཞུང་རྣམས་སུ་མུ་སྟེགས་པའི་རྩ་བའི་སྡེ་དྲུག་ཅེས་གྲགས་པ་དེ་ཚོ་རེད་ལ། དགེ་སྤྱོད་ཆོས་ལུགས་དོན་དམ་དུ་སྐྱོང་མཁན་ལྷ་བུ་ནི་མུ་སྟེགས་གཅེར་བུ་བ་རེད། མུ་སྟེགས་པའི་ཆོས་ལུགས་སམ་གཞན་སྡེའི་ཐོག་མར་གྲངས་ཅན་པ་བྱུང་བར་གསུངས་ཏེ། གྲུབ་མཐའི་རྣམ་གཞག་འཕྲུལ་སྤྱོང་གདོང་ལྔའི་སྒྲ་དབྱངས་ལས། “ཚེ་ལོ་དཔག་མེད་དུས་སུ་སེར་སྐྱ་ཡིས། །གྲངས་ཅན་གཞུང་བརྩམས་དེའི་བདག་རྣམ་དབྱེ་ལ། །སྒྲོ་བཏགས་མི་འདྲས་མུ་སྟེགས་ལུགས་མང་གྱེས། །འགའ་ཞིག་གདོད་ནས་སྟོན་སོགས་ཐ་དད་འཆད། །ལ་ལར་ཀུན་སྟོན་དྲང་སྲོང་མཆོད་འོས་འདོད། །མཆོད་སྦྱིན་གཉིས་རིམ་འདིར་བྱུང་གྲངས་ཅན་སྨྲ། །”① ཞེས་གསུངས་པའི་བསྐལ་པ་དང་པོའི་སྐྱེ་བོའི་ཚེ་ལ་ཚད་མེད་པའི་དུས་སུ་བྲམ་ཟེ་སེར་སྐྱ་ཞེས་པས་མུ་སྟེགས་ཀྱི་གཞུང་བརྩམས་གསུངས་པའི་ལོ་དུས་ལ་ང་ཆོས་གཏན་འཁེལ་བའི་སྡོམ་ཚིག་ཅིག་འཇོག་དཀའ་ཡང་། ཚེ་ལོ་དཔག་མེད་དུས་སུ་ཞེས་པས་དུས་ཤིན་ཏུ་སྔ་པོ་ཡིན་པ་གསལ་པོ་རེད། དེ་ལ་རྒྱ་ཡི་མཁས་པ་ཡའོ་ཞས་ཆུན་གྱིས། “ཏ་ལམ་སྤྱི་ལོའི་སྔོན་གྱི་དུས་རབས་བཞི་པར་”② དྲང་སྲོང་ཆེན་པོ་སེར་སྐྱ་ཐོན་པར་བཞེད། གང་ལྟར་ན་ཡང་། མུ་སྟེགས་པའི་གྲུབ་མཐའ་ཁག་གི་ཨ་མ་ལྟ་བུ་དང་ཆེས་སྔ་བ་ནི་གྲངས་ཅན་པ་

---

①ཀུན་མཁྱེན་འཇམ་དབྱངས་བཞད་པས་མཛད་པའི་གྲུབ་མཐའི་རྣམ་བཤད་རང་གཞན་ཀུན་དང་ཟབ་དོན་མཆོག་ཏུ་གསལ་བ་ཀུན་བཟང་ཞིང་གི་ཉི་མ་ལུང་རིགས་རྒྱ་མཚོ་སྐྱེ་དགུའི་རེ་བ་ཀུན་སྐོང་ཞེས་བྱ་བ་བཞུགས་སོ། ། སེར་གཙུག་ནང་བསྟན་དཔེ་རྙིང་འཚོལ་བསྡུ་ཁང་། གངས་ཅན་ཁྱད་ནོར་དཔེ་ཚོགས། པོད་ཕྲེང་བཞི་བཅུ་དོན་བདུན། ༦༥

②姚卫群.《印度哲学》. 北京大学出版社. 1992 年: p50 འོན་ཏེ་དེ་ལྟ་ན་སྟོན་པ་བཅོམ་ལྡན་འདས་ཀྱི་ལུགས་དོན་སྨྲ་སྟེ་གཉིས་ཀྱི་སྐབས་དང་ཕལ་ཆེར་དུས་མཉམ་པར་སྣང་བས་མི་འཐད་པར་སེམས།

ཡིན་པ་མཁས་པ་ཕལ་ཆེར་གྱིས་བཞེད། དེ་ཡང་ཡིན་ཏེ། གྲུབ་མཐའ་ཆེན་མོ་ལས། "རྗེའི་ཊཱིཀ་ཆེན་དང་། མཁས་གྲུབ་ཐམས་ཅད་མཁྱེན་པའི་སྟོང་ཐུན་ལས། གྲངས་ཅན་ལས་གྱེས་པའི་གཞན་སྡེ་ཉེར་ལྔ་ཡོད་པར་གསུངས་པ་ལྟར་ཡིན་ཏེ། འགྲེལ་བཤད་སྤྱན་རས་གཟིགས་ཀྱི་བརྟུལ་ཞུགས་ལས། གྲངས་ཅན་དག་ལས་ཞེས་བྱ་བ་ནི། གྲངས་ཅན་དག་ལས་གྱེས་པ་ཉི་ཤུ་རྩ་ལྔ་ཡོད་དོ་ཞེས་གྲགས་པ་དེ་དག་ལས་སོ། །ཞེས་གསུངས་པས་སོ།" ① ཞེས་སོགས་དང་། གཞན་ཡང་ལང་ཀར་གཤེགས་པའི་མདོའི་ལུང་དྲངས་ཏེ་ཉེར་ལྔ་པོའི་ཐར་གྲོལ་གྱི་འདོད་ཚུལ་བསྟན་པ་དང་། དེ་བཞིན་མུ་སྟེགས་ཀྱི་གྲུབ་མཐའ་ཉེར་ལྔའི་② ཕལ་ཆེར་སྟོན་པའི་དུས་ནས་ཡོད་ལ་སྟོན་པའང་ཉེར་ལྔ་སོགས་ཡོད་དེ་③ ཞེས་སོགས་གསུངས་ནས་མུ་སྟེགས་བྱེད་ཀྱི་སྟོན་པའི་མཚན་གྱི་རྣམ་གྲངས་ཉེར་ལྔ་པོ་རེ་རེ་བཞིན་དུ་སྦྲེས་པ་གནང་བ་ལས་ཀྱང་གྲངས་ཅན་ལས་མུ་སྟེགས་པའི་ལུགས་མང་དུ་གྱེས་པ་གསལ། ཚུལ་ཇི་ལྟ་བུའི་སྒོ་ནས་གྱེས་སམ་ཞེ་ན། དབུ་མ་འཇུག་པ་ལས། ཟ་པོ་རྟག་དངོས་བྱེད་པོ་མིན་པའི་བདག །ཡོན་ཏན་བྱ་མེད་

---

①ཀུན་མཁྱེན་འཇམ་དབྱངས་བཞད་པས་མཛད་པའི་གྲུབ་མཐའི་རྣམ་བཤད་རང་གཞན་ཀུན་དང་ཟབ་དོན་མཆོག་ཏུ་གསལ་བ་ཀུན་བཟང་ཞིང་གི་ཉི་མ་ལུང་རིགས་རྒྱ་མཚོ་སྐྱེ་དགུའི་རེ་བ་ཀུན་སྐོང་ཞེས་བྱ་བ་བཞུགས་སོ། །སེར་གཙུག་ནང་བསྟན་དཔེ་རྙིང་འཚོལ་བསྡུ་ཁང་། གངས་ཅན་ཁྱད་ནོར་དཔེ་ཚོགས། བོད་ཕྲེང་བཞི་བརྒྱ་དོན་བདུན། ༡༥༩

②མ་ཡིག་ཏུ་ཉེར་ལྔའི་ཞེས་གསལ་ཡང་དོན་དུ་ཉེར་ལྔ་ཞེས་མིན་ནམ་བརྟག

③ཀུན་མཁྱེན་འཇམ་དབྱངས་བཞད་པས་མཛད་པའི་གྲུབ་མཐའི་རྣམ་བཤད་རང་གཞན་ཀུན་དང་ཟབ་དོན་མཆོག་ཏུ་གསལ་བ་ཀུན་བཟང་ཞིང་གི་ཉི་མ་ལུང་རིགས་རྒྱ་མཚོ་སྐྱེ་དགུའི་རེ་བ་ཀུན་སྐོང་ཞེས་བྱ་བ་བཞུགས་སོ། །སེར་གཙུག་ནང་བསྟན་དཔེ་རྙིང་འཚོལ་བསྡུ་ཁང་། གངས་ཅན་ཁྱད་ནོར་དཔེ་ཚོགས། བོད་ཕྲེང་བཞི་བརྒྱ་དོན་བདུན། ༡༥༨

མུ་སྟེགས་རྣམས་ཀྱིས་བརྟགས། །དེའི་དབྱེ་ཙུང་ཟད་ཙུང་ཟད་ལ་བརྟེན་ནས། །མུ་སྟེགས་ཅན་རྣམས་ལུགས་ནི་ཐ་དད་གྱུར། །①ཞེས་མུ་སྟེགས་ཅན་གྱིས་བདེ་སྡུག་རྣམ་སྨིན་མྱོང་བ་པོ་དང་། ཐར་པ་དང་གྲོལ་བ་ཐོབ་བྱེད་ཀྱི་རྟེན། ཆ་ཤས་མེད་པའི་གཅིག་པུ། འགྱུར་དུ་མེད་པའི་རྟག་པ། རང་རྒྱ་བར་གནས་པའི་རང་དབང་ཅན་གྱི་བདག་ཅིག་ངེས་པར་དགོས་པར་འདོད་ཅིང་། དེ་ཇི་ལྟ་བུ་ཡིན་དང་དེ་ལས་ཇི་ལྟར་བྱས་ནས་གྲོལ་བ་ཐོབ་པར་འགྱུར་བ་སོགས་འགྲེལ་ཚུལ་སྣ་ཚོགས་པའི་དབང་གིས་རིག་བྱེད་གཞུང་ལས་ཡན་གར་གྱུར་པའི་མུ་སྟེགས་པའི་གྲུབ་མཐའི་ལུགས་མང་དུ་གྱེས་པ་བསྟན་ཏོ། །

འོ་ན་དཔལ་ལྡན་ཆོས་ཀྱི་གྲགས་པས་ལོག་པའི་ལམ་ལ་མུ་མེད་པར་གསུངས་པ་བཞིན་བོད་གཞུང་དག་ཏུ་མུ་སྟེགས་པའི་ལྟ་ངན་བརྒྱ་རྩ་བཅུ་སོགས་གསུངས་པ་མཐའ་དག་གྲངས་ཅན་པ་ལས་གྱེས་པ་ལགས་སམ་ཞེ་ན། དེ་ཡང་མ་ལགས་ཏེ། ལྕང་སྐྱ་རོལ་པའི་རྡོ་རྗེས། “མུ་སྟེགས་གཞན་ནི་གྲངས་ཅན་སོགས་ལས་གྱེས་པའི་ཁྱབ་པ་མེད་དེ། དྲང་སྲོང་རྣམས་ཀྱིས་རང་རང་གི་བློས་སྒོམས་འཇུག་དང་རྟོག་གེ་ལ་བརྟེན་པའི་གྲུབ་མཐའ་སོ་སོར་བཤད་པར་ཤིང་རྟ་ཆེན་པོ་རྣམས་ཀྱི་གཞུང་ལས་གསུངས་སོ། །”②ཞེས་གསུངས་པའི་ཕྱིར་རོ། །རིག་བྱེད་འགྱུར་བ་མེད་པ་མི་བསླུ་བའི་ཚད་

---

①རྗེ་བཙུན་བྱམས་མགོན་དང་དཔལ་ལྡན་ཟླ་བ་གྲགས་པས་མཛད་པའི་མངོན་རྟོགས་རྒྱན་དང་དབུ་མ་འཇུག་པ། སེར་གཙུག་ནང་བསྟན་དཔེ་རྙིང་འཚོལ་བསྡུ་ཕྱོགས་སྒྲིག་ཁང་། གངས་ཅན་ཁྱད་ནོར་དཔེ་ཚོགས། པོད་ཕྲེང་ཉིས་བརྒྱ་སོ་གཅིག ༢༥༩

②ལྕང་སྐྱ་རོལ་པའི་རྡོ་རྗེའི་གྲུབ་མཐའ་ཐུབ་བསྟན་ལྷུན་པོའི་མཛེས་རྒྱན། ཀྲུང་གོའི་བོད་ཀྱི་ཤེས་རིག་དཔེ་སྐྲུན་ཁང་། ༡༩༨༩ལོར་དཔར། ༢༡༦

མར་བཀུར་བ་པོ་སྤྱིར་བྲམ་ཟེ་དང་། ཡང་སྔགས་བྱིང་རྒོད་བྲལ་བའི་ཏིང་ངེ་འཛིན་ལ་བརྟེན་ནས་མངོན་ཤེས་དང་རྫུ་འཕྲུལ་རྙེད་པའི་དྲང་སྲོང་ཆོས་མུ་སྟེགས་གཞུང་གི་ལུགས་སྣ་ཚོགས་ཕྱེ་བ་ཡང་གཙོ་བོ་བདག་གི་འདོད་ཚུལ་ལ་འགྲེལ་ལུགས་མི་འདྲ་བའི་དབང་གིས་ཡིན་ཞིང་། ཤེས་རིག་གི་དར་སྲོལ་ཇི་ལྟར་ཆེ་རུང་དབང་སྒྱུར་གྲལ་རིམ་གྱི་ཁེ་ཕན་སྲུང་སྐྱོབ་བྱེད་པ་སོགས་ཀྱི་ཁྱད་ཆོས་རང་བཞིན་དུ་གྲུབ་ཡོད་ལ། ཕལ་ཆེར་དབང་སྒྱུར་གྲལ་རིམ་སོགས་ཐོབ་ཐང་ཡོད་པའི་སྐྱེ་བོ་ཚོའི་ལག་ཆ་ལྟ་བུར་གྱུར་ཡོད་པ་རེད། དེ་ལྟར་འདྲ་མཉམ་མིན་པའི་སྤྱི་ཚོགས་དང་དེ་བས་དངོས་པོའི་གནས་ཚོད་ལས་འདས་པའི་ལོག་ལྟ་དང་ལོག་བཤད་དར་ཆེ་བའི་ཤེས་རིག་གི་རྒྱབ་ལྗོངས་འོག་མང་ཚོགས་ཀྱི་བསམ་པའི་དགོས་མཁོ་དང་འཚམ་པའི་ནང་བསྟན་མཚན་ཉིད་རིག་པའི་གཞུང་ལུགས་ཀྱི་དབུ་བརྙེས་པ་དང་། དེ་དག་ལས་ལྟ་བའི་ཆ་ནས་མི་དང་ཆུ་དང་། ཚ་བ་དང་གྲང་བ་ལྟ་བུར་འགལ་ཟླར་གྱུར་པའི་བདག་ཡོད་ལྟ་བའི་གདོང་གཏད་དུ་བདག་མེད་ལྟ་བའི་རིགས་པ་བཏོན་ནས། རྟོག་གེ་བའི་མཚན་ཉིད་རྩོད་པའི་སྒོ་མོ་གསར་པ་ཞིག་ཕྱེ་བ་རེད། དེས་ན་ནང་བསྟན་ཤེས་རིག་གིས་རིགས་རུས་ཀྱི་དབྱེ་བའི་མུན་པའི་ཡོལ་བ་མཐར་བསྒྲད་པ་མ་ཟད། མུ་སྟེགས་པའི་མཚན་ཉིད་རིག་པའི་ལྟ་བར་བཞུན་བརྡར་དང་ཉིང་བཅུད་བསྡུ་ལེན་གྱིས་སྤྱིར་འགྲོ་བ་སེམས་ཅན་དང་ཡང་སྔགས་རྒྱ་ཆེའི་མི་དམངས་མང་ཚོགས་ཀྱི་བསམ་བློའི་དགོས་མཁོ་དང་ཆེས་འཚམ་པའི་རིགས་ལམ་ཡངས་པོར་བཏོད་པའོ། །

གཉིས་པ། ལྷ་བའི་འཕེལ་རིམ་གྱི་ཆ་ནས་སྨྲས་པ།

གནའ་བོའི་རྒྱ་གར་རྒྱལ་ཁབ་ཆེན་པོ་དེ་རུ་གདོད་མའི་མི་རྣམས་ཀྱིས་རང་བྱུང་ཁམས་ཀྱི་རི་ཆུ་ཤིང་དང་། གནམ་ཉི་ཟླ་སོགས་ལྷ་རུ་བཀུར་ནས་དད་མོས་བྱེད་པ་ནས། རིམ་གྱིས་མིའི་རིགས་ཀྱི་སྤྱི་ཚོགས་གོམ་པ་མདུན་སྤོས་བྱེད་པའི་བརྒྱུད་རིམ་ནང་མིའི་དབང་པོའི་ནུས་པ་ཇེ་བཟང་དུ་སོང་ནས་ཡི་གེ་གསར་དུ་བཏོད་པ་མ་ཟད་རིག་བྱེད་ཀྱི་གཞུང་ཡང་བརྩམས་ཡོད་པ་རེད། ཕྱིས་སུ་རིག་བྱེད་ཀྱི་གཞུང་གི་ཚིག་ཕྲུག་ལེན་གཞིར་བྱས་ཏེ་ཉམས་སུ་ལེན་མཁན་བྲམ་ཟེ་བྱུང་ཡོད་ལ། བྲམ་ཟེའི་དྲང་སྲོང་རྣམས་ཀྱིས་མུ་སྟེགས་གྲུབ་མཐའི་ལམ་སྲོལ་གཅིག་རྗེས་གཉིས་མཐུད་དུ་ཕྱེ་ནས། གཏན་གྱི་འདུན་མ་འཚོལ་བ་གནད་དུ་བཟུང་ནས་རང་རང་ལུགས་ཀྱི་ཐར་པ་དང་གྲོལ་བའི་ལམ་བུ་བཏོད་ཡོད་པ་རེད།

ཕྱི་རོལ་པའི་གྲུབ་མཐའི་ལུགས་དང་གྲུབ་མཐའ་སྨྲ་བའི་གྲངས་ཤིན་ཏུ་མང་བ་རྣམས་ལས། ཚད་སྨྲ་རྒྱུད་འཛིན་པས་བདག་ཚད་པར་སྨྲ་བ་མ་གཏོགས། ཕྱིར་རྟག་གཅིག་རང་དབང་ཅན་གྱི་བདག་འདོད་པ་གཅིག་མཚུངས་ཡིན་ལ། བདག་མེད་པར་འདོད་པའི་ཕྱི་རོལ་པ་ནི་མེད་དོ། །ཕྱི་རོལ་པའི་གྲུབ་མཐའ་བཀླིང་བའམ་གྲུབ་མཐའི་ཐོག་མར་གྲགས་པའི་གྲངས་ཅན་པའི་ངོས་ནས་བརྗོད་ན། ལུགས་འདིས་ཤེས་བྱ་ཐམས་ཅད་གྲངས་ཉི་ཤུ་རྩ་ལྔར་འདུ་ཞིང་། བདག་ཤེས་རིག་གི་སྐྱེས་བུ་ཞེས་བདག་དང་ཤེས་པ། རིག་པ། སྐྱེས་བུ་རྣམས་དོན་གཅིག་ཏུ་འཛོག་པ་མ་ཟད། དེ་ལྟའི་བདག་ནི་ཤེས་པའི་ངོ་བོ་ཡིན་པ། རྣམ་འགྱུར་རྣམས་ཀྱི་བྱེད་པ་པོ་མིན་པ། མ་སྐྱེས་

པས་རྟག་པ། བདེ་སྡུག་ལ་ལོངས་སྤྱོད་པས་ཟ་བ་པོ། ཡོན་ཏན་གསུམ་①མེད་པ། འགྲོ་བ་ཐམས་ཅད་ལ་ཁྱབ་པ། ཆ་ཤས་དང་བྲལ་བའི་གཅིག་པུ། ཐོག་མ་དང་མཐའ་མ་མེད་པ་སོགས་ཀྱི་མཚན་ཉིད་ཅན་དུ་འདོད་ཅིང་། རྡུལ་མུན་སྙིང་སྟོབས་གསུམ་ཆ་མཉམ་པའི་སྐབས་ཀྱི་མི་གསལ་བའི་ངོ་བོར་གནས་པའི་སྤྱི་གཙོ་བོས་②རྣམ་འགྱུར་གྱི་ཚོགས་ཐམས་ཅད་སྤྲུལ་བ་ན་སྐྱེས་བུས་དེ་ལ་སྲེད་པ་སྐྱེས་ནས་བདག་འཁོར་བར་འཁོར་བར་གྱུར། ནམ་ཞིག་བླ་མའི་མན་ངག་ལ་བརྟེན་ནས་བདག་ཤེས་རིག་གི་སྐྱེས་བུ་ལས་གཞན་པའི་ཤེས་བྱ་ཉེར་བཞི་པོ་ཇི་ལྟར་སྐྱེ་ཚུལ་གྱི་རིག་པ་ཁྱད་པར་བ་རྒྱུད་ལ་ཐོབ་ནས། རྣམ་འགྱུར་གྱི་ཚོགས་དག་ནི་སྤྱི་གཙོ་བོས་སྤྲུལ་པ་ཡིན་པར་ངེས་ཤེས་བརྟན་པོ་སྐྱེད་ཚེ། བདག་ལ་གྲོལ་བ་ཐོབ་པར་འདོད། རིགས་པ་བསླིང་བ་བྱེ་བྲག་པས་བདག་ནི་ལུས་དབང་བློ་གསུམ་ལས་དོན་གཞན་དུ་གྱུར་པའི་རྫས། བློ་ལ་སོགས་པའི་ཡོན་ཏན་རྣམས་ཀྱི་རྟེན་དུ་གྱུར་ཅིང་། ཡོན་ཏན་དེ་རྣམས་རང་ལ་འདུ་བའི་རྒྱུ་བྱེད་པ། སེམས་མ་ཡིན་པའི་ངོ་བོ། མི་འཇིག་པ། ཐམས་ཅད་དུ་ཁྱབ་པར་འདོད་③ཅིང་། ནམ་ཞིག་བླ་མའི་མན་ངག་ལ་བརྟེན་ནས་ཤེས་བྱའི་ཚིག་དོན་དྲུག་ཁོང་དུ་ཆུད་དེ་བདག་ནི་དབང་སོགས་ལས་དོན་གཞན་དུ་ཤེས་པ་དང་། ལས་གསར་

---

①ཡོན་ཏན་གསུམ་ནི་རྡུལ་མུན་སྙིང་སྟོབས་ཀྱི་ཡོན་ཏན་གསུམ་ལའོ། །རྡུལ་མུན་སྙིང་སྟོབས་ནི་རིམ་བཞིན་ཚོར་བ་སྡུག་བསྔལ་དང་། ཚོར་བ་བཏང་སྙོམས། ཚོར་བ་བདེ་བ་གསུམ་ལ་བྱེད་ཅིང་། མི་གསལ་བའི་ངོ་བོ་ཞེས་པ་ནི་ཁ་དོག་དང་། ཚད་དང་། དབྱིབས་ལ་སོགས་པའི་ཁྱད་ཆོས་ལྷ་མི་སོགས་ལ་མངོན་སུམ་དུ་མ་གྱུར་བ་དང་། ཡིད་མེད་པ་སོགས་ཀྱིས་མི་གསལ་བའོ་ཞེས་གཞུང་རྣམས་སུ་འགྲེལ་བར་བྱེད་དོ། །

②ཙ་བའི་རང་བཞིན་དང་། སྤྱི་དང་། གཙོ་བོ་དང་། སྤྱི་གཙོ་བོ་རྣམས་དོན་གཅིག

③ལྕང་སྐྱ་རོལ་པའི་རྡོ་རྗེའི་གྲུབ་མཐའ་ཐུབ་བསྟན་ལྷུན་པོའི་མཛེས་རྒྱན། ཀྲུང་གོའི་བོད་ཀྱི་ཤེས་རིག་དཔེ་སྐྲུན་ཁང་། ༡༩༨༩ལོར་དཔར། ཤ༣༧

པ་ཅི་ཡང་མི་གསོག་ཅིང་རྙིང་པ་ཟད་དེ་སྔར་བླངས་པའི་ལུས་དང་དབང་པོ་དང་། བློ་དང་། བདེ་སྡུག་སོགས་བདག་དང་བྲལ་ནས། གསར་པའི་ལུས་དང་དབང་པོ་མ་བླངས་ཤིང་། ཕུད་ཤིང་ཟད་པའི་མེ་བཞིན་དུ་སྐྱེ་བའི་རྒྱུན་ཆད་དེ་བདག་འབའ་ཞིག་ཏུ་གནས་པ་དེ་ཡི་ཚེ་ན་འཁོར་བ་ལས་ཐར་པར་འདོད། དེ་བཞིན་འདི་པའི་ལུགས་ལ་འཁོར་བར་ཐོག་མ་མེད་ཅིང་ཐ་མ་ཡོད་ལ། བདག་གི་ཡོན་ཏན་ལ་འདུ་ཤེས་ན་ནི་འཁོར་བ་ན་འཁོར་བ་དང་། ལྡོག་ན་ནི་གྲོལ་བ་ཐོབ་པར་འདོད།

དེ་བཞིན་ཕྱི་རོལ་མུ་སྟེགས་པའི་གྲུབ་མཐའ་ཕྱིངས་དང་ནང་སློས་མུ་སྟེགས་རྩ་བའི་སྡེ་དྲུག་པོ་ཕལ་ཆེར་གྱི་ལུགས་ལ་བདག་ཅེས་པ་མེད་ན་མི་འགྲིག་པར་འདོད་པ་སྟེ། ལས་གསོག་པ་པོ་དང་རྣམ་སྨིན་མྱོང་བ་པོ་སོགས་དགོས་པའི་ཕྱིར་ཞེས་དང་། བདག་དེ་ཡང་སྐྱེ་འཇིག་གི་འགྱུར་བ་མེད་པའི་ཆ་ནས་རྟག་པ་དང་། ཆ་ཤས་ལ་མ་ལྟོས་པའི་གཅིག་པུ། རང་རྐྱ་བར་གྲུབ་པའི་རང་དབང་ཅན་གྱི་ཁྱད་ཆོས་གསུམ་ལྡན་ཞིག་དགོས་པར་འདོད་ཅིང་། མེད་པར་སྨྲ་བ་རྒྱང་འཕེན་པ་ཕུད་སྤྱིར་ཕྱི་རོལ་པས་ཕུང་པོ་མི་རྟག་པར་འདོད་ན་ཡང་། བདག་ནི་ཆད་མེད་དུ་རྟག་པ་ཡིན་པར་འདོད་པ་དང་། ཕུང་པོ་ནི་གཟུགས་དང་རྣམ་ཤེས་སོགས་ཆ་ཤས་དུ་མ་ལས་གྲུབ་པ་ཡིན་ན་ཡང་། བདག་ནི་ཆ་ཤས་མེད་པར་གནས་པ་ཞིག་དང་། ཕུང་པོ་ནི་རྒྱུ་རྐྱེན་འདུས་བྱས་གཞན་གྱིས་དབང་ཅན་ཡིན་ན་ཡང་། བདག་ནི་རྒྱུ་དང་རྐྱེན་ལ་ལྟོས་མེད་ཚུགས་ཐུབ་ཏུ་ངའོ་ཞེས་སུ་གྲུབ་རྒྱུ་ཡོད་པ་རང་དབང་ཅན་ཡིན་པར་འདོད་པ་ཡིན། མདོར་

ན་ཐར་པ་དང་གྲོལ་བའི་①རྟེན་དུ་གྱུར་པ། སྟོས་མེད་ཚུགས་ཐུབ་རང་རྐྱ་བའི་བདག་ཅིག་ཡོད་པར་འདོད།

སྟོས་མེད་ཚུགས་ཐུབ་རང་རྐྱ་བའི་རྫས་སུ་འདོད་ཅེས་པ་ནི་བདག་ཅེས་པ་ཕུང་པོ་ལྔ་ལ་བརྟེན་པ་དང་བལྟོས་པ་གང་ཡང་མ་ཡིན་པར་ལུས་སེམས་གཉིས་ལས་དོན་གཞན་དུ་གནས་པ་གང་ཞིག་ལུས་སེམས་གཉིས་ལ་དབང་སྒྱུར་བར་བྱེད་མཁན་ངའམ་བདག་ཚུགས་ཐུབ་རང་རྐྱ་འཕེར་བའི་ངང་དུ་སྟེ། ནོར་དང་ནོར་བདག་གམ་ཚོང་པ་དང་ཚོང་དཔོན་ལྟ་བུ་རང་རང་སོ་སོར་ཡོད་པ་བཞིན་དུ་རྫས་ཞིག་ཡོད་པར་འདོད་པ་ཡིན། དེ་ལྟའི་རང་བཞིན་ལ་བཙལ་འཚོལ་དང་བདག་དེའི་བདེ་སྡུག་གི་སྐད་དུ་འབད་པ་ཆེར་བསྐྱེད་བྱ་རྒྱུ་ཡང་མཆོག་གི་ལས་སུ་བརྩི་བ་ནི་ཞར་ལ་ཤེས་ནུས་སོ། །

དེ་ལྟར་འདོད་པ་ནི་རང་ཅག་ཆུང་བྱིས་པའི་དུས་ནས་དང་། དེ་མིན་དུད་འགྲོ་བྱིངས་ལ་ཡོད་པའི་འདུ་ཤེས་ཤིག་སྟེ། རང་ཅག་གིས་ངང་ངམ་ཤུགས་སུ་ང་ཞེས་པའི་འདུ་ཤེས་འཛིན་པའི་བདག་འཛིན་ལྷན་སྐྱེས་དེ་མ་ཡིན་པར། བདག་འཛིན་ཀུན་བཏགས་ཡིན་པ་རེད། ཕྱི་རོལ་པས་ཞེ་ནས་འདོད་པའི་བདག་དེའི་རང་བཞིན་དང་ངོ་བོ་བཙལ་ནས་ཐར་པ་དང་གྲོལ་བའི་དམིགས་རེ་བྱེད་པ་རེད་ལ། དོན་རྣོག་ན་ཁོ་ཚོས་བདག་ལ་སྤྱིར་རྟག་གཅིག་དང་རང་རྐྱ་ཐུབ་པའི་རྫས་ཡོད་དུ་འཛོག་སྟོམ་བྱེས་ཡོད་པ་རེད། ཆབས་ཅིག་ཏུ་ཕྱི་རོལ་མུ་སྟེགས་རྣམས་ལྟ་བའི་ཆ་ནས་རང་སྡེ་ལས་རྗེས

①ཅེ་བྲག་ཏུ་མུ་སྟེགས་དཀྱུད་པ་བས་ཐར་པ་དང་ཐམས་ཅད་མཁྱེན་པ་ཁས་མི་ལེན་ཞིང་། རྒྱང་འཕེན་པས་ནི་སྨོས་ཅི་འཚལ།

ལུས་སུ་གྱུར་བར་འདོད་དེ། ཕོ་རྩེའི་བདག་ཁས་ལེན་པ་དེས་ངར་འཛིན་བསྐྱེད་པའི་གཉེན་པོ་བསྐྱེད་པ་ལ་གེགས་བྱེད་པ་ཡིན་པས་སོ། །འོན་ཀྱང་ཕྱི་རོལ་པས་ལྷ་བའི་ཆ་ནས་བདག་འདོད་པ་ནི་འཕྲུལ་སྣང་ཅན་དང་ཞན་ཆ་ཅན་ཡིན་ཞེས་པ་ལས། ཕྱི་རོལ་པའི་ལྟ་སྤྱོད་མཐའ་དག་ལ་ནང་པས་དགག་པ་བྱེད་པ་མིན་ཞིང་། ལྷག་པར་དུ་ཕྱི་རོལ་པའི་ཡ་རབས་དགེ་བའི་སྤྱོད་པ་ཙི་མཆིས་པ་ནི་ད་སྔ་ཕན་ཆད་དུ་ནང་པ་སངས་རྒྱས་པས་ལེགས་པར་ཁས་ལེན་པ་ཡིན་ནོ། །

ཡང་ལྟ་བའི་འཕེལ་འགྱུར་སྤྱི་ལ་ཕྱིར་ལྟ་ཞིག་བགྱིས་ཆོ། རྣམ་འདྲེན་བཞི་པ་ཤཱཀྱའི་རྒྱལ་པོ་ཉིད་འཛིག་རྟེན་འདིར་བྱོན་པའི་སྐབས་ཉིད་ལ་རྒྱ་གར་དུ་མུ་སྟེགས་པའི་གྲུབ་མཐའ་དར་ཆེ་བའི་དུས་ཡིན་ཏེ། རྒྱལ་སྲས་སྐུ་བལྟམས་པའི་རྗེས་སུ་བྲམ་ཟེ་མཚན་མཁན་གྱིས་དོན་ཀུན་གྲུབ་པ་ཞེས་པའི་མཚན་གསོལ་བ་དང་། རྒྱལ་སྲས་དགུང་ལོ་བདུན་ནས་རིག་པའི་གནས་ལ་ཐོས་བསམ་སྐྱེད་པའི་ཚེ་ཡང་། དོན་དུ་གཉེར་བྱ་གཙོ་བོ་རིག་བྱེད་བཞི་སོགས་ཡིན་ཕྱིར། སྟོན་པ་མི་ཡུལ་འདིར་བྱོན་དུས་དེར་རྒྱ་གར་དུ་རིག་བྱེད་དང་བྲམ་ཟེའི་ལུགས་ལས་མཆེད་པའི་མུ་སྟེགས་པའི་རིག་གནས་དར་རྒྱས་ཆེན་པོ་ཡོད་པ་གསལ། དེ་བཞིན་སྟོན་པ་ཞལ་བཞུགས་དུས་ཆེས་དར་ཆེ་བ་ནི་མུ་སྟེགས་གཅེར་བུ་བའི་ལུགས་སོགས་ཡིན་ཞིང་། དེ་དག་གིས་ཐར་གྲོལ་གྱི་ཐབས་སུ་ཆུ་ལ་ཁྲུས་བྱས་ནས་ལུས་ཀྱི་སྒྲིབ་པ་དག་ཐབས་གཙོ་བོར་བྱེད་པ་དང་། མཆོད་སྦྱིན་སོགས་ལས་གཞན་གཙོ་བོ་རང་གི་ལུས་ཀྱི་དཀའ་ཐུབ་ལ་བརྟེན་དགོས་པར་འདོད་དེ། མེ་ལྔ་བསྟེན་པ་དང་། ལུས་གཅེར་བུར་བྱེད་པ། རང་གི་སྐྲ་ཉིན་བཞིན་དུ་ཕྱིས་པས་ཐར་པར་འདོད་པ་སོགས་རྣམ་པ་སྣ་ཚོགས་པའི་ལུས་ཀྱི་དཀའ་

ཐུབ་ལ་བརྟེན་ནས་འཁོར་བ་ལས་གྲོལ་ཐུབ་པར་འདོད། རྒྱབ་རྟེན་དེ་རིགས་ལ་གཞི་བཅོལ་ཏེ་དེང་གི་མཁས་པར་འཛིན་པ་མང་པོས་ཀྱང་སྟོན་པས་ལོ་དྲུག་ངེས་འབྱུང་དཀའ་བ་སྤྱོད་པ་ནི་སྐབས་དེའི་དགེ་སྦྱོང་བསམ་བློའི་གཙོ་བོའི་ཤུགས་རྐྱེན་འོག་ཡིན་ཚུལ་ལ་སོགས་པའི་གསུངས་སྒྲོལ་དག་བྱུང་བ་ཡིན། དེ་ལྟར་ན་ཡང་སྟོན་པ་བཅོམ་ལྡན་འདས་ཀྱིས་ཕྱི་རོལ་མུ་སྟེགས་པའི་ལྟ་སྤྱོད་ཀྱི་མི་ལེགས་པའི་ཆ་ལ་རིགས་པའི་ལམ་ནས་སུན་འབྱིན་པར་གནང་ནས་ནང་པའི་ལྟ་སྤྱོད་ཀྱི་དགོངས་པ་བསྟན་གནང་བ་རེད་དེ། སྐབས་དོན་རྩོམ་ཡིག་འདིའི་གླེང་བྱར་གྱུར་པ་ལྟ་བའི་ཆ་ལ་གང་ཟག་རྟག་གཅིག་རང་དབང་ཅན་གྱི་བདག་གིས་སྟོང་པའི་ལྟ་ཚུལ་སོགས་བསྟན་པར་མཛད་ཡོད།

མུ་སྟེགས་ཞེས་པའི་གོ་དོན་གྱི་སྐོར་རྗེ་བཙུན་བློ་བཟང་ནོར་བུས། “མུ་ནི་མཐའ་ལ་འཇུག་པས་འཁོར་བའི་མཐའ་ཐར་པ་དང་། སྟེགས་ནི་ཐར་པ་དེར་འཛེག་པའི་རྐང་སྟེགས་ལྟ་བུ་ཐབས་སམ་ལམ་ལ་མུ་སྟེགས་ཞེས་བྱ་སྟེ། དཔེར་ན་ལས་ཉོན་གཉིས་ཐར་པར་བགྲོད་པའི་ཐབས་མིན་ཡང་སྤང་བྱ་དེ་དག་ཤེས་པར་བྱས་ནས་ཐར་ལམ་ལ་འཇུག་དགོས་པ་ལྟར། ཕྱི་རོལ་པའི་ལྟ་བ་རྣམས་རང་གི་ངོ་བོའི་སྒོ་ནས་ཐར་པའི་སྟེགས་མ་ཡིན་ཀྱང་། ལྟ་བའི་གོལ་ས་དེ་དག་ཤེས་པར་བྱས་ནས་སྤངས་ཏེ་ཐར་པའི་ལམ་ཡང་དག་པའི་ལྟ་བ་འཚོལ་དགོས་པའི་དོན་ཡིན་པའི་ཕྱིར། དེས་ན་སྒྲ་བཤད་པའི་ཚེ་དེ་ལྟར་བཤད་ཀྱང་དོན་ངོ་བོ་ལ་དེ་ལྟར་མ་ཡིན་པ་དུམ་བཤད་དོ། །

ཡང་ན་ལྷ་བ་ངན་པའི་མུ་ལ་སྟེགས་འཆའ་བས་ན་མུ་སྟེགས་པ་ཞེས་བྱའོ། །”①ཞེས་གསུངས་ཤིང་། མཁས་དབང་དུང་དཀར་རིན་པོ་ཆེས། “མུ་སྟེགས་པ་ཟེར་བ་ནི་སངས་རྒྱས་ཆོས་ལུགས་པས་དམའ་འབེབས་ཀྱི་ཐོག་ནས་བཏགས་པའི་མིང་ཞིག་ཡིན། དེའི་གོ་དོན་ཆ་ཚང་ནི་ལྟ་བ་ངན་པའི་མུ་ལ་སྟེགས་སུ་བྱས་ནས་ལྟ་བ་ངན་པ་དེ་ཐར་པའི་ལམ་ལ་འཁྲུལ་བས་ན་མུ་སྟེགས་པ་ཞེས་བརྗོད།”② ཅེས་གསུངས་སོ། །ཀུན་མཁྱེན་རབ་དབང་ཕྱུག་གིས། “རྟག་ཆད་ཀྱི་ལྟ་བ་ངན་པའི་མུའམ་མཐའ་ལ་བརྟེན་ཞིང་གྲུབ་མཐའ་ལོག་པའི་ལམ་ལ་སྟེགས་འཆའ་བས་ན་མུ་སྟེགས་པ་ཞེས་སོ། །”③ ཞེས་གསུངས་སོ། །གྲུབ་མཐའ་ཆེན་མོ་ལས། མུ་སྟེགས་ཀྱི་སྐད་དོད་ཏཱིཪ་ཐི་ཀ་ནི། སྒྲ་སྦྱོར་བམ་གཉིས་ལས། ཏཱིར་ཐི་ཀ་ནི་ཏཱིར་ཐི་ཡཱཾ་ཏྲེཥྛ་ཀཿཞེས་བྱ་སྟེ་མཆོའི་འགྲམ་ནས་མཆོར་འཇུག་པས་སྟེགས་འཆའ་བ་དང་། ཞེས་སོགས་དང་། ཤེར་སྒྲོན་འགྲེལ་བཤད་ལས། མུ་སྟེགས་བྱེད་ཅེས་བྱ་བ་ནི། གང་དག་ཆོས་ཀྱི་ཕྱིར་འཇུག་ངོགས་སུ་འཇུག་པར་བྱེད་པ་སྟེ། ནོར་ལྷ་དང་ལྷ་ཆེན་པོ་དང་ཚངས་པ་དང་སེར་སྐྱ་དང་གཟེགས་ཟན་དང་། རྐང་མིག་དང་། འཕེལ་བ་དང་། རྒྱལ་དཔོགས་སོགས་ཀྱི་བུ་ལ་སོགས་པའོ་ཞེས་གསུངས་པ་དང་། ཁྱད་པར་འཕགས་བསྟོད་འགྲེལ་བ་ལས།

---

①རྗེ་བཙུན་བློ་བཟང་ནོར་བུས་བརྩམས་པའི་གྲུབ་མཐའི་རྣམ་གཞག་གསལ་བར་བཤད་པ་ཐུབ་བསྟན་རིན་པོ་ཆེ་གསལ་བའི་སྒྲོན་མེ། བོད་ལྗོངས་བོད་ཡིག་དཔེ་རྙིང་དཔེ་སྐྲུན་ཁང་། ༢༠༠༨ལོར་དཔར། ཤ༨

②དུང་དཀར་བློ་བཟང་འཕྲིན་ལས་ཀྱི་གྲུབ་མཐའི་སྐོར་གྱི་རྣམ་བཤད། མི་རིགས་དཔེ་སྐྲུན་ཁང་། ༢༠༠༧ལོར་དཔར། ཤ༥

③མཁྱེན་རབ་དབང་ཕྱུག་གི་གྲུབ་མཐའ་རིན་ཆེན་ཕྲེང་བའི་ཚིག་འགྲེལ་ཐོར་བུ། མི་རིགས་དཔེ་སྐྲུན་ཁང་། ༢༠༠༧ལོར་དཔར། ཤ༨༧

“མུ་སྟེགས་ནི་ཐར་པ་དང་མཐོ་རིས་ཀྱི་ལམ་སྟེ། དོན་སྟོན་པར་བྱེད་པའི་བསྟན་བཅོས་ལ་མུ་སྟེགས་ཞེས་བྱ་ལ། དེ་བྱེད་པས་ན་མུ་སྟེགས་བྱེད་དེ་ཞེས་དང་། གཞི་འགྲེལ་ལས། གང་དག་ལ་ཆུ་ཀླུང་དུ་འཇུག་པའི་ཐར་ལམ་ཡོད་པ་འདི་དག་ནི་མུ་སྟེགས་ཅན་ནོ། །ཞེས་གསུངས་པ་ལྟར་འཇུག་ངོགས་སུ་ཁྲུས་དང་སྟེགས་བུ་བྱས་ཏེ། དེར་ཞུགས་པ་ཐར་པ་སྟེ་བདེ་འགྲོའི་རྒྱུར་སྨྲ་བར་བྱེད་པས་མུ་སྟེགས་བྱེད་ཅེས་བྱ།”① ཞེས་སོགས་གསུངས་སོ། །

གོང་གསལ་གྲུབ་མཐའ་ཆེན་མོ་ལས་བསྟན་པའི་མུ་སྟེགས་ཞེས་བྱའི་བརྡ་དོན་གྱི་འགྲེལ་ཚུལ་ལས། མུ་སྟེགས་ཞེས་བྱ་བ་ནི་མུ་སྟེགས་པའི་གྲུབ་མཐའ་འཛིན་པ་དག་གི་ལྟ་བ་དབུས་སམ་དཀྱིལ་ལ་ཡོ་འཁྱོག་མེད་པར་ཡང་དག་ཇི་བཞིན་དུ་མ་གནས་པར་ངན་པའི་མཐའ་ལ་འཁྱིན་པའམ་ལྟ་བ་དང་ལམ་ལོག་པའི་མུ་ལ་སྟེགས་འཆའ་བ་འབའ་ཞིག་གི་དོན་ཡིན་པའི་འགྲེལ་ཚུལ་ཙམ་མ་ཡིན་པའི་བསམ་གཞིག་བྱ་རྒྱུ་ཞིག་རྙེད་ཐུབ། དེ་ཡང་། སློབ་དཔོན་མཐོ་བཙུན་གྲུབ་རྗེ་ནི་ཐོག་མར་ཕྱི་རོལ་པའི་གྲུབ་མཐར་ཞུགས་པ་ནས་ཕྱིས་ནང་པར་བློ་འགྱུར་བ་ཞིག་ཡིན་ཞིང་། ཁོང་གིས་མཛད་པའི་ཁྱད་པར་འཕགས་བསྟོད་ལས། མུ་སྟེགས་གཞན་གྱི་གཞུང་ལུགས་ལ། །ཇི་ལྟ་ཇི་ལྟར་རྣམ་བསམས་པ། །དེ་ལྟ་དེ་ལྟར་མགོན་ཁྱོད་ལ། །བདག་གི་སེམས་ནི་དད་པར་གྱུར། །ཞེས་སོགས་གསུངས་པ་བཞིན་མུ་སྟེགས་ལུགས་ཀྱི་ཞན་ཆ་མཐོང་ནས་ནང་

①ཀུན་མཁྱེན་འཇམ་དབྱངས་བཞད་པ། གྲུབ་མཐའི་རྣམ་བཤད་རང་གཞན་ཀུན་དང་ཟབ་དོན་མཆོག་ཏུ་གསལ་བ་ཀུན་བཟང་ཞིང་གི་ཉི་མ་ལུང་རིགས་རྒྱ་མཚོ་སྐྱེ་དགུའི་རེ་བ་ཀུན་སྐོང་། མཚོ་སྔོན་ནང་བསྟན་རིག་གནས་སྒྱུ་རྩལ་ཞབས་ཞུ་ལྟེ་གནས་ཞབས་ཞུ་ཁང་ནས་དཔར་དུ་བསྒྲུན། ༢༥༨

པའི་སྟོན་པར་ཡིད་ཆེས་རྙེད་པ་ཞིག་ཡིན་མོད། གྲུབ་མཐའ་ཆེན་མོར་དྲངས་པའི་ཁྱིད་པར་འཕགས་བསྟོད་ཀྱི་འགྲེལ་པར་བསྟན་པའི་མུ་སྟེགས་ཞེས་པའི་མིང་གི་འགྲེལ་པའི་ཚིག་དུམ་ལ་མུ་སྟེགས་པར་ལྟ་བ་ལོག་པ་དང་ལྟ་བ་ངན་པ་སོགས་ཀྱི་ངན་ཚད་དུ་སྨྲ་བའི་ཚིག་ཟུར་ཙམ་ཡང་མེད་པ་ལས། མིང་འགྲེལ་གྱི་ཁུངས་གཏུགས་ས་སློབ་དཔོན་མཐོ་བཙུན་གྲུབ་རྗེའི་གསུང་ལ་ངན་སྨྲས་ཀྱི་ཚིག་མེད་ངེས་པ་རིགས་པས་དཔོག་ནུས། དེ་བཞིན་གོང་གསལ་གྲུབ་མཐའ་ཆེན་མོ་ཡི་ལུང་ཚིག་ཏུ། མཚོའི་འགྲམ་ནས་མཚོར་འཇུག་པས་སྟེགས་འཆའ་བ་ཞེས་པ་དང་། གང་དག་ཆོས་ཀྱི་ཕྱིར་འཇུག་ངོགས་སུ་འཇུག་པར་བྱེད་པ་ཞེས་པ། གང་དག་ལ་རྒྱ་མྱུང་དུ་འཇུག་པའི་ཐར་ལམ་ཡོད་པ་ཞེས་སོགས་དང་། དགེ་བཤེས་ཆོས་གྲགས་ཀྱིས། “མུར་འཇུག་པ། ཆུའི་མཐའ་རུ་འཇུག་པའམ་འཇུག་ངོགས་སུ་འཇུག་པ་”①ཞེས་གསུངས་ལ། གོང་གསལ་དག་ལས་མུར་ཞེས་པའི་ལ་དོན་གྱི་ཕྲད་ར་ཡིག་གི་དགོས་པ་ལྷག་པོ་ཆེ་མཐོང་འོང་སྟེ། མཚོར་ཞེས་པ་དང་། ངོགས་སུ་ཞེས་པ། རྒྱ་མྱུང་དུ་ཞེས་པ། མཐའ་རུ་ཞེས་པ་སོགས་ལ་དོན་གྱི་ཕྲད་དམིགས་སུ་བཟུང་ནས་ལས་སུ་བྱ་བ་དང་དགོས་ཆེད་ཀྱི་དོན་གང་རུང་བསྟན་པར་བྱེད་པ་ཡིན་ལ། ཧུན་ཧོང་P. T1257 དུ་རྒྱ་ཡིག་གི་“外道”ཞེས་པའི་འགྱུར་ལ་“མུར་འདུག” ཅེས་གསལ་བའི་བརྡ་རྙིང་གི་མུར་ཞེས་པའི་རྗེས་འཇུག་ར་ཡིག་དེ་ལ་དོན་གྱི་ཕྲད་ཡིན་པ་རྟོགས་ཐུབ། མུར་འདུག་ཅེས་པའི་མུ་ནི་མཐའ་འམ་འཇུག་ངོགས་དང་། འདུག་ནི་སྡོད་པའི་དོན་ཡིན་པས། དོན་དམ་

①དགེ་བཤེས་ཆོས་ཀྱི་གྲགས་པས་བརྩམས་པའི་བརྡ་དག་མིང་ཚིག་གསལ་བ། མི་རིགས་དཔེ་སྐྲུན་ཁང་། ༡༩༨༥ལོར་དཔར། ཤ༦༩༩

དུ་འཇུག་ངོགས་སུ་སྡོད་ཅེས་པ་དང་། ཡང་ན་འཇུག་ངོགས་སུ་སྡོད་པ་པོ་ཞེས་པའི་དོན་ཡིན་པས། དེ་ནི་ལེགས་སྦྱར་གྱི་སྐད་དོད་ཏི་རྠི་ཀ་ཞེས་པ་དང་དོན་མཐུན་པ་ཞིག་ཡིན། དེས་ན་མུར་འདུག་ཅེས་པའི་བརྡ་རྙིང་དེ་ནི་སྔ་འགྱུར་སྐབས་ཀྱི་གསར་བཅད་ཀྱི་ཐ་སྙད་ཅིག་ཡིན་པ་གང་ཞིག་ལེགས་སྦྱར་གྱི་སྐད་དོད་དང་མཐུན་ཆེ་བ་ཞིག་ཡིན་པ་དཔོག་ནུས། དེ་ལ་སྐྱབས་བྱེད་གཞན་དག་མཆིས་ཏེ། རོང་ཟོམ་ཆོས་ཀྱི་བཟང་པོས། "མུ་སྟེགས་ཞེས་བྱ་བ་ནི། །ཏིརྠི་ཏིརྠིན་ཏིརྠི་ཀ་ཞེས་བྱ་སྟེ། མྱ་ངན་ལས་འདས་པའི་རྒྱ་མཚོར་འབབ་པའི་ལམ་གྱི་ཆུ་རྒྱུན་གྱི་མུ་ལ་སྟེགས་བཅས་ཤིང་བརྟེན་པ་སྐད་དུ་འཆད་པས། མུ་སྟེགས་སུ་བཏགས་ཏེ། འདི་ཡང་དབང་ཕྱུག་རྒྱུར་ལྟ་བ་དང་། བྱེད་པ་པོ་རྒྱུར་ལྟ་བ་ལྟ་བུ་ཐར་པ་ཚོལ་བའི་མུ་ལ་བརྟེན་པར་འདོད་པ་རྣམས་ལ་འཇུག་གི དུས་རྒྱུར་ལྟ་བ་དང་། ཆད་པར་ལྟ་བ་ལྟ་བུ་ཐར་པའི་ལམ་ལ་མི་རྟེན་པ་རྣམས་ལ་མི་འཇུག་མོད་ཀྱི། ཡན་ལག་གི་མིང་སྤྱི་ལ་འཇུག་པའི་མཚན་མར་བྱས་པ་སྟེ།"①ཞེས་སོགས་དང་། གྲུབ་མཐའ་ཆེན་མོ་རུ། "གཏྲར་འཇུག་པ་སོགས་ལུས་ཀྱི་གསང་བ་དང་སྔགས་བཟླ་བ་ངག་གི་གསང་བ་དང་། སེམས་ཀྱིས་འདི་པ་རང་གི་ལུགས་ཀྱི་ཐར་པ་བསྒོམ་པ་སྟེ"②ཞེས་སོགས་གསུངས་ལ། མཁས་དབང་དགེ་འདུན་ཆོས་འཕེལ་གྱི་ལེགས་སྦྱར་བང་མཛོད་དུ། "ཁྲུས་ཀྱི་སྡིག་པ་དག་པ་ཡང་ཆུ་ཙམ་ལ་སྡིག་པ་འབྲུ་

①རོང་ཟོམ་པཎྜི་ཏ་ཆོས་ཀྱི་བཟང་པོའི་གསུང་འབུམ། པོད་གཉིས་པ། སི་ཁྲིན་དུས་དེབ་ཚོགས་པ། སི་ཁྲིན་མི་རིགས་དཔེ་སྐྲུན་ཁང་། དཔར་གཞི་གཉིས་པ། ༢༠༡༥ལོར་དཔར། ཤ༢༢

②ཀུན་མཁྱེན་འཇམ་དབྱངས་བཞད་པའི་གྲུབ་མཐའི་རྣམ་བཤད་རང་གཞན་ཀུན་དང་ཟབ་དོན་མཆོག་ཏུ་གསལ་བ་ཀུན་བཟང་ཞིང་གི་ཉི་མ་ལུང་རིགས་རྒྱ་མཚོ་སྐྱེ་དགུའི་རེ་བ་ཀུན་སྐོང་། མཚོ་སྔོན་ནང་བསྟན་རིག་གནས་སྒྱུ་རྩལ་ཞབས་ཞུ་ལྟེ་གནས་ཞབས་ཞུ་ཁང་ནས་དཔར་དུ་བསྒྲུབ། ཤ༡༥༢

པའི་ནུས་པ་ཡོད་ཅེས་མི་སྨྲ་ཡི། ཆུའི་རྣམ་པར་ཤར་བའི་ལྷ་མོའི་མཐུ་དང་། སྟོན་གྱི་ཐུབ་པ་རྣམས་ཀྱི་སྨོན་ལམ་གྱི་དབང་གི་སོགས། མ་ཆེ་བུམ་ཆུའི་ཕན་ཡོན་གྱི་ཚོག་ཐམས་ཅད་ཁོང་ཅག་ལ་ཡང་རྒྱུགས་སྤྲོད་ངེས་པ་རེ་སྨྲ་རྒྱུ་འདུག་”① ཅེས་སོགས་གསུངས་ཡོད་པ་བཞིན། གཅེར་བུ་བ་སོགས་ཕྱི་རོལ་པའི་གྲུབ་མཐའ་འཛིན་པ་བྲེ་བྲག་ཅིག་གིས་བསྒོམ་བྱའི་ལྷ་སེམས་སུ་བསྒོམས་ནས་ཆུ་ལ་འཁྲུས་བྱས་ཏེ་སྡིག་པ་དག་པར་འདོད་པ་དང་། ཆུ་ལ་འཇུག་པར་བྱས་པ་ཡིས་ཐར་པའི་རྒྱ་མཚོར་བགྲོད་ཐུབ་པར་འདོད་པའི་ཕྱིར། དེ་དག་གི་གྲུབ་མཐའི་འདོད་ཚུལ་དང་ཉམས་སུ་ལེན་པའི་ལུགས་དང་། ཆུའི་འཇུག་ངོགས་སམ་ཆུའི་མུ་ལ་འདུག་པའི་ཁྱད་ཆོས་རང་གā་བ་ལ་གཞིགས་ནས་མུ་ལ་འཇུག་པའམ་མུ་ལ་འདུག་པ་ཞེས་བྱའི་དོན་དང་ལྡན་པའི་བརྡ་བྱས་པར་སྣང་། འོ་ན་ཁྲུས་བྱེད་པ་ཅི་ཕྱིར་ཆུའི་འཇུག་ངོགས་སམ་མུ་ལ་འདུག་པར་བྱེད་ཅེ་ན། དེ་ནི་ཁྲུས་བྱེད་པ་ཡང་ཆུ་ཀླུང་གི་དཀྱིལ་ལ་ཁྲུས་བྱེད་མི་ཐུབ་པ་དང་ཆུ་འགྲམ་ནས་ཆུར་འཇུག་པ་ཡང་དུས་རིང་པོར་མ་ཐོགས་པར་ཆུའི་འགྲམ་ངོགས་སྐེགས་སུ་བྱས་ནས་ངལ་གསོ་བྱ་དགོས་པ་དངོས་དོན་ལགས་པས། དེ་དག་ལ་མུ་ལ་འདུག་པ་ཞེས་བྱ་བ་ནི་དོན་དམ་རང་དུ་མཐོང་། ཕྱིས་རོང་ཟོམ་པཎྜི་ཏས་གསུངས་པ་བཞིན་མུར་འདུག་ཅེས་བྱའི་གྲུབ་མཐའ་བྱེ་བྲག་པའི་མིང་བརྡ་ཡན་ལག་པའམ་བྱེ་བྲག་པ་དེ་ཕྱི་རོལ་པ་སྤྱིའི་མིང་དུ་ཆགས་པས། རེམ་གྱིས་རང་རེ་བོད་སྐད་ཀྱི་འགྱུར་ལ་མུར་འདུག་ཅེས་བྱའི་བརྡ་བྱས་པ་དང་། ཡང་རིམ་གྱིས་མུར་འདུག་ཅེས་པའི་དོད་ལ་མུ་

①མཁས་དབང་དགེ་འདུན་ཆོས་འཕེལ་གྱི་གསུམ་རྩོམ། དེབ་གསུམ་པ། བོད་ལྗོངས་བོད་ཡིག་དཔེ་རྙིང་དཔེ་སྐྲུན་ཁང་། ༡༩༩༠ལོར་དཔར། ཤ༤༧༨

སྙིགས་ཞེས་བྱའི་ཐ་སྙད་ཀྱི་འགྱུར་གསར་པ་ཞིག་གཏན་ལ་ཕབ་ཅིང་། སྨུ་སྙིགས་ཞེས་བྱའི་ཐ་སྙད་ལ་འབྲུ་འགྲེལ་དང་སྤྲ་བཤད་བྱེད་པ་ཕལ་ཆེར་ཉམས་ཏེ། གཙོ་བོ་ཕྱི་རོལ་པའི་གྲུབ་མཐའི་ངོ་བོའི་ཆ་ནས་འགྲེལ་བཤད་བྱས་པར་སྣང་སྟེ། རོང་ཟོམ་ཆོས་བཟང་གིས། "སྨུ་སྙིགས་པ་ནི་ཆོས་ཐམས་ཅད་ལ་ཀུན་ཏུ་བརྟགས་པས་བདག་རྟག་པ་ཞིག་ཡོད་པར་ལྟ་བ་སྟེ་"①ཞེས་སོགས་གསུངས་པ་ལྟར། ཕྱི་རོལ་པ་ནི་ཕུང་པོ་ལས་གཞན་པའི་བདག་འདོད་པ་སྤྱི་མཐུན་གྱི་ཁྱད་ཆོས་སུ་གྲུབ་ཡོད་པ་དག་གཙོ་བོར་འཆད་ནས་སྨུ་སྙིགས་ཞེས་བྱའི་བརྡ་དོན་ངོ་འཕྲོད་པར་བྱེད་པ་བཞིན་དང་། ཡང་འགྲེལ་བཤད་དེ་རིམ་གྱིས་སྤྲ་བཤད་དུ་ལོག་པའི་ཚེ་ལྟ་བ་ལོག་པའི་མཐའ་ལ་འཁྱེན་པའམ་ལོག་པའི་ལམ་ལ་སྙིགས་འཆའ་བའི་དོན་དུ་བཀྲལ་བས། སྨུར་འདུག་པའམ་འཇུག་ངོགས་སུ་འདུག་པའི་དོན་བསྟན་པའི་གདོང་མའི་བརྡ་དོན་དེ་བརླགས་པར་སེམས།

རང་རེ་བོད་སྐད་དུ་སྨུར་འདུག་ཅེས་པའི་འགྱུར་དེ་སྨུ་སྙིགས་ཞེས་སུ་བཅོས་དོན་ནི་སྨུར་འདུག་ཅེས་པའི་དོན་དེ་ཕྱི་རོལ་པ་སྤྱི་ལ་གོ་བར་དམིགས་ནས་དོན་གྱི་ཁྱབ་རྒྱ་བསྐྱེད་པའི་ཆེད་དུ་ལོ་ཙཱ་བས་ནན་གྱིས་བཅོས་པ་ཞིག་ཡིན་པར་ཡང་སྣང་སྟེ། སྨུར་འདུག་དང་སྨུ་སྙིགས་ཞེས་པའི་ཐ་སྙད་གཉིས་ལས། འདུག་ནི་སྡོད་ཅེས་པའི་དོན་དང་སྙིགས་ནི་རྟེན་གྱི་དོན་དུ་འགྲོ་བས་སྐད་ཆའི་གོ་ཤུགས་ཆེ་ལོས་ཀྱི་ཁྱད་པར་ཆེས་ཆེ་སྟེ། སྙིགས་ཞེས་པས་འཇུག་ངོགས་ལ་བརྟེན་ནས་ཐར་པའི་ལམ་འཚོལ་བའམ་འཇུག་

①རོང་ཟོམ་པཎྜི་ཏ་ཆོས་ཀྱི་བཟང་པོའི་གསུང་འབུམ། པོད་གཉིས་པ། སི་ཁྲོན་དུས་དེབ་ཚོགས་པ། སི་ཁྲོན་མི་རིགས་དཔེ་སྐྲུན་ཁང་། དཔར་གཞི་གཉིས་པ། ༢༠༡༥ལོར་དཔར། ཤ༣

ངོ་གས་སྟེགས་སམ་རྗེན་དུ་བྱས་ནས་མྱ་ངན་ལས་འདས་པ་དོན་དུ་གཉེར་བ་གསལ་མཚོན་ཐུབ་པའི་ནུས་པ་ལྡན་འདུག དེས་ན། དང་པོའི་ལོ་ཙྪ་བ་སོགས་ཀྱིས་མུར་འདུག་ཅེས་པའི་འགྱུར་ནས་མུ་སྟེགས་ཞེས་པར་བཀས་བཅད་པ་ཡང་དགོས་པ་ལྷག་པོ་ཆེ་ལ་དམིགས་ནས་ཡིན་ངེས་པར་སེམས། གཞན་ཡང་། གནའ་བོའི་རྒྱ་གར་དུ་ཕྱི་རོལ་པའི་གྲུབ་མཐའ་ཤིན་ཏུ་མང་པོ་དང་ནང་པའི་གྲུབ་མཐའ་ལྡན་ཅིག་ཏུ་དར་བའི་དུས་དེར། གྲུབ་མཐའ་གང་རུང་ཞིག་ལྟ་ངན་འཛིན་པ་ཡིན་ཚུལ་གསལ་བའི་མིང་བྱས་པ་ཡོང་མི་སྲིད་དེ། གནའ་བོའི་རྒྱ་གར་དུ་གྲུབ་མཐའ་ཤིན་ཏུ་མང་པོ་ཡོད་པ་དེ་དག་ནི་རང་ལྟ་མཆོག་འཛིན་དང་ཕན་ཚུན་འགྲན་པའི་ཚུལ་དུ་གནས་ཡོད་པས། གྲུབ་མཐའ་ཅི་དང་གང་གིས་ཀྱང་རང་གིས་རང་ལ་ངན་སྨྲས་ཀྱི་བརྗོད་བྱེད་པ་མི་སྲིད་ཅིང་། གྲུབ་མཐའ་བྱེ་བྲག་པ་ཕལ་མོ་ཆེ་གྲུབ་མཐའ་དེའི་སྟོན་པ་དང་ལྟ་བའི་ཁྱད་ཆོས་ཀྱི་མིང་ཐོགས་པ་འབའ་ཞིག་ཡིན་ཚུལ་བོད་ཀྱི་གྲུབ་མཐའི་བསྟན་བཅོས་རྣམས་སུ་གསལ་བས་སོ། །དེས་ན་མུར་འདུག་གམ་མུ་སྟེགས་ཞེས་བྱའི་ཐ་སྙད་དེ་རོང་ཟོམ་ཆོས་བཟང་གིས་གསུངས་པ་བཞིན་བྱེ་བྲག་གི་མིང་སྤྱི་ལ་ཐོགས་པ་ཞིག་དང་། གདོད་མའི་དོན་ལ་ངན་སྨྲས་ཀྱི་དོན་མེད་ཅིང་། དོན་འགྱུར་ཡང་མུར་འདུག་ཅེས་པའི་བརྡ་དོན་ལ་གནས་པར་སེམས། བྱེ་བྲག་གི་མིང་དེ་ཕྱི་རོལ་པའི་སྤྱི་མིང་དུ་གྱུར་པར་མཁྱེན་པའི་མཁས་པ་དག་གིས་དོན་གྱི་ཆ་ནས་ཕྱི་རོལ་པ་དག་ནི་ལྟ་བ་ངན་པའི་ལམ་ལ་འཕྱན་པ་ཡིན་པར་བསྒོམས་ནས་མཁས་དབང་དུང་དཀར་རིན་པོ་ཆེས་མུ་སྟེགས་པ་ཟེར་བ་ནི་སངས་རྒྱས་ཆོས་ལུགས་པས་དམའ་འབེབས་ཀྱི་ཐོག་ནས་བཏགས་པའི་མིང་ཞིག་ཡིན་ཞེས་གསུངས་པ་བཞིན། ངན་སྨྲས་ཀྱི་འགྲེལ་བཤད་དག་བྱུང་བ་ཡིན་པར་

སྣང་། དེ་ལྟར་མིན་ན་གྲུབ་མཐའ་ཆེན་མོ་སོགས་སུ་མུ་སྟེགས་ཞེས་བྱའི་ཐ་སྙད་ལ་ལྟ་བའི་ངན་པའི་མཐའ་ལ་སྟེགས་འཆའ་བ་ཞེས་སོགས་ཐད་ཀར་སྒྲ་བཤད་བྱེད་ངེས་ཀྱང་མ་བྱས་པའི་ཕྱིར་ན། མུ་སྟེགས་ཞེས་བྱའི་ལེགས་སྦྱར་གྱི་སྐད་དོད་རང་ལ་ངན་སྨྲས་ཀྱི་དོན་མེད་ངེས་ཡིན་པར་སེམས། ལར་རང་སྡེ་དང་ལྟ་གྲུབ་ཀྱི་ཁྱད་པར་ལྡན་པའི་གྲུབ་མཐའ་འཛིན་པ་ལ་མིང་ངན་པར་མི་སྨྲ་བ་ནི་ནང་པའི་ཆོས་ཀྱི་ངོ་བོ་དང་ཡང་མཐུན་པ་ཞིག་ཡིན་པས། རྟག་ཆད་ཀྱི་ལྟ་བ་ངན་པའི་མུའམ་མཐའ་ལ་བརྟེན་ཞིང་གྲུབ་མཐའ་ལོག་པའི་ལམ་ལ་སྟེགས་འཆའ་བ་སོགས་ངན་སྨྲས་ཀྱི་ཆ་ནས་མུ་སྟེགས་ཞེས་བྱའི་ཐ་སྙད་ཀྱི་དོན་བཀྲལ་ཚུལ་ནི། ཕྱི་རོལ་པའི་གྲུབ་མཐའི་ངོ་བོར་བལྟོས་ནས་ནང་པའི་མཁས་པ་དག་གིས་འགྲེལ་བཤད་བྱས་པ་ཞིག་ལས། མུར་འདུག་གམ་མུ་སྟེགས་ཞེས་བྱའི་ལེགས་སྦྱར་གྱི་སྐད་དོད་རང་ལ་དེ་ལྟའི་དོན་མེད་པར་སྣང་ངོ། །

སྤྱིར་ན་ཡོངས་སུ་གྲགས་པར་གཞན་སྡེ་ཞེས་པ་དང་ཕྱི་པ་ཞེས་པ་ནི་ནང་པའི་ཆོས་ལུགས་འཛིན་མཁན་གྱིས་ཕར་བཏགས་པ་ཞིག་ཡིན་པ་སྟེ། དཔེར་ན་ངག་རྒྱུན་དུ་ནང་མི་དང་ཕྱི་མི་ཞེས་སུ་འབོད་ཚུལ་ཡོད་པ་བཞིན་རང་སྡེ་དང་ནང་པ་ཞེས་པ་ལས་ལྡོག་སྟེ་བཏགས་པ་ཞིག་དང་། ནང་པ་དང་རང་སྡེ་ཞེས་པའི་ཐ་སྙད་གཉིས་པོ་ཡང་ཏ་ལམ་དོན་གཅིག་ལ་གནས་པ་ཞིག་ཡིན་ཞིང་། གཞན་སྡེ་དང་ཕྱི་པ་ཞེས་འབོད་པ་ལ་དམའ་འབེབས་ཀྱི་དོན་རྩ་བ་ནས་མེད། ཁ་ཅིག་གིས་ནང་གི་སྤྱང་བྱ་མ་རིག་པ་སྤངས་ཤིང་གཉེན་པོ་བདག་མེད་རྟོགས་པའི་ཐབས་སྟོན་པའི་ཤེས་རབ་བརྗོད་པའི་བསྟན་བཅོས་ལ་ནང་རིག་གི་བསྟན་བཅོས་ཞེས། ནང་པའི་བསྟན་པ་ནི་ནང་སེམས་

ཀྱི་སྣང་གཉེན་བསྟན་པས་ནང་པར་བཏགས་སོ་སྙམ་དུ་བསམས་ནས་སྨྲ་བར་བྱེད་ཀྱང་། དོན་དངོས་སུ་ཕྱི་རིག་པ་ཞེས་པའི་བརྗོད་སྒྲོལ་མེད་པས། རིག་གནས་ཆེ་བ་ལྔའི་ཡ་གྱལ་ནང་རིག་པ་ཞེས་པའི་བརྡ་དོན་བཀྲལ་དུས་ནང་སེམས་ཁམས་ཀྱི་སྣང་གཉེན་སྟོན་པའི་ཆ་ནས་སྨྲས་ན་འོས་པ་ལས། ཕྱི་པ་དང་ནང་པ་ཞེས་པའི་ཐ་སྙད་བཀྲལ་དུས་ནང་སེམས་ཁམས་སྣང་བྱ་དང་གཉེན་པོ་སྟོན་པའི་ཆ་ནས་སྨྲས་ན་མི་འོས་སོ། །འོན་ཏེ། མུ་སྟེགས་ཞེས་པ་ནི་རང་རེའི་སྟོན་ཕྱོན་མཁས་པ་ཕལ་ཆེར་གྱིས་ཏ་ལམ་མགྲིན་གཅིག་ཏུ་ལོག་པའི་ལྟ་བའི་མུ་ལ་སྟེགས་འཆའ་བ་ཞེས་འགྲེལ་རྒྱང་བྱེད་པས། དེ་ལྟའི་འགྲེལ་ཚུལ་ནི་དམའ་འཇོག་གི་དོན་དང་བཅས་པ་ཞིག་ཡིན་པ་ལྟ་ཅི་སྨོས། དོན་དམ་དུ་མུ་སྟེགས་ཞེས་པའི་གདོད་མའི་བརྡ་དོན་ནི་མུར་འདུག་ཅེས་པ་ཡིན་པ་གང་ཞིག་དེ་ནི་ལེགས་སྦྱར་གྱི་སྐད་དོད་དང་ཐག་ཉེ་བ་ཞིག་དང་དམའ་འཇོག་གི་དོན་དང་བྲལ་བ་ཞིག་ཡིན་ཚུལ་གོང་ཞུས་ལུང་དང་རིགས་པའི་ཕྱོགས་མང་པོ་ནས་མཐོང་ཐུབ།

གོང་སྨྲོས་ལས་མུ་སྟེགས་ཞེས་པའི་ཐ་སྙད་ཀྱི་སྒྲ་དོན་ལ་དམའ་འཇོག་གི་དོན་མེད་པ་གསལ་བ་དང་ཆབས་ཅིག་ཏུ་སྤྱིར་མུ་སྟེགས་པ་ཡིས་ཐར་ལམ་འཚོལ་བའི་ཐབས་ཇི་ལྟ་བུ་ཡིན་པ་ཡང་ཅུང་ཟད་གསལ་ནུས། མུ་སྟེགས་པས་ཐར་པ་ཐོབ་པའི་ཐབས་སུ་ཆུ་ལ་ཁྲུས་བྱས་ནས་ལུས་ཀྱི་སྒྲིབ་པ་དག་ཐབས་གཙོ་བོར་བྱེད་པ་དང་། མཆོད་སྦྱིན་སོགས་ལས་གཞན། གཙོ་བོ་རང་གིས་ལུས་ཀྱི་དཀའ་ཐུབ་ལ་བརྟེན་དགོས་པར་འདོད་དེ། མེ་ལྔ་ལ་བསྟེན་པ་དང་། ལུས་གཅེར་བུར་བྱེད་པ་སོགས་རྣམ་པ་སྣ་ཚོགས་ཀྱི་དཀའ་ཐུབ་ལ་བརྟེན་ནས་འཁོར་བ་ལས་གྲོལ་ཐུབ་པར་སེམས། ཕྱི་

རོལ་པའི་འདོད་ལུགས་དེ་ལྷའི་དབང་གིས་བདག་ཅག་གི་ཐུབ་པ་རྣམ་འདྲེན་བཞི་པ་རྒྱལ་བའི་དབང་པོ་ཉིད་འཇིག་རྟེན་གྱི་སྐྱེ་ཀ་ན་འཆི་སོགས་འཁོར་བའི་སྡུག་བསྔལ་ལ་ངེས་འབྱུང་སྐྱོ་ཤས་བཅོས་མ་མིན་པ་འཁྲུངས་ནས་ཆོས་ཀྱི་སྒོ་མོར་ཞུགས་པའི་དབུ་རྩོམ་པའི་ཐོག་མའམ་རྒྱལ་སྲིད་དོར་ཏེ་ཁྱིམ་ནས་ཁྱིམ་མེད་པར་རབ་ཏུ་བྱུང་བའི་ཐོག་མར། ངེས་འབྱུང་གིས་དཀའ་བ་དེ་ལྟ་བུ་སྤྱད་དོན་ཡང་སྐབས་དེའི་ས་དར་རྫོ་དར་གྱི་ཆོས་ལུགས་རིག་གནས་ཀྱི་བསམ་པའི་ཤུགས་རྐྱེན་འོག་ཡིན་སྲིད་ལ། ཁོང་གིས་སྤྱོང་བ་དངོས་ལས་མུ་སྟེགས་པའི་ལུགས་ཀྱི་ཐར་གྲོལ་གྱི་ལམ་དེར་བརྟེན་པས་ཐར་པ་དང་ཐམས་ཅད་མཁྱེན་པ་ཞེས་པ་འབྱུང་ཐབས་མེད་པ་མཁྱེན་ཅིང་། རིགས་ལམ་གྱིས་ཁོ་ཆོས་བསྟན་པའི་ཐར་གྲོལ་གྱི་ལམ་དེ་ལོག་པའི་ལམ་ཡིན་པར་ཡང་གསུངས་པ་ཡིན་ནོ། །དེ་ཡི་ཕྱིར་ན་ཕྱི་རོལ་མུ་སྟེགས་པ་དང་གདོང་གཏད་དུ་སྤྱོད་པའི་ཚ་ནས་འཚེ་བ་མེད་པ་སྟེ། དབུ་མ་བཞི་བརྒྱ་པ་ལས། "ཆོས་ནི་མདོར་ན་མི་འཚེ་བར། །དེ་བཞིན་གཤེགས་པ་རྣམས་ཀྱིས་གསུངས། །ཞེས་པ་བཞིན་དང་། བཞི་བརྒྱ་པའི་འགྲེལ་པ་ལས་ཀྱང་། གང་ཞིག་འཚེ་བ་ནི་ཆོས་མ་ཡིན་པ་ཁོ་ནའོ་ཞེས་བྱ་བ་འདོད་པ་དེ་ཁྱད་དུ་འཕགས་པའོ། །"①ཞེས་གསུངས་པ་བཞིན་དུ་འཚེ་བ་ནི་ཆོས་སུ་མི་འགྲོ་བའི་བཞེད་དགོངས་ཀྱི་དགེ་བའི་ལས་ལམ་གསར་པ་བསྟན་ཡོད། ཕྱི་རོལ་པའི་གྲུབ་མཐའ་ལས་གཅེར་བུ་བ་ལྟ་བུས་དགེ་བའི་ལས་ལམ་ལ་ལེགས་པར་ཕྱོགས་ཀྱང་། ལུགས་འདིས་

---

①སློབ་དཔོན་ཟླ་བ་གྲགས་པས་མཛད་པའི་བྱང་ཆུབ་སེམས་པའི་རྣལ་འབྱོར་སྤྱོད་པ་བཞི་བརྒྱ་པའི་རྒྱ་ཆེར་འགྲེལ་པ། སེར་གཙུག་ནང་བསྟན་དཔེ་རྙིང་འཚོལ་བསྡུ་ཕྱོགས་སྒྲིག་ཁང་། གངས་ཅན་ཁྱད་ནོར་དཔེ་ཚོགས། པོད་ཕྲེང་ཉེ་ཤུ་ཙ་གསུམ། ༡༧༥༨

འཆི་བ་སྲོག་བདག་ཏུ་འདོད་ཅིང་། རང་ལུས་ལ་འཆི་བའི་ཕྱིར་དེ་ཉིད་གཞན་ལ་འཆི་བའི་བསྟན་པ་ཡིན་པར་བསྒྲུབས་ཡོད་དེ། གྲུབ་མཐའ་ཆེན་མོ་ལས། “གཅེར་བུ་བ་གཞན་ལ་མི་འཆི་བར་རློམས་ཀྱང་། རང་ལ་འཆི་བ་དགོས་པར་ཁས་ལེན་ཅིང་། རང་ལུས་ཀྱི་སྲིན་འབུ་བརྒྱད་ཁྲི་ལ་འང་གནོད་པས་གཞན་ལ་འང་གནོད་པའི་བསྟན་པ་ཡིན་པའི་ཕྱིར་” ①ཞེས་སོགས་གསུངས་པས་གསལ་ནུས་ཤིང་། མདོར་ན། སྟོན་པ་བཅོམ་ལྡན་འདས་ཀྱིས་གཞན་ལྟ་རྣམས་ཀྱིས་བདག་ཏུ་ལྟ་བའི་འདུ་ཤེས་ཀྱིས། བདག་དོན་འབའ་ཞིག་ལ་གཞོལ་ཕྱིར། གཞན་སེམས་ཅན་ལ་འཆི་བར་བྱེད་པའི་སྤྱོད་པ་དག་ནི་ཆོས་སུ་མི་འགྲོ་བར་སེམས་པ་དང་། དེའི་གནད་འགག་ཏུ་བདག་མེད་སྨྲ་བའི་ལུགས་གསར་དུ་ཕྱེ་བར་མཛད་པ་རིགས་དེད་བྱེ་ནུས།

མུ་སྟེགས་པའི་གྲུབ་མཐའ་འཛིན་པ་རྣམས་ལོག་པའི་ལམ་ལ་འཁྲུན་པ་ཡང་། ཁོ་ཆོས་རྟག་གཅིག་དང་རང་རྒྱ་ཐུབ་པའི་རྫས་ཡོད་ཀྱི་བདག་ཡོད་ཡོད་ཀྱི་འཛིན་པའི་དབང་དུ་གྱུར་ནས་མ་རིག་བདག་འཛིན་གྱི་འདམ་ལ་བྱིངས་ཏེ་སྲིད་པའི་བཙོན་རར་སྐྱོ་ངལ་བྱེད་པའི་སྐབས་ལ་ཐུབ་པ་ཆེན་པོས་འཁོར་བ་དང་སྲིད་པའི་རྩ་བ་བདག་འཛིན་མ་རིག་པ་ལ་ཐུག་ཅིང་དེ་ལས་ཉོན་མོངས་རྣམས་སྐྱེ་བ་ཡིན་པ་གསལ་པོར་གསུངས་ནས། གང་ཟག་གི་བདག་མེད་དང་ཆོས་ཀྱི་བདག་མེད་གཉིས་ཀྱི་ལྟ་བའི་སྒྲོན་མེ་གསལ་བར་སྤར་བ་ནི་ལྟ་བའི་འཕུར་མཆོངས་ཤིན་ཏུ་ཆེན་པོ་ཞིག་གོ །

---

①ཀུན་མཁྱེན་འཇམ་དབྱངས་བཞད་པའི་གྲུབ་མཐའི་རྣམ་བཤད་རང་གཞན་ཀུན་དང་ཟབ་དོན་མཆོག་ཏུ་གསལ་བ་ཀུན་བཟང་ཞིང་གི་ཉི་མ་ལུང་རིགས་རྒྱ་མཚོ་སྐྱེ་དགུའི་རེ་བ་ཀུན་སྐོང་། མཚོ་སྔོན་ནང་བསྟན་རིག་གནས་སྒྱུ་རྩལ་ཞབས་ཞུ་ལྟེ་གནས་ཞབས་ཞུ་ཁང་ནས་དཔར་དུ་བསྒྲུབ། ཤ༣༨

ཀུན་འགྲུན་སངས་ཀྱིས། "འཚེ་བའི་ལྟ་སྤྱོད་ཐམས་ཅད་ཀྱི་རྩ་བ་མདོར་དེད་ན་བདག་ཤེས་རིག་རྟག་པ་ཆ་མེད་དུ་འདོད་པ་སོགས་ནང་གི་བདག་འཛིན་ལ་ཐུག་ཡོད་པས་ན། ཐར་པ་འདོད་མཁན་རྣམས་ཀྱིས་ཕྱི་ནང་གི་ཆོས་ཐམས་ཅད་རྟེན་ཅིང་འབྲེལ་འབྱུང་གི་ངང་ལ་སྐྱེ་འཇིག་བྱེད་པའི་བཟློག་མེད་ཀྱི་ཆོས་ཉིད་ལ་ངེས་ཤེས་འདྲོངས་དགོས་པར་བསྟན་" ① ཞེས་སོགས་གསུངས་པ་བཞིན། ཕྱི་རོལ་མུ་སྟེགས་པའི་ལྟ་བ་འཆང་བ་རྣམས་ནི། བདག་ཏུ་ལྟ་བ་གང་ཞིག་བདག་གི་དོན་ལ་གཅིག་པར་འཛིན་པ་དང་། ཐར་གྲོལ་གྱི་ལམ་ཡང་བདག་ཁོ་ནའི་ངོ་བོ་འཚོལ་བ་སོགས་ལ་སྦྱར་བས། ཁོ་ཚོའི་ལྟ་བ་འཛིན་པ་སུ་ཡི་འདོད་ངོར་ཡང་། རང་རང་སོ་སོའི་རྒྱུད་ཀྱི་ལྷན་སྐྱེས་ཀྱི་བདག་ཏུ་འཛིན་པ་ལུས་དབང་བློ་ལས་ང་ཞེས་པ་ལོགས་སུ་ཕྱུང་ངེར་མཆིས་སྙམ་པ་དེ་ནི་བརྟགས་པ་ཙམ་ལས་དོན་དུ་མེད་སྙམ་པའི་བློ་ཞིག་འབྱུང་མི་བཏུབ་ལ། དེ་ཡི་ཕྱིར། སོ་སོ་རང་ཉིད་ཀྱི་དོན་འབའ་ཞིག་ལ་གཞོལ་བ་དང་། ང་ཡི་སླད་དུ་འབད་པ་བསྐྱེད་པ། ང་ལ་གཅིག་པར་འཛིན་པ་སོགས་ནི་དོན་མེད་པ་མིན་ཞིང་། རང་རང་སོ་སོའམ་ང་དང་བདག་ཅེས་གཅིག་པར་འཛིན་སའི་གཞི་ཡོད་སྙམ་ནས་ལོག་པའི་ལམ་ལ་འཁྲུན་འགྲོ་བ་ཡིས། སླར་འཁོར་བའི་འདམ་ལ་དེ་བས་རབ་ཏུ་བྱིང་བ་གང་ཞིག་གཞན་སེམས་ཅན་ལ་ཡང་འཚེ་བ་དང་། གནོད་པའི་ལས་བགྱི་བ་ལ་ཐེ་མི་ཚོམ་པས། རང་གཞན་བདེ་བའི་ལམ་བུར་ཕྱིན་ཅི་ལོག་སྟེ་ཆས་འགྲོ་བ་རེད། སྟོན་པ་བཅོམ་ལྡན་འདས་ཀྱིས་དེ་དག་ཇི་བཞིན་གཟིགས་པའི་མཐུས་བདག་ཏུ་འཛིན་པའི་

---

①འགྲུན་སངས། ཐུབ་བསྟན་མཚན་ཉིད་རིག་པའི་ལྟ་བའི་འཕེལ་རིམ། བོད་ལྗོངས་སློབ་གྲྭ་ཆེན་མོའི་རིག་དེབ། ༢༠༡༥ལོའི་དུས་དེབ་གསུམ་པ། ༤༡༡༨

ལྟ་བ་རྣམས་དགག་བྱར་བཟུང་སྟེ་བདག་མེད་ཀྱི་ལྟ་ཚུལ་བསྟན་པ་དང་། དུས་ཕྱིས་གྲུབ་པའི་ལུགས་ཀྱི་རང་སྟེ་བཞི་པོས་རང་རང་ལུགས་བཞིན་གང་ཟག་གི་མཚན་གཞི་འཛོག་ཚུལ་མི་འདྲ་བ་རེ་བཞག་ཅིང་། བདག་མེད་ལྟ་བར་འགྲེལ་ལུགས་མ་གཅིག་པ་རེ་གསུངས་སོ། །

སྟོན་པ་བཅོམ་ལྡན་འདས་ཀྱིན་པ་ནས་རྒྱ་གར་དུ་དཔལ་ལྡན་འཕགས་པ་ཀླུ་སྒྲུབ་དང་། འཕགས་པ་ཐོགས་མེད། དཔལ་ལྡན་ཆོས་གྲགས་སོགས་པཎ་གྲུབ་ཤིན་ཏུ་མང་པོ་ཀྱིན་པ་ཕལ་ཆེར་གྱིས་ཕྱི་རོལ་པའི་བདག་ཏུ་ལྟ་བ་བཀག་པར་མཛད་ཡོད་དེ། དེ་ལྟར་ཡིན་ཚུལ་དཔེ་ཙམ་ཞུས་ནས་བསྟན་ན། རྣམ་འགྲེལ་དུ། "གང་གི་རང་བཞིན་འདེག་མེད་པ། །དེ་ལ་མཁས་རྣམས་རྟག་ཅེས་བརྗོད། །"① ཅེས་སོགས་གསུངས་ནས། རྟག་པ་ནི་རང་བཞིན་འགྱུར་བ་མེད་པར་གསུངས་ལ། དེ་བཞིན་དུ་རྟག་པར་བྱ་བྱེད་མི་རུང་བས། བདག་རྟག་པས་ལས་གསོག་པ་དང་བདེ་སྡུག་མྱོང་བ་མི་སྲིད་པ་རིགས་པས་བསྒྲུབས་པ་ལྟ་བུ་ཤིན་ཏུ་མང་ལ། དེ་ལྟའི་དགོངས་དོན་ཐད་རང་རེའི་བོད་ཀྱི་སྔོན་ཀྱིན་མཁས་པ་མང་པོས་ཇི་བཞིན་དུ་བཀྲལ་ཡོད་པ་དཔེར་ན། "བདག་རྟག་པར་སྨྲ་བྱེད་རྣམས་ལ་བཅིངས་གྲོལ་གང་ཡང་མི་འཐད་དེ། རྟག་པ་ནི་རང་བཞིན་འགྱུར་བ་མེད་པས་རྐྱེན་ལ་ལྟོས་པ་མེད་པའི་ཕྱིར། རྒྱུ་དང་འབྲས་བུ་ཡང་གཅིག་ལ་གྱུར་བར་ཐལ། བདག་རྟག་པ་དེ་ལས་གསོག་པ་པོ་དང་འབྲས་བུ་མྱོང་

①དཔལ་ལྡན་ཆོས་ཀྱི་གྲགས་པའི་རྒྱས་པའི་བསྟན་བཅོས་ཚད་མ་རྣམ་འགྲེལ། སེར་གཙུག་ནང་བསྟན་དཔེ་རྙིང་འཚོལ་བསྡུ་ཕྱོགས་སྒྲིག་ཁང་། གངས་ཅན་ཁྱད་ནོར་དཔེ་ཚོགས། པོད་ཕྲེང་ཉིས་བརྒྱ་བཅོ་ལྔ། ༡༥༧

བ་པོ་ཡིན་པའི་ཕྱིར་”①ཞེས་སོགས་སྒྲུབ་བྱེད་བཀོད་ནས་སྐྱེ་བ་སྔ་བར་ཕྱི་གསུམ་ལ་འགྲོ་འོང་བྱེད་པར་འདོད་པའི་བདག་རྟག་པ་དེ་རིགས་པས་སྒྲུབ་ཐབས་མེད་པ་སོགས་བཀག་པར་མཛད་པའི་སྒྲུབ་བྱེད་རིགས་འདྲ་ཤིན་ཏུ་མང་བ་ལས། བདག་མེད་ལྟ་བ་ནི་བདག་ཏུ་ལྟ་བ་བཀག་པ་ལས་བྱུང་བ་ཡིན་པར་རྟོག་དཔྱོད་བྱ་ནུས།

གསུམ་པ། བདག་མེད་ལྟ་བར་ཡིད་ཆེས་རྗེད་ཚུལ་སོགས་ཀྱི་ཆ་ནས་སླས་པ།

རང་སྡེ་ནང་པས་བདག་མེད་པ་ཇི་ལྟ་བུ་འདོད་ཚུལ་འཆད་པ་ལ། ཕྱི་པ་མུ་སྟེགས་པས་རྟག་གཅིག་རང་དབང་ཅན་གྱི་བདག་ཇི་ལྟར་འདོད་པ་ཤེས་དགོས་རྒྱུ་གལ་ཆེན་པོ་ཡིན་པ་ནི། གོང་དུ་ཞུས་པའི་ཤེས་རིག་དང་ལྟ་བའི་འཕེལ་རིམ་གྱི་ཚུ་འགོ་འཚོལ་བ་ཙམ་གྱི་ཕྱིར་མ་ཡིན་པར། ཤིན་ཏུ་གལ་ཆེན་པོ་ཞིག་ནི་ནང་པའི་སྟོན་པ་དང་། བསྟན་པ། ལྟ་བ་བཅས་པ་སྐྱོན་གྱིས་མ་བསླད་པའི་ཡིད་ཆེས་ཕྱོག་མེད་ཅིག་སྐྱེ་བའི་རྒྱུ་ཡང་ཡིན། དེ་ཡང་སློབ་དཔོན་མཐོ་བཙུན་གྲུབ་རྗེའི་ཁྱད་པར་འཕགས་བསྟོད་ལས། “མུ་སྟེགས་གཞན་གྱི་གཞུང་ལུགས་ལ། །ཇི་ལྟ་ཇི་ལྟར་རྣམ་བསམས་པ། །དེ་ལྟ་དེ་ལྟར་མགོན་ཁྱོད་ལ། །བདག་གི་སེམས་ནི་དད་པར་གྱུར། །”②ཞེས་དང་། སློབ་དཔོན་བདེ་བྱེད་བདག་པོའི་ལྷ་ལས་ཕུལ་བྱུང་གི་བསྟོད་པར། “བཅོམ་ལྡན་དེ་ནི་བདག་གི་གཉེན་མིན་གཞན་དག་དགྲ་མ་ཡིན། །

①ལྕང་སྐྱ་རོལ་པའི་རྡོ་རྗེའི་གྲུབ་མཐའ་ཐུབ་བསྟན་ལྷུན་པོའི་མཛེས་རྒྱན། ཀྲུང་གོའི་བོད་ཀྱི་ཤེས་རིག་དཔེ་སྐྲུན་ཁང་། ༡༩༨༩ལོར་དཔར། ༤༦༡

②ཐུའུ་བཀྭན་བློ་བཟང་ཆོས་ཀྱི་ཉི་མ། 《ཐུའུ་བཀྭན་གྲུབ་མཐའ།》 ཀན་སུའུ་མི་རིགས་དཔེ་སྐྲུན་ཁང་། ༢༠༡༠ལོར་དཔར། ༤༡༩ལ་ལུང་དྲངས་ཏེ་གསལ།

དེ་དག་གི་སྤྱོད་གཞན་ཡང་མངོན་སུམ་གྱུར་པ་མ་མཐོང་སྟེ། །ཚིག་དང་སྤྱོད་པ་དག་གིས་སོ་སོའི་ཁྱད་པར་ཐོས་པ་ལས། །བཅོམ་ལྡན་ཡོན་ཏན་ཕུལ་དུ་ཕྱིན་ལ་དང་ཕྱིར་བདག་ཉེན་ལགས། །བདེ་བར་བཤེགས་པ་བདག་གི་ཕ་མིན་མུ་སྟེགས་གཞན་དག་དགྲ་མ་ཡིན། །དེ་བཞིན་གཤེགས་དེས་བདག་ནོར་མ་སྩལ་གཟིགས་ཟན་སོགས་ཀྱིས་ཅང་མ་འཕྲོག །འོན་ཀྱང་སངས་རྒྱས་བཅོམ་ལྡན་དེ་ནི་གཅིག་ཏུ་འགྲོ་ལ་སྨན་མཛད་གསུང་། །དྲི་མེད་དྲི་མ་ཐམས་ཅད་སེལ་བ་གང་ཡིན་དེ་ལ་བདག་དང་ལགས། །”[1] ཞེས་དང་། བདག་ནི་སངས་རྒྱས་ཕྱོགས་མི་འཛིན། །སེར་སྐྱ་སོགས་ལ་མི་སྡང་ཞིང་། །གང་ཞིག་རིགས་པར་ལྡན་པ་ཡིས། །དེ་ནི་སྟོན་པར་འཛིན་པ་ཡིན། །ཞེས་སོགས་གསུངས་པ་བཞིན་དུ། ནང་པ་སངས་རྒྱས་པའི་སྟོན་པ་སྐྱོན་ཀུན་ཟད་ཅིང་ཡོན་ཏན་ཀུན་རྫོགས་པ་དང་། བསྟན་པ་ནི་སེམས་ཅན་ལ་འཚེ་བ་མེད་པ། ལྟ་བ་ནི་རྟག་གཅིག་རང་དབང་ཅན་གྱི་བདག་གིས་སྟོང་པ་ཡིན་པ་དང་། ཕྱི་རོལ་པ་ནི་དེ་ལས་ལྡོག་སྟེ་སྟོན་པ་སྐྱོན་དང་ལྡན་ཞིང་ཡོན་ཏན་གྱི་ཆ་མ་རྫོགས་པ་དང་། བསྟན་པ་ནི་སེམས་ཅན་ལ་གནོད་ཅིང་འཚེ་བ། ལྟ་བ་ནི་རྟག་གཅིག་རང་དབང་ཅན་གྱི་བདག་འདོད་པ་ཞིག་ཡིན་པའོ། །དེས་ན། ང་ཚོས་ནང་བསྟན་གཞུང་གི་བདག་མེད་ལྟ་བའི་ཁྱད་འཕགས་ལ་ཤེས་རྟོགས་དང་། དེ་ལ་ཡིད་ཆེས། དང་བ་སྐྱེད་པར་བྱེད་པ་ལ་ཐོག་མར་ཕྱི་རོལ་པའི་བདག་འདོད་ཀྱི་ལྟ་བ་ཇི་ལྟ་བུ་ཞིག་ཡིན་པ་ཤེས་པར་བྱས་ཏེ།

[1] ཆོས་རྗེ་དག་དབང་དཔལ་ལྡན་གྱི་གྲུབ་མཐའ་ཆེན་མོའི་མཆན་འགྲེལ་དཀའ་གནད་མདུད་གྲོལ་བློ་གསལ་གཅེས་ནོར། གངས་ཅན་ཁྱད་ནོར་དཔེ་ཚོགས་པོད་ཕྲེང་བཞི་བརྒྱ་དྲུག་ཅུ་རེ་གསུམ། སེར་གཙུག་ནང་བསྟན་དཔེ་སྐྲུན་འཚོལ་བསྡུ་ཕྱོགས་སྒྲིག་ཁང་། ༡༡༧

གཞིབ་སྡུར་དང་བཅས་ནང་པའི་བདག་མེད་འདོད་ཚུལ་རྟོགས་ཐབས་བྱ་དགོས། དེ་ལྟར་བྱས་ན་རིམ་གྱིས་ཕྱི་རོལ་པའི་རྟག་གཅིག་རང་དབང་བའི་བདག་གི་མཚང་རེ་རེ་བཞིན་མཐོང་ནས་ནང་པའི་བདག་མེད་ལྟ་བའི་ངོ་མཚར་གྱི་ཡོན་ཏན་རེ་རེ་མཐོང་ཐུབ་ལ། དེ་མཚུངས་སུ་ནང་པ་སངས་རྒྱས་པའི་བདག་མེད་པའི་ལྟ་བ་སྟེ་ཡང་དག་པའི་དེ་ཁོ་ན་ཉིད་དཀའ་ཐུབ་ཆེན་པོས་འཚོལ་བའི་བགྱི་བ་ཐུན་མིན་ལ་ཡོ་འཁྱོག་མེད་པའི་དང་བ་འདྲེན་ཐུབ་ལ་སངས་རྒྱས་རྣམ་འདྲེན་བཞི་པར་ཡང་རྨ་མེད་པའི་ཡིད་ཆེས་སྐྱེད་ཐུབ། དེ་བཞིན་དུ"སྡུག་བསྔལ་རྒྱུ་མེད་དང་། མི་མཐུན་པའི་རྒྱུ་ལས་འབྱུང་བར་འཛིན་པ་དང་། ལམ་མ་ཡིན་པ་ལ་ལམ་དུ་འཛིན་པ་དང་། ཐར་པ་མ་ཡིན་པ་ཐར་པར་འཛིན་པ་སོགས་ཀྱི་ལོག་རྟོག་འགག་པར་འགྱུར་བ་དང་། སྐྱེ་བ་གཞན་དག་ཏུ་རྒྱང་འཕེན་སོགས་གྲུབ་མཐའ་ངན་པའི་གཞུང་ལུགས་ཐོས་པའི་སྟོབས་ཀྱིས་བཞག་པའི་བག་ཆགས་ཀྱི་ས་བོན་ཉམས་སྨད་པ་དང་། སྐྱེ་བ་ཕྱི་མ་རྣམས་སུ་ལོག་ལྟ་མཐའ་དག་ལས་ལྡོག་པ་དང་། ཡང་དག་པའི་ལྟ་བ་མྱུར་དུ་རྒྱུད་ལ་སྐྱེ་བའི་བག་ཆགས་འཇོག་པ"①ཞེས་གསུངས་པ་བཞིན་རྒྱུ་འབྲས་ལ་སྐུར་བ་འདེབས་པ་པོ་ཕྱི་རོལ་ཚད་སྨྲ་བ་རྒྱང་འཕེན་པ་ལྟ་བུས་སྡུག་བསྔལ་རྒྱུ་མེད་དུ་སྨྲ་བ་སོགས་ཕྱིར་ན་རྒྱུ་འབྲས་ལ་ཡོངས་སུ་སྐུར་བ་འདེབས་པ་སོགས་ལོག་པའི་ལྟ་བ་སྣ་ཚོགས་དང་། རྒྱུན་པར་སོ་སྐྱེ་ཐལ་མོ་ཆེ་ལ་རང་གི་ལུས་དང་དབང་པོ་ལས་གཞན་པའི་ཚུགས་ཐུབ་ཀྱི་བདག་ཧྲེང་ངེ་བ་ཞིག་ཡོད་ཡོད་དུ་འཛིན་པའི་གོམས་འདྲིས་ཀྱི་ལྟ་ཚུལ། དེ་བས་

①རྗེ་བཙུན་བློ་བཟང་ནོར་བུ། 《གྲུབ་མཐའི་རྣམ་གཞག་གསལ་བར་བཤད་པ་ཐུབ་བསྟན་རིན་པོ་ཆེ་གསལ་བའི་སྒྲོན་མེ》བོད་ལྗོངས་བོད་ཡིག་དཔེ་རྙིང་དཔེ་སྐྲུན་ཁང་། ༢༠༠༨ལོར་དཔར། ཤ༡༧༨ནས་༢༠

བདག་ཡོད་པར་འདོད་པ་གང་ཞིག་བདག་དེ་ལུས་དབང་བློ་ལས་ཐ་དད་པའི་རྟག་པ་དང་། གཅིག་པུ། ཚོགས་ཐུབ་རང་དབང་ཅན་ཞིག་ཀྱང་ཡོད་པར་འདོད་པ་སོགས་ལོག་པར་འཛིན་པའི་བག་ཆགས་ངན་པ་རྣམས་ནོར་བ་དང་འཁྲུལ་བ་ཅན་ཞིག་ཡིན་པར་ངོས་འཛིན་ལེགས་པར་བཟུང་ཐུབ་པ་བྱུང་ནས། ནང་པའི་དེ་ཁོན་ཉིད་ཀྱི་ལྟ་བ་ཡང་དག་ཅིག་ཡིན་པར་ངེས་ཤེས་བརྟན་པོ་ཞིག་སྐྱེ་སྲིད་ལ། ལྟ་ངན་དེ་ཚོའི་མཚང་མཐོང་ནས་སླར་ལམ་དེ་ལྟ་བུ་ལ་མི་འཁྲུན་པའི་དམ་བཅའ་བརྟན་དུ་འགྲོ་བར་སླན་སྲིད་པའོ། །

གཞན་ཡང་། ནང་པ་སངས་རྒྱས་པའི་གྲུབ་མཐའ་སྨྲ་བ་ཡིན་ཕྱིན་ཆད་ཀྱིས་རྟག་གཅིག་རང་དབང་པའི་བདག་མི་འདོད་པས། གཞན་སྡེ་དང་རང་སྡེའི་ལྟ་བའི་དབྱེ་འབྱེད་ལེགས་པར་ཐུབ་ནས་ལྟ་བ་མཐོང་སྟེ་བསྟན་པ་ལ་ཡིད་ཆེས་རྙེད་པ་སོགས་ལ་ཕན་པ་ཤིན་ཏུ་ཆེ། དེ་ཡང་ཡིན་ཏེ། ཕྱི་རོལ་པའི་བདག་འདོད་པའི་ལྟ་བའི་སྐྱོན་མ་མཐོང་ན་ནང་པའི་བདག་མེད་པའི་ལྟ་བའི་ལེགས་ཆ་དག་ཇི་ལྟར་མངོན་པར་གསལ་ནུས། མ་ཟད་སྐབས་དེའི་སྟོད་གཞིར་གྱུར་བའི་འཇིག་རྟེན་འཁོར་བ་པ་རྣམས་སྲིད་པ་ལ་ཡང་ཡང་འཁོར་བའི་རྩ་བ་ནི་མ་རིག་པའི་བློ་ཡིན་ཏེ། བདག་དང་བདག་གི་བར་འཛིན་པའི་ཞེན་པ་དེ་ལས་ཉོན་མོངས་པ་དང་སྡུག་བསྔལ་བ་སོགས་སྐྱེ་བར་འདོད་ཕྱིར། ཉེས་པ་ཐམས་ཅད་ཀྱི་རྩ་བར་བཞེད་པའི་བདག་དེ་ཡོད་དམ་མེད། ཚུལ་དེ་གཉིས་ཀྱི་ལུགས་ཇི་ལྟ་བུ་ཡིན་པ་ལ་རྩད་ལེགས་པོ་ཞིག་གཅོད་དགོས། དེ་ལྟར་དགོངས་ནས་རྗེ་རིན་པོ་ཆེས། "འདིར་བདེན་པར་གྲུབ་པ་སོགས་སུ་འཛིན་པའི་ལུགས་སམ་དེས་ཇི་འདྲ་ཞིག་ཏུ་བཟུང་བའི་དགག་བྱའི་སྤྱི་ལེགས་པོར་མ་ཤར་བར་དེ་

རྣམས་སུ་གྲུབ་པ་མི་སྲིད་ཅེས་པའི་བརྗོད་འདུན་ཙམ་ལ་བརྟེན་ནས། དེ་ལྟར་གྲུབ་ན་གནོད་པ་འདི་ཡོད་དང་མ་གྲུབ་པའི་སྒྲུབ་བྱེད་འདིའོ་ཞེས་མང་དུ་སྨྲས་ཀྱང་དོན་ལེགས་པོར་མི་གོ་བས་དགག་བྱ་ངོས་བཟུང་བ་ནི་ཤིན་ཏུ་གལ་ཆེའོ། །"①ཞེས་སོགས་གསུངས་པ་ལྟར། བདག་མེད་པའི་སྒྲུབ་བྱེད་ཀྱིས་བདག་འཛིན་པ་འགོག་པར་བྱེད་པ་ལ་མདའ་འཕེན་བྱེད་དུ་དམིགས་འབེན་གསལ་བར་དགོས་པ་བཞིན་དུ་དགག་བྱའི་བདག་དེ་ལ་ངོས་འཛིན་ལེགས་པོ་ཞིག་དགོས་རྒྱུ་གལ་ཆེ་བ་ཡིན་ཏེ། གུང་ཐང་བསྟན་པའི་སྒྲོན་མེས། ཟབ་མོའི་དེ་ཉིད་འབྱེད་པ་ལ། །ཐོག་མར་དགག་བྱ་ངེས་དགོས་ཏེ། །ཞེས་གསུངས་པ་ལས་ཀྱང་ཤེས་ནུས་པ་སོགས་ལུང་དང་རིགས་པ་དུ་མས་བསྒྲུབས་ནུས་པས། བདག་མེད་པའི་ལྟ་ཚུལ་འཆད་པ་ལ་བདག་འཛིན་ཚུལ་ཤེས་དགོས་རྒྱུ་ནི་དགོས་པ་དང་དམིགས་ཡུལ་དུ་མ་དང་ལྡན་པ་ཞིག་ལགས། དེ་མིན་བདག་མེད་པའི་ལྟ་བ་རྟོགས་པར་བྱ་བར་ལྟ་བའི་གོལ་ས་དེ་ཤེས་དགོས་རྒྱུ་ནི་ཧ་ཅང་གལ་ཆེན་པོ་ཡིན་ཚུལ་ལ། གྲུབ་མཐའ་རིན་ཆེན་ཕྲེང་བ་སོགས་སུ། འོག་མ་འོག་མ་གོང་མའི་སྐྱོགས། །ཞེས་སོགས་གསུངས་པ་ཡིས་ཀྱང་གྲུབ་ནུས་ཏེ། ནང་པའི་གྲུབ་མཐའ་འོག་མའི་ལྟ་བ་ཤེས་པ་ཡིས་གོང་མའི་ལྟ་བའི་གནད་འགག་ཕྲ་མོ་རྣམས་གྲོལ་བར་སྐྱོགས་བྱེད་པར་གསུངས་པ་ལྟར་དུ་གོ་ཆོག་པ་མ་ཟད། ལོག་པར་འཁྲུན་པའི་ཕྱི་རོལ་པའི་ལྟ་བ་ཤེས་པ་ཡིས། དགག་བྱའི་ལྟ་བ་ནོར་བ་དང་འཁྲུལ་བ་གང་ཡིན་པ་སྐྱོགས་སུ་བྱས་ནས། གོམ་གང་གོང་དུ་སྤོས་པའི་ཐོག་ནས་ཡང་དག་པའི་རང་སྡེའི་ལྟ་

①རྗེ་རིན་པོ་ཆེའི་གསུང་འབུམ། པ། དྲང་ངེས་ལེགས་བཤད་སྙིང་པོ། མཚོ་སྔོན་མི་རིགས་དཔེ་སྐྲུན་ཁང་། ༡༩༨༧ལོར་དཔར། ཤ༣༩༥

བ་ལ་ངེས་ཤེས་འདྲེན་པར་སྨན་པ་ཡིན་ཞེས་བཀྲལ་བ་དང་། བ་བསྐྱེད་ན་ཡང་མི་འཐད་པ་མེད་དོ། ཕྱི་རོལ་པའི་གྲུབ་མཐའ་དེ་རང་སྡེ་ལ་བསྡོས་ན་གྲུབ་མཐའ་འོག་མ་དང་དེ་རྣམས་ཀྱི་ལྟ་བ་ནི་རང་སྡེའི་གྲུབ་མཐའ་ལ་ངེས་པ་འདྲེན་བྱེད་ཀྱི་རྒྱུས་སུ་འགྱུར་བ་ཡིན་པར་སྨྲས་ན་འཐད་པར་སེམས་སོ། །

ས་བཅད་གཉིས་པ། ཕྱི་རོལ་པས་བདག་འདོད་ཚུལ་ཇི་ལྟར་ཡིན་པའི་སྐོར།

ཕྱི་རོལ་མུ་སྟེགས་པའི་གྲུབ་མཐའ་ནི་རང་སྡེ་ལྟར་གྲངས་ལ་ངེས་པ་མེད་པས། གྲུབ་མཐའ་འགའ་ཞིག་གི་ལྟ་ཚུལ་བརྗོད་ནས་དེ་དག་གིས་ཕྱི་རོལ་མུ་སྟེགས་པའི་གྲུབ་མཐའི་བདག་འདོད་ཚུལ་ཡོངས་སུ་གསལ་བ་ཡིན་ཞེས་སྨྲས་ན་སྨྲ་བ་དེ་ནི་གྲུ་ཆོམ་ཅན་ལས་མེད་མོད། སྐབས་འདིར་གཙོ་བོ་ཕྱི་རོལ་པའི་གྲུབ་མཐའ་བསྟེན་པ་འགའ་སྟེ། ཡོངས་སུ་གྲགས་པ་མུ་སྟེགས་པའི་གྲུབ་མཐའི་རྩ་བའི་སྡེ་དྲུག་ཅེས་པ་རྣམས་ཏེ། གྲངས་ཅན་པ་དང་། བྱེ་བྲག་པ། རིག་པ་ཅན་པ། དཔྱོད་པ་བ། གཅེར་བུ་བ། རྒྱང་འཕེན་པ་བཅས་དང་། གཞན་བདག་འདོད་ཚུལ་གྱི་རྣམ་གཞག་ལ་རིགས་པ་སྐྱེན་པས་རང་སྡེའི་གཞུང་རྣམས་སུ་ཡང་ཡང་དགག་བྱའི་གནད་ལ་འཛིན་ནས་འགོག་པར་བྱེད་པའི་གྲུབ་མཐའ་གྲགས་ཆེ་བ་རིག་བྱེད་མཐར་སྨྲ་བ་ཞེས་པས་བདག་ཇི་ལྟར་འདོད་པ་ཡིན་པའི་ལྟ་ཚུལ་རྣམས་འཆད་རྒྱུ་ཡིན། ཕྲན་རང་བློ་གྲོས་རྩེང་བའི་དབང་གིས་ཕྱི་པའི་གཞུང་འགྲེལ་གྱི་གནད་འགའ་ཞིག་གི་སར་གོ་བ་ཁ་གསལ་ཞིག་ལོན་དཀའ་བས། ཕྲ་ཞིབ་ལེགས་པོར་བཀྲལ་མི་ཐུབ་པའི་དཀའ་ཁག་ཚུང་མཆིས། འོན་ཏེ། རྩོམ་འབྲིའི་དགོས་དབང་གིས་གནད་ཆེ་ས་རྣམས་ལ་གང་ཐུབ་ཀྱིས་གསལ་ཁ་གཏོང་ཐུབ་ཡོད་ལ། དེ་དག་གིས་ནི་རང་ཉིད་ཀྱི་རྩོམ་འབྲིའི་དམིགས་རི་དང་ཀློག་པ་པོའི་ཡིད་ཀྱི་ཤེས་འདོད་རྣམས་བསྐང་ཐུབ་པ་ཞིག་མི་ཡོང་ངམ་སྙམ་ལ།

འདོད་ཚུལ་དེ་དག་འཆད་ཚོར་དུ་རང་གིས་གང་ལྟོགས་ལྟོགས་ཀྱིས་མཐའ་དཔྱོད་ཐུབ་བུ་རེ་ཡང་ཞུས་ཡོད་པས། བརྗོད་བྱའི་གནད་དང་འཚམ་པའི་གཟིགས་རྒྱུའི་སྙིང་པོ་ཞིག་ཡོད་ཁུལ་ལགས།

དང་པོ། གྲངས་ཅན་པའི་བདག་འདོད་ཚུལ་བཤད་པ།

དབུ་མ་འཇུག་པར། "ཟ་པོ་རྟག་དངོས་བྱེད་པོ་མིན་པའི་བདག །ཡོན་ཏན་བྱ་མེད་མུ་སྟེགས་རྣམས་ཀྱིས་བརྟགས། །"①ཞེས་གསུངས་པ་བཞིན། གྲངས་ཅན་པའི་ལུགས་ལ་བདག་ཁྱད་པར་དགུ་ལྡན་དུ་འདོད་པ་སྟེ། ༡རྩོམ་པ་མེད་པའི་ཕྱིར་མི་སྐྱེ་བའི་ཆོས་ཅན་དང་། ༢སྐྱེ་བ་དང་ཉམས་པ་མེད་པས་རྟག་པ་དང་། ༣བདེ་སྡུག་ལ་ལོངས་སྤྱོད་པའི་ཟ་བ་པོ། ༤ས་གསུམ་འགྲོ་བ་ཐམས་ཅད་ལ་ཁྱབ་པས་ཁྱབ་པ་དང་། ༥སྙིང་སྟོབས་སོགས་ཀྱི་མཚན་ཉིད་ཅན་མིན་པས་ཡོན་ཏན་མིན་པ། ༦དོན་ཧྟེད་པས་ན་ཤེས་པའི་ངོ་བོ། ༧ཡུལ་ལ་ལོངས་སྤྱོད་པའི་ཕྱིར་ཡུལ་ཅན། ༨ཆ་ཤས་དང་བྲལ་བའི་གཅིག་པུ། ༩ཐོག་མ་དང་ཐ་མ་མེད་པའི་ཕྱིར་མཐའ་མེད་པའི་མཚན་ཉིད་ཅན་ཞིག་ཏུ་འདོད། གཞན་ཡང་ལུགས་འདིས་འདོད་པའི་ཤེས་བྱ་ཉེར་ལྔ་པོ་རྣམས་རྣམ་འགྱུར་དང་རང་བཞིན་ཡིན་མིན་གྱི་མུ་འཛོག་ཚུལ་ཡོད་ལ། དབང་ཕྱུག་ནག་པོའི་གཞུང་ལས། རྩ་བའི་རང་བཞིན་རྣམ་པར་འགྱུར་མིན་ལ། །ཆེན་པོ་སོགས་

①རྗེ་བཙུན་བྱམས་མགོན་དང་དཔལ་ལྡན་ཟླ་བ་གྲགས་པ། མངོན་རྟོགས་རྒྱན་དང་དབུ་མ་འཇུག་པ། སེར་གཙུག་ནང་བསྟན་དཔེ་སྙིང་འཚོལ་བསྡུ་སྒྲིག་ཁང་། གངས་ཅན་ཁྱད་ནོར་དཔེ་ཚོགས། པོད་ཕྲེང་ཉིས་བརྒྱ་སུམ་ཅུ་སོ་གཅིག ཤ༤༩

བདུན་རང་བཞིན་རྣམ་འགྱུར་ཞིང་། །བཅུ་དྲུག་པོ་ནི་རྣམ་པར་འགྱུར་བ་སྟེ། །སྐྱེས་བུ་རང་བཞིན་མ་ཡིན་རྣམ་འགྱུར་མིན། །ཞེས་སོ། །

ལུགས་འདིའི་བདག་ལ་དབྱེ་ན་སྤྱིའི་སློར་གནས་པའི་བདག①དང་། དེར་མི་གནས་པའི་ཡན་གར་བར་གནས་པའི་བདག②དང་གཉིས་སུ་འདོད་ལ། དེ་གཉིས་ནི་འཁོར་བ་དང་གྲོལ་བའི་གནས་སྐབས་ཀྱི་བདག་ལ་འཇོག་པར་བྱེད། དེ་ཡང་བདག་དང་། སྐྱེས་བུ་དང་། ཤེས་པ་དང་། རིག་པ་རྣམས་དོན་གཅིག་ཏུ་འཇོག་པ་དང་། བདག་འཁོར་བར་བཅིངས་པ་ནི། སྤྱི་གཙོ་བོའི③(ཡུལ)དང་ནས་རྣམ་འགྱུར་གྱི་ཚོགས་ཐམས་ཅད་སྤྲུལ་བ་ན་སྐྱེས་བུས(ཡུལ་ཅན)དེ་ལ་སྲེད་པ་སྐྱེས་པས་འཁོར་བར་འཁོར་བར་འདོད་ཅིང་། དེ་ཡང་། "དང་པོར་གཙོ་བོ་ལས་བློ་སྐྱེའོ། །བློ་ལས་ཀྱང་ང་རྒྱལ་སྐྱེའོ། །ང་རྒྱལ་ལས་སྒྲ་དང་རེག་བྱ་དང་། རོ་དང་གཟུགས་དང་། དྲིའི་བདག་ཉིད་དེ་ཙམ་ལྔ་དང་། དབང་པོ་བཅུ་གཅིག་སྐྱེ་སྟེ"④ཞེས་པ་

---

①འཆིང་བ་མ་གྲོལ་བར་གྱི་བདག་ལའོ། །

②གྲོལ་བ་ཐོབ་ཚེ་སྤྱི་ལ་མི་གནས་པའི་བདག་ཡན་གར་བ་ལའོ། །

③གཙོ་བོ་དེ་ཡང་ཁྲམ་ཟེ་སེར་སྐྱའི་མངོན་སུམ་ཡང་མ་ཡིན་ཏེ། དེ་དག་གི་གཞུང་ལས་ཁྲམ་ཟེ་སེར་སྐྱས་ཚངས་པ་སྐྱེབ་ནི་མཐོང་གི དེའི་གཙོ་བོ་དེ་ནི་མ་མཐོང་ངོ་། །ཞེས་དང་། སྙིང་སྟོབས་དང་རྡུལ་དང་། མུན་པ(རིམ་བཞིན་ཚོར་བ་སྡུག་བསྔལ་དང་། ཚོར་བ་བཏང་སྙོམས། ཚོར་བ་བདེ་བ་གསུམ་ལ་བྱེད་)དེ་དག་ཆ་མཉམ་པ་ཉིད་དང་མཚུངས་པ་དང་གཅིག་ཏུ་གྱུར་ཅིང་། གང་ཡང་ཉུང་བ་འགའ་ཞིག་ཤས་ཆེ་བར་མི་དམིགས་པ་དེ་ནི་གཙོ་བོ་ཞེས་སོ། །གཙོ་བོ་དེ་ལ་ལས་བྱེད་པ་པོ་དང་། རྟག་པ་གཅིག་པུ། སེམས་མེད་པས་ཡུལ་ཡོ་ན། སྣོད་བཅུད་ཐམས་ཅད་ལ་ཁྱབ་པ། ཡོན་ཏན་གསུམ་ཆ་མཉམ་པ་སོགས་ཀྱི་ཁྱད་ཆོས་དྲུག་དང་ལྡན་པའོ་ཞེས་སོ། །

④ཀུན་མཁྱེན་འཇམ་དབྱངས་བཞད་པ། གྲུབ་མཐའི་རྣམ་བཤད་རང་གཞན་ཀུན་དང་ཟབ་དོན་མཆོག་ཏུ་གསལ་བ་ཀུན་བཟང་ཞིང་གི་ཉི་མ་ལུང་རིགས་རྒྱ་མཚོ་སྐྱེ་དགུའི་རེ་བ་ཀུན་སྐོང་། མཚོ་སྔོན་ནང་བསྟན་རིག་གནས་སྒྱུ་རྩལ་ཞབས་ཞུ་ཁྲི་གནས་ཞབས་ཞུ་ཁང་། ༤༧༨

བཞིན་ནོ། །ནམ་ཞིག་ཤེས་པ་ཁྱད་པར་བས་རྣམ་འགྱུར་བྱེད་པོ་སྐྱེས་བུ་ལས་གཞན་པའི་གཙོ་བོ་ཡིན་པ་ཤེས་ནས། བདག་དང་གཙོ་བོ་གཉིས་གཅིག་གིས་གཅིག་སྟོང་པར་འགྱུར་པའི་གཞན་སྟོང་ཆེན་མོ་ཞེས་པ་བསྒོམས་ནས་གཙོ་བོ་འབའ་ཞིག་ཏུ་ལུས་པར་གྱུར་ཅོ། བདག་ཐར་པ་ཐོབ་པར་འདོད། ཡང་གྲོལ་བ་ཐོབ་ཚུལ་ལ། "གང་གི་ཚེ་སྐྱེས་བུས་ཡུལ་གྱི་ཉེས་དམིགས་མཐོང་ནས་ཡུལ་ལ་ཆགས་པ་དང་བྲལ་བར་གྱུར་པ་དེའི་ཚེ་བསམ་གཏན་བསྒོམས་ཤིང་དེ་ལ་བརྟེན་ནས་མིག་གི་མངོན་ཤེས་འཐོབ་པར་འགྱུར་ལ། མིག་དེའི་སྒོ་ནས་གཙོ་བོ་ལ་བལྟ་བར་བྱེད་པས། དེའི་ཚེ་གཙོ་བོ་དེ་གཞན་གྱི་བུད་མེད་ལྟར་ངོ་ཚ་བས་སྐྱེངས་ཏེ་བདག་ལ་མི་འགྲོ་ཞིང་བྲལ་བར་འགྱུར་རོ། །རྣམ་འགྱུར་གྱི་ཚོགས་ཐམས་ཅད་ཀྱང་སྐྱེ་བའི་རིམ་པ་ལས་བཟློག་ནས་གཙོ་བོ་དེ་ཉིད་རབ་ཏུ་ཐིམ་པའི་ཕྱིར་མི་གསལ་བའི་ངོ་བོར་གྱུར་པ་དེའི་ཚེ་སྐྱེས་བུ་ཉག་གཅིག་གནས་པར་གྱུར་ཏེ། དེའི་ཕྱིར་གྲོལ་བ་ཞེས་བྱའོ། །"①ཞེས་སོགས་ཀྱི་གསུངས་ཚུལ་མཆིས་པ་ནི་གསུངས་ལུགས་མ་གཅིག་པ་ཙམ་ལས་དོན་གྱི་འབབ་ས་གཅིག་ལས་མ་འདས།

དེ་ཡང་ས་གསུམ་གྱི་འགྲོ་བ་ཐམས་ཅད་ལ་ཁྱབ་པའི་བདག་གམ་སྐྱེས་བུ་དེ་ཇི་ལྟ་བུ་ཞིག་ཏུ་ངོས་བཟུང་ངམ་ཞེ་ན། སློབ་དཔོན་ལེགས་ལྡན་འབྱེད་ཀྱིས། "ཡོན་ཏན་མ་ཡིན་པ་རྩོམ་པ་མེད་པ་ཡིན་པའི་ཕྱིར་མི་སྐྱེ་བའི་ཆོས་ཅན་སྤྱོད་པའི་ཕྱིར་ན་ཡུལ་ཅན་ནོ། །སྐྱེ་བ་དང་ཉམས་པ་མེད་པའི་ཕྱིར་རྟག་པའོ། །རང་བཞིན་དང་

①ལྕང་སྐྱ་རོལ་པའི་རྡོ་རྗེ། གྲུབ་མཐའ་ཐུབ་བསྟན་ལྷུན་པོའི་མཛེས་རྒྱན། ཀྲུང་གོའི་བོད་ཀྱི་ཤེས་རིག་དཔེ་སྐྲུན་ཁང་། ༡༩༨༩ ལོའི་དཔར་གཞི་དང་པོ། ཤ༢༥

འགྱུར་བ་ལས་གཞན་ཡིན་པའི་ཕྱིར་རྟགས་མེད་པ། གཅིག་ཡིན་པའི་ཕྱིར་ཆ་ཤས་དང་བྲལ་བ། དང་པོ་དང་མཐའ་མ་མེད་པའི་ཕྱིར་མཐའ་མེད་པ་སྟེ། དེ་དག་ནི་སྐྱེས་བུའི་མཚན་ཉིད་ཡིན་ནོ། །"①ཞེས་གསུངས་པ་ལས་དེ་བས་གསལ་བར་རྟོགས་ནུས་སོ། །ལུགས་འདིས་རྟག་གཅིག་རང་དབང་པའི་བདག་འབའ་ཞིག་ཤེས་པར་འདོད་ཅིང་། གཞན་པའི་ཤེས་བྱ་ཉེར་བཞི་ནི་བེམ་པོར་འདོད་དོ། །མ་ཟད་གཙོ་བོ་དང་སྐྱེས་བུ་ནི་དོན་དམ་བདེན་པར་འདོད་ཅིང་། གཞན་རྣམས་ནི་ཀུན་རྫོབ་བདེན་པར་འདོད་དོ། །

ལུགས་འདིའི་བདག་འདོད་ཚུལ་ཐད་སྐབས་འདིར་གནད་འགག་ཆེ་ས་རྣམས་བསྡུས་ཏེ་བཤད་ན། འདི་པས་བདག་ཅེས་པ་འབྱུང་བའི་ཐོག་མ་དང་ཞིག་པའི་ཐ་མ་འཇོག་རྒྱུ་མེད་ལ། ས་འོག་དང་། ས་སྟེང་། ས་བླ་བཅས་པའི་ས་གསུམ་ན་གནས་མཆིས་པའི་འགྲོ་བ་ཐམས་ཅད་ལ་ཁྱབ་པ་ཞིག་ཏུ་འདོད་པ་མ་ཟད། ཆ་ཤས་དང་བྲལ་བའི་གཅིག་པུ་དང་། བྱ་བ་རྩོམ་པར་མི་བྱེད་པར་རྟག་པར་གནས་པ་ཞིག་ཡིན་པར་འདོད་པ་སོགས་ལས། པོ་ཚོའི་འདོད་ལུགས་སུ་བདག་དེ་ལུས་དབང་བློ་ལས་ཡན་གར་དུ་རྟག་ཏུ་གནས་པ་ལྟ་བུ་ཞིག་ཡོད་པར་ངོས་འཛིན་པ་གསལ་པོ་རེད། མ་ཟད། འདིས་སྤྱིའི་སྣོར་གནས་པའི་བདག་ཅེས་པ་ཞིག་འདོད་ཚུལ་ལས་པོ་ཚོའི་འདོད་པར་བདག་ཡོད་པ་མ་ཟད། བདག་དེ་ཡང་ཐམས་ཅད་ལ་ཆ་འདྲ་བའི་རང་བཞིན་ཅན་ཞིག་དང་ཐུན་མོང་གི་རང་བཞིན་ལྡན་པ་ཞིག་ཡོད་པར་འདོད་པ་ཡང་གསལ། འོན་

①སློབ་དཔོན་ལེགས་ལྡན་འབྱེད། དབུ་མ་སྙིང་པོའི་འགྲེལ་པ་རྟོག་གེ་འབར་བ། སྡེ་ཆ། སེར་གཙུག་ནང་བསྟན་དཔེ་སྙིང་འཚོལ་བསྡུ་ཁང་། གངས་ཅན་ཁྲིད་ནོར་དཔེ་ཚོགས། པོད་ཕྲེང་སུམ་བརྒྱ་བཅོ་ལྔ། ཤ༢༨

ཏེ། འདི་པས་བདག་བདེ་སྡུག་ལོངས་སྤྱོད་མཁན་གྱི་ཡུལ་ཅན་ཤེས་པའི་རང་བཞིན་ཅན་ཞིག་ཏུ་འདོད་ལུགས་སོགས་དང་། བདག་དང་། ཤེས་པ། རིག་པ་རྣམས་དོན་གཅིག་ཏུ་འཛོག་པ། ད་དུང་ཡན་གར་བར་གནས་པའི་བདག་ཅེས་པ་ཞིག་འདོད་ལུགས་སོགས་ལས་ཁྱད་ཆོས་མང་པོ་ལྡན་པའི་བདག་ཅེས་པ་ཡང་ལུས་ཅན་སོ་སོ་བའི་བདག་ཡིན་པ་ལྟ་བུར་འཆད་འདུག དོན་དངོས་ཐོག་འདི་པས་བདག་ཅེས་པ་ཤེས་པའི་རང་བཞིན་ཡིན་པ་ལས་བྱ་བ་མི་རྩོམ་པ་ཞིག་ཏུ་བརྗོད་དུས། རང་སྡེ་ནང་པས་ཡིད་ཀྱི་རྣམ་པར་ཤེས་པ་སོགས་གང་ཟག་གི་མཚན་གཞིར་འཛོག་པ་དང་བསྡུར་ན། གཞི་འཛིན་ས་མེད་པ་དང་། ངོ་མཚར་ཅན་ཞིག་ཏུ་སྨྲས་འདུག རྒྱུ་མཚན་ནི་བདག་དེ་ཤེས་པ་ཡིན་པས་བདེ་སྡུག་ལོངས་སྤྱོད་པར་བྱེད་ཅེས་སྨྲས་ཀྱང་། ཡོན་ཏན་མ་ཡིན་པའི་ཕྱིར་རྩོམ་པ་མེད་ཅེས་སོགས་གོ་དཀའ་བ་ཞིག་ཏུ་བཀྲལ་འདུག་ལ། བདག་དེ་སྤྱིའི་བདག་ཅེས་པ་ཞིག་ནས་ཡང་གྲོལ་བ་ཐོབ་ཚེ་ཡན་གར་བའི་བདག་ཏུ་གྱུར་ཞེས་པ་སོགས་ངོ་མ་སྤྱི་ཡི་རྒྱུ་ལས་སྐྱེར་གྱི་འབྲས་བུ་སྨིན་པ་ལྟ་བུར་འཆད་པ་ནི་ངོ་མཚར་ཅན་འབའ་ཞིག་ལས་མ་འདས་པར་སེམས།

ཁོ་བོའི་བློའི་ནུས་པས་ཚོགས་ཚོད་ཀྱིས་གོ་བ་ཞིག་ལེན་དུས། ལུགས་འདིའི་བདག་འདོད་ལུགས་གཙོ་བོ་གང་ཟག་གི་བདག་ཏུ་འཛིན་པར་ཞེན་གཞི་བདག་ཅེས་པ་ཡོད་ཅིང་། ཡོད་ལུགས་ནི་བདག་ཤེས་རིག་སྐྱེས་བུ་ཞེས་ཡུལ་ཅན་ཤེས་པ་ཡོད་པས་ལྷམ་དུ་སེམས་པར་སྣང་ཞིང་། དེ་ལས་འགྲོས་ཏེ་ཤེས་པ་ཙམ་དུ་བཞག་ན་མི་འཐད་པར་གྲོལ་བ་དོན་དུ་གཉེར་བར་དམིགས་བྱ་གཙོ་བོ་བདག་ལ་འཛིན་དགོས་དུས། དེ་ལ་སྒྲོ་བཏགས་ནས་ཐམས་ཅད་ལ་ཁྱབ་པ་ཞིག་ཏུ་ཡོད་པ་སོགས་ཤིན་ཏུ་སྙིག་འགྱུར་གྱི་

ཆ་ནས་བཀྲལ་བར་སྣང་། ད་དུང་གྲངས་ཅན་པའི་བདག་གི་འདོད་ལུགས་ཕོ་ན་ཡང་སྒྲིག་ཏུ་འགྱུར་བ་ཤིན་ཏུ་མང་པོའི་ལམ་ལས་བཀྲལ་ཚུལ་དང་། བདག་ཅེས་པ་དོན་དམ་མེད་ངེས་པ་ཞིག་ལ་ཡོད་ཡོད་དུ་འཛིན་ནས་དེའི་གྲོལ་བ་ཞེས་པ་ངོ་མཚར་བའི་ཐར་ལམ་འཆད་ལུགས་སོགས་དང་། བདག་ཀུན་ལ་ཁྱབ་པ་ཞེས་པའི་འཆད་ཚུལ་ལས་བདག་དེ་སེམས་ཅན་ཐམས་ཅད་ཀྱི་དཔོན་པོ་དང་། བཀོད་པ་པོ་ལྟ་བུ་དང་། སེམས་ཅན་རྣམས་ནི་ཁྲན་ལྟ་བུར་འཆད་པ་སོགས་བྱ་དངོས་དུ་མར་ཤིན་ཏུ་སྒྲིག་སྒྱུར་གྱི་ཆ་ནས་འགྲེལ་བཤད་བྱེད་པ་མ་ཟད། སྤྱིར་མུ་སྟེགས་པའི་གྲུབ་མཐའ་ལས་བྱེ་རིག་གྲངས་གསུམ་བསྡོམས་བཅས་ཀྱིས་བརླིང་བ་ཡིན་མོད། གྲངས་ཅན་ལུགས་ནི་མུ་སྟེགས་ལུགས་ཀྱི་གྲུབ་མཐའ་གཞན་བྱུང་བའི་གཞི་མ་ལྟ་བུར་གྱུར་བ་སོགས་ལས་ལུགས་འདིར་གདོད་མའི་ཆོས་ལུགས་སམ་ཆེས་དར་སྔ་བའི་ཆོས་ལུགས་①ཀྱི་ཁྱད་ཆོས་ཀྱང་མང་ཙམ་ལྡན་པར་སྣང་།

གཉིས་པ། བྱེ་བྲག་པ་དང་རིག་པ་ཅན་པའི་བདག་འདོད་ཚུལ་བཤད་པ།

མཁན་ཆེན་ཞི་བ་འཚོའི་ཚད་ཆེན་ལས། “གཞན་དག་ཀྱང་ནི་འདིར་བདག་ཉིད། །འདོད་ལ་སོགས་པའི་རྟེན་གྱུར་པ། །དེ་བཞིན་རྟག་དང་ཀུན་འཇུག་ཅན། །

①孟慧英. “再论原始宗教”. 民族研究. 2008(2). 21 –29 རྩོམ་དེར་གདོད་མའི་ཆོས་ལུགས་ཀྱི་ཁྱད་ཆོས་གླེང་བའི་སྐབས་སུ་གཙོ་གནད་ཀྱི་དོན་ཞིག་ནི་གདོད་མའི་ཆོས་ལུགས་ནི་དར་སྔ་བའི་ཆོས་ལུགས་ཤིག་དང་། དེ་ལ་ཆོས་ལུགས་གཞན་པ་འབྱུང་བའི་ས་བོན་ལྟ་བུའི་ཁྱད་ཆོས་ལྡན་པ་བཤད་འདུག

རང་ཉིད་སེམས་མེད་བེམ་པོར་འདོད། །”①ཅེས་པ་ལྟར། བདག་ནི་ལུས་དབང་བློ་ལས་ཐ་དད་པའི་རྫས་ཡོད་དང་། འདི་ལ་དུང་དཀར་རིན་པོ་ཆེས། “ཡང་བདག་ཟེར་བ་སེམས་རེད་དམ་ཞེ་ན་སེམས་མིན། དེ་ནི་སེམས་ལས་ལོགས་སུ་ཡིན་པས་རང་གི་ལུས་པོ་དེ་འཇིག་པ་ཡིན་ནའང་བདག་དེ་མི་འཇིག་པར་གནས་ཡོད། དཔེར་ན་ཁྱེད་རང་གི་བདག་དང་ངའི་བདག་ཅིག་ཡོད་པ་དེ་བདག་བྱེ་བྲག་པ་ཡིན། དངོས་པོ་ཚང་མར་ཁྱབ་ཐུབ་པའི་བདག་དེ་རང་གཞན་མི་སྐྱེར་སུའི་ཡང་མ་ཡིན་པར་དངོས་པོ་ཚང་མར་ཁྱབ་ཐུབ་པའི་བདག་ཅིག་ཡིན་ཟེར། སོ་སོ་རང་གི་བདག་བྱེ་བྲག་པ་དེ་ལ་གང་ཟག་ཟེར།”②ཞེས་བཀྲལ་གནང་འདུག ལུགས་འདིས་ཤེས་བྱ་ཐམས་ཅད་ཚིག་དོན་དྲུག་སྟེ། རྫས③དང་ཡོན་ཏན་ལས་དང་སྤྱི། །བྱེ་བྲག་འདུ་བ་རྣམ་པ་དྲུག །བཅས་སུ་འདུས་པར་འདོད་ཅིང་། བདག་ནི་ཡོན་ཏན་ཉེར་བཞི་ལས་བློ་དང་། བདེ་བ་དང་། སྡུག་བསྔལ་དང་། འདོད་པ་དང་། སྡང་བ་དང་། འབད་པ་དང་། ཆོས་དང་། ཆོས་མིན་དང་། འདུས་བྱས་བཅས་ཡོན་ཏན་དགུ་པོའི་རྟེན་བྱེད་པ་དང་། ཟ་བ་པོ། བྱེད་པ་པོ། རྟག་པ། ཆ་མེད་པའི་གཅིག་པུ། ཐམས་ཅད་ལ་ཁྱབ་པ། ཤེས་རིག་མིན་པ་ཞིག་ཏུ་འདོད་དེ། གྲུབ་མཐའ་རིན་པོ་ཆེའི་མཛོད་ལས།

①ཚུལ་ཁྲིམས་རྒྱ་མཚོ། ཚད་མའི་དཀའ་གནད་སེལ་བར་བྱེད་པའི་དུས་ཀྱི་མེ་ལོང་། མི་རིགས་དཔེ་སྐྲུན་ཁང་། ༡༩༩༡ལོའི་ཟླ་༤པར་དཔར། ཤ༡༡ལ་ལུང་དུ་དྲངས་ཏེ་གསལ།

②མཁས་དབང་དུང་དཀར་རིན་པོ་ཆེ། གྲུབ་མཐའི་སྐོར་གྱི་རྣམ་བཤད། མི་རིགས་དཔེ་སྐྲུན་ཁང་། ༢༠༠༧ལོའི་ཟླ་༡༠པར་དཔར་ཐེངས་གཉིས་པ། ཤ༥༠

③རྫས་ནི་དགུ་སྟེ། ས་ཆུ་མེ་རླུང་ནམ་མཁའ་དུས་ཕྱོགས་བདག་ཡིད་རྣམས་སོ། ཅི་ཕྱིར་རྫས་ཞེས་བྱ་ཞེ་ན་བདག་ཉིད་རྒྱུང་པར་གྲུབ་ཅིང་ཆོས་གཞན་གྱི་རྟེན་བྱེད་པའི་ཕྱིར་རོ། །རྫས་ཀྱི་མཚན་ཉིད་ནི་བྱ་བ་དང་ལྡན་པ། ཡོན་ཏན་དང་ལྡན་པ། འདུ་བའི་རྒྱུར་གྱུར་པའོ། །ཞེས་སོ། །

"བདག་དེ་བེམ་པོ་ཡིན་ཡང་། སྣོ་ལྡིའི་རྣམ་ཤེས་ཡོན་ཏན་དུ་འདོད་པས་ཡུལ་འཛིན་པར་ནུས། ངོ་བོ་རྟག་པ་ཡིན་ཡང་འབད་པ་དང་འདུ་བ་ཡོན་ཏན་དུ་བལྟས་པས་ལུས་ལེན་པ་ལ་སོགས་པ་དེའི་ཡོན་ཏན་དུ་འདོད་དེ། བདག་གཉིད་རྟག་ཀྱང་བྱེད་པོར་འགྱུར། །ཛ་ཆག་བྱེ་འཕྱུར་ཇི་བཞིན་དུ། །འཇིག་རྟེན་འདི་ནས་ཕ་རོལ་དུ། །འཕོ་ཞིང་ཉིང་མཚམས་སྦྱོར་བ་ན། །བདག་ཅེས་བྱ་བ་དེས་ལེན་ཏོ། །"①ཞེས་པ་ལྟར་རོ། །དེ་ཡང་བྱེད་པ་པོའི་བདག་མེད་ན་ལས་འབྲས་སྦྱོང་བ་པོ་མེད་པར་གྱུར་ཏེ། ལས་བྱས་པ་ཆུད་ཟ་བའི་ཕྱིར་ཞེས་བདག་ཡོད་དགོས་པར་འདོད་ལ། གྲུབ་མཐའ་ཆེན་མོ་ལས། "གལ་ཏེ་བདག་དེ་རྟག་པ་དང་ཆ་མེད་ཡིན་ན་འདི་ཇི་ལྟར་བྱེད་པ་པོ་དང་། ཟ་བ་པོ་དང་། སྐྱེ་འཆི་དང་གསོན་སོགས་སུ་རུང་ཞེ་ན། སྐྱོན་མེད་དེ། དེ་ལྟར་བྱེད་པ་པོ་སོགས་འདི་ལྟར་རུང་སྟེ། དེ་ཤེས་པ་དང་། འབད་པ་དང་། བྱེད་འདོད་སོགས་བདག་ལ་འདུ་བའམ་ལྡན་པ་ནི་བདག་བྱེད་པ་པོའི་དོན་ཡིན། ཞེས་དང་། བདེ་སྡུག་སོགས་ཉམས་སྦྱོང་དང་ལྡན་པའི་འབྲེལ་བ་ནི་བདག་ཟ་བ་པོའི་དོན་ཡིན་"②ཞེས་གསུངས་པ་ལྟར་འདོད་དོ། །

ལུགས་འདིས་བདག་གི་ངོ་བོ་རྟག་ཀྱང་ལུས་ཚོར་དབང་པོ་བློ་སོགས་དང་སྟོན་མེད་གསར་དུ་འབྲེལ་བ་ལས་བདག་སྐྱེ་བར་འདོད་ལ། སྔར་བླངས་པའི་ལུས་དང་

---

①ཀུན་མཁྱེན་ཀློང་ཆེན་རབ་འབྱམས། གྲུབ་མཐའ་རིན་པོ་ཆེའི་མཛོད། འདོད་འཇུང་ནོར་བུའི་དཔེ་ཚོགས། སློག་རྟལ་དཔར་མ། ༤༡༧༣

②ཀུན་མཁྱེན་འཇམ་དབྱངས་བཞད་པ། གྲུབ་མཐའི་རྣམ་བཤད་རང་གཞན་ཀུན་དང་ཟབ་དོན་མཆོག་ཏུ་གསལ་བ་ཀུན་བཟང་ཞིང་གི་ཉི་མ་ལུང་རིགས་རྒྱ་མཚོ་སྐྱེ་དགུའི་རེ་བ་ཀུན་སྐོང་། མཚོ་སྔོན་ནང་བསྟན་རིག་གནས་སྒྲུ་རྩལ་ཞབས་ཞུ་ལྟེ་གནས་ཞབས་ཞུ་ཁང་། ༤༡༣༢ནས་༡༣༣

བྲལ་བ་ནི་བདག་འཆི་བར་འདོད་ཅིང་། སྤང་བླངས་པའི་ལུས་སོགས་དང་འབྲེལ་བ་ནི་བདག་གསོན་པའམ་འཚོ་བའི་དོན་ཡིན། དེ་ཡང་སློབ་དཔོན་ལེགས་ལྡན་འབྱེད་ཀྱི་རྟོག་གེ་འབར་བ་ལས། "ལུས་དང་བཅས་པའི་བདག་ཡིད་དང་ལྡན་པར་གྱུར་པ་ནི་འཚོ་བ་ཡིན་ལ། དེའི་མ་མཐོང་བ་མི་འབྱུང་བས་མེད་པར་གྱུར་པ་ནི་ཀུན་དུ་སྦྱོར་བ་མེད་པ་སྟེ། ཡང་འབྱུང་བར་མི་འགྱུར་བའི་ཕྱིར་དང་པོའི་ལུས་ལ་སོགས་པ་གཏན་མི་འབྱུང་བར་འགྱུར་རོ། །ཞེས་བདག་འཆི་ཚུལ་བསྟན་པ་དང་། ཐར་པ་ཐོབ་ཚུལ་ནི། ལུས་དང་ཡིད་ཀྱི་རྣམ་རྟོག་ནི། །ཐམས་ཅད་སྤངས་ནས་དྲི་མེད་པའི། །ཡོངས་སུ་འདའ་བར་དེ་འགྲོ་སྟེ། །ཤིང་ཟད་པ་ཡི་མེ་བཞིན་ནོ། །ཞེས་དང་། བློ་སོགས་བདག་གི་ཡོན་ཏན་བཅད། །དྲུངས་ནས་ཕྱུངས་པའི་རྣལ་འབྱོར་པ། །ཡིད་ལ་བདག་ཅེས་གནས་པ་ནི། །ཅི་བྲག་པ་ཡི་ཐར་བར་ཤེས། །ཞེས་བདག་གི་ཡོན་ཏན་ཐམས་ཅད་ལ་བློ་ལོག་པར་གྱུར་པ་ན་ཡིད་ལ་བྱེད་པ་ལ་འཇུག་པ་ལས་གང་གི་ཕྱིར་བཏགས་པ་ཡིན་པས་རང་ཉིད་ལ་བདག་ཅེས་བྱ་བའི་ཡུལ་རྣམ་པར་མི་རྟོག་པའི་གནས་སྐབས་སུ་གྱུར་པ་ན་ཐར་པ་ཡིན་ནོ། །"① ཞེས་གསུངས་པ་བཞིན། བདག་གིས་ཡོན་ཏན་གྱི་རྟེན་བྱེད་པ་རྣམ་པར་རྟོག་པ་བཅད་པ་སྟེ། དེ་ཁོ་ན་ཉིད་མཐོང་ནས་བདག་དབང་པོ་སོགས་ལས་གཞན་དུ་ཤེས་ནས། ལུས་དབང་དང་བྲལ་བའི་བདག་གིས་ཆོས་མ་ཡིན་པའི་ལས་གང་ཡང་གསོག་པར་མི་བྱེད། ཅིའི་ཕྱིར་ཞེ་ན

---

①སློབ་དཔོན་ལེགས་ལྡན་འབྱེད། དབུ་མ་སྙིང་པོའི་འགྲེལ་པ་རྟོག་གེ་འབར་བ། སྡེ་དགེ་ ཛ། སེར་གཙུག་ནང་བསྟན་དཔེ་སྙིང་འཚོལ་བསྡུ་ཁང་། གངས་ཅན་ཁྱད་ནོར་དཔེ་ཚོགས། བོད་ཕྱིར་སུམ་བརྒྱ་བཅོ་ལྔ། ཤ༡༢༨ནས་༡༢༩

བདག་མཐོང་བ་དགེ་བ་མ་ཡིན་ནོ། །ལས་གསར་པ་མ་བསགས་ཤིང་རྙིང་པ་ཟད་པས། བུད་ཤིང་ཟད་པའི་མེ་བཞིན་དུ་བདག་འབའ་ཞིག་ཏུ་གནས་པས་ཐར་པ་ཐོབ་པར་འདོད་དོ། །

གཞན་ལུགས་འདིའི་བདག་གི་འདོད་ཚུལ་གཞན་ཞིག་ནི། གྲུབ་མཐའ་ཆེན་མོ་ལས། "དེས་ན་བྱེ་བྲག་པ་ནི་བདག་ཀུན་ལ་ཁྱབ་པ་དང་། སེམས་མེད་བེམ་པོ་གཟུགས་ཅན་པ་ཡིན་ཀྱང་། ཕྱིའི་རིག་བྱ་སོགས་སུ་མི་འདོད་ལ། དེ་ལ་ཕྱིའི་བདག"①དང་། ནང་གི་བདག②གཉིས་འདོད་ལ། རིག་པ་ཅན་ནི་བདག་ཀུན་ལ་ཁྱབ་པའི་ཆ་ཤས་རྡུལ་ཕྲ་རབ་ཙམ་ཡིད་དེ་ཙམ་དང་ལྡན་གྱིས་བདག་གི་ཆ་གཞན་ལ་མི་ལྡན་པར་འདོད་པ་འདི་ཙམ་བྱེ་རིག་གཉིས་ཀྱི་ཁྱད་པར་དུ་འཐད་དེ། ཞེས་སོགས་དང་། ཡང་རིག་པ་ཅན་གྱི་འདོད་ཚུལ་ནི། ཨཱཙྪ་དེ་བས། ཤེས་ཡོད་ཡིད་ཙམ་ཞིག་ལ་སྟེ། །སྐྱེས་བུ་ནམ་མཁའ་བཞིན་དུ་ཆེ། །ཞེས་དང་། འགྲེལ་བ་དེ་ཉིད་ལས། " སྲོག་ཆགས་ཐམས་ཅད་ལུས་རེ་རེ་ཞིང་ཡོད་པའི་བདག་ནི་ནམ་མཁའ་ལྟར་ཁྱབ་པ་ཡིན། དེའི་ཡིད་ཙམ་ལ་ལྡན་པ་ཤེས་པ་ཡོད་པ་ནི་ཐམས་ཅད་ལ་ཁྱབ་པ་མིན་ནོ། །ཡིད་ཀྱང་བདག་གི་ཕྱོགས་རྡུལ་ཕྲ་རབ་ཙམ་ཉིད་ལྡན་པ་ཞིག་སྟེ།"③ཞེས་སོགས་ལུང་

---

①ཕྱིའི་བདག་ནི་ལུས་དང་དབང་པོ་འདུས་པའི་ངོ་བོ་ཅན་ནང་གི་བདག་ལ་ཕན་འདོགས་པའོ། །ཞེས་སོ། །

②ནང་གི་བདག་ཅེས་པ་ནི་བྱེད་པའི་སྐྱེས་བུ་འགྲོ་བའི་ངར་འཛིན་པའི་རྒྱུ། དགེ་སྡིག་ལུང་མ་བསྟན་གསུམ་གྱི་ལས་ཀྱི་འབྲས་བུ་ཟ་བ་པོ། རྒྱུ་རེ་རེ་ཞིང་རྣམ་པར་རྟོག་པ་དུ་མའི་དབྱེ་བས་ཕྱེ་བའོ། །ཞེས་སོ། །

③ཀུན་མཁྱེན་འཇམ་དབྱངས་བཞད་པ། གྲུབ་མཐའི་རྣམ་བཤད་རང་གཞན་ཀུན་དང་ཟབ་དོན་མཆོག་ཏུ་གསལ་བ་ཀུན་བཟང་ཞིང་གི་ཉི་མ་ལུང་རིགས་རྒྱ་མཚོ་སྐྱེ་དགུའི་རེ་བ་ཀུན་སྐོང་། མཚོ་སྔོན་ནང་བསྟན་རིག་གནས་སྒྱུ་རྩལ་ཞབས་ཞུ་ལྟེ་གནས་ཞབས་ཞུ་ཁང་ནས་དཔར་དུ་བསྐྲུན། ཤ༡༣༣ནས་༡༣༤བར།

དང་བཅས་པ་གསུངས་ཤིང་། གྲུབ་མཐའ་ཆེན་མོའི་མཆན་འགྲེལ་ལས། "བྱེ་བྲག་པའི་ལུགས་ཀྱི་བདག་ནི་ལུས་ཀྱི་ཁོང་ན་གནས་ཤིང་། མིག་སོགས་ལ་དབང་སྒྱུར་བ་པོ་དང་། ངའོ་སྙམ་པའི་རྟོག་པའི་སྣང་ཡུལ་དང་ང་ཞེས་པའི་སྒྲ་འཇུག་པའི་རྒྱུར་གྱུར་པ། དགེ་མི་དགེའི་འབྲས་བུ་བདེ་སྡུག་ཟ་བ་པོ་དང་། རྣམ་རྟོག་བཟང་ངན་དུ་མ་རང་སྟེང་དུ་འདུ་བའི་རྒྱུ་བྱེད་པ་ཞིག་གོ །ཕྱིའི་བདག་ནི་ལུས་དང་དབང་པོ་དང་ཕྲད་པའམ་འབྲེལ་བ་སྟེ། ལུས་ལེན་པའི་སྒོ་ནས་ནང་གི་བདག་ལ་ཕན་འདོགས་པའོ། །རིག་པ་ཅན་པའི་ལུགས་ལ། སྲོག་ཆགས་ཐམས་ཅད་ལ་ཡོད་པའི་བདག་ནི་ནམ་མཁའ་ལྟར་ཐམས་ཅད་ལ་ཁྱབ་པ་ཡིན་ཀྱང་། ཡིད་ཙམ་ལ་ཁྱབ་པའི་བདག་ནི་རྡུལ་ཕྲ་རབ་ཙམ་དུ་འདོད་པ་མ་གཏོགས་བདག་ཕྱི་ནང་གི་དབྱེ་བ་མི་འདོད་དམ་སྙམ་མོ། །"①ཞེས་གསུངས་སོ། །

གོང་གསལ་གསུང་ཚུལ་དག་ལས། བྱེ་བྲག་པས་བདག་ཤེས་རིག་མིན་པ་ཞེས་གྲངས་ཅན་པ་དང་ཐ་དད་དུ་འདོད་ཅིང་། ཤེས་རིག་མིན་ཡང་བདག་དེ་ཤེས་པ་དང་། འབད་པ། བྱེད་འདོད་སོགས་འདུ་བས་བྱ་བ་བྱེད་པ་དང་། ལས་ཀྱི་འབྲས་བུ་ཟ་བའི་ཟ་བ་པོའི་རང་བཞིན་ཅན་ཞིག་ཡིན་པར་འདོད། བདག་དེ་ལུས་དབང་བློ་ལས་ཐ་དད་དུ་གསལ་པོར་འཆད་ནས། མཐར་ཐུག་བདག་ཡིད་ལ་གནས་པ་དང་། བདག་མཐོང་བ་སོགས་ལས་གྲོལ་བ་ཐོབ་ཚུལ་བཀྲལ་བ་ཙམ་མ་གཏོགས། རྟག་པ་

① ཆོས་རྗེ་ངག་དབང་དཔལ་ལྡན། གྲུབ་མཐའ་ཆེན་མོའི་མཆན་འགྲེལ་དཀའ་གནད་མདུད་གྲོལ་བློ་གསལ་གཅེས་ནོར། གངས་ཅན་ཁྲིད་ནོར་དཔེ་ཚོགས་པོད་ཕྲེང་བཞི་བརྒྱ་དྲུག་ཅུ་རེ་གསུམ། སེར་གཙུག་ནང་བསྟན་དཔེ་རྙིང་འཚོལ་བསྡུ་ཕྱོགས་སྒྲིག་ཁང་། ཤ༢༠༣

དང་། གཅིག་པུ། ཐམས་ཅད་ལ་ཁྱབ་པ་སོགས་ཀྱི་འདོད་ཚུལ་ནི་གོང་གི་གྲངས་ཅན་པ་དང་ཕལ་ཆེར་འདྲ། དབུ་མ་འཇུག་པ་ལས། "དེའི་དབྱེ་ཅུང་ཟད་ཅུང་ཟད་ལ་བརྟེན་ནས། །མུ་སྟེགས་ཅན་རྣམས་ལུགས་ནི་ཐ་དད་གྱུར། །"① ཞེས་འཆད་དགོས་པའི་རྒྱུ་མཚན་ཡང་གཞུང་འགག་དེ་འདྲ་ཞིག་ལ་ཐུག་པ་མིན་ནམ་སྙམ། རྒྱུ་མཚན་ནི། གོང་གི་གྲངས་ཅན་པ་དང་བྱེ་བྲག་པའི་བདག་གི་ཁྱད་པར་ཕྱི་ལུགས་མི་འདྲ་བ་ཡིས་གྲུབ་མཐའ་གཉིས་སུ་གྱུར་བ་ལྟ་བུ་ཡིན་པའི་ཕྱིར། གཞུང་འགག་ཆེ་ས་ཞིག་ནི་འདི་པས་ཕྱིའི་བདག་དང་ནང་གི་བདག་ཅེས་གཉིས་སུ་འདོད་པ་དེ་ལས། སྔར་བཞིན་ང་ཞེས་གཅེས་པར་འཛིན་པའི་གཞི་དེ་ཡོད་ལ། ཡོད་རྒྱུ་དེ་ཕྱིའི་ལུས་དང་དབང་པོ། ཡང་ན་ནང་གི་གང་ཟུང་ན་མཆིས་སྙམ་སྟེ། དེའི་དོན་ལ་གཞོལ་བཞིན་པ་ཤིན་ཏུ་གསལ་ལ། དེ་ནི་ནང་པས་ཕུང་པོ་སོགས་ལ་བཏགས་པ་ཡིན་པར་འདོད་པ་དང་ཡོངས་སུ་ཐ་དད་ཡིན་ཞིང་། འདིས་བདག་དེ་གང་དུ་གནས་ཡོད་ཀྱང་ཡོད་པ་དེ་ལུས་དབང་བློ་ལས་ཐ་དད་དུ་སོ་སོར་རྫས་སུ་གྲུབ་ནས་ཡོད་པར་འདོད་པ་ཡིན་ནོ། །

རིག་པ་ཅན་གྱི་བདག་གི་འདོད་ཚུལ་ནི་ཕལ་ཆེར་བྱེ་བྲག་པ་དང་མཚུངས་པ་ཡིན་པ་གོང་དུ་ལུང་ལས་གསལ་ལ། བདག་ཀུན་ལ་ཁྱབ་པ་ཞིག་ཡིན་ཡང་། བདག་གི་ཡོད་ལུགས་ནི་ཡིད་ལ་དེ་ཀུན་ཁྱབ་པའི་ཆ་ཤས་རྡུལ་ཕྲ་རབ་ཙམ་ལྡན་པ་ཡིན་པ་ལས། བདག་ཅེས་ཟློགས་སུ་གཞན་དུ་གནས་པར་མེད་པ་འདོད་པ་དེ་ནི་དམིགས་

---

①རྗེ་བཙུན་བྱམས་མགོན་དང་དཔལ་ལྡན་ཟླ་བ་གྲགས་པ། མདོན་རྟོགས་རྒྱན་དང་དབུ་མ་འཇུག་པ། སེར་བཙུགས་ནང་བསྟན་དཔེ་སྙིང་འཚོལ་བསྡུ་ཕྱོགས་སྒྲིག་ཁང་། གངས་ཅན་ཁྱད་ནོར་དཔེ་ཚོགས། པོད་ཕྲེང་ཉིས་བརྒྱ་སོ་གཅིག ༤༥༩

བསལ་གྱི་འདོད་ཚུལ་ཡིན། དེ་ཡང་བསམ་གཞིག་ཕྲན་བུ་བགྱིས་ཚེ། འདིའི་འདོད་པར་བདག་ཅེས་ཡོད་རྒྱུ་ཀུན་ལ་ཁྱབ་པ་ཧ་ལམ་ལས་ཀྱི་བཀོད་པ་པོ་ལྟ་བུར་ཡོད་ཀྱང་། དོན་དམ་སོ་སོ་བའི་རྒྱུད་ལ་ནི་ཡིད་དང་མཉམ་དུ་ནམ་ནམ་ཞར་ཞར་ལ་མཆིས་སོ་སྙམ་དུ་འདོད་པར་སྣང་།

གསུམ་པ། རིག་བྱེད་མཐར་སྨྲ་བའི་བདག་འདོད་ཚུལ་བཤད་པ།

རྟོག་གེ་འབར་བ་ལས། "རིག་བྱེད་མཐར་སྨྲས་སྨྲས་པ་ནི། །འདུས་བྱས་སྟོང་པར་སྨྲ་བ་ཡི། །ཕྱི་རོལ་པ་ལ་བདག་རིག་དཀོན། །བདག་སྟང་ཐར་པ་ག་ལ་ཡོད། །རིག་པའི་མཐར་ཕྱིན་པ་ནི་རིག་བྱེད་མཐའ་པ་སྟེ། །ཆགས་པ་མེད་པར་ངེས་པར་རིག་པའོ། །དེ་སྨྲ་བའི་ངང་ཚུལ་ག་ལ་ཡོད་པའམ། །ཚིག་དེ་གང་ལ་ཡོད་པ་ནི་རིག་བྱེད་ཀྱི་མཐར་སྨྲ་བའོ། །"①ཞེས་པའི་ཚིགས་བཅད་ཐོ་ལོ་ཀའི་འགྲེལ་པ་ལས། "འདུས་བྱས་སྟོང་པ་སྟེ་སྐད་ཅིག་སྐད་ཅིག་ལ་འཇིག་པར་སྨྲ་ཞིང་། རིག་བྱེད་ཀྱི་མཐར་ལྟ་བ་ལས་ཕྱི་རོལ་ཏུ་གྱུར་པའི་སངས་རྒྱས་པ་ལ་རིག་བྱེད་ནས་བཤད་པའི་བདག་རིག་པ་ཤིན་ཏུ་དཀོན་ཞིང་། འཆིང་གྲོལ་གྱི་རྟེན་དུ་གྱུར་པའི་བདག་རྟག་པ་ལ་

---

①སློབ་དཔོན་ལེགས་ལྡན་འབྱེད། དབུ་མ་སྙིང་པོའི་འགྲེལ་པ་རྟོག་གེ་འབར་བ། སྣར་ཐང་། སེར་གཙུག་ནང་བསྟན་དཔེ་སྙིང་འཚོལ་བསྒྲུ་ཁང་། གངས་ཅན་ཁྱད་ནོར་དཔེ་ཚོགས། པོད་ཕྲེང་སུམ་བརྒྱ་བཅོ་ལྔ། ༢༡༨༥

སྤྱར་བས་སངས་རྒྱས་པ་རྣམས་ལ་ཐར་པ་ག་ལ་ཡོད་དེ་མེད་དོ། །"[1] ཞེས་འགྲེལ་བའོ། །གོང་གསལ་སློབ་དཔོན་ལེགས་ལྡན་འབྱེད་ཀྱི་གསུང་བཞིན་རིག་བྱེད་མཐར་སྨྲ་བ་ནི་རིག་བྱེད་རྣམས་ཀྱི་མཐར་སོན་པར་སྨྲ་བས་ན་མིང་ཡང་དེ་ལྟར་ཐོགས་པའོ། །ལུགས་འདིས་ཁམས་གསུམ་ཐམས་ཅད་ཁྱབ་པའམ་འགེངས་པར་བྱེད་པའི་ནུས་པ་དང་ལྡན་པའི་སྐྱེས་བུ་ནི་ཐམས་ཅད་ལས་ལྷག་པ་ཡིན་པས་ཆེན་པོ་དང་། ཁ་དོག་སྣ་ཚོགས་ཅན་ཡིན་པས་ཉི་མའི་འོད་དམ།[2] འབྱུང་པོ་སྟེ་སྣོད་བཅུད་ཐམས་ཅད་རྟག་ཏུ་སྐྱེས་བུ་འདིར་འགྲོ་བ་སྟེ་ཐིམ་ས་དང་། སྣོད་བཅུད་ཐམས་ཅད་ལ་རྟག་ཏུ་སྐྱེས་བུ་འདིས་འགྲོ་བ་སྟེ་འབྱུང་ས་ཡིན་པས་བདག་ཅེས་བྱའོ། །ལུས་ཅན་ཡོད་དོ་ཚོག་ནི་བདག་མ་མཐོང་བའི་དབང་གིས་འཁོར་བར་འཁོར་ཞིང་བདག་ནམ་མཐོང་བའི་ཚེ་ན་འཁོར་བ་ལས་གྲོལ་བར་འདོད། དེ་བཞིན། ཇི་ལྟར་བུམ་སོགས་ཐ་དད་ཀྱང་། །ས་ལ་ཐ་དད་འགའ་ཡང་མེད། །དེ་བཞིན་ལུས་ནི་ཐ་དད་ཀྱང་། །བདག་ལ་ཐ་དད་འགའ་ཡང་མེད། །ཅེས་ལུས་ཅན་མཐའ་དག་གི་བདག་གཅིག་ཡིན་ཡང་། ལུས་སོ་སོར་གནས་པ་ནི་དཔེར་ན་སྣོད་ཐམས་ཅད་ཐ་དད་ཀྱང་དེ་དག་གི་ནམ་མཁའ་གཅིག་པ་ལྟ་བུ་ཞེས་བདག་གཅིག་པུར་འདོད་པ་དང་། ཇི་ལྟར་བུམ་པའི་ནམ་མཁའ་གཅིག །རྫུལ་དང་དུ་བས་བསྒྲིབས་པས་ན། །ཐམས་ཅད་དེ་བཞིན་མ་ཡིན་ལྟར། །བདེ་སོགས་དེ་བཞིན་བདག་ལ་མིན། །ཞེས་ལུས་ཅན་རྣམས་ཀྱི་བདག་ཆ་ཤས་མེད་

---

[1] ཆོས་རྗེ་ངག་དབང་དཔལ་ལྡན། གྲུབ་མཐའ་ཆེན་མོའི་མཆན་འགྲེལ་དཀའ་གནད་མདུད་གྲོལ་བློ་གསལ་གཅེས་ནོར། གངས་ཅན་ཁྱད་ནོར་དཔེ་ཚོགས་པོད་ཕྲེང་བཞི་བརྒྱ་དྲུག་ཅུ་རེ་གསུམ། སེར་གཙུག་ནང་བསྟན་དཔེ་སྙིང་འཚོལ་བསྡུ་ཕྱོགས་སྒྲིག་ཁང་། ༡༧༣༨

[2] ལུགས་འདིས་ཉི་མ་ནི་སྔོ་སེར་དཀར་དམར་སོགས་ཁ་དོག་སྣ་ཚོགས་དང་ལྡན་པར་འདོད།

པའི་གཅིག་པུ་ཡིན་ཡང་བུམ་པའི་ནམ་མཁའ་གཅིག་རྫུལ་དང་དུ་བས་བསྒྲིབས་ཀྱང་གཞན་དེ་ལྟར་མ་ཡིན་པ་བཞིན་བདེ་སྡུག་སོ་སོར་མྱོང་བར་འདོད་ལ། བུམ་པ་བྱུང་ཞིང་འཇིག་པ་ལྟར། །ནམ་མཁའི་དེ་ཡི་བདག་ཉིད་མིན། །ལུས་ཅན་བྱུང་ཞིང་འཇིག་པ་ལྟར། །དེ་བདག་ཡིན་པས་བདག་མི་འདོད། །ཅེས་བུམ་པ་ལ་སྐྱེ་འཇིག་ཡོད་ཀྱང་བུམ་པའི་ནམ་མཁར་སྐྱེ་འཇིག་མེད་པ་ལྟར་ལུས་ཅན་དག་སྐྱེ་འཇིག་བྱེད་ཀྱང་བདག་སྐྱེ་འཇིག་མི་བྱེད་པར་རྟག་པར་འདོད་དོ། །

ལུགས་འདིས་བདག་ཁྱད་པར་བརྒྱད་དང་ལྡན་པར་འདོད་དེ། "ལུས་ཅན་ཐམས་ཅད་དབང་ཕྱུག་གཅིག་པུ་བ་དང་། འགྲོ་བ་རྣམས་ལ་ཁྱབ་པ། ཉམས་པ་མེད་པས་རྟག་པ་དང་། མྱ་ངན་ལས་འདས་པས་ཚངས་པ། ཕུལ་དུ་བྱུང་བས་མཆོག ཐོག་མ་དང་ཐ་མ་མེད་པས་འཆི་བ་མེད་པ། དམིགས་པའི་གནས་ཡིན་པའི་ཕྱིར་གནས་པ། འཇིག་པའི་སྔོན་རོལ་ནས་ཡོད་པའམ། གཉིད་ལོག་པ་ལས་གཞན་པའམ། སྐྱོང་བར་བྱེད་པའམ། འགེངས་པར་བྱེད་པས་ན་སྐྱེས་བུ་སྟེ་ཁྱད་པར་བརྒྱད་དང་ལྡན་པ"①ཞིག་ཡིན་ཞིང་། བདག་དེ་ཁམས་གསུམ་གྱི་མུན་པ་ལས་གྲོལ་བའི་ཚེ་གསེར་གྱི་མདོག་ཅན་དུ་མཐོང་བར་འདོད་དེ། རྟོག་གེ་འབར་བ་ལས། "བདག་རྟག་པའི་ངོ་བོ་ནི་དེའི་རྟེན་ཡིན་པའི་ཕྱིར་བཅིངས་པ་དང་གྲོལ་བར་རིག་པའི་ངོ་བོ་ཡིན་པས་དེས་ན་རིག་བྱེད་ལས་གྲགས་པའི་སྐྱེས་བུ་ནི་ཉེ་བར་བརྟགས་པར་

①ཀུན་མཁྱེན་འཇམ་དབྱངས་བཞད་པ། གྲུབ་མཐའི་རྣམ་བཤད་རང་གཞན་ཀུན་དང་ཟབ་དོན་མཆོག་ཏུ་གསལ་བ་ཀུན་བཟང་ཞིང་གི་ཉི་མ་ལུང་རིགས་རྒྱ་མཚོ་སྐྱེ་དགུའི་རེ་བ་ཀུན་སྐོང་། མཚོ་སྔོན་ནང་བསྟན་རིག་གནས་སྒྱུ་རྩལ་ཞབས་ཞུ་ལྟེ་གནས་ཞབས་ཞུ་ཁང་། ༡༨༥

བྱ་བ་ཡིན་པས། མུན་པ་ལས་གཞན་སྐྱེས་བུས་ནི། །ཆེན་པོར་གྱུར་པ་ཉི་མའི་འོད། །དབང་ཕྱུག་ཆེན་པོ་བདག་དེ་ཉིད། །མཁས་པས་ཤེས་ན་འཆི་མེད་འགྱུར། །ཞེས་དང་། ཡང་། སྐྱེས་བུ་དྲང་སྲོང་ཆེན་པོ་ཉི་མའི་མདོག །མུན་པ་ལས་གཞན་གྱུར་པ་དེ་རིག་ན། །འཆི་བ་མེད་པར་འགྱུར་ཏེ་བདག་གིས་རྟོགས། །སྐྱེ་མེད་གནས་འགྲོ་བ་ལ་ལམ་གཞན་མེད། །"① ཅེས་པ་ལྟར་ལུགས་འདིས་མཁས་པ་རྣམས་ཀྱིས་ལྷའི་མིག་ལ་བརྟེན་ནས་སྐྱེས་བུ་མཐོང་ན་ཐར་པ་ཐོབ་པར་གྱུར་ཅིང་། སྐྱེས་བུའི་ཁ་དོག་སྣ་ཚོགས་ཡིན་ཡང་གསེར་མདོག་ཏུ་མཐོང་བ་ནི་གྲོལ་བའི་རྟགས་སུ་འདོད་དོ། །

ལུགས་འདིའི་ལམ་ནི་བསམ་གཏན་ལ་བརྟེན་ནས་དེ་འདྲའི་བདག་སྒོམ་ལ། སྐྱེས་བུ་དེ་མཐོང་ན་གདོལ་པ་དང་བྲམ་ཟེ་མཉམ་པ་དང་། སྡིག་དང་བསོད་ནམས་མཉམ་པ་སོགས་འདོད་པ་ཡིན་ཏེ། ཇི་སྐད་དུ། "བྱེད་པོ་དབང་ཕྱུག་གསེར་མདོག་ཏུ། །གང་གིས་མཐོང་ཞིང་ལྟ་བ་དེ། །སྡིག་དང་བསོད་ནམས་ལས་འདས་ནས། །མཆོག་ཏུ་ཞི་བ་ཐོབ་པར་འགྱུར། །"② ཞེས་གསུངས་པ་ལྟར་ལུགས་འདིས་བསམ་གཏན་སྒོམ་པ་ལ་བརྟེན་ནས་སྐྱེས་བུ་ཉི་མའི་མདོག་གམ་གསེར་མདོག་ཅན་མཐོང་བས་སྡིག་དང་བསོད་ནམས་མཉམ་པ་དང་། གདོལ་པ་དང་བྲམ་ཟེ་མཉམ་པར་སྣམ་

---

①སློབ་དཔོན་ལེགས་ལྡན་འབྱེད། དབུ་མ་སྙིང་པོའི་འགྲེལ་པ་རྟོག་གེ་འབར་བ། སྡེ་དཀ། སེར་གཙུག་ནང་བསྟན་དཔེ་སྙིང་འཚོལ་བསྡུ་ཁང་། གངས་ཅན་ཁྱད་ནོར་དཔེ་ཚོགས། པོད་ཕྲེང་སུམ་བརྒྱ་བཅོ་ལྔ། ཤ༡༥༨

②ཀུན་མཁྱེན་འཇམ་དབྱངས་བཞད་པ། གྲུབ་མཐའི་རྣམ་བཤད་རང་གཞན་ཀུན་དང་ཟབ་དོན་མཆོག་ཏུ་གསལ་བ་ཀུན་བཟང་ཞིང་གི་ཉི་མ་ལུང་རིགས་རྒྱ་མཚོ་སྐྱེ་དགུའི་རེ་བ་ཀུན་སྐོང་། མཚོ་སྔོན་ནང་བསྟན་རིག་གནས་སྒྱུ་རྩལ་ཞབས་ཞུ་ལྟེ་གནས་ཞབས་ཞུ་ཁང་། ཤ༩༧ནས་༩༨

པ་ནི་འདི་པས་བདག་སྣོད་བཅུད་འབྱུང་པོ་ཀུན་ལ་འགྲོ་བར་འདོད་པས། གདོལ་པ་ལ་ཡང་བདག་མཐོང་བར་བྱེད་པའི་སྐབས་ཡོད་པར་འདོད་དམ་སྙམ། དེ་ལྟར་ན་ཁྱབ་མཐའ་ཆེན་མོར་ཀུན་བཏུས་ཀྱི་ལུང་། བདག་ཡོད་བྲམ་ཟེ་མཆོག་རྣམས་སོ། །ཞེས་སོགས་སྨྲས་ནས། བྲམ་ཟེ་མཆོག་སྐོར་དང་ཆབས་ཅིག་བྲམ་ཟེ་མཆོག་སྨྲའི་དབྱེ་བ་ལ། བདག་སྣོད་བཅུད་ཀུན་ལ་ཁྱབ་པའི་ལུགས་ཤིག་དང་། བདག་ཆ་ཤས་དང་བཅས་པ་ཞིག་ཡོད་པར་གསུངས་ལུགས་ལ་བརྟགས་ན། ལུགས་འདི་བྲམ་ཟེ་མཆོག་སྨྲར་འདོད་པ་དང་བདག་སྣོད་བཅུད་ཀུན་ལ་ཁྱབ་པར་འདོད་མཁན་ཡིན་འདུག་ཅིང་། ཚངས་པ་བས་བྲམ་ཟེ་ལས་གཞན་པའི་རིགས་ལ་ཐར་པའི་གོ་སྐབས་ཞན་པར་འདོད་པ་དང་འདོད་ཚུལ་མ་གཅིག་པར་སྣང་བས་དཔྱད་བྱ་མང་བར་སྣང་། དེ་ཡང་གནའ་བོའི་རྒྱ་གར་གྱི་རིགས་རུས་བརྩེ་ལུགས་ཀྱི་སྐོར་ལ་དཔྱད་པ་གནང་མཁན་གྱི་མཁས་དབང་རྣམ་པའི་ངོས་ནས་མཚོན་ན། ལུགས་འདིའི་ལྟ་བ་ནི་དཔྱད་པར་བྱ་བའི་གཞི་འགངས་ཆེན་པོ་ཞིག་མིན་ནམ་སྙམ། ཕོ་ཆོས་བདག་མཐོང་བས་འཁོར་བ་ལས་གྲོལ་བར་འདོད་པ་གང་ཞིག གདོལ་པ་ཡིན་ཡང་བདག་མཐོང་ན་བྲམ་ཟེ་དང་མཉམ་པར་གྱུར་བར་འདོད་ན། བདག་མཐོང་བའི་གདོལ་པ་དང་། བདག་མཐོང་བའི་བྲམ་ཟེ་མཉམ་པ་ཡིན་ཟེར་རམ། ཡང་ན་བདག་མཐོང་བའི་གདོལ་པ་དང་། བདག་མ་མཐོང་བའི་བྲམ་ཟེ་སྤྱིར་བཏང་བ་མཉམ་པ་ཡིན་ཟེར་རམ། གཉིས་པ་ལྟར་ན་སྔར་བཞིན་རིགས་རུས་ཀྱི་དབྱེ་བས་བདག་མཐོང་བའི་གོ་སྐབས་བྲམ་ཟེ་ལ་ཤུགས་ཆེ་བ་ཡོད་པ་གསལ་པོ་རེད། དང་པོ་ལྟར་ན་སྟོན་པ་རྣམ་འདྲེན་བཞི་པས་སངས་རྒྱས་པའི་ཆོས་ལ་རིགས་རུས་གཙོ་ཕལ་གྱི་དབྱེ་བ་མེད་པར་གསུངས་པ་དང་འདྲ་བར་སྣང་

སྟེ། བདག་མཐོང་ནས་གྲོལ་བ་ཐོབ་པའི་གདོལ་པ་ཡིན་ཡང་། གྲོལ་བ་ཐོབ་པའི་བྲམ་ཟེ་དང་མཉམ་པར་འདོད་པའི་ཕྱིར།

འདིའི་བདག་འདོད་ལུགས་ལ་ཆེས་དམིགས་བསལ་གྱི་འདོད་ཚུལ་ནི། ལུས་ཅན་སོ་སོ་བ་ཡིན་ཡང་། བདག་གཅིག་ཡིན་པར་འདོད་པ་དང་། ལུས་ཅན་ཅམས་ཅད་དབང་ཕྱུག་གཅིག་པུ་བ་ཡིན་པར་འདོད་པ་སོགས་རེད། དོན་དུ་བདག་མ་མཐོང་བའི་དབང་གིས་ལུས་ཅན་འཁོར་བར་འཁོར་བར་འདོད་པ་དང་། དེ་ཡང་བདག་དེ་དབང་ཕྱུག་གཅིག་པུའི་རང་བཞིན་དུ་སོང་བ་ཡིན་ཕྱིར། དཀའ་བ་ཇི་ཙམ་སྤྱད་ནས་བདག་གཅེས་པར་འཛིན་ཏེ་འབད་འབུངས་ཀྱིས་ལམ་བསྐྱངས་པའི་མཐའ་མར་དབང་ཕྱུག་དོན་དུ་གཉེར་དགོས་པ་ཡིན་འདུག་པས། རིག་བྱེད་གཞུང་དག་ཚད་མར་སྒྲོགས་པར་བྱེད་ཚུལ་ཞིག་ཀྱང་ཡིན་པར་སྣང་ངོ་། །

བཞི་པ། དཔྱོད་པ་བའི་བདག་འདོད་ཚུལ་བཤད་པ།

གྲུབ་མཐའི་རྩ་བ་གདོང་ལྔའི་སྒྲ་དབྱངས་ལས། བདག་ནི་བློ་དང་ཤེས་རིག་རྟག་རྫས་སོགས། །ཞེས་གསུངས་པ་བཞིན། ལུགས་འདིས“བདག་ནི་གྲངས་ཅན་ལྟར་མ་ཡིན་པར་བློ་ཡི་ངོ་བོ་དང་སེམས་པ་ཅན་དུ་འདོད་པ་དང་། དབང་ཕྱུག་པ་ལྟར་བེམ་པོ་མ་ཡིན་པར་ཤེས་རིག་གི་རང་བཞིན་དང་། སངས་རྒྱས་པ་ལྟར་མི་རྟག་པ་མ་ཡིན་པར་རྟག་པའི་ངོ་བོ་དང་། རྒྱང་འཕེན་ལྟར་ལུས་སེམས་དབྱེར་མེད་མ་ཡིན་པར་ལུས་ལས་ཡན་གར་བའི་བདག་རྫས་ཡོད་དང་། རིག་པ་ཅན་པ་ལྟར་རྗེས་སུ་འགྲོ་བ་མེད་པ་མ་ཡིན་པར་བདེ་སྡུག་སོ་སོའི་དུས་ཀྱི་རྣམ་གྲངས་དང་། གནས་སྐབས་མི་

རྟག་ཀྱང་སྐྱེས་བུའི་ངོ་བོ་ལ་ཆ་སོགས་དབྱེར་མེད་ཀྱང་གནས་སྐབས་ཙམ་གྱི་བདག་སོ་སོ་བར་འདོད་དེ། སྤྲུལ་འཁྲུལ་བ་དང་བརྒྱངས་པའི་གནས་སྐབས་སོ་སོ་བ་ཡིན་ཡང་སྤྲུལ་གྱི་ངོ་བོ་ལ་དབྱེ་བ་མེད་པར་འདོད”①ཅེས་གསུངས་པ་བཞིན་དུ་ནང་པ་སངས་རྒྱས་པ་ལྟར་མཐའ་གཅིག་ཏུ་མི་རྟག་པར་འགྱུར་ན་ལས་བྱས་པ་ཆུད་གཟོན་དུ་འགྲོ་བ་དང་། ལས་མ་བྱས་པ་དང་ཕྲད་པར་འགྱུར་བ་དང་། རིག་པ་ཅན་ལ་སོགས་པ་ལྟར་མཐའ་གཅིག་ཏུ་རྗེས་སུ་འགྲོ་བ་ཡིན་ན་བདེ་སྡུག་མྱོང་བ་པོ་མི་སྲིད་པར་འགྱུར་བར་འདོད་པའི་ཕྱིར། རྟག་ལ་རྗེས་འཇུག་གཉིས་ཀའི་བདག་ཉིད་ཅན་གྱི་བདག་ཅིག་ཁས་ལེན་པ་ནི། དཔེར་ན། སྤྲུལ་འཁྲུལ་བ་དང་དྲང་པོའི་གནས་སྐབས་མི་འདྲ་བ་གཉིས་ཀྱི་རང་བཞིན་གཅིག་པ་ཡིན་པ་བཞིན་བདེ་སྡུག་མ་གཅིག་ཀྱང་སེམས་ཉིད་རྗེས་འཇུག་ཆ་ཡིན་པས་བདག་ཀྱང་སེམས་པའི་ངོ་བོ་ཉིད་དུ་འདོད་དོ། །

འདིས་རྒྱང་འཕེན་པ་དང་འདྲ་བར་ཐར་པ་མི་འདོད་དེ། རྟོག་གེ་འབར་བ་ལས། “ངོ་ཚ་མེད་པ་ཁ་གཅིག་ནི། །བྱང་གྲོལ་ལེགས་ལམ་བསམ་གཏན་དང་། །ཞེས་ལ་སྐུར་འདེབས་བྱ་བ་ཙམ། །བདག་གིས་དེ་ནི་ཐོབ་པར་སེམས། །རིག་བྱེད་མཐའ་སྨྲ་བ་ཉིད་ལས་གཞན་པ་དསྤྱོད་པ་ཅན་ཞེས་བྱ་བས་རིག་བྱེད་ལ་གང་སྣང་བ་ནི་རང་བྱུང་ཡིན་ཏེ། དེ་ནི་དེ་ཁོ་ན་ཉིད་ཡིན་ནོ་ཞེས་བཏགས་ནས་ཐར་པ་ཐོབ་པའི་ལམ་བཟང་པོ་གང་ཡིན་དང་། བསམ་གཏན་དང་། ཞེས་པ་དང་། གྲུབ་པའི་མཐའ་ཐམས་ཅད་ལ་འགལ་བས་སྐུར་བ་འདེབས་ཤིང་མཆོད་སྦྱིན་ལ་སོགས་པ་བྱ་བ་

①ཚུལ་ཁྲིམས་རྒྱ་མཚོ། ཚད་མའི་དཀའ་གནད་སེལ་བར་བྱེད་པའི་དུས་ཀྱི་མེ་ལོང་། མི་རིགས་དཔེ་སྐྲུན་ཁང་། ༡༩༩༡ལོའི་ཟླ་༤པར་དཔར་ཐེངས་དང་པོ་བཏབ། ༢༡༠

འབའ་ཞིག་བྱུང་གྲོལ་འཐོབ་པར་འགྱུར་རོ་སྙམ་དུ་སེམས་”① ཞེས་གསུངས་པ་ལས་རྟོགས་ནུས་ལ། གྲུབ་མཐའ་ཆེན་མོ་ལས་ཀྱང་། “རྣམ་འགྲེལ་ལས་བཤད་པ་ལྟར་དྲི་མ་ཤེས་རིག་གི་སྐྱེས་བུའི་རང་བཞིན་ལ་ཞུགས་པའི་ཚུལ་གྱིས་རྟེན་པའི་ཕྱིར་སྐྱོན་ཟད་ཀུན་མཁྱེན་མེད་པའི་བདེན་པའི་ངག་ཀྱང་མེད་ལ། མཐོ་རིས་ཚངས་པ་ལྷ་བུའི་ཁྱད་པར་ངན་འགྲོ་ལས་གྲོལ་བའི་ཐར་པའམ། གྲོལ་བར་སྨྲ་ལ། འབྲས་བུ་དེ་ཕོ་ན་ལས་གཞན་མི་འདོད་དེ། ཇི་སྐད་དུ། སངས་རྒྱས་གསུང་ཡང་ཚད་མ་མིན། །བྱས་པའི་ཕྱིར་ན་གཞན་ཡིན་ནོ། །རྫོགས་པའི་སངས་རྒྱས་ཀུན་མཁྱེན་མིན། །སྐྱེས་བུ་ཡིན་ཕྱིར་གཞན་ཡིན་ནོ། །”②ཞེས་སོགས་གསུངས་པ་བཞིན་ཐར་གྲོལ་གྱི་ལམ་མི་འདོད་པ་མ་ཟད། ཐམས་ཅད་མཁྱེན་པ་ཡང་མི་འདོད་པ་ཡིན་ནོ། །

ལུགས་འདིས་བདག་ཡོད་ལུགས་ལ་བདག་ནི་ཡོད་དེ། ངོ་ཤེས་པ་ཡོད་པའི་ཕྱིར་དང་། དྲན་པ་ཡོད་པའི་ཕྱིར་སོགས་རྟགས་སུ་བཀོད་ཚུལ་ནི། ནང་པས་གང་ཟག་གཟུགས་སོགས་ཕུང་པོ་ལ་བཏགས་ནས་འཛོག་པ་ཡིན་པས་ན། ནང་པ་དང་གདོང་གཏུགས་སུ་འགལ་བའི་ལྟ་ཚུལ་ལགས་ཏེ། འདིས་བདག་ཤེས་པའི་ངོ་བོ་སེམས་པ་ཅན་ཞེས་སུ་འདོད་ཀྱང་། རྣམ་པར་ཤེས་པར་བཏགས་པ་ཙམ་ནི་མི་འདོད་ལ། དེ་བས་བདག་དེ་རྟག་པ་དང་། ལུས་ལས་ཡན་གར་བའི་རྫས་ཡོད་དུ་འདོད་པས་སོ། །གོང་གསལ་ལུང་དུ་བྱས་པའི་དཔྱད་ཡིག་ཏུ་གསལ་བ་ལྟར་བདག་འདོད་

①སློབ་དཔོན་ལེགས་ལྡན་འབྱེད། དབུ་མ་སྙིང་པོའི་འགྲེལ་པ་རྟོག་གེ་འབར་བ་གསྨད་ཆ། ༡༢༠༠

②ཀུན་མཁྱེན་འཇམ་དབྱངས་བཞད་པ། གྲུབ་མཐའི་རྣམ་བཤད་རང་གཞན་ཀུན་དང་ཟབ་དོན་མཆོག་ཏུ་གསལ་བ་ཀུན་བཟང་ཞིང་གི་ཉི་མ་ལུང་རིགས་རྒྱ་མཚོ་སྐྱེ་དགུའི་རེ་བ་ཀུན་སྐོང་། མཚོ་སྔོན་ནང་བསྟན་རིག་གནས་སྒྱུ་རྩལ་ཞིབ་འཇུག་ལྟེ་གནས་ཞིབ་འཇུག་ཁང་། ༡༧༠༨

ཚུལ་དེ་གྲངས་ཅན་ལྟར་མ་ཡིན་པར་བློ་ཡི་ངོ་བོ་དང་སེམས་པ་ཅན་ཞེས་པའི་ཚིག་ལས། གྲངས་ཅན་པས་ཀྱང་བདག་ཤེས་རིག་གི་སྐྱེས་བུ་ཞེས་ཤེས་བྱ་ཉེར་ལྔ་ལས་བདག་འབའ་ཞིག་ཤེས་པར་འདོད་པ་ཡིན་ལ་བདག་དེས་ཀྱང་བདེ་སྡུག་སོགས་མྱོང་བར་འདོད་ཕྱིར་སེམས་པ་ཅན་དུ་མ་ལགས་སམ་སྙམ་པའི་དོགས་པ་ཞིག་སྐྱེ་སྲིད། དེའི་ཐད་ལ་གྲུབ་མཐའ་ཆེན་མོའི་མཆན་འགྲེལ་ལས། "སེམས་པ་ཅན་དེ་ཡང་གྲངས་ཅན་ལྟར་བློ་ལས་གཞན་མིན་པར་བློའི་མཚན་ཉིད་ཅན་ཡིན་ནོ། །གཞན་དག་བདག་ནི་ཕྱོག་པ་དང་། །རྗེས་འགྲོ་བདག་ཉིད་ཅན་གྱི་ནི། །སེམས་པའི་ངོ་བོ་ཉིད་དུ་འདོད། །སེམས་པའི་བློ་ཡི་མཚན་ཉིད་ཅན། །"①ཞེས་གསུངས་པ་ལྟར་རོ། །

ལྔ་པ། གཅེར་བུ་བ་དང་རྒྱང་འཕེན་པའི་བདག་འདོད་ཚུལ་བཤད་པ།

གཅེར་བུ་བ་དང་རྒྱང་འཕེན་པའི་གྲུབ་མཐའི་འདོད་ལུགས་ལ་ཁྱད་པར་ཤིན་ཏུ་ཆེ་ཡང་། བདག་གི་འདོད་ལུགས་ལ་དེ་འདྲའི་གནད་འགག་ཆེ་བའམ་ཕྲ་ཞིང་ཞིབ་པའི་དབྱེ་ཚུལ་མི་སྣང་ལ། དེ་གཉིས་ཀས་སྲོག་བདག་ཏུ་འདོད་པ་གཅིག་མཚུངས་སུ་སྣང་། དེ་གཉིས་ཀྱི་ལུགས་ལ་བདག་འཆི་དང་མི་འཆིའི་ཁྱད་པར་ཡོད་པ་ནི་གཙོ་བོ་སྐྱེ་བ་སྔ་ཕྱི་དང་ཐར་གྲོལ་ཁས་ལེན་མིན་གྱིས་ཡིན་ཏེ། བདག་འཆི་བ་ཞེས་སྨྲས་པ་ནི་

①ཆོས་རྗེ་ངག་དབང་དཔལ་ལྡན། གྲུབ་མཐའ་ཆེན་མོའི་མཆན་འགྲེལ་དཀའ་གནད་མདུད་གྲོལ་བློ་གསལ་གཅེས་ནོར། གངས་ཅན་ཁྱད་ནོར་དཔེ་ཚོགས་པོད་ཕྲེང་བཞི་བརྒྱ་དྲུག་ཅུ་རེ་གསུམ། སེར་གཙུག་ནང་བསྟན་དཔེ་སྙིང་འཚོལ་བསྡུ་ཕྱོགས་སྒྲིག་ཁང་། ༡༧༥༥

ཚེ་འདིའི་བདག་ལས་ཁས་མི་ལེན་པས་དང་། ཅིག་ཤོས་ཀྱིས་ཚེ་འདིའི་བདག་ཙམ་མ་ཚད་ཕྱི་མར་འགྲོ་མཁན་ཞིག་ཡོད་པར་འདོད་པ་ཡིན། ཞིབ་པ་གཞན་ལས་ཤེས་པར་འགྱུར་ཏེ།

༡ གཅེར་བུ་བའི་བདག་འདོད་ཚུལ་བཤད་པ།

གྲུབ་མཐའི་རྩ་བ་གདོང་ལྔའི་སྒྲ་དབྱངས་ལས། སྲོག་ནི་ལུས་ཚད་རྟག་བདག་སྐྱེས་བུ་འགྲོ། །ཞེས་དང་། འགྲེལ་པར་སྲོག་བདག་ཏུ་འདོད་ལ། ལུས་ཏེ་སྲོག་ཅན་རང་གི་གཟུགས་ཀྱི་ཚད་ཙམ་པ་རྫས་རྟག་ལ་རྣམ་གྲངས་མི་རྟག་པ་སེམས་པའི་བདག་ཉིད་ཅན་དུ་འདོད་དེ། ཁྱད་པར་འཕགས་བསྟོད་ལས། གཅེས་བུ་ལུས་ཀྱི་ཚད་བཞིན་དུ། །སྲོག་ནི་ཞུམ་དང་རྒྱས་པར་སྨྲ། །ཞེས་དང་། འཕགས་པ་ལྷས། ལ་ལའི་སྐྱེས་བུའི་ལུས་ཙམ་ཞིག །ཅེས་དང་། འཕགས་བསྟོད་འགྲེལ་པ་ལས། ལུས་ཀྱི་ཚད་བཞིན་དུ་ཞེས་བྱ་བ་ནི། ལུས་དེ་གཟུགས་ཀྱི་ཚད་ཡིན་པས་ན་ལུས་ཀྱི་ཚད་བཞིན་དུ་དེ་ལྡན་པ་ཡིན་ལ། དེ་ཕྲ་བ་ལ་ནི་ཤིན་ཏུ་ཕྲ་བ་ཡིན་ལ། ཆེན་པོ་ལ་ནི་ཆེན་པོ་ཡིན་ནོ། །སྲོག་ཅེས་བྱ་བ་དེ་ལུས་ཐམས་ཅད་ལ་ཁྱབ་པ་ཡིན་ལ། ལུས་དེ་ནི་དེའི་ཟ་མ་ཏོག་བཞིན་དུ་གནས་སོ། །དེས་ན་འདི་ཞུམ་པར་གྱུར་ན་ཞུམ་པར་འགྱུར་ལ། འདི་རྒྱས་པར་གྱུར་ན་དེ་རྒྱས་པ་འགྱུར་རོ་ཞེས་དང་།①ཞེས་སོགས་གསུངས་པ་ལྟར་རོ། །

ལུགས་འདིས་བདག་ནི་སེམས་ཀྱི་བདག་ཉིད་ཅན་ཞིག་ཏུ་འདོད་ལ། བདག་

①ཀུན་མཁྱེན་འཇམ་དབྱངས་བཞད་པ། གྲུབ་མཐའི་རྣམ་བཤད་རང་གཞན་ཀུན་དང་ཟབ་དོན་མཆོག་ཏུ་གསལ་བ་ཀུན་བཟང་ཞིང་གི་ཉི་མ་ལུང་རིགས་རྒྱ་མཚོ་སྐྱེ་དགུའི་རེ་བ་ཀུན་སྐོང་། མཚོ་སྔོན་ནང་བསྟན་རིག་གནས་སྒྱུ་རྩལ་ཞབས་ཞུ་སྡེ་གནས་ཞབས་ཞུ་ཁང་། ཤ༡༩༧ནང་ལུང་དུ་དྲངས་པ་ལས་དྲངས་སོ། །

ནི་སྲོག་དང་སྲོག་ནི་བདག་ཏུ་འདོད་པ་ཡིན་ཞིང་། བདག་གི་རྣམ་གྲངས་སུ་ཡང་། སྲོག་དང་། འཚོ་བ་དང་། གསོ་བ་དང་། སྐྱེས་བུ་དང་། འགྲོ་བ་དང་། གང་ཟག་སོགས་འདོད་པའོ། །ལུས་ནི་སྲོག་གི་སྣོད་ཟ་མ་ཏོག་ལྟ་བུར་གསུངས་ལ། ལུས་ཏེ་སྲོག་ཅན་རང་གི་གཟུགས་ཀྱི་ཚད་ཙམ་པ་ཞེས་གསུངས་པ་ལས། བདག་གམ་སྲོག་ཅེས་སེམས་པའི་བདག་ཉིད་ཅན་དེའི་རྟེན་ལྟ་བུ་ནི་ལུས་གཟུགས་ཡིན་པར་འདོད་པ་དང་། ལུས་གཟུགས་ཞུམ་པ་དང་རྒྱས་པར་གྱུར་པ་ལས་བདག་གམ་སྲོག་ལ་དེ་བཞིན་དུ་འགྱུར་བ་འགྲོ་བར་འདོད་པར་སྣང་སྟེ། སྲོག་ནི་ལུས་ཚད་ཙམ་པའི་ལུང་ཚིག་ལས་དཔོག་ནུས། དེ་མིན་གྲུབ་མཐའ་ཆེན་མོ་རུ། འགྲེལ་ཆེན་ལས་ཀྱང་། "སྲོག་ནི་ལུས་ཀྱི་ཚད་དེ་སྲིད་པར་དཔག་ཏུ་མེད་པར་སྲོག་ཉིད་རྟག་པ་ཐར་པ་འགྱུར་པ་དང་། ཞེས་སོ། །"①ཞེས་གསུངས་ཚུལ་ལ་བརྟགས་ནས་ཙུང་ཟད་གོ་བ་སྐྱེད་ཁུལ་བྱས་ཚོ། འདིས་བདག་གམ་སྲོག་དེ་ལ་ཞུམ་པ་དང་རྒྱས་པ་སོགས་འགྱུར་བའི་ཆ་ཡོད་ན་ཡང་། དེ་མི་འགྱུར་རྟག་པའི་ངོ་བོར་གནས་པ་ཞིག་ཐར་པ་ཐོབ་པར་འཛོག་པ་དང་། རྟག་བདག་མེད་ན་ལས་འབྲས་ཆུད་ཟ་བར་འདོད་པ་ཡིན། རྫས་རྟག་ལ་རྣམ་གྲངས་མི་རྟག་པ་ཞེས་པ་ནི། གྲུབ་མཐའ་ཆེན་མོར། "ཚད་ཆེན་དཀའ་འགྲེལ་ལས། དེ་བཞིན་དུ་སེམས་པ་ཅན་གྱི་བདག་ཉིད་ཀྱི་བདག་གི་རྫས་དང་། བདེ་བ་དང་སྡུག་བསྔལ་བ་ལ་སོགས་པ་རྣམ་གྲངས་དག་ལ་ཡང་སྒྱུར་བར་བྱའོ། །ཞེས་སོ། །དེས་ན་

①ཀུན་མཁྱེན་འཇམ་དབྱངས་བཞད་པ། གྲུབ་མཐའི་རྣམ་བཤད་རང་གཞན་ཀུན་དང་ཟབ་དོན་མཆོག་ཏུ་གསལ་བ་ཀུན་བཟང་ཞིང་གི་ཉི་མ་ལུང་རིགས་རྒྱ་མཚོ་སྐྱེ་དགུའི་རེ་བ་ཀུན་སྐོང་། མཚོ་སྔོན་ནང་བསྟན་རིག་གནས་སྒྱུ་རྩལ་ཞབས་ཞུ་ལྟེ་གནས་ཞབས་ཞུ་ཁང་། ༡༧༩

རྫས་དང་གྲངས་ཅན་ཀུན་གྱི་རྫས་ནི་མི་འཇིག་པའམ་མི་ལྡོག་པར་རྗེས་སུ་འགྲོ་”① བས་རྟག་ལ། “རྣམ་གྲངས་ནི་རྗེས་སུ་འགྲོ་བར་མེད་པར་ལྡོག་པའི་སྒོ་ནས་མི་རྟག་པའོ། །”②ཞེས་གསལ་བ་ལས། སེམས་པ་ཅན་གྱི་བདག་གི་ངོ་བོ་མི་འཇིག་པ་དང་མི་ལྡོག་པ་རྟག་པ་ཞིག་ཡིན་ཡང་། ལས་ཀྱི་འབྲས་བུའི་རྗེས་སུ་འགྲོ་བ་དང་། དེ་ལས་བདེ་སྡུག་སོགས་སེམས་པ་ཅན་བདག་གི་རྣམ་གྲངས་ནི་རྗེས་སུ་འགྲོ་བ་མིན་ཡང་འཇིག་པ་དང་ལྡོག་པ་སོགས་མི་རྟག་པ་ཡིན་པར་འདོད་པས། རྣམ་གྲངས་མི་རྟག་པར་འདོད་པ་མིན་ནམ་སྙམ་མོ། །

༢ རྒྱང་འཕེན་པའི་བདག་འདོད་ཚུལ་བཤད་པ།

གྲུབ་མཐའ་ཆེན་མོ་རུ། འདིའི་བདག་གི་འདོད་ཚུལ་ནི། འཇིག་རྟེན་མིག་གིས། ཇི་ཙམ་དབང་པོའི་སྤྱོད་ཡུལ་བ། །སྐྱེས་བུའང་དེ་ཙམ་ཁོ་ནར་ཟད། །ཅེས་དང་། གཞི་འགྲེལ་ལས། གང་གི་ཕྱིར་སྲོག་བདག་གི་ཚེ་འདི་ཉིད་འཚོ་འདུག་ཅིང་། སྲོག་དེས་ཕྱིས་འཇིག་ཏུ་ཤེས་པའི་བདག་ཉིད་ཀྱིས་ཆད་ཅིང་ཟད་པར་འགྱུར་ལ། གཟུགས་ཀྱི་བདག་ཉིད་ཀྱིས་ཞིག་ཅིང་ཆུད་ཟོས་པར་འགྱུར་ཏེ། ཤི་བའི་འོག་ཏུ་ཤེས་པའི་བདག་ཉིད་དང་། གཟུགས་ཀྱི་བདག་གཉིས་ཀས་བདག་ཆད་པར་འགྱུར་ཞིང་

---

①ཚད་ཆེན་ལས། གཟུགས་སོགས་རྣམ་དང་བུམ་པ་ཞེས། །གྲངས་དང་མིང་གི་རྣམ་དབྱེ་དང་། །འབྲས་བུ་དང་ནི་རྗེས་འཇུག་ལྡོག །མཚན་ཉིད་དང་ནི་དོན་རྣམ་དབྱེ། །རྫས་དང་རྣམ་གྲངས་དག་གིས་ཡིན། །ཞེས་གསུངས་པ་བཞིན་བུམ་པས་ཆུ་ལེན་པ་སོགས་བྱེད་པས་རྗེས་སུ་འགྲོ་བ་དང་། གཟུགས་སོགས་དམར་པོ་ཡིན་པ་སོགས་རྣམ་གྲངས་མང་ཡང་རྗེས་སུ་མི་འགྲོ་བ་ཞེས་བྱའོ། །

②ཀུན་མཁྱེན་འཇམ་དབྱངས་བཞད་པ། གྲུབ་མཐའི་རྣམ་བཤད་རང་གཞན་ཀུན་དང་ཟབ་དོན་མཆོག་ཏུ་གསལ་བ་ཀུན་བཟང་ཞིང་གི་ཉི་མ་ལུང་རིགས་རྒྱ་མཚོ་སྐྱེ་དགུའི་རེ་བ་ཀུན་སྐོང་། མཚོ་སྔོན་ནང་བསྟན་རིག་གནས་སྒྲུ་རྩལ་ཞབས་ཞུ་སྡེ་གནས་ཞབས་ཞུ་ཁང་། ཤ༧༥༠

མི་འབྱུང་ལ། ཞེས་ལུས་སེམས་ཀྱི་བདག་ཉིད་ཡིན་པར་བཤད་པ་ལྟར་ལུས་སེམས་དབང་པོའི་སྤྱོད་ཡུལ་དུ་གྱུར་པ་ཙམ་ཞིག་བདག་ཏུ་འདོད་ལ་① ཞེས་སོགས་གསུངས་པ་བཞིན་དུ། འདིས་བདག་ནི་སྲོག་ལ་གོ་བ་དང་། དེ་ཡང་མངོན་སུམ་མཐོང་ཆོས་སུ་གྱུར་པའི་སྲོག་གི་གྲུབ་ཆ་ལུས་དང་སེམས་ཞེས་དེ་གཉིས་ལ་འདོད་ཀྱི་ཡོད། དེས་ན་བདག་ཅེས་བྱ་བ་དེ་ལུས་སེམས་འཇིག་པ་དང་མཉམ་དུ་འཆི་ནས་རྒྱུན་ཆད་པར་འདོད་པ་ཡིན་ཏེ། གཙོ་བོ་ནི། ལུགས་འདིས་སྐྱེ་བ་སྔ་ཕྱི་སོགས་ཁས་མི་ལེན་ལ་ལམ་གོམས་པའི་འབྲས་བུ་སངས་རྒྱས་ཀྱང་ཁས་མི་ལེན་པས་ཡིན་ཏེ། འདིས། མ་ཤི་བར་དུ་བདེ་བར་འཚོ། །ཤི་ནས་དེ་ཡི་སྤྱོགས་ཡུལ་མེད། །ལུས་ཀྱང་ཐལ་བ་བཞིན་སོང་ནས། །སླར་འཚོ་བར་ནི་ག་ལ་འགྱུར། །དེ་ཕྱིར་སྔ་ཕྱི་ཡོད་མ་ཡིན། །② ཞེས་བཤད་པའི་ཕྱིར་དང་། ཀྱི་མ་མང་ཐོས་གང་སྨྲ་བ། །སྨྱུ་བྱེད་སྲུང་གིའི་རྗེས་དང་མཚུངས། །ཞེས་གཞུང་ལུགས་ཐམས་ཅད་ལ་སྐུར་བ་འདེབས་པ་དང་། སློ་ནི་ལུས་ཀྱི་བདག་ཉིད་དང་། །ལུས་འབྲས་ལུས་ཀྱི་ཡོན་ཏན་དང་། །འདི་ལྟར་ལུགས་གསུམ་ལ་བརྟེན་ནས། །གོམས་པས་སྲིད་པ་ཡོད་མ་ཡིན། །③ ཞེས་སོགས་འབྲས་བུ་སངས་

---

①ཀུན་མཁྱེན་འཇམ་དབྱངས་བཞད་པ། གྲུབ་མཐའི་རྣམ་བཤད་རང་གཞན་ཀུན་དང་ཟབ་དོན་མཆོག་ཏུ་གསལ་བ་ཀུན་བཟང་ཞིང་གི་ཉི་མ་ལུང་རིགས་རྒྱ་མཚོ་སྐྱེ་དགུའི་རེ་བ་ཀུན་སྐོང་། མཚོ་སྔོན་ནང་བསྟན་རིག་གནས་སྒྱུ་རྩལ་ཞབས་ཞུ་ལྟེ་གནས་ཞབས་ཞུ་ཁང་། ཤ༥༥

②ཀུན་མཁྱེན་འཇམ་དབྱངས་བཞད་པ། གྲུབ་མཐའི་རྣམ་བཤད་རང་གཞན་ཀུན་དང་ཟབ་དོན་མཆོག་ཏུ་གསལ་བ་ཀུན་བཟང་ཞིང་གི་ཉི་མ་ལུང་རིགས་རྒྱ་མཚོ་སྐྱེ་དགུའི་རེ་བ་ཀུན་སྐོང་། མཚོ་སྔོན་ནང་བསྟན་རིག་གནས་སྒྱུ་རྩལ་ཞབས་ཞུ་ལྟེ་གནས་ཞབས་ཞུ་ཁང་། ཤ༥༧ལུང་དུ་དྲངས་པར་གསལ།

③ཀུན་མཁྱེན་ཀློང་ཆེན་རབ་འབྱམས་པ། གྲུབ་མཐའ་རིན་པོ་ཆེའི་མཛོད། འདོད་འབྱུང་ནོར་བུའི་དཔེ་ཚོགས། སློག་རྩལ་དཔར་མ། ཤ༡༧༨ནས༡༨༠

རྒྱུས་ལ་སྐུར་བ་འདེབས་པའི་ཕྱིར། དེ་བཞིན་གྲུབ་མཐའ་འདིའི་མིང་གཞན་ལ་ཚད་སྨྲ་བ་ཞེས་འབོད་པ་ཡང་། གཙོ་བོ་ཞིག་ནི་བདག་རྒྱུན་ཆད་པར་སྨྲ་བས་ཡིན་པའོ། །

འོན་ཏེ་ནང་པས་གང་ཟག་གི་མཚན་གཞིར་ཕུང་པོ་དང་རྣམ་ཤེས་སོགས་བཞག་ནས། གང་ཟག་ཅེས་བྱ་བ་ཡང་ཕུང་སོགས་ལ་བཏགས་ནས་བཞག་པ་ཡིན་པར་བཤད་པ་དེ་དང་། འདིས་བདག་དེ་སྐྱེས་བུ་དང་། གང་ཟག་སོགས་དང་དོན་གཅིག་ཏུ་བཤད་①ཅིང་། ལུས་སེམས་འཇིག་པ་དང་འཇིག་རུང་ཅན་མི་རྟག་པའི་ངོ་བོ་ཅན་ཞིག་དང་། ལྷག་པར་དུ་དབང་པོའི་སྤྱོད་ཡུལ་དུ་བཤད་དུས། ཏ་ལམ་ལུས་དང་སེམས་ལས་གཞན་པའི་བདག་མེད་པར་འདོད་པ་གཉིས་ལ་འདྲ་བའི་ཆ་ཞིག་མཆིས་ཏེ། འདིས་ཀྱང་བདག་མི་རྟག་པའི་ལུས་དང་སེམས་ལས་ཡན་གར་དུ་མ་བཤད་པའི་ཕྱིར། དེ་ལྟར་ནའང་རང་སྡེས་ལུས་སེམས་ལ་བཏགས་པ་ཙམ་གྱི་གང་ཟག་འཛོག་ལུགས་དེ་དང་འདྲ་བའི་ཆ་ཡོད་པ་ཙམ་ལས། སངས་རྒྱས་པས་བདག་ཏུ་ལྟ་བ་མི་འདོད་ལ་ཕུང་པོ་དང་བདག་གཅིག་ཏུ་མི་འདོད་པའི་ཕྱིར་ཁྱད་པར་ཡང་ཤིན་ཏུ་ཆེན་པོ་ཡོད་པའོ། །

དྲུག་པ། ཕྱི་པའི་བདག་གི་ཐུན་མོང་གི་རང་བཞིན་གསལ་བའི་མཐའ་དཔྱོད་ཐུན་བཅུ།

ཕྱི་རོལ་པའི་བདག་འདོད་ཚུལ་གྱི་མཐུན་པའི་ཆ་རྣམས་གནད་སྡུད་ཀྱིས་སྐབས་འདིར་ཅུང་ཟད་ཁ་སྐོང་གྱི་ཚུལ་དུ་ཞུ་བར་འདོད་པ་ནི་གོང་ཞུས་ཕྱི་པའི་བདག་

①དེ་ལྟའི་ཐ་སྙད་ཙམ་ནི་ནང་པ་དང་འདོད་ཚུལ་གཅིག་གོ །

གི་འདོད་ལུགས་དེ་དག་ལ་གཅིག་སྡུད་ཀྱིས་ཤེས་རྟོགས་ཡོང་སླ་བའི་སླད་དུ་ཡང་ཡིན། "སྦྱོར་བདག་ཅེས་པའི་སྐད་དོད་ལ་ཨཏྨ་ཀ་[1]ཞེས་ཡོད་པ་ལས། དེ་ཡང་སྦྲ་ཡངས་པའི་དབང་དུ་བྱས་ནས་གང་ལ་ཡང་མ་ལྟོས་པར་ཚུགས་ཐུབ་ཏུ་གནས་པ་ཞིག་ལ་བདག་ཅེས་འཛོག་ཅིང་དེ་ལྟར་ཆོས་བདག་གི་དབང་དུ་བྱས་པ་དང་། སྦྲ་དོག་པའི་དབང་དུ་བྱས་ན་ཕུང་པོ་ལ་དམིགས་ནས་ང་བདག་ཏུ་འཛིན་པར་འཇུག་ཅིང་། དེ་ལྟར་ན་གང་ཟག་གི་བདག་གི་དབང་དུ་བྱས་པའོ། །"[2]ཞེས་བདག་ལ་ངོས་འཛིན་སྟངས་མི་འདྲ་བ་གཉིས་གསུངས་པ་ལས་ཕྱི་པས་བདག་གི་འདོད་ལུགས་ནི་ཕལ་ཆེར་གཞི་གཙོ་བོ་གང་ཟག་ལ་དམིགས་ནས་ང་བདག་ཏུ་འཛིན་པ་ཡིན། རྒྱུ་མཚན་ནི་གྲངས་ཅན་པས་བདག་ཅེས་པ་ས་གསུམ་འགྲོ་བ་ཐམས་ཅད་ལ་ཁྱབ་པ་དང་། འཆིང་གྲོལ་གྱི་རྟེན། ཤེས་པའི་རང་བཞིན་ཅན་ཞིག་ཏུ་འདོད་པ་དང་། བྱེ་བྲག་པས་ཟ་པོ་དང་བྱེད་པོའི་བདག་ཡོད་དགོས་ཏེ། མེད་ན་ལས་འབྲས་ཆུད་ཟ་བ་བར་འདོད་པ། མཐར་སྤྱོད་པས་བདག་འགྲོ་བ་ཐམས་ཅད་ལ་ཁྱབ་པ་དང་། དབང་ཕྱུག་གཅིག་པུ་བར་འདོད་པ། དེ་བཞིན་དུ་གཅེར་བུ་བས་རྟག་བདག་མེད་ན་ལས་འབྲས་ཆུད་ཟོས་སུ་འགྲོ་བར་འདོད་པ་སོགས་ལས། ཕོ་ཆོས་བདག་དེ་ངོ་མཚར་བ་དང་། གཉིང་ཟབ་པ། རྒྱ་ཆེ་བ་ཇི་ལྟ་བུར་བཀྲལ་ཁྱུལ་བྱས་རུང་འགྲོ་བ་ཐམས་ཅད་ལ་ཁྱབ་པ་དང་། ལས་འབྲས་ཀྱི་རྟེན་དུ་འདོད་ཚུལ་སོགས་ལས་ཕོ་ཆོས་གཞི་འགྲོ་བ་གང་ཟག་ལ་

---

①གཞུང་འདིར་འདི་བཞིན་གསལ་བ་ལས། ལེགས་སྦྱར་དུ་ཨཏྨན་ཞེས་པ་དག་པ་མིན་ནམ་སྙམ་སྟེ། ལ་ཏིང་སྐད་ཡིག་གམ་དབྱིན་ཡིག་ཏུ A – tman ཞེས་བྲིས་ཡོད་པས་སོ། །

②རྗེ་བཙུན་ཏཱ་ར་ནཱ་ཐ། དཔེ་མ་ཐེག་མཆོག མི་རིགས་དཔེ་སྐྲུན་ཁང་། ༢༠༠༧ལོའི་དཔར་ཐེངས་དང་པོ། ཤ༢༢༥

དམིགས་པའི་བསྙོན་མེད་ཚུགས་ཐུབ་ཀྱི་ངའམ་བདག་གཅིག་འདོད་པ་གསལ་པོ་རེད། དེས་ན་ཕྱི་པའི་བདག་གི་འདོད་ཚུལ་ལ་དེ་འདྲའི་དབྱེ་ལུགས་མང་དུ་བྱུས་ཀྱང་གོང་དུ་དེ་དག་གི་འདོད་ལུགས་འཆད་པའི་སྐབས་ནས་གསལ་བ་བཞིན་འདོད་ཚུལ་ཕལ་ཆེར་འདྲ་ཞིང་མི་འདྲ་བ་རེ་གཉིས་ཙམ་ལས་མེད་པས། ཕྱི་པའི་གྲུབ་མཐར་དབྱེ་བ་ཤིན་ཏུ་མང་པོ་ཡོད་ཀྱང་མདོ་རྩོལ་གྱིས་བསྒྲིལ་ན་རྩ་བའི་སྡེ་དྲུག་ལས་མ་འདས་སོ་ཞེས་སུ་གྲགས་པ་ནི་དོན་རྣལ་མར་མང་དོ། །

གནའ་བོའི་རྒྱ་གར་སྤྱི་ཚོགས་སུ་སྤྱི་ཚོགས་འཕེལ་རྒྱས་དབང་གིས་གྲལ་རིམ་གྱི་འགལ་ཟླ་དང་མི་དང་མིའི་དབར་འདྲ་མཉམ་མིན་པའི་གནས་སྐབས་སུ་རྟོག་གེ་སྡེ་ལྔའམ་དྲུག་སོགས་ཐར་གྲོལ་གྱི་ལམ་ལ་བསམ་གཞིག་བྱེད་མཁན་སྐོར་ཞིག་བྱུང་ཞིང་། དེ་དག་ཀྱང་རང་གི་རིགས་པས་རྩད་བཅད་ནས་གནས་ལུགས་ཤིག་དང་བདེན་དོན་ཞིག་རྙེད་ཐབས་བྱེད་མཁན་འབའ་ཞིག་ཡིན་པ་རེད། འོན་ཏེ་ཕི་ཆོས་ཇི་ལྟར་ཡང་འགྲོ་བའི་བདེ་སྡུག་བཀོད་པ་པོའམ་རྟག་གཅིག་རང་དབང་བའི་བདག་ཅིག་ངེས་པར་ཡོད་དགོས་པར་འདོད་ལ། དེ་མེད་ན་ཐར་གྲོལ་ཟེར་བ་ཡོང་ཐབས་མེད་ཅིང་ལས་འབྲས་ཀྱང་ཆུད་ཟ་བར་འདོད་པར་སྣང་། ཕི་ཆོས་སངས་རྒྱས་པ་ལྟར་བདག་འདོད་པ་ནི་མ་རིག་པ་ཡིན་པ་དང་འཇིག་ཚོགས་ལ་ལྟ་བ①ཡིན་པ་མ་ཤེས་ཁར། ཕུང་སོགས་ལ་བཏགས་པ་མ་ཡིན་པར་བསྙོན་མེད་གཅིག་པུ་ཞིག་ཏུ་འདོད་ལ། བདག་ཏུ

①འཇིག་ཚིང་ཚོགས་པའི་ཕུང་པོ་ལ་དམིགས་ནས་ང་བདག་ཏུ་འཛིན་པས་ན་དེ་ལྟར་བརྗོད་དོ། །

འདོད་པ་ནི་ཕྱིན་ཅི་ལོག་པ་བཞི①ཡི་གྲས་ལས་ཆེས་ཕྱིན་ཅི་ལོག་གི་ལྟ་བ་ཞིག་དང་། དེ་ལས་ཉོན་མོངས་པ་དང་སྡུག་བསྔལ་རྣམས་བྱུང་བའི་གནད་འགག་དེ་མ་རྟོགས་པའོ། །

ང་ཆོས་བློ་ནང་དུ་བཀུག་ནས་བསམ་གཞིག་བགྱིས་ཆོ། ཇི་སྲིད་རྟག་གཅིག་རང་དབང་པའི་བདག་ཡོད་པར་འདོད་པ་གང་ཞིག་དེ་གཅིག་པུ་ཐར་གྲོལ་གྱི་གནད་དུ་བྱས་ནས་གཞོལ་ཕྱིན། ཐར་ལམ་དེ་ཡང་རང་དོན་དོན་གཉེར་ལ་གཞོལ་བ་ཙམ་དང་། དེ་ལྟར་སེམས་ཅན་གཞན་གྱི་དོན་བྱེད་པ་དང་བྲལ་ཆེ་ནང་པ་ལྟར་ན་རང་འཁོར་བའི་འདམ་དུ་ལྷུང་བ་ཡང་ངེས་པར་སྲིད་པ་ཡིན། དེ་ཡང་ཕྱི་པ་རྣམས་ཀྱིས་ཚུར་འཛུག་པ་དང་མེ་ལ་བསྟེན་པ་སོགས་ལུས་ཀྱི་དཀའ་བ་དང་། ཏིང་འཛིན་སྒོམ་ནས་བློ་སྦྱོང་ཇི་ལྟར་བགྱིས་ཙང་། ནང་པ་ལྟར་འཁོར་བར་འཆིང་བའི་རྩ་བ་བདག་འཛིན་ཡིན་པ་མ་རྟོགས་པས། ཇི་སྐད་དུ་མདོ་སྡེ་ལས། “འཇིག་རྟེན་པ་དག་ཏིང་འཛིན་སྒོམ་བྱེད་ཀྱང་། །དེ་ནི་བདག་ཏུ་འདུ་ཤེས་འཇིག་མི་བྱེད། །དེ་ནི་ཉོན་མོངས་ཕྱིར་ཞིང་རབ་འཁྲུགས་ཏེ། །ལྷག་སྤྱོད་ཀྱིས་ནི་ཏིང་འཛིན་འདིར་སྒོམ་བཞིན། །”②ཞེས་པ་གསུངས་པ་བཞིན། ཏིང་འཛིན་སྒོམ་པ་ཙམ་གྱིས་ཉོན་མོངས་ཀྱི་རྩ་བ་གཅོད་མི་ནུས་པ་ཡིན་ཏེ། གཙོ་བོ་ནི་དེ་བསྒོམ་ཡང་ཉོན་མོངས་པ་ཀུན་གྱི

①མི་གཙང་བ་ལ་གཙང་བར་འཛིན་པ་དང་། སྡུག་བསྔལ་བ་ལ་བདེ་བར་འཛིན་པ་དང་། མི་རྟག་པ་ལ་རྟག་པར་འཛིན་པ་དང་། བདག་མེད་ལ་བདག་ཏུ་འཛིན་པ་བཅས་སོ། །

②མཁས་གྲུབ་དགེ་ལེགས་དཔལ་བཟང་། དབུ་མའི་བསྟན་བཅོས་ཆེན་མོ་སྟོང་ཐུན་སྐལ་བཟང་མིག་འབྱེད། སེར་གཙུག་ནང་བསྟན་དཔེ་རྙིང་འཚོལ་བསྡུ་ཕྱོགས་སྒྲིག་ཁང་། གངས་ཅན་ཁྲིད་ནོར་དཔེ་ཚོགས། པོད་ཕྲེང་ང་གཅིག་པ། ༢༥༣ལུང་དུ་དྲངས།

འབྱུང་གཞི་བདག་འཛིན་གཙོད་མི་ནུས་པའི་ཕྱིར། དེས་ན་ཕྱི་པ་རྣམས་ཀྱིས་ཇི་ལྟར་ཐར་གྲོལ་གྱི་དོན་ལ་གཞོལ་ཡུལ་བགྱིས་ཉུང་། བདག་ལ་གཅེས་གཅེས་དང་། བདག་ལ་བརྩེ་བརྩེ་བྱས་པས་འཁོར་བའི་འདམ་དུ་བྱིང་བ་ལས་མ་འདས་ཏེ། སྤྱོད་འཇུག་གི་འགྲེལ་པ་ལས། "འཁོར་བའི་སྡུག་བསྔལ་ཐམས་ཅད་ཀྱི་རྒྱུ་ཡིན་ཞེས་རྒྱུར་གྱུར་པའི་བདག་ཏུ་འཛིན་པའམ་ངའོ་སྙམ་པའི་ང་རྒྱལ་ནི་བདག་ཡོད་དུ་བཟུང་བའི་རྨོངས་པས་འཕེལ་བར་འགྱུར་ཏེ། དེས་ན་བདག་མེད་པ་ལ་ཡོད་པར་རྨོངས་པ་དེ་ནི་བཟློག་པར་བྱ་སྟེ། རྨོངས་པ་དེ་མེད་ན་བདག་ཏུ་མི་འཛིན་ལ། བདག་འཛིན་དེ་མེད་ན་འཁོར་བར་འཁོར་ཞིང་སྐྱེ་བར་མི་འགྱུར་རོ། །"①ཞེས་གསུངས་སོ། །

①སློབ་དཔོན་ཞི་བ་ལྷ་དང་རྗོགས་ཆེན་མཁན་པོ་ཀུན་བཟང་དཔལ་ལྡན། བྱང་ཆུབ་སེམས་པའི་སྤྱོད་པ་ལ་འཇུག་པ་རྩ་བ་དང་འགྲེལ་པ། སི་ཁྲོན་མི་རིགས་དཔེ་སྐྲུན་ཁང་། ༡༩༩༠ལོའི་ཟླ་༩པར་དཔར་ཐེངས་དང་པོ། ཤ༥༢༨

གཤམ་དུ་ཕྱི་པའི་བདག་གི་འདོད་ལུགས་གལ་ཆེ་འགའ་རེའུ་མིག་དང་བསྟེབས་ནས་ཕྱོགས་བསྡོམས་ཞུས་ན།

ཕྱི་པའི་བདག་གི་འདོད་ཚུལ་སྤྱི་ཙམ་མཚོན་པའི་རེའུ་མིག

ཕྱི་པའི་གྲུབ་མཐའ་འགའ།	བདག	ཐུན་མོང་གི་ཁྱད་ཆོས།	ཐུན་མིན་གྱི་ཁྱད་ཆོས།
གྲངས་ཅན་པ།	༡ རྩོམ་པ་མེད་པའི་ཕྱིར་མི་སྐྱེ་བའི་ཆོས་ཅན། ༢ སྐྱེ་བ་དང་ཞམས་པ་མེད་པས་རྟག་པ། ༣ བདེ་སྡུག་ལ་ལོངས་སྤྱོད་པའི་ཟ་བ་པོ། ༤ ས་གསུམ་འགྲོ་བ་ཐམས་ཅད་ལ་ཁྱབ་པས་ཁྱབ་པ། ༥ སྙིང་སྟོབས་སོགས་ཀྱི་མཚན་ཉིད་ཅན་མིན་པས་ཡོན་ཏན་མིན་པ། ༦ དོན་ཉིད་པས་ན་ཤེས་པའི་ངོ་བོ། ༧ ཡུལ་ལ་ལོངས་སྤྱོད་པའི་ཕྱིར་ཡུལ་ཅན། ༨ ཆ་ཤས་དང་བྲལ་བའི་གཅིག་པུ། ༩ ཐོག་མ་དང་ཐ་མ་མེད་པའི་ཕྱིར་མཐའ་མེད་པ།	སྐྱེ་འཇིག་མེད་པའི་རྟག་པ། ཆ་ཤས་མེད་པའི་གཅིག་པུ། འགྲོ་བ་ཡོངས་ལ་ཁྱབ་པ། ཐོག་མ་དང་ཐ་མ་མེད་པ་སོགས།	ཤེས་པ་ཡིན་མིན། འགྲོ་བ་ཐམས་ཅད་ལ་ཁྱབ་མ་ཁྱབ་སོགས་ཀྱི་དབྱེ་བ་ཅུང་ཟད་ཡོད་པ།
བྱེ་བྲག་པ་དང་རིག་པ་ཅན་པ།	བདག་ནི་ལུས་དབང་བློ་ལས་ཐ་དད་པའི་རྫས་ཡོད་དང་། ཟ་བ་པོ་དང་། བྱེད་པ་པོ་དང་། བདེ་སྡུག་སོགས་ཡོན་ཏན་དགུ་པོའི་རྟེན་བྱེད་པ་དང་། རྟག་པ། ཆ་མེད་པའི་གཅིག་པུ། ཐམས་ཅད་ལ་ཁྱབ་པ། ཤེས་རིག་མིན་པ།		

རིག་བྱེད་མཐར་སྨྲ་བ།	ལུས་ཅན་ཐམས་ཅད་དབང་ཕྱུག་གཅིག་པུ་བ་དང་། འགྲོ་བ་རྣམས་ལ་ཁྱབ་པ། ཉམས་པ་མེད་པས་རྟག་པ་དང་། མྱ་ངན་ལས་འདས་པས་ཚངས་པ། ཕྱལ་དུ་བྱུང་བས་མཆོག ཐོག་མ་དང་ཐ་མ་མེད་པས་འཆི་བ་མེད་པ། དམིགས་པའི་གནས་ཡིན་པའི་ཕྱིར་གནས་པ། འཇིག་པའི་རྟེན་རྫོལ་ནས་ཡོད་པའམ། གཉིད་ལོག་པ་ལས་གཞན་པའམ། སྐྱོང་བར་བྱེད་པའམ། འགོངས་པར་བྱེད་པསན་སྐྱེས་བུ།		
དཔྱོད་པ་བ།	ཤེས་རིག་ཡིན་པ། རྟག་པ་ཡིན་པ། རྟག་ཀྱང་རྗེས་སུ་འགྲོ་བ་སེམས་པ་ཅན།		
གཅེར་བུ་བ།	སྲོག་བདག་དང་། རྫས་རྟག་ལ་གནས་སྐབས་མི་རྟག་པ།		
རྒྱང་འཕེན་པ།	དབང་པོའི་སྤྱོད་ཡུལ་དུ་གྱུར་པའི་ལུས་དང་སེམས་ཞེས་སོ། ।		

གོང་གི་རེའུ་མིག་ལས་གསལ་བ་བཞིན་ཕྱི་པའི་བདག་འདོད་ལུགས་ལ་ཁྱད་ཆོས་འདི་འདྲ་ཞིག་ཡོད་པ་སྟེ། བདག་ཀུན་ལ་ཁྱབ་པ་དང་། བྱེ་བྲག་ལ་གནས་པ་གཉིས་སུ་འདོད་སྟངས་དེ་ལས་བདག་ལ་བྱེད་པོའི་བདག་དང་སྤྱོང་བ་པོའི་བདག་གི་ཁྱད་ཆོས་གཉིས་ཡོད་པ་ཡིན། དེ་འདྲའི་དབྱེ་ཚུལ་གཅིག་ཏུ་ན་གྲུབ་མཐའི་གཞུང་ལས་གསུངས་ལ། གཉིས་སུ་ན་རྒྱའི་མཁས་པ་ཀྲའོ་ཀུད་ཧྭ་ཡིས་ཀྱང་། བདག་ལ་ངོ་བོའི་སྣ་ནས་རྩ་བའི་དོན་གཉིས་ཡོད་དེ། བྱེད་པ་པོ་དང་སྤྱོང་བ་པོའོ①ཞེས་སོགས་

①周贵华 .《作为佛教的佛教》. 宗教文化出版社. 2010 年版：第 116 页

གསུངས་པ་ལས་དང་། བདག་ཤེས་པ་ཡུལ་ཅན་གྱི་རང་བཞིན་དུ་འདོད་པ་དེའི་དབང་གིས་ཡུལ་ལས་བྱུང་བའི་བདེ་སྡུག་སོགས་སྤྱོད་བར་བྱེད་མཁན་ཡིན་དུས། ཡུལ་དེ་ནི་བདེ་སྡུག་གི་ལས་གསོག་གཞི་ལྟ་བུར་གྱུར་པས་སོ། །བདག་ཀུན་ལ་ཁྱབ་པ་དང་། དབང་ཕྱུག་སོགས་ཀྱི་ངོ་བོར་འདོད་པ་ནི་རིག་བྱེད་ཚད་མར་སྨྲ་བའི་ལུགས་ཡིན་ཞིང་། དེའི་དབང་གིས་བདག་འཇིག་རྟེན་སྣོད་བཅུད་ཀྱི་བདག་པོ་དང་། འཇིག་རྟེན་བཀོད་པ་པོར་གྱུར་པ་ཡིན་ལ། སྣོད་བཅུད་ཀྱི་བྱེད་པ་པོ་གཅིག་པུར་ཡང་གྱུར་བ་དང་། བདག་བྱེ་བྲག་སོ་སོར་གནས་པ་ཞེས་པ་ནི་བདག་ཤེས་པའི་རང་བཞིན་ཡིན་པ་སོགས་དང་འབྲེལ་ནས་ལས་འབྲས་ཀྱི་རྟེན་བདེ་སྡུག་སྤྱོད་བ་པོ་སོགས་སུ་གྱུར་བས་རེད། འོན་ཏེ་བྱེ་བྲག་བདག་སོ་སོ་བ་ཡང་ལས་གསོག་པ་པོ་དང་བདེ་སྡུག་སྤྱོད་བ་པོ་གཉིས་ཆར་ལ་འགྲོ་བ་ཡོད་ཅིང་། དེ་ནི་ནང་པས་གང་ཟག་གི་མཚན་གཞི་ལས་འབྲས་ཀྱི་རྟེན་ཞིག་འདོད་པ་དེ་དང་འདྲ་བར་ལས་གསོག་པ་པོ་དང་བདེ་སྡུག་སྤྱོད་བ་པོའི་བདག་གཅིག་ལ་འདོད་པ་ཡིན། དེ་ལྟར་ནའང་ཕྱི་ནང་གཉིས་ལས་གཅིག་གིས་བདག་དེ་རྟག་གཅིག་རང་དབང་ཅན་དུ་འདོད་པ་དང་། ཅིག་ཤོས་ཀྱིས་བདག་ཙམ་གདགས་གཞི་ལ་བལྟོས་ནས་བཏགས་པ་ཙམ་ལས་དངོས་སུ་མེད་པར་འདོད་པས། དེ་གཉིས་ཀྱི་འདོད་པ་དངོས་སུ་འགལ་ལོ། །

ཕྱི་པས་བདག་དེ་ལྟོས་མེད་ཚུགས་ཐུབ་རང་དབང་བ་ཞིག་དང་། སྐྱེ་འཇིག་བྲལ་བའི་རྟག་པ་ཞིག ཆ་ཤས་བྲལ་བའི་གཅིག་པུ་ཞིག་ལ་འདོད་པ་དེ་དག་ཇི་ལྟར་བཀྲལ་བ་དང་ཇི་ལྟར་བསྒོམས་ཀྱང་། ཡོས་ལ་འབབ་རྒྱུ་རྩམ་པའི་དཔེ་བཞིན་དུ་ཐམས་ཅད་ཉེས་ལྟུང་གི་རང་བཞིན་ཡིན་པ་རྣམ་འདྲེན་བཞི་པས་མཁྱེན་ནས་ཆོས་

ཐམས་ཅད་བདག་མེད་པའི་དགོངས་པ་བརྟེན་གནང་ཡོད་དེ། རང་རང་རྒྱུད་ཀྱིས་བསྡུས་པའི་ཕུང་པོ་ལ་བལྟོས་པའི་ངར་འཛིན་ལྷན་སྐྱེས་ཀྱི་ང་བདག་ཙམ་མ་ཟད། གཟུགས་སོགས་ཕྱི་རོལ་གྱི་ཆོས་རྣམས་བདེན་གྲུབ་ཏུ་འཛིན་པའི་ཆོས་བདག་ཀྱང་བདེན་གྲུབ་ཏུ་མེད་པའི་ཆོས་ཀྱི་བདག་མེད་པའི་ལྟ་ཚུལ་བརྟེན་པའོ། །གཞན་ཡང་རང་སྡེའི་ལུགས་སུ་ཆོས་ཀྱི་བདག་མེད་འདོད་མིན་དེ་གྲུབ་མཐའ་གོང་འོག་དང་ཐེག་པ་གོང་འོག་གི་འབྱེད་ཆོས་འགངས་ཆེན་པོ་ཞིག་ལ་བརྩི་བར་བལྟོས་ན། ཐོག་མར་གདུལ་བྱ་བློ་ཆུང་བརྟུལ་བ་ལ་བལྟོས་པ་གང་ཞིག་སྐབས་དེའི་གྲུབ་མཐའ་ཕྱི་རོལ་པའི་གང་ཟག་རྟག་གཅིག་རང་དབང་བའི་བདག་དེ་འགོག་པའི་རིགས་པ་གནད་དུ་བཟུང་སླད། རང་སྡེའི་བྱེ་མདོ་གཉིས་ཀྱི་གང་ཟག་གི་བདག་འགོག་པའི་རིགས་པ་བྱུང་བ་ཡིན་ཕྱིར། ཕྱི་པའི་བདག་གི་འདོད་ཚུལ་ནི་གཙོ་བོ་གང་ཟག་གི་ངར་འཛིན་པ་དང་ང་ཡི་བར་འཛིན་པ་དང་ཡ་མ་བྲལ་བ་ཞིག་ཡིན་པར་དཔོག་ནུང་བར་སེམས། ལར་ཕྱི་པས་བདག་སྣོད་བཅུད་ཀུན་ལ་ཁྱབ་པ་ཞིག་ལ་འདོད་ཕྱིར་གཞི་ཆོས་ཀྱི་སྟེང་དུ་བདེན་འཛིན་གྱི་བདག་འདོད་པ་སྨོས་མེད་རེད་ལ། རང་སྡེའི་བྱེ་མདོ་གཉིས་ཀྱིས་ཕྱི་དོན་བདེན་གྲུབ་ཏུ་བཞེད་ནས། གཞི་གྲུབ་ན་ཆོས་བདག་ཡིན་པར་འདོད་པས། གཞན་སྡེ་མུ་སྟེགས་པ་རྣམས་ཀྱིས་ནི་ལྟ་ཅི་སྨོས། གང་ལྟར་ན་ཡང་ཕྱི་པ་མུ་སྟེགས་པས་གང་ཟག་གི་བདག་དེ་ཤུགས་ཆེར་འདོད་པ་ཡིན་ཏེ་ཐར་གྲོལ་གྱི་གཞི་རྟེན་གང་ཟག་རྟག་གཅིག་རང་དབང་པ་དང་རང་རྐྱ་ཐུབ་པའི་རྫས་ཡོད་དེའི་རང་བཞིན་ལ་སྒྲོ་འདོགས་བྱེད་པ་དང་། གང་ཟག་ལས་ལོགས་སུ་གྱུར་པའི་གང་ཟག་གི་བདག་དེ་ཕུང་པོ་ལ་ཡང་མ་བལྟོས་པའི་ཚུགས་ཐུབ་ཅིག་དང་། རྟག་པ་འགྱུར་མེད་ཅིག་ ཀུན་ལ་ཁྱབ་པ་

ཞིག་དང་། སྐྱེ་བ་སྔ་ཕྱི་མ་བརྒྱུད་པར་འགྲོ་བར་འདོད་པ་སོགས་ཀྱིས་རྟག་མཐར་ལྷུང་བ་དང་། ཕུང་པོ་ཞིག་པ་ལྟར་བདག་ཀྱང་འཆི་འགྲོ་བར་འདོད་པས་ཆད་པའི་མཐར་ལྷུང་བ་ལྟ་བུ་ལྟ་བ་སྐྱོན་ཅན་ཞིག་ཡིན་ལ། དེ་དག་གི་ཉེས་དམིགས་སོགས་ཀྱི་སྐོར་ཞིབ་ཕྲ་རང་སྡེས་གཞན་སྡེ་མུ་སྟེགས་པའི་རྟག་བདག་འགོག་པའི་རིགས་པ་སོགས་ཀྱི་སྐབས་སུ་ཅུང་ཟད་འཆད་པར་འགྱུར་བས་འདིར་མ་སྤྲོས་སོ། །

ས་བཅད་གསུམ་པ། ནང་པས་བཅིངས་གྲོལ་གྱི་གཞིའི་འདོད་ཚུལ་སྐོར།

ནང་པས་ཆོས་ཐམས་ཅད་བདག་མེད་པར་བཞེད་ཀྱང་། ཡོད་རྒྱུའི་བདག་དང་མེད་རྒྱུའི་བདག་ལས། ཡོད་རྒྱུའི་བདག་ཁས་འཆེས་པའམ་བཅིངས་གྲོལ་གྱི་གཞིའི་བདག་ཁས་འཆེས་པ་ཡིན་ཏེ། མདོ་ལས། "ཇི་ལྟར་ཡན་ལག་ཚོགས་རྣམས་ལ། །བརྟེན་ནས་ཤིང་རྟ་བརྗོད་པ་ལྟར། །དེ་བཞིན་ཕུང་པོ་རྣམས་བརྟེན་ནས། །ཀུན་རྫོབ་སེམས་ཅན་ཞེས་བྱའོ། །"① ཞེས་གསུངས་པ་ཉིད་ནང་པའི་གྲུབ་མཐའ་སྨྲ་བ་ཐམས་ཅད་ཀྱིས་གང་ཟག་གི་མཚན་གཞི་འཛོག་སའི་མདོ་ཡི་ཁུངས་གཏུགས་ས་ཡིན་པས་དང་། མཁས་གྲུབ་དགེ་ལེགས་དཔལ་བཟང་པོ་མཆོག་གིས། "རང་གི་སྡེ་

①སློབ་དཔོན་ཟླ་བ་གྲགས་པ། དབུ་མ་འཇུག་པའི་རང་འགྲེལ། སེར་གཙུག་ནང་བསྟན་དཔེ་སྙིང་འཚོལ་བསྡུ་ཕྱོགས་སྒྲིག་ཁང་། བོད་ཕྲེང་བརྒྱ་དང་ང་དྲུག ཤ༢༣༨ལ་ལུང་དུ་དྲངས་ཏེ་མཆིས་པ་ལས་འདིར་ལུང་དུ་དྲངས། ལུང་འདི་ལས་སེམས་ཅན་རྣམས་ཀུན་རྫོབ་ཏུ་བཏགས་པའི་དབང་གིས་དེ་བཞིན་ཡོད་ཀྱི་དོན་དམ་བདེན་གྲུབ་ཏུ་མ་མཆིས་པ་ཡང་གསལ་ལོ། །

པ་གྲུབ་མཐའ་སྨྲ་བ་བཞི་པོ་སུའི་ལུགས་ལ་ཡང་ངར་འཛིན་ལྷན་སྐྱེས་ཀྱི་དམིགས་པའི་ཡུལ་དུ་གྱུར་པའི་ང་ཞེས་བྱ་བའམ་བདག་ཅེས་བྱ་བའམ། གང་ཟག་ཅེས་བྱ་བ་ནི་ཐ་སྙད་དུ་ཡོད་པར་ཁས་ལེན་ཏེ། གཞན་དུ་ན་བདག་གིས་བྱས་པའི་ལས་ཀྱི་རྣམ་པར་སྨིན་པ་བདག་གིས་ཉམས་སུ་མྱོང་བ་དང་། བདག་སྐྱེ་བ་སྔ་མ་ནས་འདིར་འོང་ཞིང་འདི་ནས་ཕྱི་མར་འགྲོ་བ་དང་གང་ཟག་འདི་ནི་མཆོག་གོ་གང་ཟག་འདི་ནི་དམན་པའོ་ཞེས་བྱ་བ་ལ་སོགས་པ་དང་ངས་གཟུགས་མཐོང་ངོ་ངས་སྒྲ་ཐོས་སོ་ཞེས་བྱ་བ་ལ་སོགས་པ་གང་ཡང་རྣམ་པར་བཞག་ཏུ་མེད་པར་འགྱུར་བའི་ཕྱིར་རོ། །”① ཞེས་དང་། ཚུལ་ཁྲིམས་རྒྱ་མཚོ་མཆོག་གིས་ཀྱང་། “ནང་པ་སངས་རྒྱས་པའི་གྲུབ་མཐའ་སྨྲ་བ་རྣམས་རང་རང་ལུགས་ཀྱི་དགག་བྱའི་བདག་ཁས་མི་ལེན་པ་ལས། བཅིངས་གྲོལ་གྱི་གཞིའི་བདག་ཁས་མི་ལེན་པའི་ནང་པའི་གྲུབ་མཐའ་སྨྲ་བ་སུ་ཡང་མེད་དོ། །”② ཞེས་གསུངས་སོ། །

གཞན་ཡང་མདོ་ལས། བདག་ཉིད་བདག་གི་མགོན་ཡིན་ཏེ། །གཞན་ནི་སུ་ཞིག་མགོན་དུ་འགྱུར། །ཞེས་གསུངས་པས་ཀྱང་ཤེས་ནུས་མོད། མདོ་ལས་བརྗོད་པའི་བདག་ནི་བཏགས་པའི་དབང་དུ་ཡོད་པ་དེ་ཡིན་ཞིང་། ཕྱིར་རྫས་ཡོད་ཀྱི་དབང་དུ་མེད་པའམ་བདེན་གྲུབ་ཏུ་མེད་པའམ་ཡང་ན་རང་གི་ངོ་བོ་མ་དམིགས་པར་འདོད་

---

①མཁས་གྲུབ་དགེ་ལེགས་དཔལ་བཟང་། དབུ་མའི་བསྟན་བཅོས་ཆེན་པོ་སྟོང་ཐུན་སྐལ་བཟང་མིག་འབྱེད། སེར་གཙུག་ནང་བསྟན་དཔེ་རྙིང་འཚོལ་བསྡུ་ཕྱོགས་སྒྲིག་ཁང་། གངས་ཅན་ཁྲིད་ནོར་དཔེ་ཚོགས། པོད་ཕྲེང་ང་གཅིག ཤ༡༥༥

②ཚུལ་ཁྲིམས་རྒྱ་མཚོ། ཚད་མའི་དཀའ་གནད་སེལ་བར་བྱེད་པའི་དུས་ཀྱི་མེ་ལོང་། མི་རིགས་དཔེ་སྐྲུན་ཁང་། ༩༩༡ལོར་བསྐྲུན། ཤ༡༨

པ་ཡིན། འོན་ཏེ་རང་སྡེ་རང་རྒྱུད་པ་མན་ཆད་ཀྱིས་ཕུང་པོ་བཞིའམ་ལྔ་ཚོགས་ཙམ་ལ་གང་ཟག་གམ་ངའོ་ཞེས་པའི་ཐ་སྙད་བཏགས་ཙམ་གྱིས་མ་ཚིམས་པར། བཏགས་པའི་གང་ཟག་དེ་ཕུང་པོ་ལྔ་ཆར་ཚོགས་པ་དང་། ཕུང་པོ་རེ་རེ་བ་དང་། རྣམ་ཤེས་ཀྱི་རྒྱུན་སོགས་གང་རུང་གང་ཟག་ཏུ་རྟེད་པར་བསམས་ཤིང་། གདགས་གཞི་དེ་ལ་གང་ཟག་རང་བཞིན་བདེན་གྲུབ་ཏུ་ཡོད་པར་འདོད་ལ། དེ་དག་ཀྱང་གང་ཟག་ཏུ་མ་བཞག་ན་ཆད་པར་ཐལ་བའི་སྐྱོན་ཙན་དུ་སྣམ་པའོ། །དེའི་ཕྱིར་བཏགས་པའི་གང་ཟག་གི་མཚན་གཞིར་རང་སྡེའི་གྲུབ་མཐའ་ལ་འཇོག་ལུགས་མི་གཅིག་པ་ཡོད་པ་ཡིན། མཚན་གཞིའི་ང་①ཟེར་བ་དེ་ཐ་སྙད་བཏགས་པའི་བཏགས་དོན་བཙལ་བའི་ཚེ་གཞི་དེ་ཉིད་པར་འདོད་པ་ལ་ཟེར་བ་ཡིན་མོད། དབུ་མ་ཐལ་འགྱུར་པའི་ལུགས་ལ་གཞི་དེ་ཡང་ངེས་གཏན་བཙལ་ཉིད་ཐུབ་པ་ཞིག་འཇོག་དགོས་མེད་པར་འདོད་པ་ཡིན། དཔེར་ན། སྔོ་ལྡིར་ཞབས་ཞུམ་ཆུ་སྐྱོར་བའི་བེམ་པོ་དེ་བུམ་པ་ཡིན་པར་ངོས་བཟུང་བ་དེ་བུམ་པ་ཞེས་པའི་ཐ་སྙད་ལ་བརྟེན་པ་ཡིན་པར་འདོད་པ་ཡིན་ཡང་། བུམ་པ་ཞེས་པ་དེ་རང་བཞིན་དུ་གྲུབ་མེད་པས་དེ་གཉིས་གཅིག་ག་ལ་ཡིན།

མཁས་གྲུབ་དགེ་ལེགས་དཔལ་བཟང་པོས། "དེ་ལྟར་ན་ལས་འབྲས་ཀྱི་རྟེན་དུ་འགྱུར་པའི་གང་ཟག་དང་བདག་དང་སྐྱེས་བུ་སོགས་ཁས་ལེན་ཀྱང་གང་ཟག་གི་བདག་ནི་ཐ་སྙད་དུ་ཁས་ལེན་པ་མ་ཡིན་ཏེ། གང་ཟག་དང་ཆོས་ཀྱི་བདག་གཉིས་ནི་

①གང་ཟག་གི་མཚན་གཞི་ཞེས་པ་ནི་གང་ཟག་ཅེས་པའི་ཐ་སྙད་བཏགས་པའི་གདགས་གཞི་འམ་བཏགས་དོན་བཙལ་བའི་ཚེ་རྙེད་པར་འདོད་པའི་གཟུགས་དང་ཚོར་བ། འདུ་བྱེད། འདུ་ཤེས། རྣམ་ཤེས་ལྔ་བུར་བརྗོད་པའོ། །

ཤེས་བྱ་ལ་ཡོད་པ་རིགས་པས་དགག་པར་བྱ་བ་ཡིན་པའི་ཕྱིར་རོ། །”① ཞེས་གསུངས་པའི་དོན་བཞིན་དུ་གང་ཟག་དང་། བདག་དང་། སྐྱེས་བུ་སོགས་དང་གང་ཟག་གི་བདག་གི་དབར་ཁྱད་པར་ཡོད་པ་ཡིན་ལ། རང་རེའི་སྡེ་པ་རྣམས་ཀྱིས་བཏགས་པའི་བདག་ཁས་ལེན་པ་དང་། གང་ཟག་སྨྲ་བར་བྱེད་པ་ཡིན་པ་ལས། བདག་སྨྲ་བར་མི་བྱེད་པའི་ཁྱད་པར་ལེགས་པར་འབྱེད་ཤེས་ཀྱིས། གྲུབ་མཐའི་གཞུང་གི་བརྗོད་བྱ་སྨྲ་བའི་སྐབས་སུ་རང་སྡེའི་བཏགས་བདག་གི་འདོད་ཚུལ་དང་། གང་ཟག་གི་མཚན་གཞི་འདོད་ཚུལ་སོགས་བརྗོད་དགོས་པ་ལས། རང་སྡེས་གང་ཟག་གི་བདག་འདོད་ཚུལ་ཞེས་སོགས་སྨྲས་ན་མཚང་དུ་འགྲོ་བ་ཡིན་པ་ཤེས་གལ་ཆེའོ། །

གང་ཟག་ཅེས་པ་ནི་དུང་དཀར་རིན་པོ་ཆེས། “གང་ཟག་ནི་ཁམས་གསུམ་སོ་སོའི་རྟེན་ཅན་གྱི་སྐྱེས་བུ་རྣམས་སོ། །བདག་དང་ང་དང་གང་ཟག་སྐྱེས་བུ་རྣམས་དོན་གཅིག་ཡིན།”② ཞེས་བྲིས་གནང་ཡོད་ལ། མ་གཞི་བདག་དང་གང་ཟག་སོགས་དོན་གཅིག་ཀྱང་། ནང་པ་གང་ཟག་སྨྲ་བ་ཡིན་ཞེ་ན་སྐྱོན་མེད་པ་དང་། ནང་པ་བདག་སྨྲ་བ་ཡིན་ཞེ་ན་སྐྱོན་ཅན་དུ་ཇི་ལྟར་གྱུར་ཏམ་སྙམ་པ་དང་། ཡང་བདག་མེད་ལས་གང་ཟག་མེད་སོགས་མི་སྨྲ་བའི་རྒྱུ་མཚན་ཅི་ཡིན་ནམ་ལ་སོགས་པའི་དོགས་གཞི་

①མཁས་གྲུབ་དགེ་ལེགས་དཔལ་བཟང་། དབུ་མའི་བསྟན་བཅོས་ཆེན་པོ་སྟོང་ཐུན་སྐལ་བཟང་མིག་འབྱེད། སེར་གཙུག་ནང་བསྟན་དཔེ་རྙིང་འཚོལ་བསྡུ་ཕྱོགས་སྒྲིག་ཁང་། གངས་ཅན་ཁྱད་ནོར་པོད་ཕྲེང་༥༡པ། ཤ༡༧༨

②དུང་དཀར་ཚིག་མཛོད་ཆེན་མོ། སྟོད་ཆ། ཀྲུང་གོའི་བོད་རིག་པ་དཔེ་སྐྲུན་ཁང་། ༢༠༠༢ལོར་པར་དུ་བསྒྲུན། ཤ༦༧༥

མང་པོ་བློ་ངོར་འཆར་སྲིད། དེ་བཞིན་ལས་དང་པོ་བར་བརྡ་སྤྲོད་ཀྱི་ཤེས་བྱ་སློབ་ཁྲིད་སོགས་ཀྱི་སྐབས་གཞན་ལ་དགོས་དབང་གི་འཆད་ལུགས་མ་གཅིག་པར། སུ་ནི་གང་ཟག་སྟེ་མི་ཁོ་ནར་འཇུག་ཅེས་སོགས་སྨྲས་ནས་གང་ཟག་ཅེས་པའི་ཐ་སྙད་ཀྱི་སྦྱོར་ཡུལ་དེ་སྐྱེ་བོ་འབའ་ཞིག་ལ་བྱེད་པའང་ཡོད་པས། གཤམ་ལ་དེ་དོན་གནད་དུ་བཟུང་ནས་དཔྱད་གླེང་ཙུང་ཟད་ཞུ་བར་བྱ་བ་ལ།

གང་ཟག་ཅེས་པར་ལེགས་སྦྱར་སྐད་དུ་པུདྒལ་ཞེས་བརྗོད་ཅིང་། དོན་ནི་"གདགས་གཞི་ཕུང་པོ་(བཞི་འམ་)ལྔ་པོ་གང་རུང་ལ་བརྟེན་ནས་བཏགས་པའི་འགྲོ་བ་རིགས་དྲུག་དང་ཐེག་པ་གསུམ་གྱི་སྐྱེ་འཕགས་གང་དང་གང་དེའི་རྒྱུད་ལ་སྐྱོན་ཡོན་གཉིས་ཀ་རེ་ཞིག་གང་བ་དང་། རེ་ཞིག་ཟག་པ་སྟེ་འཛག་པར་འགྱུར་བས་ན་གང་ཟག"① ཅེས་བརྗོད་པ་ཡིན། ཡང་སྒྲ་བཤད་ལ་ཉོན་མོངས་པས་གང་བ་དང་འཁོར་བའི་གནས་སུ་ཟག་པའི་སེམས་ཅན་ལ་གང་ཟག་ཅེས་སུ་གྲགས་སོ། །དོན་དུ་ཁམས་གསུམ་འཁོར་བའི་གནས་ཀྱི་སེམས་ཅན་ལ་ཕར་བརྡ་བྱས་པ་ཞིག་ལ་གང་ཟག་ཅེས་བརྗོད་པ་ཡིན་པས། གང་ཟག་ཡིན་མཁན་ཞིག་འཛོག་དགོས་ན་ཁམས་གསུམ་གྱི་སེམས་ཅན་སུ་དང་གང་ཡང་འོས་པ་ཡིན། གནའ་བོའི་རྒྱ་གར་གྱི་ནང་སྟེགས་པའི་གྲུབ་མཐའ་རྣམས་སུ་གང་ཟག་ལ་དེ་ལྟའི་དོན་དུ་གནས་པར་བརྗོད་དཀའ་སྟེ། ནང་སྟེགས་ཀྱི་གྲུབ་མཐའ་སྨྲ་བ་ཕལ་ཆེར་གྱིས་ཁྱད་པར་གསུམ་ལྡན་གྱི་བདག་འདོད་ཅིང་། དེ་དག་ནི་གཙོ་བོ་བདག་ལ་སྒྲོ་བཏགས་མི་འདྲ་བའི་ཆ་ནས་ཕྱེས་པར་གྲགས་པས།

---

①བློ་བཟང་ཆོས་གྲགས་དང་བསོད་ནམས་རྩེ་མོས་མཛད། གངས་ལྗོངས་མཁས་དབང་རིམ་བྱོན་གྱི་རྩོམ་ཡིག་གསེར་གྱི་སྦྲམ་བུ། མཚོ་སྔོན་མི་རིགས་དཔེ་སྐྲུན་ཁང་། ༢༠༠༨ལོར་དཔར། ༦༥༨

བདག་ལ་སྒྲོ་འདོགས་ཀྱིས་བདག་དེ་ཁམས་གསུམ་སྣོད་བཅུད་ཀུན་ལ་ཁྱབ་པར་ཡང་འདོད་མཁན་ཡོད། འོན་ཏེ་མུ་སྟེགས་ཕལ་ཆེར་གྱིས་བདག་དང་སྐྱེས་བུ་གཉིས་དོན་གཅིག་ཏུ་བྱེད་ལ། གྲངས་ཅན་པས་བདག་དང་། སྐྱེས་བུ་དང་། ཤེས་པ་དང་། རིག་པ་རྣམས་དོན་གཅིག་ཏུ་འཛོག་པ་སོགས་དང་། གཅེར་བུ་བས་བདག་གི་རྣམ་གྲངས་སུ་སྲོག་དང་། འཚོ་བ་དང་། གསོ་བ་དང་། སྐྱེས་བུ་དང་། འགྲོ་བ་དང་། གང་ཟག་སོགས་འདོད་པ་ཡིན་ཞིང་། རྒྱང་འཕེན་པས་ཀྱང་བདག་དང་སྐྱེས་བུ་དང་། གང་ཟག་སོགས་གཅིག་ཏུ་འདོད་པ་ཡིན། གོང་ཞུས་དེ་དག་ལས་གང་ཟག་ཅེས་པའི་ཐ་སྙད་ནི་བོད་དར་ཐ་སྙད་ཅིག་མ་ཡིན་པར་གནའ་བོའི་རྒྱ་གར་དུ་མུ་སྟེགས་རྟོག་གེ་བའི་གཞུང་ལུགས་རྒྱ་ཆེར་དར་བའི་སྐབས་ནས་བཟུ་ལ་མཆིས་པ་ཞིག་དང་། ནང་བསྟན་མཚན་ཉིད་རིག་པའི་ནང་དུ་ཐ་སྙད་དེའི་གོ་དོན་ངོས་འཛིན་བྱེད་སྟངས་ལ་འགྱུར་བ་སོང་བ་ཞིག་ཡིན་པར་རིགས་དེད་བྱ་ནུས་ཏེ། ནང་བསྟན་དུ་གང་ཟག་ཅེས་པ་གྲུབ་མཐའ་བཞི་པོ་སོ་སོའི་ལུགས་ལ་ངོས་འཛིན་སྟངས་མ་གཅིག་པ་ཡོད་ཀྱང་། དོན་ལ་ཐ་སྙད་དུ་ཡོད་པ་ཞིག་ལ་གང་ཟག་ཅེས་པའམ་གདགས་གཞི་ལ་བཏགས་པའི་བཏགས་ཆོས་ཤིག་ལ་གང་ཟག་ཅེས་གྲུབ་མཐའ་བཞི་ཀས་ཁས་འཆེས་ལ། དེ་ནི་མུ་སྟེགས་པའི་འདོད་སྟངས་དང་ཡོངས་སུ་མ་གཅིག་པ་ཡིན། དེས་ན་མུ་སྟེགས་པས་བདག་དང་གང་ཟག་དོན་གཅིག་ཡིན་ཞེས་པ་དང་ནང་པས་བཏགས་ཙམ་གྱི་བདག་དང་གང་ཟག་དོན་གཅིག་ཡིན་པར་བརྗོད་པ་སོགས་ནི་ཡོངས་སུ་ཐ་དད་དུ་སོང་བ་ཡིན་ནོ། །བོད་དུ་ནང་བསྟན་དར་བའི་རྗེས་སུ་ད་གཟོད་གཞུང་ལུགས་བཀྲལ་བ་པོ་བློ་གྲོས་བོར་གནས་པ་དག་གིས་གང་ཟག་ཅེས་པ་སེམས་ཅན་སྤྱི་ལ་བཏགས་པ་ཞིག་ལ་

བརྗོད་པ་སོགས་ནང་བསྟན་གཞུང་ལུགས་ཀྱི་འགྲེལ་ཚུལ་གཞིར་བྱས་ཏེ་ལེགས་སྦྱར་སྐད་ཀྱི་བརྗོད་བྱ་གང་ཡིན་དོན་སྒྱུར་བྱས་པ་ལས་བྱུང་བ་ཡིན། དེ་ཡང་ཡིན་ཏེ། རང་རེ་ཁ་བ་གངས་ཅན་པའི་སྐྱེ་བོ་སུ་ཞིག་གིས་ཀྱང་སོ་སོ་རང་ཉིད་ལ་བདག་དང་ང་ཅེས་པའི་ཐ་སྙད་བྱེད་པ་ངག་རྒྱུན་དུ་རིང་ནས་མཆིས་ཀྱང་། གང་ཟག་ཅེས་པའི་ཐ་སྙད་བྱེད་པ་མེད་པ་ལས་ཀྱང་རྟོགས་ནུས་ཤིང་། གཙོ་བོ་དེ་གནའ་བོའི་རྒྱ་གར་གྱི་མཚན་ཉིད་རིག་པའི་ཐ་སྙད་ཅིག་ཡིན་ནོ་ཞེས་སྨྲས་ན་མཚང་ཅན་དུ་མི་འགྲོ་བར་སྙམ། འོན་ཏེ། ཁོ་བོའི་བློ་གྲོས་ཀྱི་བུ་ག་ཁབ་མིག་ལས་ཀྱང་དོག་པས། དེ་དོན་ངོས་བཟུང་སྟངས་ཐད་གནད་ལ་འཁེལ་བ་ཞིག་བྱུང་ཡོད་ངེས་ཀྱི་གདེང་མེད་ཕྱིར། དཔྱོད་ལྡན་རིག་པའི་ཁྱུ་མཆོག་དག་གིས་སླད་མར་ཞིབ་དཔྱད་ཀྱི་བཀའ་སློབ་གནང་རྒྱུའི་འདུན་པ་ཆེ།

ཕྱིར་ནང་པའི་གྲུབ་མཐའ་སྨྲ་བའི་དགོངས་པ་གཞིར་བྱས་པའམ་ཡང་ན་ཐ་སྙད་དེའི་དོན་དངོས་ཀྱི་གནས་ཚོད་ངོས་ནས་འཆད་ན། གང་ཟག་ཅེས་པ་ཁམས་གསུམ་སེམས་ཅན་གྱི་གདགས་གཞི་ཕུང་པོ་བཞི་འམ་ལྔ་ལ①བལྟོས་ནས་བཏགས་པ་ཙམ་ཞིག་ལ་བརྗོད་པ་ཡིན། འོ་ན་གཞི་གང་ལ་བལྟོས་ནས་གང་ཟག་ཅེས་བཏགས་པ་ལགས་སམ་ཞེ་ན། རང་སྡེའི་གྲུབ་མཐའ་སྨྲ་བ་སོ་སོའི་ལུགས་ལ་འདོད་ལུགས་མི་འདྲ་བ་ཡོད་པ་ཡིན་ཞིང་། དེ་ལ་གང་ཟག་གི་མཚན་གཞི་ཞེས་ཟེར་རོ། །ནང་པས་ཆོས་ཐམས་ཅད་བདག་མེད་པར་བཞེད་ཀྱང་། ཡོད་རྒྱུའི་བདག་དང་མེད་རྒྱུའི་བདག་

①འདིར་གདགས་གཞི་ཕུང་པོ་བཞི་འམ་ལྔ་ཞེས་སྨྲས་པ་ནི་གཟུགས་མེད་ཁམས་ཀྱི་སེམས་ཅན་རྣམས་བསྡུ་བའི་སྐད་དུའོ། །

ལས། ཡོད་རྒྱུའི་བདག་ནི་ཁས་འཆེས་པའམ་བཅིངས་གྲོལ་གྱི་གཞིའི་བདག་ཁས་འཆེས་པ་ཡིན་ཞིང་། ལ་ལས་གདགས་གཞི་ཕུང་པོ་ལྔ་ཚོགས་ཙམ་དང་། ལ་ལས་ཕུང་པོའི་རྒྱུན་དང་། ལ་ལས་ཡིད་ཀྱི་རྣམ་པར་ཤེས་པ། ལ་ལས་རྣམ་ཤེས་ཀྱི་རྒྱུན། ལ་ལས་ཀུན་གཞིའི་རྣམ་ཤེས་སོགས་སུ་འདོད་པ་ཡིན་ནོ། །ཕུང་པོ་རྣམས་སོགས་སྨྲོས་པ་ལས་གསལ་བར་གང་ཟག་ཅེས་པའི་ཐ་སྙད་དེའི་ཐོག་མའི་ངོས་བཟུང་ས་ནི་སེམས་ཅན་སུ་དང་གང་རུང་ལ་དམིགས་ནས་ཡིན་པ་གསལ་བར་རྟོགས་ཐུབ་ཤིང་། དེ་ནི་འགྲོ་བ་སེམས་ཅན་བེམ་མིན་གྱི་དངོས་པོ་རྣམས་སེམས་མེད་བེམ་པོ་ལས་ལོགས་སུ་ངོས་བཟུང་བྱེད་ཀྱི་ཐ་སྙད་ཅིག་སྟེ། སེམས་ཅན་གྱི་རིགས་སྤྱི་ལ་ཁྱབ་པ་དང་སེམས་ཅན་ལ་ཕར་བརྡ་བྱས་པ་ཞིག་ཡིན། བོད་རྒྱ་ཚིག་མཛོད་ཆེན་མོར། “གདགས་གཞི་ཕུང་པོ་ལྔ་པོ་གང་རུང་ལ་བརྟེན་ནས་བཏགས་པའི་མིང་། སྐྱེས་བུའམ། སེམས་ཅན་གང་དེའི་རྒྱུད་ལ་སྐྱོན་ཡོན་གཉིས་ཀ་རེ་ཞིག་གང་བ་དང་། རེ་ཞིག་ཟག་པ་སྟེ་འཛིག་པར་འགྱུར་བའི་མིང་། 人,数取趣。梵音译为补特伽罗。佛书说依附五蕴命为人、为士夫、为友情众生。其身心中所有功德过失,时增时减,数数聚散,故名: གང་ཟག་གིས་གང་ཟག་ལ་ཚོད་འཛིན་མ་བྱེད། 人莫轻视人。 གང་ཟག་མ་བརྟག་པར་གཏམ་བཙོལ་མ་བྱེད། 未经估量莫托人。 མིང་གི་རྣམ་གྲངས་ལ་སྐྱེ་བ་དང་། སྐྱེས་བུ། མཐོང་བ་པོ། བདག བྱེད་དུ་འཇུག་པ་པོ། བྱེད་པ་པོ། ཚོར་བ་པོ། ཟ་བ་པོ། ཤེད་བདག ཤེད་ལས་སྐྱེས། ཤེས་པ་པོ།

སེམས་ཅན། སྲོག སྐྱོང་བ་པོ། གསོ་བ་བཅས་སོ། །”①ཞེས་སྐབས་དོན་གང་ཟག་ཅེས་པའི་དོན་མི་ཁོ་ནར་གོ་བའི་ཆ་ནས་བཀྲལ་བ་དང་འགྱུར་མི་ཚིག་པ་མེད་དེ། དགེ་བཤེས་ཆོས་གྲགས་ཀྱིས“ སེམས་དང་ལྡན་པ་ཐམས་ཅད་དེ་ལ་སངས་རྒྱས་དང་སེམས་ཅན་གཉིས་དང་མི་ཡང་ཟེར། 补特伽罗(佛)。1. 一切有心思的。2. 佛及众生。3. 人。”②ཞེས་གསུངས་པ་ལྟར་སྤྱི་མིང་བྱེ་བྲག་ཏུ་བྱས་པ་ཡོད་པ་དང་། དེ་བཞིན་དུ་སྐབས་དོན་རེ་འགར་སངས་རྒྱས་ལ་ཡང་སྦྱར་བ་ཡོད་པ་དེ། སངས་རྒྱས་ཀྱིས་ང་དང་ང་འདྲ་བའི་གང་ཟག་གིས་གང་ཟག་གི་ཚོད་བཟུང་བར་བྱ་ཡི་ཞེས་སོགས་གསུངས་པ་ལས་སོ། །འོན་ཏེ་བོད་རྒྱ་ཚིག་མཛོད་ཆེན་མོར་གང་ཟག་གིས་གང་ཟག་ལ་ཚོད་འཛིན་མ་བྱེད་ལྟ་བུ་མིས་མི་ལ་ཚོད་འཛིན་མ་བྱེད་ཅེས་པའི་དོན་དུ་བསྒྱུར་བ་ནི་ཤིན་ཏུ་ནས་མི་འཐད་པར་སྙམ་མོ། །དེ་མིན་བོད་རྒྱ་ཚིག་མཛོད་ཆེན་མོར་གོང་དུ་གང་ཟག་ཅེས་པའི་དོན་མི་ལ་གོ་བའི་ཆ་ནས་བཀྲལ་བཞིན་དུ་འོག་ཏུ་སྤྱིར་གྲགས་པའི་མིང་གི་རྣམ་གྲངས་སུ་མ་རྣམས་དྲངས་པ་དེ་ཡིས། ལས་དང་པོ་བ་རྣམས་ལ་བདག་དང་། སྐྱེས་བུ། མི་སོགས་དོན་གཅིག་མིན་ནམ་སྙམ་པའི་འཁྲུལ་བ་སྐྱེ་བའི་གཞི་རུ་གྱུར་བར་སྣང་།

སྤྱིར་གང་ཟག་དང་། བདག་དང་། ང་དང་། སྐྱེས་བུ་སོགས་ནི་དོན་གཅིག་མིང་གི་རྣམ་གྲངས་ཙམ་ཡིན་པ་གོང་དུ་ལུང་དང་བཅས་ཏེ་ཞུས་པ་བཞིན་ལགས་སོ།

①ཀྲང་དཔྱི་སུན་གྱིས་གཙོ་སྒྲིག་བྱས། བོད་རྒྱ་ཚིག་མཛོད་ཆེན་མོ། མི་རིགས་དཔེ་སྐྲུན་ཁང་། སྟོད་ཆ། ༢༠༠༩ལོར་དཔར། ཤ༩༩༢

②དགེ་བཤེས་ཆོས་ཀྱི་གྲགས་པ། བརྡ་དག་མིང་ཚིག་གསལ་བ། ༡༩༨༥ལོར་དཔར། ཤ༡༡༢

དོན་དངོས་སུ་ཐ་སྙད་དེ་དག་གི་ངོས་འཛིན་ནི་དེ་འདྲའི་སྐབས་བདེ་པོ་ཞིག་ཆ་བ་ནས་མ་ཡིན། ཀུན་མཁྱེན་འཇམ་དབྱངས་བཞད་པས་གནས་མ་བུ་བ་སོགས་རང་སྡེའི་གྲུབ་མཐའ་སྨྲ་བ་དངོས་ཡིན་པ་སྒྲུབ་པར་བྱེད་པའི་སྐབས་སུ"གང་ཟག་སྨྲ་བ་སོགས་ལས། བདག་སྨྲ་བ་ལེགས་ལྡན་སོགས་ཀྱིས་མ་བཤད་པའི་ཕྱིར"① ཞེས་སོགས་གསུངས་པ་ལས་བདག་དང་གང་ཟག་ཅེས་པའི་ཐ་སྙད་གཉིས་ཀྱི་བེད་སྤྱོད་བྱེད་སྟངས་མི་འདྲ་བ་ལས་དོན་ལ་ཁྱད་པར་ངེས་ཅན་ཞིག་གནས་པ་དཔོག་ཐུས། ཡོངས་གྲགས་སུ་རང་སྡེའི་གྲུབ་མཐའ་བཞི་གས་བདག་མེད་འདོད་པ་ཡིན་ཡང་། ལས་འབྲས་ཀྱི་རྟེན་དང་བཅིངས་གྲོལ་གྱི་གཞིའི་བདག་འདོད་པ་ཡིན་པས། འུ་ཅག་ཚོའི་བློ་ངོར་བདག་དང་། གང་ཟག སྐྱེས་བུ་སོགས་དོན་གཅིག་ཏུ་ངེས་པར་བརྗོད་ཀྱང་། དོན་དམ་རང་སྡེའི་གྲུབ་མཐའ་སྨྲ་བ་ནི་གང་ཟག་སྨྲ་བ་ལས་བདག་སྨྲ་བ་མ་ཡིན་ཟེར་བ་དང་། བདག་མེད་པར་འདོད་ཀྱང་ལས་འབྲས་ཀྱི་རྟེན་བདག་འདོད་ཅེས་ཟེར་དོན་གང་ཡིན་ནམ་སྙམ་པའི་དོགས་གཞི་མུ་འཁྱུད་དུ་བློ་ལ་འཆར་སྲིད། ནང་པ་ནི་བདག་མེད་སྨྲ་བ་ཡིན་པས། ཐ་སྙད་ཙམ་དང་བཏགས་ཡོད་ཙམ་དེར་དམིགས་ནས་སླར་བདག་ཡོད་སྨྲ་བ་ཟེར་ན་སྨྲོ་ལབ་ལྷ་བུར་ཐལ་འགྲོ། དེ་ལ་གང་ཟག་ཅེས་པའི་ཐ་སྙད་སྤྱད་དེ་གང་ཟག་བཏགས་ཡོད་ཙམ་དུ་ཁས་ལེན་པ་ཡིན་ཞེས་དང་ཡང་ན་གང་ཟག་སྨྲ་བ་ཡིན་ཞེས་བརྗོད་པ་ཡིན་འདུག་ཅིང་། དོན་དམ་གནས་ཚོད་ལ་བདག་ཅེས་

①ཀུན་མཁྱེན་འཇམ་དབྱངས་བཞད་པ། གྲུབ་མཐའི་རྣམ་བཤད་རང་གཞན་ཀུན་དང་ཟབ་དོན་མཆོག་ཏུ་གསལ་བ་ཀུན་བཟང་ཞིང་གི་ཉི་མ་ལུང་རིགས་རྒྱ་མཚོ་སྐྱེ་དགུའི་རེ་བ་ཀུན་སྐོང་། མཚོ་སྔོན་ནང་བསྟན་རིག་གནས་སྒྲུ་རྩལ་ཞབས་ཞུ་ལྟེ་གནས་ཁང་། ༢༨༠ ~ ༨༡

པ་ཡང་གདགས་གཞི་ཕུང་པོ་བཞི་འམ་ལྔ་ཚོགས་པ་སོགས་ལ་རང་གི་བློས་བཏགས་པའི་ཐ་སྙད་ཙམ་ལས་མ་གྲུབ་པས། བདག་ཀྱང་གང་ཟག་དང་ཁྱད་པར་མེད་ཟེར་འོས། གང་ཟག་སྨྲ་བ་ཡིན་ཞེས་ཚིག་ཟིན་དུ་སྨྲོས་པ་ནི་གང་ཟག་ཅེས་པས་ཐ་སྙད་ཙམ་དུ་ཡོད་པ་ཁས་ལེན་པ་ཡིན་པར་གསལ་བ་དང་། བདག་མེད་ཅེས་པས་བདག་གི་ངོ་བོ་རང་བཞིན་བདེན་གྲུབ་ཏུ་མེད་པར་གསལ་བ་ཡིན་པར་སེམས་ཤིང་། དོན་དུ་རང་རང་གིས་སྒྲོ་འདོགས་ཀྱི་ངང་དུ་ཡོད་པར་འཛིན་པའི་བདེན་འཛིན་གྱི་བློས་བདག་འཛིན་དང་ངར་འཛིན་ཏེ། དཔེར་ན། རང་ལ་དངོས་པོ་གང་རུང་བྱུང་ན་བསམ་པའི་སྐབས་སུ་ང་ལ་བྱུང་ན་སྙམ་པ་ནི་གཙོ་བོར་བྱེད་པ་ལས། རང་གི་ཕུང་པོ་རྣམས་ལས་ལོགས་སུ་ཞིག་མེད་པས་འཛིན་པ་འཕེལ་བའི་གཞི་ཡང་མེད་སྙམ་པ་ནི་ཤིན་ཏུ་ཡོང་བར་དཀའ་བ་ཞིག་ཡིན། དེས་ན་ལྷན་སྐྱེས་དང་ཀུན་བརྟགས་ཀྱི་ལོག་རྟོག་འཕེལ་བའི་གཞི་ང་དང་བདག་དེ་ལ་ཐུག་ཡོད་ཅིང་། རང་རང་རྒྱུད་ཀྱི་ང་ཡི་དང་ང་ལ་སྙམ་པ་སོགས་ལས་གང་ཟག་ལ་སྙམ་པ་སོགས་སྤྱོད་བ་ལའང་མི་གྲུབ་སྙམ། རང་སྡེའི་གྲུབ་མཐའ་བཞི་པོ་ལས་དབུ་སེམས་གཉིས་ཀྱི་སྐབས་ལ་ཆོས་རྣམས་བདེན་གྲུབ་ཏུ་མེད་པ་སྒྲུབ་པར་བྱེད་པའི་སྐབས་སུ། བདག་ཅེས་པ་གང་ཟག་སེམས་ཅན་ལ་སྦྱར་བའམ་ཡང་ན་གང་ཟག་སེམས་ཅན་ལ་མ་བཙོས་ངང་གིས་མཆིས་པའི་ང་དང་བདག་ཏུ་སྙམ་པ་དེ་ཙམ་དུ་གོ་བ་མིན་པར། ཆོས་རྣམས་ཀྱི་ངོ་བོ་ལ་སྦྱར་བས། ཆོས་ཀྱི་བདག་འཛིན་འགོག་པའི་ཆོས་ཀྱི་བདག་མེད་ཅེས་པའི་ཐ་སྙད་དེ་རྒྱ་ཁྱབ་ཏུ་སྤྱོད་ཀྱི་ཡོད། དེ་ལྟར་གང་ཟག་ཅེས་པ་གདགས་གཞི་སེམས་ཅན་ལ་དམིགས་ནས་ཡིན་ན་ཡང་། བདག་ཅེས་པ་གདགས་གཞི་སེམས་ཅན་གཅིག་པུར་མ་ངེས་པའི་ཁྱད་པར་

ཡོད་པ་ཡིན། ཕྱིར་བདག་དང་། ང་། སྐྱེས་བུ། གང་ཟག་བཅས་བའི་དོན་གཅིག་མིང་གི་རྣམ་གྲངས་སུ་གསུངས་པ་ནི་དེ་དག་ཚང་མ་གཞི་སེམས་ཅན་ལ་ཕར་བརྫ་བྱས་པའི་ཐ་སྙད་ཙམ་ཡིན་པའི་ཆ་ནས་ཡིན་དགོས་ཤིང་། བདག་དང་ང་ནི་སེམས་ཅན་རྣམས་ལ་ཐོག་མའི་སྐད་ངག་གི་སྦྱོར་བ་སློབ་པ་ནས་རང་ཉིད་ལ་བདག་གམ་ང་ཞེས་སུ་ཟེར་བ་ཤེས་ཤིང་། དེ་ཡུན་རིང་གོམས་པའི་དབང་གིས་འཁྲུལ་པའི་ངོར་རང་ཉིད་ཀྱི་ཕུང་སོགས་གང་རུང་ན་མ་བཙོས་ངང་གིས་བདག་དང་ང་ཞེས་པ་ཧྲེང་ངེ་བ་ཞིག་མཆིས་སོ་སྙམ་པའི་ལོག་རྟོག་སྐྱེ་བ་ཡིན། དོན་དངོས་སུ་བདག་དང་ང་ཞེས་པ་ཐ་སྙད་ཙམ་དང་བཏགས་པ་ཙམ་ལས་མེད། དེ་བས་གང་ཟག་དང་སྐྱེས་བུ་སོགས་ནི་སྨྲས་ཚེ་འཚལ་ཏེ་ཐ་སྙད་ཁོ་ནར་ཟད་དོ། །དེ་ལྟར་ན་ཡང་རྒྱུན་གཏན་བེད་སྤྱོད་བྱེད་སྐབས་སུ་སོ་སོ་རང་ཉིད་ཀྱི་སྐོར་སྨྲས་སྐབས་བདག་དང་ང་ཞེས་པའི་ཐ་སྙད་སྤྱོད་པ་ལས། བདག་དང་ང་ཞེས་པའི་དོད་དུ་གང་ཟག་དང་སྐྱེས་བུ་སོགས་མི་སྤྱོད་པས། གོམས་པའི་དབང་གིས་བདག་དང་ང་གཉིས་ཐག་ཉེ་བ་དང་། གང་ཟག་དང་སྐྱེས་བུ་གཉིས་ཐག་ཉེ་བའི་ཁྱད་ཆོས་མངོན་རྒྱུ་མཆིས་པར་སེམས། དེ་མིན་སྐྱེས་བུ་རབ་འབྲིང་ཐ་གསུམ་དང་གང་ཟག་མཆོག་དམན་བར་གསུམ་སོགས་སྨྲས་པའི་སྐབས་ཀྱི་སྐྱེས་བུ་དང་གང་ཟག་གཉིས་ནི་སེམས་ཅན་སྤྱི་ཡི་ཆ་ནས་གོ་དགོས་པ་ཞིག་སྟེ། སྟོན་པས་ཆོས་གསུངས་པའི་སྐབས་སུ་ཡང་དྲི་ཟ་དང་བཅས་པའི་འཇིག་རྟེན་ཀུན་ལ་དམིགས་ནས་གསུངས་པ་སོགས་ཀྱིས་སོ། །བྱེ་བྲག་མི་ལ་གདམས་པའི་སྐབས་སུ་མི་གཙོ་བོར་གོ་ན་ཆོག་པ་ཙམ་ལས། དོན་གྱི་བབས་ས་ཕྱུར་བཞིན་སེམས་ཅན་སྤྱི་ལ་དམིགས་ནས་ཡིན་པས། དེ་ལ་མི་ཁོ་ནར་གསུངས་སོ་སྙམ་དུ་སེམས་ན་མི་འོས་པ་སྣང་ནན་ཏར་གྱི་ཚུལ་

དུ་གསལ་འདེབས་དང་བཅས་སྨྲོས། །

སུམ་ཅུ་པའི་རྩ་བར་བསྟན་པའི་གང་དང་དོན་གྱི་བསྟན་ཚུལ་ཕལ་ཆེར་མཚུངས་པའི་ཧེ་དང་ཅི་སོགས་ལས་སུ་ནི་གང་ཟག་གི་དོན་བསྟན་པ་ལ་འཇུག་ཕྱིར། ལེགས་བཤད་སྒྲོན་དབང་གི་རྩ་བར་སུ་ནི་གང་ཟག་གང་ཀུན་ལའོ། །ཞེས་བྱུང་། སུའི་སྒྲ་དེ་སྤྱིར་གང་ཟག་སེམས་ཅན་ནམ་འགྲོ་བ་རིགས་དྲུག་པོ་གང་རུང་ལ་འཇུག་པ་ཡིན་མོད། བྱེ་བྲག་དུད་འགྲོ་ལྟ་བུར་མི་འཇུག་སྟེ། དཔེར་ན། བ་ཕྱུགས་འདི་སུ་རེད་ཟེར་བ་སོགས་མེད་པའི་ཕྱིར། འོ་ན་འགྲོ་བ་ཡོངས་སམ་གང་ཟག་ཡིན་ཕྱིན་ཆད་ལ་སུ་སྒྲ་མི་འཇུག་ན་"སུ་ནི་གང་ཟག"ཅེས་སྨོས་པ་ཅི་ཡི་ཕྱིར་ཞེ་ན། མི་དང་ལྷ་ཙམ་མ་ཟད། དམྱལ་བའི་སེམས་ཅན་ཕལ་ཆེར་དང་། ལྷ་མ་ཡིན་དང་ཡི་དྭགས་ཀྱང་སུ་སྒྲའི་འཇུག་གཞི་ཡིན་ཕྱིར་ཁྱབ་ཆེ་བའི་ཐད་ནས་དེ་ལྟར་སྨོས་པ་ཡིན་ལ། དེ་ལ་དགོས་པ་ལྷག་པོ་ཆེ་དང་ལྡན་པ་ནི་ཐོག་མར་གང་ཟག་ཅེས་སྨོས་པས་གང་ཟག་མ་ཡིན་པའི་སེམས་མེད་བེམ་རིགས་ཡོད་དོ་ཅོག་སོགས་སུ་ཕུད་པ་ལས། སུ་སྒྲའི་འཇུག་ཡུལ་ལ་རིགས་དབྱེ་ལེགས་པར་ཐུབ་པ་དང་། ལེགས་བཤད་སྒྲོན་དབང་གི་རྩ་བའི་ཚིགས་བཅད་ཀྱི་སྐབས་སུ་ཡང་བརྗོད་བདེ་བའི་ཁྱད་པར་དང་ལྡན་པ་ཡིན། དེས་ན་རང་ལུགས་ལ་སྤྱིར་གང་ཟག་གི་དོན་ནི་སྔར་མུས་བཞིན་གང་ཟག་སེམས་ལྡན་ལ་གོ་དགོས་ཤིང་། "སུ་ནི་གང་ཟག"ཅེས་སྨོས་པས་སུ་སྒྲ་དེ་སེམས་མེད་བེམ་པོར་མི་འཇུག་ཅིང་སེམས་ལྡན་སྤྱི་ལ་འཇུག་པ་གསལ་བ་ཡིན་ལ། ཡོངས་གྲགས་སུ་སངས་རྒྱས་ལ་ཡང་སུའི་སྒྲ་སྦྱོར་བས་སུའི་སྒྲ་དེ་འཁོར་བའི་སེམས་ཅན་མ་ཡིན་པའི་མྱང་འདས་ལ་ཡང་འཇུག་པར་སྣང་། དཔའ་རིས་སངས་རྒྱས་ཀྱིས། དོན་ལ་ཅི་དང་མི་ལ་སུ། །

ཞེས་གསུངས་པ་དེ་དང་འདྲ་བར། ད་ལྟའི་སློབ་ཆུང་གི་བསླབ་གཞིར་སུ་ནི་གང་ཟག་སྐྱེ་མི་ཕོ་ནར་འཇུག་པ་ཞེས་འཁོད་ཡོད་པ་དེ་རིགས་ནི་སྐབས་དོན་འཆད་ཡུལ་ལ་དངོས་གཙོ་ཤས་ཆེར་ཁྲིད་དགོས་པའི་དགོས་དབང་གིས་གཟུགས་མེད་ཁམས་པའི་གང་ཟག་རྣམས་བསྐྱུངས་བར་བྱས་ཡོད་ཅིང་། བརྡ་སྤྲོད་པའི་བསྟན་བཅོས་ཀྱི་སྐབས་འདིར་སྨོས་པའི་སུ་སྒྲའི་འཇུག་ཡུལ་གང་ཟག་ལ་དུད་འགྲོ་མ་གཏོགས་པས་མི་དང་དུད་འགྲོ་གཉིས་ལས་དུད་འགྲོ་སོགས་སུ་སྐྱུང་སྐྱེ་གང་ཟག་སྐྱེ་མི་ཞེས་སྨོས་སོ་སྙམ་མོ། །

སྐབས་འདིར་འཁྲུལ་གཞི་འདི་འདྲ་ཞིག་ལ་གསལ་ཁ་གཏོད་དགོས་ཀྱི་འདུག ཕྱི་རོལ་པས་ཀྱང་བདག་དེ་འཆིང་གྲོལ་གྱི་གཞི་ལ་འདོད་མཁན་ཡོད་པ་དང་། ནང་པས་ཀྱང་བཏགས་པའི་བདག་དེ་འཆིང་གྲོལ་གྱི་གཞིར་འདོད་པས། དེ་གཉིས་གཅིག་པར་མི་འགྱུར་ཏམ་སྙམ་པའི་ལོག་རྟོག་སེལ་རྒྱུ་དེའོ། །ཐོག་མར་བསམ་གཞིག་བྱ་རྒྱུ་ནི་གྲུབ་མཐའ་ཕྱི་ནང་གཉིས་ལས་དོན་དམ་དུ་གཅིག་ནི་བདག་འདོད་མཁན་དང་ཅིག་ཤོས་ནི་བདག་མི་འདོད་མཁན་ཡིན་པ་རེད། དེས་ན་ནང་པས་བཏགས་པའི་བདག་ཙམ་ལས་ཕྱི་རོལ་པས་འདོད་པའི་བདག་ལྟ་བུ་ཞིག་ཁས་མི་ལེན་པ་ཡིན་ཞིང་། བཏགས་པ་ཞེས་པའང་ཐ་སྙད་དུ་ཡོད་པར་ཁས་ལེན་པ་ཡིན། འོ་ན་ནང་པས་དེ་འཆིང་གྲོལ་གྱི་གཞི་ལ་ཇི་ལྟར་ངོས་བཟུང་ངམ་སྙམ་ན། དེ་ནི་བཏགས་པའི་ཐ་སྙད་དེ་འཆིང་གྲོལ་གྱི་གཞིར་ངོས་བཟུང་བ་མིན་པར། ཐ་སྙད་འདོགས་སའི་གཞི་དེ་འཆིང་གྲོལ་གྱི་གཞི་ལ་འཇོག་པ་ཡིན་ཞིང་། དེའི་དབང་གིས་གང་ཟག་གི་མཚན་གཞི་མི་འདྲ་བ་དག་བྱུང་བ་ཡིན། ཐ་སྙད་ཀྱི་གདགས་གཞི་ཟེར་བ་ནི། དཔེར་ན། བུམ་པ་ལྟ་

བུར་མཚོན་ན་ལྟོ་ལྡིར་ཞབས་ཞུམ་ཆུ་སྐྱོར་བའི་རང་བཞིན་ཅན་གྱི་དངོས་པོ་དེ་བུམ་པ་ཞེས་པའི་ཐ་སྙད་འཇུག་པའི་གཞི་ཡིན་པ་ལྟ་བུའོ། །རང་སྡེའི་གྲུབ་མཐའ་སྤྱི་དང་ཁྱད་པར་དུ་རང་རྒྱུད་པ་མན་ཆད་ཀྱིས་ཚེ་འདི་གསོན་པའི་སྐབས་དང་། འཆི་འཕོས་པའི་སྐབས་གང་དུ་ཡང་གང་ཟག་གི་གདགས་གཞི་ཞིག་ངེས་གཏན་དུ་འཛོག་དགོས་པར་དགོངས་ནས། གང་ཟག་གི་མཚན་གཞི་ཞེས་གང་ཟག་ཅེས་པའི་ཐ་སྙད་ཀྱི་གདགས་གཞི་མི་འདྲ་བའི་འཛོག་ཚུལ་རྣམས་འདོད་པ་རེད། དེ་ལྟར་ནའང་དབུ་མ་ཐལ་འགྱུར་བའི་སྐབས་སུ་གང་ཟག་གི་མཚན་གཞི་དེ་ང་ཙམ་ཞེས་སོགས་སྨྲས་ནས་ཕུང་པོ་དང་རྣམ་ཤེས་སོགས་ངེས་གཏན་ཞིག་ལ་རྩད་འཚོལ་མི་དགོས་པར་འདོད་པ་ཡིན་ཏེ། དེ་དེ་ལ་རང་བཞིན་བདེན་གྲུབ་ཏུ་མེད་པར་འདོད་པའི་ཕྱིར། ཞིབ་ཆ་གཞམ་དུ་འཆད་པར་བྱའོ། །

དང་པོ། བྱེ་བྲག་སྨྲ་བས་གང་ཟག་གི་མཚན་གཞི་འཛོག་ཚུལ།

༡ གང་ཟག་གི་མཚན་གཞི་འཛོག་ཚུལ་ཡོངས་གྲགས་སྐོར།

གྲུབ་མཐའ་རིན་ཆེན་ཕྲེང་བ་ལས། "གདགས་གཞི་ཕུང་པོ་ལྔའི་ཚོགས་ཙམ་གང་ཟག་གི་མཚན་གཞི། མང་པོས་བཀུར་བ་ཁ་ཅིག་གིས། ཕུང་པོ་ལྔ་ཆར་གང་ཟག་གི་མཚན་གཞི་དང་། སྲུང་བ་པས་སེམས་གཅིག་པུ་གང་ཟག་གི་མཚན་གཞིར་འདོད་དོ། །"①ཞེས་གསུངས་སོ། །

①ཀུན་མཁྱེན་རབ་དབང་ཕྱུག གྲུབ་མཐའ་རིན་ཆེན་ཕྲེང་བའི་ཚིག་འགྲེལ་ཐོར་བུ། མི་རིགས་དཔེ་སྐྲུན་ཁང་། ༢༠༠༧ལོའི་ཟླ་བཞི་པར་དཔར་ཐེངས་བཞི་པ། ཤ༡༨

བྱེ་བྲག་སྨྲ་བས་ཕྱི་རོལ་པས་འདོད་པའི་རྟག་གཅིག་རང་དབང་བའི་གང་ཟག་གི་བདག་བཀག་ནས་བདག་རྟག་པའི་རང་བཞིན་ཡང་མ་ཡིན་ཞིང༌། ཆ་ཤས་མེད་པའི་གཅིག་པུའི་རང་བཞིན་ཡང་མ་ཡིན་ལ། སྐྱོས་མེད་ཚུགས་ཐུབ་རང་དབང་ཅན་ཡང་མ་ཡིན་པར་འདོད་ལ། དེ་བཞིན་དུ་གང་ཟག་རང་རྐྱ་ཐུབ་པའི་རྫས་ཡོད་ཀྱང་མི་འདོད། དེ་ནི་གང་ཟག་ཕུང་པོ་ལས་ལོགས་སུ་རང་རྐྱ་བར་ཡོད་པ་དེ་བཀག་པ་ཡིན་པས་མདོར་ན་གང་ཟག་གི་བདག་མེད་འདོད་པ་ཡིན། འོན་ཏེ་མདོ་ཁུངས་གཞིར་བྱས་ནས་ལས་འབྲས་ཀྱི་རྟེན་དང་བཅིངས་གྲོལ་གྱི་གཞིའི་བཏགས་པའི་གང་ཟག་གི་མཚན་གཞི་ཞིག་ཀྱང་ཡོད་དགོས་པར་འདོད་ལ། གང་ཟག་གི་ཡོད་རྒྱུའི་བདག་དེ་གཞི་ཕུང་པོ་ལ་བཏགས་ནས་བཞག་པ་ཡིན་པར་འདོད་ན་ཡང༌། དེ་ནི་ཕུང་པོ་རེ་རེ་ལ་བལྟོས་པ་ཡིན་ན་བདག་ཀྱང་དེ་བཞིན་དུ་མང་དུ་འགྲོ་བས་ཕུང་པོ་ལྔ་ཚོགས་ཙམ་དེ་གང་ཟག་གི་མཚན་གཞིར་འདོད།

བྱེ་བྲག་སྨྲ་བའི་ནང་ཚན་མང་བཀུར་བ་ཁ་ཅིག་གིས་ཕུང་པོ་ལྔ་ཆར་གང་ཟག་གི་མཚན་གཞིར་འདོད་པ་ནི་མདོ་ལས། "བཅོམ་ལྡན་འདས་ཀྱིས་དགེ་སློང་དག་དགེ་སྦྱོང་ངམ་བྲམ་ཟེ་གང་དག་ཅིག་བདག་གོ་སྙམ་དུ་ཡང་དག་པར་རྗེས་སུ་ལྟ་བ་དེ་དག་ནི་ཉེ་བར་ལེན་པའི་ཕུང་པོ་ལྔ་པོ་འདི་ཁོ་ན་ལ་ཡང་དག་པར་རྗེས་སུ་ལྟའོ། །"①ཞེས་གསུངས་པ་བཞིན། མདོ་འདི་ལ་གཞི་བཅོལ་ནས་ཕུང་པོ་ལྔ་ཆར་གང་ཟག་གི་

①ཚུལ་ཁྲིམས་རྒྱ་མཚོ། ཚད་མའི་དཀའ་གནད་སེལ་བར་བྱེད་པའི་དུས་ཀྱི་མེ་ལོང༌། མི་རིགས་དཔེ་སྐྲུན་ཁང༌། ༡༩༩༡ལོའི་ཟླ་བརྒྱད་པར་དཔར་ཐེངས་དང་པོ། ༦༢༡ལྷུང་དུ་དྲངས་པ་ལས་བཏུས།

མཚན་གཞིར་འདོད་པ་ཡིན་འདུག མང་བཀུར་བ་གསུམ་①གྱི་ནང་ཚན་སྲུང་བ་པས་སེམས་གཅིག་པུ་གང་ཟག་གི་མཚན་གཞིར་འཛོག་པ་ནི་མདོའི་ཚིགས་སུ། བདག་ཉིད་བདག་གི་མགོན་ཡིན་གྱི། །གཞན་ནི་སུ་ཞིག་མགོན་དུ་འགྱུར། །བདག་ཉིད་ལེགས་པར་འདུལ་བས་ནི། །མཁས་པས་མཐོ་རིས་ཐོབ་པར་འགྱུར། །②ཞེས་གསུངས་ཤིང་། མདོ་གཞན་ལས། སེམས་འདུལ་བ་ནི་ལེགས་པ་སྟེ། །སེམས་འདུལ་བ་ནི་བདེ་བ་འདྲེན། །ཞེས་གསུངས་པའི་ཕྱིར་རོ་སྙམ་དུ་བསམས་སོ། །③ཞེས་གསུངས་པ་བཞིན་བདག་གིས་སེམས་ལ་ཁྱབ་པར་འདོད་པས་ཡིན་འདུག ཡང་གང་ཟག་གི་མཚན་གཞི་འཛོག་ཚུལ་ལ། རྗེ་བཙུན་བློ་བཟང་ནོར་བུས། "ཁ་ཆེ་བྱེ་བྲག་སྨྲ་བས་རྣམ་པར་ཤེས་པའི་རྒྱུན་གང་ཟག་གི་མཚན་གཞིར་འཛོག་པ་"④གསུངས་པ་དང་། རྗེ་བཙུན་ཆོས་ཀྱི་རྒྱལ་མཚན་གྱིས། "ཡིད་ཀྱི་རྣམ་ཤེས་གང་ཟག་གི་མཚན་གཞིར་འདོད་པ་སོགས་སུ་ཡོད་པའི་ཕྱིར་"⑤ཞེས་གསུངས་པ་ནི། མཛོད་ལས།

---

①ས་སྒྲོག་རི་ལ་གནས་པའི་སྡེ་པ་དང་། སྲུང་བ་པའི་སྡེ་པ། གནས་མ་བུའི་སྡེ་པ་སྟེ་གསུམ་མོ། །

②སློབ་དཔོན་ཟླ་བ་གྲགས་པ། དབུ་མ་འཇུག་པའི་རང་འགྲེལ། སེར་གཙུག་ནང་བསྟན་དཔེ་རྙིང་འཚོལ་བསྡུ་ཕྱོགས་སྒྲིག་ཁང་། གངས་ཅན་ཁྱད་ནོར་དཔེ་ཚོགས། པོད་ཕྲེང་བརྒྱ་དང་ང་དྲུག ཤ༢༣༤

③མཁས་གྲུབ་དགེ་ལེགས་དཔལ་བཟང་། དབུ་མའི་བསྟན་བཅོས་ཆེན་པོ་སྟོང་ཐུན་སྐལ་བཟང་མིག་འབྱེད། སེར་གཙུག་ནང་བསྟན་དཔེ་རྙིང་འཚོལ་བསྡུ་ཕྱོགས་སྒྲིག་ཁང་། གངས་ཅན་ཁྱད་ནོར་དཔེ་ཚོགས། པོད་ཕྲེང་ང་གཅིག ཤ༡༧༨

④རྗེ་བཙུན་བློ་བཟང་ནོར་བུ། གྲུབ་མཐའི་རྣམ་གཞག་གསལ་བར་བཤད་པ་ཐུབ་བསྟན་རིན་པོ་ཆེ་གསལ་བའི་སྒྲོན་མེ། བོད་ལྗོངས་བོད་ཡིག་དཔེ་རྙིང་དཔེ་སྐྲུན་ཁང་། ༢༠༠༤ལོར་བསྐྲུན། ཤ༩༨

⑤རྗེ་བཙུན་ཆོས་ཀྱི་རྒྱལ་མཚན། གྲུབ་དོན་ས་གསུམ་དང་མཁས་གྲུབ་རྗེའི་རྣམ་ཐར། སེར་གཙུག་ནང་བསྟན་དཔེ་རྙིང་འཚོལ་བསྡུ་ཕྱོགས་སྒྲིག་ཁང་། གངས་ཅན་ཁྱད་ནོར་དཔེ་ཚོགས། པོད་ཕྲེང་ཉིས་བརྒྱ་རེ་བརྒྱད། ཤ༣

"བདག་མེད་ཕུང་པོའི་ཙམ་ཉིད་དོ། །"① ཞེས་སོགས་དང་། མཁས་གྲུབ་དགེ་འདུན་བསྟན་པ་དར་རྒྱས་ཀྱིས་ཀྱང་། "ཁ་ཆེ་བྱེ་བྲག་ཏུ་སྨྲ་བས་ཡིད་ཀྱི་རྣམ་པར་ཤེས་པ་བདག་ཏུ་འདོད་པ་ཡིན་ཏེ། མཛོད་འགྲེལ་ལས། བདག་མངོན་པར་བརྗོད་པ་གང་ཡིན་པ་དེ་ནི་ཕུང་པོའི་རྒྱུན་འདི་ཁོ་ན་ལ་འཇུག་གི་བརྗོད་པར་བྱ་བ་གཞན་དག་ལས་མ་ཡིན་ནོ། །ཞེས་གསུངས་པའི་ཕྱིར།"②ཞེས་གསུངས་པ་བཞིན། ཕུང་པོ་ཡོད་རྒྱུའི་བདག་ཏུ་གོ་ན་ཕུང་པོ་མང་བས་བདག་ཀྱང་མང་དུ་ཐལ་བས་མདོ་ཁུངས་ལ་གཞི་བཅོལ་ནས་འོས་སུ་གྱུར་པ་ནི་ཕུང་པོའི་རྒྱུན་དང་། ཕུང་པོའི་རྒྱུན་ཡང་བློ་ནང་དུ་བཀུག་ནས་ཞིབ་དཔྱད་བྱས་ཚེ་ཡིད་ཀྱི་རྣམ་ཤེས་ལས་བབས་ས་མེད་པར་སྙམ་ནས་མཚན་གཞིར་ཡིད་ཀྱི་རྣམ་ཤེས་འཛོག་པའོ། །

༢ རྫོད་གཞིའི་སྐོར།

བྱེ་བྲག་སྨྲ་བའི་སྡེ་པ་བཅོ་བརྒྱད་ལས། མང་བཀུར་སྡེ་ལྔ་སྡེ། གནས་མ་བུ་བ་དང་། བཟང་པོའི་ལམ་པ་དང་། ཀུ་རུ་ཀུ་ལེ་པ་དང་། ཆོས་སྲུས་པ་དང་། བླ་མ་པ་བཅས་ནི་གྱིས་པའི་སྡེ་བཅོ་བརྒྱད་ཀྱི་མང་བཀུར་བའི་དབྱེ་བ་གསུམ་དང་མི་འདྲ་བའི་

①སློབ་དཔོན་དབྱིག་གཉེན་དང་འཇམ་དབྱངས་བློ་གཏེར་དབང་པོས་བརྩམས། མངོན་པ་མཛོད་ཀྱི་རྩ་འགྲེལ་བཞུགས་སོ། །སི་ཁྲོན་མི་རིགས་དཔེ་སྐྲུན་ཁང་། ༢༠༡༠ལོའི་ཟླ་བཞི་པར་དཔར་ཐེངས་གསུམ་པ་དཔར། ཤ༡༢དང་༡༧༨

②མཁས་གྲུབ་དགེ་འདུན་བསྟན་པ་དར་རྒྱས། བསྟན་བཅོས་ཆེན་པོ་དབུ་མ་ལ་འཇུག་པའི་སྤྱི་དོན་རྣམ་བཤད་དགོངས་པ་རབ་གསལ་གྱི་དགོངས་པ་གསལ་བར་བྱེད་པའི་བློ་གསལ་སྒྲོན་མེ། སེར་གཙུག་ནང་བསྟན་དཔེ་རྙིང་འཚོལ་བསྡུ་ཕྱོགས་སྒྲིག་ཁང་། གངས་ཅན་ཁྱད་ནོར་དཔེ་ཚོགས། པོད་ཕྲེང་ཉིས་བརྒྱ་གོ་བཞི། ཤ༤༥༨

དབྱེ་ཚུལ་ཞིག་རེད་འདུག་[1]ལ། གཞུང་འགའ་ཞིག་ཏུ་མང་བཀུར་སྡེ་ལྔས་གང་ཟག་རང་རྒྱ་ཐུབ་པའི་རྫས་ཡོད་ཀྱི་བདག་ཡོད་པར་འདོད་ཅེས་དང་། འགའ་ཞིག་ན་བྱེ་བྲག་ཏུ་གནས་མ་བུ་བ་དམིགས་བཀར་གྱིས་གསུངས་པ་ནི་བདག་ཡོད་པར་འདོད་པའི་ཞེན་པ་གནས་མ་བུ་བ་ཉིད་ཤུགས་ཆེ་བའམ་བྱེ་བྲག་སྨྲའི་ངོད་དུ་གྱུར་པ་མིན་ནམ་སྙམ།

གནས་མ་བུའི་སྡེས་གང་ཟག་གི་བདག་ཡོད་པར་འདོད་ཀྱང་ཕུང་པོ་དང་གཅིག་དང་ཐ་དད་གང་རུང་བརྗོད་དུ་མེད་པ་དང་། དེ་བཞིན་དུ་རྟག་དང་མི་རྟག་གང་དུ་བརྗོད་དུ་མེད་པའི་ཚད་གྲུབ་ཅིག་ཏུ་འདོད་པ་ཡིན་ཏེ། གློང་ཆེན་གྲུབ་མཐའ་ལས། "ཉན་ཐོས་གནས་མ་བུའི་སྡེ་པ་ནི་སྟོན་པ་མྱ་ངན་ལས་འདས་པའི་ཚེ། གཅེར་བུ་བའི་སྟོན་པ་ཞིག་འོངས་པ་ལ་ཚུར་ཤོག་གིས་རབ་ཏུ་བྱུང་བས་ཉན་ཐོས་སུ་འགྱུར་བ་དེས། གང་ཟག་གི་བདག་གཅིག་གམ་ཐ་དད་དམ། གཉིས་ཀ་མ་ཡིན་པར་ཡོད་ཅེས་དྲིས་པ་ལས། ཅང་མ་གསུངས་བས་ལན་བཏབ་ཀྱང་། བརྗོད་དུ་མེད་པར་གོ་ནས་ཆོས་འདི་པར་ཞུགས་ཀྱང་ལྟ་བ་མུ་སྟེགས་པ་དང་འདྲེས་ཏེ་བརྗོད་དུ་མེད་པའི་བདག་ཁས་ལེན་པའོ། །དེའི་གཞུང་གིས་དགེ་བ་དང་མི་དགེ་བའི་ལས་ཐམས་ཅད་ཀྱི་བྱེད་པ་པོ་དང་། རང་གིས་བྱས་པའི་འདོད་པ་དང་མི་འདོད་པའི་ཟ་བ་པོ་ཕུང་པོ་སྔ་མ་དོར་ནས་ཕྱི་མ་ལེན་པ་ནི་བདག་གི་དངོས་པོ་ཡིན་ཏེ། དེའང་བདག་དེ་རྟག་པ་མ་

[1]མང་བཀུར་སྡེ་ལྔ་འདྲེན་ཚུལ་ལ་ཡང་བཞེད་པ་མི་མཐུན་པ་མཆིས་ཚུལ་སྐོར་ཆོས་རྗེ་ངག་དབང་དཔལ་ལྡན་གྱིས་མཛད་པའི་གྲུབ་མཐའ་ཆེན་མོའི་མཆན་འགྲེལ་དཀའ་གནད་མདུད་གྲོལ་བློ་གསལ་གཅེས་ནོར། ཞེས་པའི་ཤ་༢༧༡ལ་གསལ།

ཡིན་ཏེ་སྐྱེ་བ་སྔ་མ་དོར་ནས་ཕྱི་མ་ལེན་པའི་ཕྱིར་རོ། །མི་རྟག་པའང་མ་ཡིན་ཏེ་ཚེ་འདིའི་བདག་གིས་ལས་བྱས་པ་ལ་ལོངས་སྤྱོད་ཟིན་པ་དང་། མ་འོངས་པའི་བདག་མ་བྱས་པའི་ལས་ཀྱི་འབྲས་བུ་ལ་ལོངས་སྤྱོད་པར་འགྱུར་བའི་ཕྱིར་རོ། །དེ་གཉིས་ཀའང་བདག་གཅིག་ཏུ་གྱུར་བ་དེས། ལས་ཀྱི་འབྲས་བུ་རྫོགས་པར་སྤྱད་པས་འབྲས་བུ་ཆུད་ཟོས་པ་དང་། སྤྱོད་པར་གྱུར་བས་མ་ཟོས་པ་ཞེས་བྱ་ཞིང་། ཟ་བ་པོའམ་ལོངས་སྤྱོད་པར་བྱེད་པ་པོ་བདག་ཏུ་གཅིག་པས་མི་རྟག་པ་ཡང་མ་ཡིན་ཞེས་འདོད་དོ། །དེས་ན་བདག་དེ་རྟག་པ་དང་མི་རྟག་པ་གང་དུ་ཡང་བརྗོད་དུ་མེད་པའི་གང་ཟག་གི་བདག་ཏུ་ཡོད་དོ་ཞེས་སྨྲའོ། །"①ཞེས་གསུངས་སོ། །

མཁས་པ་ཐལ་མོ་ཆེས་མང་བཀུར་སྡེ་ལྟར་བདག་བརྗོད་དུ་མེད་པ་ཞེས་མཛེས་པར་སྨྲ་བ་ལས་དོན་དུ་བདག་ཡོད་པར་ཞེན་པ་ཡིན་ཞེས་སྨྲུབ་བྱེད་དུ་མ་དང་བཅས་སྨྲ་བས། མང་བཀུར་སྡེ་ལྟར་དེ་ལྟའི་བདག་ཡོད་པར་འདོད་པ་ལ་རང་སྡེ་རྣལ་མ་ཞིག་ཡིན་མིན་ཐད་ཙུང་ཟད་རྩོད་གཞིའི་རྒྱུ་ཡིས་བཅིངས་པ་ཞིག་རེད་འདུག་ལ། ལྕང་སྐྱ་རོལ་པའི་རྡོ་རྗེ་མཆོག་ནི། "མང་བཀུར་སྡེ་ལྟར་གང་ཟག་གི་བདག་ཁས་ལེན་པར་རྗེ་ཡབ་སྲས་སོགས་སྔོན་བྱོན་པའི་རྒྱ་བོད་ཀྱི་ཤིང་རྟ་ཆེན་པོ་མཐའ་དག་གིས་བཞེད་པར་འདུག་པས། སྡེ་པ་འདི་རང་སྡེ་ཙམ་དང་ནང་པ་ཙམ་ཡིན་ཀྱང་ནང་པའི་གྲུབ་མཐའ་སྨྲ་བ་དངོས་མིན་ནོ། །ཞེས་སྨྲ་བ་ལ། དངོས་སུ་དབྱུག་པ་སོགས་ཀྱི་གནོད་བྱེད་མ་

①ཀུན་མཁྱེན་ཀློང་ཆེན་རབ་འབྱམས་ཀྱིས་མཛད་པའི་ཐེག་པ་མཐའ་དག་གི་དོན་གསལ་བར་བྱེད་པ་གྲུབ་པའི་མཐའ་རིན་པོ་ཆེའི་མཛོད། ཤོག་གྲངས་དཔེ་ཀ ༡༧༢༠ནས་༧༢༢བར།

བྱུང་ཕྱིན་རིགས་པས་གནོད་པ་འབབ་དཀའ་བར་འདུག་གོ །"① ཞེས་གསུངས་ཀྱང་། མཁས་དབང་ཚུལ་ཁྲིམས་རྒྱ་མཚོས། "གནས་མ་བུ་སྡེ་པའི་ལུགས་ཀྱིས་དགག་བྱའི་བདག་གང་ཞེ་ན། གཞན་སྡེས་འདོད་པ་ལྟར་གྱི་རྟག་གཅིག་རང་དབང་ཅན་གྱི་བདག་འཛོག་གོ །དེའི་རྒྱུ་མཚན་གྱིས་གནས་མ་བུ་བ་ཉིད་ནང་པའི་གྲུབ་མཐའ་སྨྲ་བ་ཡིན་པར་གསུངས་སོ །"② ཁོང་གི་བཞེད་པ་ནི་ཀུན་མཁྱེན་འཇམ་དབྱངས་བཞད་པའི་དགོངས་པ་བཞིན་ཏེ། གྲུབ་མཐའ་ཆེན་མོ་ལས། "འོ་ན་ཅིའི་ཕྱིར་གང་ཟག་བརྗོད་དུ་མེད་པར་ཁས་བླངས་སྙམ་ན། རིགས་པ་སྔ་མ་དེ་ཡིན་ལ། ལུང་གི་མདོ་ལས། དགེ་སློང་དག་ངས་ཁྱེད་ལ་ཁུར་ཡང་བསྟན་པར་བྱའོ། ཁུར་ལེན་པ་དང་། ཁུར་འདོར་བ་དང་། ཁུར་འཁྱེར་བ་ཡང་བསྟན་པར་བྱ་སྟེ། དེ་ལ་ཁུར་ནི་ཉེ་བར་བསྟན་པའི་ཕུང་པོ་ལྔ་རྣམས་སོ། །ཁུར་ལེན་པ་ནི་སྲེད་པའོ། །ཁུར་འདོར་བ་ནི་ཐར་པའོ། །ཁུར་འཁྱེར་བ་ནི་གང་ཟག་གོ་ཞེས་བཤད་པ་ལ་བརྟེན་ནས། དཀའ་འགྲེལ་ནས། འདི་ལྟར་ཞེས་སོགས་ལྟར་ལས་བྱེད་པ་པོ། འབྲས་བུ་ལོངས་སྤྱོད་པ་པོ། ཕུང་པོ་སྔ་མ་དོར་ནས་ཕྱི་མ་ལེན་པའི་འཁོར་བ་པོ་དང་། གྲོལ་བ་པོའི་བདག་འདོད་ལ། ཡང་བཅོམ་ལྡན་འདས་ཀྱིས་ཁུར་འཁྱེར་བ་ནི་གང་ཟག་སྟེ། རྟག་པའམ་མི་རྟག་པ་ཞེས་མི་བརྗོད་དོ། །ཞེས་པས་བརྗོད་དུ་མེད་པར་འདོད་དོ། །ཞེས་དང་། ཐུབ་པའི་ལུགས་གཅེས་པར་འཛིན་པའི་བྱེ་མདོ་ཀུན་དང་མཚུངས་པས་

---

①ལྕང་སྐྱ་རོལ་པའི་རྡོ་རྗེ། གྲུབ་མཐའ་ཐུབ་བསྟན་ལྷུན་པོའི་མཛེས་རྒྱན། ཀྲུང་གོའི་བོད་ཀྱི་ཤེས་རིག་དཔེ་སྐྲུན་ཁང་། ༡༩༨༩ ལོའི་ཟླ་དྲུག་པར་དཔར་ཐེངས་དང་པོ་བཏབ། ཤ༥༩

②ཚུལ་ཁྲིམས་རྒྱ་མཚོ། ཚད་མའི་དཀའ་གནད་སེལ་བར་བྱེད་པའི་དུས་ཀྱི་མེ་ལོང་། མི་རིགས་དཔེ་སྐྲུན་ཁང་། ༡༩༩༡ ལོར་དཔར། ཤ༡༨ནས་༢༣བར།

གཞན་སྐྱེ་ནམ་ཡང་མིན་ལ་ཡང་བྱེ་སྨྲ་ལྟར་མཁའ་སོགས་དངོས་པོར་འདོད་པས་བྱེ་སྨྲ་ལས་གཞན་མིན་པའི་ཕྱིར་ཏེ། ཞེས་པ། ལས་འབྲས་ཀྱི་རྟེན་གང་ཟག་གམ་བདག་ནི་རྫས་སུ་མེད་པ་དང་རྫས་སུ་ཡོད་པ་སོགས་སུ་མི་འདོད་པས་གང་ཟག་སྨྲ་བ་སོགས་ལས། བདག་སྨྲ་བ་ལེགས་ལྡན་སོགས་ཀྱིས་ཀྱང་མ་བཤད་པའི་ཕྱིར།”①ཞེས་སོགས་གསུངས་སོ། །མཁས་དབང་དུང་དཀར་རིན་པོ་ཆེ་ཡིས། “བྱེ་བྲག་སྨྲ་བའི་སྡེ་པ་བཅོ་བརྒྱད་ནང་ནས་མང་པོས་བཀུར་བའི་སྡེ་པས་སྐྱབས་འགྲོ་དང་། དཀོན་མཆོག་ལས་རྒྱུ་འབྲས་བཅས་ཁས་ལེན་པ་ཡིན་པས་ནང་པ་རེད། སྟོང་པ་ཉིད་ཀྱི་ལྟ་བ”②སྟེ་བདག་མེད་ཀྱི་ལྟ་བ་ལ་སླེབས་དུས་དེ་མུ་སྟེགས་པ་ཆགས་བསྡད་ཡོད་③ཅེས་གསུངས་སོ། །

གོང་གསལ་གྱི་བཞེད་པ་སྣ་ཚོགས་པར་བསམ་གཞིག་ཙུང་ཞིག་བགྱིས་ཚེ། བྱེ་བྲག་སྨྲ་བའི་སྡེ་པ་བཅོ་བརྒྱད་ཀྱི་ནང་ཚན་མང་བཀུར་སྡེ་ལྡེ་ནི་ནང་པ་ཡིན་པ་བསྙོན་དུ་མེད་པར་ཐལ་ཆེར་གྱིས་བཞེད་ལ། གཙོ་བོ་ནི་ནང་པ་ཙམ་དང་ནང་པའི་གྲུབ་མཐའ་སྨྲ་བ་དངོས་ཡིན་མིན་དེ་རེད། དེ་ནི་གཙོ་བོ་བདག་གི་འདོད་ཚུལ་ལས་ཤེས་

①ཀུན་མཁྱེན་འཇམ་དབྱངས་བཞད་པ། གྲུབ་མཐའི་རྣམ་བཤད་རང་གཞན་ཀུན་དང་ཟབ་དོན་མཆོག་ཏུ་གསལ་བ་ཀུན་བཟང་ཞིང་གི་ཉི་མ་ལུང་རིགས་རྒྱ་མཚོ་སྐྱེ་དགུའི་རེ་བ་ཀུན་སྐོང་། མཚོ་སྔོན་ནང་བསྟན་རིག་གནས་སྤྱི་རྩལ་ཞབས་ཞུ་ལྟེ་གནས་ཞབས་ཞུ་ཁང་། ༥༡༨༠ནས་༡༨༡

②ཇི་སྐད་དུ། རྩོད་འཆད་ངག་ལ་མ་ངེས་པ། །ཞེས་པ་བཞིན་དུ་དུང་དཀར་རིན་པོ་ཆེས་གསུང་བཤད་གནང་དུས་མང་བཀུར་སྡེ་ལྡེའི་སྐབས་སུ་ཡང་སྟོང་པ་ཉིད་ཀྱི་ལྟ་བ་དང་བདག་མེད་ཀྱི་ལྟ་བ་གཅིག་ཏུ་གསུངས་པ་ལ་དཔྱོད་ལྡན་རྣམ་པས་མ་ནོངས་པར་མཛད་དགོས་པར་སེམས།

③མཁས་དབང་དུང་དཀར་རིན་པོ་ཆེའི་གྲུབ་མཐའི་སྐོར་གྱི་རྣམ་བཤད། མི་རིགས་དཔེ་སྐྲུན་ཁང་། ༢༠༠༧ལོའི་དཔར་གཞི། ༥༣༤༣

པར་བྱ་དགོས་པ་ཞིག་ཡིན་འདུག་སྟེ། མང་བཀུར་སྡེ་ལྔ་དང་ལྷག་པར་དུ་ཉན་ཐོས་གནས་མ་བུ་བས་བརྗོད་དུ་མེད་པའི་བདག་ཅིག་ཁས་ལེན་པ་ཡིན་ཞིང་། དེ་ཡང་རང་སྡེ་བྱིངས་ཀྱིས་བཞེད་པའི་ཕུང་པོ་ལ་བཏགས་པའི་གང་ཟག་ཙམ་མ་ཡིན་པར་རྟག་མི་རྟག་གང་རུང་བརྗོད་དུ་མེད་པའི་བདག་ཅིག་ཡོད་པར་སྨྲ་པས། དེ་ཕྱིར་ཁོ་ཚོས་བདག་ཅེས་ཕུང་སོགས་ལས་ཐ་དད་དུ་འམ་ལོགས་སུ་རྫས་ཡོད་ཅིག་ཏུ་འདོད་དེ། གང་ཟག་དེ་ཕུང་པོ་སོགས་ཀྱི་ལེན་པ་པོ་དང་འདོར་བ་པོའི་རྫས་སུ་འདོད་པས་དོན་དམ་པར་གྲུབ་པར་འདོད་ལ། ཕུང་པོ་རྣམས་རྒྱུར་བྱས་ནས་གང་ཟག་འཛོག་ཀྱང་དེས་གང་ཟག་བཏགས་ཡོད་དུ་མི་འགྱུར་བར་འདོད་པ་ལ་ཀུན་མཁྱེན་དབྱིག་གཉེན་གྱིས་ནང་འགལ་བསྟན་ནས་གང་ཟག་བཏགས་ཡོད་དུ་བསྒྲུབས་པས་མཛོད་འགྲེལ་གྱི་གནས་དགུ་པ་ན་གསལ་བར་ཡོད་པས་ཀྱང་། ལུགས་འདིས་བདག་གང་ཟག་རང་རྐྱ་ཐུབ་པའི་རྫས་ཡོད་དུ་འདོད་པ་གསལ་བར་འགྲུབ་པོ། །① ཞེས་སོགས་གསུངས་པ་ལྟར་སྒྲུབ་བྱེད་མང་། ཡིན་ན་ཡང་། དེ་ནི་སྐབས་གནས་བསླུ་མེད་གསུམ་ལ་སྐྱབས་སུ་འགྲོ་བ་ཙམ་མ་ཟད། ལྟ་བའི་ཆ་ནས་གོང་གི་ལུང་དུ་གསུངས་པ་བཞིན་དུ་གང་ཟག་རྟག་གཅིག་རང་དབང་བའི་བདག་དེ་དགག་བྱར་བྱེད་པ②ཡིན་པས། ནང་པའི་གྲུབ་མཐའ་སྨྲ་བ་འཁྲུལ་མེད་ཡིན་སྙམ་ལ། དེའི་བདག་མེད་ཀྱི་འཛོག་ལུགས་

①ཆོས་རྗེ་ངག་དབང་དཔལ་ལྡན། གྲུབ་མཐའ་ཆེན་མོའི་མཆན་འགྲེལ་དཀའ་གནད་མདུད་གྲོལ་བློ་གསལ་གཅེས་ནོར། སེར་གཙུག་ནང་བསྟན་དཔེ་སྙིང་འཚོལ་བསྡུ་ཕྱོགས་སྒྲིག་ཁང་། གངས་ཅན་ཁྱད་ནོར་དཔེ་ཚོགས་པོད་ཕྲེང་བཞི་བརྒྱ་དྲུག་ཅུ་རེ་གསུམ། ཤ༢༧༨

②རྟག་མི་རྟག་གང་ཡང་བརྗོད་དུ་མེད་པར་འདོད་ན་རྟག་པ་འགོག་པར་བྱེད་པ་གསལ་ལ། གཅིག་པུ་དང་རང་དབང་ཅན་ནི་ལྟ་ཅི་སྨོས།

ཐད་ལ་ཕྱི་པའི་ལྟ་བ་དང་འདྲེས་ཡོད་སྐོར་གསུངས་པ་རྒྱུ་མཚན་ཡང་དག་ཅིག་རེད་སྙམ། ལྷག་དོན་དུ་རང་གཞན་གྱི་གྲུབ་མཐའ་སྨྲ་བའི་ཤན་འབྱེད་ཀྱི་སྐབས་སུ་རང་སྡེའི་གྲུབ་མཐའ་སྨྲ་བ་ལ་ལྟ་བའི་ཆ་ནས་ལྟ་བ་རྟག་གཅིག་རང་དབང་བའི་བདག་གིས་སྟོང་པ་ཞེས་སྨྲས་པ་ལས། ལྟ་བ་གང་ཟག་རྟག་གཅིག་རང་དབང་བས་སྟོང་པ་དང་གང་ཟག་རང་རྐྱ་ཐུབ་པའི་རྫས་ཡོད་ཀྱིས་སྟོང་པ་ཞེས་སུ་མ་སྨྲས་པ་ནི། མང་བཀུར་སྡེ་ལྔ་པོ་དེ་རང་སྡེའི་གྲུབ་མཐའ་སྨྲ་བའི་ཁོངས་སུ་བསྡུ་སྐད་དུ་ཡིན་པ་ཡང་རིགས་དེད་ཐུབ་པ་ཞིག་རེད་འདུག་སྙམ། ཡང་ཁ་ཅིག་གིས་དེ་ལྟར་ཡིན་སོང་ན་རང་སྡེའི་གྲུབ་མཐའ་སྨྲ་བ་ལ་བདག་སྨྲ་བ་མེད་པར་གསུངས་པ་ཡང་རྫུན་ཏེ། གནས་མ་བུ་བས་བདག་འདོད་པའི་ཕྱིར་ཞེས་པ་སོགས་གསུངས་སྲིད། དེ་ལ་ལན་འདི་ལྟར་གདབ་པར་བྱ་སྟེ། ཕྱི་པ་ཐམས་ཅད་བདག་སྨྲ་བ་ཡིན་ནའང་། གནས་མ་བུ་བ་ནི་མིན་ཏེ། དེ་ལ་དགག་བྱའི་བདག་ཡོད་པའི་ཕྱིར་ཏེ། དེས་ཕྱི་པས་འདོད་པའི་རྟག་གཅིག་རང་དབང་ཅན་གྱི་བདག་འགོག་པའི་ཕྱིར། དེས་ན་ནང་པ་ཐམས་ཅད་བདག་མེད་སྨྲ་བ་ཡིན་ཞེས་པ་དེ་ནི་ཤིན་ཏུ་ནས་འཐད་པ་ཞིག་ལགས་སོ་སྙམ་མོ། །གོང་ཞུས་ལུང་དུ་ལྕང་སྐྱ་རིན་པོ་ཆེས་མང་བཀུར་སྡེ་ལྔ་པོ་ནང་པའི་གྲུབ་མཐའ་སྨྲ་བ་དངོས་མིན་པར་གསུངས་པའི་དངོས་ཞེས་པའི་ཚིག་གནད་ལ་གོ་རྒྱུ་ལྷག་པོ་ཆེ་ཡོད་ངེས་ཀྱང་། དོན་གྱི་བབས་སར་མང་བཀུར་སྡེ་ལྔ་རང་སྡེའི་གྲུབ་མཐའ་སྨྲ་བ་མིན་པར་གསུངས་པའི་ཕྱིར། རང་ལུགས་ལ་ལྕང་སྐྱ་རིན་པོ་ཆེ་སོགས་མཁས་པ་གོང་མ་འགའི་བཞེད་པ་དེ་བཞིན་འཐད་ལྡན་དུ་མི་འདོད་དོ། །

གཉིས་པ། མདོ་སྡེ་པས་གང་ཟག་གི་མཚན་གཞི་འཛོག་ཚུལ།

གྲུབ་མཐའ་རིན་ཆེན་ཕྲེང་བ་ལས། "ལུང་གི་རྗེས་འབྲང་གིས་ཕུང་པོའི་རྒྱུན་གང་ཟག་གི་མཚན་གཞི་དང་། རིགས་པའི་རྗེས་འབྲང་རྣམས་ཡིད་ཀྱི་རྣམ་ཤེས་གང་ཟག་གི་མཚན་གཞིར་འདོད་དོ། །"①ཞེས་གསུངས་སོ། །

༡ ལུང་གི་རྗེས་འབྲང་གི་གང་ཟག་གི་མཚན་གཞི་འཛོག་ཚུལ།

དེ་ཡང་ལུང་གི་རྗེས་འབྲང་པས་ཕུང་པོའི་རྒྱུན་གང་ཟག་གི་མཚན་གཞིར་འདོད་པ་ནི། མཛོད་ལས། "ད་ནི་གང་ཟག་བཤད་པར་བྱ་སྟེ། གང་ཟག་ཅེས་བྱ་བ་ནི་ཕུང་པོ་བཞིའམ་ལྔའི་རྒྱུན་ལ་བཏགས་པ་ཡིན་ཏེ། ལུང་སིལ་བུ་ལས། རྒྱུན་ལ་གང་ཟག་ཅེས་བྱ་སྟེ། །མཚན་ཉིད་འཛིན་ལ་ཆོས་ཞེས་བརྗོད། །འདི་ལ་གང་ཡང་འཁོར་བ་མེད། །སུ་ཡང་མྱ་ངན་འདས་པ་མེད། །ཅེས་པ་དང་། མདོ་ལས་ཀྱང་། ཕུང་པོ་རྣམས་གང་ཟག་ཅེས་བྱའོ་ཞེས་གསུངས་པའི་ཕྱིར་དང་། དགྲ་བཅོམ་མ་བྲག་གིས་ཀྱང་། ཇི་ལྟར་ཡན་ལག་ཚོགས་རྣམས་ལ། །ཤིང་རྟའི་མིང་དུ་བཤད་པ་ལྟར། །དེ་བཞིན་ཕུང་པོ་རྣམས་བརྟེན་ནས། །ཀུན་རྫོབ་སེམས་ཅན་ཞེས་བྱའོ། །ཞེས་པ་དང་། བཙུན་པ་གཞོན་ནུ་ལེན་གྱིས་ཀྱང་། ཕུང་པོའི་རྒྱུན་ནི་གང་ལ་དགེ །མི་དགེའི་འབྲས་བུ་ཡོད་པ་ཉིད། །དེ་ལ་སྲོག་ཅེས་བྱ་སྟེ་དེ། །སྲོག་མེད་བསྟན་པས

---

①ཀན་མཁྱེན་རབ་དབང་ཕྱུག གྲུབ་མཐའ་རིན་ཆེན་ཕྲེང་བའི་ཚིག་འགྲེལ་ཐོར་བུ། མི་རིགས་དཔེ་སྐྲུན་ཁང་། ༢༠༠༧ལོའི་དཔར་གཞི། ཤ༢༩

མེད་པར་གྱུར། །ཞེས་བཤད་པའི་ཕྱིར་རོ། །”①ཞེས་གསུངས་པ་ལས་ལུང་གི་རྗེས་འབྲང་གི་མདོ་སྡེ་པས་སྤྱིར་ན་ཕུང་པོ་གཞན་དུ་འཕོ་བ་མེད་ཀྱང་། ལས་ཉོན་གྱིས་མངོན་པར་འདུ་བྱས་པའི་ཕུང་པོའི་རྒྱུན་ནི་དགེ་མི་དགེའི་འབྲས་བུ་སྨྱོང་བའི་གཞི་ཡིན་པས་སྲིད་པ་བར་མ་ཞེས་བྱ་བའི་རྒྱུན་གྱིས་མའི་མངལ་དུ་འགྲོ་བར་འདོད་ཕྱིར། རྫས་ཡོད་དུ་མེད་ཅིང་བཏགས་ཡོད་དུ་མཆིས་པར་སྨྲམ་པའི་གང་ཟག་དེ་ཕུང་པོའི་རྒྱུན་ལ་འཛོག་པ་ཡིན་ནོ། །དེ་ཡང་འཇམ་དབྱངས་བློ་གཏེར་དབང་པོའི་མཛོད་འགྲེལ་དུ་ཡང་། “ཕུང་པོའི་རྒྱུན་ཙམ་ཉིད་གང་ཟག་ཡིན་པའི་ཕྱིར། ཁོ་ན་རེ། ཕུང་པོ་སྐད་ཅིག་མ་ཡིན་པས་རྒྱུན་གྱིས་འཇུག་པར་མི་འགྱུར་རོ་ཞེ་ན། སྐྱོན་མེད་དེ། སྐྱེ་བ་སྔ་མའི་ཉོན་མོངས་པ་དང་ལས་ཀྱིས་མངོན་པར་འདུ་བྱས་པའི་སྲིད་པ་བར་མའི་ཕུང་པོའི་རྒྱུན་གྱིས་ནི”②སྐྱེ་བའི་གནས་མངལ་དུ་འགྲོ་སྟེ། དཔེར་ན། མར་མེ་སྐད་ཅིག་མ་ཡིན་ཡང་རྒྱུན་གྱིས་ཡུལ་གཞན་དུ་འགྲོ་བ་བཞིན། བར་སྲིད་ལས་སྐྱེ་སྲིད་སོགས་ཀྱི་རྒྱུན་ཇི་ལྟར་བྱུང་ཞེ་ན། ལས་དང་ཉོན་མོངས་པས་ཇི་ལྟར་ཕངས་པ་བཞིན་ནུར་ནུར་པོ་སོགས་མངལ་གྱི་གནས་སྐབས་ལྔ་དང་། དེ་ལས་སྐྱེ་མཆེད་དྲུག་རྫོད་པ་དང་། མངལ་ལས་བྱུང་སྟེ་བྱིས་པ་སོགས་བཅས་པའི་གནས་སྐབས་ལྔའི་རིམ་གྱིས་ཕུང་པོ་ལྔའི་རྒྱུན་སྐྱེ་བ་ཡིན་ནོ། །③ཞེས་གསལ་བར་གསུངས་པ་བཞིན་ནོ། །

---

①མཆིམས་འཇམ་པའི་དབྱངས། དམ་པའི་ཆོས་མངོན་པ་མཛོད་ཀྱི་ཚིག་ལེའུར་བྱས་པའི་འགྲེལ་པ་མངོན་པའི་རྒྱན། སེར་གཙུག་ནང་བསྟན་དཔེ་རྙིང་འཚོལ་བསྡུ་ཕྱོགས་སྒྲིག་ཁང་། ཤ༡༥༢༡

②ལུང་ཚིག་ཏུ་ན་ཞེས་གསལ་ཡང་ནི་ཡིན་པར་སེམས་ནས་བཅོས་པའོ། །

③སློབ་དཔོན་དབྱིག་གཉེན་དང་འཇམ་དབྱངས་བློ་གཏེར་དབང་པོས་བརྩམས། མངོན་པ་མཛོད་ཀྱི་རྩ་འགྲེལ། སི་ཁྲོན་མི་རིགས་དཔེ་སྐྲུན་ཁང་། ༢༠༡༠ལོའི་ཟླ་བཞི་པར་དཔར་ཐེངས་གསུམ་པ་བཏབ། ཤ༡༡༧༨

༢ རིགས་པའི་རྗེས་འབྲང་གིས་གང་ཟག་གི་མཚན་གཞི་འཇོག་ཚུལ།

རིགས་པའི་རྗེས་འབྲང་གི་མདོ་སྡེ་པས་ཡིད་ཀྱི་རྣམ་ཤེས་གང་ཟག་གི་མཚན་གཞིར་འདོད་ཚུལ་ལ་ཐོག་མར་ཤེས་པར་བྱ་རྒྱུ་ནི། རིགས་པའི་རྗེས་འབྲང་གི་མདོ་སྡེ་པས་གང་ཟག་གཞི་འདོད་ལུགས་འདི་འདྲ་ཞིག་ནས་འཇོག་སྟེ། དོན་དམ་ཡོད་པའི་དངོས་པོའི་ཐ་སྙད་དུ་བཏགས་པའི་བཏགས་དོན་བཙལ་ན་རྙེད་རྒྱུ་ཡོད་པ་དང་། རང་འཛིན་རྟོག་པའི་ཞེན་གཞིར་རང་གི་མཚན་ཉིད་ཀྱིས་གྲུབ་པ་ཡིན་པར་འདོད། དུང་དཀར་རིན་པོ་ཆེས། "ངའོ་སྙམ་པའི་བསམ་བློ་དེ་རང་འཛིན་རྟོག་པ་ཡིན། རྣམ་པར་ཤེས་པའི་རྒྱུན་དེ་ངའོ་སྙམ་པའི་བསམ་བློ་སྐྱེ་ཡག་གི་གཞི་ཡིན་པ་དེ་རྣམ་པར་ཤེས་པ་ཕོ་རང་གི་ངོས་ནས་ཚུར་གྲུབ་པ་ཞིག་ལས་རང་གི་སེམས་ཀྱིས་ཕར་བཏགས་པ་ཞིག་མིན། དེར་བརྟེན་རང་གི་མཚན་ཉིད་ཀྱིས་གྲུབ་པ་སྟེ་ཕོ་རང་གི་ངོས་ནས་ཚུར་གྲུབ་པ་ཡིན།"①ཞེས་གསུངས་པའི་སྒྲུབ་བྱེད་ཀྱིས་རྟོགས་ནུས་སོ། །

འདི་པས་ཡིད་ཀྱི་རྣམ་ཤེས་གང་ཟག་གི་མཚན་གཞིར་འདོད་པ་ནི། རྒྱལ་ཚབ་དར་མ་རིན་ཆེན་གྱི་ཐར་ལམ་གསལ་བྱེད་ལས། "འཛིན་པའི་རྣམ་པ་ལ་བྱེད་པ་པོར་འཇོག་པའི་དོན་ནི། སློབ་དཔོན་ཆོས་མཆོག་གིས་བཤད་པ་ལྟར། ངའོ་སྙམ་པའི་གང་ཟག་ཏུ་འདོགས་པའི་གཞི་འཛིན་རྣམ་ཡིན་པས། འཛིན་རྣམ་དེ་ཉིད་ལ་བྱེད་པ་པོ་ཞེས་བྱ་སྟེ། དཔེར་ན། ངས་སྔར་སྔོན་པོ་མཐོང་ངོ་ཞེས་དྲན་པའི་ཚེ། སྔར་སྔོན་པོ་མཐོང་ཞེས་པའི་ཡུལ་དྲན་པ་དང་། ངས་སྔར་མཐོང་ཞེས་པའི་ཡུལ་ཅན་དྲན་པ

①དུང་དཀར་རིན་པོ་ཆེའི་གསུང་འབུམ། གྲུབ་མཐའི་སྐོར་གྱི་རྣམ་བཤད། མི་རིགས་དཔེ་སྐྲུན་ཁང་། ༢༠༠༧ལོར་དཔར། ཤ༣༥༨

གཉིས། དྲན་པའི་འཛིན་སྟངས་ལ་ཡོད་པས་དེས་དཔག་པར་བྱ་བའི་སྤྱོད་བ་ལ་ཡང་། ཡུལ་སྤྱོད་བ་དང་། ཡུལ་ཅན་སྤྱོད་བ་གཉིས་ཡོད་ལ། སྔར་ཡུལ་སྤྱོད་བ་སྔོ་འཛིན་དང་། ཡུལ་ཅན་སྔོ་འཛིན་དེ་སྤྱོད་བ་འཛིན་རྣམ་ཡིན་པས་ངས་སྤྱོད་ཞེས་པ་ཡིན་ནོ། །"①ཞེས་གསུངས་པ་ལས། ཡུལ་ཅན་གྱིས་ཡུལ་སྤྱོད་བའི་བྱེད་པ་པོ་རང་རིག་ཡིན་པའི་རྒྱུ་མཚན་གྱིས་ང་ཡི་མཚན་གཞི་ལ་རང་རིག་འཛོག་པར་མངོན་ནམ་ཞེས་ཚུལ་ཁྲིམས་རྒྱ་མཚོ་མཆོག་གིས་དཔྱད་བྱར་རིགས་པར་གསུངས་སོ། །②གང་ལྟར་ན་ཡང་། ཡིད་ཀྱི་རྣམ་ཤེས་དགེ་མི་དགེའི་ལས་ཀྱི་འབྲས་བུ་སྤྱོད་བའི་རྒྱུན་དུ་གྱུར་པ་ཡིན་ཏེ། ངའོ་སྙམ་དུ་འཛིན་པ་དེ་འཛིན་པ་བློ་ཡི་ངོར་བྱུང་བའི་ཕྱིར་སྙམ་པ་ཡིན་ལ། གང་ཟག་ཏུ་འཛིན་པའི་གཞི་ཡིད་ཀྱི་རྣམ་ཤེས་ལ་ཐུག་པས་དེ་ལྟར་མཚན་གཞིར་འཛོག་པ་ཡང་ཡིན་ནོ། །

①རྒྱལ་ཚབ་དར་མ་རིན་ཆེན་མཆོག་གིས་མཛད་པའི་རྣམ་འགྲེལ་ཐར་ལམ་གསལ་བྱེད། མཚོ་སྔོན་མི་རིགས་དཔེ་སྐྲུན་ཁང་། ༢༠༡༠ལོའི་དཔར་གཞི། ཤ༥༨༢

②ཚུལ་ཁྲིམས་རྒྱ་མཚོས་མཛད་པའི་ཚད་མའི་དཀའ་གནད་སེལ་བར་བྱེད་པའི་དུས་ཀྱི་མེ་ལོང་། མི་རིགས་དཔེ་སྐྲུན་ཁང་། ༡༩༩༡ལོའི་ཟླ་བརྒྱད་པར་དཔར་ཐེངས་དང་པོ་བཏབ། ཤ༢༨

གསུམ་པ། སེམས་ཙམ་པས་གང་ཟག་གི་
མཚན་གཞི་འཛོག་ཚུལ།

གྲུབ་མཐའ་རིན་ཆེན་ཕྲེང་བ་ལས། "ལུང་གི་རྗེས་འབྲང་རྣམས་ཀྱིས་རྣམ་ཤེས་ཚོགས་བརྒྱད་འདོད་པས་ཡིད་ཀྱི་རྣམ་པར་ཤེས་པ་དང་།①ཀུན་གཞིའི་རྣམ་ཤེས་གང་ཟག་ཏུ་ཁས་ལེན་ཞིང་། རིགས་པའི་རྗེས་འབྲང་གིས་ཡིད་ཀྱི་རྣམ་པར་ཤེས་པ་གང་ཟག་གི་མཚན་གཞིར་འདོད་དོ། །"②ཞེས་གསུངས་སོ། །

༡ ལུང་གི་རྗེས་འབྲང་གིས་གང་ཟག་གི་མཚན་གཞི་འཛོག་ཚུལ།

ལུང་གི་རྗེས་འབྲང་གི་སེམས་ཙམ་པའི་ལུགས་ལ། ཡོངས་སུ་གྲགས་པ་ལྟར། མདོ་སྡེ་དགོངས་པ་ངེས་འགྲེལ་ལས། ལེན་པའི་རྣམ་པར་ཤེས་པ་ཟབ་ཅིང་ཕྲ། །ས་བོན་ཐམས་ཅད་ཆུ་བོའི་རྒྱུན་བཞིན་འབབ། །བདག་ཏུ་རྟོག་པར་འགྱུར་ན་མི་རུང་ཞེས། །འདི་ནི་བྱིས་པ་རྣམས་ལ་ངས་མ་བསྟན། །ཞེས་གསུངས་པའི་ལེན་པའི་རྣམ་པར་ཤེས་པ་ནི་ཀུན་གཞིའི་མིང་གི་རྣམ་གྲངས་ཡིན་འདུག་སྟེ། ཀུན་གཞིའི་མིང་གི་རྣམ་གྲངས་ལ། ཤེས་བྱའི་གནས་དང་། ལེན་པའི་རྣམ་ཤེས། རྩ་བའི་རྣམ་ཤེས། འཁོར་བ་ཇི་སྲིད་པའི་ཕུང་པོ། སྲིད་པའི་ཡན་ལག་གི་ཕུང་པོ་བཅས་ཡོད་པས་སོ། །དེས་ན་འདི་པའི་ལུགས་ལ་ཐུབ་པས་ཀུན་གཞི་ཡོད་པར་གསུངས་པར་འདོད་ལ།

---

①གྲུབ་མཐའ་རིན་ཆེན་ཕྲེང་བར་འདི་ལྟར་དུ་གསུངས་པ་ལས། ཕལ་མོ་ཆེས་ལུང་གི་རྗེས་འབྲང་པས་ཀུན་གཞི་རྣམ་ཤེས་ཁོ་ན་གང་ཟག་གི་མཚན་གཞིར་འདོད་པར་བཞེད།

②ཀན་མཁྱེན་རབ་དབང་ཕྱུག་གིས་མཛད་པའི་གྲུབ་མཐའ་རིན་ཆེན་ཕྲེང་བའི་ཚིག་འགྲེལ་ཐོར་བུ། མི་རིགས་དཔེ་སྐྲུན་ཁང་། ༢༠༠༧ལོའི་ཟླ་བཞི་པར་དཔར་ཐེངས་བཞི་པ། ༡༣༢

ཀུན་གཞི་ལ་འཁོར་བའི་ལས་ཀྱི་དགེ་མི་དགེའི་ས་བོན་ཐམས་ཅད་ཆུ་བོའི་རྒྱུན་བཞིན་དུ་འབབ་ཕྱིར་དང་། ལས་ཀྱི་རྟེན་ལྟ་བུའི་གཞི་ཡིན་ཕྱིར་གང་ཟག་གི་འཛོག་གཞིར་གྱུར་ཀྱང་། བདག་ཏུ་ལྟ་བར་བྱེད་པ་ནི་ཐུབ་པའི་དགོངས་པ་མ་ལགས་པས། གྲུབ་མཐའི་བློ་མེད་པའི་བྱིས་པ་ལ་བསྟན་པ་མ་ཡིན་ཞེས་གསུངས་པར་སྣམ་མོ། །

དེ་ལྟར་མདོ་སྡེ་དུ་མ་དང་། ཐེག་བསྡུས། ས་ཡི་བསྡོད་འགྲེལ་སོགས་ནས་རིགས་པ་བརྒྱད་དང་ལུང་རིགས་མཐའ་ཡས་པའི་སྒོ་ནས། ཀུན་གཞི་གཏན་ལ་ཕབ་ཡོད་ལ། སུམ་ཅུ་པར། དེ་ལ་ཀུན་གཞིའི་རྣམ་ཤེས་ནི། །རྣམ་སྨིན་ས་བོན་ཐམས་ཅད་པ། །དེ་ནི་ལེན་པ་དག་དང་གནས། །རྣམ་པར་རིག་པ་མི་རིག་པ། །རྟག་ཏུ་རེག་དང་ཡིད་བྱེད་དང་། །རིག་དང་འདུ་ཤེས་སེམས་པར་ལྡན། །དེ་ལ་ཚོར་བ་བཏང་སྙོམས་ཏེ། །དེ་ནི་མ་བསྒྲིབས་ལུང་མ་བསྟན། །རེག་ལ་སོགས་པའང་དེ་བཞིན་ནོ། །དེ་ནི་རྒྱུན་འབབ་ཆུ་བོ་བཞིན། །དགྲ་བཅོམ་ཉིད་ན་དེ་ལྡོག་གོ །དེ་ལ་གནས་ཏེ་རབ་འབྱུང་ཞིང་། །དེ་ལ་དམིགས་པ་ཡིད་ཅེས་བྱ། །རྣམ་ཤེས་ངར་སེམས་བདག་ཉིད་ཅན། །བསྒྲིབས་ལ་ལུང་དུ་མ་བསྟན་པའི། །ཉོན་མོངས་བཞི་དང་རྟག་ཏུ་འགྲོགས། །བདག་ཏུ་ལྟ་དང་བདག་ཏུ་རྨོངས། །བདག་རྒྱལ་བདག་ཆགས་འདུ་ཤེས་པ། །གང་དུ་སྐྱེས་པ་དེའི་འོ་ཞེས། །[①] ཞེས་རྒྱུན་ཤིན་ཏུ་བརྟན་ཅིང་བག་ཆགས་བསྔོ་གཞིར་གྱུར་པའི་ཚ་ནས་བཞག་པའི་མ་བསྒྲིབས་ལུང་མ་བསྟན་གྱི་གཙོ་སེམས་ཏེ། ཀུན་གཞི་དེ་ཉིད་གང་ཟག་གི་འཛོག་གཞི་ཡིན་པ་བསྟན་ཡོད་ལ། དེའི་ཕྱིར་དགྲ་

---

①སློབ་དཔོན་དབྱིག་གཉེན་དང་རྗེ་ཙོང་ཁ་པ་སོགས་ཀྱིས་མཛད་པའི་ཀུན་གཞིའི་རྩ་འགྲེལ་ཕྱོགས་སྒྲིག སེར་གཙུག་ནང་བསྟན་དཔེ་རྙིང་འཚོལ་བསྡུ་ཕྱོགས་སྒྲིག་ཁང་། བོད་ལྗོངས་མི་དམངས་དཔེ་སྐྲུན་ཁང་། ༦༩

བཅོམ་པའི་གོ་འཕང་མངོན་དུ་བྱས་པ་ཡིས་དེ་འགག་འགྲོ་བ་སོགས་བསྟན་ཏོ། །དེ་ཡང་ཡིན་ཏེ། རྒྱལ་བ་གཉིས་པ་རྗེ་བཙུན་ཙོང་ཁ་པའི་ཀུན་གཞིའི་རྩ་བར། "དེའི་ཕྱིར་དབང་ཕྱུག་དགྲ་བཅོམ་ལ། །ཀུན་གཞི་ཡོད་པ་མ་ཡིན་ཏེ། །འཛིན་བྱེད་གཉིས་པོ་མེད་ཕྱིར་རོ། །"①ཞེས་སོགས་གསུངས་པས་སོ། །

ལུང་གི་རྗེས་འབྲང་གི་སེམས་ཙམ་པས་གང་ཟག་གི་བཏགས་དོན་བཙལ་ན་རྙེད་དགོས་ཀྱང་། ཕུང་པོ་ནི་སྐྱེ་བ་ཕྱི་མར་འཕོ་བ་མི་སྲིད་པས། རྣམ་ཤེས་ཀྱི་ཕུང་པོ་ཡང་ལྔ་ཅི་སྙམས། བདེ་སྡུག་རྣམ་སྨིན་མྱོང་བ་པོའམ་ལས་འབྲས་ཀྱི་རྒྱུན་དུ་གྱུར་པ་ནི་ཤིན་དུ་བརྟན་པའི་རྣམ་པར་ཤེས་པ་ཀུན་གཞི་ཉིད་དོ་སྙམ་ཞིང་། དེ་ལྟར་འདོད་པ་ནི། དབུ་མ་པ་ལྟར་ན་མདོ་སྡེའི་དགོངས་པ་གཞན་དུ་དྲང་རྒྱུ་ཡོད་ཀྱང་ངེས་དོན་དུ་སྙམ་པས་ཡིན་པར་བཤད་དོ། །ལུགས་འདིས་ཀུན་གཞི་ནི་ཚེ་རབས་ཐོག་མ་མེད་པ་ནས་མཆིས་པའི་གསལ་རིག་གི་རྒྱུན་འདོར་དུ་མེད་པ་ཞིག་ཡིན་པར་འདོད་ལ། ཕྱི་ནང་སྣོད་བཅུད་ཀྱི་ཆོས་ཐམས་ཅད་ཀུན་གཞིའི་སྟེང་དུ་བག་ཆགས་གསུམ②ཀྱི་སྒོ་ནས་རང་མདངས་ཤར་བ་ཡིན་པས། ཤེས་བྱ་ཐམས་ཅད་གཙོ་སེམས་འདིའི་སྣང་ཆ་ཙམ་དུ་འདོད་དོ། །

①སློབ་དཔོན་དབྱིག་གཉེན་དང་རྗེ་ཙོང་ཁ་པ་སོགས་ཀྱིས་མཛད་པའི་ཀུན་གཞིའི་རྩ་འགྲེལ་ཕྱོགས་སྒྲིག སེར་གཙུག་ནང་བསྟན་དཔེ་རྙིང་འཚོལ་བསྡུ་ཕྱོགས་སྒྲིག་ཁང་། གངས་ཅན་ཁྲིད་ནོར་དཔེ་ཚོགས། པོད་ཕྲེང་ང་བཞི་པ། ཤ༢༠

②ལུས་ངག་ཡིད་བཅས་ཀྱི་བག་ཆགས་གསུམ།

༣ རིགས་པའི་རྗེས་འབྲང་གིས་གང་ཟག་གི་མཚན་གཞི་འདོད་ཚུལ།

རིགས་པའི་རྗེས་འབྲང་གི་སེམས་ཙམ་པ་ནི་ཚད་མ་ཀུན་བཏུས་དང་ཚད་མ་སྡེ་བདུན་གཙོ་བོར་སྟོན་པ་རིགས་པའི་རྗེས་འབྲང་གི་མདོ་སྡེ་པ་དང་འདྲ་བས། རྣམ་ཤེས་ཚོགས་དྲུག་ཏུ་བཞེད་ཕྱིར། གོང་གི་མདོ་སྡེ་པའི་བདག་གི་མཚན་གཞི་འཛོག་ཚུལ་འཆད་པའི་སྐབས་སུ་རྣམ་འགྲེལ་ཐར་ལམ་གསལ་བྱེད་ལས་ལུང་དང་བཅས་ཏེ་གསལ་བཤད་ཞུས་པ་བཞིན་ཡིད་ཀྱི་རྣམ་ཤེས་གང་ཟག་གི་མཚན་གཞིར་འདོད་ལ། རྣམ་འགྲེལ་ལས། སེམས་ཀྱི་རང་བཞིན་འོད་གསལ་ཏེ། །དྲི་མ་རྣམས་ནི་གློ་བུར་བ། །དེ་ཕྱིར་སྔར་ཡང་ནུས་མེད་རྣམས། །དེ་བདག་གྱུར་ལ་ཕྱིས་ནུས་མེད། །① ཅེས་གསུངས་པ་སོགས་ཀྱི་ལུང་ལ་གཏུགས་པ་ཡིན་འདུག་ཀྱང་། གོང་དུ་མདོ་སྡེ་པའི་སྐབས་སུ་ཞུས་ཟིན་པས་འདིར་བསྐྱར་དུ་མ་སྤྲོས་སོ། །

བཞི་པ། དབུ་མ་པའི་གང་ཟག་གི་མཚན་གཞི་འཛོག་ཚུལ།

༡ དབུ་མ་རང་རྒྱུད་པའི་གང་ཟག་བདག་གི་མཚན་གཞི་འཛོག་ཚུལ།

དབུ་མ་རང་རྒྱུད་པ་གཉིས་ཀྱི་བདག་གི་མཚན་གཞི་འཛོག་ཚུལ་བརྗོད་པ་ལ།

---

①དཔལ་ལྡན་ཆོས་གྲགས། བསྟན་བཅོས་ཚད་མ་རྣམ་འགྲེལ། སེར་གཙུག་ནང་བསྟན་དཔེ་རྙིང་འཚོལ་བསྡུ་ཕྱོགས་སྒྲིག་ཁང་། གངས་ཅན་ཁྱད་ནོར་དཔེ་ཚོགས། པོད་ཕྲེང་ཞེས་བརྒྱ་བཅོ་ལྔ། ༡༩༨

གྲུབ་མཐའ་རིན་ཆེན་ཕྲེང་བ་ལས། “ཡིད་ཀྱི་རྣམ་པར་ཤེས་པ་གང་ཟག་གི་མཚན་གཞི་དང་། ཀུན་གཞི་དང་ཉོན་ཡིད་ཁས་མི་ལེན་ཞིང་རྣམ་ཤེས་ཚོགས་དྲུག་ཏུ་འདོད་པ་རང་རྒྱུད་པ་གཉིས་ཀ་མཐུན་ནོ། །”①ཞེས་གསུངས་སོ། །

(༡) རྣལ་འབྱོར་སྤྱོད་པའི་དབུ་མ་རང་རྒྱུད་པའི་གང་ཟག་གི་མཚན་གཞི་འཛོག་ཚུལ།

མཁས་དབང་ཚུལ་ཁྲིམས་རྒྱ་མཚོས། “རྣལ་འབྱོར་སྤྱོད་པའི་དབུ་མ་རང་རྒྱུད་པ་དང་། འཕགས་སེང་གཉིས་ཀྱི་ལུགས་ལ། གང་ཟག་གི་བཏགས་དོན་བཙལ་ན་ཉེད་རྒྱུ་དེ་ལ་རྣམ་ཤེས་ཀྱི་ངོ་བོ་མ་བཞག་པར་ཡིད་ཀྱི་རྣམ་ཤེས་ཀྱི་རྒྱུན་འཛོག་བཞིན་པ་ལ་འདོད་དེ། རྒྱན་སྣང་ལས། རྒྱུན་ཉིད་ཀྱིས་ན་གང་ཟག་ཅེས་བྱ་བ་ཞིག་གོ། ཞེས་དང་། དབུ་མ་ལུང་རིགས་སྒྲོན་མེ་ལས། འཕགས་སེང་གཉིས་ཀའི་ལུགས་ལ་རྣམ་ཤེས་ཀྱི་ཕུང་པོའི་རྒྱུན་ལ་བདག་ཏུ་རྣམ་པར་བཞག་པ་སྟེ་ཞེས་གསུངས་སོ། །”②ཞེས་སོགས་ལུང་དང་བཅས་ཏེ་གསུངས་ཡོད་ལ། མདོ་སྡེ་སྤྱོད་པའི་དབུ་མ་རང་རྒྱུད་པའི་ལུགས་ལ་གང་ཟག་གི་མཚན་གཞིར་ཡིད་ཀྱི་རྣམ་ཤེས་འཛོག་པ་ལས། སློབ་དཔོན་འཕགས་པ་གྲོལ་སྡེ་དང་སེང་གེ་བཟང་པོ་སྟེ། རྣལ་འབྱོར་སྤྱོད་པའི་དབུ་མ་རང་རྒྱུད་པ་རྣམ་བདེན་རྫུན་གཉིས་ཀས། ཡིད་ཀྱི་རྣམ་ཤེས་ཀྱི་རྒྱུན་ལས་ཡིད་ཀྱི་རྣམ་ཤེས་གང་ཟག་གི་མཚན་གཞིར་མི་འཛོག་ཅིང་། རྣམ་ཤེས་དང་རྣམ་ཤེས་ཀྱི་རྒྱུན

①ཀུན་མཁྱེན་རབ་དབང་ཕྱུག གྲུབ་མཐའ་རིན་ཆེན་ཕྲེང་བའི་ཚིག་འགྲེལ་ཐོར་བུ། མི་རིགས་དཔེ་སྐྲུན་ཁང་། ༢༠༠༧ལོའི་ཟླ་བཞི་པར་དཔར་ཐེངས་བཞི་པ། ཤ༣༧

②ཚུལ་ཁྲིམས་རྒྱ་མཚོ། ཚད་མའི་དཀའ་གནད་སེལ་བར་བྱེད་པའི་དུས་ཀྱི་མེ་ལོང་། མི་རིགས་དཔེ་སྐྲུན་ཁང་། ༡༩༩༡ལོའི་ཟླ་བརྒྱད་པར་དཔར་ཐེངས་དང་པོ། ཤ༣༨

ལ་ཁྱད་པར་ཡོད་དེ། རྣམ་ཤེས་ནི་ཐོག་མེད་ནས་བར་མ་ཆད་པར་འགྲོ་བ་མེད་ལ། རྣམ་ཤེས་ཀྱི་རྒྱུན་ནི་ཐོག་མེད་ནས་བར་མ་ཆད་པར་འོང་བ་ཡིན་ཕྱིར་ཁྱད་པར་ཆེན་པོ་ཡོད་ཅེས་སོགས་ས་བོན་དང་ས་བོན་གྱི་རྒྱུན་ལ་ཁྱད་པར་ཡོད་པའི་དཔེ་དང་བཅས་ཏེ་བསྒྲུབས་གནང་འདུག དེ་ལ་མཁས་གྲུབ་དགེ་འདུན་བསྟན་པ་དར་རྒྱས་ཀྱིས། མདོ་སྡེ་པ། སློབ་དཔོན་ལེགས་ལྡན་འབྱེད། འཕགས་སེང་གཉིས་དང་བཅས་པ་ཡང་ཡིད་ཀྱི་ རྣམ་ ཤེས་ བདག་ ཏུ་ འདོད་ པ་ ཡིན་① ཞེས་ གསུངས་ པ་ སོགས་ ཅུང་ ཟད་གསུངས་ཚུལ་མ་གཅིག་པ་མཆིས་པ་དཔྱོད་ཤེས་མཁན་པོས་ཞིབ་ཆ་བྱ་འོས་ལས་ཐྲན་གྱིས་འདིར་མི་སྤྲོའོ། །

(༢) མདོ་སྡེ་སྤྱོད་པའི་དབུ་མ་རང་རྒྱུད་པའི་གང་ཟག་གི་མཚན་གཞི་འཛོག་ཚུལ།

མདོ་སྡེ་སྤྱོད་པའི་དབུ་མ་རང་རྒྱུད་པའི་གང་ཟག་གི་མཚན་གཞི་འདོད་ལུགས་ལ་རྩོད་གཞི་མེད་དེ། ལུང་དུ་བྱེད་པ་ཡང་ཕལ་མོ་ཆེར། རྟོག་གེ་འབར་བ་ལས། "རྣམ་པར་ཤེས་པ་སྲིད་པ་ལེན་པའི་ཕྱིར། བདག་ཡིན་ནོ། །ཞེས་དང་། ཇི་བཞིན་དོན་གྱི་སེམས་ཀྱི་ཡུལ། །བདག་ཅེས་བྱ་བར་བདག་ཅག་འདོད། །སེམས་ཀྱི་ཡུལ་གྱི་བློ་ལ་བདག་ཅེས་བྱ་བའི་སྐད་ཐ་སྙད་ཀྱི་བདེན་པའི་ཚུལ་དུ་ཁོ་བོ་ཅག་གིས་ཀྱང་འདོད་

①མཁས་གྲུབ་དགེ་འདུན་བསྟན་པ་དར་རྒྱས། བསྟན་བཅོས་ཆེན་པོ་དབུ་མ་ལ་འཇུག་པའི་སྤྱི་དོན་རྣམ་བཤད་དགོངས་པ་རབ་གསལ་གྱི་དགོངས་པ་གསལ་བར་བྱེད་པའི་བློ་གསལ་སྒྲོན་མེ། སེར་གཙུག་ནང་བསྟན་དཔེ་རྙིང་འཚོལ་བསྡུ་ཕྱོགས་སྒྲིག་ཁང་། གངས་ཅན་ཁྱད་ནོར་དཔེ་ཚོགས། བོད་ཕྱེང་ཉིས་བརྒྱ་གོ་བཞི། ༡༩༥༨

པ་ཡིན་ཏེ་”① ཞེས་སོགས་དང་། ཡང་སློབ་དཔོན་ལེགས་ལྡན་འབྱེད་ཀྱིས། འདི་ལྟར་ཁོ་བོ་ཅག་ཀྱང་ཐ་སྙད་དུ་རྣམ་པར་ཤེས་པ་ལ་བདག་གི་སྒྲ་དངོས་སུ་འདོགས་ཏེ། འདི་ལྟར་རྣམ་པར་ཤེས་པ་ནི་ཡང་སྲིད་པ་ལེན་པའི་ཕྱིར་བདག་ཡིན། ཞེས་སོགས་མང་དུ་གསུངས་པ་བཞིན་དུ། དམིགས་རྣམ་མི་གསལ་བའི་དྲུག་པ་ཡིད་ཀྱི་རྣམ་པར་ཤེས་པ་མ་བསྒྲིབས་ལུང་མ་བསྟན་གྱིས་བསྡུས་པའི་རྣམ་ཤེས་ཤིག་གང་ཟག་གི་མཚན་གཞིར་འདོད་པ་དག་ནི་གོང་དུ་ཞུས་ཟིན་པ་བཞིན་མདོ་ལས། བདག་ཉིད་བདག་གི་མགོན་ཡིན་གྱི། །གཞན་ནི་སུ་ཞིག་མགོན་དུ་འགྱུར། །བདག་ཉིད་ལེགས་པར་དུལ་བས་ན། །མཁས་པས་མཐོ་རིས་ཐོབ་པར་འགྱུར། །བདག་ཉིད་བདག་གི་མགོན་ཡིན་གྱི། །བདག་ཉིད་བདག་གི་དགྲ་ཡང་ཡིན། །ལེགས་དང་ངན་པ་བྱེད་པ་ལ། །བདག་ཉིད་བདག་གི་དཔང་པོ་ཡིན། །ཞེས་པ་དང་། མདོ་གཞན་ལས། སེམས་དུལ་བས་བདག་དུལ་བར་གསུངས་པའི་ཕྱིར། ཡིད་ཀྱི་རྣམ་པར་ཤེས་པ་འདི་ནས་འཆི་སེམས་དང་། ཕྱི་མར་སྐྱེ་སེམས་བྱེད་པའི་རིགས་པ་ལ་བརྟེན་ནས་ཡིད་ཀྱི་རྣམ་ཤེས་བདག་ཏུ་འདོད་པའི་ཕྱིར་② ཞེས་སོགས་ཁུངས་དང་བཅས་ཏེ་འདོད་དོ། །

①སློབ་དཔོན་ལེགས་ལྡན་འབྱེད། དབུ་མ་སྙིང་པོའི་འགྲེལ་པ་རྟོག་གེ་འབར་བ། སྣད་ཆ། སེར་གཙུག་ནང་བསྟན་དཔེ་སྙིང་འཚོལ་བསྡུ་ཁང་། གངས་ཅན་ཁྱད་ནོར་དཔེ་ཚོགས། བོད་ཕྲེང་སུམ་བརྒྱ་བཅོ་ལྔ། ༢༨༣

②མཁས་གྲུབ་དགེ་འདུན་བསྟན་པ་དར་རྒྱས། བསྟན་བཅོས་ཆེན་པོ་དབུ་མ་ལ་འཇུག་པའི་སྤྱི་དོན་རྣམ་བཤད་དགོངས་པ་རབ་གསལ་གྱི་དགོངས་པ་གསལ་བར་བྱེད་པའི་བློ་གསལ་སྒྲོན་མེ། སེར་གཙུག་ནང་བསྟན་དཔེ་སྙིང་འཚོལ་བསྡུ་ཕྱོགས་སྒྲིག་ཁང་། གངས་ཅན་ཁྱད་ནོར་དཔེ་ཚོགས། བོད་ཕྲེང་ཉིས་བརྒྱ་གོ་བཞི། ༢༥༥༨ལ་འདི་དོན་ལུང་དང་བཅས་ཏེ་གསལ།

༢ དབུ་མ་ཐལ་འགྱུར་བའི་གང་ཟག་གི་མཚན་གཞི་འཛོག་ཚུལ།

དབུ་མ་ཐལ་འགྱུར་པས་ནི་ཆོས་ཐམས་ཅད་རྟོག་པས་བཏགས་ཙམ་གྱི་རྟེན་འབྲེལ་དུ་འདོད་པའམ་གཟུགས་ནས་རྣམ་མཁྱེན་བར་གྱི་ཆོས་ཐམས་ཅད་མིང་རྐྱང་བཏགས་ཡོད་ཙམ་དུ་འདོད་ཅིང་། འདུས་བྱས་ཀྱི་མཚན་ཉིད་ཇི་འདྲར་འཛོག་ཅེ་ན། རྡོ་རྗེ་གཅོད་པ་ལས། "སྐར་མ་རབ་རིབ་མར་མེ་དང་། །སྒྱུ་མ་ཟིལ་པ་ཆུ་བུར་དང་། །རྨི་ལམ་གློག་དང་སྤྲིན་ལྟ་བུར། །འདུས་བྱས་དེ་ལྟར་བལྟ་བར་བྱ། །"① ཞེས་གསུངས་པ་བཞིན་ནོ། །དེ་ལྟར། མིང་དང་རྟོག་པས་བཞག་ཙམ་གྱིས་བྱ་བྱེད་ཐམས་ཅད་བསྐྱོན་མེད་དུ་འཐད་པར་འདོད་ཕྱིར། གང་ཟག་གི་མཚན་གཞིར་ཡང་གདགས་གཞི་ཕུང་པོ་བཞིའམ་ལྔ་ལ་བརྟེན་ནས་བཏགས་པའི་ང་ཙམ་དེ་འཛོག་པ་ལས། ཕུང་པོ་དང་རྣམ་ཤེས་སོགས་མཚན་གཞི་ཟུར་པ་ཞིག་དགོས་དོན་མེད་པར་བཞེད། ང་ཙམ་ཞེས་པའི་ཙམ་སྒྲས་ཕུང་སོགས་ལ་གདགས་གཞི་ཟུར་པ་བཙལ་རྙེད་བྱ་རྒྱུ་མེད་པ་དང་། བཙལ་བའི་དགོས་པ་མེད་པ་སྟེ་མདོར་ན་གང་ཟག་ཅེས་པ་རང་གི་ངོ་བོ་མ་དམིགས་པའམ་དོན་དམ་དུ་མེད་པར་བསྟན་ལ། གཞི་ཆོས་སོགས་ཀྱི་སྟེང་དུ་དབུ་མ་ཐལ་འགྱུར་བས་བཏགས་ཙམ་ཞེས་པའི་ཐ་སྙད་སྦྱོར་ཅིང་། དེའི་ཙམ་སྒྲས་དོན་དམ་པར་མེད་པ་བསྟན་པའོ། །ལུགས་འདིས། ཕྱི་རོལ་པའི་རྟག་གཅིག་རང་དབང་པའི་བདག་ཙམ་མ་ཚད། རང་སྡེ་རང་རྒྱུད་པ་མན་ཆད་ཀྱིས་ཕུང་སོགས་གང་ཟག་གི་མཚན་གཞིར་འཛོག་པ་ཡང་རིགས་པས་འགོག་པར་བྱེད། "རང་རྒྱུད་པ་

---

①རྡོ་རྗེ་གཅོད་པ་ཤིང་དཔར་གྱི་དཔར་མ་དཔེ་ཐྲུང་། ཤ༣༥

མན་ཆད་ཀྱིས། གདགས་གཞི་ཕུང་པོ་ལ་བརྟེན་ནས་གང་ཟག་བཏགས་པར་བཞེད་ཀྱང་། ཕུང་པོ་གང་ཟག་གི་གདགས་གཞི་ཡིན་ན་དེ་གང་ཟག་ཡིན་དགོས་སྙམ་པ་དང་། ཕུང་པོ་གང་ཟག་ཡིན་པར་བརྟག་གོ་སྙམ་པ་དང་། གང་ཟག་གི་གདགས་གཞིའི་སྟེང་ན་གང་ཟག་མེད་ན་གང་ཟག་མེད་པར་འགྱུར་རོ་སྙམ་དུ་དགོངས་སོ། །ཐལ་འགྱུར་བས། གདགས་གཞི་དེ་ཡིན་ན། བཏགས་ཆོས་དེ་མ་ཡིན་དགོས་པར་བཞེད་པས། གདགས་གཞིའི་ངོས་ནས་གང་ཡང་གང་ཟག་གི་མཚན་གཞིར་མ་གྲུབ་པ་མ་ཟད། རྣམ་ཤེས་སོགས་གང་ཡང་དེའི་མཚན་གཞི་ཡིན་པ་ཐ་སྙད་ཙམ་དུ་འགོག་པར་བྱེད་དོ། །དེ་ལྟ་ན་དེ་ལས་གཞན་དུའང་དེ་མི་རྙེད་པས་གང་ཟག་མེད་པར་འགྱུར་རོ་སྙམ་ན་མི་འགྱུར་ཏེ། མ་བརྟགས་མ་དཔྱད་པར་འདི་མཆོད་སྦྱིན་ནོ། །འདི་ལྷས་སྦྱིན་ནོ། །འདིས་ལས་འདི་བྱས་སོ། །ཞེས་མིང་གི་ཐ་སྙད་ཀྱིས་བཏགས་ཙམ་དེས་ཆོག་པར་བཞེད་དོ། །"①ཞེས་སོགས་གསུངས་པ་ལྟར་རོ། །

ཕུང་པོ་དང་རྣམ་ཤེས་ལ་བཏགས་པ་ཙམ་མི་འདོད་པར་ཕུང་པོའི་རྒྱུན་དང་རྣམ་ཤེས་ཀྱི་རྒྱུན་སོགས་གང་ཟག་གི་མཚན་གཞིར་བཟུང་ནས། དེ་འདྲའི་གང་ཟག་ཀྱང་མི་འདོད་ན་ལས་འབྲས་རྙོག་པ་སྟེ། ཚེ་འདིའི་ལས་དེ་ཕྱི་མས་མྱོང་བ་སོགས་མི་འབྱུང་སྙམ་དུ་སེམས་པ་སོགས་ཀྱང་མི་རིགས་ཏེ། སྤྱོད་འཇུག་གི་འགྲེལ་པ་ལས། "དམྱལ་བ་ལ་སོགས་པ་གང་དུ་སྐྱེ་བ་ན་ཤི་བ་མིའི་ཕུང་པོ་ཡིན་པ་དང་སྐྱེ་བ་དམྱལ་

①རྗེ་བཙུན་བློ་བཟང་ནོར་བུ། གྲུབ་མཐའི་རྣམ་གཞག་གསལ་བར་བཤད་པ་ཐུབ་བསྟན་རིན་པོ་ཆེ་གསལ་བའི་སྒྲོན་མེ། བོད་ལྗོངས་བོད་ཡིག་དཔེ་རྙིང་དཔེ་སྐྲུན་ཁང་། ༢༠༠༨ལོའི་ཟླ་དྲུག་པ། ཤ༣༨༠དང་༣༨༡ལ་གསལ།

བའི་ཕུང་པོ་ཡིན་པའི་ཕྱིར་དང་། རྣམ་ཤེས་སྔ་མ་འགག་པ་མིའི་རྣམ་ཤེས་དང་ཕྱིས་སྐྱེ་བ་དམྱལ་བའི་རྣམ་ཤེས་ཡིན་པའི་ཕྱིར་ཐ་དད་པ་ཡིན་ལ། དེ་ཡང་མིའི་ལུས་དང་སེམས་འགགས་ནས་ཕྱི་མའི་ལུས་སེམས་སྐྱེས་པ་ལ་སྔ་མ་དེ་ཕྱི་མར་འཕོས་པའམ་སོང་བ་མེད་དེ། ཇི་སྐད་དུ། ཁ་ཏོན་མེ་ལོང་མར་མེ་རྒྱ། །མེ་ཤེལ་ས་བོན་སྐྱུར་དང་སྒྲས། །ཕུང་པོ་ཉིང་མཚམས་སྦྱོར་བ་ཡང་། །མི་འཕོ་བར་ཡང་མཁས་རྟོགས་བྱ། །ཞེས་གསུངས་པ་ལྟར་མར་མེ་གཅིག་ལས་གཅིག་སྦར་བ་ན་སྔ་མ་ལ་མ་ལྟོས་པར་ཕྱི་མ་མེད་ལ་སྔ་མ་ཕྱི་མར་འཕོས་པའང་མིན་པ་བཞིན་དུ་ཤེས་པར་བྱའོ། །”① ཞེས་སོགས་གསུངས་པ་ལས་ཀྱང་། རྣམ་ཤེས་ཀྱི་རྒྱུན་སོགས་གང་ཟག་ལ་འཇོག་པ་ཇི་ལྟར་འགོག་ཚུལ་རྟུང་ཟད་ཤེས་ཐུབ་སྙམ་མོ། །

①སློབ་དཔོན་ཞི་བ་ལྷ་དང་རྫོགས་ཆེན་མཁན་པོ་ཀུན་བཟང་དཔལ་ལྡན། བྱང་ཆུབ་སེམས་པའི་སྤྱོད་པ་ལ་འཇུག་པ་རྩ་བ་དང་འགྲེལ་པ། སི་ཁྲོན་མི་རིགས་དཔེ་སྐྲུན་ཁང་། ༡༩༩༠ལོའི་ཟླ་༩པ། ཤ༥༧༣

རང་སྟེས་གང་ཟག་གི་མཚན་གཞི་འཛིན་སྟངས་གསལ་བའི་རེའུ་མིག

བྱེ་བྲག་སྨྲ་བ།	གདགས་གཞི་ཕུང་པོ་ལྔ་ཚོགས་ཙམ། ལ་ལས་ཕུང་པོ་ལྔ་ཆར་དང་སེམས་གཅིག་པུ།
མདོ་སྡེ་པ། སེམས་ཙམ་པ།	ལུང་གི་རྗེས་འབྲང་པས་ཕུང་པོའི་རྒྱུན། རིགས་པའི་རྗེས་འབྲང་གིས་ཡིད་ཀྱི་རྣམ་ཤེས། ལུང་ གི་ རྗེས་ འབྲང་ པས་ ཀུན་ གཞིའི་ རྣམ་ ཤེས། རིགས་པའི་རྗེས་འབྲང་ཡིད་ཀྱི་རྣམ་ཤེས།
དབུ་མ་པ།	རང་རྒྱུད་ རྣལ་ འབྱོར་ སྤྱོད་ པས་ ཡིད་ ཀྱི་ རྣམ་ ཤེས་ ཀྱི་ རྒྱུན། རང་རྒྱུད་མདོ་སྡེ་སྤྱོད་པས་ཡིད་ཀྱི་རྣམ་ཤེས། དབུ་མ་ ཐལ་ འགྱུར་ བས་ གདགས་ གཞི་ ཕུང་ པོ་ བཞི་ འམ་ལྔ་ལ་བརྟེན་ནས་བཏགས་པའི་ང་ཙམ།

ལེའུ་གཉིས་པ། ནང་པས་བདག་མེད་ཇི་ལྟར་འདོད་ཚུལ་བརྗོད་པ།

བདག་མེད་ཅེས་པའི་ཐ་སྙད་དེ་ནི་ཨུ་ཅག་བོད་པ་གྲུབ་མཐས་བློ་བསྒྱུར་དང་མ་བསྒྱུར་གྱི་ཤེས་ཡོན་ཅན་ཕལ་མོ་ཆེའི་རྣ་ལམ་དུ་གྲགས་ཆེ་ལ། མཁས་མང་གིས་ཀྱང་ཡིད་འཇོག་ཆེན་པོས་བཀྲོལ་བཤད་ལན་མང་གནང་ཡོད་ཅིང་། ཁྱད་པར་མདོ་དང་བསྟན་བཅོས་རྣམས་སུ་མང་རབ་འཆད་ནས། ནང་པ་སངས་རྒྱས་པའི་ཆོས་ཀྱི་ཡང་སྙིང་གང་ལེགས་ལེགས་ཀྱི་ཚུལ་དུ་ཉིན་མོའི་དཔེ་ཟླར་བྱས་ནས་བཀྲ་བར་གནང་ཡོད། དེས་ན་བདག་མེད་ཅེས་པ་ཡང་སྙིང་དོན་གྱི་རྣལ་མ་ལ་གོ་བ་ལོན་ནས་ཐར་ལམ་གསལ་བར་བྱེད་པ་དང་། ཉམས་སུ་བླངས་ནས་གཏན་བདེའི་འདུན་མ་རྗེད་ཐབས་བྱེད་པ་ནི་ཤིན་ཏུ་དཀའ་བ་ཞིག་ཡིན་ཏེ། སྤྱོད་འཇུག་ལས། ཡན་ལག་འདི་དག་ཐམས་ཅད་ནི། །ཐུབ་པས་ཤེས་རབ་དོན་དུ་གསུངས། །ཞེས་བྱའི་ཤེས་པ་རབ་དེ་བདག་མེད་ཐ་མོ་རྟོགས་པའི་ཤེས་རབ་ལ་བརྗོད་པའི་ཕྱིར། འདིར་ཐུན་གྱིས་བདག་མེད་འདོད་ཚུལ་གྱི་སྐོར་འཆད་པ་ནི་མ་ཤེས་ཤེས་མདོག་དང་ཆེ་འདོད་གྲགས་འདོད་དབང་གིས་མ་ཡིན་ཞིང་། ཀུན་སློང་རྣམ་པར་དག་པའི་སྒོ་ནས་རང་བློས་ལྕོགས་ཚོད་ཀྱིས་གཞུང་བཟང་རྗེན་དུ་བྱས་ནས་རྩོམ་འབྲི་བགྱིས་པ་དང་། ས་བཅད་དང་ལེ་ཚན་གང་ཡང་སྔོན་བྱོན་གྱི་མཁས་པའི་ཞལ་རྒྱུན་དེད་དེ་འདྲ་བཤུ་བྱ་རྒྱུ་ལྟ་བུར་མ་བསམས་པར།

དགོས་དབང་གིས་གོ་བདེར་དབྱེ་ནས་བསྒྲིགས་པ་དང་། ཁྱད་པར་དུ་དགོས་ངེས་ཀྱི་ས་ལ་ལུང་ས་ཁུངས་གཙང་མའི་ཞབས་ལ་གཏུགས་ཀྱིན་གང་ལ་གང་འཚམ་གྱིས་སྐོན་འཕྲི་དང་དཔྱད་བསྡོམས་ཙུང་བྱས་ཏེ། རྩོམ་ཡིག་གི་ལེའུ་འདི་བཞིན་གང་ལ་དེ་འཚམ་གྱིས་བསྒྲིགས།

ས་བཅད་དང་པོ། བདག་མེད་ཅེས་པའི་གོ་དོན་སོགས་ཀྱི་སྐོར་ཙམ་ཟད་འཆད་པ།

དང་པོ། དགག་བྱའི་བདག་ཇི་ལྟར་ངོས་བཟུང་བའི་སྐོར།

༡ དགག་བྱ་ལོག་རྟོག་གཉིས་ཀྱི་སྐོར།

དེ་ཡང་"སྤྱིར་བདག་ཅེས་པའི་སྐད་དོད་ལ་ཨཱཏྨ་ཀ་①ཞེས་ཡོད་པ་ལས། དེ་ཡང་སྒྲ་ཡངས་པའི་དབང་དུ་བྱས་ནས་གང་ལ་ཡང་མ་ལྟོས་པར་ཚུགས་ཐུབ་ཏུ་གནས་པ་ཞིག་ལ་བདག་ཅེས་འཇོག་ཅིང་དེ་ལྟར་ཆོས་བདག་གི་དབང་དུ་བྱས་པ་དང་། སྒྲ་དོག་པའི་དབང་དུ་བྱས་ན་ཕུང་པོ་ལ་དམིགས་ནས་ང་བདག་ཏུ་འཛིན་པར་འཇུག་ཅིང་། དེ་ལྟར་ན་གང་ཟག་གི་བདག་གི་དབང་དུ་བྱས་པའོ། །"②ཞེས་གསུངས་པ་

①བདག་ཅེས་པ་ལེགས་སྦྱར་དུ་ཨཱཏྨ་ཞེས་དང་། ལེགས་སྦྱར་དབྱིན་ཡིག་ཏུ་འགྱུར་ཡིག་ལ་Atmanཞེས་འབྲི་བར་བྱེད་པས། འདིར་ཨཏྨ་ཞེས་བྲིས་པ་ནི་ཨཏྨ་ཞེས་པ་སློག་ཟླད་དུ་ཕབ་དུས་ནོར་བ་མིན་ནམ་སྙམ།

② ཛེ་བཙུན་དྷ་ར་ནཱ་ཐ། དཔྱ་མ་ཐེག་མཆོག མི་རིགས་དཔེ་སྐྲུན་ཁང་། ༢༠༠༧ལོར་བསྐྲུན། ཤ༢༢༥

ལྟར་གང་ཟག་གི་བདག་དང་ཆོས་ཀྱི་བདག་གཉིས་མེད་ཀྱང་ཡོད་པར་འཛིན་ཕྱིར་གང་ཟག་གི་བདག་འཛིན་དང་ཆོས་ཀྱི་བདག་འཛིན་ཞེས་པ་ནི་མེད་པ་ཡོད་པར་འཛིན་པའི་ཕྱིན་ཅི་ལོག་གི་རྟོག་པ་ཡིན་ཞིང་། ལོག་རྟོག་དེ་གཉིས་པོ་ལ་ཡང་། ཀུན་བཏགས་དང་ལྷན་སྐྱེས་ཀྱི་བདག་ཏུ་འཛིན་པ་ཞེས་གཉིས་རེ་ཡོད་པ་ཡིན་ཏེ། པཎ་ཆེན་བསོད་ནམས་གྲགས་པས། "གང་ཟག་གི་བདག་འཛིན་ལ་དབྱེ་ན། ཀུན་བཏགས་དང་ལྷན་སྐྱེས་གཉིས་སུ་ཡོད་ཅིང་དེ་བཞིན་དུ་ཆོས་ཀྱི་བདག་འཛིན་ལ་ཡང་གཉིས་སུ་དབྱེ་བར་བྱ་ལ། དེ་ཐམས་ཅད་ནི་བདག་འཛིན་ཕྲ་མོར་བྱ་ཡི་"① ཞེས་སོགས་གསུངས་ལ། མཁས་གྲུབ་ཐམས་ཅད་མཁྱེན་པས་ཀྱང་། "སྒྲོ་འདོགས་ལ་ཀུན་བཏགས་དང་ལྷན་སྐྱེས་གཉིས་ཡོད་ལ། ཀུན་བཏགས་ནི་གཞན་སྡེ་དང་རང་སྡེ་དོན་སྨྲ་གཉིས་ཀྱི་ལུགས་སོ། །ལྷན་སྐྱེས་ལ་གང་ཟག་དང་ཆོས་ཀྱི་བདག་ཏུ་སྒྲོ་འདོགས་པ་གཉིས"② ཞེས་གསུངས་ཡོད་ལ། ཡང་"ལོག་རྟོག་ལ་ཀུན་བཏགས་དང་ལྷན་སྐྱེས་གཉིས་ཡོད་དེ། ཀུན་བཏགས་ནི་གྲུབ་མཐའ་སྨྲ་བས་དངོས་པོ་རང་བཞིན་གྱིས་གྲུབ་པའི་རྒྱུ་མཚན་དུ་མང་དུ་སྒྲོ་བཏགས་ནས། རང་བཞིན་གྱིས་གྲུབ་ཚུལ་འདི་འདྲ་བ་སྣ་ཚོགས་པ་དམ་འཆའ་བ་རྣམས་ཡིན་ལ། ལྷན་སྐྱེས་ནི་སེམས་ཅན་ཐམས་

①པཎ་ཆེན་བསོད་ནམས་གྲགས་པས་མཛད་པའི་དབུ་མའི་སྤྱི་དོན་ཟབ་དོན་གསལ་བའི་སྒྲོན་མེ། སེར་གཙུག་ནང་བསྟན་དཔེ་རྙིང་འཚོལ་བསྡུ་ཕྱོགས་སྒྲིག་ཁང་། གངས་ཅན་ཁྱད་ནོར་དཔེ་ཚོགས། བོད་ཕྲིང་དྲུག་ཅུ་རེ་གཉིས་པ། ༡༨༣

②མཁས་གྲུབ་དགེ་ལེགས་དཔལ་བཟང་། དབུ་མའི་བསྟན་བཅོས་ཆེན་པོ་སྟོང་ཐུན་སྐལ་བཟང་མིག་འབྱེད། སེར་གཙུག་ནང་བསྟན་དཔེ་རྙིང་འཚོལ་བསྡུ་ཕྱོགས་སྒྲིག་ཁང་། གངས་ཅན་ཁྱད་ནོར་དཔེ་ཚོགས། བོད་ཕྲིང་ང་གཅིག་པ། ༡༣༣

ཅན་ལ་ཐོག་མ་མེད་པ་ནས་ཁྱད་མེད་དུ་རྗེས་སུ་འབྲེལ་བ། རང་གི་བློ་ཡུལ་དུ་གང་སྣང་བའི་ཆོས་ཐམས་ཅད་ལ་རྒྱུ་མཚན་ཆེད་དུ་བསམ་མི་དགོས་པར་ཡུལ་གྱི་རང་ངོས་ནས་གྲུབ་པར་འཛིན་པའི་བློ་རང་གི་ངང་གིས་སྐྱེ་བ་སྟེ་"①ཞེས་གསུངས་པ་ལྟར་དང་། བདག་འཛིན་ཀུན་བརྟགས་དང་ལྷན་སྐྱེས་གཉིས་ལས། བདག་འཛིན་ཀུན་བརྟགས་ནི་སློབ་དཔོན་འཕགས་པ་ཐོགས་མེད་ཀྱི་ཐེག་བསྡུས་སུ། "དེ་ལ་ཀུན་བརྟགས་པའི་མཚན་ཉིད་གང་ཞེ་ན། གང་དོན་མེད་ཀྱང་རྣམ་པར་རིག་པ་ཙམ་དོན་ཉིད་དུ་སྣང་བ་གང་ཡིན་པའོ། །"②ཞེས་གསུངས་ཡོད་པ་བཞིན་ཀུན་བཏགས་ནི་ཕྱི་རོལ་པས་བདག་གམ་ང་ཞེས་བྱ་བ་རྟག་གཅིག་རང་དབང་ཅན་དུ་འདོད་པ་དང་། རང་སྡེ་དོན་སྨྲ་སྡེ་གཉིས་ཀྱིས་ཕྱི་རོལ་དོན་གྱི་དངོས་པོ་སྣང་བ་བཞིན་དུ་རང་གི་སྡོད་ལུགས་ཀྱི་ངོས་ནས་གཟུགས་སོགས་རགས་པའི་རང་བཞིན་དེ་བཞིན་དུ་བདེན་པར་ཞེན་པའི་འདོད་ལུགས་སོགས་ལ་གོ་བ་དང་། ལྷན་སྐྱེས་ནི་གང་ཟག་གི་ངོས་ནས་མི་ཙམ་མ་ཡིན་པའི་སྐྱེ་འགྲོ་ཀུན་ཏེ་སྲོག་ཆགས་ཆུང་ངུ་སྲིན་འབུ་དང་བཅས་པའི་རྒྱུད་ལ་ཆུང་ངུ་ནས་ངང་གིས་མཆིས་པའི་ང་དང་ང་ཡི་བར་འཛིན་པའི་འཛིན་པ་ལ་ཟེར་ཞིང་། འདུ་ཤེས་དེ་ནི་རང་རེ་འགྲོ་བ་མིའི་ངོས་ནས་སྨྲས་ན། ལུས་ལ་ན་ཟུག་ཅིག་

① མཁས་གྲུབ་དགེ་ལེགས་དཔལ་བཟང་། དབུ་མའི་བསྟན་བཅོས་ཆེན་པོ་སྟོང་ཐུན་སྐལ་བཟང་མིག་འབྱེད། སེར་གཙུག་ནང་བསྟན་དཔེ་རྙིང་འཚོལ་བསྡུ་ཕྱོགས་སྒྲིག་ཁང་། གངས་ཅན་ཁྱད་ནོར་དཔེ་ཚོགས། པོད་ཕྲེང་ང་གཅིག་པ། ཤ༡༡༨

② མཁས་གྲུབ་དགེ་ལེགས་དཔལ་བཟང་། དབུ་མའི་བསྟན་བཅོས་ཆེན་པོ་སྟོང་ཐུན་སྐལ་བཟང་མིག་འབྱེད། སེར་གཙུག་ནང་བསྟན་དཔེ་རྙིང་འཚོལ་བསྡུ་ཕྱོགས་སྒྲིག་ཁང་། གངས་ཅན་ཁྱད་ནོར་དཔེ་ཚོགས། པོད་ཕྲེང་ང་གཅིག་པ། ཤ༣༥ ལུང་དུ་དྲངས་པ་ལས་བཏུས།

བཏང་བའི་ཚེ་ང་ན་ཞེས་སྨྲེ་ངག་འབྱིན་པ་ཙམ་མ་ཟད་དུས་དང་རྣམ་པ་ཀུན་དུ་བློ་ངོར་ང་ཞེས་གཅེས་པར་འཛིན་དུ་ཡོད་པའི་ཆ་ཞིག་ཡོད་པར་རབ་ཏུ་ཞེན་ནས་ང་དེའི་སྐད་དུ་ཚེ་གང་ངལ་བས་འདས་འགྲོ་བ་ལྟ་བུ་གང་ཟག་ལྷན་སྐྱེས་དབང་གིས་ཡིན་པ་གསལ་པོ་རེད།

ཡང་ཕྱི་རོལ་གྲུབ་མཐའ་སྨྲ་བས་ནི་ང་ཞེས་པ་བཏགས་པ་ཙམ་དུ་མི་འདོད་པར་དེའི་ངོ་བོ་བཙལ་ནས་རྟག་གཅིག་རང་དབང་ཅན་སོགས་ཤིན་ཏུ་སྒྲོ་འདོགས་ཆེན་པོས་སྨྲ་བ་མ་ཟད། གང་ཟག་ཕུང་པོ་ལ་བརྟེན་པ་དང་བལྟོས་པ་སོགས་མིན་པར་རང་རྐྱ་ཐུབ་པའི་རྫས་ཡོད་དུ་ཡང་ཞེན་པ་རེད། དེ་ནི་ལྷན་སྐྱེས་ཀྱི་བདག་འཛིན་དེ་ལ་ཞིབ་དཔྱད་བྱས་པའི་འབྲས་བུར་ཟད། རང་སྡེ་རང་རྒྱུད་པ་མན་ཆད་ཀྱིས་ང་འམ་གང་ཟག་ཅེས་པ་ཕུང་པོ་ལས་ལོགས་སུ་གཅིག་དང་ཐ་དད། རྟག་པ་སོགས་སུ་མེད་པར་འདོད་ཀྱང་། མིང་དུ་དེ་ལྟར་བཏགས་པའི་གཞི་གང་ཡིན་མིན་ལ་བརྟགས་ཚེ་ཕུང་པོ་ལ་བརྟེན་ནས་དང་བལྟོས་ནས་ཡིན་པར་འདོད་པ་ཁ་ཅིག་སྟེ། གཙོ་བོ་འུ་ཅག་ཚོས་རྒྱུན་པར་དབང་པོ་ལྔ་ཞེས་གོ་བ་ལེན་པའི་ཚེ་མིག་དང་། སྣ་དང་། རྣ་དང་། ལྕེ་བཅས་ནི་ལུས་པོའི་ཡན་ལག་ཏུ་རེ་རེ་ནས་བསྟན་དུ་ཡོད་ཀྱང་། ལུས་ཞེས་པ་གནས་ཤིག་ལ་མཛུབ་མོས་བསྟན་དུ་མེད་པ་ལྟ་བུར་གང་ཟག་ཀྱང་ཡིན་པར་སྙམ་ནས་གང་ཟག་གི་མཚན་གཞིར་ཕུང་པོ་ལྔ་ཚོགས་པ་འཛོག་པ་དང་། དེ་བཞིན་དུ་ཕུང་པོའི་རྒྱུན་དང་། ཡིད་ཀྱི་རྣམ་ཤེས་སོགས་བཞག་ནས་དེ་དེ་བཞིན་དུ་བདེན་པར་ཞེན་པ་སོགས་མདོར་ན། དེ་དག་ནི་གོང་མའི་ལུགས་ལ་གང་ཟག་ཀུན་བཏགས་པའི་འཛིན་ལུགས་སུ་འདོད་པ་རེད། དེ་ལ་མཁས་གྲུབ་དགེ་འདུན་བསྟན་པ་དར་རྒྱས་ཀྱིས་འདི་

བཞིན་གསུངས་ཡོད་དེ། "དེས་ན་དབུ་མ་རང་རྒྱུད་པ་མན་ཆད་ཀྱིས་རྣམ་པར་ཤེས་པ་སོགས་རང་བཞིན་གྱིས་གྲུབ་པའི་བདག་ཏུ་ལྟ་བའི་ལྟ་བ་དེ་འཇིག་ལྟ་ཀུན་བཏགས་ཡིན་ཞིང་། འཇིག་ལྟ་ཀུན་བཏགས་དེ་ལ་ཉི་ཤུ་ཡོད་དེ། གཟུགས་ཀྱི་ཕུང་པོ་རང་བཞིན་གྱིས་གྲུབ་པའི་བདག་ཏུ་ལྟ་བ་དང་། བདག་གཟུགས་ཀྱི་ཕུང་པོ་ལ་ལྡན་པར་རང་བཞིན་གྱིས་ལྟ་བ་དང་། བདག་ལ་གཟུགས་ཕུང་རང་བཞིན་གྱིས་ལྡན་པར་ལྟ་བ་དང་། གཟུགས་ཕུང་ལ་བདག་རང་བཞིན་གྱིས་ཡོད་པར་ལྟ་བ་དང་། བཞི་ཡོད་པ་དེ་བཞིན་དུ་ཕུང་པོ་ལྷག་མ་བཞི་ལ་ཡང་བཞི་བཞི་དང་བཅས་པ་ཉི་ཤུ་ཡོད་པའི་ཕྱིར་"①ཞེས་ཕུང་པོ་བདག་ཏུ་ལྟ་བ་འཇིག་ལྟའི་ལྟ་བ་ཡང་ཕུང་པོ་ལྔ་ལ་བཞི་རེ་ཕྱེ་ནས་གྲངས་ཉི་ཤུར་ཡོད་པ་ལེགས་པར་གསུངས་ཡོད།

ཆོས་བདག་གི་དབང་དུ་བྱས་ནས་རང་སྡེ་དངོས་སྨྲ་བས་རགས་པའི་ཆོས་རྣམས་རང་གི་སྡོད་ལུགས་ཀྱི་ངོས་ནས་བདེན་པར་གྲུབ་པ་ཡིན་པར་འདོད་ཅིང་། "ཆོས་རྣམས་རང་དང་གཞན་ལས་སྐྱེ་བར་འདོད་པ་སོགས་ནི་ཀུན་བརྟགས་པའི་ལོག་རྟོག་གི་ལྟ་བ་དང་། སེམས་ཅན་ཐམས་ཅད་པའི་འཛིན་ངོར་ངང་གིས་མཆིས་པའི་འདུ་ཤེས་ཏེ། ཆོས་གང་རང་གི་ངོ་བོར་བདེན་པར་གྲུབ་པར་ཞེན་པ་ལྟ་བུ་ནི་ཆོས་ལ་འཛིན་པའི་བདག་འཛིན་ལྷན་སྐྱེས་པ་ཡིན་ཞིང་། དེ་ལ་དངོས་པོར་ཞེན་པ་དང་། བདེན་འཛིན། དངོས་པོར་འཛིན་པ་ཞེས་པའི་མིང་གི་རྣམ་གྲངས་ཀྱང་བྱེད་དོ། །

①མཁས་གྲུབ་དགེ་འདུན་བསྟན་པ་དར་རྒྱས། བསྟན་བཅོས་ཆེན་པོ་དབུ་མ་ལ་འཇུག་པའི་སྤྱི་དོན་རྣམ་བཤད་དགོངས་པ་རབ་གསལ་གྱི་དགོངས་པ་གསལ་བར་བྱེད་པའི་བློ་གསལ་སྒྲོན་མེ། སེར་གཙུག་ནང་བསྟན་དཔེ་རྙིང་འཚོལ་བསྡུ་སྒྲིག་ཁང་། གངས་ཅན་ཁྱད་ནོར་དཔེ་ཚོགས། པོད་ཕྲེང་ཉེར་བརྒྱ་གོ་བཞི། ཤ༢༩༧

དབུ་མའི་སྤྱི་དོན་ཟབ་དོན་གསལ་བའི་སྒྲོན་མེ་ལས། ཆོས་རྣམས་སྔར་བཤད་པ་ལྟར་རྟོག་པའི་དབང་གིས་བཞག་པ་ཙམ་མ་ཡིན་པའི་ཡོད་པར་འཛིན་པའི་བློ་ནི། ཆོས་རྣམས་བདེན་པར་དང་། དོན་དམ་པར་དང་། ཡང་དག་པར་དང་། རང་ངོས་ནས་དང་། རང་གི་མཚན་ཉིད་ཀྱིས་ཡོད་པར་འཛིན་པ་ལྷན་སྐྱེས་སུ་སྨྲ་ཞིང་། རྟོག་པའི་དབང་གིས་བཞག་ཙམ་མ་ཡིན་པའི་ཡོད་པ་ལ་ནི་དགག་བྱའི་བདག་ཅེས་བྱ་”①ཞེས་གསུངས་པ་བཞིན་ཡིན་ལ། དབུ་མ་པའི་ལུགས་ལ་དགག་བྱའི་བདག་གཉིས་པོ་ནི་སྟོང་གཞི་མི་འདྲ་བ་ཙམ་ལས་གཉིས་ཀ་བདེན་པར་གྲུབ་པ་དགག་པ་ཡིན་པས། དགག་བྱ་ཆོས་བདག་བཀག་པ་ཡིས་དགག་བྱ་གང་ཟག་གི་བདག་རང་ཤུགས་སུ་དགག་འགྲོ་བ་རིགས་པས་སྒྲུབ་ནུས་པ་ཡིན། འོ་ན་བདག་མེད་གཉིས་སུ་འབྱེད་པའི་དགོས་པ་གང་ཡིན་ནམ་ཞེ་ན། རྗེ་བཙུན་ཏཱ་ར་ནཱ་ཐས། “བདག་མེད་གཉིས་སུ་རྣམ་པར་དབྱེ་བའི་དགོས་པ་ཅི་ཡིན་ཞེ་ན། དེའི་རྒྱུ་མཚན་ནི་ཐེག་པ་ཆུང་ངུ་ཉན་རང་གི་རིགས་ཅན་རྣམས་རྗེས་སུ་བཟུང་བའི་ཕྱིར། གང་ཟག་གི་བདག་མེད་དང་། ཐེག་པ་ཆེན་པོ་བྱང་ཆུབ་སེམས་པའི་རིགས་ཅན་རྣམས་རྗེས་སུ་བཟུང་བའི་ཕྱིར། ཆོས་ཀྱི་བདག་མེད་པ་རྒྱལ་བས་འདི་གཉིས་གསུངས་པ་ཡིན་ནོ། །”②ཞེས་གསུངས་པ་ལྟར་རོ། །

①པཎ་ཆེན་བསོད་ནམས་གྲགས་པ། དབུ་མའི་སྤྱི་དོན་ཟབ་དོན་གསལ་བའི་སྒྲོན་མེ། སེར་གཙུག་ནང་བསྟན་དཔེ་རྙིང་འཚོལ་བསྡུ་ཕྱོགས་སྒྲིག་ཁང་། གངས་ཅན་ཁྱད་ནོར་དཔེ་ཚོགས། པོད་ཕྲེང་དྲུག་ཅུ་རེ་གཉིས། ༡༩༣

②རྗེ་བཙུན་ཏཱ་ར་ནཱ་ཐ། དབུ་མ་ཐེག་མཆོག མི་རིགས་དཔེ་སྐྲུན་ཁང་། ༢༠༠༧ལོར་བསྐྲུན། ༡༢༩༨

༢ ལོག་རྟོག་གཉིས་དགག་པའི་གནད་འགག་གི་སྐོར།

ང་ཚོས་ཐོག་མར་བསམ་གཞིག་བྱ་རྒྱུ་ཞིག་ལ་བདག་ཙམ་དང་བདག་འཛིན་ཞེས་པ་གཉིས་ལས་གང་ཞིག་དགག་བྱ་གཙོ་བོ་ཡིན་མིན་ལ་བརྟག་དགོས། རྫོང་གསར་མཁྱེན་རྩེ་རིན་པོ་ཆེས། "ང་ཚོས་འགོག་པར་བྱ་རྒྱུ་དེ་གང་ཟག་གི་བདག་འཛིན་ཡིན་པ་ལས་གང་ཟག་གི་བདག་མ་ཡིན་" ① ཞེས་གསུངས་པ་བཞིན་དུ་དགག་བྱ་གཙོ་བོ་གང་ཟག་གི་བདག་འཛིན་དང་ཆོས་ཀྱི་བདག་འཛིན་གཉིས་དང་། དེ་གཉིས་ལ་ཡང་ཕྲ་རགས་ཀྱི་དབྱེ་བ་ཡོད་པ་ནི་གཙོ་བོ་བདག་མེད་ཕྲ་རགས་ལ་གཞི་བྱས་ན་རྟོགས་ནུས། བདག་ཏུ་འཛིན་པའི་ལོག་རྟོག་གཉིས་པོ་དགག་པའི་གནད་འགག་གི་སྐོར་ལ་མཁས་གྲུབ་ཐམས་ཅད་མཁྱེན་པས། "གཙོ་བོ་ལྷན་སྐྱེས་ཀྱིས་གཟུང་བ་ལྟར་དུ་གྲུབ་པ་དགག་བྱ་ཡིན་ཞིང་། དེ་འགོག་པའི་ཡན་ལག་ཏུ་ཀུན་བརྟགས་ཀྱིས་གཟུང་བ་ལྟར་དུ་གྲུབ་པ་དག་འགོག་པ་ཡིན་ལ། ཀུན་བརྟགས་ཁོ་ན་འགོག་པ་ལ་འབད་ནས་ལྷན་སྐྱེས་ཀྱིས་གཟུང་བ་ལྟར་གྲུབ་པ་ལ་དགག་པ་ཅིའང་མ་བསྟན་ན་འཁོར་བ་ལས་གྲོལ་བ་མི་སྲིད་" ② ཅེས་གསུངས་པ་ལྟར་དུ། དགག་བྱའི་དམིགས་པ་གཙོ་བོ་བདག་ཅག་སྐྱེ་འགྲོ་ཐམས་ཅད་ལ་རིང་ནས་ངང་གིས་མཆིས་པའི་ང་བདག་གཅེས་པར་འཛིན་པའི་འདོད་པ་དང་། ཆོས་རྣམས་བདེན་པར་ཞེན་པའི་ཞེན་པ་

---

①《宗萨蒋扬钦哲仁波切》. 佛教的见地与修道. 新星出版社. 2010 年出版:第 23 页

②མཁས་གྲུབ་དགེ་ལེགས་དཔལ་བཟང་། དབུ་མའི་བསྟན་བཅོས་ཆེན་པོ་སྟོང་ཐུན་སྐལ་བཟང་མིག་འབྱེད། སེར་གཙུག་ནང་བསྟན་དཔེ་རྙིང་འཚོལ་བསྡུ་ཕྱོགས་སྒྲིག་ཁང་། གངས་ཅན་ཁྱད་ནོར་དཔེ་ཚོགས་པོད་ཕྲེང་ང་གཅིག་པ། ཤ༡༡༨དང་༡༢༠

ཡིན་ཞིང་། ཀུན་བཏགས་པའི་ལོག་རྟོག་གི་ལྟ་བ་སྔ་རིགས་པའི་ལམ་ནས་ཆོས་དེ་དེ་བཞིན་དུ་འཛིན་པ་དང་། བདག་གི་རང་བཞིན་བཙལ་ནས་རྟག་གཅིག་རང་དབང་དང་། རང་རྒྱ་ཐུབ་པར་འཛིན་པ། བདག་གཟུགས་ཕུང་སོགས་ལ་རང་བཞིན་བདེན་གྲུབ་ཏུ་འདོད་པ་སོགས་འགོག་པ་ནི་ལྷན་སྐྱེས་ཀྱི་བདག་འཛིན་འགོག་པའི་གཉེན་པོར་གྱུར་བ་ཡིན།

དགག་བྱ་བདེན་འཛིན་ལྷན་སྐྱེས་དེ་ནི་གཙོ་བོ་ཡིན་ཏེ། དེ་ནི་མ་རིག་པའི་རྩ་བ་དང་སེམས་ཅན་ཐམས་ཅད་ལ་གནོད་ནས་མཆིས་པའི་རང་ཉིད་གཅེས་པར་འཛིན་པའི་འདུ་ཤེས་ཡིན་ཞིང་། མདོ་ལས། "འདི་ཡོད་པས་ནི་འདི་བྱུང་། འདི་སྐྱེས་པའི་ཕྱིར་འདི་སྐྱེས་པ་སྟེ། །གང་དུ་མ་རིག་པའི་རྐྱེན་གྱིས་འདུ་བྱེད། །"[①] ཅེས་གསུངས་པ་བཞིན་དུ། སྲིད་པའི་རྩ་བ་བདག་འཛིན་མ་རིག་པ་དེའི་དབང་གིས་རྟེན་འབྲེལ་གྱི་ཡན་ལག་གཞན་རྣམས་སྐྱེས་པ་ཡིན་ལ། གསལ་བར་འཆད་ན་དེ་ལས་ཉོན་མོངས་པ་རྣམས་སྐྱེས་པའི་དབང་གིས་ཉེས་ལྟུང་ཚོགས་ཕྲ་རགས་རྣམས་བསགས་ནས་སྲིད་པ་འཁོར་བའི་ནང་དུ་ལས་ཀྱི་དབང་གིས་ཡང་ནས་ཡང་དུ་འཁོར་བ་ཡིན་ཞིང་། དེ་ལྟར་འཁོར་བས་བདེ་བ་འབའ་ཞིག་འདོད་པའི་སེམས་ཅན་ཡོད་དོ་ཅོག་ཡང་ཡང་སྡུག་བསྔལ་གསུམ་གྱི་འདམ་དུ་བྱིང་བར་འགྱུར་བའོ། །གཞན་ཡང་དགག་བྱ་འགོག་པ་ལ་ཐོས་བསམ་སྒོམ་པའི་ཚེ་ན་ཀུན་བརྟགས་ཀྱིས་བཟུང་བ་ལ་རིགས་པས་གནོད་ཅིང་དེ་བཞིན་དུ་བསྒོམས་ནས་ཇི་ཙམ་བསྒྲུབས་ཀྱང་། ལྷན་སྐྱེས་ཀྱི་འཛིན་པ་ལེགས་པར་གཅོད་ཐུབ་པའི་ངེས་པ་མེད་དེ། དཔེར་ན་རྟུལ་ཕྲན་ཕྱོགས་ཀྱི་ཆ་མེད་མི་སྲིད་པ་

① སངས་རྒྱས་ཀྱི་མདོ་བཀའ་འགྱུར། ཞོལ་དཔར་ཁང་གི་ཤིང་དཔར། ད་པ། ༡༢༥༨

རིགས་པས་གསལ་བར་རྟོགས་ཀྱང་། དེའི་དབང་གིས་རྒྱལ་བསགས་བེམ་པོ་བདེན་མེད་དུ་འཛིན་པར་ངེས་པ་མེད་པ་ལྟ་བུ་དང་། དངོས་པོ་མི་རྟག་པར་རྟོགས་ནས་དངོས་པོ་བདེན་མེད་དུ་རྟོགས་པར་ཐལ་ལོ། རྟག་གཅིག་རང་དབང་ཅན་གྱི་བདག་མེད་པ་ལེགས་པར་རྟོགས་པའི་ཚེ་ན་གང་ཟག་གི་བདག་མེད་རྟོགས་པར་ཐལ་བའི་སྐྱོན་ཡང་ཡོད་པ་ཡིན། མཁས་གྲུབ་དགེ་ལེགས་དཔལ་བཟང་གིས། "གལ་ཏེ་འཁོར་བའི་རྩ་བར་གྱུར་པའི་ཉོན་མོངས་པ་ཅན་གྱི་མ་རིག་པ་ནི་བདེན་འཛིན་ལ་མི་བྱེད་ཀྱི་གང་ཟག་རྟག་གཅིག་རང་དབང་ཅན་དུ་འཛིན་པའི་འཇིག་ལྟ་ལ་བྱེད་པའི་སྐྱོན་མེད་དོ་སྙམ་ན། དེ་ལྟ་ན་གྲུབ་མཐས་བློ་མ་བསྒྱུར་བའི་དུད་འགྲོ་སོགས་ལ་འཁོར་བའི་རྩ་བར་གྱུར་པའི་མ་རིག་པ་མེད་པར་ཐལ་བ་བཟློག་ཏུ་མེད་དོ། །"① ཞེས་གསུངས་སོ། །

དབུ་མ་འཇུག་པར། "བདག་མེད་རྟོགས་ཚེ་རྟག་པའི་བདག་སྤོང་ཞིང་། །དེ་ནི་ངར་འཛིན་རྟེན་དུའང་མི་འདོད་པ། །དེ་ཕྱིར་བདག་མེད་ཤེས་པས་བདག་ལྟ་བ། །དཔྱིས་ཀྱང་འབྱིན་ཞེས་སྨྲ་བ་ཤིན་ཏུ་མཚར། །རང་ཁྱིམ་རྩིག་ཕུག་སྦྲུལ་གནས་མཐོང་བཞིན་དུ། །འདི་ན་གླང་ཆེན་མེད་ཅེས་དོགས་བསལ་ཏེ། །སྦྲུལ་གྱི་འཇིགས་

①མཁས་གྲུབ་དགེ་ལེགས་དཔལ་བཟང་། དབུ་མའི་བསྟན་བཅོས་ཆེན་པོ་སྟོང་ཐུན་སྐལ་བཟང་མིག་འབྱེད། སེར་གཙུག་ནང་བསྟན་དཔེ་རྙིང་འཚོལ་བསྡུ་ཕྱོགས་སྒྲིག་ཁང་། གངས་ཅན་ཁྲིད་ནོར་དཔེ་ཚོགས། པོད་ཕྲེང་ང་གཅིག་པ། ༡༧༨༨

པའང་སྤྱོང་བར་བྱེད་པ་ནི། །ཀྱེ་མ་གཞན་གྱི་གནམ་པོར་འགྱུར་ཉིད་དོ། །”①ཞེས་སོགས་གསུངས་པ་བཞིན་དུ་གང་ཟག་རྟག་གཅིག་རང་དབང་བས་སྟོང་པ་རྟོགས་པས་གང་ཟག་གི་བདག་མེད་དཔྱིས་ཕྱིན་རྟོགས་པར་འདོད་པ་ནི་བཞད་གད་ཀྱི་གནས་ལྟ་བུ་སྟེ། སྤྲུལ་གྱི་འཛིགས་པ་སེལ་བ་ལ་གླང་པོ་མེད་པས་སྤྲུལ་གྱི་འཛིགས་པ་སེལ་བར་བྱེད་པ་ལྟ་བུ་དོན་དུ་མ་སོང་བ་ཡིན་པར་བསྟན་ལ། ཆོས་རྣམས་རང་གཞན་སོགས་མུ་བཞི་གང་ལས་སྐྱེ་བ་མེད་པ་དང་། དངོས་པོ་རྣམས་ཀྱི་རང་བཞིན་བདེན་མེད་དུ་རྟོགས་པ་ཙམ་གྱིས་ཆོས་ཀྱི་བདག་མེད་ལེགས་པར་རྟོགས་པར་ཐལ་བའི་སྐྱོན་ཡང་ཡོད་དོ། །

གཉིས་པ། བདག་མེད་ལྟ་བའི་གོ་དོན་སྐོར།

བདག་མེད་ཅེས་པ་ནི་ང་མེད་ཅེས་པ་ཙམ་མིན་ལ་བདག་མེད་ལྟ་བ་ནི་ང་མེད་པར་འདོད་པའི་ལྟ་བ་ཅི་ལ་ཡིན་ཏེ། བདག་དང་ང་སོགས་ཡེ་ནས་མེད་ཅེས་ནང་པས་མི་འདོད་པའི་ཕྱིར། དེས་ན་བདག་མེད་ལྟ་བ་ནི་དགག་བྱ་འཛིག་ཚོགས་ལ་ལྟ་བའི་གང་ཟག་གི་བདག་འཛིན་དང་ཆོས་ཀྱི་བདག་འཛིན་ཕྲ་རགས་དང་བཅས་པ་ལེགས་པར་བཀག་ནས་དེ་གཉིས་མེད་པ་ཇི་བཞིན་དུ་མཁྱེན་པའི་མཁྱེན་པའམ་ཤེས་རབ་ལ་བརྗོད་པ་ཡིན་ཞིང་། ཕྲ་ཞིང་ཕྲ་བའི་དམ་པའི་ཆོས་ཀྱི་གནས་ལུགས་མཐར་ཐུག་པ་ཡང་ཡིན།

---

①རྗེ་བཙུན་བྱམས་མགོན་དང་དཔལ་ལྡན་བླ་བ་གྲགས་པ། མངོན་རྟོགས་རྒྱན་དང་དབུ་མ་འཇུག་པ། སེར་གཙུག་ནང་བསྟན་དཔེ་སྙིང་འཚོལ་བསྡུག་ཕྱོགས་སྒྲིག་ཁང་། གངས་ཅན་ཁྱད་ནོར་དཔེ་ཚོགས། པོད་ཕྲེང་ཉིས་བརྒྱ་སོ་གཅིག ༡༥༧

སེམས་ཅན་རང་རང་ཁམས་དང་མོས་པ་སྣ་ཚོགས་པ་རིགས་ལུས་ཁྱད་པར་བ་དུ་མ་མཆིས་པ་དག་ནི་ཡང་ཡང་བདག་འཛིན་མ་རིག་པའི་དབང་གིས་འཁོར་བ་སྲིད་པའི་སྡུག་བསྔལ་རྣམས་མྱོང་དགོས་པ་ཡིན་ལ། དེ་ཡང་མ་རིག་པའི་དབང་གིས་ཉོན་མོངས་པའི་ལས་སྣ་ཚོགས་གསོག་པ་ཡིན་ཏེ། རྗེ་ཙོང་ཁ་བ་ཆེན་པོའི་ལམ་གྱི་གཙོ་བོ་རྣམ་གསུམ་ལས། "བདག་འཛིན་ལྕགས་ཀྱི་དྲ་བའི་སྦུབས་སུ་ཚུད། །མ་རིག་མུན་པའི་སྨག་ཆེན་ཀུན་ནས་འཐིབས། །སྲིད་པར་སྐྱེ་ཞིང་སྐྱེ་བ་ཉམས། །སྡུག་བསྔལ་གསུམ་གྱིས་རྒྱུན་ཆད་མེད་པར་མནར། །"①ཅེས་དང་། དཔལ་མགོན་འཕགས་པ་ཀླུ་སྒྲུབ་ཞབས་ཀྱིས། "ཇི་སྲིད་ཕུང་པོར་འཛིན་ཡོད་པ། །དེ་སྲིད་དེ་ལ་ངར་འཛིན་ཡོད། །ངར་འཛིན་ཡོད་ན་ཡང་ལས་ཏེ། །དེ་ལས་ཡང་ནི་སྐྱེ་བ་ཡིན། །"②ཞེས་གསུངས་ལ། སློབ་དཔོན་ཟླ་བ་གྲགས་པའི་ཞབས་ཀྱིས། "དང་པོར་ང་ཞེས་བདག་ལ་ཞེན་གྱུར་ཅིང་། །བདག་གི་འདི་ཞེས་དངོས་ལ་ཆགས་བསྐྱེད་པ། །ཟོ་ཆུན་ལྟར་འཕྲེན་རང་དབང་མེད་པ་ཡི། །འགྲོ་ལ་སྙིང་རྗེར་གྱུར་གང་དེ་ལ་འདུད། །"③ཞེས་དང་། རིགས་པའི་དབང་ཕྱུག་གིས་ཀྱང་། "གང་ཞིག་བདག་མཐོང་དེ་ལ་ནི། །ང་ཞེས་རྟག་ཏུ་ཞེན་པར་འགྱུར། །ཞེན་པས་བདེ་ལ་སྲེད་འགྱུར་ཏེ། །སྲེད་པས་སྐྱོན་

---

①བསྟོད་སྙན་ཕྱོགས་སྒྲིག མཚོ་སྔོན་མི་རིགས་དཔེ་སྐྲུན་ཁང་། ༢༠༠༨ལོའི་ཟླ་དྲུག་པར་དཔར་ཐེངས་དྲུག་པ། ཤ༡༢༠

②དཔལ་མགོན་འཕགས་པ་ཀླུ་སྒྲུབ། དབུ་མ་རིགས་ཚོགས་དྲུག་དང་བྱང་ཆུབ་སེམས་འགྲེལ། སེར་གཙུག་ནང་བསྟན་དཔེ་སྙིང་འཚོལ་བསྡུ་ཕྱོགས་སྒྲིག་ཁང་། ཁྲིད་ནོར་དཔེ་ཚོགས་པོད་ཕྲེང་སོ་དྲུག་པ། ཤ༡༠༧

③རྗེ་བཙུན་བྱམས་མགོན་དང་དཔལ་ལྡན་ཟླ་བ་གྲགས་པ། མངོན་རྟོགས་རྒྱན་དང་དབུ་མ་འཇུག་པ། སེར་གཙུག་ནང་བསྟན་དཔེ་སྙིང་འཚོལ་བསྡུ་ཕྱོགས་སྒྲིག་ཁང་། གངས་ཅན་ཁྲིད་ནོར་དཔེ་ཚོགས་པོད་ཕྲེང་ཉིས་བརྒྱ་སོ་གཅིག ཤ༡༢༨

རྣམས་སྒྲིབ་པར་བྱེད། །ཡོན་ཏན་མཐོང་བས་ཡོངས་སྲེད་པ། །ང་ཡི་ཞེས་དེའི་སྒྲུབ་བྱེད་ལེན། །དེས་ན་བདག་ལ་མངོན་ཆགས་པ། །དེ་སྲིད་དེ་ནི་འཁོར་བར་འགྱུར། །བདག་ཡོད་ན་ནི་གཞན་དུ་ཤེས། །བདག་གཞན་ཆ་ལས་འཛིན་དང་སྡང་། །འདི་དག་དང་ནི་ཡོངས་འབྲེལ་ལས། །ཉེས་པ་ཐམས་ཅད་འབྱུང་བར་འགྱུར། །"① ཞེས་གསུངས་པ་སོགས་གཞུང་དུ་མར་བསྟན་པ་ལས་རྟོགས་ནུས་སོ། །དེས་ན་བདེ་འདོད་སེམས་ཅན་ཡོད་དོ་ཅོག་གིས་སྡུག་བསྔལ་གྱི་རྩ་བ་བདག་ཏུ་འཛིན་པ་མ་རིག་པ་དེའི་གཉེན་པོར་བདག་མེད་རྟོགས་པའི་ཤེས་རབ་བསྟེན་དགོས་པ་ཡིན་ཏེ། སློབ་དཔོན་ཟླ་བའི་ཞབས་ཀྱིས། "ཉོན་མོངས་སྐྱོན་རྣམས་མ་ལུས་འཇིག་ཚོགས་ལ། །ལྟ་ལས་བྱུང་བར་བློ་ཡིས་མཐོང་གྱུར་ཅིང་། །བདག་ནི་འདི་ཡི་ཡུལ་དུ་རྟོགས་བྱས་ནས། །རྣལ་འབྱོར་པ་ཡིས་བདག་ནི་འགོག་པར་བྱེད། །"② ཅེས་གསུངས་པ་བཞིན། རང་རང་གི་རྒྱུད་ལ་སྦྱོངས་པའི་དབང་གིས་མཆིས་པ་དང་བློ་ལོག་པའི་དབང་གིས་མཆིས་པ་ཅི་རུང་དུ་ང་དང་ངའི་སྙམ་དུ་འཛིན་པའི་སེམས་ཀྱི་ཉོན་མོངས་པ་ནི་འཇིག་ཚོགས་ལ་ལྟ་བ་ཡིན་ཞིང་། གཞི་དེ་ལས་སྐྱེས་པའི་ཉོན་མོངས་ཀྱིས་ཉེས་པའི་སྐྱོན་མང་དུ་སྐྱེ་བ་ཡིན་ལ། ཉེས་སྐྱོན་བཟློག་པའི་གཉེན་པོར་གྱུར་པ་ནི་བདག་མེད་རྟོགས་པའི་ཤེས་རབ་ཉག་ཅིག་བསྟེན་པར་བྱ་བ་ལས་མ་འདས་སོ། །

མདོ་ལས། "དམུས་ལོང་དམིགས་བུ་མེད་པ་བྱེ་བ་ཁྲག་ཁྲིག་རྣམས། །ལམ་

①དཔལ་ལྡན་ཆོས་གྲགས་སོགས་ཀྱིས་མཛད། གཞུང་པོ་ཏི་ལྔའི་རྩ་བ། ཧི་མ་ལ་ཡའི་རིག་མཛོད། སྤོག་རྫུལ་དཔར་མ། ཤ༥༧༥ནས༥༧༨

②སློབ་དཔོན་ཟླ་བ་གྲགས་པ། དབུ་མ་འཇུག་པའི་རང་འགྲེལ། སེར་གཙུག་ནང་བསྟན་དཔེ་རྙིང་འཚོལ་བསྡུ་ཕྱོགས་སྒྲིག་ཁང་། གངས་ཅན་ཁྱད་ནོར་དཔེ་ཚོགས་པོད་ཕྲེང་བརྒྱ་དང་ང་དྲུག ཤ༢༢༥

ཡང་མི་ཤེས་གྲོང་ཁྱེར་འཇུག་པར་ག་ལ་འགྱུར། །ཤེས་རབ་མེད་ན་མིག་མེད་ཕ་རོལ་ཕྱིན་ལྟ་འདི། །དམིགས་བུ་མེད་པས་བྱང་ཆུབ་རེག་པར་ནུས་མ་ཡིན། །”①ཞེས་སོགས་གསུངས་པ་བཞིན་དུ་མ་རིག་པ་དང་། ཉོན་མོངས་པ། སྡུག་བསྔལ་བ་སྤོངས་བའི་གཉེན་པོར་བདག་མེད་ལྟ་བའི་ཤེས་རབ་ཉིད་འགངས་ཆེན་པོ་ཡིན་ལ། བསླབ་བཏུས་ལས། “གང་ཟག་སྟོང་པ་ཉིད་ནི་དེ་ལྟར་ཤིན་ཏུ་གྲུབ་པ་ཡིན་ནོ། །དེའི་ཕྱིར་རྩ་བ་ཆད་པར་ཉོན་མོངས་ཐམས་ཅད་ཀུན་ཏུ་མི་འབྱུང་ངོ་ཞེས་དང་། འཕགས་པ་དེ་བཞིན་གཤེགས་པའི་གསང་བའི་མདོ་ལས། ཇི་སྐད་དུ་ཞི་བའི་བློ་གྲོས་འདི་ལྟ་སྟེ། དཔེར་ན། ཤིང་རྩད་ནས་བཅད་ན་ཡལ་ག་དང་། ལོ་མ་དང་། ཡན་ལག་ཕྲ་མོ་ཐམས་ཅད་བསྐམས་པར་འགྱུར་རོ། །ཞི་བའི་བློ་གྲོས་དེ་བཞིན་དུ། །འཇིག་ཚོགས་ལ་ལྟ་བ་ཉེ་བར་ཞི་ན། །ཉོན་མོངས་པ་དང་ཉེ་བའི་ཉོན་མོངས་པ་ཐམས་ཅད་ཞི་བར་འགྱུར་རོ། །”②ཞེས་དང་། མདོ་ཏིང་ངེ་འཛིན་གྱི་རྒྱལ་པོ་ལས། “གལ་ཏེ་ཆོས་རྣམས་བདག་མེད་སོ་སོར་རྟོག །སོ་སོར་དེ་བརྟགས་གལ་ཏེ་བསྒོམས་པ་ནི། །དེ་ནི་མྱ་ངན་འདས་ཐོབ་འབྲས་བུའི་རྒྱུ། །རྒྱུ་གཞན་གང་གིས་དེས་ནི་ཞིར་མི་འགྱུར། །ཞེས་སོགས་གསུངས་པ་བཞིན་དུ་བློ་གྲོས་ཆེན་པོ་རྣམས་ཀྱིས་ཉོན་མོངས་པའི་དུག་རྩ་དྲུངས་ནས་འབྱིན་པར་བྱེད་པ་ལ། ཞི་བའི་བློ་གྲོས་ཏེ་ཆོས་ཀུན་གྱི་གནས་ལུགས་

---

①འཕགས་པ་ཤེས་རབ་ཀྱི་ཕ་རོལ་ཏུ་ཕྱིན་པ་ཁྲི་བརྒྱད་སྟོང་པ་ཞེས་བྱ་བ་ཐེག་པ་ཆེན་པོའི་མདོ། སྣོག་ཧྲུལ་དཔར་མ། 36. 173b

②མཁས་གྲུབ་དགེ་འདུན་བསྟན་པ་དར་རྒྱས། བསྟན་བཅོས་ཆེན་པོ་དབུ་མ་ལ་འཇུག་པའི་སྤྱི་དོན་རྣམ་བཤད་དགོངས་པ་རབ་གསལ་གྱི་དགོངས་པ་གསལ་བར་བྱེད་པའི་བློ་གསལ་སྒྲོན་མེ། སེར་གཙུག་ནང་བསྟན་དཔེ་རྙིང་འཚོལ་བསྡུ་ཕྱོགས་སྒྲིག་ཁང་། གངས་ཅན་ཁྱད་ནོར་དཔེ་ཚོགས་པོད་ཕྲེང་ཉིས་བརྒྱ་གོ་བཞི། ཤ༩༥༢

མཐར་ཕྱིན་པ་སྟོང་པ་ཉིད་ཀྱི་ལྟ་བ་གཉེན་པོར་བསྟེན་དགོས་པ་ཡིན་ལ། དེ་བསྟེན་པའི་ཉིང་དགོས་ཀྱང་དེ་ཡིས་ཉོན་མོངས་ཐམས་ཅད་དང་གིས་སྐྱེ་བའི་རྒྱུ་སྟེ་བདག་དང་བདག་གི་བར་འཛིན་པའི་ལྟ་བ་ཡོངས་སུ་སྤོང་བར་བྱེད་པས་སོ། །དེས་ན་ཐབས་ཤེས་ཡ་མ་བྲལ་བའི་སྒོ་ནས་འབྲས་བུ་མཐར་ཐུག་ལ་མ་གཞོལ་ཕྱིན་ཆད་ནི་མདོ་ལས་གསུངས་པ་བཞིན་དུ་དམུས་ལོང་དམིགས་ས་མ་རྙེད་པའི་ངང་ལམ་དུ་བཞུད་པ་ལྟར་དུ་འགྱུར་བ་ལས་མ་འདས་པའོ། །

སྲིད་ཉོན་མོངས་པའི་རྒྱུ་དང་མ་རིག་པའི་རྩ་བ་བདག་དང་བདག་གི་བར་འཛིན་པའི་①འཇིག་ཚོགས་ལ་ལྟ་བའི་ལྟ་བ་དེ་ལ། གང་ཟག་གི་བདག་ཏུ་འཛིན་པ་དང་ཆོས་ཀྱི་བདག་ཏུ་འཛིན་པ་ཞེས་གཉིས་སུ་འབྱེད་པ་བཞིན་དུ། དེ་བཟློག་པའི་གཉེན་པོ་ལ་གང་ཟག་གི་བདག་མེད་པའི་ལྟ་བ་དང་། ཆོས་ཀྱི་བདག་མེད་པའི་ལྟ་བ་གཉིས་ཡོད་ཅིང་། དེ་གཉིས་ནི་ཤེས་རབ་ཡིན་པའི་ཚ་ནས་བདག་མེད་རྟོགས་པའི་ཤེས་རབ་གཉིས་ཞེས་སོ། །བདག་དང་བདག་གི་བ་ཉིད་བཏགས་པའི་དབང་གིས་བཞག་པ་ལས་རང་བཞིན་དུ་མེད་པ་མངོན་སུམ་ལེགས་པར་རྟོགས་པ་ལ་བརྟེན་ནས་དེ་གཉིས་པོ་སྤོང་དགོས་ལ། དོན་དམ་དུ་བདག་མེད་པ་མ་རྟོགས་ཕྱིན་ཆད་མ་རིག་པའི་དབང་གིས་ཉོན་མོངས་པ་སོགས་འབྱུང་བའི་སྲིད་པའི་རྩ་བ་གཅོད་མི་ནུས་པ་ཡིན་ཞིང་། དེ་ལས་ལྡོག་ན་ནུས་པ་ནི། སློབ་དཔོན་འཕགས་པ་ལྟར། "སྲིད་པའི་ས་བོན་རྣམ་ཤེས་ཏེ། །ཡུལ་རྣམས་དེ་ཡི་སྤྱོད་ཡུལ་ལོ། །ཡུལ་ལ་བདག་མེད་མཐོང་

①བདག་གི་བ་ནི་བདག་ལ་ལྟོས་ནས་བཞག་པ་ཞིག་སྟེ། རྩ་ཤེ་ལས། བདག་ཉིད་ཡོད་པ་མ་ཡིན་ན། །བདག་གི་ཡོད་པ་ག་ལ་འགྱུར། །ཞེས་གསུངས་སོ། །

ན་ནི། །སྲིད་པའི་ས་བོན་འགག་པར་འགྱུར། །”①ཞེས་ཡུལ་ཆོས་ཀུན་གྱི་ངོ་བོ་དེ་རང་བཞིན་བདག་ཏུ་མ་གྲུབ་པ་ཇི་བཞིན་དུ་མཐོང་བས་ཆགས་པའི་རྒྱུ་རྣམ་པར་ཤེས་པ་སྲིད་པའི་ས་བོན་དུ་གྱུར་པ་ཐམས་ཅད་བཟློག་སྟེ། འཁོར་བ་ལས་ཐོག་པར་འགྱུར་བ་ལེགས་པར་གསུངས་པ་བཞིན་དང་། མཁས་གྲུབ་དགེ་ལེགས་དཔལ་བཟང་གིས། “ལས་དང་ཉོན་མོངས་པ་དག་ནི་ཡང་དག་མ་ཡིན་པའི་རྣམ་པར་རྟོག་པའི་རྒྱུ་ལས་བྱུང་བ་ཡིན་ནོ། །ཡང་དག་མ་ཡིན་པའི་རྣམ་པར་རྟོག་པ་དེ་དག་ནི་སྤྲོས་པ་ལས་བྱུང་བ་ཡིན་ཏེ་འཇིག་རྟེན་པའི་སྤྲོས་པ་ལས་བྱུང་ངོ་། །འཇིག་རྟེན་པའི་རྙེད་པ་དང་མི་རྙེད་པ་ལ་སོགས་པའི་ཆོས་རྣམས་ལ་འདི་བདེན་ནོ་སྙམ་དུ་མངོན་པར་ཞེན་པའི་བློ་ཅན་དག །དེ་དང་དེ་ལ་རྣམ་པར་རྟོག་པར་བྱེད་པས་དེའི་ཕྱིར་རྣམ་པར་རྟོག་པ་དག་ནི་སྤྲོས་པ་ལས་བྱུང་ངོ་། །སྤྲོས་པ་ནི་སྟོང་པ་ཉིད་ཀྱིས་འགག་པར་འགྱུར་ཏེ”②ཞེས་བདེན་པར་འཛིན་པ་སྟེ་རང་བཞིན་བདག་ཏུ་འཛིན་པའི་སེམས་ཀྱི་སྤྲོས་པ་ནི་ལས་ཉོན་གྱི་རྩ་བ་ཡིན་པ་དང་། འཇིག་རྟེན་ཆོས་བརྒྱད་སོགས་ལ་འཛིན་པའི་སྤྲོས་པ་མ་ལུས་པ་སྤངས་པ་ནི་སྟོང་པ་ཉིད་དམ་རང་བཞིན་བདག་ཏུ་མེད་པ་རྟོགས་པའི་ཤེས་པ་སྟེ་མདོར་ན་ཆོས་ཀྱི་དབྱིངས་ལུགས་ཤིང་། དེས་སྲིད་པའི་རྩ་བ་གཅོད་པར་ནུས་ཕྱིར་

---

①སློབ་དཔོན་ཟླ་བ་གྲགས་པ། བྱང་ཆུབ་སེམས་དཔའི་རྣལ་འབྱོར་སྤྱོད་པ་བཞི་བརྒྱ་པའི་རྒྱ་ཆེར་འགྲེལ་པ། སེར་གཙུག་ནང་བསྟན་དཔེ་རྙིང་འཚོལ་བསྡུ་ཕྱོགས་སྒྲིག་ཁང་། གངས་ཅན་ཁྲིད་ནོར་དཔེ་ཚོགས་པོད་ཕྲེང་ཞེར་གསུམ་པ། ཤ༥༤༨

②མཁས་གྲུབ་དགེ་ལེགས་དཔལ་བཟང་། དབུ་མའི་བསྟན་བཅོས་ཆེན་པོ་སྟོང་ཐུན་སྐལ་བཟང་མིག་འབྱེད། སེར་གཙུག་ནང་བསྟན་དཔེ་རྙིང་འཚོལ་བསྡུ་ཕྱོགས་སྒྲིག་ཁང་། གངས་ཅན་ཁྲིད་ནོར་དཔེ་ཚོགས་པོད་ཕྲེང་ང་གཅིག་པ། ཤ༢༥༩

འཁོར་བ་སྤངས་པའི་ཐར་པ་ཐོབ་པར་གསུངས་པའོ། །

བདག་མེད་ཅེས་པར་དབུ་མའི་བསྟན་བཅོས་ཆེན་མོ་བཞི་བརྒྱ་པའི་འགྲེལ་པར། "དེ་ལ་བདག་ཅེས་བྱ་བ་ནི་གང་ཞིག་དངོས་པོ་རྣམས་ཀྱི་གཞན་ལ་རག་མ་ལས་པའི་ངོ་བོ་རང་བཞིན་ཏེ་དེ་མེད་པ་ནི་བདག་མེད་པའོ། །དེ་ནི་ཆོས་དང་གང་ཟག་གི་དབྱེ་བས་གཉིས་སུ་རྟོགས་ཏེ་ཆོས་ཀྱི་བདག་མེད་པ་དང་། གང་ཟག་གི་བདག་མེད་པ་ཞེས་བྱའོ། །དེ་ལ་གང་ཟག་ཅེས་བྱ་བ་ནི་གང་ཕུང་པོ་ལྔ་ལ་བརྟེན་ནས་བརྟགས་པ་སྟེ། དེ་ལ་ཕུང་པོ་བདག་ལ་རྣམ་པ་ལྔས་བཙལ་བ་ནི་མི་སྲིད་དོ། །ཆོས་ནི་ཕུང་པོ་དང་ཁམས་དང་སྐྱེ་མཆེད་ཅེས་བྱ་བའི་དངོས་པོ་རྣམས་སོ། །"①ཞེས་གསུངས་པ་བཞིན་དང་། "དེ་ཡང་གཞི་གང་ཟག་གི་སྟེང་དུ་བདེན་གྲུབ་བཀག་པ་ནི་གདགས་གཞིའི་གང་ཟག་མ་དམིགས་པ་དང་། བཏགས་ཙམ་ལས་གང་ཟག་བདེན་གྲུབ་ཏུ་མེད་པ་ལ་ཟེར་བ་དང་། གཞི་ཆོས་ཀྱི་སྟེང་དུ་རང་བཞིན་བདེན་གྲུབ་བཀག་པ་ནི་ཆོས་ཀྱི་བདག་མེད་ཡིན་པའོ། །མཐར་ཐུག་པའི་བདག་མེད་ཅེས་པ་ནི་ཆོས་རྣམས་རྒྱུ་དང་རྐྱེན་སྣ་ཚོགས་པ་སྟེ། འཕྲད་པ་དང་བལྟོས་པ་སོགས་རྟེན་འབྲེལ་གྱིས་གྲུབ་པ་འབའ་ཞིག་ལས་རང་བཞིན་ངོ་བོ་ཉིད་ཀྱིས་སྟོང་པའི་དོན་ཡིན། དེ་ནི་ཆོས་ཀྱི་བདག་འཛིན་འགོག་པའི་དབང་དུ་དང་དབུ་མ་ཐལ་འགྱུར་བའི་དགོངས་པ་ཡིན་ལ། གང་ཟག་ཀྱང་རང་བཞིན་བདེན་གྲུབ་ཏུ་མ་དམིགས་ཕྱིར། ཆོས་ཀྱི་བདག་མེད་བསྟན་པས་གང་

①སློབ་དཔོན་ཟླ་བ་གྲགས་པ། བྱང་ཆུབ་སེམས་དཔའི་རྣལ་འབྱོར་སྤྱོད་པ་བཞི་བརྒྱ་པའི་རྒྱ་ཆེར་འགྲེལ་པ། སེར་གཙུག་ནང་བསྟན་དཔེ་རྙིང་འཚོལ་བསྡུ་ཕྱོགས་སྒྲིག་ཁང་། གངས་ཅན་ཁྱད་ནོར་དཔེ་ཚོགས་པོད་ཕྲེང་ཉེར་གསུམ་པ། ཤ༥༡༣

ཟག་གི་བདག་མེད་རང་བཞིན་དུ་ཁེགས་འགྲོ་བ་” ①ཡིན་ཚུལ་འཇུག་འགྲེལ་གྱི་ལུང་དང་བཅས་ཏེ་རྗེ་རིན་པོ་ཆེས་དྲང་ངེས་ལེགས་བཤད་སྙིང་པོ་རུ་གསལ་བར་གསུངས་སོ། །འོ་ན་མཐར་ཐུག་ཆོས་ཐམས་ཅད་རང་བཞིན་གྱིས་སྟོང་པའི་བདག་མེད་དུ་འདོད་ཚུལ་ལས། གཞན་རང་སྡེའི་གྲུབ་མཐའ་རང་རྒྱུད་པ་མན་ཆད་ཀྱིས་བདག་མེད་འདོད་ཚུལ་དང་། ལྷག་པར་དུ་དོན་སྨྲ་སྡེ་གཉིས་ཀྱིས་གང་ཟག་གི་བདག་མེད་ཙམ་འདོད་པ་སོགས་ཀྱི་བདག་མེད་འདོད་ཚུལ་རྣམས་བདག་མེད་ལྟ་བ་མ་ལགས་སམ་ཞེ་ན། རང་རྒྱུད་པ་མན་ཆད་ཀྱིས་བདག་མེད་འདོད་ཚུལ་རྣམས་བདག་མེད་ལྟ་བ་ཡིན་པ་བསྙོན་དུ་མེད་མོད། ཤེས་བྱ་རྟོགས་དཀའ་སླ་དང་གདུལ་བྱའི་ཁམས་དང་མོས་པ་མི་འདྲ་བའི་དབང་གིས་གྲུབ་མཐའི་སོ་སོའི་འདོད་ལུགས་ཀྱི་རྣམ་གཞག་བྱས་པ་ཡིན་ལ། དེ་དག་ནི་དྲང་ངེས་ཀྱི་དོན་ལས་རྣམ་པར་འབྱེད་ཐུབ་པ་ཞིག་དང་། གཙོ་བོ་སྟོན་པས་ཐོག་མར་གདུལ་བྱའི་ཁམས་ངོར་བསྟུན་ནས་ཆོས་ཀྱི་འཁོར་ལོ་བསྐོར་དུས་ཀྱི་གསུངས་ཚུལ་ལས་གྲུབ་པ་ཡིན་ཏེ། བྱང་ཆུབ་ལམ་རིམ་ཆེན་མོ་ལས། “དེ་ཁོ་ན་ཉིད་རྟོགས་པར་འདོད་པ་རྣམས་ཀྱིས་ནི་རྒྱལ་བའི་གསུང་རབ་ལ་བརྟེན་དགོས་ལ། གསུང་རབ་ཀྱང་གདུལ་བྱ་སྣ་ཚོགས་ཀྱི་བསམ་པའི་དབང་གིས་སྣ་ཚོགས་པ་ཡིན་པས་ན་ཇི་འདྲ་བ་ཞིག་ལ་བརྟེན་ནས་ཟབ་མོའི་དོན་བཙལ་བར་བྱ་སྙམ་ན། ངེས་པའི་དོན་གྱི་གསུང་རབ་ལ་བརྟེན་ནས་དེ་ཁོ་ན་ཉིད་རྟོགས་པར་བྱ་དགོས་སོ། །འོ་ན་ཇི་འདྲ་བ་ཞིག་ངེས་དོན་དང་ཇི་འདྲ་བ་ཞིག་དྲང་དོན་ཡིན་སྙམ་ན། འདི་ནི

①རྗེ་ཙོང་ཁ་པས་མཛད་པའི་དྲང་ངེས་ལེགས་བཤད་སྙིང་པོ། སེར་གཙུག་ནང་བསྟན་དཔེ་རྙིང་འཚོལ་བསྡུ་ཕྱོགས་སྒྲིག་ཁང་། གངས་ཅན་ཁྱད་ནོར་དཔེ་ཚོགས་པོད་ཕྲེང་བཅུ་གསུམ་པ། ༡༧༨༨

བརྗོད་བྱའི་སྒོ་ནས་བཞག་སྟེ། དོན་དམ་པ་སྟོན་པ་ནི་ངེས་པའི་དོན་དང་ཀུན་རྫོབ་སྟོན་པ་ནི་དྲང་བའི་དོན་གྱི་གསུང་རབ་ཏུ་གཟུང་ངོ་། །”①ཞེས་སོགས་མདོ་ཁུངས་དང་བྱས་ཏེ་གསུངས་པ་ལྟར་རོ། །

སྤྱིར་བདག་མེད་རྟོགས་པ་ལ་གང་ཟག་གི་བདག་མེད་དང་ཆོས་ཀྱི་བདག་མེད་ལ་ཕྲ་རགས་ཀྱི་དབྱེ་བ་ཡོད་ཅིང་། རྟོགས་བྱ་དཀའ་སླའི་རིམ་པའི་དབང་དུ་བྱས་པ་གང་ཞིག་སྟོན་པས་ཆོས་ཀྱི་འཁོར་ལོ་བསྐོར་བའི་སྐབས་སུ་གདུལ་བྱའི་ཁམས་ངོར་བསྟུས་ནས་གསུངས་ཚུལ་ཞིག་སྟེ། སྟོན་པ་བཅོམ་ལྡན་འདས་ཀྱིས་གང་ཟག་གི་བདག་མེད་དངོས་སུ་བསྟན་པའི་གདུལ་བྱའི་རིགས་ལ་གཉིས་ཏེ། “ཐེག་དམན་གྱི་སྡེ་སྣོད་ལས་ཀྱང་གང་ཟག་གི་བདག་མེད་ཕྲ་བ་དངོས་སུ་སྟོན་པའི་སྣོད་དུ་མི་རུང་བ་གདུལ་བྱ་རྒྱུད་ཡོངས་སུ་མ་སྨིན་པའི་ཉན་ཐོས་གྱི་རིགས་ཅན་གྱི་དབང་དུ་མཛད་ནས། བདེན་བཞིའི་མི་རྟག་སོགས་ཁྱད་ཆོས་བཅུ་དྲུག་གཙོ་བོར་སྨོས་པའི་ཆ་ནས་གང་ཟག་རང་རྐྱ་ཐུབ་པའི་རྫས་ཡོད་བཀག་པ་ཙམ་གྱི་གང་ཟག་གི་བདག་མེད་གསུངས་ཚུལ་ཞིག་དང་། ཅིག་ཤོས་ནི་ཉན་ཐོས་རིགས་ཅན་རྒྱུད་ཡོངས་སུ་སྨིན་དབང་དུ་མཛད་ནས། གང་ཟག་རང་བཞིན་གྱིས་གྲུབ་པ་བཀག་པའི་གང་ཟག་གི་བདག་མེད་པ་གསུངས་པ་དང་། དེ་བཞིན་དུ་སྟོན་པ་བཅོམ་ལྡན་འདས་ཀྱིས་ཆོས་ཀྱི་བདག་མེད་དངོས་སུ་བསྟན་པའི་གདུལ་བྱའི་རིགས་ལ་གཉིས་ཏེ། དཔེར་ན་འཁོར་ལོ་ཐ་མའི་མདོ་ལས་གཟུང་འཛིན་རྫས་གཞན་བཀག་པ་ཙམ་གྱི་ཆོས་ཀྱི་བདག་མེད་བསྟན་པ་ལྟ་

①རྗེ་བློ་བཟང་གྲགས་པ། བྱང་ཆུབ་ལམ་རིམ་ཆེན་མོ། སེར་གཙུག་ནང་བསྟན་དཔེ་སྙིང་འཚོལ་བསྡུ་ཕྱོགས་སྒྲིག་ཁང་། གངས་ཅན་ཁྱད་ནོར་དཔེ་ཚོགས་པོད་ཕྲེང་གོ་གཉིས་པ། ༡༥༨༢

བུ་ནི་གདུལ་བྱ་རྒྱུད་ཡོངས་སུ་མ་སྨིན་པ་ཆོས་ཀྱི་བདག་མེད་དངོས་སུ་བསྟན་པའི་སྣོད་དུ་མི་རུང་ཞིང་སྐབས་དེར་ཆོས་ཀྱི་བདག་མེད་རགས་པ་ཙམ་དངོས་སུ་བསྟན་པའི་སྣོད་དུ་རུང་བ་དང་། ཙིག་ཤོས་ནི་དཔེར་ན་འཁོར་ལོ་གཉིས་པའི་དབང་དུ་བྱས་ན་ཤེར་ཕྱིན་སོགས་ལས་ཆོས་ཐམས་ཅད་རང་བཞིན་གྱིས་གྲུབ་པ་བཀག་པའི་ཆོས་ཀྱི་བདག་མེད་པར་གསུངས་པ་ལྟ་བུ་ནི་གདུལ་བྱ་རྒྱུད་ཡོངས་སུ་སྨིན་པས་དེའི་ཚེ་ཆོས་ཀྱི་བདག་མེད་ཕྲ་བ་དངོས་སུ་བསྟན་པའི་སྣོད་དུ་རུང་བའི་གང་ཟག་གོ །"①གོང་སྨྲས་དག་ནི་མཁས་གྲུབ་རིན་པོ་ཆེའི་སྟོང་ཐུན་ཆེན་མོར་སློབ་དཔོན་སངས་རྒྱས་བསྐྱངས་ཀྱི་དགོངས་པ་དམིགས་སུ་བྱས་ནས་བཀྲལ་བ་དག་ལགས་ཤིང་། བདག་མེད་ཕྲ་རགས་གསུང་ཚུལ་གསལ་བར་བསྟན་པ་ཞིག་ལགས་སོ། །

①མཁས་གྲུབ་དགེ་ལེགས་དཔལ་བཟང་། དབུ་མའི་བསྟན་བཅོས་ཆེན་པོ་སྟོང་ཐུན་སྐལ་བཟང་མིག་འབྱེད། སེར་གཙུག་ནང་བསྟན་དཔེ་རྙིང་འཚོལ་བསྡུ་ཕྱོགས་སྒྲིག་ཁང་། གངས་ཅན་ཁྲིད་ནོར་དཔེ་ཚོགས་པོད་ཕྲེང་ང་གཅིག་པ། ཤ༡༨༣ནས་༡༨༤བར་གསལ།

ས་བཅད་གཉིས་པ། ཕྱི་རོལ་པས་འདོད་པའི་རྟག་ཆད་ཀྱི་བདག་འགོག་ཚུལ་རྩང་ཟད་འཆད་པ།

ས་བཅད་འདིའི་ཁ་བྱང་ལ་རྟག་ཆད་ཀྱི་བདག་འགོག་ཚུལ་ཞེས་པ་ནི་རྟག་པའི་བདག་དང་ཆད་པའི་བདག་ཙམ་མ་ཡིན་པར་རྟག་མཐའི་བདག་དང་ཆད་མཐའི་བདག་ཅེས་བྱ་བར་འདོད་པའོ། །དེ་ནི་ཡོད་པ་དང་ཡོད་པའི་མཐའ་དང་། མེད་པ་དང་མེད་པའི་མཐའ་གཉིས་ལ་ཁྱད་པར་ཡོད་པ་བཞིན་ཡིན་ཏེ། དེ་ཡང་། " སྤྱིར་མཐའ་ཞེས་བྱ་བ་ནི། འཇིག་རྟེན་ན་སའི་ཕྱོགས་གང་དུ་གོམ་པ་འཕྲན་ན་སྐྱེས་བུ་ལྷུང་ནས་ཉམས་ཉེས་པར་འགྱུར་བའི་གཡང་ཁ་ལ་མཐའ་ཞེས་བརྗོད་པ་ལྟར། འདིར་ཡང་གང་དུ་གཟུང་ན་འཛིན་པ་པོ་ལྟ་བ་ངན་པའི་གཡང་དུ་ལྷུང་ནས་ཕུང་པར་འགྱུར་བའི་གནས་ལ་མཐའ་ཞེས་བརྗོད་དེ། དེ་ལ་ཡོད་མཐའ་དང་མེད་མཐའ་གཉིས་སོ། །"①ཞེས་གསུངས་པ་ལས་སོ། །

འོ་ན་རྟག་ཆད་ཀྱི་མཐའ་དང་བྲལ་བའི་ལྟ་བ་གང་ཞེ་ན་དབུ་མའི་ལྟ་བ་སྟེ། དེ་ལ་ལུང་རིགས་བྱེད་དང་བཅས་པ་སྣ་ཚོགས་ཡོད་པ་དཀྱུས་གཅིག་ཏུ་བཀོད་ན་འདི་ལྟ་སྟེ། མདོ་ལས། ཡོད་མིན་མེད་མིན་གཉིས་ཀ་མིན། །གཉིས་ཀའི་བདག་ཉིད་མིན་པའང་

①མཁས་གྲུབ་དགེ་ལེགས་དཔལ་བཟང་། དབུ་མའི་བསྟན་བཅོས་ཆེན་པོ་སྟོང་ཐུན་སྐལ་བཟང་མིག་འབྱེད། སེར་གཙུག་ནང་བསྟན་དཔེ་རྙིང་འཚོལ་བསྡུ་ཕྱོགས་སྒྲིག་ཁང་། གངས་ཅན་ཁྱད་ནོར་དཔེ་ཚོགས་པོད་ཕྲེང་ང་གཅིག་པ། ༡༨༣

མེད། །མཐའ་བཞི་རྣམ་པར་གྲོལ་བ་ཡི། །དེ་ཉིད་དབུ་མ་པ་ཡི་རིགས། །ཞེས་པ་དང་། ཡང་མདོ་དཀོན་མཆོག་བརྩེགས་པ་ལས། ཨོད་སྲུང་ས་ཡོད་ཅེས་བྱ་བ་འདི་ནི་མཐའ་གཅིག་གོ །མེད་ཅེས་བྱ་བ་འདི་ནི་མཐའ་གཉིས་སོ། །ཞེས་དང་། ཡོད་དང་མེད་པ་འདི་ཡང་མཐའ་ཡིན་ཏེ། །གཙང་དང་མི་གཙང་འདི་ཡང་མཐའ་ཉིད་ཡིན། །དེ་ཕྱིར་གཉིས་ཀའི་མཐའ་ནི་ཡོངས་སྤངས་ནས། །མཁས་པས་དབུས་ལའང་གནས་པར་ཡོད་མི་བྱེད། །ཅེས་སོགས་དང་། རིགས་པ་དྲུག་ཅུ་པ་ལས། "ཡོད་པས་རྣམ་པར་མི་གྲོལ་ཞིང་། །མེད་པས་སྲིད་པ་དེ་བས་མིན། །དངོས་དང་དངོས་མེད་ཡོངས་ཤེས་ནས། །བདག་ཉིད་ཆེན་པོ་རྣམ་པར་གྲོལ། །"①ཞེས་དང་། དབུ་མ་རྩ་ཤེས་ལས། "ཡོད་ཅེས་བྱ་བ་རྟག་པར་འཛིན། །མེད་ཅེས་བྱ་བ་ཆད་པར་ལྟ། །དེ་ཕྱིར་ཡོད་དང་མེད་པ་ལ། །མཁས་པས་གནས་པར་མི་བྱའོ། །"②ཞེས་སོགས་མང་ངོ་། །

དེས་ན་རང་སྡེ་དབུ་མ་ཐལ་འགྱུར་པའི་ལུགས་ལ་རང་རྒྱུད་པ་མན་ཆད་ཀྱི་འདོད་ལུགས་དགག་པའི་གཞི་སྟེ། ཆོས་ཐམས་ཅད་རང་བཞིན་གྱིས་མེད་པར་འདོད་པའི་ལྟ་བས་རང་སྡེ་བྱེ་བྲག་སྨྲ་བས་ནམ་མཁའ་རྟག་པའི་རྫས་སམ་དངོས་པོར་འདོད་

①དཔལ་མགོན་འཕགས་པ་ཀླུ་སྒྲུབ། དབུ་མ་རིགས་པའི་ཚོགས་དྲུག་དང་བྱང་ཆུབ་སེམས་འགྲེལ། སེར་གཙུག་ནང་བསྟན་དཔེ་སྙིང་འཚོལ་བསྡུ་སྒྲིག་ཁང་། གངས་ཅན་ཁྱད་ནོར་དཔེ་ཚོགས་བོད་ལྗོངས་མི་དམངས་དཔེ་སྐྲུན་ཁང་ནས་ཤོག་ངོས། — see note

ཅིང་། དངོས་པོ་མི་རྟག་པར་འདོད་ཀྱང་རང་བཞིན་གྱིས་ཡོད་པར་ཞེན་པ་དེས་ཀྱང་རྟག་པའི་མཐའ་ལ་ལྷུང་བར་སྒྲུབ་བྱེད་འཕེན་པ་ཡིན་ཏེ། ཇི་སྐད་དུ། གང་ཞིག་རང་བཞིན་གྱིས་ཡོད་པ། །དེ་ནི་མེད་པ་མིན་པས་རྟག །ཅེས་སོགས་གསུངས་པ་ལྟར་ཡིན་ཞིང་། ཕྱི་རོལ་པའི་བདག་རྟག་པ་དང་། སྤྱི་གཙོ་བོ་དང་། དབང་ཕྱུག་ལ་སོགས་པ་རྟག་དངོས་ལ་འཛིན་པ་ནི་ཤིན་ཏུ་རྟག་མཐར་ལྷུང་བ་ཡིན་པ་ལྟ་ཅི་སྨོས། ཆད་པའི་མཐའ་འམ་མེད་པའི་མཐའ་ནི་ཕྱི་རོལ་པས་འདོད་པའི་སྐྱེ་བ་སྔ་ཕྱི་དང་ལས་རྒྱུ་འབྲས་མེད་པ་དང་། ཐར་པ་དང་ཐམས་ཅད་མཁྱེན་པ་ཡང་མེད་པར་འདོད་པའི་ལྟ་བ་སོགས་དང་། དེ་བཞིན་དུ། མཁས་གྲུབ་རྗེས། "རང་སྡེ་ཁ་ཅིག་གིས་བར་སྲིད་མེད་པར་ལྟ་བ་ཡིན་པར་མ་ཟད། དངོས་སྨྲ་དག་གིས་དངོས་པོ་རང་བཞིན་གྱིས་གྲུབ་པ་སྐད་གཅིག་གཉིས་པར་རྒྱུན་ཆད་པར་ལྟ་བ་ཡང་ཆད་ལྟ་ཡིན་"① ཞེས་གསུངས་པ་ཡང་ཆད་པའི་མཐའ་ལ་ལྷུང་བར་འདོད་པ་ཡིན། སྐབས་འདིར་གཙོ་བོ་ཕྱི་རོལ་པའི་འདོད་པ་འགོག་ཚུལ་འཆད་རྒྱུ་ཡིན་ཞིང་། ཕྱི་རོལ་པའི་བདག་འགོག་པའི་རིགས་པ་ནི་ཕྲ་ཞིང་རྒྱས་པ་རྣམ་འགྲེལ་སོགས་སུ་བསྟན་ཡོད་དོ། །

དང་པོ། རྟག་མཐའ་ཇི་ལྟར་འགོག་ཚུལ་སྐོར།

༡ སྤྱིར་རྟག་བདག་འགོག་ཚུལ།

སྤྱིར་ན་རྟག་པ་ཞེས་པ་ལ་གོ་བ་ལེན་ཚུལ་གཉིས་ཡོད་དེ། གཅིག་ནི་རྒྱུན་རིང་

①མཁས་གྲུབ་དགེ་ལེགས་དཔལ་བཟང་། དབུ་མའི་བསྟན་བཅོས་ཆེན་པོ་སྟོང་ཐུན་སྐལ་བཟང་མིག་འབྱེད། སེར་གཙུག་ནང་བསྟན་དཔེ་རྙིང་འཚོལ་བསྡུ་ཕྱོགས་སྒྲིག་ཁང་། གངས་ཅན་ཁྲིད་ནོར་དཔེ་ཚོགས་པོད་ཕྲེང་ང་གཅིག་པ། ༡༨༩

 དུ་གནས་པ་ལ་རྟག་པ་ཟེར་བ་དང་། ཅིག་ཤོས་ནི་རང་བཞིན་འགྱུར་བ་མེད་པ་ལ་རྟག་པ་ཞེས་ཟེར། འོན་ཏེ་དང་པོ་ནི་བློན་པོ་བྱིས་བློ་ཅན་གྱི་འདོད་ཚུལ་དང་། གཉིས་པ་ནི་མཁས་པ་ལ་གྲགས་པའི་རྟག་པའི་མཚན་ཉིད་དང་འཛོག་ཚུལ་ཡིན་ཞིང་། དཔལ་ལྡན་ཆོས་ཀྱི་གྲགས་པས། "གང་གི་རང་བཞིན་འཇིག་མེད་པ། །དེ་ལ་མཁས་རྣམས་རྟག་ཅེས་བརྗོད། །"①ཅེས་གསུངས་པའོ། །ནང་པ་སངས་རྒྱས་པས་ཕྱི་རོལ་པའི་བདག་འགོག་ཚུལ་ལ་སྐྱེ་བ་སྔ་ཕྱི་བར་གསུམ་ལ་འགྲོ་འོང་བྱེད་པའི་བདག་དེ་རྟག་པ་མ་ཡིན་པའི་སྒྲུབ་བྱེད་དུ། "བདག་རྟག་པར་སྨྲ་བྱེད་རྣམས་ལ་བཅིངས་གྲོལ་གང་ཡང་མི་འཐད་དེ། རྟག་པ་ནི་རང་བཞིན་འགྱུར་བ་མེད་པས་རྐྱེན་ལ་ལྟོས་པ་མེད་པའི་ཕྱིར། རྒྱུ་དང་འབྲས་བུ་ཡང་གཅིག་ལ་འགྱུར་བར་ཐལ། བདག་རྟག་པ་དེ་ལས་གསོག་པ་པོ་དང་འབྲས་བུ་སྤྱོད་པ་པོ་ཡིན་པའི་ཕྱིར་"②ཞེས་གསུངས་སོ། །དེ་ཡང་བདག་དེ་རྟག་པ་མ་ཡིན་པར་ཐལ། སྐྱེ་བ་སྔ་ཕྱི་བར་གསུམ་ལ་འགྲོ་འོང་གི་བྱ་བ་བྱེད་པའི་ཕྱིར་ཏེ། རྣམ་འགྲེལ་སོགས་ལས་ཀྱང་རྟག་ལ་བྱ་བ་མི་རུང་བར་གསུངས་པའི་ཕྱིར་རོ། །དཔེར་ན་ནམ་མཁའ་ལྟ་བུ་འགྲོ་འོང་བྲལ་བའི་ཕྱིར་ན་རྟག་པ་ཞེས་སུ་གྲགས་ལ་འགྲོ་འོང་གི་བྱ་བ་ཡོད་པ་ལ་རྟག་པ་ཞེས་མི་བརྗོད་པའོ། །ཡང་དེ་ལ་བདག་མི་རྟག་པ་སྐད་ཅིག་སྐད་ཅིག་ལ་འཇིག་པའི་ཆོས་ཅན་ཡིན་ན། འཁོར་བ་དང་གྲོལ་བའི་གནས་སྐབས་ཀྱི་བདག་གཉིས་སོ་སོ་བར་གྱུར་ནས་འཁོར་བའི་གནས་སྐབས་ན་

①དཔལ་ལྡན་ཆོས་གྲགས་སོགས་ཀྱིས་མཛད་པའི་གཞུང་པོ་ཏི་ལྔའི་རྩ་བ། ཏི་མ་ལ་ཡའི་རིག་མཛོད། གློག་རྡུལ་དཔར་མ། ཤ༥༧༢

②ལྕང་སྐྱ་རོལ་པའི་རྡོ་རྗེ། ཀྲུང་གོའི་བོད་རིག་པ་དཔེ་སྐྲུན་ཁང་། ༡༩༨༩ ལོའི་ཟླ་དྲུག་པར་དཔར་ཐེངས་དྲུག་པ་བཏབ། ཤ༩༧

གནས་པའི་བདག་དེ་གྲོལ་བ་ཐོབ་པའི་ཚེ་གྲོལ་བའི་གནས་སྐབས་བདག་དེ་མ་ཡིན་པར་གྱུར་བས། གྲོལ་བ་ལ་བརྩོན་པ་དོན་མེད་དུ་མི་འགྲོ་འམ་ཞེས་ཟེར་བ་ལ། རང་གི་ངོ་བོ་རྟག་པ་མ་ཡིན་པའི་ཕྱིར་ན་འཁོར་བའི་གནས་སྐབས་ཀྱི་སྡུག་བསྔལ་བ་ནས་གྲོལ་བའི་གནས་སྐབས་སུ་སྡུག་བསྔལ་དང་བྲལ་བར་གྱུར་བ་ནི་རྟག་པའི་རང་བཞིན་དང་འགལ་བ་ཡིན་ནོ་ཞེས་སོགས་རིགས་པ་གཏོང་བར་བྱེད་དོ། །གཞན་ཡང་། ཕྱི་རོལ་པས་བདག་དེ་རང་བཞིན་འགྱུར་བ་མེད་པའི་རྟག་པ་ཡིན་པར་འདོད་པ་མི་འཐད་པའི་སྒྲུབ་བྱེད་ལ། གལ་ཏེ་བདག་གི་རང་བཞིན་རྟག་པ་ཡིན་ན་ཅི་ཕྱིར་འགྲོ་བ་རྣམས་ལ་ཡོད་པའི་བདག་དེ་གཞན་ནས་གཞན་དུ་སྐྱེ་བར་འགྱུར་ཞེས་རིགས་པ་གཏོང་བར་བྱེད་ལ། བདག་རྟག་པ་ཡིན་ན་ལམ་ལ་འབད་བརྩོན་བྱས་པ་ལས་ཐར་པ་ཐོབ་མི་རིགས་ཏེ། བདག་རྟག་པའི་རང་བཞིན་ལ་ལས་ཉོན་གྱིས་བཅིངས་པའི་རྣམ་གཞག་ཀྱང་མི་སྲིད་པས། ཐར་པ་དང་གྲོལ་བ་ཟེར་བ་ཡང་ལྟ་ཅི་སྨོས་ཞེས་སོ། །

བྱེ་རིག་གྲངས་གསུམ་སོགས་ཀྱིས་བདག་འགྲོ་བ་ཐམས་ཅད་ལ་ཁྱབ་པར་འདོད་པ་གང་ཞིག་ཆ་མེད་གཅིག་པུའི་རང་བཞིན་དུ་འདོད་པ་ལ། དེ་འདྲ་འདོད་ན་སེམས་ཅན་ཐམས་ཅད་ལ་བདག་གཅིག་ལས་མེད་པར་ཐལ་འགྲོ་བ་ཡིན་ཏེ། བདག་དེ་འགྲོ་བ་ཐམས་ཅད་ལ་ཁྱབ་པ་གང་ཞིག་ཆ་མེད་གཅིག་པུ་ཡིན་པའི་ཕྱིར་རོ། །སེམས་ཅན་ཐམས་ཅད་ཀྱི་བདག་གཅིག་ཡིན་ན་དམྱལ་བ་མནར་མེད་པ་གཅིག་སྡུག་བསྔལ་བ་ཡིས་སེམས་ཅན་ཐམས་ཅད་སྡུག་བསྔལ་བ་དང་། བདེ་འགྲོའི་སེམས་ཅན་གཅིག་གི་བདེ་བས་སེམས་ཅན་ཐམས་ཅད་བདེ་བར་ཐལ་བའི་སྐྱོན་ཡོད་ལ། ཡང་བདག་དེ་ལྷས་སྦྱིན་ལ་གནས་པའི་ཚེ་ན། མཆོད་སྦྱིན་ནི་བདག་གིས་སྟོང་བའི་སྐྱོན་

ཡོད་དེ། བདག་ཆ་མེད་གཅིག་ཡིན་པའི་ཕྱིར། དེ་བཞིན་དྲང་སྲོང་སེར་སྐྱ་སོགས་པས་རང་གི་རྗེས་འབྲང་པ་རྣམས་ལ་གཞི་ལམ་འབྲས་གསུམ་གྱི་རྣམ་གཞག་བསྟན་པ་ཡང་དགོས་མེད་དུ་འགྱུར་བ་ཡིན་ཏེ། རང་ཉིད་ཀྱི་བདག་དེ་གྲོལ་བ་ཐོབ་ཚེ་སེམས་ཅན་ཐམས་ཅད་ཀྱི་བདག་ཀྱང་ཅིག་ཅར་དུ་གྲོལ་བ་ཐོབ་སྲིད་པའི་ཕྱིར་དང་། ཐམས་ཅད་ཀྱི་བདག་གཅིག་ཡིན་པའི་ཕྱིར་རོ། །དེ་དག་གི་རིགས་པ་ནི་རྣམ་འགྲེལ་ལེའུ་དང་པོའི་སྐབས་ཀྱི། "གཅིག་ལ་ཡོད་པ་མཐོང་བ་ནི། །གཞན་ལ་མཐོང་བ་མི་སྲིད་ཕྱིར། །"①ཞེས་སོགས་ཡིན་པར་མཁས་པས་གསུངས་"ལ། དོན་ཏོག་ཏུ་ཕྱི་རོལ་པས་འདོད་པའི་བདག་ཆ་མེད་པ་གཅིག་པུ་དང་། ཀུན་ལ་ཁྱབ་པ་ཞེས་པ་གཉིས་ནི་འགལ་བའི་ཆོས་ཅན་ཡིན་པའི་ཐད་རིགས་པ་དུ་མ་བཏང་ཡོད།

༢ གྲངས་ཅན་པས་འདོད་པའི་རྟག་བདག་འགོག་ཚུལ།

གྲངས་ཅན་པས་བདག་ནི་བྱ་བ་མེད་པ་ཞིག་ལ་འདོད་པ་ཡིན་ཏེ། སྤྱི་གཙོ་བོས་རྣམ་འགྱུར་གྱི་ཚོགས་རྣམས་སྤྲུལ་པའི་དབང་གིས་ཤེས་བྱ་རྣམས་བྱུང་བ་ཡིན་པ་ལས། བདག་ནི་རྒྱུ་དང་འབྲས་བུ་གང་ཡང་མིན་པས་བྱ་བ་མེད་པ་ཞེས་སོ། །དེ་འདྲ་ཡིན་ན། སྐྱེས་བུ་ལྷས་སྦྱིན་གྱི་བདག་ལ་མཚོན་ན་དེ་ལས་དང་རྒྱུའི་འབྲས་བུ་ལ་ལོངས་སུ་སྤྱོད་མཁན་མ་ཡིན་པའི་སྐྱོན་ཡོད་དེ། གང་དེ་ལས་གསོག་པ་པོ་མ་ཡིན་པའི་ཕྱིར་ཏེ། དེ་ལ་བྱ་བ་མེད་པར་འདོད་པའི་ཕྱིར། ཡང་ལས་གསོག་པ་པོར་ཁས་མི་ལེན་བཞིན་དུ་ལས་ཀྱི་འབྲས་བུ་སྤྱོད་བ་པོ་ཡིན་པར་འདོད་ན་ནི། སྐྱེས་བུ་ལྷས་སྦྱིན་གྱི

①དཔལ་ལྡན་ཆོས་གྲགས་སོགས། གཞུང་པོ་ཏི་ལྔའི་རྩ་བ། ཏི་མ་ལ་ཡའི་རིག་མཛོད། སློག་རྡུལ་དཔར་མ། ༡༤༥༧

བདག་དེ་ཁམས་གསུམ་གྱི་བདེ་སྡུག་ཅིག་ཅར་དུ་སྤྱོང་བར་ཐལ་བའི་སྐྱོན་ཡོད་དེ། བདག་གིས་ལས་མ་བསགས་བཞིན་དུ་བདེ་སྡུག་གི་འབྲས་བུ་སྤྱོང་བར་ཁས་ལེན་པའི་ཕྱིར། དེ་འདྲ་འདོད་ན་ནི་རང་གིས་བསགས་པའི་ལས་ཀྱི་འབྲས་བུ་གཞན་གྱིས་སྤྱོང་བར་ཐལ་བ་སོགས་རྒྱུ་འབྲས་ཕྱིན་ཅི་ལོག་ཏུ་གྱུར་པའི་སྐྱོན་ཆེན་པོ་ཡོད་པར་གཞུང་མང་པོ་ནས་གསུངས་སོ། །

གཞན་ཡང་ལྕང་སྐྱ་རོལ་པའི་རྡོ་རྗེས། "བདག་ཆ་མེད་པ་མ་ཡིན་ཏེ། ཀུན་ལ་ཁྱབ་པ་ཡིན་པའི་ཕྱིར། བློ་ཆོས་ཅན། བདེ་སྡུག་མི་སྤྱོང་བར་ཐལ། བེམ་པོ་ཡིན་པའི་ཕྱིར། བདེ་སོགས་དང་སྐྱེས་བུ་ཐ་དད་དུ་མངོན་སུམ་གྱིས་ཤེས་པ་ཙམ་གྱིས་འཁོར་བ་ལས་གྲོལ་བར་མི་འགྱུར་བར་ཐལ། ལས་མ་སྦྱངས་པའི་བྱིས་པ་རྣམས་ཀྱིས་ཀྱང་རང་གི་དབང་པོ་དང་བདེ་སོགས་ལས་བདག་ཐ་དད་དུ་ཤེས་པའི་ཕྱིར། དེར་ཐལ། བདག་ཉིད་དོན་དུ་གཉེར་པ་པོར་ཞེན་ནས་ད་ལྟར་གྱི་དབང་པོ་སོགས་ལས་མཆོག་ཏུ་གྱུར་པའི་དབང་པོ་སོགས་དོན་དུ་གཉེར་བའི་ཕྱིར་དང་། རང་ཉིད་སྔ་ཕྱི་གཅིག་ཏུ་བཟུང་ནས་བདེ་སོགས་སྔ་ཕྱི་འཕོས་པའི་སྐྱེ་འཇིག་བྱེད་པར་རྟོགས་པའི་ཕྱིར། དབང་སོགས་སྡུག་བསྔལ་དུ་བསྒོམས་པས་འཁོར་བ་ལས་གྲོལ་བ་མི་འཐད་དེ། ད་ལྟར་གྱི་སྡུག་བསྔལ་གྱི་སྡུག་བསྔལ་ལས་ཡིད་འབྱུང་བ་དེ་འདྲ་ཞེ་སྡང་དང་མཚུངས་ལྡན་ཡིན་པའི་ཕྱིར་དང་། དེའི་ཚེ་བདག་ལ་ཆགས་པ་ཡོད་པའི་ཕྱིར་དང་། དེ་ལས་ལྷག་པའི་སྐབས་གཞན་འཚོལ་བའི་ཕྱིར་" ① ཞེས་སོགས་ཚད་མ་རྣམ་འགྲེལ་གྱི་རིགས་

---

①ལྕང་སྐྱ་རོལ་པའི་རྡོ་རྗེའི་གྲུབ་མཐའ། ཀྲུང་གོའི་བོད་རིག་པ་དཔེ་སྐྲུན་ཁང་གིས་བསྐྲུན། ༡༩༨༩ ལོའི་ཟླ་བ་དྲུག་པར་དཔར་ཐེངས་དང་པོ་དཔར། ༡༢༧

པ་གཞིར་བྱས་ཏེ་གསུངས་སོ། །

གཞན་ཡང་ལུགས་འདིས་འབྲས་བུ་རྒྱུ་དུས་སུ་ཡོད་ཟེར་བ་ལ། འབྲས་བུ་རྒྱུ་དུས་ནས་ཡོད་ན་སྐྱེ་བ་དོན་མེད་དུ་འགྱུར་བ་ཡིན་པ་དང་། སྐྱེ་བ་ཐུག་མེད་དུ་འདོད་པ་ལ། སྐྱེས་ཟིན་སླར་ཡང་སྐྱེ་བ་ཡོད་པས་དགག་པར་བྱེད་དེ། གྲུབ་མཐའ་ཆེན་མོ་ལས། "སྤྱི་རྟག་པ་ཆ་མེད་ཀུན་ལ་ཁྱབ་པའི་འབྲས་བུ་ཀུན་ཡོད་པ་དང་། དེའི་འབྲས་བུ་ལྡོག་པ་སོགས་ཀྱི་གྲངས་ཅན་ལུགས་འདི་ཆོས་ཅན། འགལ་འདུ་དང་ངོ་མཚར་བའི་ལུགས་ཡིན་པར་ཐལ། ཏིལ་གྱི་ཧ་ལྭའི་ས་བོན་ཆུང་ངུའི་ནང་ན་ཏིལ་གྱི་ཧ་ལྭ་ཆེན་པོ་དེ་ཡོད་པ་དང་། ཟས་ཀྱི་ནང་ཕྱི་སས་ཁྱབ་ནས་ཡོད་པ་སོགས་བེམ་པོ་ཡིན་པའི་འདིའོ་སྙམ་པའི་རྣམ་རྟོག་ཅན་དང་། སྐྱེས་བུ་རྟག་པ་འགྱུར་བ་མེད་པར་ལྷ་མི་དང་དུད་འགྲོ་སོགས་དང་རིགས་བཞི་འདྲེས་པར་ཐལ་བ་དང་"①ཞེས་སོགས་དཔྱ་མ་སྙིང་པོའི་རིགས་པ་དང་འབྲེལ་ནས་གསུངས་ལ། དེ་བཞིན་ཤེས་པ་རྟག་པ་མིན་ཏེ། རྣམ་འགྲེལ་ལས། "ཡུལ་རྣམ་ཅན་ནི་ཐ་དད་པས། །བློ་ཡི་རྟོགས་པ་ཐ་དད་ཕྱིར། །དེ་ཡོད་ན་འདི་ཡོད་ཕྱིར་རོ། །"②ཞེས་བློ་མི་འདྲ་བའི་ཁྱད་པར་ནི་སྣང་ཚུལ་མི་འདྲ་བའི་སྒོ་ནས་འཇོག་དགོས་པ་དང་། ཡུལ་ཤེས་བྱ་མི་རྟག་པས་ཡུལ་ཅན་ཤེས་པ་ཡང་མི་རྟག་པར་བསྒྲུབས་ཐུབ་པ་ཡིན་ལ། དེ་ལྟར་ཡིན་ལུགས་ནི་རང་རང་

---

①ཀུན་མཁྱེན་འཇམ་དབྱངས་བཞད་པ། གྲུབ་མཐའི་རྣམ་བཤད་རང་གཞན་ཀུན་དང་ཟབ་དོན་མཆོག་ཏུ་གསལ་བ་ཀུན་བཟང་ཞིང་གི་ཉི་མ་ལུང་རིགས་རྒྱ་མཚོ་སྐྱེ་དགུའི་རེ་བ་ཀུན་སྐོང་། མཚོ་སྔོན་ནང་བསྟན་རིག་གནས་སྒྲུ་རྩལ་ཞབས་ཞུ་ལྟེ་གནས་ཞབས་ཞུ་ཁང་། ༡༨༨

②དཔལ་ལྡན་ཆོས་གྲགས་སོགས། གཞུང་པོ་ཏི་ལྔའི་རྩ་བ། ཏི་མ་ལ་ཡའི་རིག་མཛོད། སློག་རྟུལ་དཔར་མ། ༡༥༧༥

རྒྱུད་ཀྱི་མྱོང་བ་ལ་ཡང་འཆར་རྒྱུ་ཡོད་པ་ཞིག་ཡིན་པར་གསུངས་སོ། །

གྲངས་ཅན་པའི་ལུགས་ལ་སྤྱི་གཙོ་བོ་དགེ་མི་དགེའི་ལས་བྱེད་པ་པོ་ཡིན་ཡང་འབྲས་བུ་མྱོང་བ་པོ་མ་ཡིན་པ་དང་། བདག་ཤེས་རིག་གི་སྐྱེས་བུ་དེ་འབྲས་བུ་མྱོང་བ་པོ་ཡིན་ཡང་ལས་བྱེད་པ་པོ་མིན་པར་འདོད་པ་ནི། བེམ་པོའི་རང་བཞིན་གྱི་གཙོ་བོས་དགེ་སྡིག་གི་ལས་བསགས་ཀྱང་ཤེས་པ་མེད་པས་འབྲས་བུ་མྱོང་བ་པོ་མ་ཡིན་པར་འདོད་པ་དང་། བདག་ཤེས་རིག་གི་སྐྱེས་བུ་ནི་ཤེས་པའི་རང་བཞིན་ཅན་ཡིན་པས་འབྲས་བུ་མྱོང་བ་པོ་ཡིན་པར་འདོད་པ་ཡིན་པས། སྤྱི་གཙོ་བོས་ལས་བསགས་ནས་འབྲས་བུ་བདག་ཤེས་རིག་གིས་མྱོང་བར་འགྱུར་ཕྱིར། ལས་བྱས་པ་ཆུད་ཟ་བར་འགྱུར་ཏེ། ལས་མ་བྱས་པ་དང་འཕྲད་པར་འགྱུར་བ་དང་། རྒྱུ་འབྲས་ཕྱིན་ཅི་ལོག་ཏུ་འགྲོ་བའི་སྐྱོན་ཡོད་པ་ནི། ནང་པའི་ལུགས་ལ་སྨྲོན་པའི་ལབ་འཆལ་དང་མཚུངས་ཞེས་ལན་མང་དུ་གསུངས་སོ། །

༣ བྱེ་རིག་གི་རྟག་བདག་འགོག་ཚུལ།

ལུགས་འདིས་བདག་སེམས་མེད་བེམ་པོར་འདོད་ན་ནི། བདག་དེ་རྟུལ་དུ་བསགས་པའི་ཚོགས་པ་བེམ་པོའི་རང་བཞིན་དུ་གྲུབ་པས། བདེ་སྡུག་སོགས་མྱོང་བར་མི་གྱུར་ཏེ། སེམས་མེད་པའི་ཕྱིར། དེ་བཞིན་དུ་ཟ་བ་པོ་དང་བྱེད་པ་པོ་ཡང་ཇི་ལྟར་དུ་འགྱུར། དེ་ལ་རང་སྡེ་སངས་རྒྱས་པས་ཀྱང་བདེ་སྡུག་ལུས་ཀྱིས་མྱོང་བར་མི་འདོད་དམ་ཞེས་འདྲི་བ་ལ། རང་སྡེས་ནི་བདེ་སྡུག་ནི་ཚོར་བ་བདེ་སྡུག་བཏང་སྙོམས་སུ་ཕྱེ་ནས། སེམས་ཚོར་བ་བདེ་སྡུག་གང་རུང་གི་ངོ་བོར་སོང་བ་ན་སེམས་ཀྱི་རྟེན་ལུས་དེ་ཉིད་ཀྱིས་བདེ་སྡུག་མྱོང་བར་བཞག་ཚོག་པ་ཡིན་ཞེས་སྒྲུབ་པར་བྱེད་དོ། །དེ་

ཡང་རང་ལུགས་ལ་ཚོར་བ་ནི། ཇི་སྐད་དུ། “ཚོར་བ་ཞེས་བྱ་མྱོང་བ་སྟེ། །ལས་ནི་གང་དང་གང་བསགས་པའི། །རྣམ་སྨིན་འབྲས་བུ་མྱོང་བའོ། །ཚོར་ལ་ལུས་ཚོར་སེམས་ཚོར་གཉིས། །དབང་ཤེས་འཁོར་དུ་བྱུང་བ་ཡི། །ཚོར་བ་རྣམས་ནི་ལུས་ཚོར་དང་། །ཡིད་ཤེས་འཁོར་དུ་བྱུང་བ་ཡི། །ཚོར་བ་རྣམས་ནི་སེམས་ཚོར་རོ། །ལུས་ཚོར་སེམས་ཚོར་གཉིས་ཀ་ལ། །དབྱེ་བ་རྣམ་པ་གསུམ་གསུམ་སྟེ། །ཚོར་བ་བདེ་སྡུག་བཏང་སྙོམས་སོ། །”①ཞེས་སོགས་གསུངས་པ་ལྟར་རོ། །

བྱེ་བྲག་པས་ནི་བདེ་སྡུག་བེམ་པོའི་རང་བཞིན་ལས་མ་འདས་པས་མྱོང་བྱ་མྱོང་བྱེད་གཉིས་ཀ་བེམ་པོར་འགྱུར་བའི་སྐྱོན་ཡོད་ཅིང་། དེ་ལྟར་ན་ཤེས་པའམ་རིག་པ་དོན་མེད་དུ་ཐལ་བའི་སྐྱོན་ཡོད་པའོ། །ཡང་བྱེ་བྲག་པས། བདག་ལ་ཕྱིའི་བདག་དང་ནང་གི་བདག་གཉིས་སུ་འདོད་པ་ནི། དཔྱོད་པ་བས། བདག་དེ་སྤྲུལ་འཕྲུལ་བ་དང་བཀྲུངས་པའི་གནས་སྐབས་སོ་སོ་ཡིན་ཞེས་པ་ལྟར། བདག་དེ་གནས་སྐབས་མི་རྟག་པ་དང་། རང་བཞིན་རྟག་པར་འདོད་པ་ལ། གང་ཟག་གཅིག་གི་རྒྱུད་ལ་བདག་རྟག་མི་རྟག་གཉིས་ཡོད་པར་ཐལ་བའི་སྐྱོན་ཡོད་པ་བཞིན། གང་ཟག་གཅིག་ལ་བདག་ངོ་བོ་ཐ་དད་པ་གཉིས་ཡོད་པར་ཐལ་བའི་སྐྱོན་ཡོད་པ་ཡིན་ནོ། །

གཞན་སྡེ་བྱེ་རིག་གཉིས་ཀྱིས་བདེ་སྡུག་བེམ་པོར་འདོད་པ་ནི། ཚུལ་ཁྲིམས་རྒྱ་མཚོས། “གཞན་སྡེ་ཐམས་ཅད་ཀྱིས་བདེ་སྡུག་བེམ་པོར་འདོད་པ་ལས། གཞན་བདེ་སོགས་ནང་གི་གསལ་རིག་གི་ངོ་བོར་འདོད་མཁན་མེད་པར་མངོན་ནོ། །དེ་ཡང་

①སེམས་སེམས་བྱུང་གི་སྡོམ་ཚིག་དང་འགྲེལ་པ། ཀྲུང་གོ་བོད་བརྒྱུད་མཐོ་རིམ་ནང་བསྟན་སློབ་གླིང་གིས་བསྒྲིགས། མི་རིགས་དཔེ་སྐྲུན་ཁང་གིས་བསྐྲུན། ༡༩༩༨ ལོར་དཔར་ཐེངས་གཉིས་པ། ༥༢

ནང་གི་བེམ་པོར་འདོད་མཁན་ནི་བྱེ་རིག་གཉིས་དང་། ཕྱིའི་བེམ་པོར་འདོད་མཁན་ནི་གྲངས་ཅན་པ་ཡིན་ནོ། །"①ཞེས་གསུངས་ཤིང་། དེའི་བེམ་བདག་འགོག་པའི་རིགས་པ་ལ། སྤྱོད་འཇུག་གི་འགྲེལ་པ་ལས། "རིག་པ་ཅན་ལ་སོགས་པ་ན་རེ། བདག་ནི་ནམ་མཁའ་ལྟ་བུར་ཁྱབ་པ་དང་རྟག་པ་ཉིད་དུ་འདོད་པས་ཤེས་པ་མིན་ཏེ། ཤེས་པ་ཡིན་ན་མི་རྟག་ཅིང་མ་ཁྱབ་པར་འགྱུར་བས་ན་བདག་ལ་ཤེས་པ་མེད་པར་བེམ་པོ་ཡིན་ཀྱང་། ཤེས་པ་དང་འདུ་བས་ན་བདེ་སོགས་བདག་གི་ཡིན་པར་ཞེན་པའི་བདག་ནི་ཡོད་དོ་ཞེ་ན། དེ་ལ་སེམས་མེད་པ་ཡང་བདག་མིན་ཏེ། སེམས་མེད་པ་ཉིད་ཀྱི་ཕྱིར་དཔེར་ན་བུམ་སྣམ་ལ་སོགས་པ་བཞིན། བདག་གི་ལས་བྱེད་པ་པོ་དང་བདེ་སྡུག་གི་རྟེན་དུ་འདོད་ན་སེམས་མེད་པ་དག་ནམ་ཡང་བདེ་སོགས་ཀྱི་རྟེན་དུ་མི་རིགས་པའི་ཕྱིར་རོ། །"②ཞེས་སོགས་གསུངས་པ་ལྟར་རོ། །

༩ རིག་བྱེད་མཐར་སྨྲ་བའི་རྟག་བདག་འགོག་ཚུལ།

ལུགས་འདིས་བདག་ཁྱད་པར་བརྒྱད་ལྡན་དུ་འདོད་པ་ཡིན་ལ། ལུས་ཅན་ཐམས་ཅད་དབང་ཕྱུག་གཅིག་པུའི་ངོ་བོར་འདོད་པ་ལ། འདི་པས་དབང་ཕྱུག་ལ་མཆོད་པ་ནི་དོན་དུ་ལུས་ཅན་ཐམས་ཅད་ལ་དབང་ཕྱུག་གིས་ཁྱབ་པར་འདོད་ཕྱིར་དབང་ཕྱུག་རང་རང་ལ་ཡང་ཡོད་པས། རང་གིས་རང་ལ་མཆོད་པ་ནི་དོན་མེད་ཀྱི་ལས་སུ་འགྲོ་བའི་སྐྱོན་མཆིས་ཞེས་སོ། །འགྲོ་བ་རྣམས་ལ་ཁྱབ་པའི་བདག་དེ་ཡང་

①ཚུལ་ཁྲིམས་རྒྱ་མཚོ། ཚད་མའི་དཀའ་གནད་སེལ་བར་བྱེད་པའི་དུས་ཀྱི་མེ་ལོང་། མི་རིགས་དཔེ་སྐྲུན་ཁང་། ༡༩༩༡ལོར་བསྐྲུན། ཤ༥༧

②སློབ་དཔོན་ཞི་བ་ལྷ་དང་རྗོགས་ཆེན་མཁན་པོ་ཀུན་བཟང་དཔལ་ལྡན། བྱང་ཆུབ་སེམས་པའི་སྤྱོད་པ་ལ་འཇུག་པ་རྩ་བ་དང་འགྲེལ། སི་ཁྲོན་མི་རིགས་དཔེ་སྐྲུན་ཁང་། ༡༩༩༠ལོའི་ཟླ་༩པར་བསྐྲུན། ཤ༤༧༨

སྣོད་བཅུད་ཐམས་ཅད་ཀྱི་རྒྱུ་བྱེད་པ་ཡིན་ཏེ། གྲུབ་མཐའ་ཆེན་མོ་ལས། "སྐྱེས་བུ་དེ་ཡོ་ནས་སྣོད་བཅུད་སྐྱེ་འཇིག་གསུམ་དང་། འགྲོ་བ་འཆིང་བ་དང་། སོགས་ཀྱི་སྒྲས་སྒྲོལ་བ་དང་། བདེ་སྡུག་ཆེ་ཆུང་སྣ་ཚོགས་བྱེད་པར་འདོད་དེ། དཔེར་ན། བ་ལས་བ་ཐག་དང་། ཆུ་ཤེལ་ལས་ཆུ་དང་། ལྷུག་མ་ལས་ཡལ་ག་བཞིན་སྐྱེས་བུ་ཡང་སྐྱེ་ལྡན་ཀུན་གྱི་རྒྱུ་ཡིན་ནོ། །"① ཞེས་གསུངས་པ་བཞིན་ནོ། །དེ་འདྲ་ཡིན་ཡང་། འདིས་བདག་ལ་ཐོག་མ་དང་ཐ་མ་མེད་པར་འདོད་པས། བདག་གི་རྒྱུ་བྱེད་ཅེས་དང་ཐོག་མ་མེད་ཅེས་པ་འགལ་བ་གང་ཞིག ཐོག་མ་མེད་ལ་འཆི་བ་མེད་པ་ཞེས་བདག་སྐྱེ་བ་དང་འཆི་བ་མེད་པར་འདོད་ན་ནི། ལུགས་འདིས་སྐྱེ་བ་སྔ་ཕྱི་ཁས་མི་ལེན་པར་ཐལ་བའི་སྐྱོན་ཡོད་ལ། དེ་ལྟར་ན་ལུགས་འདི་རྟག་སྨྲ་བ་མ་ཡིན་པར་ཆད་སྨྲ་བར་སོང་བའི་སྐྱོན་ཡོད་པ་ཡིན། ལུས་ཅན་ཐམས་ཅད་ལ་བདག་གིས་ཁྱབ་པར་བརྗོད་ནས་བདག་ལ་སྐྱེ་འཆི་མེད་ཅེས་བཤད་ན། སེམས་ཅན་རྣམས་ཀྱི་སྐྱེ་ཀ་ན་འཆིའི་ཚོས་ཉིད་མངོན་སུམ་སྤྱོད་ཡུལ་ཡིན་པ་དང་འགལ་བར་སྨྲ་བས་སྐྱོན་ཆེན་པོ་དང་ལྡན་པ་ཡིན་པར་གསུངས་ལ། བདག་དེ་སྣོད་བཅུད་ཐམས་ཅད་འབྱུང་ས་དང་ཐིམ་ས་ཡིན་པ་གང་ཞིག་སྣོད་བཅུད་ཐམས་ཅད་བདག་ལ་ཐིམ་པའི་དུས་སུ་བདག་མུན་པ་ལས་གྲོལ་ཏེ། གསེར་གྱི་མདོག་ཅན་ཏུ་མཐོང་ཞེས་པ་ལ། དེ་ལྟར་འདོད་ན་བདག་ལ་གྲོལ་བ་ཐོབ་པའི་དུས་སུ་སྣོད་བཅུད་ཐམས་ཅད་བདག་ལ་ཐིམ་ནས་སྟོང་བར་གྱུར་བའི་

---

①ཀུན་མཁྱེན་འཇམ་དབྱངས་བཞད་པ། གྲུབ་མཐའི་རྣམ་བཤད་རང་གཞན་ཀུན་དང་ཟབ་དོན་མཆོག་ཏུ་གསལ་བ་ཀུན་བཟང་ཞིང་གི་ཉི་མ་ལུང་རིགས་རྒྱ་མཚོ་སྐྱེ་དགུའི་རེ་བ་ཀུན་སྐོང་། མཚོ་སྔོན་ནང་བསྟན་རིག་གནས་སྒྱུ་རྩལ་ཞབས་ཞུ་ལྟེ་གནས་ཞབས་ཞུ་ཁང་། ཤ༨༧

སྐྱོན་ཡོད་པ་ཡིན་ཞེས་སོགས་རིགས་པའི་དཔྱད་པ་བྱེད་དོ། །

གཉིས་པ། ཚད་མཐའ་ཇི་ལྟར་འགོག་ཚུལ་སྐོར།

ཚད་སྨྲ་རྒྱང་འཕེན་པས་ནི། སྟོན་པ་འཇིག་རྟེན་མིག་གིས། ཇི་ཙམ་དབང་པོའི་སྤྱོད་ཡུལ་པ། །སྐྱེས་བུའང་དེ་ཙམ་ཁོ་ནར་ཟད། །ཅེས་དང་། གཞི་འགྲེལ་ལས། "གང་གི་ཕྱིར་སྲོག་བདག་གི་ཚེ་འདི་ཉིད་འཚོ་འདུག་ཅིང་། སྲོག་དེས་ཕྱིས་འཇིག་ཏུ་ཤེས་པའི་བདག་ཉིད་ཀྱིས་ཆད་ཅིང་ཟད་པར་འགྱུར་ལ། གཟུགས་ཀྱི་བདག་ཉིད་ཀྱིས་ཞིག་ཅིང་ཆུད་ཟོས་པར་འགྱུར་ཏེ། ཤི་བའི་འོག་ཏུ་ཤེས་པའི་བདག་ཉིད་དང་། གཟུགས་ཀྱི་བདག་གཉིས་ཀས་བདག་ཆད་པར་འགྱུར་ཞིང་མི་འབྱུང་ལ། ཞེས་ལུས་སེམས་ཀྱི་བདག་ཉིད་གཅིག་ཡིན་པར་བཤད་པ་ལྟར་ལུས་སེམས་དབང་པོའི་སྤྱོད་ཡུལ་དུ་གྱུར་པ་ཙམ་ཞིག་བདག་ཏུ་འདོད"① ཅེས་གསུངས་པ་བཞིན་དུ། བདག་ནི་དབང་པོའི་སྤྱོད་ཡུལ་དུ་གཟུགས་ཇི་ཙམ་ཤར་བ་དེ་དང་། ཤེས་པའི་བདག་ཅེས་པ་ཞིག་ཀྱང་འདོད་པ་དང་། བདག་དེ་གཉིས་ནམ་འཆི་བའི་ཚེ་ལུས་འཇིག་ནས་གཟུགས་ཀྱི་བདག་དེ་ཆད་པར་འགྱུར་བ་དང་ཆབས་ཅིག་ཏུ་ལུས་ལ་བརྟེན་ནས་བྱུང་བར་འདོད་པའི་སེམས་ཀྱི་བདག་ཀྱང་ཅིག་ཅར་དུ་ཆད་པར་འགྱུར་བར་འདོད་པ་ཡིན།

ལུགས་འདིར་ལུས་ལ་ཤིན་ཏུ་དྭངས་བའི་ཆ་གཅིག་ཡོད་པར་འདོད་པ་དང་། དེ་ནི་བློ་ཡིན་ཞིང་། ཤིན་ཏུ་རགས་པའི་ཆ་གཅིག་ཡོད་པར་འདོད་པ་ནི་ལུས་ཡིན་

---

①ཀུན་མཁྱེན་འཇམ་དབྱངས་བཞད་པ། གྲུབ་མཐའ་ཆེན་མོ། མཚོ་སྔོན་ནང་བསྟན་རིག་གནས་སྒྱུ་རྩལ་ཞབས་ཞུ་ལྟེ་གནས་ཞབས་ཞུ་ཁང་། ༩༥༥

པར་འཛོག་ལ། དབང་པོའི་སྤྱོད་ཡུལ་གྱི་ལུས་སེམས་བདག་ཏུ་འདོད་པ་ཡིན། དེ་འདྲ་འདོད་ན། སྐྱེ་བོ་ཞིག་གིས་སྐྱེ་བོ་གཞན་ཞིག་ལ་ལྟ་བའི་ཚེ་དེས་གཞན་དེའི་བདག་གི་དབྱིབས་དང་ཁ་དོག་སོགས་མཐོང་སྲིད་པ་དང་། དེ་ལས་གཞན་པའི་ནང་གི་ཤེས་པའི་བདག་ནི་མཐོང་ཡང་མི་སྲིད་ལ། ལུགས་འདི་ལ་ཤེས་པའི་བདག་ཡོད་ཟེར་བ་ཡང་འགལ་འདུའི་གཏམ་ཡིན་ཏེ། འདིས་རྗེས་དཔག་ཚད་མ་ཁས་མི་ལེན་ལ་ཤེས་པ་མིག་གི་དབང་པོའི་མངོན་སུམ་གྱི་སྤྱོད་ཡུལ་དུ་མ་འགྱུར་བས་སོ། །

ལུགས་འདིས་ལུས་པོ་འཇིག་པ་ན་སེམས་ཀྱང་འཇིག་པར་འདོད་ལ། ཚེ་འདིའི་སེམས་ནི་ཚེ་འདིའི་ལུས་ཀྱི་འབྱུང་བ་ལས་བྱུང་བར་འདོད་དེ། དཔེར་ན། ཆང་ལས་མྱོས་མཐུ་དང་། མེ་ལས་ཚ་བ་དང་། ཤིང་ལས་ཐལ་བ་དང་། འོ་མ་ལས་ཞོ་སོགས་བཞིན་དུ་རྒྱུ་ལས་འབྲས་བུ་མཚན་ཉིད་མི་མཐུན་པ་དག་བྱུང་བར་འདོད་པ་ཡིན། མྱང་འདས་ནི་ཕུང་པོ་ཟད་ཙམ་དང་། ལུས་སེམས་ཟད་ཙམ་གྱི་དངོས་མེད་ཡིན་པ་དང་། འཇིག་རྟེན་ན་ཉོན་མོངས་རྩད་ནས་བཅད་པའི་དགྲ་བཅོམ་མེད་པ་དང་། དགེ་འདུན་དང་། སངས་རྒྱས་སོགས་མེད་པར་འདོད་ལ། ཉོན་མོངས་སྤོང་བྱེད་ཀྱི་ལམ་ཡང་མེད་པར་འདོད་པས་དམ་པའི་ཆོས་ཀྱང་མེད་པར་འདོད་པ་ཞིག་ཡིན་ནོ། །

དེ་ལ་མདོ་དང་བསྟན་བཅོས་རྣམས་སུ་སྐྱེ་བ་སྔ་ཕྱི་ཡོད་པར་རིགས་པ་དུ་མས་བསྒྲུབས་པ་ཡིན་ཏེ། དཔེར་ན་བཙས་མ་ཐག་པའི་རྣམ་ཤེས་ལ་དེའི་ཉེར་ལེན་ཡོད་པ་དང་། དེ་བས་ཀྱང་མའི་ཁོག་གི་ནུར་ནུར་པོ་སོགས་ཀྱི་སྐབས་སུ་ཡང་རྣམ་ཤེས་ཡོད་པ། དེ་བཞིན་དུ་བེའུ་སོགས་སྐྱེས་མ་ཐག་འོ་མ་འཚོལ་བ་ནི་གོམས་འདྲིས་བག་ཆགས་

ཀྱི་དབང་གིས་ཡིན་པ། བསམ་མེད་ཀྱི་བྱིས་པས་སྐྱེ་བ་སྔ་མ་དྲན་པ་བརྗོད་ཚུལ་སོགས་དུ་མས་སྒྲུབ་པར་བྱེད་དོ། །དེ་དག་གི་ཕྱིར་ན། ཞར་ལ་ཚད་སྨྲ་རྒྱང་འཕེན་པས་འདོད་པའི་གཟུགས་ཀྱི་བདག་དང་ཤེས་པའི་བདག་ཚད་པར་འདོད་པའི་གཞུང་ལུགས་དག་ཀྱང་བྱེ་མའི་ཕུང་པོ་བཞིན་དུ་ཞིག་པ་ལས་མ་འདས་སོ། །

ས་བཅད་གསུམ་པ། གང་ཟག་གི་བདག་མེད་འདོད་ཚུལ་སྐོར།

དང་པོ། རང་སྡེའི་གྲུབ་མཐའ་བཞི་པོས་གང་ཟག་གི་བདག་མེད་ཇི་ལྟར་འདོད་ཚུལ་སྤྱིར་བཤད་པ།

རང་སྡེ་དབུ་མ་རང་རྒྱུད་པ་མན་ཆད་ཀྱིས་གང་ཟག་རྟག་གཅིག་རང་དབང་གིས་སྟོང་པ་གང་ཟག་གི་བདག་མེད་རགས་པ་དང༌། གང་ཟག་རང་རྐྱ་ཐུབ་པའི་རྫས་ཡོད་ཀྱིས་སྟོང་པ་གང་ཟག་གི་བདག་མེད་ཕྲ་མོར་འདོད་པ་གཅིག་མཚུངས་ཡིན། འོན་ཀྱང་རང་སྡེའི་གནས་མ་བུའི་སྡེ་པས་དེ་འདྲའི་གང་ཟག་གི་བདག་མེད་ཕྲ་མོ་ཁས་མི་ལེན་ཏེ། འདི་པས་གང་ཟག་རྟག་གཅིག་རང་དབང་པའི་བདག་མེད་པར་འདོད་ཀྱང༌། ཕུང་པོ་དང་ངོ་བོ་གཅིག་དང་ཐ་དད་གང་དུ་བརྗོད་དུ་མེད་པའི་བདག་ཅིག་ཁས་ལེན་པའི་ཕྱིར། བྱེ་མདོ་གཉིས་ཀྱིས་ཆོས་ཀྱི་བདག་མེད་ཁས་མི་ལེན་པས་བདག་མེད་ཕྲ་མོ་ཡིན་ན་གང་ཟག་གི་བདག་མེད་ཕྲ་མོ་ཡིན་པར་བཞེད་པ་ཡིན། དེ་ནི་ལུགས་འདི་གཉིས་ཀྱིས་གཞི་གྲུབ་ན་ཆོས་བདག་ཡིན་པས་ཁྱབ་པ་ཁས་ལེན་པས་ཡིན། འོ་ན་གཞི་གྲུབ་ན་ཆོས་བདག་ཡིན་པར་འདོད་པའི་རྒྱུ་མཚན་གཙོ་བོ་གང་ཡིན་ཟེར་ན། བྱེ་མདོ་གཉིས་ཀྱིས་ཕྱི་དོན་བདེན་གྲུབ་ཏུ་ཡོད་པ་ཁས་ལེན་པས་ཡིན་ཞིང༌། དེ་གཉིས་ལ་དོན་སྨྲ་སྡེ་གཉིས་ཀྱང་ཟེར། ཕྱི་དོན་ཞེས་པ་ཇི་ལྟ་བུ་ཞིག་ལ་ངོས་བཟུང་དགོས་ཤེ

ན། དེ་ནི་ཡུལ་ཅན་ཤེས་པ་ལས་ཕྱི་རོལ་དུ་གྱུར་པའི་རྫུལ་ཕྲན་བསགས་པའི་ཚོཏ་པ་གཟུགས་རགས་པའི་ཆོས་སྣ་ཚོགས་ལ་ཟེར་ཞིང་། དེ་དག་བདེན་པར་གྲུབ་པར་འདོད་པས། ཕྱི་དོན་བདེན་གྲུབ་ཏུ་འདོད་པ་ཞེས་ཟེར། དེས་ན་ཕྱི་རོལ་གྱི་དོན་ཏེ། ཤེས་པ་ལས་གཞན་པའི་གཟུགས་རགས་པའི་ཆོས་རྣམས་བདེན་པར་གྲུབ་པར་འདོད་པའི་ཆོས་བདག་འདོད་པ་ལས། ཆོས་ཀྱི་བདག་མེད་འདོད་པ་མིན། འདི་ལ་མཁས་དབང་དུང་དཀར་རིན་པོ་ཆེས། "བྱེ་བྲག་སྨྲ་བས་བདེན་པར་མ་གྲུབ་པའི་སྟོང་པ་ཉིད་དེ་ཁས་མི་ལེན། བདེན་པར་གྲུབ་པ་ཡོད། བདག་ཏུ་གྲུབ་པ་མེད་བསམས་ནས་གང་ཟག་གི་བདག་མེད་པར་འདོད།" ①ཅེས་གསུངས་པ་ལྟར་རོ། །

གང་ཟག་རྟག་གཅིག་རང་དབང་ཅན་གྱིས་སྟོང་པ་ཞེས་པ་ནི། རང་སྡེ་སངས་རྒྱས་པ་དང་ཕྱི་རོལ་མུ་སྟེགས་པའི་འབྱེད་ཆོས། སྟོན་པ་དང་། བསྟན་པ། ལྟ་བ་གསུམ་ལས་ལྟ་བའི་ཁྱད་པར་ཡིན་ཏེ། གྲུབ་མཐའ་རིན་ཆེན་ཕྲེང་བ་ལས། སྟོན་པ་སྐྱོན་ཀུན་ཟད་ཅིང་ཡོན་ཏན་རྫོགས་པ་དང་། བསྟན་པ་སེམས་ཅན་ལ་འཚེ་བ་མེད་པ་དང་། ལྟ་བ་རྟག་གཅིག་རང་དབང་ཅན་གྱི་བདག་གིས་སྟོང་པར་འདོད་པ②ཞེས་གསུངས་པའི་ལྟ་བའི་ཁྱད་པར་དང་། ཕྱི་རོལ་པས་རྟག་གཅིག་རང་དབང་པའི་བདག་འདོད་པ་ནི་བདག་འཛིན་ཀུན་བཏགས་པ་ཡིན་ཏེ། ཚེ་འདིའི་བདེ་བ་ཙམ་གྱིས་ཆོག་པོ་མི་སླམ་པར་གཏན་གྱི་འདུན་མ་འཚོལ་བའི་སླད་དུ་བཅིངས་གྲོལ་གྱི་

①མཁས་དབང་དུང་དཀར་རིན་པོ་ཆེ། གྲུབ་མཐའི་སྐོར་གྱི་རྣམ་བཤད། མི་རིགས་དཔེ་སྐྲུན་ཁང་། ༢༠༠༧ལོའི་ཟླ་༡༠པར་དཔར་ཐེངས་གཉིས་པ། ཤ༣༥༣

②མཁྱེན་རབ་དབང་ཕྱུག གྲུབ་མཐའ་རིན་ཆེན་ཕྲེང་བའི་ཚིག་འགྲེལ་ཐོར་བུ། མི་རིགས་དཔེ་སྐྲུན་ཁང་། ༢༠༠༧ལོར་དཔར་ཐེངས་བཞི་པ། ཤ༣

གཞིའི་བདག་དེའི་རང་བཞིན་ངོ་བོ་ཁྱད་ཆོས་དང་བཅས་པར་ཞིབ་ཏུ་དཔྱད་པའི་ཚོད་འདོམས་ཤིག་རེད་ཅེས་བརྗོད་འོས།

ཕྱི་རོལ་པས་གང་ཟག་དེ་འགྱུར་མེད་དམ་སྐྱེ་འཇིག་དང་བྲལ་བའི་རྟག་པའི་རང་བཞིན་ཅན་ཞིག་ལ་འདོད་པ་དང་། སྤྱིར་རང་སྡེས་གང་ཟག་ནི་གཞི་ཕུང་སོགས་ལ་བརྟེན་ནས་དང་བལྟོས་ནས་བཏགས་པ་ཞིག་ཡིན་པ་ལས་རྟག་པའི་ངོ་བོ་ཅན་མིན་པར་འདོད་དེ། བདག་རྟག་ན་ལས་བྱེད་པ་དང་སྤྱོད་པ་སོགས་གནས་སྐབས་ཐ་དད་པ་དང་། བདེ་སྡུག་མཐོ་དམན་དག་མ་དག་སོགས་ཀྱི་གནས་སྐབས་མི་སྲིད་པར་འདོད། ཆ་མེད་གཅིག་པུའི་རང་བཞིན་ཡིན་ཟེར་ན། བདག་ལ་ཁྱད་ཆོས་དུ་མའི་རྣམ་གཞག་བྱེད་པ་སོགས་དང་འགལ་བར་གྱུར་པའི་སྐྱོན་ཡོད་པར་འདོད། གཞི་ཕུང་སོགས་ལ་བལྟོས་པའི་ཕྱིར་ན་རྒྱུ་རྐྱེན་གཞན་གྱིས་དབང་གིས་ཡིན་པ་ལས་རང་དབང་ཅན་མིན་པར་འདོད་པ་ཡིན། ཀུན་ལ་ཁྱབ་པ་རང་དབང་ཅན་དུ་འདོད་ན་མི་རྟག་པར་འདོད་པ་སོགས་བྱུང་མི་སྲིད་ལ། ཀུན་ལ་ཁྱབ་པའི་དབང་གིས་ལུས་ཅན་རྣམས་ཀྱི་ལས་སོ་སོ་བ་མི་འབྱུང་བ་དང་། བདག་ཀྱང་སོ་སོ་བ་མིན་པར་ཐལ་བ་སོགས་ཀྱི་སྐྱོན་དང་ལྡན་པར་འདོད་དོ། །གང་ཟག་རང་རྐྱ་ཐུབ་པའི་རྫས་ཡོད་ཀྱིས་སྟོང་པ་ཞེས་པ་ནི་གང་ཟག་ཅེས་པ་ཕྱི་རོལ་པས་འདོད་པ་བཞིན་དུ་གཟུགས་སོགས་ཕུང་པོ་ལ་བལྟོས་མེད་ཏུ་ཚུགས་ཐུབ་རང་རྐྱ་འཕེར་བའི་ཆོས་ཤིག་སྟེ། ནོར་དང་ནོར་བདག་བཞིན་དུ་ཡོད་པར་འཛིན་པ་ལྟར་མིན་པར། གང་ཟག་ནི་གདགས་གཞི་ཕུང་པོ་སོགས་ལ་བརྟེན་ནས་བཏགས་པ་ཞིག་ཡིན་པར་འདོད་པ་ཡིན།

“དབུ་མ་ཐལ་འགྱུར་པའི་ལུགས་ལ་གང་ཟག་རང་རྐྱ་ཐུབ་པའི་རྫས་ཡོད་ཀྱིས

གྲུབ་པས་སྟོང་བ་གང་ཟག་གི་བདག་མེད་རགས་པ་དང་། གང་ཟག་བདེན་པས་སྟོང་པ་གང་ཟག་གི་བདག་མེད་ཕྲ་མོར་འདོད་དོ། །”① རྒྱུ་མཚན་ནི་དབུ་མ་ཐལ་འགྱུར་བའི་ལུགས་ལ་རིགས་པས་གཞལ་ན་རང་རྒྱུད་པ་མན་ཆད་ཀྱིས་རྟག་གཅིག་རང་དབང་ཅན་གྱི་བདག་མེད་པ་དང་། རང་རྐྱ་ཐུབ་པའི་རྫས་ཡོད་ཀྱི་བདག་མེད་སོ་སོར་བཞག་པ་ཙམ་ལས་དེ་གཉིས་ཁྱད་པར་མེད་པར་དོན་གཅིག་ལ་བབས་པར་འདོད་པ་ཡིན། ལུགས་འདིས་གང་ཟག་དང་ཆོས་ཀྱི་བདག་མེད་ཕྲ་མོ་གཉིས་ཀ་སྟོང་ཉིད་སྟོན་པའི་གནས་ལུགས་མཐར་ཐུག་ཏུ་འདོད་པས། གང་ཟག་གི་བདག་མེད་ཕྲ་མོ་དང་ཆོས་ཀྱི་བདག་མེད་ཕྲ་མོ་གཉིས་ལ་ཕྲ་རགས་ཀྱི་དབྱེ་བ་མེད། དེ་ཡང་། བདག་མེད་ཕྲ་མོ་གཉིས་ཀྱི་འདོད་ཚུལ་ནི་དགག་བྱའི་སྒོ་ནས་མིན་པར་སྟོང་ཉིད་གཏན་ལ་འབེབས་པའི་གཞིའམ་ཆོས་ཀྱི་སྟེང་ནས་འབྱེད་པ་ཡིན་ཏེ། གཞི་གང་ཟག་གི་སྟེང་དུ་དགག་བྱ་བདེན་གྲུབ་བཀག་པ་གང་ཟག་གི་བདག་མེད་ཕྲ་མོ་དང་། གཞི་ཕུང་སོགས་ཀྱི་སྟེང་དུ་དགག་བྱ་བདེན་གྲུབ་བཀག་པ་ཆོས་ཀྱི་བདག་མེད་ཕྲ་མོར་འདོད་པ་ཡིན། གང་ཟག་གི་བདག་མེད་ཕྲ་མོ་ལ་གང་ཟག་བདེན་པས་གྲུབ་པས་སྟོང་པ་ཞེས་པའི་བདེན་པར་གྲུབ་པས་སྟོང་པ་ཞེས་པ་ནི་རང་བཞིན་གྱིས་གྲུབ་པས་སྟོང་བ་ཞེས་པའི་དོན་ཡིན་ཏེ། དབུ་མ་ཐལ་འགྱུར་པས་གཟུགས་ནས་རྣམ་མཁྱེན་བར་གྱི་ཆོས་ཐམས་ཅད་རང་གི་མཚན་ཉིད་ཀྱིས་གྲུབ་པ་དང་རང་བཞིན་གྱིས་གྲུབ་པ་ཐ་སྙད་དུ་ཡང་ཁས་མི་ལེན་པས་སོ། །

①མཁྱེན་རབ་དབང་ཕྱུག གྲུབ་མཐའ་རིན་ཆེན་ཕྲེང་བའི་ཚིག་འགྲེལ་ཐོར་བུ། མི་རིགས་དཔེ་སྐྲུན་ཁང་། ༢༠༠༧ལོར་དཔར་ཐེངས་བཞི་པ། ཤ༥༥

གཉིས་པ། དབུ་མ་པས་གང་ཟག་གི་བདག་འགོག་པའི་རིགས་པའི་སྐོར།

གང་ཟག་གི་བདག་འགོག་པའི་རིགས་པ་འཆད་པ་ལ་གཙོ་བོ་ཕུང་པོ་བདག་འགོག་གི་རིགས་པ་འཆད་པ་ཡིན་ཏེ། ཇི་ལྟར་ཤིང་རྟ་འཚོལ་ན་དེའི་ཡན་ལག་དག་ཀྱང་འཚོལ་བ་བཞིན་དུ། ཕུང་པོ་རང་བཞིན་དུ་མེད་པར་རྟོགས་ན་གང་ཟག་གི་བདག་ཅེས་བྱ་བ་མེད་པར་རྟོགས་སླ་བ་ཡིན་ནོ། །ཇི་སྐད་དུ་དཔལ་མགོན་འཕགས་པ་ཀླུ་སྒྲུབ་ཞབས་ཀྱིས། "ཇི་སྲིད་ཕུང་པོར་འཛིན་ཡོད་པ། །དེ་སྲིད་དེ་ལ་ངར་འཛིན་ཡོད། །ངར་འཛིན་ཡོད་ན་ཡང་ལས་ཏེ། །དེ་ལས་ཡང་ནི་སྐྱེ་བ་ཡིན། །"① ཞེས་དང་། དེ་ཡང་སྟོང་ཐུན་སྐལ་བཟང་མིག་འབྱེད་ལས། "ཕུང་པོ་བདེན་འཛིན་དང་འཛིན་སྟངས་དངོས་སུ་འགལ་བའི་གཉེན་པོ་རྒྱུད་ལ་མ་སྐྱེས་པར་ཡོད་པ་དེ་སྲིད་དུ་ངར་འཛིན་ལྷན་སྐྱེས་ཀྱང་རང་དང་འཛིན་སྟངས་དངོས་སུ་འགལ་བའི་གཉེན་པོ་མ་སྐྱེས་པའི་སྒོ་ནས་རྒྱུད་ལ་མ་ཉམས་པར་ཡོད། དེ་ཡོད་ན་དེའི་དབང་གིས་ལས་བསགས་ནས་འཁོར་བར་སྐྱེ་བ་ལེན་"② ཞེས་བཀྲལ་གནང་འདུག་པས། ཕུང་པོ་

---

①དཔལ་མགོན་འཕགས་པ་ཀླུ་སྒྲུབ། དབུ་མ་རིགས་པའི་ཚོགས་དྲུག་དང་བྱང་ཆུབ་སེམས་འགྲེལ། སེར་གཙུག་ནང་བསྟན་དཔེ་སྐྲིང་འཚོལ་བསྡུ་ཁྱོགས་སྒྲིག་ཁང་། གངས་ཅན་ཁྱད་ནོར་དཔེ་ཚོགས་པོད་ཕྲེང་སོ་ལྔ་པ། ཤ༡༠༧

②མཁས་གྲུབ་དགེ་ལེགས་དཔལ་བཟང་། དབུ་མའི་བསྟན་བཅོས་ཆེན་པོ་སྟོང་ཐུན་སྐལ་བཟང་མིག་འབྱེད། སེར་གཙུག་ནང་བསྟན་དཔེ་སྐྲིང་འཚོལ་བསྡུ་ཁྱོགས་སྒྲིག་ཁང་། གངས་ཅན་ཁྱད་ནོར་དཔེ་ཚོགས་པོད་ཕྲེང་ང་གཅིག་པ། ཤ༢༠༠

བདེན་པར་འཛིན་པའི་འདུ་ཤེས་ཡོད་ཕྱིན་ཆད་དུ། དེ་ལས་བསྐྱེད་པའི་བདག་འཛིན་ཀྱང་རྩད་ནས་མི་ཆོད་པར་གསུངས་ཡོད་ལ། སྤྱོད་འཇུག་ལས་ཀྱང་། "སོ་དང་སྐྲ་སེན་བདག་མ་ཡིན། །བདག་ནི་རུས་པ་ཁྲག་མ་ཡིན། །སྣབས་མིན་བད་ཀན་མ་ཡིན་ཏེ། །ཆུ་སེར་དང་ནི་རྣག་ཀྱང་མིན། །བདག་ནི་ཞག་དང་རྡུལ་མིན་ཏེ། །གློ་མཆིན་དག་ཀྱང་བདག་མ་ཡིན། །ནང་ཁྲོལ་གཞན་ཡང་བདག་མིན་ཏེ། །བདག་ནི་ཕྱི་ས་གཅིན་མ་ཡིན། །ཤ་དང་པགས་པ་བདག་མིན་ཏེ། །དྲོད་དང་རླུང་ཡང་བདག་མ་ཡིན། །བུ་ག་བདག་མིན་རྣམ་ཀུན་ཏུ། །རྣམ་ཤེས་དྲུག་ཀྱང་བདག་མ་ཡིན། །"①ཞེས་སོགས་གསུངས་ནས་ཕུང་པོ་བདག་ཏུ་མ་གྲུབ་པ་བསྒྲུབས་པར་མཛད་དོ། །

མདོ་ལས་བཅོམ་ལྡན་འདས་ཀྱིས། "དགེ་སློང་དག་དགེ་སྦྱོང་ངམ་བྲམ་ཟེ་གང་དག་ཅིག་བདག་གོ་སྙམ་དུ་ཡང་དག་པར་རྗེས་སུ་ལྟ་བ་དེ་དག་ནི་ཉེ་བར་ལེན་པའི་ཕུང་པོ་ལྔ་པོ་འདི་ཁོ་ན་ལ་ཡང་དག་པར་རྗེས་སུ་ལྟའོ། །"②ཞེས་པའི་དོན་ལ་དྲང་ངེས་ཀྱི་རྣམ་གཞག་འབྱེད་མ་ཤེས་པས་རང་སྡེ་བྱེ་བྲག་སྨྲ་བ་སོགས་ཀྱིས་བདག་གི་མཚན་གཞི་ཕུང་པོ་དང་ཕུང་པོ་ལྔ་ཆར། ཕུང་པོའི་རྒྱུན་སོགས་བྱེད་ལ། མདོ་ལས། ཇི་ལྟར་ཡན་ལག་ཚོགས་རྣམས་ལ། །བརྟེན་ནས་ཤིང་རྟར་བརྗོད་པ་ལྟར། །དེ་བཞིན་ཕུང་པོ་རྣམས་བརྟེན་ནས། །ཀུན་རྫོབ་སེམས་ཅན་རྣམས་བྱའོ། །ཞེས་པའི་

①སློབ་དཔོན་ཞི་བ་ལྷ་དང་རྫོགས་ཆེན་མཁན་པོ་ཀུན་བཟང་དཔལ་ལྡན། བྱང་ཆུབ་སེམས་པའི་སྤྱོད་པ་ལ་འཇུག་པ་རྩ་བ་དང་འགྲེལ་པ། སི་ཁྲོན་མི་རིགས་དཔེ་སྐྲུན་ཁང་། ༡༩༩༠ལོའི་ཟླ་༩པར་བསྐྲུན། ཤ༡༡༠

②ཚུལ་ཁྲིམས་རྒྱ་མཚོ། ཚད་མའི་དཀའ་གནད་སེལ་བར་བྱེད་པའི་དུས་ཀྱི་མེ་ལོང་། མི་རིགས་དཔེ་སྐྲུན་ཁང་གིས་༡༩༩༡ལོའི་ཟླ་༤པར་བསྐྲུན། ཤ༢༡ནང་ལུང་དུ་དྲངས་ཡོད།

མདོ་ལ་རང་སྡེ་གྲུབ་མཐའ་ཁག་གིས་བཞེད་པ་མ་གཅིག་པ་ཡོད། ལྕང་སྐྱ་རོལ་པའི་རྡོ་རྗེས། "རང་རྒྱུད་པ་མན་ཆད་ཀྱིས་ཡན་ལག་ཚོགས་པ་ལ་སོགས་པ་གང་ཡང་རུང་བ་ཞིག་ཡན་ལག་ཅན་ལ་སོགས་པའི་མཚན་གཞིར་མ་བཞག་ན། དེ་རྣམས་ལས་ངོ་བོ་ཐ་དད་པའི་ཡན་ལག་ཅན་ལ་སོགས་པ་ཡང་མེད་པར་མཐོང་ནས། གདགས་གཞིའི་གསེབ་ནས་ཆོས་དེ་དང་དེ་འཇོག་པར་འདོད་དེ། ཆོས་དེའི་བཏགས་དོན་བཙལ་ནས་མ་རྙེད་ན་ཆོས་དེ་འཇོག་མི་ཤེས་པ་ཡིན་ནོ། །དེའི་ཕྱིར་ཤིང་རྟ་སོགས་མིང་བཏགས་པ་ཙམ་དུ་མི་འདོད་པས་ཤིང་རྟ་སོགས་ཐ་སྙད་དུ་རང་གི་མཚན་ཉིད་ཁས་ལེན་པ་ཡིན་ནོ། །"①ཞེས་གསུངས་པ་བཞིན་དུ། རང་རྒྱུད་པ་མན་ཆད་ཀྱིས་གང་ཟག་གམ། བདག་གམ། ང་འམ། སྐྱེས་བུ་བཅས་པའི་དོན་གཅིག་པའི་ཆོས་རྣམས་འཇོག་པའི་ཚེ་མིང་ཙམ་གྱིས་མ་ཚིམ་པར་གང་ཟག་གི་གདགས་གཞི་ཕུང་པོའི་གསེབ་ནས་ཚོགས་པའམ་ཆ་ཤས་སམ་རྒྱུན་ལྟ་བུ་ཞིག་དེའི་མཚན་གཞིར་རྙེད་རྒྱུ་བྱུང་ན་གང་ཟག་འཇོག་ཐུབ་ལ་མ་རྙེད་ན་གང་ཟག་འཇོག་མི་ཐུབ་པར་འདོད་ལ། "དེ་དག་གིས་གདགས་གཞིའི་ཕུང་པོའི་ངོས་ནས་བཙལ་ཏེ་བཏགས་ཆོས་གང་ཟག་འཇོག་པ་ཡིན་ཞིང་། གདགས་གཞི་ཕུང་པོ་ལ་བརྟེན་ནས་གང་ཟག་བཏགས་པར་འདོད་ཀྱང་། ཕུང་པོ་གང་ཟག་གི་གདགས་གཞི་ཡིན་ན་དེ་གང་ཟག་ཡིན་དགོས་སྙམ་པ་དང་། ཕུང་པོ་གང་ཟག་ཡིན་པར་བརྟག་གོ་སྙམ་པ་དང་། གང་ཟག་གི་གདགས་གཞིའི་སྟེང་ན་

①ལྕང་སྐྱ་རོལ་པའི་རྡོ་རྗེ། གྲུབ་མཐའ་ཐུབ་བསྟན་ལྷུན་པོའི་མཛེས་རྒྱན། ཀྲུང་གོའི་བོད་ཀྱི་ཤེས་རིག་དཔེ་སྐྲུན་ཁང་། ༡༩༨༩ལོར་བསྐྲུན། ཤ༣༠༡

གང་ཟག་མེད་ན་གང་ཟག་མེད་པར་འགྱུར་རོ་སྙམ་དུ་དགོངས་སོ། །”① དེས་ན་ངེས་པའི་དོན་མཐར་ཐུག་པ་མ་རྟོགས་ཕྱིན་ཆད་ཀྱི་འཁྲུལ་བ་སེལ་བའི་ཕྱིར་ཕུང་པོ་བདག་འགོག་གི་རིགས་པ་བསྟན་པ་ཡིན་པ་དང་། ཉིང་དགོས་ནི་ཆོས་ཐམས་ཅད་རང་བཞིན་གྱིས་ཡོད་པ་མ་ཡིན་པར་སྒྱུ་མ་ལྟ་བུ་ཡིན་པའི་རྟེན་འབྲེལ་གྱི་གནས་ལུགས་གསལ་བར་མཛད་པའི་ཆེད་དུ་ཡིན་པའོ། །

༡ ཕུང་པོ་རྣམ་བཞིའི་རིགས་པ་མདོར་བཤད་པ།

དེ་ཡང་ཡོངས་སུ་གྲགས་པ་བདག་ཅག་གི་སྟོན་པ་ཐུགས་རྗེ་ཅན་གྱིས་བདག་འགོག་གི་རིགས་པ་རྣམ་པ་བཞི་རུ་གསུངས་པ་ནི། གཟུགས་བདག་མ་ཡིན། བདག་གཟུགས་དང་ལྡན་པ་མ་ཡིན། གཟུགས་ལ་བདག་མེད། བདག་ལ་གཟུགས་མེད་པའོ། །②ཞེས་གསུངས་ཡོད་པ་ནི། ཇི་ལྟར་ཞེ་ན་གལ་ཏེ་（༡）གཟུགས་བདག་ཡིན་ན། གཟུགས་ཀྱི་ཕུང་པོ་ནི་འཆི་བདག་བདུད་ཀྱིས་སྲོག་འཕྲོག་སོང་ན། གཟུགས་དེ་བྱ་རྒོད་ལ་སྦྱེར་བ་སོགས་བྱས་ནས་མེད་པར་འགྱུར་སྲིད་ན་ཡང་། བདག་ནི་འདི་ནས་ཕྱི་མ་ན་འགྲོ་དགོས་པས། ཇི་ལྟར་གཟུགས་དང་བདག་གཅིག་ཏུ་འགྱུར་མི་སྲིད་པ་རིགས་པས་བསྒྲུབས་ནུས་པ་དང་། （༢）བདག་གཟུགས་དང་ལྡན་པ་ཡིན་ན། གཟུགས་ཕུང་ནི་ཕུང་པོ་ལྔའི་བྱེ་བྲག་ཅིག་ཡིན་ལ་གཟུགས་ཀྱི་ཕུང་པོ་ནི་ཇི་ལྟར་འདི་

---

①རྗེ་བཙུན་བློ་བཟང་ནོར་བུ། གྲུབ་མཐའི་རྣམ་གཞག་གསལ་བར་བཤད་པ་ཐུབ་བསྟན་རིན་པོ་ཆེ་གསལ་བའི་སྒྲོན་མེ། བོད་ལྗོངས་བོད་ཡིག་དཔེ་རྙིང་དཔེ་སྐྲུན་ཁང་། ༢༠༠༨ལོའི་ལོའི་ཟླ་༨ ཤོག༣༨༠དང་༣༨༡ལ་གསལ།

②མདོ་ཡི་ཚིག་སྟེ། དབུ་མ་ལ་འཇུག་པའི་འགྲེལ་བཤད་ལས་ཀྱང་། གཟུགས་བདག་མ་ཡིན་བདག་ནི་གཟུགས་ལྡན་མིན། །གཟུགས་ལ་བདག་མེད་བདག་ལའང་གཟུགས་ཡོད་མིན། །ཞེས་དྲངས་ཏེ་གསུངས་སོ། །

གཟུགས་སོ་ཞེས་བསྟན་དུ་ཡོད་པ་བཞིན་དུ་བདག་ཀྱང་ཡོད་དགོས་མོད་དེ་ལྟར་མེད་པས་བདག་གཟུགས་དང་ལྡན་པ་མ་ཡིན་པ་དང་། དེ་བཞིན་དུ་(༣) བདག་ལ་གཟུགས་མེད་ལ་(༤) གཟུགས་ལ་བདག་ཀྱང་མེད་དེ། གཟུགས་ཕུང་ལས་བདག་ལོགས་སུ་སོ་སོར་ངོར་དང་ངོར་བདག་བཞིན་དུ་བསྟན་རྒྱུ་མེད་ལ། དེ་གཉིས་གཅིག་ལ་གཅིག་བརྟེན་ཡིན་ན་གཅིག་འཇིག་ན་ཅིག་ཤོས་འཇིག་དགོས་པ་ཡིན་ཡང་དེ་ལྟར་མི་ཡོང་བ་གོང་དུ་འཆད་ཟིན་པ་བཞིན་ལགས། གོང་དུ་འཆད་པའི་མདོ་ཡི་གསུང་ལས་བྱེ་བྲག་ཏུ་གཟུགས་ཀྱི་ཕུང་པོ་ཙམ་གསུངས་པ་ཡིན་ཞིང་། དོན་དུ་ཕུང་པོ་ལྷག་མ་བཞི་པོ་རེ་རེ་བྱས་ནས་རིགས་པས་དེད་རྒྱུ་ཡོད་པའི་གསུང་སྙིང་པོ་ཅན་ཞིག་ཡིན་པ་དང་། དེ་དག་ལ་རྣམ་བཞིའི་རིགས་པ་ཞེས་ཀྱང་བྱའོ། །

༢ ཕུང་པོ་རྣམ་ལྔའི་རིགས་པ་བཤད་པ།

དཔལ་མགོན་འཕགས་པ་ཀླུ་སྒྲུབ་ཀྱིས། “ཕུང་མིན་ཕུང་པོ་ལས་གཞན་མིན། །དེ་ལ་ཕུང་མེད་དེར་དེ་མེད། །དེ་བཞིན་གཤེགས་པ་ཕུང་ལྡན་མིན། །དེ་བཞིན་གཤེགས་པ་གང་ཞིག་ཡིན།” །①ཞེས་དང་འགྲེལ་པར་ཡང་། “ཉེ་བར་ལེན་པ་པོ་དེ་བཞིན་གཤེགས་པའི་གང་ཟག་འགའ་ཞིག་རང་བཞིན་གྱིས་ཡོད་ན། དེའི་བླང་བྱ་གཟུགས་ལ་སོགས་པའི་ཕུང་པོ་ལྔའམ་སངས་རྒྱས་ཀྱི་སས་བསྡུས་པའི་ཚུལ་ཁྲིམས་ལ་སོགས་པའི་ཕུང་པོ་ལྔ་ལས། དེ་ཉིད་དང་གཞན་ཉིད་སོགས་རྣམ་པ་ལྔ་གང་

---

①དཔལ་མགོན་འཕགས་པ་ཀླུ་སྒྲུབ་དང་ཀུན་མཁྱེན་གོ་རམས་པ་བསོད་ནམས་སེང་གེ། དབུ་མ་རྩ་བ་ཤེས་རབ་ཀྱི་རྩ་འགྲེལ། སི་ཁྲོན་མི་རིགས་དཔེ་སྐྲུན་ཚོགས་པ། སི་ཁྲོན་མི་རིགས་དཔེ་སྐྲུན་ཁང་། ༢༠༠༨ལོའི་དཔར་ཐེངས་གཉིས་པ། ཤ༢༥

རུང་དུ་གྲུབ་དགོས་ན་རེ་ཞིག་དེ་བཞིན་གཤེགས་པའི་གང་ཟག་ནི་ཕུང་པོའི་ངོ་བོ་མ་ཡིན་ཏེ་སྐྱེ་འཇིག་ཅན་དང་། དུ་མར་ཐལ་བ་དང་། ལས་དང་བྱེད་པ་པོ་གཅིག་ཏུ་འགྱུར་བའི་ཕྱིར་རོ། །ཕུང་པོ་ལས་ངོ་བོ་གཞན་ཡང་མིན་ཏེ། དེ་ལས་ཐ་དད་དུ་མ་དམིགས་པའི་ཕྱིར། དེ་བཞིན་གཤེགས་པ་དེ་ལ་ཕུང་པོ་བརྟེན་པ་མེད་ཅིང་། ཕུང་པོ་དེར་དེ་བཞིན་གཤེགས་པ་དེ་བརྟེན་པར་ཡང་མེད་དེ། གཞན་དུ་མ་གྲུབ་པའི་ཕྱིར་རོ། །དེ་བཞིན་གཤེགས་པ་ཕུང་པོ་དང་ལྡན་པ་ཡང་མ་ཡིན་ཏེ། དེ་ཉིད་དང་གཞན་ཉིད་དུ་མ་གྲུབ་པའི་ཕྱིར་རོ། །"①ཞེས་གསུངས་པའོ། །(༡) ཕུང་པོ་དང་བདག་གཅིག་ཡིན་ན། ཕུང་པོ་ལ་གཟུགས་ཀྱི་ཕུང་པོ་དང་། ཚོར་བའི་ཕུང་པོ། འདུ་བྱེད་ཀྱི་ཕུང་པོ། རྣམ་ཤེས་ཀྱི་ཕུང་པོ། འདུ་ཤེས་ཀྱི་ཕུང་པོ་ཞེས་མང་དུ་དབྱེ་རྒྱུ་ཡོད་པ་བཞིན་དུ་བདག་ཀྱང་མང་དུ་ཐལ་བ་ཡིན་ཏེ། འཇུག་པ་ལས། "གལ་ཏེ་ཕུང་པོ་བདག་ན་དེ་ཕྱིར་དེ། །མང་བས་བདག་དེ་དག་ཀྱང་མང་པོར་འགྱུར། །"②ཞེས་གསུངས་སོ། །ཕུང་པོ་ལ་སྐྱེ་འཇིག་ཡོད་པ་སྟེ་གཟུགས་ཕུང་སོགས་སྐྱེ་བས་གྲུབ་པ་ནས་ཐ་མར་འཇིག་སྟེ་མེད་པར་འགྱུར་བ་ནི། དཔེར་ན་རང་རང་གི་གཟུགས་ཕུང་འདི་ནས་འཇིག་པའི་རྗེས་ལ་བྱ་རྒོད་སོགས་ཀྱིས་ཟོས་ཏེ་མེད་པར་གྱུར་སྲིད་མོད། བདག་ནི་དེ་ལྟར་མ་ཡིན་པར་སྐྱེ་བ་ཕྱི་མར་འགྲོ་དགོས་པ་སོགས་འགལ་འདུ་ཡིན་པ་

---

①དཔལ་མགོན་འཕགས་པ་ཀླུ་སྒྲུབ་དང་ཀུན་མཁྱེན་གོ་རམས་པ་བསོད་ནམས་སེང་གེ། དབུ་མ་རྩ་བ་ཤེས་རབ་ཀྱི་རྩ་འགྲེལ། སི་ཁྲོན་མི་རིགས་དཔེ་སྐྲུན་ཚོགས་པ། སི་ཁྲོན་མི་རིགས་དཔེ་སྐྲུན་ཁང་། ༢༠༠༤ལོའི་དཔར་ཐེངས་གཉིས་པ། ཤ༢༤༩

②སློབ་དཔོན་ཟླ་བ་གྲགས་པ། དབུ་མ་འཇུག་པའི་རང་འགྲེལ། སེར་གཙུག་ནང་བསྟན་དཔེ་སྐྲིང་འཚོལ་བསྡུ་ཕྱོགས་སྒྲིག་ཁང་། གངས་ཅན་ཁྱད་ནོར་དཔེ་ཚོགས། པོད་ཕྲེང་བརྒྱད་དང་ང་དྲུག ཤ༢༣༧

དང་། དེ་གཉིས་གཅིག་ཡིན་ན་ཉེ་བར་བླང་བྱ་དང་ཉེ་བར་ལེན་པ་པོ་གཉིས་ཀ་ཕུང་པོ་གཅིག་པུར་འགྱུར་བ་ཡིན་ཏེ། བདག་གིས་བླངས་པའི་ཕུང་པོ་ལྔ་པོ་ཡང་བདག་ཡིན་པའི་ཕྱིར། དེ་ལྟར་ན་བུམ་པ་དང་རྫ་མཁན། གཅོད་པ་པོ་དང་གཅད་བྱ། མེ་དང་བུད་ཤིང་གཉིས་སོགས་སོ་སོ་བ་མ་ཡིན་ཞེས་པ་ལྟ་བུར་འགྱུར་ནས་བྱེད་པ་པོ་དང་ལས་གཉིས་གཅིག་ཏུ་ཐལ་བའི་སྐྱོན་ཡོད་ལ། ཟླ་བ་དང་རི་བོང་འཛིན་ཞེས་པ་བཞིན་བདག་ཕུང་པོའི་རྣམ་གྲངས་སུ་གྱུར་བའི་སྐྱོན་ཡང་ཡོད་པ་ཡིན་ནོ། །(༢) ཕུང་པོ་དང་བདག་ཐ་དད་ཡིན་ན། ཕུང་པོ་ལྔ་པོ་ཕར་བཞག་ནས་བདག་ཅེས་པ་འདི་ཞེས་མཚན་ཉིད་ཅན་དུ་འཛོག་རྒྱུ་ཡོད་པ་ཞིག་སྟེ། བདག་ཅག་ཚོའི་མ་རིག་པའི་བློ་ངོར་ང་དང་ངའི་ཞེས་ཞེན་པའི་དབང་གིས་ཧྲང་ངེར་བདག་ཅེས་འདུག་སྙམ་པ་བཞིན་དུ་འཛོག་རྒྱུ་ཞིག་དང་རབ་ན་རིག་རིག་ཏུ་བསྟན་རྒྱུ་ཡོད་པ་ཞིག་དགོས་མོད། དེ་ལྟར་དུ་ཐབས་ཇི་ལྟ་བུས་རྟོག་དཔྱོད་བྱས་ཀྱང་འཛོག་ཐུས་དང་བྲལ་ལ། མགོ་དང་ཞྭ་མོ་བཞིན་དུ་ཐ་དད་དུ་ཇི་ལྟར་བརྟགས་ཀྱང་འཛོག་ཏུ་མེད་པས་ཕུང་པོ་དང་བདག་ཐ་དད་ཀྱང་མ་ཡིན། རྩ་ཤེ་ལས། གལ་ཏེ་ཕུང་པོ་རྣམས་ལས་གཞན། །ཕུང་པོའི་མཚན་ཉིད་མེད་པར་འགྱུར། །ཞེས་གསུངས་སོ། །

དེ་བཞིན་དུ་ (༣) བདག་ཕུང་པོར་བརྟེན་པ་མ་ཡིན་ལ། (༤) ཕུང་པོ་བདག་ལ་བརྟེན་པ་ཡང་མ་ཡིན་ཏེ། བདག་ཅག་ཚོའི་མ་རིག་པའི་ཤེས་པའི་རྒྱུད་ལ་ངང་གིས་མཆིས་པ་ཞིག་ལ་གཟུགས་དང་ཤེས་པ་སོགས་ལས་ལོགས་སུ་ང་ཞེས་པ་ཁོག་པའམ་གང་རུང་ན་ཡོད་ཡོད་ཡིན་པའི་འདུ་ཤེས་ཤིག་དང་། མདོར་ན་རྟེན་དང་བརྟེན་པ་ལྟ་བུ་སྟེ། ཡང་ན་རྟེན་ཕུང་པོ་ལ་བདག་བརྟེན་པ་དང་། ཡང་ན་རྟེན་

བདག་ལ་ཕུང་པོ་བརྟེན་པ་ལྷ་བུའི་སྣང་བ་ཞིག་ངམ་ངམ་དུ་འཆར་རྒྱུ་ཡོད་པ་བཞིན་དུ། དེ་ལྟར་བདག་དང་ཕུང་པོ་གཉིས་ཕན་ཚུན་རྟེན་དང་བརྟེན་པའི་རང་བཞིན་དུ་གྲུབ་པ་ཡིན་ན། དཔེར་ན། རྟེན་མགོ་བོ་ལ་བརྟེན་པ་མིག་ལྟ་བུ་རང་བཞིན་གྱིས་སོ་སོར་འབྱེད་དུ་ཡོད་པ་བཞིན་དུ་དགོས་མོད། དེ་ལྟར་དུ་མ་མཆིས་ལ། བདག་ཕུང་པོ་ལ་བརྟེན་ནས་གནས་པ་ཞིག་ཡིན་ན་རྟེན་ཕུང་པོ་འཇིག་ན་བདག་ཀྱང་འཇིག་དགོས་པ་གོང་ཞུས་ལྟར་བསྒྲུབ་མི་ནུས་པ་ཡིན་ནོ། ། (5) བདག་དེ་ཕུང་པོ་དང་ལྡན་པ་ཡིན་[①]ན་ནི། དུང་དཀར་རིན་པོ་ཆེས། དཔེར་ན། ཤིང་རྟ་འཁོར་ལོ་ཞིག་ལ་ཆ་བཞག་ན། སྔོན་ལ་འགྲོ་མཁན་རྟ་ཁ་ཤས་ཤིག་ཡོད་དགོས་པ་དང་། རྟ་ཡོད་པ་གཅིག་པུས་མི་འགྲིག་པར་ད་དུང་སྒྲོམ་དང་། འཁོར་ལོ། སྒྲི་འཁོར། སྒྲི་ཤིང་། འཐེན་ཐག་སོགས་ཡོ་བྱད་མང་པོ་ཞིག་ཚང་དགོས་པ་ལས་དེ་ནས་གཅིག་མ་ཚང་ན་འང་ཤིང་རྟ་འཁོར་ལོའི་མཚན་ཉིད་ཚང་མེད་པར་བརྟེན་དེ་དག་ཕར་བཞག་ནས་ཤིང་རྟ་འཁོར་ལོ་ཞིག་ཟུར་དུ་སྟོན་རྒྱུ་མེད། དཔེ་དེ་དང་འདྲ་བར་ཕུང་པོ་ལྔ་ཕར་བཞག་ནས་མགོ་ལ་ཞྭ་མོ་ལྡན་པ་ནང་བཞིན་ང་ལ་ཕུང་པོ་ལྔ་དེ་ལྡན་པ་མིན[②]ཞེས་གསུངས་པ་བཞིན་དང་། "བུདྡྷ་པ་ལི་ཏ་ལས། དེ་བཞིན་གཤེགས་པ་ཕུང་པོ་རྣམས་

---

①ཀན་ཁྱུ་བྱུག་གིས་བརྩམས་པའི་སངས་རྒྱས་ཆོས་ལུགས་ཀྱི་སྤྱི་དོན་གསར་དཔྱད། མི་རིགས་དཔེ་སྐྲུན་ཁང་། ༢༠༠༢ལོའི་དཔར་གཞི་དང་པོ། ཤ༢༧༩ ལ་དེ་དོན་གསལ་བས་གཟིགས་པར་འཚལ། འོན་ཏེ་ཁོང་གིས་གོང་གི་ཕུང་པོ་དང་ངོ་བོ་ཐ་དད་དང་ཕུང་པོ་ལས་གཞན་ཞེས་སོགས་སུ་དབྱེ་ནས་ཕུང་པོ་དང་ལྡན་པ་ཞེས་པའི་དོན་དུ་ཕུང་པོ་ལས་གཞན་ཞེས་བྲིས་གནང་འདུག་པས་བརྟག

②དུང་དཀར་བློ་བཟང་འཕྲིན་ལས་ཀྱི་གསུང་འབུམ། གྲུབ་མཐའི་སྐོར་གྱི་རྣམ་བཤད། མི་རིགས་དཔེ་སྐྲུན་ཁང་། ༢༠༠༧ལོའི་དཔར་ཐེངས་གཉིས་པ། ཤ༩༧༥

དང་། ཤིང་སྟོན་པ་སྙིང་པོ་དང་ལྡན་པ་བཞིན་དུ་ལྡན་པ་མ་ཡིན་ཏེ། ཅིའི་ཕྱིར་ཞེ་ན། ཕུང་པོ་རྣམས་ལས་གཞན་མ་ཡིན་པའི་ཕྱིར། མི་རྟག་པ་ཉིད་ཀྱི་སྐྱོན་དུ་འགྱུར་བའི་ཕྱིར་" ①ཞེས་སོགས་གསུངས་པ་བཞིན་དུ། བདག་དེ་ཕུང་པོ་དང་ལྡན་པ་ཡིན་ན། བདག་དེ་ཕུང་པོ་དང་ངོ་བོ་ཐ་དད་དུ་ཡོད་དགོས་པ་སྔོན་འགྲོའི་ཆ་རྐྱེན་ལྟ་བུར་གྱུར་སོང་། དོན་དུ་བདག་དེ་ཕུང་པོ་དང་ངོ་བོ་ཐ་དད་དུ་ཡོང་ཐབས་མེད་པ་གོང་དུ་འཆད་ཟིན་པ་ལྟར་ཡིན་ལ། དེ་ལྟར་ནའང་ངོ་བོ་གཅིག་ཀྱང་མ་ཡིན་པ་གོང་དུ་ཞུས་ཟིན་པ་ལྟར་ལགས་ཕྱིར། བདག་དེ་ཕུང་པོ་དང་ལྡན་པ་ཟེར་བ་གྲུབ་ཐབས་མེད་པ་ཞིག་ཡིན།

ཡང་རྩ་ཤེ་ལས། "རྣམ་པ་ལྔས་ནི་བཙལ་བྱས་ན། །གང་ཞིག་དེ་ཉིད་གཞན་ཉིད་དུ། །མེད་པའི་དེ་བཞིན་གཤེགས་པ་དེ། །ཉེ་བར་ལེན་པས་ཇི་ལྟར་གདགས། །"② ཞེས་ཕུང་པོ་བདག་འགོག་གི་རྣམ་ལྔའི་རིགས་པ་གསུངས་ཚུལ་གསལ་བར་བསྟན་ཡོད་པ་ཡིན་ལ། དཔལ་མགོན་འཕགས་པ་ཀླུ་སྒྲུབ་ཞབས་ཀྱི་དབུ་མ་རིན་ཆེན་ཕྲེང་བ་ལས་ཀྱང་། "ཕུང་པོ་བདག་མིན་དེར་དེ་མིན། །དེ་ལ་དེ་མིན་དེ་མེད་མིན། །ཕུང་པོ་མེ་ཤིང་ལྟར་འདྲེས་ཡིན། །དེ་ཕྱིར་བདག་ནི་ཇི་ལྟར་ཡོད། །

①ཀུན་མཁྱེན་འཇམ་དབྱངས་བཞད་པ། གྲུབ་མཐའི་རྣམ་བཤད་རང་གཞན་ཀུན་དང་ཟབ་དོན་མཆོག་ཏུ་གསལ་བ་ཀུན་བཟང་ཞིང་གི་ཉི་མ་ལུང་རིགས་རྒྱ་མཚོ་སྐྱེ་དགུའི་རེ་བ་ཀུན་སྐོང་། མཚོ་སྔོན་ནང་བསྟན་རིག་གནས་སྒྱུ་རྩལ་ཞབས་ཞུ་ལྟེ་གནས་ཞབས་ཞུ་ཁང་ནས་པར་དུ་བསྒྲུན། ཤ༥༨༢

②དཔལ་མགོན་འཕགས་པ་ཀླུ་སྒྲུབ་དང་ཀུན་མཁྱེན་གོ་རམས་པ་བསོད་ནམས་སེང་གེ། དབུ་མ་རྩ་བ་ཤེས་རབ་ཀྱི་རྩ་འགྲེལ། སི་ཁྲོན་མི་རིགས་དཔེ་སྐྲུན་ཚོགས་པ། སི་ཁྲོན་མི་རིགས་དཔེ་སྐྲུན་ཁང་། ༢༠༠༨ལོའི་དཔར་ཐེངས་གཉིས་པ། ཤ༢༥དང་ཤ༢༨

ཅེས་སོགས་མང་དུ་གསུངས་ཡོད་པས། ཐོག་མར་སྟོན་པ་ཤཱཀྱ་ཐུབ་པས་གང་ཟག་གི་བདག་འགོག་པའི་རིགས་པ་གསུངས་པ་དེ་ནས། གོ་བ་སྐྱིད་ཚུལ་དེ་ཤིང་རྟ་ཆེན་པོས་ཐེག་ཆེན་གྱི་བསྟན་པ་རྒྱས་པར་མཛད་པའི་རྗེས་ལ་ཕྲ་ཞིབ་ཇེ་རྒྱས་སུ་ཕྱིན་པ་གསལ་པོ་རེད་ལ། དེ་ཡང་གཞི་རྐང་ཐུབ་པ་ཆེན་པོས། བདག་ཅེས་བྱ་བ་བདུད་ཀྱི་སེམས། །ཁྱོད་ནི་ལྟ་བར་གྱུར་པ་ཡིན། །འདུ་བྱེད་ཕུང་པོ་འདི་སྟོང་སྟེ། །འདི་ལ་སེམས་ཅན་ཡོད་མ་ཡིན། །ཇི་ལྟར་ཡན་ལག་ཚོགས་རྣམས་ལ། །བརྟེན་ནས་ཤིང་རྟར་བརྗོད་པ་ལྟར། །དེ་ བཞིན་ ཕུང་ པོ་ རྣམས་ བརྟེན་ ནས། །ཀུན་ རྫོབ་ སེམས་ ཅན་ ཞེས་ བྱའོ། །”[1]ཞེས་པ་ལས་གང་ཟག་གི་བདག་འགོག་པའི་རིགས་པ་རྣམས་འཕེལ་ཞིང་ཚགས་ཚུད་པོར་ལུང་རིགས་ཟུང་གི་ཐོག་ནས་འཕེལ་རྒྱས་བྱུང་བ་གསལ་པོ་རེད།

ཡང་སྐབས་འདིར་ཤེས་པར་བྱ་རྒྱུ་ཞིག་ལ། ལྕང་སྐྱ་རོལ་པའི་རྡོ་རྗེས། “རྩ་ཤེ་ལས་ཕྱོགས་ལྔ་པ་གསུངས་པ་ནི་མུ་སྟེགས་པའི་ལུགས་ཀྱང་དགག་པར་བཞེད་ནས་གསུངས་པ་ཡིན་”[2]ཞེས་ གསུངས་ ཡོད་ ཅིང་། དེ་ ལས་ ཕུང་ པོ་ བདག་ འགོག་ གི་རིགས་པའི་གནད་དམ་དམིགས་བྱ་གཙོ་བོ་ནི་རང་སྡེའི་གྲུབ་མཐའ་འཛིན་པའི་གང་ཟག་གི་མཚན་གཞི་འཛོག་པའི་ཐད་ཀྱི་མ་རིག་པའམ་ལོག་རྟོག་འཁྲུལ་བའི་ཆ་རྣམས་སེལ་ཕྱིར་ཡིན་པ་གསལ་པོ་རེད།

---

①འཇུག་པའི་རང་འགྲེལ་དུ་ལུང་དུ་དྲངས་ཏེ་མཆིས། ཤོག༢༣༨

②ལྕང་སྐྱ་རོལ་པའི་རྡོ་རྗེ། གྲུབ་མཐའ་ཐུབ་བསྟན་ལྷུན་པོའི་མཛེས་རྒྱན། ཀྲུང་གོའི་བོད་ཀྱི་ཤེས་རིག་དཔེ་སྐྲུན་ཁང་། ༡༩༨༩ལོར་བསྐྲུན། ཤོག༢༩༨ནང་གསལ།

༣ ཤིང་རྟ་རྣམ་བདུན་གྱི་རིགས་པ་བཤད་པ།

ཤིང་རྟ་རྣམ་བདུན་གྱི་རིགས་པ་ཞེས་པ་ནི། ཤིང་རྟའི་དབྱིབས་སོགས་རྣམ་པ་བདུན་ལ་དཔྱད་པ་ཡིས་དེ་དག་རང་བཞིན་བདེན་གྲུབ་ཏུ་མེད་པ་དཔེ་རུ་བྱས་ནས། ཕུང་པོ་རང་བཞིན་བདེན་གྲུབ་ཏུ་མེད་པར་ཡང་དག་པའི་ངེས་ཤེས་འདྲེན་བྱེད་ཀྱི་རིགས་པ་ཞིག་ལ་གོའོ། །མདོ་ལས་ཕུང་པོའི་དཔེ་རུ་ཤིང་རྟ་གསུངས་པ་དང་སློབ་དཔོན་ཟླ་བ་གྲགས་པས་ཤིང་རྟའི་རྣམ་པ་བདུན་ལ་དཔྱད་པའི་རིགས་པ་གསུངས་པའི་ཤིང་རྟ་གཉིས་ལ་ཁྱད་པར་མེད་ལ། ཕུང་པོའི་དཔེ་ཡི་ཤིང་རྟ་དང་ཤིང་རྟའི་སྤྲུལ་འབྱེད་ཅེས་པའི་སྐབས་ཀྱི་ཤིང་རྟ་ལ་ཡང་ཁྱད་པར་མེད་མོད། སློབ་དཔོན་ཟླ་བའི་ཞབས་ཀྱི་འཇུག་པའི་རང་འགྲེལ་དང་གྲུབ་མཐའ་ཐུབ་བསྟན་ལྷུན་པོའི་མཛེས་རྒྱན། རྒྱལ་བ་གཉིས་པ་ཙོང་ཁ་བ་ཆེན་པོའི་ཐུགས་སྲས་སྨྲ་བའི་ཟླ་བྲལ་མཁས་གྲུབ་དགེ་ལེགས་དཔལ་བཟང་པོའི་སྟོང་ཐུན་སྐལ་བཟང་མིག་འབྱེད་ལ་སོགས་པའི་གཞུང་མང་པོའི་ནང་དུ་ཕུང་པོའི་དཔེ་ཡི་ཤིང་རྟ་འཆད་སྐབས་འཕང་ལོ་དང་གཟེར་བུ། སྲོག་ཤིང་ཞེས་སོགས་ལས། ཤིང་རྟ་འཁོར་ལོ་བསྐྱོད་པར་ངེས་པར་ཡོད་དགོས་པའི་རྟ་སོགས་ནི་གསུངས་པ་མཇལ་མ་བྱུང་། འཕང་ལོ་ཞེས་པ་ནི་བོད་རྒྱ་ཚིག་མཛོད་ཆེན་མོ་ལས། "ཤིང་རྟ་སོགས་ཀྱི་འཁོར་ལོ་"①ཞེས་བཀྲལ་བ་བཞིན་དང་། གཟེར་བུ་ནི་ཤིང་རྟ་འཁོར་ལོར་ངེས་པར་ཡོད་དགོས་པ་ཞིག་ཡིན་པས་གོ་བདེ། སྲོག་ཤིང་ཞེས་པ་སྤྱིར་སྙིང་པོ་དང་གཞུང་ཤིང་ལ་གོ་ཡང་། སྐུ་དང་མཆོད་རྟེན་གྱི་གཟུངས་སུ་བྱེད་པའི་

①བོད་རྒྱ་ཚིག་མཛོད་ཆེན་མོ། སྟོད་ཆ། མི་རིགས་དཔེ་སྐྲུན་ཁང་། ༢༠༠༨ལོའི་དཔར་གཞི། ཤ༡༧༧༨

སྲོག་ཤིང་དེ་མིན་པར། སྲོག་ཤིང་ཞེས་ཤིང་རྟའི་འཁོར་ལོ་བསྒར་སའི་ཤིང་ལ་གོ་དགོས་པ་ཡིན། དེ་ལྟར་ཕྱུང་པོའི་དཔེ་ཡི་ཤིང་རྟ་ནི་ཤིང་རྟ་འཁོར་ལོ་ཙམ་སྟེ་རྒྱ་ཡིག་ཏུ"木车"ཞེས་པའི་དོན་དང་གཅིག་ཏུ་གོ་ན་ཆོག་པར་སྣང་། རྒྱུ་མཚན་ནི། ཕྱུང་པོའི་དཔེ་ཡི་ཤིང་རྟ་དེ་རྟ་དང་བཅས་པའི་ཤིང་རྟ་འཁོར་ལོ་ལ་གོ་བ་ཡིན་ན་ཤིང་རྟ་བཤིགས་ན་ཟེར་བ་དང་། ཤིང་རྟའི་ཡན་ལག་སོ་སོར་ཕྲལ་ནས་སིལ་བུར་བྱས་ན་ཞེས་སོགས་རྣམས་ཀྱང་གསལ་བར་བརྗོད་ཐབས་བྲལ་བ་ཡིན་ཏེ། རྟ་དང་བཅས་པར་འདོད་ན་རྟ་སྲོག་ལྡན་དེ་ལ་བཤིགས་པ་ཞེས་སོགས་ཀྱི་ཐ་སྙད་འཇུག་ཐབས་མེད་པ་ཡིན། ཤིང་རྟའི་སྤྲུལ་འཁྲིད་ཅེས་པའི་སྐབས་ཀྱི་ཤིང་རྟ་ནི་རྟ་དང་བཅས་པའི་ཤིང་རྟ་འཁོར་ལོར་བརྗོད་ཀྱང་བསྐྱོན་མེད་ལ། ཤིང་རྟའི་སྤྲུལ་འཁྲིད་ཅེས་ཐུར་གྱི་ཤིང་རྟའི་ལམ་ཉམས་པ་སླར་བཅོས་ཏེ་བསྐྱོད་སའི་ལམ་སྲོལ་ཕྱེ་བའི་དོན་ལ་གོ་བས། དེ་ལ་རྣམ་བདུན་རིགས་པར་བཤད་པ་བཞིན་དུ་ཡན་ལག་བཤིགས་པ་སོགས་ཀྱི་དོན་བཀྲལ་མི་དགོས་ཕྱིར། རྟ་ཡོད་པ་དང་མེད་པ་གང་བཤད་ལ་ཁྱད་པར་ཆེར་མེད་སྙམ། དུང་དཀར་རིན་པོ་ཆེས། "རྣམ་བདུན་གྱི་རིགས་པ་འཆད་དུས་ཤིང་རྟ་འཁོར་ལོའི་རྟ་དང་བཅས་པ་དཔེ་དྲངས་ཡོད་" ①པ་ནི། མཁས་པ་གོང་མའི་ཕྱུང་པོའི་དཔེ་ཡི་ཤིང་རྟ་དང་འཇོག་ལུགས་མི་འདྲ་བ་ཞིག་རེད་འདུག དེས་ན་ལས་དང་པོ་བ་རྣམས་ཀྱིས་ཕྱུང་པོའི་དཔེ་ཡི་ཤིང་རྟ་དེ་རྟ་དང་ཤིང་རྟ་མཁན་སོགས་ཚང་བ་ཞིག་ནི་ཐུར་གྱི་མཁས་པས་བཀྲལ་མེད་པ་ཤེས་གལ་ཆེ་ལ། ཤིང་རྟ་འཁོར་ལོ་ཟེར་ན་ངེས་པར་དུ་རྟ་ཡོད་དགོས་སྙམ་ན་འདིར་མཚང་ཡིན་པ་ཡང་ཤེས་དགོས།

①འདི་དོན་འོག་ཏུ་འཆད་རྒྱུའི་ནང་དོན་ནང་འདྲེན་རྒྱུ་ཡིན་པས་འདིར་ལུང་མ་དྲངས་སོ། །

སྐབས་འདིར་མུ་མཐུད་གོང་གི་ཕུང་པོ་རྣམ་ལྔའི་རིགས་པ་ལས་འཕྲོས་ཏེ་ཕུང་པོ་ལྔའི་ཚོགས་པ་བདག་ཡིན་པ་འགོག་པའི་རིགས་པ་དང་། ཕུང་པོ་ལྔ་ཚོགས་པའི་དབྱིབས་བདག་ཡིན་པ་འགོག་པའི་རིགས་པ་གཉིས་འཆད་པའི་སྣང་གཞིའི་ཐོག་ཕུང་པོ་བདག་འགོག་གི་ཤིང་རྟ་རྣམ་བདུན་གྱི་རིགས་པ་རྣམས་རེ་རེ་བཞིན་བརྗོད་དེ། བརྗོད་དོན་དངོས་གསལ་མཚོན་ཡོང་ཐབས་བྱའོ། ། (༤) ཕུང་པོ་ལྔའི་ཚོགས་པ་བདག་ཡིན་པ་འགོག་པའི་རིགས་པ་ནི་མདོར་ན་འདི་ལྟ་སྟེ། ཕུང་པོ་ལྔའི་ཚོགས་པ་བདག་ཡིན་ན། དཔེར་ན། སོ་སོར་ཁ་ཐོར་དུ་གནས་པའི་ཤིང་རྟའི་ཡན་ལག་གཟེར་བུ་དང་སྲོག་ཤིང་སོགས་པ་རྣམས་སྒྲིག་སྦྱོར་ཅི་ཡང་མེད་པར་ཕྱོགས་གཅིག་ཏུ་སྤུངས་པ་ཙམ་གྱིས་དེ་ཤིང་རྟར་ངོས་བཟུང་བ་ལྟ་བུའི་སྐྱོན་ཡོད། དཔེར་ན། དོན་གྲུབ་ཅེས་པའི་སྐྱེ་བོ་ཞིག་ལ་ཆ་མཚོན་ན་དོན་གྲུབ་ཅེས་པ་དང་སྐྱེ་བོ་དེའི་ཕུང་པོའི་ཚོགས་པ་གཉིས་གཅིག་ག་ལ་ཡིན། དེ་ལྟར་ཡིན་ན་དོན་གྲུབ་ཅེས་མིང་དུ་བྱས་པའི་སྐྱེ་བོ་མང་དུ་མཆིས་པ་རྣམས་ཀྱང་། ཕུང་པོའི་ཚོགས་པ་གཅིག་པ་ཞིག་ལས་མ་འདས་སོ། ། དོན་དུ་དོན་གྲུབ་ཅེས་པ་ནི་དེ་ལྟར་ཕུང་པོའི་ཚོགས་པ་ལ་ཕར་མིང་དུ་བཏགས་པ་ཙམ་ལས་མེད་དེ། ཁྱུ་ཚོགས་སྐྱེ་བོ་གང་དེར་དོན་གྲུབ་ཅེས་མིང་དུ་མ་བྱས་པར་བཀྲ་ཤིས་ཞེས་མིང་དུ་བྱས་ཀྱང་ཆོག་སྲིད། གལ་ཏེ་ཕུང་པོའི་ཚོགས་པ་དེ་དོན་གྲུབ་ཡིན་ན་ཕུང་པོའི་ཚོགས་པ་མ་བསྒྱུར་བར་མིང་ཡང་བསྒྱུར་ཐབས་མེད་པ་ཡིན། འོན་ཏེ་མིང་དེ་ཁྱུ་ཚོགས་གང་ཞིག་བཏགས་ཀྱང་མི་འགྲིག་པ་ཅི་ཡོད། ད་དུང་གལ་ཏེ་དོན་གྲུབ་ཀྱི་གཟུགས་ཕུང་སྐྱོན་ཅན་ཏེ་ལོང་བ་དང་ཞར་བ་སོགས་ཡིན་ན་ཕུང་པོའི་ཚོགས་པ་ཡང་དེ་འདྲ་ལས་མ་འདས་ཕྱིར་དོན་གྲུབ་ཅེས་པའི་མིང་དེ་ཡང་ལོང་བ་དང་ཞར་བ་

སོགས་སུ་ཡོད་པར་ཐལ་ལོ། དོན་གྲུབ་ཅེས་མིང་དུ་བྱས་པ་ལ་འགའ་ཞིག་དབང་པོ་ཐང་ཐང་དང་འགའ་ཞིག་དབང་སྐྱོན་ཡང་ཡོད་སྲིད་པས། ཕུང་པོའི་ཚོགས་པ་ནི་མིང་འདོགས་སའི་གཞི་ཡིན་པ་ལས་དོན་གྲུབ་ག་ལ་ཡིན། དཔེ་དེ་བཞིན་དུ་བདག་ཀྱང་དོན་གྲུབ་ཅེས་བཏགས་པའི་མིང་ཡིན་པ་བཞིན་དུ་བཏགས་པའི་མིང་ཙམ་ལས་ཕུང་པོའི་ཚོགས་པ་དང་རང་བཞིན་གཅིག་ཏུ་རྩ་བ་ནས་མེད་དོ། །

(༧) ཕུང་པོའི་དབྱིབས་སམ་བཟོ་ལྟ་བདག་ཡིན་པ་འགོག་པའི་རིགས་པ་མདོར་བསྡུས་ན་འདི་ལྟ་སྟེ། མཁས་དབང་དུང་དཀར་རིན་པོ་ཆེས། "ཕུང་པོ་ལྔ་ལ་བཟོ་ལྟ་ཡོད། ཡིན་ནའང་ང་ལ་བཟོ་ལྟ་མེད། ཕུང་པོ་ལྔ་ཚོགས་པའི་དབྱིབས་དེ་ང་ཡིན་ན་དབྱིབས་དེ་གང་འདྲ་ཞིག་ཡོད་པ་ལྟར་ང་དེ་ཡང་བཟོ་ལྟ་དེ་འདྲ་ཞིག་ཡོད་དགོས། དཔེར་ན་སྤྲུལ་ལ་ཆ་བཞག་ན་སྤྲུལ་གྱི་ང་དེ་རིང་པོ་ཞིག་དང་། སི་ལི་པད་ཀོག་གི་ང་དེ་སྒོར་སྒོར་ཞིག མི་ཤ་རྒྱགས་པའི་ང་དེ་རྒྱགས་པ་ཞིག མི་ཤ་སྐམ་པའི་ང་དེ་སྐམ་པོ་ཞིག དེ་འདྲ་ཡོང་མི་སྲིད། དེར་བརྟེན་མིང་འདོགས་སའི་གཞི་ཡིན་ནའང་འདྲ། དེའི་བཟོ་ལྟ་དེ་ཡིན་ནའང་འདྲ། གང་ལྟར་དེ་ཚོ་ཚང་མ་ང་མིན"①ཞེས་གསུངས་ཡོད། དོན་དངོས་སུ་ཕུང་པོ་ལྔ་པོ་སོ་སོ་བ་ཚང་མར་དབྱིབས་ཡོད་ཟེར་ན་ཡོང་ཐབས་མེད་དེ། རྣམ་ཤེས་དང་། འདུ་ཤེས། འདུ་བྱེད། ཚོར་བ་རྣམས་ལ་དབྱིབས་ཇི་ལྟར་འཇོག འདིར་ནི་གཙོ་བོ་རིག་རྒྱུ་ཡོད་པ་ཕུང་པོ་ལྔའི་ཚོགས་པའམ་ཡང་ན་ཕུང་པོའི་དབྱིབས་ཏེ། གཟུགས་ཕུང་ཇི་ལྟ་བ་ནི་རང་རང་གཟུགས་འཛིན་

①དུང་དཀར་བློ་བཟང་འཕྲིན་ལས་ཀྱི་གསུང་འབུམ། གྲུབ་མཐའི་སྐོར་གྱི་རྣམ་བཤད། མི་རིགས་དཔེ་སྐྲུན་ཁང་། ༢༠༠༧ལོའི་དཔར་ཐེངས་གཉིས་པ། ཤ༤༧༨

དབང་པོའི་སྦྱོང་བྱར་ཡོད་ལ་སྣང་སྣང་རེག་རེག་ཏུ་སྡུག་པ་དང་མི་སྡུག་པ་སོགས་དབྱིབས་གཟུགས་སྣ་ཚོགས་པ་སྣང་རྒྱུ་ཡོད་པ་བཞིན་དུ། བདག་ཀྱང་དེ་འདྲ་ཡོད་ཟེར་བ་འཛིག་རྟེན་གྲགས་ཚོད་ཙམ་ལ་ཡང་མེད། འོན་ཏེ་རང་རང་རྒྱུད་ཀྱི་མ་རིག་པའི་དབང་གིས་ནམ་རྒྱུན་ང་ཉམས་དོད་པ་དང་། ང་མཛེས་པ་སོགས་ཀྱི་འདུ་ཤེས་འཆར་དུས་བློ་ངོར་ངའི་གཟུགས་ཙམ་མཛེས་པ་ཡིན་པ་ལས་ང་བཏགས་པ་བ་དེ་ལ་མཛེས་པ་སོགས་མེད་སྙམ་པ་འཆར་དཀའ་བས་ཕུང་པོའི་དབྱིབས་གཟུགས་དེ་ང་དང་གཅིག་ཏུ་འབྲེལ་འགྲོ་བ་རེད། དོན་དུ་ང་ཚོས་བློ་ནང་དུ་བཀུག་ནས་བསམ་གཞིག་བགྱིས་ཆེ་རང་མ་ཡིན་པའི་མི་གཞན་ག་གེ་མོ་དེ་ལ་ང་ཚོས་མི་ཕ་གི་མཛེས་སྙམ་པ་ཞིག་བློ་ལ་འཆར་དུས། ང་ཚོས་མི་ཕ་གིའི་བྱད་བཞིན་མཛེས་པའམ་གྱོན་པ་མཛེས་པ་སོགས་ཕྱིའི་རྣམ་པའི་དབྱིབས་གཟུགས་མཛེས་སྙམ་པ་ལས་མི་ཕ་གི་མཛེས་པ་མ་ཟད། མི་ཕ་གིས་འདོད་པའི་བདག་ཀྱང་མཛེས་སྙམ་པ་ཞིག་བློ་ལ་ཇི་ལྟར་འཆར། དེས་ན་ཕུང་པོའི་དབྱིབས་སམ་རྣམ་པ་བདག་ཏུ་འདོད་ན་བདག་དེ་རེག་རེག་ཏུ་འཛོག་རྒྱུ་ཞིག་དགོས་པ་མ་ཟད། བདག་དེ་ཡང་དབྱིབས་བརྒྱད་པོ་དང་དེ་མ་ཡིན་པའི་དབྱིབས་གཞན་ལ་སོགས་གང་རུང་དུ་འཛོག་རྒྱུ་ཞིག་དགོས་སོད། དེ་ལྟར་མེད་པས་ཕུང་པོའི་དབྱིབས་བདག་ཏུ་མ་ངེས་པ་ཡིན། འཇུག་པ་སོགས་ལས། དབྱིབས་བདག་ཏུ་འདོད་ན་བདག་ཐེམ་པོར་ཐལ་བ་དང་། གཟུགས་ཅན་འབའ་ཞིག་ལས་བདག་དང་གང་ཟག་མེད་ཕྱིར། གཟུགས་མེད་ཁམས་པའི་བདག་ཇི་ལྟར་འཛོག དེ་ལྟར་སེམས་ཅན་ཐམས་ཅད་ལ་གང་ཟག་གི་བཏགས་དོན་མི་རྙེད་པར་ཐལ་བའི་སྐྱོན་སོགས་འཕེན་པར་བྱེད་ལ། གཞན་ཡང་ཕུང་པོའི་དབྱིབས་བདག་ཏུ་འདོད་པར་

བཞིན་ན་ཕུང་པོ་ལྔ་ལས་གཟུགས་ཀྱི་ཕུང་པོ་ཕུད་པའི་ཕུང་པོ་ལྷག་མ་རྣམས་ལ་བདག་འཛིན་དུ་མི་རིགས་པར་འགྱུར་བའི་སྐྱོན་ཡང་ཡོད་པ་གོང་དུ་འཆད་པ་བཞིན་ཡིན་ནོ། །

དཔལ་ལྡན་ཟླ་བའི་ཞབས་ཀྱིས་ཤིང་རྟ་དཔེ་རུ་བྱས་པའི་བདག་འགོག་གི་རིགས་པ་རྣམ་བདུན་གསུང་ཚུལ་ནི། དབུ་མ་འཇུག་པ་ལས། "ཤིང་རྟ་རང་ཡན་ལག་ལས་གཞན་འདོད་མིན། །གཞན་མིན་མ་ཡིན་དེ་ལྡན་ཡང་མིན་ཞིང་། །ཡན་ལག་ལ་མིན་ཡན་ལག་དག་དེར་མིན། །འདུས་པ་ཙམ་མིན་དབྱིབས་མིན་ཇི་བཞིན་ནོ། །"① ཞེས་ཤིང་རྟ་ནི་ཤིང་རྟའི་ཡན་ལག་འཚོགས་པའི་ཕུང་པོ་ལ་ཤིང་རྟར་བཏགས་པ་ཙམ་ལས་ཤིང་རྟའི་དཔྱད་པ་རྣམ་པ་བདུན་གྱིས་རེ་རེར་བརྟགས་པའི་ཚེ་ཤིང་རྟ་རང་བཞིན་དུ་མེད་པར་རྟོགས་པའི་ཕྱིར། ཚུལ་དེ་གང་ཟག་ལ་སྦྱར་ནས་གང་ཟག་གི་བདག་མེད་པ་གཏན་ལ་འབེབས་པ་ཡིན་ལ། དེ་ནི་གང་ཟག་གི་བདག་མེད་གཏན་ལ་འབེབས་པའི་རིགས་པའི་ནང་ན་རྩེར་སོན་ཞིག་ཡིན་ཏེ། རང་རྒྱུད་པ་མན་ཆད་དང་ཐུན་མོང་མ་ཡིན་པའི་འཛིན་ལུགས་ཁྱད་པར་བ་ཞིག་དང་། ཤིང་རྟ་ལ་རྣམ་པ་བདུན་གྱིས་བརྟགས་ནས་གང་ཟག་གི་བདག་མེད་གཏན་ལ་འབེབས་པའམ་ཕུང་པོ་རང་བཞིན་གྱིས་མ་གྲུབ་པ་གསལ་བར་བྱེད་པ་ཞིག་གོ །

བྱང་ཆུབ་ལམ་རིམ་ཆེན་མོ་ལས། "མདོར་ན་ཤིང་རྟ་ལས་བརྩམས་ནས་སྔར་བཤད་པ་ལྟ་བུའི་རྣམ་གཞག་བྱས་པ་འདི་ལ་ཡོན་ཏན་གསུམ་ཡོད་དེ། ཆོས་རྣམས་ལ་

①སློབ་དཔོན་ཟླ་བ་གྲགས་པ། དབུ་མ་འཇུག་པའི་རང་འགྲེལ། སེར་གཙུག་ནང་བསྟན་དཔེ་རྙིང་འཚོལ་བསྡུ་ཕྱོགས་སྒྲིག་ཁང་། གངས་ཅན་ཁྲིད་ནོར་དཔེ་ཚོགས་པོད་ཕྲེང་བརྒྱ་དང་ང་དྲུག ཤ༢༥༣

རང་བཞིན་སྒྲོ་འདོགས་པའི་རྟག་ལྟ་དགག་སླ་བའི་ཡོན་ཏན་དང་། རང་བཞིན་མེད་པ་ལ་རྟེན་འབྲེལ་མི་འཐད་སྙམ་པའི་ཆད་ལྟ་དགག་སླ་བའི་ཡོན་ཏན་དང་། ཡོན་ཏན་དེ་གཉིས་དཔྱོད་ཚུལ་ཇི་ལྟ་བུ་ཞིག་བྱས་པས་འགྲུབ་པའི་རྣལ་འབྱོར་བས་ཉེ་བར་བཏགས་པའི་རིམ་པའོ། །”① ཞེས་ཀྱང་གསུངས་པ་བཞིན་དུ། རྣམ་བདུན་གྱི་རིགས་པས་བརྟགས་ན་ཆོས་རྣམས་སྒྱུ་མའི་རྟེན་འབྲེལ་གྱི་རང་བཞིན་དུ་ཡོད་པ་ཤེས་སླ་བའི་ཁྱད་ཆོས་ཀྱང་ཡོད་པ་ཡིན། གྲུབ་མཐའི་རྣམ་བཤད་འཕྲུལ་སྤྱོང་གདོང་ལྔའི་སྒྲ་དབྱངས་ལས་ཀྱང་། “རང་དབང་བདག་མེད་ཕུང་མིན་དེ་གཞན་མིན། །ཕུང་པོའི་རྟེན་མིན་ཕུང་པོར་བརྟེན་པའང་མིན། །ཕུང་དང་མི་ལྡན་དབྱིབས་མིན་ཚོགས་མིན་ཕྱིར། །ཤིང་རྟ་བཞིན་དེ་ཆོས་རྣམས་ཀུན་ལ་སྦྱར། །”② ཞེས་གསུངས་སོ། །

དེས་ན་ཤིང་རྟའི་རྣམ་པ་བདུན་གྱི་དཔྱད་པར་པཎ་ཆེན་བསོད་ནམས་གྲགས་པས། “དེ་ཡང་མཐའ་བདུན་དུ་མེད་པ་ནི། ཤིང་རྟ་ལ་རང་གི་ཡན་ལག་གཅིག་ཏུ་མེད་པ། ཤིང་རྟ་རང་གི་ཡན་ལག་ལས་རང་བཞིན་གྱིས་གྲུབ་པའི་ཐ་དད་མ་ཡིན་པ། ཤིང་རྟ་རང་གི་ཡན་ལག་དང་ལྡན་པ་རང་བཞིན་གྱིས་མ་གྲུབ་པ། ཤིང་རྟ་རང་གི་ཡན་ལག་ལ་བརྟེན་པ་རང་བཞིན་གྱིས་མ་གྲུབ་པ། ཤིང་རྟའི་ཡན་ལག་ཤིང་རྟ་ལ་བརྟེན་པ་རང་བཞིན་གྱིས་མ་གྲུབ་པ། ཤིང་རྟའི་ཡན་ལག་ཚོགས་ཙམ་ཤིང་རྟ་མ་ཡིན་

①རྒྱལ་བ་བློ་བཟང་གྲགས་པ། བྱང་ཆུབ་ལམ་རིམ་ཆེན་མོ། སེར་གཙུག་ནང་བསྟན་དཔེ་སྙིང་འཚོལ་བསྡུ་ཕྱོགས་སྒྲིག་ཁང་། གངས་ཅན་ཁྱད་ནོར་དཔེ་ཚོགས། པོད་ཕྲེང་གོ་གཉིས་པ། ༡༧༢༨

②ཀུན་མཁྱེན་འཇམ་དབྱངས་བཞད་པ། གྲུབ་མཐའི་རྣམ་བཤད་རང་གཞན་ཀུན་དང་ཟབ་དོན་མཆོག་ཏུ་གསལ་བ་ཀུན་བཟང་ཞིང་གི་ཉི་མ་ལུང་རིགས་རྒྱ་མཚོ་སྐྱེ་དགུའི་རེ་བ་ཀུན་སྐོང་། མཚོ་སྔོན་ནང་བསྟན་རིག་གནས་སྒྱུ་རྩལ་ཞབས་ཞུ་ལྟེ་གནས་ཞབས་ཞུ་ཁང་། ༡༥༥༦

པ། ཤིང་རྟའི་ཡན་ལག་གི་དཔྱིབས་ཤིང་རྟ་མ་ཡིན་པ་སྟེ་བདུན་ནོ། །"① ཞེས་གསུངས་པ་ལྟར་མདོར་ཙམ་ཞུས་ན་འདི་ལྟ་སྟེ།

(༡) ཤིང་རྟ་ཤིང་རྟའི་ཡན་ལག་རྣམས་དང་རང་བཞིན་གྱིས་གཅིག་ཡིན་པ་འགོག་ཚུལ།

ཤིང་རྟ་དང་ཤིང་རྟའི་ཡན་ལག་རྣམས་རང་བཞིན་གྱིས་གཅིག་ཡིན་ན། ཤིང་རྟ་ལ་འཕང་ལོ་དང་། སྒྲོག་ཤིང་། གཟེར་བུ་སོགས་ཡན་ལག་དུ་མ་ཡོད་པ་བཞིན་དུ་བདག་ཀྱང་དུ་མར་ཐལ་འགྱུར་བ་ཡིན། རང་རང་གི་བློ་ངོར་ཤིང་རྟའི་ཡན་ལག་ཤིང་རྟར་འཁྲུལ་ཚུལ་ནི་དཔེར་ན་སྐྱེ་བོ་སུ་རུང་ཞིག་གིས་ཁྱེད་ལ་མིག་མདུན་གྱི་ཤིང་རྟ་ཞིག་ལ་མཛུབ་མོ་གཏད་དེ། ཕ་གི་ག་རེ་རེད་ཅེས་དྲིས་ན། ཁྱེད་ཀྱིས་ཚམ་ཚོམ་མེད་པར་ཕ་གི་ཤིང་རྟ་རེད་ཅེས་བརྗོད་སྲིད་ལ། ཡང་དེས་འོ་ན་ཁྱེད་ཀྱིས་ཤིང་རྟ་གང་ཡིན་པ་མཛུབ་མོ་བཙུགས་ནས་བསྟན་དང་ཟེར་ན། ཁྱེད་ཀྱིས་ཏན་ཏན་ཤིང་རྟའི་འཕང་ལོའམ་གཟེར་བུ་སོགས་གང་རུང་ལ་མཛུབ་མོ་བཙུགས་ནས་འདི་ཤིང་རྟ་རེད་ཅེས་སྤོབས་པ་དང་བཅས་བརྗོད་སྲིད། དོན་དུ་དེ་ནི་ཁྱེད་ཀྱི་བྱིས་བློ་ཤེས་མེད་དེ་ཤིན་ཏུ་འཁྲུལ་བའི་རང་རྟགས་ཡིན་ཏེ། ཁྱེད་ཀྱིས་མཛུབ་མོ་འཛུགས་ཡུལ་དེ་ཤིང་རྟའི་ཡན་ལག་ག་གེ་མོ་ལས་ཤིང་རྟ་ཞེས་པ་ག་ལ་ཡིན། ཁྱེད་ཀྱིས་མཛུབ་མོ་གནས་གང་འདྲ་ཞིག་ལ་བཙུགས་ཀྱང་དེ་དག་རེ་རེ་ནི་ཤིང་རྟ་ག་ལ་ཡིན། གལ་ཏེ་ཁྱེད་ཀྱིས་འཕང་ལོ་

①པཎ་ཆེན་བསོད་ནམས་གྲགས་པ། དབུ་མའི་སྤྱི་དོན་ཟབ་དོན་གསལ་བའི་སྒྲོན་མེ། སེར་གཙུག་ནང་བསྟན་དཔེ་རྙིང་འཚོལ་བསྡུ་ཕྱོགས་སྒྲིག་ཁང་། གངས་ཅན་ཁྲིད་ནོར་དཔེ་ཚོགས་པོད་ཕྲེང་དྲུག་ཅུ་རེ་གཉིས་པ། ༡༧༩

ལ་མཇུབ་མོ་བཙུགས་ནས་འདི་ཤིང་རྟ་རེད་ཅེས་སྨྲས་ཚེ་དེ་ཤིང་རྟ་དང་གཅིག་ཏུ་ཐལ་བ་དང་། ཡང་ཁྱེད་ཀྱིས་གཟེར་བུ་ལ་མཇུབ་མོ་བཙུགས་ཏེ་འདི་ཤིང་རྟ་རེད་ཅེས་སྨྲས་ཚེ་དེ་ཤིང་རྟ་དང་གཅིག་ཏུ་ཐལ་འགྲོ་ལ། དེ་བཞིན་སྲོག་ཤིང་ལ་སོགས་པར་ཡང་དེ་ལྟར་ཡིན་པས། ཤིང་རྟ་དང་ཤིང་རྟའི་ཡན་ལག་རྣམས་རང་བཞིན་གཅིག་ཡིན་ན། ཡན་ལག་ཏུ་མ་ཡིན་པ་ལྟར་ཤིང་རྟ་ཡང་དུ་མར་ཐལ་འགྲོ་བས། འཇིག་རྟེན་པའི་གྲགས་དབང་ལ་ཡང་མདུན་ལ་ཤིང་རྟ་གཅིག་མཐོང་ཚེ། མདུན་ལ་སྲོག་ཤིང་ཤིང་རྟ་དང་། འཕང་ལོ་ཤིང་རྟ་འདུག་སོགས་ཟེར་སྲོལ་མེད་པས། ཤིང་རྟ་གཅིག་ལ་ཤིང་རྟ་མང་པོ་ཡོད་ཟེར་ན་སྨྱོན་པའི་འཆལ་གཏམ་ལྟ་བུར་འགྱུར་འགྲོ། དེས་ན་ཤིང་རྟ་དང་ཤིང་རྟའི་ཡན་ལག་རྣམས་རང་བཞིན་གྱིས་གཅིག་ཡིན་པར་འདོད་ན། ཤིང་རྟར་ཡན་ལག་མང་དུ་ཡོད་པ་བཞིན་དུ་ཤིང་རྟ་དུ་མར་ཐལ་བའི་སྐྱོན་ཡོད་ལ། གལ་ཏེ་ཤིང་རྟ་མེད་ན། རང་བཞིན་གཅིག་ཡིན་པའི་ཤིང་རྟའི་ཡན་ལག་ཀྱང་མེད་དགོས་སོད། དོན་དངོས་ཐོག་ཤིང་རྟ་བཤིགས་ནས་ཤིང་རྟའི་མིང་མེད་པར་བྱས་ན་ཡང་། སྔར་ཤིང་རྟའི་ཡན་ལག་ཏུ་འཛོམ་པའི་དངོས་པོ་རྣམས་སྔར་བཞིན་ཡོད་སྲིད་པའོ། །

(༢) ཤིང་རྟ་ཤིང་རྟའི་ཡན་ལག་རྣམས་དང་རང་བཞིན་གྱིས་ཐ་དད་ཡིན་པ་འགོག་ཚུལ།

དེ་ཡང་མཁས་གྲུབ་ཐམས་ཅད་མཁྱེན་པས། "རང་བཞིན་གྱིས་ཐ་དད་ཡིན་ན་ངོ་བོ་ཐ་དད་དུ་འགྱུར་ཞིང་། ངོ་བོ་ཐ་དད་དུས་མཉམ་ཡིན་ན་འབྲེལ་མེད་དོན་གཞན་ཡིན་དགོས་པས་རྟ་དང་བ་ལང་བཞིན་དུ། ཤིང་རྟ་ཡན་ལག་རྣམས་དང་སོ་

སོར་དམིགས་པར་འགྱུར་རོ། །”①ཞེས་གསུངས་པ་བཞིན་དུ། ཤིང་རྟ་དང་ཤིང་རྟའི་ཡན་ལག་རྣམས་རང་བཞིན་གྱིས་སོ་སོ་བའི་ཆོས་ཡིན་ན་དེ་གཉིས་ངོ་བོ་སོ་སོ་བའི་ཆོས་ཡིན་དགོས་ཏེ། དེ་གཉིས་པོ་རྟོག་ངོར་སོ་སོར་སྣང་ཞིང་སྣང་བ་ལྟར་དུ་མ་གྲུབ་ཕྱིན་ཆད་ཐ་དད་དུ་འཇོག་མི་རིགས་པས། ཐ་དད་དུ་གྲུབ་པ་གང་ཞིག་རྟག་པ་དང་དངོས་པོ་བཞིན་དུ་ངོ་བོ་ཐ་དད་དམ་བདག་ཉིད་ཐ་དད་དུ་ཡོད་དགོས་པའི་ཕྱིར། དེས་ན་གཞི་གཅིག་ལ་དམིགས་ནས་ཤིང་རྟ་དང་ཤིང་རྟའི་ཡན་ལག་ངོ་བོ་ཐ་དད་དུ་འདོད་ན། དེ་གཉིས་འབྲེལ་མེད་དོན་གཞན་དུ་སོ་སོ་བར་འཇོག་རྒྱུ་ཡོད་པ་ཞིག་དགོས་མོད། དོན་དུ་ཤིང་རྟའི་ཡན་ལག་རྣམས་ལས་ལོགས་སུ་ཤིང་རྟ་ཞེས་པ་ཞིག་འཇོག་ཏུ་མེད་པས། དེ་གཉིས་སོ་སོ་བའི་ཆོས་སུ་མེད་པ་གསལ་པོར་བསྒྲུབས་ནུས་པ་ཡིན་ནོ། །

（༣）ཤིང་རྟ་ལ་རང་གི་ཡན་ལག་རྣམས་རང་བཞིན་གྱིས་བརྟེན་པ་ཡིན་པ་འགོག་ཚུལ།

ཤིང་རྟ་ལ་རང་གི་ཡན་ལག་རྣམས་རང་བཞིན་གྱིས་བརྟེན་པ་ཡིན་ན། ཤིང་རྟ་དང་རང་གི་ཡན་ལག་རྣམས་རང་བཞིན་གྱིས་ཐ་དད་ཡོད་དགོས་མོད། དེ་ནི་གོང་དུ་མི་གྲུབ་པ་འཆད་ཟིན་པ་ལྟར་ཡིན་ལ། རྟེན་དང་བརྟེན་པ་སོ་སོར་འབྱེད་རྒྱུ་ཞིག་མེད་ན། རྟེན་ཤིང་རྟ་གང་ཡིན་འཇོག་རྒྱུ་མེད་པ་ཞིག་ལ་བརྟེན་པ་ཡན་ལག་རྣམས

①མཁས་གྲུབ་དགེ་ལེགས་དཔལ་བཟང་། དབུ་མའི་བསྟན་བཅོས་ཆེན་པོ་སྟོང་ཐུན་སྐལ་བཟང་མིག་འབྱེད། སེར་གཙུག་ནང་བསྟན་དཔེ་རྙིང་འཚོལ་བསྡུ་ཕྱོགས་སྒྲིག་ཁང་། གངས་ཅན་ཁྲིད་ནོར་པོད་ཕྲེང་༥༧ ཤ༣༠༨

བརྟེན་པར་བྱས་ཡོད་ཟེར་ན། ཞུད་གཏམ་འབབ་ཞིག་ཏུ་འགྱུར། རྒྱུ་མཚན་ནི་རྟེན་དང་བརྟེན་པའི་རང་བཞིན་ཞེས་སྨྲས་པ་ལ་སོ་སོ་བའི་ཆོས་ཤིག་འཛོག་རྒྱུ་དགོས་པ་ཡིན་ན་ཡང་། ཤིང་རྟ་ཞེས་ཤིང་རྟའི་ཡན་ལག་རྣམས་ལ་བསྙོས་ནས་བློས་ཕར་བཏགས་པ་ཙམ་ལས། དོན་དམ་ཤིང་རྟ་ཞེས་ཤིང་རྟའི་ཡན་ལག་རྣམས་ཕར་བཞག་ནས་ཆོས་གཞན་ཞིག་ཡི་ནས་འཛོག་རྒྱུ་མེད་པས། ཤིང་རྟ་ལ་རང་གི་ཡན་ལག་རྣམས་རང་བཞིན་གྱིས་བརྟེན་པ་ཡང་ཡོང་ཐབས་མེད་པ་ཡིན། རྒྱུ་མཚན་ནི་རྟེན་བརྟེན་པའི་ཆོས་ཉིད་ཡིན་ན། ཤིང་རྟའི་ཡན་ལག་མ་གྲུབ་པའི་སྔ་རོལ་ནས་ཤིང་རྟ་ཡོད་དགོས་མོད། དོན་དུ་ཤིང་རྟའི་ཡན་ལག་རྣམས་ཡོད་པ་ལ་བརྟེན་ནས་ཕར་བཏགས་པ་ཙམ་ལས་དེའི་སྔ་རོལ་དུ་ཤིང་རྟ་ཞེས་པའི་ཐ་སྙད་བྱ་ས་མེད་པ་ཡིན། མ་ཟད་གལ་ཏེ་ཤིང་རྟ་མེད་ན། དེ་ལ་བརྟེན་པའི་ཤིང་རྟའི་ཡན་ལག་ཀྱང་མེད་དགོས་མོད། དོན་དངོས་ཐོག་ཤིང་རྟ་བཤིགས་ནས་ཤིང་རྟའི་མིང་མེད་པར་བྱས་ན་ཡང་། ཤིང་རྟའི་ཡན་ལག་ཏུ་འཛོག་པའི་དངོས་པོ་རྣམས་སྔར་བཞིན་ཡོད་པའོ། །

(༤) ཤིང་རྟ་རང་གི་ཡན་ལག་རྣམས་ལ་རང་བཞིན་གྱིས་
བརྟེན་པ་ཡིན་པ་འགོག་ཚུལ།

ཤིང་རྟ་རང་གི་ཡན་ལག་རྣམས་ལ་རང་བཞིན་གྱིས་བརྟེན་པ་ཡིན་ན། སྣ་བ་རི་ལ་བརྟེན་པ་བཞིན་དུ། ཤིང་རྟ་དེ་ཤིང་རྟའི་ཡན་ལག་ལ་བརྟེན་ནས་གནས་པ་ཡིན་པ་ཞིག་འཛོག་རྒྱུ་དགོས་པ་ལ་དེ་ལྟར་མེད། རྒྱུ་མཚན་ནི་ཤིང་རྟ་དེ་ཤིང་རྟའི་ཡན་ལག་རྣམས་ལས་ངོ་བོ་སོ་སོ་བར་མེད་ལ་གཅིག་ཏུ་ཡང་མེད་པས་སོ། །གོང་དུ་འཆད་པ་བཞིན་དེ་ལྟར་ཆོས་ཉིད་སོ་སོ་བ་མ་ཡིན་པ་ཞིག་ལ་རྟེན་དང་བརྟེན་པའི་མཚན་ཉིད་

འཇོག་ཐབས་མེད་པ་ཞིག་ཡིན། ཤིང་རྟ་བརྟགས་པ་བ་མ་ཡིན་པར་རང་བཞིན་དུ་ཤིང་རྟའི་ཚོགས་པ་རྣམས་ལ་བརྟེན་ནས་གནས་པའམ་མངོན་སྙིག་གང་རུང་དུ་མཆིས་པ་ཚུལ་གསུམ་གང་གིས་ཀྱང་འཇོག་རྒྱུ་མེད་པ་ཞིག་ལས་མ་འདས་པས། ཤིང་རྟ་ཞེས་པ་དེ་རང་གི་ཡན་ལག་རྣམས་ལ་རང་བཞིན་གྱིས་བརྟེན་ནས་ཡོད་ཅེས་པ་དེ་ཡང་རྩ་བ་ནས་ཡོང་ཐབས་མེད་པ་ཞིག་ཡིན། དེ་ནི་ཤིང་རྟ་ཞེས་པ་ཤིང་རྟའི་ཡན་ལག་རྣམས་ལ་བལྟོས་པའི་རྟེན་འབྲེལ་དབང་གིས་མ་གྲུབ་ཅེས་པའི་དོན་མིན་པར། ཤིང་རྟ་དེ་དོན་དམ་དུ་ཤིང་རྟའི་ཡན་ལག་རྣམས་ལ་བརྟེན་ནས་གནས་པ་ཟེར་བ་དེ་མ་ཡིན་ཞེས་པའི་དོན་ཡིན། རྒྱུ་མཚན་ནི་ཤིང་རྟ་ཞེས་པའི་ཐ་སྙད་དེ་ཤིང་རྟ་མ་ཡིན་པའི་དངོས་པོ་ཞིག་ལ་རང་གིས་འདོད་ཚུལ་ལ་བསྟུན་ནས་ཡིན་ཤག་ཤག་ཏུ་སྦྱར་ཡང་མི་རུང་བ་མེད་པའི་ཕྱིར་རོ། །

(༥) ཤིང་རྟ་ཤིང་རྟའི་ཡན་ལག་རྣམས་དང་རང་བཞིན་གྱིས་ལྡན་པ་ཡིན་པ་འགོག་ཚུལ།

ཤིང་རྟ་ཆོས་ཅན། ལྕགས་སྒྲིབ་བ་ལང་དང་ལྡན་པའམ་ལྕགས་སྒྲིབ་རྣ་བ་དང་ལྡན་པ་ལྷ་བུའི་སྒོ་ནས་ཤིང་རྟ་རང་གི་ཡན་ལག་དང་རང་བཞིན་གྱིས་ལྡན་པའི་ཚུལ་ཡང་མི་འཐད་དེ། ལྡན་ཚུལ་སྔ་མ་ལྟར་ན་ངོ་བོ་ཐ་དད་དང་། ལྡན་ཚུལ་ཕྱི་མ་ལྟར་ན་ངོ་བོ་གཅིག་ཏུ་རང་བཞིན་གྱིས་གྲུབ་དགོས་ལ་དེ་གཉིས་གའང་བཀག་ཟིན་པའི་ཕྱིར་རོ། །[1] ཞེས་ཤིང་རྟ་དང་ཤིང་རྟའི་ཡན་ལག་ལྕགས་སྒྲིབ་དང་ལྕགས་སྒྲིབ་ལ་ཡོད་

[1] འདི་དག་ནི་མཁས་གྲུབ་དགེ་ལེགས་དཔལ་བཟང་དང་ཞྭང་སྐྱ་རིན་པོ་ཆེ་གཉིས་ཀའི་གསུང་སྟངས་གཅིག་པའོ། །

པའི་བ་ལང་ལྟ་བུ་ཡིན་ན་ངོ་བོ་སོ་སོ་བའི་ཆོས་ཞིག་དགོས་པ་དང་། ལྷས་སྦྱིན་དང་ལྷས་སྦྱིན་གྱི་ལུས་ཐོག་ཏུ་རྣ་བ་ཡོད་པ་ལྟ་བུ་ཡིན་ན་ངོ་བོ་གཅིག་དགོས་ཀྱང་གཉིས་ཀ་མ་གྲུབ་པ་བཀག་ཟིན་པའོ་ཞེས་སོ། །ཤིང་རྟ་ལ་རང་གི་ཡན་ལག་ལྡན་པ་སྟེ་ཡན་ལག་རྣམས་རང་བཞིན་བལྟོས་མེད་དུ་ཡོད་པར་འདོད་པ་ཡིན་ན། ལྡན་ཚུལ་གཅིག་དང་ཐ་དད་གང་རུང་དུ་ཡོད་དགོས་མོད། དེ་ལྟར་མེད་པས་ཤིང་རྟ་ཤིང་རྟའི་ཡན་ལག་རྣམས་དང་རང་བཞིན་གྱིས་ལྡན་པ་ཟེར་བ་དེ་ཡང་མི་འཐད་པ་ཞིག་ཡིན་ལ། ཚུལ་འདི་ནི་གོང་དུ་དུང་དཀར་རིན་པོ་ཆེས་ལྡན་པ་ཞེས་པ་མགོ་ལ་ཞྭ་མོ་ལྡན་པ་བཞིན་དུ་གནས་པ་ཞིག་འཛོག་རྒྱུ་དགོས་ནའང་དེ་ལྟར་མེད་པར་གསུངས་པ་བཞིན་ལགས་སོ། །

(༤) ཤིང་རྟའི་ཡན་ལག་རྣམས་ཚོགས་ཙམ་རང་བཞིན་གྱིས་ཤིང་རྟ་ཡིན་པ་འགོག་ཚུལ།

ཤིང་རྟ་ཞེས་སུ་བྱ་བ་ནི་ཤིང་རྟའི་ཡན་ལག་རྣམས་ཚོགས་ཙམ་ཞིག་ལ་ཐར་བཏགས་པ་ཙམ་ཞིག་ལས་ཤིང་རྟའི་ཡན་ལག་ཚོགས་ཙམ་ཤིང་རྟ་ག་ལ་ཡིན། གལ་ཏེ་ཤིང་རྟའི་ཡན་ལག་ཚོགས་ཙམ་ཤིང་རྟ་ཡིན་པར་འདོད་ན་ནི། ཤིང་རྟའི་འཕང་ལོ་དང་། ཤིང་རྟའི་གཟེར་བུ། ཤིང་རྟའི་སྲོག་ཤིང་སོགས་གཅིག་ཏུ་རུབ་རུབ་ཏུ་བསྡུས་ནས་ཚོགས་པར་བྱས་ན། དེ་རྣམས་མཉམ་དུ་ཚོགས་པའམ་རུབ་པ་ཙམ་ཞིག་ཤིང་རྟ་ཡིན་པར་ཐལ་བའི་སྐྱོན་ཡོད་པ་ཡིན། དཔེར་ན། རླངས་འཁོར་ལྟ་བུར་ཆ་བཞག་ན་ཡང་དེའི་འཁོར་ལོ་དང་གཙུས་གཟེར་སོགས་ཕྱོགས་གཅིག་ཏུ་རུབ་རུབ་ཏུ་སྤུངས་ནས་དེ་ཙམ་ཞིག་ལ་གནས་དེ་ན་རླངས་འཁོར་ཞིག་འདུག་ཙེ་ན། སུས་ཀྱང་ཁས་མི་ལེན་

པས་དེ་བཞིན་དུ་ཤིང་རྟ་ཞེས་པ་ཤིང་རྟའི་ཡན་ལག་རྣམས་ཚོགས་ཙམ་ལ་བརྗོད་ཟེར་ན་ག་ལ་རུང་། འཇུག་པའི་རང་འགྲེལ་དུ། "གལ་ཏེ་ཚོགས་ཙམ་ཤིང་རྟར་འགྱུར་ན་ནི། །སིལ་བུར་གནས་ལ་ཤིང་རྟ་ཉིད་ཡོད་གྱུར། །"① ཞེས་གསུངས་པའི་དོན་ཡང་གོང་དུ་བསྟན་པ་བཞིན་དང་། སྤྱོད་འཇུག་གི་འགྲེལ་པ་ལས་ཀྱང་། "ཚོགས་པ་ཡང་མཚོན་ཆ་ཐོགས་པའི་མི་མང་པོ་འདུས་པ་ལ་དམག་ཅེས་བཏགས་པ་ལ་སོགས་པ་བཞིན་དུ་བརྫུན་ཏེ་བཏགས་པའམ་མིང་ཙམ་ལས་དོན་གྲུབ་པ་མེད་དོ། །"② ཞེས་གསུངས་པ་བཞིན་ནོ། །

(༧) ཤིང་རྟའི་ཡན་ལག་རྣམས་ཀྱི་དབྱིབས་རང་བཞིན་གྱིས་ཤིང་རྟ་ཡིན་པ་འགོག་ཚུལ།

དེ་འདྲ་བརྗོད་ན་ཤིང་རྟའི་ཡན་ལག་སོ་སོ་བའི་དབྱིབས་ཤིང་རྟ་ཡིན་ནམ། ཡང་ན་ཤིང་རྟའི་ཡན་ལག་རྣམས་ཚོགས་པའི་དབྱིབས་ཤིང་རྟ་ཡིན་པ་བརྗོད་དམ། གལ་ཏེ་ཤིང་རྟའི་ཡན་ལག་སོ་སོ་བའི་དབྱིབས་ཤིང་རྟ་ཡིན་པར་འདོད་ན། ཤིང་རྟའི་འཕང་ལོ་དང་། གཟེར་བུ། སྲོག་ཤིང་སོགས་རེ་རེའི་དབྱིབས་ཀྱང་ཤིང་རྟ་ཡིན་པར་ཐལ་ལ། དེ་དག་སྔར་མ་བསྒྲིགས་པའི་སྐབས་ནས་ཤིང་རྟ་ཡིན་པར་ཐལ་བའི་སྐྱོན་ཡོད་དེ། དཔེར་ན། དེང་གི་རླང་འཁོར་ལྟ་བུར་མཚོན་ན། དེའི་གཙུས་གཟེར་དང་འཁོར་ལོ་སོགས་ཀྱང་རླང་འཁོར་གྱི་དབྱིབས་སུ་མ་བསྒྲིགས་པའི་སྔ་རོལ་ནས་དེ་དག་

①སློབ་དཔོན་ཟླ་བ་གྲགས་པ། དབུ་མ་འཇུག་པའི་རང་འགྲེལ། སེར་གཙུག་ནང་བསྟན་དཔེ་རྙིང་འཚོལ་བསྡུ་ཕྱོགས་སྒྲིག་ཁང་། གངས་ཅན་ཁྲིད་ནོར་དཔེ་ཚོགས་པོད་བརྒྱད་དང་ང་དྲུག ཤ༢༤༨

②སློབ་དཔོན་ཞི་བ་ལྷ་དང་རྗོགས་ཆེན་མཁན་པོ་ཀུན་བཟང་དཔལ་ལྡན། བྱང་ཆུབ་སེམས་པའི་སྤྱོད་པ་ལ་འཇུག་པ་རྩ་བ་དང་འགྲེལ་པ། སི་ཁྲོན་མི་རིགས་དཔེ་སྐྲུན་ཁང་། ༡༩༩༠ལོའི་ཟླ་༩པ། ཤ༥༧༥

རེ་རེ་ཀྲང་འཁོར་རེ་རེ་ཡིན་ཟེར་བ་ལྟ་བུར་གྱུར་པས་དེ་འདྲ་ཅི་ལ་འཐད། འགོག་ཚུལ་དེ་ལ་འཇུག་པ་ལས། "ཁྱོད་དབྱིབས་ཡན་ལག་རེ་རེ་སྟེར་ཡོད་གྱུར། །ཇི་བཞིན་ཤིང་རྟར་གཏོགས་ལའང་དེ་བཞིན་ན། །བྱེ་བར་གྱུར་པ་དེ་དག་ལ་ཇི་ལྟར། །ད་ལྟ་ཡང་ནི་ཤིང་རྟ་ཡོད་མ་ཡིན། །"①ཞེས་གསུངས་སོ། །ཤིང་རྟའི་ཡན་ལག་རྣམས་ཚོགས་པའི་དབྱིབས་ཤིང་རྟ་ཡིན་ཞེ་ན། འཇུག་པར། "གང་ཕྱིར་ཁྱོད་ཀྱི་ཚོགས་པ་ཙང་མེད་པས། །དབྱིབས་དེ་ཡན་ལག་ཚོགས་ཀྱི་མ་ཡིན་ན། །གང་ཞིག་ཅི་ཡང་མ་ཡིན་དེ་བརྟེན་ནས། །འདིར་ནི་དབྱིབས་སུ་ལྟ་ཞིག་ཇི་ལྟར་འགྱུར། །ཞེས་དང་འགྲེལ་པར། གལ་ཏེ་ཚོགས་པ་ཞེས་བྱ་བ་དང་དངོས་པོ་ཅུང་ཟད་ཅིག་ཡོད་ན་ནི་དེའི་བརྟེན་ཅན་དབྱིབས་སུ་གདགས་པར་འགྱུར་ན། ཡན་ལག་ཚོགས་པ་ཞེས་བྱ་བ་ནི་ཅུང་ཟད་ཀྱང་ཡོད་པ་མ་ཡིན་ནོ། །གང་ཞིག་ཅུང་ཟད་ཀྱང་ཡོད་པ་མ་ཡིན་པ་དེའི་རྟེན་ཅན་གྱི་དབྱིབས་སུ་གདགས་པར་ཡང་ཇི་ལྟར་འགྱུར་ཏེ་བཏགས་པ་ནི་རྫས་ཀྱི་རྟེན་ཅན་ཁོ་ནར་ཁས་བླངས་པའི་ཕྱིར་རོ། །"②ཞེས་གསུངས་པ་ལྟར། ཤིང་རྟའི་ཡན་ལག་རྣམས་ཚོགས་པའི་ཚོགས་པ་ཞེས་པ་རྫས་གྲུབ་ཏུ་འཛོག་རྒྱུ་མེད་པ་ཞིག་ལ། དེ་ལ་དབྱིབས་ཙམ་དོན་དུ་མ་གྲུབ་པས། ཤིང་རྟ་ཞེས་པའི་ཐ་སྙད་ཀྱང་འཇུག་མི་བཏུབ་པ་ཡིན་ཞིང་། རང་ལུགས་ལ་ཚོགས་པའི་དབྱིབས་ཤིང་རྟའི་གདགས་གཞི་ཙམ་ཡིན་ནོ། །འཇུག་པ་ལས། "གང་ཕྱིར་ཡན་ལག་ཅན་མེད་ཡན་ལག་དག །

①སློབ་དཔོན་ཟླ་བ་གྲགས་པ། དབུ་མ་འཇུག་པའི་རང་འགྲེལ། སེར་གཙུག་ནང་བསྟན་དཔེ་སྙིང་འཚོལ་བསྡུ་ཕྱོགས་སྒྲིག་ཁང་། གངས་ཅན་ཁྱད་ནོར་དཔེ་ཚོགས་པོད་ཕྲེང་བརྒྱ་དང་ང་དྲུག ཤ༢༨༥

②སློབ་དཔོན་ཟླ་བ་གྲགས་པ། དབུ་མ་འཇུག་པའི་རང་འགྲེལ། སེར་གཙུག་ནང་བསྟན་དཔེ་སྙིང་འཚོལ་བསྡུ་ཕྱོགས་སྒྲིག་ཁང་ནས་བསྒྲིགས། གངས་ཅན་ཁྱད་ནོར་དཔེ་ཚོགས་པོད་ཕྲེང་བརྒྱ་དང་ང་དྲུག ཤ༢༨༧

མེད་པས་དབྱིབས་ཙམ་ཤིང་རྟར་རིགས་པའང་མིན། །”① ཞེས་གསུངས་པ་ལྟར། ཡན་ལག་ཅན་དང་ཡན་ལག་གི་དབང་དུ་བྱས་ན། ཤིང་རྟའི་ཡན་ལག་མེད་པར་ཐལ། ཡན་ལག་ཅན་ཤིང་རྟ་འཇོག་ཏུ་མེད་པའི་ཕྱིར། ཡན་ལག་ཅན་མེད་པར་ཡན་ལག་གྲུབ་པ་མེད་པས། ཤིང་རྟའི་ཡན་ལག་གི་ཚོགས་པ་ལ་ཡན་ལག་ཅན་དུ་བརྗོད་དུ་མེད་ན་ཤིང་རྟའི་ཡན་ལག་ཚོགས་པའི་དབྱིབས་ཀྱང་དེ་བཞིན་ཡིན། དོན་དུ་ཡན་ལག་རྣམས་འདུས་པའི་གདགས་གཞི་ཡོད་ལ། ཡན་ལག་རེ་རེ་ཡང་ཡོད། ཡན་ལག་རེ་རེ་ཚོགས་པའི་དབྱིབས་ཙམ་ནི་ཤིང་རྟའི་གདགས་གཞི་ཡིན་ལ། ཐ་སྙད་ཀྱི་དབང་དུ་ཤིང་རྟའི་གདགས་གཞི་ལ་ཤིང་རྟ་ཞེས་སྦྱར་བས། དེའི་དབང་གིས་སྲོག་ཤིང་དང་། གཟེར་བུ་སོགས་ཀྱང་ཤིང་རྟའི་ཡན་ལག་ཏུ་བྱེད་པ་ཡིན། མཁས་གྲུབ་དགེ་འདུན་བསྟན་པ་དར་རྒྱས་ཀྱིས། “ཤིང་རྟ་དང་ཤིང་རྟའི་ཡན་ལག་གི་ཐ་སྙད་མི་ཤེས་པའི་གང་ཟག་གིས་ཡན་ལག་དེ་དག་ཤིང་རྟའི་ཡན་ལག་ཏུ་མི་འཛིན་པའི་ཕྱིར།”② ཞེས་གསུངས་པ་བཞིན་ནོ། །

རྣམ་བདུན་གྱི་རིགས་པ་འདི་ཉིད་ཕུང་པོ་བདག་འགོག་གི་རིགས་པའི་དཔེ་རུ་བྱས་པ་ཙམ་ལས། ཤིང་རྟའི་ཡན་ལག་རྣམས་ཚོགས་པ་ལ་ཤིང་རྟར་བཏགས་པ་བཞིན་དུ། བུམ་པ་དང་ཀ་བ་ལ་སོགས་པའི་ཆོས་ཐམས་ཅད་བློས་བཏགས་པ་ཙམ་

---

①སློབ་དཔོན་ཟླ་བ་གྲགས་པས་མཛད་པའི་དབུ་མ་འཇུག་པའི་རང་འགྲེལ། སེར་གཙུག་ནང་བསྟན་དཔེ་རྙིང་འཚོལ་བསྡུ་ཕྱོགས་སྒྲིག་ཁང་། གངས་ཅན་ཁྲིད་ནོར་དཔེ་ཚོགས་པོད་ཕྲེང་བརྒྱད་དང་ང་དྲུག ཤ༢༨༩

②མཁས་གྲུབ་དགེ་འདུན་བསྟན་པ་དར་རྒྱས། བསྟན་བཅོས་ཆེན་པོ་དབུ་མ་འཇུག་པའི་སྤྱི་དོན་རྣམ་བཤད་དགོངས་པ་རབ་གསལ་གྱི་དགོངས་པ་གསལ་བར་བྱེད་པའི་བློ་གསལ་སྒྲོན་མེ། སེར་གཙུག་ནང་བསྟན་དཔེ་རྙིང་འཚོལ་བསྡུ་ཕྱོགས་སྒྲིག་ཁང་། པོད་ཕྲེང་ཉིས་བརྒྱ་གོ་བཞི། ཤ༩༧༥

ཡིན་པ་ལས། དེ་དག་རང་གི་ཡན་ལག་རྣམས་དང་རང་བཞིན་གཅིག་དང་ཐ་དད་གང་དུ་ཡང་མེད་པ་ཤེས་པར་བྱ་སྟེ། འཇུག་པ་ལས། "བུམ་པ་སྣམ་བུ་རེ་ལྡེ་དམག་དང་ནགས་ཚལ་ཕྲེང་བ་ལྗོན་ཤིང་དང་། །ཁང་ཁྱིམ་ཤིང་རྟ་ཕྲན་དང་འགྲོན་གནས་ལ་སོགས་དངོས་རྣམས་གང་དག་དང་། །ཡོན་ཏན་ཡན་ལག་འདོད་ཆགས་མཚན་ཉིད་དང་ནེ་བུད་ཤིང་ལ་སོགས་དང་། །ཡོན་ཏན་ཅན་ཡན་ལག་ཅན་ཆགས་དང་མཚན་གཞི་མེ་ལ་སོགས་དོན་དག །དེ་རྣམས་ཤིང་རྟའི་རྣམ་དཔྱད་བྱས་པས་རྣམ་བདུན་ཡོད་པ་མ་ཡིན་ཞིང་། །དེ་ལས་གཞན་དུ་གྱུར་པར་འཇིག་རྟེན་གྲགས་པའི་སྒོ་ནས་ཡོད་པ་ཡིན། །"①ཞེས་གསུངས་པ་བཞིན་ནོ། །

༤ རྣམ་བདུན་ལས་འཕྲོས་ཏེ་གཅིག་དུ་བྲལ་གྱི་རིགས་པ་ཅུང་ཟད་འཆད་པ།

གོང་དུ་བཤད་པའི་ཤིང་རྟ་དང་ཤིང་རྟའི་ཡན་ལག་རྣམས་རང་བཞིན་གྱིས་གཅིག་མ་ཡིན་པར་བརྗོད་པའི་སྐབས་ལ། རང་བཞིན་གྱིས་གཅིག་ཡིན་ན་ཤིང་རྟ་ལ་སྒྲིག་ཤིང་དང་། འཕང་ལོ། གཟེར་བུ་སོགས་ཡན་ལག་དུ་མ་ཡོད་པ་དེ་དག་ཤིང་རྟ་དང་དབྱེར་མེད་ངོ་བོ་གཅིག་ཡིན་ཞེས་པའི་དོན་དུ་འགྱུར་བས་ཤིང་རྟ་ཡང་དུ་མར་འགྱུར་བ་དང་། ཡང་ཤིང་རྟ་གཅིག་ཡིན་པ་བཞིན་དུ་དེ་དང་གཅིག་ཡིན་པའི་ཡན་ལག་རྣམས་ཀྱང་གཅིག་ཏུ་འགྱུར་བ་སོགས་ཀྱི་སྐྱོན་ཡོད་པ་འཆད་ཟིན་ལ། དེ་བཞིན་དུ་ཤིང་རྟ་ཡན་ལག་རྣམས་དང་རང་བཞིན་གྱིས་ཐ་དད་མ་ཡིན་ཏེ། ཐ་དད་ཡིན་ན་

---

①སློབ་དཔོན་ཟླ་བ་གྲགས་པ། དབུ་མ་འཇུག་པའི་རང་འགྲེལ། སེར་གཙུག་ནང་བསྟན་དཔེ་སྐྲུན་འཚོལ་བསྡུ་ཕྱོགས་སྒྲིག་ཁང་། བོད་ཕྲེང་བརྒྱ་དང་ང་དྲུག ཤ༡༨༠

ངོ་བོ་ཐ་དད་ཡིན་དགོས་ཤིང་། ངོ་བོ་ཐ་དད་དུས་མཉམ་ཡིན་ན་རྟ་དང་བ་གླང་བཞིན་དུ་འབྲེལ་མེད་དོན་གཞན་དུ་འགྱུར་བ་སོགས་སྐྱོན་ཡོད་རིགས་སྐོར་གང་ཞུས་གོ་བདེར་འཆད་ཟིན་ཏོ། །

དེས་ན། ཤིང་རྟ་དཔེ་རུ་བྱས་པའི་ཕུང་པོ་དང་བདག་གཉིས་རང་བཞིན་གྱིས་གཅིག་དང་ཐ་དད་གང་དུ་མེད་པ་ཡིན། གདགས་གཞི་ཕུང་པོ་དང་བཏགས་ཆོས་བདག་གཉིས་རང་བཞིན་གྱིས་གཅིག་ཏུ་མེད་པ་གང་ཞིག ཐ་དད་དུ་གཉིས་སམ་དུ་མའི་དབང་དུ་བྱས་ནས་མེད་པ་གྲུབ་པར་བྱེད་པའི་རིགས་པ་འདི་ལ་གཅིག་དུ་བྲལ་གྱི་རིགས་པ་ཞེས་སོ། །རིགས་པ་དེ་ནི་ཤིན་ཏུ་གལ་ཆེན་པོ་ཡིན་པ་སྟེ། ཕུང་པོ་བདག་འགོག་གི་སྐབས་སུ་ཡང་བདག་ཕུང་གཉིས་རང་བཞིན་གྱིས་གཅིག་དང་ཐ་དད་གང་ཡང་མེད་པ་ཁེགས་པའི་གནད་དེ་གྲོལ་བ་ལས་རིམ་བཞིན་དེ་གཉིས་རྟེན་བརྟེན་པ་མིན་པ་དང་། དེ་དེ་ལ་ལྡན་པ་མིན་པ་སོགས་ཀྱི་རིགས་པ་རྣམས་གཏོང་བ་ཡིན་ནོ། །

"རྩ་ཤེས་ཊཱིཀ་ཆེན་ལས། དེ་ལྟར་བདག་རང་གི་ངོ་བོས་གྲུབ་ན་བདག་དང་ཕུང་པོ་གཉིས་རང་གི་མཚན་ཉིད་ཀྱིས་གྲུབ་པའི་གཅིག་དང་ཐ་དད་གང་རུང་དུ་གྲུབ་དགོས་པ་དང་། དེ་གཉིས་ཀ་ལ་ཡང་རིགས་པས་གནོད་པར་མཐོང་བ་ན་བདག་ནི་རང་གི་ངོ་བོས་གྲུབ་པ་ཙུང་ཟད་ཀྱང་མེད་དོ་སྙམ་དུ་ངེས་པ་རྙེད་པ་ནི་འཇིག་ལྟ་ལྷན་སྐྱེས་ཀྱི་ངར་འཛིན་པའི་ཡུལ་རང་བཞིན་མེད་པར་རྟོགས་པའི་ལྟ་བ་རྙེད་པ་ཡིན་ནོ། །ཞེས་དང་། ལམ་རིམ་ཆེན་མོ་ལས། གཅིག་པ་དང་ཐ་དད་པའི་ཕྱོགས་འདི་གཉིས་ལ་གནོད་བྱེད་ཀྱི་ངེས་པ་རྣམ་དག་མ་འདྲོངས་ན་གང་ཟག་རང་བཞིན་མེད་

པར་ཐག་བཅད་ཀྱང་དམ་བཅའ་ཙམ་དུ་འགྲོ་བ་ལས་ལྷ་བ་རྣམ་དག་མི་རྙེད་པའི་ཕྱིར། །”①ཞེས་སོགས་གསུངས་པ་ལས་རིགས་པ་འདི་ཉིད་ཀྱི་གནད་འགག་གསལ་ནུས་ལ། གཅིག་དུ་བྲལ་གྱི་རིགས་པ་ནི་ཆོས་ཐམས་ཅད་ཀྱི་ངོ་བོ་ལ་དཔྱོད་པར་རལ་གྲིའི་སོ་བཞིན་ཤིན་ཏུ་རྣོ་བ་མ་ཟད་གང་ཟག་དང་ཆོས་བདག་གཉིས་ཀ་འགོག་པའི་རིགས་པ་ལ་སྤྱད་ཆོག་པ་ཡང་ཡིན་ཞིང་། དེ་ལ་ལང་ཀར་གཤེགས་པའི་མདོ་ལས། གཅིག་དང་གཞན་ཉིད་སྤངས་པ་ཡི། །གཟུགས་ནི་ཇི་ལྟར་མེ་ལོང་ལ། །སྣང་ཡང་དོན་ཡོད་མ་ཡིན་ནོ། །ཞེས་ཁུངས་གཏུགས་ས་གསལ་བར་ཡོད་ལ། སློབ་དཔོན་འཕགས་པ་ལྷས། “དངོས་པོ་གང་ལ་རྣམ་བརྟགས་ནི། །དེ་དང་དེ་ལ་གཅིག་ཉིད་མེད། །གང་ལ་གཅིག་པ་ཡོད་མིན་པ། །དེ་ལ་དུ་མའང་ཡོད་མ་ཡིན། །”②ཞེས་གསུངས་ཡོད་པ་དང་། དེ་བཞིན་དུ་དབུ་མ་རྒྱན་དང་ཚད་མ་རྣམ་འགྲེལ་སོགས་ལས་ཀྱང་མང་དུ་གསུངས་པ་རྣམས་སྐབས་འདིར་མདོ་དང་བསྟན་བཅོས་ལས་ལུང་གི་ཚུལ་དུ་དྲངས་ནས་ཞུས་ན་འཚམ་མོད། རང་གི་ནུས་པས་མ་ལྡོགས་པས་རེ་ཞིག་འདི་ཙམ་གྱིས་འཐུས་པར་བྱའོ། །མདོར་ན། ཆོས་ཐམས་ཅད་རང་བཞིན་གྱིས་གྲུབ་པའི་གཅིག་དང་ཐ་དད་གང་དུ་ཡང་མེད་པར་རྟོགས་པར་བྱས་ཏེ་སྟོང་པ་ཉིད་ཀྱི་དོན་འཚོལ་བ་ནི་ཤིན་ཏུ་གལ་ཆེན་པོ་ཡིན་པར་ལམ་རིམ་ཆེན་མོ་སོགས་ལས་གསུངས་སོ། །

---

①གོང་དུ་དྲངས་པའི་ལུང་གཉིས་པོ་ནི་རྗེ་བཙུན་བློ་བཟང་ནོར་བུའི་གྲུབ་ཐར་ལུང་དུ་དྲངས་ཡོད་པ་ལས་བཏུས། ཤ༣༨༩ལ་གསལ།

②སློབ་དཔོན་ཟླ་བ་གྲགས་པ། བྱང་ཆུབ་སེམས་དཔའི་རྣལ་འབྱོར་སྤྱོད་པ་བཞི་བརྒྱ་པའི་རྒྱ་ཆེར་འགྲེལ་པ། སེར་གཙུག་ནང་བསྟན་དཔེ་རྙིང་འཚོལ་བསྡུ་ཕྱོགས་སྒྲིག་ཁང་། གངས་ཅན་ཁྲིད་ནོར་དཔེ་ཚོགས་བོད་ཕྲེང་ཉེར་གསུམ་པ། ཤ༥༧༤དང་༥༧༥

༥ རྣམ་བདུན་གྱི་རིགས་པ་ལས་འཕྲོས་ཏེ་བདག་གི་བ་ཡང་ཁེགས་འགྲོ་བའི་སྐོར་རྒྱུད་ཟད་འཆད་པ།

གོང་དུ་ཤིང་རྟ་ལ་བརྟག་པ་རྣམ་བདུན་བྱས་པའི་རིགས་པའི་ཐོག་ནས་ཕུང་པོ་བདག་ཏུ་འཛིན་པ་བཀག་པ་ཡིན་ལ། མདོར་ན་བདག་དང་ཕུང་པོ་གཉིས་རང་གི་མཚན་ཉིད་ཀྱིས་གྲུབ་པའི་གཅིག་དང་ཐ་དད་གང་དུ་ཡང་མེད་པས། བདག་རང་གི་ངོ་བོས་མ་གྲུབ་པར་གསལ། འོ་ན་བདག་དེ་རང་གི་ངོ་བོས་གྲུབ་པ་མེད་ཱཟེར་ན་ང་ཞེས་པ་གཏན་ནས་མེད་ཟེར་བ་ཡིན་ནམ་ཞེ་ན། དེ་མ་ཡིན་ཏེ། ང་ཡོད་ཀྱང་ངར་འཛིན་ལྷན་སྐྱེས་ཀྱི་བཟུང་བ་ལྟར་གྱི་ང་རང་བཞིན་དུ་གྲུབ་པ་མེད་པ་ཡིན། དོན་རྗོག་ཏུ་སྨྲས་ན། ང་ཡོད་ཀྱང་རང་བཞིན་གྲུབ་པའི་ང་མེད། རང་བཞིན་གྱིས་གྲུབ་པའི་ང་མེད་ཀྱང་སྤྱིར་ང་མེད་པ་མ་ཡིན། དེ་བཞིན་དུ་རིགས་པ་དེ་ནི་གཟུགས་ནས་རྣམ་མཁྱེན་བར་གྱི་ཆོས་ཐམས་ཅད་ལ་སྦྱོར་ཆོག་པ་ཡིན། དཔེར་ན། བུམ་པ་ཡོད་ཀྱང་རང་བཞིན་གྱིས་གྲུབ་པའི་བུམ་པ་མེད་པ་བཞིན་ནོ། །

རྣམ་བདུན་གྱི་རིགས་པས་བདག་རྣམ་པ་བདུན་དུ་ཇི་ལྟར་བརྟགས་ཀྱང་རང་བཞིན་གྱིས་གྲུབ་པ་ཁེགས་པ་ན། བདག་གི་བ་ཡང་རང་བཞིན་གྱིས་གྲུབ་པ་ཁེགས་འགྲོ་བ་ཡིན་ཏེ། བདག་ཕུང་གཉིས་གཅིག་དང་ཐ་དད་དུ་མེད་པའི་རིགས་པ་གཞིར་བྱས་ཏེ། རྩ་ཤེ་ལས། "གལ་ཏེ་ཕུང་པོ་བདག་ཡིན་ན། །སྐྱེ་དང་འཇིག་པ་ཅན་དུ་འགྱུར། །གལ་ཏེ་ཕུང་པོ་རྣམས་ལས་གཞན། །ཕུང་པོའི་མཚན་ཉིད་མེད་པར་འགྱུར། །བདག་ཉིད་ཡོད་པ་མ་ཡིན་ན། །བདག་གི་ཡོད་པར་ག་ལ་འགྱུར། །

བདག་དང་བདག་གི་ཞི་བའི་ཕྱིར། །ངར་འཛིན་ང་ཡིར་འཛིན་མེད་འགྱུར། །[1]

ཞེས་གསུངས་པ་ལྟར་བདག་ཁེགས་པ་ན་བདག་གིར་འཛིན་པ་ཡང་ཁེགས་འགྲོ་བ་ཡིན་ཏེ། བདག་གི་བ་ཞེས་པ་ནི་གོ་བདེར་ཞུས་ན་དུང་དཀར་རིན་པོ་ཆེས། "ང་ཡི་བ་ཟེར་བ་ནི། འདི་ངའི་ཡིན། འདི་ཡང་ངའི་ཡིན་སྙམ་པ་ལྟ་བུའམ་འདི་ཁོའི་མ་རེད་ངའི་ཡིན་སྙམ་པའི་བསམ་བློ་དེ་ལ་ཟེར། དེར་བརྟེན་ང་ཡི་བ་ཟེར་བ་དེ་ཡང་དེ་རིང་གི་ཙ་ལག་དེ་སོ་སོས་བདག་པོ་བརྒྱབ་སོང་ན་སོ་སོའི་རེད། སང་ཉིན་མི་གཞན་གྱིས་བདག་པོ་བརྒྱབ་སོང་ན་སང་ཉིན་ཁོའི་རེད། གང་ལྟར་སོ་སོ་རང་གི་ཡིན་བསམ་པའི་བསམ་བློ་དེ་མ་བཞག་པར་དུ་སོ་སོའི་ཡིན་པ་དང་སོ་སོའི་ཡིན་བསམ་པའི་བསམ་བློ་དེ་དཔྱུགས་ཚར་ན་སོ་སོའི་མིན་པས་དངོས་པོ་དེ་རང་རང་གི་ཡིན་དང་མིན་དེ་རང་གིས་དེ་ལ་སོ་སོའི་ཡིན་བསམ་པའི་ངོས་འཛིན་བྱེད་མིན་ལ་རག་ལུས་པ་ལས་དངོས་པོ་དེ་རང་གི་ཐོག་ནས་རང་གི་རེད་ཟེར་བ་ཞིག་མེད་"[2] ཅེས་སོགས་གསལ་བར་གསུངས་པ་ལྟར་དང་། དེའི་མཚན་གཞི་ལ་མིག་དང་རྣ། སྣ་སོགས་བྱེད་པ་ཡིན་ཏེ། བློའི་ཞེན་པར་ངའི་མིག་དང་ངའི་སྣ་ཞེས་པ་ཤུགས་ཆེར་ཡོད་པ་དེའི་དབང་གིས་ཡིན་ཞིང་། ཆོས་བདག་གིར་འཛིན་པའི་མཚན་གཞི་ལའང་མིག་དང་སྣ་སོགས་བྱེད་པ་ནི་གཞི་གང་ཟག་མ་ཡིན་པའི་སྟེང་དུ་བདེན་གྲུབ་མེད་པ་གསལ་བའི་ཕྱིར་ཡིན་པའོ། །

---

①དཔལ་མགོན་འཕགས་པ་ཀླུ་སྒྲུབ་དང་ཀུན་མཁྱེན་གོ་རམས་པ་བསོད་ནམས་སེང་གེ། དབུ་མ་རྩ་བ་ཤེས་རབ་ཀྱི་རྩ་འགྲེལ། སི་ཁྲོན་མི་རིགས་དཔེ་སྐྲུན་ཁང་། ༢༠༠༨ལོའི་ཟླ་བདུན་པར་དཔར་ཐེངས་གཉིས་པ། ཤ༢༠

②དུང་དཀར་བློ་བཟང་འཕྲིན་ལས་ཀྱི་གསུང་འབུམ། གྲུབ་མཐའི་སྐོར་གྱི་རྣམ་བཤད། མི་རིགས་དཔེ་སྐྲུན་ཁང་། ༢༠༠༧ལོའི་ཟླ་༡༠པར་དཔར་ཐེངས་གཉིས་པ། ཤ༤༡༧

བྱང་ཆུབ་ལམ་རིམ་ཆེན་མོའི་ནང་དུ། "ཚིག་གསལ་ལས། བརྟེན་ནས་བཏགས་པའི་མ་རིག་པའི་ཕྱིན་ཅི་ལོག་དང་ལྡན་པ་རྣམས་བདག་ཏུ་མངོན་པར་ཞེན་པའི་གཞིར་གྱུར་པ་ཕུང་པོ་ལྔ་པོ་འདི་དག་གང་གིས་ཉེ་བར་ལེན་པ་ཉིད་དུ་སྣང་བ་འདི་ཅི། ཕུང་པོའི་མཚན་ཉིད་ཡོད་པ་ཞིག་གམ་འོན་ཏེ་ཕུང་པོའི་མཚན་ཉིད་མེད་པ་ཞིག་ཅེས་ཐར་པ་འདོད་པ་རྣམས་ཀྱིས་རྣམ་པར་དཔྱོད་པ་ཡིན་ནོ། །རྣམ་པ་ཐམས་ཅད་དུ་དཔྱད་པ་ན་ཐར་པ་འདོད་པ་རྣམས་ཀྱིས་མ་དམིགས་པ་དེའི་ཕྱིར་དེ་རྣམས་ལ། བདག་ཉིད་ཡོད་པ་མ་ཡིན་ན། །བདག་གི་ཡོད་པར་ག་ལ་འགྱུར། །བདག་མ་དམིགས་པའི་ཕྱིར་བདག་གི་བའང་ཤིན་ཏུ་ཆེས་དམིགས་པར་མི་འགྱུར་རོ། །ཇི་ལྟར་ཤིང་རྟ་ཚིག་ན་དེའི་ཡན་ལག་དག་ཀྱང་ཚིག་པས་མ་དམིགས་པ་དེ་བཞིན་དུ། རྣལ་འབྱོར་པ་དག་གིས་གང་གི་ཚེ་བདག་མེད་པར་རྟོགས་པ་དེ་ཉིད་ཀྱི་ཚེ་ཕུང་པོའི་དངོས་པོ་བདག་གི་བའང་མེད་པར་རྟོགས་པར་འགྱུར་རོ་ཞེས་བདག་ལ་རང་བཞིན་མེད་པར་རྟོགས་པར་གསུངས་སོ། །འཇུག་འགྲེལ་ལས་ཀྱང་། གཟུགས་ལ་སོགས་པའི་རང་གི་ངོ་བོ་ལ་དམིགས་པས་ཕྱིན་ཅི་ལོག་ཏུ་གྱུར་པའི་ཕྱིར་གང་ཟག་གི་བདག་མེད་པ་རྟོགས་པར་ཡང་མི་འགྱུར་ཏེ། བདག་ཏུ་གདགས་པའི་གཞི་ཕུང་པོ་ལ་དམིགས་པའི་ཕྱིར་རོ། །ཇི་སྐད་དུ། ཇི་སྲིད་ཕུང་པོར་འཛིན་ཡོད་པ། །དེ་སྲིད་དེ་ལ་ངར་འཛིན་ཡོད། །ཅེས་ཕུང་པོ་རང་བཞིན་མེད་པར་མ་རྟོགས་ན་གང་ཟག་གི་བདག་མེད་མི་རྟོགས་པར་གསུངས་པའི་ཕྱིར་རོ། །"① ཞེས་སོགས་གསུངས་ལ། འཇུག་འགྲེལ་དུ།

---

①རྗེ་ཙོང་ཁ་པ་བློ་བཟང་གྲགས་པ། བྱང་ཆུབ་ལམ་རིམ་ཆེན་མོ། སེར་གཙུག་ནང་བསྟན་དཔེ་སྐྲིང་འཚོལ་བསྒྲུ་ཁྱབ་སྒྲིག་ཁང་། གང་ཅན་ཁྱད་ནོར་དཔེ་ཚོགས། བོད་ཕྲེང་གོ་གཉིས་པ། ཤོག ༥༧༨ནས་༥༧༧

“ཇི་ལྟར་ཐ་མཁན་མེད་པར་བུམ་པ་ཡང་མི་སྲིད་པ་དེ་བཞིན་དུ་བདག་མེད་པར་བདག་གི་བ་ཡང་མ་ཡིན་ནོ། །དེའི་ཕྱིར་བདག་དང་བདག་གི་ཉེ་བར་མ་དམིགས་པས་འཁོར་བ་མ་གཟིགས་པ་ན་རྣལ་འབྱོར་པ་གྲོལ་བར་འགྱུར་རོ། །”① ཞེས་གསུངས་པ་ལྟར། ཕུང་པོ་རང་བཞིན་དུ་མེད་པ་རྟོགས་ནས་གང་ཟག་གི་བདག་ཀྱང་རང་བཞིན་དུ་མེད་པ་རྟོགས་ལ། དེ་བཞིན་དུ་ང་དང་ང་ཡི་བར་འཛིན་པ་ཡང་རང་བཞིན་དུ་མེད་པ་རྟོགས་ཐུབ་པ་ཡིན་ནོ། །

①སློབ་དཔོན་ཟླ་བ་གྲགས་པ། དབུ་མ་འཇུག་པའི་རང་འགྲེལ། སེར་གཙུག་ནང་བསྟན་དཔེ་སྐྲིང་འཚོལ་བསྡུ་ཕྱོགས་སྒྲིག་ཁང་། གངས་ཅན་ཁྱད་ནོར་དཔེ་ཚོགས་པོད་ཕྲེང་བརྒྱ་དང་ང་དྲུག ༡༢༧༨

ས་བཅད་བཞི་པ། ཆོས་ཀྱི་བདག་མེད་འདོད་ཚུལ་སྐོར།

དང་པོ། དབུ་སེམས་གཉིས་ཀྱིས་ཆོས་ཀྱི་བདག་མེད་འདོད་ཚུལ་བཤད་པ།

༡ སེམས་ཙམ་པས་ཆོས་ཀྱི་བདག་མེད་ཇི་ལྟར་འདོད་ཚུལ།

སེམས་ཙམ་པའི་ལུགས་ལ་ཤེས་བྱར་དབྱེ་ན་དོན་དམ་བདེན་པ་དང་། ཀུན་རྫོབ་བདེན་པ་གཉིས་སུ་འབྱེད་ཅིང་། དོན་དམ་བདེན་པ་དང་། ཆོས་དབྱིངས་དང་། ཆོས་ཉིད། གནས་ལུགས་མཐར་ཐུག་རྣམས་དོན་གཅིག་ཏུ་ངོས་བཟུང་བ་ཡིན་ལ། དོན་དམ་བདེན་པ་ལ་དབྱེ་ན། གང་ཟག་གི་བདག་མེད་ཕྲ་མོ་དང་། ཆོས་ཀྱི་བདག་མེད་ཕྲ་མོ་གཉིས་སུ་འབྱེད་པ་ཡིན། གོང་ཞུས་ནི་སེ་ར་རྗེ་བཙུན་ཆོས་ཀྱི་རྒྱལ་མཚན་གྱིས་གསུང་བཞིན་ལགས་ཤིང་། དེའི་ཐད་ལ་རྒྱལ་བ་དགེ་འདུན་རྒྱ་མཚོའི་གྲུབ་མཐའ་རྒྱ་མཚོར་འཇུག་པའི་གྲུ་རྫིངས་སུ། “ཀུན་རྫོབ་བདེན་པས་གྲུབ་པའི་ཆོས་ཐམས་ཅད་ཀུན་བཏགས་དང་གཞན་དབང་གཉིས་སུ་འདུས་ཤིང་། དོན་དམ་བདེན་པ་དང་ཡོངས་གྲུབ་དོན་གཅིག་ཏུ་འདོད་ལ། ཆོས་ཀྱི་བདག་མེད་ཡོངས་

གྲུབ་ཀྱི་མཚན་ཉིད་པ་དང་། གང་ཟག་གི་བདག་མེད་ཀུན་བཏགས་ཡིན་པར་འདོད་དོ། །”①ཞེས་ཀྱང་གསུངས་སོ། །དེ་མིན་དུང་དཀར་རིན་པོ་ཆེས། “སེམས་ཙམ་པ་ཡིས་བདག་མེད་ལ་བདག་མེད་རགས་པ་དང་། བདག་མེད་ཕྲ་མོ་གཉིས་སུ་ཕྱེ་ཡོད། བདག་མེད་རགས་པ་ནི་གང་ཟག་གི་བདག་མེད་ལ་ཟེར་བ་དང་། བདག་མེད་ཕྲ་མོ་ནི་ཆོས་ཀྱི་བདག་མེད་ལ་ཟེར་”②ཞེས་གསུངས་ཡོད། འོན་ཏེ་འདི་ནི་མཁས་དབང་གིས་འཆད་ཁྲིད་གནང་དུས་ཀྱི་བཀའ་མོལ་སྒྲ་ཕབ་ལས་བཤུ་འབྲི་བྱས་པ་ཞིག་ཡིན་པས་ན། དགོངས་གཞི་ངེས་ཅན་ཞིག་ལ་བསྟོས་པ་ཡིན་ངེས་པས། མཐའ་གཅིག་ཏུ་དེ་ལྟར་འདོད་ན། སེམས་ཙམ་པས་གང་ཟག་གི་བདག་མེད་དང་ཆོས་ཀྱི་བདག་མེད་སོ་སོར་ཕྲ་རགས་ཀྱི་དབྱེ་བ་མེད་པར་ཐལ་བ་སོགས་སྐྱོན་དུ་འགྱུར་སྲིད་པས། དོན་གཉེར་མཁན་གྱིས་དཔྱོད་པར་མཛོད།

ལུགས་འདིས་ཆོས་ཀྱི་བདག་མེད་རགས་པ་ནི་རྫུལ་ཕྲན་ཆ་མེད་བསགས་པའི་ཕྱི་རོལ་དོན་གྱིས་སྟོང་པ་སྟེ། ཕྱི་རོལ་གྱི་དོན་མེད་པ་ཆོས་ཀྱི་བདག་མེད་རགས་པར་བཞེད་པ་ཡིན། ཆོས་ཀྱི་བདག་མེད་ཕྲ་མོ་གཉིས་ཀ་ལ་སྟོང་གཞིའི་སྒོ་ནས་སྟོང་ཉིད་ཉི་ཤུ་དང་། དེ་ལས་བསྡུ་ན་བཅོ་བརྒྱད། དེ་ལས་བསྡུ་ན་བཅུ་དྲུག དེ་ལས་བསྡུ་ན་

①རྒྱལ་བ་དགེ་འདུན་རྒྱ་མཚོ་སོགས་ཀྱིས་མཛད་པའི་རྗེ་བཙུན་རྣམ་ཐར་དངོས་གྲུབ་ཆར་འབེབས་སྡེ་བདུན་ལ་འཇུག་པའི་སྒོ་དོན་གཉེར་ཡིད་ཀྱི་མུན་སེལ་གྲུབ་མཐའ་རྒྱ་མཚོར་འཇུག་པའི་གྲུ་རྫིངས་པོད་ལྔ་སྟགས་དང་བཅས་པའི་མིང་གི་རྣམ་གྲངས་བཞུགས་སོ། །སེར་གཙུག་ནང་བསྟན་དཔེ་རྙིང་འཚོལ་བསྡུ་ཕྱོགས་སྒྲིག་ཁང་། གངས་ཅན་ཁྱད་ནོར་དཔེ་ཚོགས། པོད་ཕྲེང་བརྒྱ་དང་ང་དྲུག ༡༨༥

②དུང་དཀར་རིན་པོ་ཆེའི་གསུང་འབུམ་ལས། གྲུབ་མཐའི་སྐོར་གྱི་རྣམ་བཤད། མི་རིགས་དཔེ་སྐྲུན་ཁང་། ༢༠༠༧ལོའི་ཟླ་བཅུ་པར་དཔར་ཐེངས་གཉིས་པ། ༡༣༧༡

སྟོང་ཉིད་བཞི་སོགས་འབྱེད་པ་ཡིན་ཏེ། "དབུས་མཐའ་རྣམ་འབྱེད་ལས། སྟོང་པ་ཉིད་དེ་མདོར་བསྟན་ན། །དེ་བཞིན་ཉིད་དང་ཡང་དག་མཐའ། །མཚན་མ་མེད་དང་དོན་དམ་བདེན། །ཆོས་ཀྱི་དབྱིངས་ཀྱི་རྣམ་གྲངས་སོ། །"① ཞེས་གསུངས་སོ། །ཆོས་ཀྱི་བདག་མེད་ཕྲ་མོའི་མཚན་གཞི་ལ་གཉིས་སུ་དབྱེ་བ་ཡིན་པ་ནི། "གཟུགས་དང་གཟུགས་འཛིན་ཚད་མ་རྫས་གཞན་གྱིས་སྟོང་པའི་སྟོང་ཉིད་དང་། གཟུགས་གཟུགས་ཞེས་པའི་སྒྲ་འཇུག་པའི་གཞིར་རང་གི་མཚན་ཉིད་ཀྱིས་གྲུབ་པས་སྟོང་པའི་སྟོང་ཉིད་ལྟ་བུ"②ལགས། གཤམ་དུ་རེ་རེ་བཞིན་ཅུང་ཟད་ཞུས་ན།

(༡) གཟུགས་དང་གཟུགས་འཛིན་པའི་ཚད་མ་རྫས་གཞན་གྱིས་སྟོང་པའི་སྟོང་ཉིད།

སེམས་ཙམ་པའི་ལུགས་ལ་ཆོས་ཐམས་ཅད་སེམས་ཀྱི་བདག་ཉིད་ཙམ་ལས་ཇི་ལྟར་སོ་སྐྱེའི་སྣང་ངོར་སྣང་བ་ལྟར་མེད་ཅིང་། ཕྱི་རོལ་གྱི་གཟུགས་སོགས་དེ་བཞིན་དུ་འཛིན་པའི་རྟོག་པས་བཞག་པའི་དབང་གི་ཡིན་པ་ལས་དོན་དུ་ཕྱི་རོལ་གྱི་དོན་ཞེས་པ་མེད་པར་འདོད་པ་ཡིན་པས། ཕྱི་རོལ་གྱི་དོན་དེ་ལྟར་སྣང་ཞིང་འཁྲུལ་བ་ནི་མ་རིག་པའི་རྣམ་རྟོག་སྣ་ཚོགས་གོམས་པའི་བག་ཆགས་སུ་གྱུར་པ་ལས་བྱུང་བ་ཡིན་པ་དང་།

①ཀུན་མཁྱེན་འཇམ་དབྱངས་བཞད་པའི་གྲུབ་མཐའི་རྣམ་བཤད་རང་གཞན་ཀུན་དང་ཟབ་དོན་མཆོག་ཏུ་གསལ་བ་ཀུན་བཟང་ཞིང་གི་ཉི་མ་ལུང་རིགས་རྒྱ་མཚོ་སྐྱེ་དགུའི་རེ་བ་ཀུན་སྐོང་། མཚོ་སྔོན་ནང་བསྟན་རིག་གནས་སྤྲུ་རྩལ་ཞབས་ཞུ་ལྟེ་གནས་ཞབས་ཞུ་ཁང་ནས་དཔར་དུ་བསྒྲུན། ཤ༣༡༥ཡི་ནང་དུ་ལུང་དྲངས་ཡོད།

②རྗེ་བཙུན་ཆོས་ཀྱི་རྒྱལ་མཚན་གྱི་གསུང་འབུམ་ལས། གྲུབ་དོན་ས་གསུམ་དང་མཁས་གྲུབ་རྗེའི་རྣམ་ཐར། སེར་གཙུག་ནང་བསྟན་དཔེ་རྙིང་འཚོལ་བསྡུ་ཕྱོགས་སྒྲིག་ཁང་། གངས་ཅན་ཁྱད་ནོར་དཔེ་ཚོགས་པོད་ཕྲེང་ཉིས་བརྒྱ་རེ་བརྒྱད། ཤ༡༣ལ་གསལ།

སངས་རྒྱས་ཀྱི་སར་མ་གཏོགས་པའི་ས་འོག་མའི་དབང་མངོན་ཐམས་ཅད་འཁྲུལ་བས་བསླད་པ་ཡིན་པར་འདོད་ཅིང་། ཡུལ་ལ་འཁྲུལ་བའི་མངོན་སུམ་ལྟར་སྣང་ལྔའམ་བདུན་ཡོད་དེ། "སྨིག་སྒྱུ་ལ་ཆུར་འདུ་ཤེས་པ་ལྟ་བུ་འདུ་ཤེས་འཁྲུལ་བ་དང་། ཟླ་བ་གཉིས་སྣང་ལྟ་བུ་གྲངས་ལ་འཁྲུལ་བ་དང་། མགལ་མེ་འཁོར་ལོར་མཐོང་བ་ལྟ་བུ་དབྱིབས་ལ་འཁྲུལ་བ་དང་། དུང་སེར་འཛིན་ལྟ་བུ་ཁ་དོག་ལ་འཁྲུལ་བ་དང་། ལྗོན་ཤིང་འགྲོར་སྣང་ལྟ་བུ་ལས་ལ་འཁྲུལ་བ་དང་ལྔ། དེ་ལྟ་ལ་དཀའ་བས་སེམས་འཁྲུལ་བ་དང་། ལྟ་བོ་དེར་ཞེན་པ་ལྟ་བུ་འཁྲུལ་བ་དང་བདུན་ནོ། །"①དེས་ན་གཟུགས་དང་གཟུགས་འཛིན་ཚད་མ་རྫས་གཞན་གྱིས་སྟོང་པ་ནི་དོན་དུ་རྟོག་མེད་དབང་ཤེས་ལ་བལྟོས་པའི་རྣམ་པར་རིག་ཙམ་གྱི་དེ་ཁོ་ན་ཉིད་ཡིན། སེམས་ཙམ་པའི་ལུགས་ལ་གཟུང་འཛིན་རྫས་གཞན་འགོག་པའི་རིགས་པ་གཙོ་བོ་ལྷན་ཅིག་དམིགས་ངེས་ཀྱི་རྟགས་འགོད་པ་དག་ཡིན་ལ། ཇི་ལྟར་ཞེ་ན། རྣམ་ངེས་ལས། ལྷན་ཅིག་དམིགས་པ་ངེས་པའི་ཕྱིར། །སྔོ་དང་དེ་བློ་གཞན་མ་ཡིན། །②ཞེས་གསུངས་པ་ལྟར་དུ། ལྷན་ཅིག་དམིགས་ངེས་ཀྱི་རྟགས་ཀྱིས་གཟུང་བ་ཡུལ་དང་འཛིན་པ་སེམས་གཉིས་རྫས་གཞན་མ་ཡིན་པ་གྲུབ་པ་ཡིན། དཔེར་ན། སྔོན་པོ་དང་སྔོ་འཛིན་ཤེས་པ་ཆོས་ཅན།

---

①ཀུན་མཁྱེན་འཇམ་དབྱངས་བཞད་པ། གྲུབ་མཐའི་རྣམ་བཤད་རང་གཞན་ཀུན་དང་ཟབ་དོན་མཆོག་ཏུ་གསལ་བ་ཀུན་བཟང་ཞིང་གི་ཉི་མ་ལུང་རིགས་རྒྱ་མཚོ་སྐྱེ་དགུའི་རེ་བ་ཀུན་སྐོང་། མཚོ་སྔོན་ནང་བསྟན་རིག་གནས་སྒྱུ་རྩལ་ཞབས་ཞུ་ལྟེ་གནས་ཞབས་ཞུ་ཁང་ནས་དཔར་དུ་བསྒྲུན། ཤོ་༣༧༨

②ཀུན་མཁྱེན་འཇམ་དབྱངས་བཞད་པ། གྲུབ་མཐའི་རྣམ་བཤད་རང་གཞན་ཀུན་དང་ཟབ་དོན་མཆོག་ཏུ་གསལ་བ་ཀུན་བཟང་ཞིང་གི་ཉི་མ་ལུང་རིགས་རྒྱ་མཚོ་སྐྱེ་དགུའི་རེ་བ་ཀུན་སྐོང་། མཚོ་སྔོན་ནང་བསྟན་རིག་གནས་སྒྱུ་རྩལ་ཞབས་ཞུ་ལྟེ་གནས་ཞབས་ཞུ་ཁང་ནས་དཔར་དུ་བསྒྲུན། ཤོ་༣༧༩ལ་ལུང་དུ་དྲངས་པ་ལས་གསལ།

རྫས་གཞན་མ་ཡིན་ཏེ། ལྷན་ཅིག་དམིགས་ངེས་ཡིན་པའི་ཕྱིར་ཞེས་རྟགས་འགོད་པ་ཡིན་ནོ། །

ལྕང་སྐྱ་རོལ་པའི་རྡོ་རྗེའི་གྲུབ་མཐར། "ད་ནི་རྟགས་ཀྱི་དོན་བཤད་པར་བྱ་སྟེ། དེ་ལ་པཎ་ཆེན་ཆོས་མཆོག་གིས་བཤད་པ་ལྟར་ལྷན་ཅིག་པ་ནི་དུས་གཅིག་པ། དམིགས་པ་ནི་ཚད་མས་དམིགས་པ། ཁྱབ་པ་ངེས་པ་སྟེ། མདོར་ན་དུས་གཅིག་ཏུ་རྟོགས་པས་ཁྱབ་པའོ། །དེའི་དོན་ཡང་འདི་ལྟར་ཡིན་ཏེ། རྒྱལ་ཚབ་ཐམས་ཅད་མཁྱེན་པས་སྔོན་པོ་རྟོགས་ན་སྔོ་འཛིན་རྟོགས་པ་དང་གྲུབ་བདེ་རྫས་གཅིག་ལ་སྔོ་འཛིན་རྟོགས་པ་དང་གྲུབ་བདེ་རྫས་གཅིག་ཏུ་སྐྱེས་པ་ངེས་པར་དེའི་རིགས་ལ་གནས་པས་ཁྱབ་པའི་དོན་ཡིན་ནོ་ཞེས་གསུངས་ཤིང་། མདོར་ན་ཕན་ཚུན་གཅིག་དམིགས་བྱེད་ཀྱི་ངོ་བོར་སྐྱེས་ན་ཅིག་ཤོས་ཀྱང་དམིགས་བྱེད་ཀྱི་ངོ་བོར་སྐྱེས་པས་ཁྱབ་པ་ལ་བཞེད་དོ། །"① ཞེས་གསུངས་པ་ལྟར། སྔོན་པོ་དང་སྔོ་འཛིན་མིག་ཤེས་གཉིས་གྲུབ་བདེ་རྫས་གཅིག་སྟེ་སྐྱེ་འགག་གནས་གསུམ་དུས་མཉམ་ཡིན་པས། སྔོན་པོ་སྔོ་འཛིན་མངོན་སུམ་ལ་ཚད་མས་དམིགས་པ་དང་དུས་མཉམ་དུ་སྔོ་འཛིན་མངོན་སུམ་ཡང་རང་སྐྱོང་བའི་རང་རིག་མངོན་སུམ་གྱིས་དམིགས་པས་ཁྱབ་པ་དང་། སྔོ་འཛིན་མངོན་སུམ་ཚད་མ་རང་རིག་གིས་དམིགས་པའི་ཚེ་སྔོན་པོ་ཡང་སྔོ་འཛིན་ཚད་མས་དམིགས་པས་ཁྱབ་པ་ཡིན་པར་འདོད་པས། གཅིག་དམིགས་ན་ཅིག་ཤོས་དམིགས་པ་ཞེས་པ་དེ་ལྟར་ཡིན།

---

①ལྕང་སྐྱ་རོལ་པའི་རྡོ་རྗེ། གྲུབ་མཐའ་ཐུབ་བསྟན་ལྷུན་པོའི་མཛེས་རྒྱན། ཀྲུང་གོའི་བོད་ཀྱི་ཤེས་རིག་དཔེ་སྐྲུན་ཁང་། ༡༩༨༩ལོར་དཔར་ཐེངས་དང་པོ། ཤ༡༧༦

དེ་ཡང་གྲུབ་མཐའ་ཆེན་མོ་ཏུ། དེས་ན་འདིར་རྩོད་གཞི་སྔོ་དང་དེ་བློ་ཞེས་པས་སྔོན་པོ་དང་སྔོན་འཛིན་ཤེས་པ་ལྟ་བུ་སྒྲུབ་ཆོས་ནི་གཞན་མ་ཡིན་ཞེས་པས་རྫས་གཞན་བཀག་ཙམ[1] དང་། རྟགས་ཀྱི་དོན་ནི་ལྷན་ཅིག་ནི་དུས་གཅིག་པ་དང་། དམིགས་པ་ནི་རྟོགས་པ་དང་། ངེས་པ་ནི་ཕན་ཚུན་ངེས་པ་སྟེ་ཁྱབ་པའོ། །དེས་ན་སྔོན་པོ་དང་སྔོན་འཛིན་ཤེས་པ་ཆོས་ཅན། ཐ་དད་དུ་སྣང་ཡང་རྫས་གཞན་མ་ཡིན་ཏེ། ལྷན་ཅིག་དམིགས་ངེས་ཡིན་པའི་ཕྱིར། དཔེར་ན་ཟླ་གཉིས་བཞིན། དེའི་རང་འགྲེལ་ལས་ཐ་དད་པར་སྣང་བ་ཉིད་ཡིན་ཡང་སྔོན་པོ་ནི་ཉམས་སུ་མྱོང་བ་ལས་དོན་གཞན་པའི་རང་བཞིན་ཉིད་མ་ཡིན་ཏེ། དེ་དག་ལྷན་ཅིག་དམིགས་པ་ངེས་པའི་ཕྱིར་ཟླ་བ་གཉིས་ལ་སོགས་པ་བཞིན་ནོ། །ཞེས་སོ། །དེའི་རྟགས་སམ་ཕྱོགས་ཆོས་ནི། དེ་གཉིས་ཆོས་ཅན། ལྷན་ཅིག་དམིགས་ངེས་ཡིན་ཏེ། ཕན་ཚུན་གཅིག་དམིགས་བྱེད་ཀྱི་ངོ་བོར་སྐྱེས་ན་ཅིག་ཤོས་ཀྱང་དམིགས་བྱེད་ཀྱི་ངོ་བོར་སྐྱེས་པས་ཁྱབ་པའི་ཕྱིར་ཏེ། འདིའི་རང་འགྲེལ་ལས། "འདི་དག་ལས་རྣམ་པ་གཅིག་མ་དམིགས་ན་གཞན་དམིགས་པ་མེད་དོ། །"[2] ཞེས་སོགས་གསུངས་སོ། །མཁྱེན་རབ་དབང་ཕྱུག་གི་གྲུབ་མཐའ་རིན་ཆེན་ཕྲེང་བའི་ཚིག་འགྲེལ་ལས། "སྔོན་པོ་ཆོས་ཅན། སྔོ་འཛིན་ཤེས་པ་དང་ལྷན་ཅིག་དམིགས་ངེས་ཡིན་ཏེ། ཁྱོད་སྔོ་འཛིན་ཤེས་པ་དང་ཐ་དད་གང་ཞིག ཁྱོད་དམིགས་ན་སྔོ་འཛིན་ཤེས་པ་དམིགས་པའི་བདག་ཉིད་དུ་སྐྱེས་པས་ཁྱབ།

---

①ཤུགས་སུ་རྫས་གཅིག་མ་ཡིན་པ་བསྟན་པའོ། །

②ཀུན་མཁྱེན་འཇམ་དབྱངས་བཞད་པ། གྲུབ་མཐའི་རྣམ་བཤད་རང་གཞན་ཀུན་དང་ཟབ་དོན་མཆོག་ཏུ་གསལ་བ་ཀུན་བཟང་ཞིང་གི་ཉི་མ་ལུང་རིགས་རྒྱ་མཚོ་སྐྱེ་དགུའི་རེ་བ་ཀུན་སྐོང་། མཚོ་སྔོན་ནང་བསྟན་རིག་གནས་སྐྲུ་རྩལ་ཞབས་ཞུ་ལྟེ་གནས་ཞབས་ཞུ་ཁང་། ཤ༣༢༠

སྔོ་འཛིན་ཤེས་པ་དམིགས་ན་ཡང་ཁྱོད་དམིགས་བྱེད་ཀྱི་བདག་ཉིད་དུ་སྐྱེས་པས་ཁྱབ་པའི་ཕྱིར། སྦྱོར་བ་དེ་ཡི་ཁྱབ་པ་བསྒྲུབ་པ་ནི། གང་ཞིག་ལྷན་ཅིག་དམིགས་ངེས་ཡིན་ན་རྫས་གཞན་མ་ཡིན་པས་ཁྱབ་སྟེ། རྫས་གཞན་ལ་ལྷན་ཅིག་དམིགས་ངེས་ཁེགས་པའི་ཕྱིར། དཔེར་ན་སྔོ་སེར་བཞིན། སྔོ་སེར་ལའང་ལྷན་ཅིག་དམིགས་པ་ཙམ་ཡོད་ཀྱང་དམིགས་པའི་ངེས་པ་མེད་དོ། །དེས་ན་སྒྲ་དང་མཉན་བྱ་བཞིན། སྔོན་པོ་དང་སྔོ་འཛིན་མིག་ཤེས་གཉིས་ཀྱང་ལྷན་ཅིག་དམིགས་ངེས་ཡིན་པས་རྫས་གཞན་གྱིས་སྟོང་པ་ཡིན་ནོ། །"①ཞེས་གསུངས་སོ། །དེ་བཞིན་དུ་དཔེར་ན། བུམ་འཛིན་གྱི་ཤེས་པ་ལྟ་བུར་མཚོན་ན། དེའི་བུམ་པ་ཚད་མས་དམིགས་ནས་བུམ་འཛིན་གྱི་ཤེས་པ་སྐྱེ་བ་དང་། བུམ་འཛིན་ཚད་མས་དམིགས་ནས་བུམ་པ་དེ་བུམ་པ་ཡིན་པར་ངེས་ཤེས་རྙེད་པ་ཕན་ཚུན་དུས་གཅིག་ཏུ་ཤེས་པའི་ངོ་བོར་སྐྱེ་བ་ཡིན་པ་སོགས་ཆོས་གཞན་ལ་རིགས་བསྒྲེ་ཆོག་པའོ། །ལྷན་ཅིག་དམིགས་ངེས་ཀྱི་རྟགས་ལས་གང་ཞིག་ལྷན་ཅིག་དམིགས་ངེས་ཡིན་ན་རྫས་གཞན་མ་ཡིན་པར་གྲུབ་པ་ཡིན་ལ། གཟུགས་དང་གཟུགས་འཛིན་ཚད་མ་རྫས་གཞན་གྱིས་སྟོང་པ་ཞེས་ཡུལ་དང་དེ་རིག་པའི་ཡུལ་ཅན་གྱི་བར་ལ་རྫས་གཞན་གྱིས་བར་མ་ཆོད་པའམ་རྫས་གཞན་གྱིས་སྟོང་བར་འདོད་པ་ཡིན་ནོ། །

(༢) གཟུགས་གཟུགས་ཞེས་པའི་སྒྲ་འཇུག་པའི་གཞིར་རང་གི་མཚན་ཉིད་ཀྱིས་གྲུབ་པས་སྟོང་པའི་སྟོང་ཉིད།

དེ་ལ་གཟུགས་རང་འཛིན་རྟོག་པའི་ཞེན་གཞིར་རང་གི་མཚན་ཉིད་ཀྱིས་གྲུབ་

---

①མཁྱེན་རབ་དབང་ཕྱུག གྲུབ་མཐའ་རིན་ཆེན་ཕྲེང་བའི་ཚིག་འགྲེལ་ཐོར་བུ། མི་རིགས་དཔེ་སྐྲུན་ཁང་། ༢༠༠༧ལོའི་དཔར་གཞི། ཤ༢༥༨

པས་སྟོང་པ་ཞེས་ཀྱང་བརྗོད་ཅིང་། དེ་ནི་རྟོག་པ་ཡིད་ཤེས་ལ་བལྟོས་པའི་རྣམ་པར་རིག་ཙམ་གྱི་དེ་ཁོ་ན་ཉིད་ཡིན་པ་སྟེ། འུ་ཅག་ཚོའི་མ་རིག་པའི་རྣམ་པར་རྟོག་པའི་དབང་གིས་མདུན་དུ་བུམ་པ་ཞིག་ལ་བལྟས་པའི་ཚེ་ལྟོ་ལྡིར་ཞབས་ཞུམ་ཞིག་སྣང་བ་མ་ཟད་དེ་ལྟར་སྣང་བ་དེ་བུམ་པ་ཞེས་པའི་ཐ་སྙད་འཇུག་སའི་གཞི་ཡིན་པར་སྣང་ནའང་། དེ་ལ་ཕར་མིང་བཏགས་བཞག་པ་ཙམ་མིན་པར་རང་གི་གནས་ཚོད་དབང་གིས་ལྟོ་ལྡིར་ཞབས་ཞུམ་པ་དེ་བུམ་པ་ཞེས་པའི་བརྡ་འཇུག་པའི་གཞིར་གྲུབ་པ་བཞིན་དུ་སྣང་བ་ཡིན།

སེམས་ཙམ་པའི་འདོད་ལུགས་ལ་གཟུགས་སོགས་ཕྱི་རོལ་གྱི་དོན་མ་གྲུབ་པས། དེ་ལྟར་ལྟོ་ལྡིར་ཞབས་ཞུམ་དུ་སྣང་བ་དེ་ལ་ཐོག་མ་མེད་པའི་དུས་ནས་འདི་བུམ་པའོ་ཞེས་ཡང་ནས་ཡང་དུ་མངོན་པར་བརྗོད་པའི་བག་ཆགས①ཀྱི་དབང་གིས་དེ་ལྟ་བུའི་ཐ་སྙད་འཇུག་པའི་གཞིར་སྣང་བ་ཡིན་པ་ཞིག་ལས། མིང་བཏགས་མ་བཞག་པར་ཡུལ་རང་གི་གནས་ཚོད་དབང་གིས་ལྟོ་ལྡིར་ཞབས་ཞུམ་དེ་བུམ་པ་ཞེས་པའི་ཐ་སྙད་འཇུག་པའི་གཞིར་གྲུར་པ་ནི་མ་ཡིན། རྗེ་བཙུན་བློ་བཟང་ནོར་བུས། “དེས་ན་སེམས་ཙམ་པའི་གྲུབ་མཐའ་ནི་གཟུགས་སྒྲ་ལ་སོགས་པའི་ཕྱི་རོལ་དོན་དུ་སྣང་བ་འདི་རྣམས་ནང་ཤེས་པའི་བདག་ཉིད་དམ་རྫས་སུ་གྲུབ་པར་སྨྲ་བས་རབ་ཏུ་ཕྱེ་བ་ཡིན་ལ། ཀུན་

---

①སེམས་ཙམ་པའི་ལུགས་ལ་ཕྱི་རོལ་གྱི་ཡུལ་ཐོག་མ་ནས་ཇི་ལྟར་ཡོད་པ་དེ་ལ་རང་གི་བློས་ངོས་འཛིན་བྱེད་པའི་སྐབས་སུ་རིགས་མི་འདྲ་བ་གསུམ་གྱི་ཐོག་ནས་བྱེད་པར་འདོད་པ་སྟེ། མངོན་བརྗོད་ཀྱི་བག་ཆགས་དང་། བདག་ལྟའི་བག་ཆགས། སྲིད་པའི་ཡན་ལག་གི་བག་ཆགས་བཅས་གསུམ་མོ། །དེ་དག་ལས་མངོན་བརྗོད་བག་ཆགས་ཞེས་པ་ནི་ཚོས་གང་འདི་འདི་རེད། དེ་དེ་རེད་བསམ་པའི་སྣང་བ་ཞིག་ཡོད་པ་དེ་ལ་ཟེར་བ་ཡིན་ཞེས་དུང་དཀར་རིན་པོ་ཆེས་གསུངས་སོ། །

བཏགས་རང་གི་མཚན་ཉིད་ཀྱིས་གྲུབ་པས་སྟོང་པ་དང་། གཟུགས་ཕྱི་རོལ་དོན་གྱིས་སྟོང་པར་སྒྲུབ་པའི་རིགས་པ་རྣམས་ཀྱང་རྣམ་རིག་ཙམ་གྱི་དེ་ཁོ་ན་ཉིད་ལ་འཇུག་པའི་ཐབས་སུ་གསུངས་ཤིང་། རྣམ་རིག་ཙམ་གྱི་དེ་ཁོ་ན་ཉིད་དེ་ནི་གཟུགས་སོགས་ཤེས་པ་དང་བདག་ཉིད་གཅིག་ཁོ་ན་ལ་བཞེད་དོ། །"①ཞེས་གསུངས་པ་བཞིན་དུ་སེམས་ཙམ་པའི་ལུགས་ལ་གཟུང་འཛིན་རྫས་གཅིག་དང་། གཟུགས་སོགས་ཤེས་པ་དང་ངོ་བོ་གཅིག་ཏུ་འདོད་པས། གཟུགས་སོགས་རང་འཛིན་རྟོག་པས་བཏགས་པ་ཙམ་གྱི་ཆོས་ཀུན་བཏགས་པ་ཡིན་ཞིང་། དེ་ནི་མཚན་ཉིད་ངོ་བོ་མེད་པ་ཡང་ཡིན་ཏེ། མིང་དང་བརྡས་རྣམ་པར་བཞག་པ་ཙམ་ལས་རང་གི་མཚན་ཉིད་ཀྱིས་རྣམ་པར་གནས་པ་ནི་མ་ཡིན་པས་དེ་ལྟར་བརྗོད་ལ། དེ་ལ་བདེན་གྲུབ་ཏུ་མེད་པ་ཡང་ཟེར། དེ་ནི་དབུ་མ་པ་དང་ལྷག་པར་དུ་དབུ་མ་ཐལ་འགྱུར་བའི་བདེན་མེད་དང་ཤིན་ཏུ་ཐ་དད་པ་ཡིན་ནོ། །

འོ་ན་གཟུགས་སོགས་དེ་ལྟར་རྣམ་པར་རིག་ཙམ་ཡིན་པར་འཇུག་པ་ལ་ཐབས་གང་ཞེ་ན། འཆོལ་བ་བཞི་དང་། ཤེས་པ་བཞིའི་སྒོ་ནས་འཇུག་དགོས་པར་ཐེག་བསྡུས་ལས་གསུངས་ལ། མདོ་སྡེ་རྒྱན་ལས། མིང་དང་དངོས་དག་ཕན་ཚུན་དུ། །གློ་བུར་བ་ནི་ཉིད་དུ་བཙལ། །འདོགས་པ་རྣམ་པ་གཉིས་པོ་འདིར། །དེ་ཙམ་ཉིད་དུ་འཆོལ་བའོ། །ཐམས་ཅད་དམིགས་སུ་མེད་པའི་ཕྱིར། །ཡང་དག་ཡེ་ཤེས་རྣམ་པ་བཞི། །ཞེས་གསུངས་པ་ལྟར། ཡོངས་སུ་འཆོལ་བ་བཞི་ལས། (༡) མིང་ཡོངས་སུ་

①རྗེ་བཙུན་བློ་བཟང་ནོར་བུ། གྲུབ་མཐའི་རྣམ་གཞག་གསལ་བར་བཤད་པ་ཐུབ་བསྟན་རིན་པོ་ཆེ་གསལ་བའི་སྒྲོན་མེ། བོད་ལྗོངས་བོད་ཡིག་དཔེ་རྙིང་དཔེ་སྐྲུན་ཁང་། ༢༠༠༨ལོའི་ཟླ༨ ཤ༡༨༩

འཆོལ་བ་ནི། གཟུགས་ཀྱི་མིང་ཞེས་པའི་སྒྲ་འཇུག་པའི་འཇུག་གཞིར་རང་གི་མཚན་ཉིད་ཀྱིས་གྲུབ་མ་གྲུབ་འཆོལ་བའོ། ། (༢) དོན་ཡོངས་སུ་འཆོལ་བ་ནི། གཟུགས་གཟུགས་ཞེས་པའི་སྒྲ་འཇུག་པའི་འཇུག་གཞིར་རང་གི་མཚན་ཉིད་ཀྱི་གྲུབ་མ་གྲུབ་འཆོལ་བའོ། །འདི་ལ་དངོས་པོ་ཡོངས་སུ་འཆོལ་བ་ཞེས་ཀྱང་ཟེར། (༣) ངོ་བོ་ཉིད་འདོགས་པ་ཡོངས་སུ་འཆོལ་བ་ནི། གཟུགས་སུ་རུང་བ་དེ་གཟུགས་ཀྱི་ངོ་བོ་ཞེས་པའི་སྒྲ་འཇུག་པའི་འཇུག་གཞིར་རང་གི་མཚན་ཉིད་ཀྱིས་གྲུབ་མ་གྲུབ་འཆོལ་བའོ། ། (༤) ཁྱད་པར་དུ་འདོགས་པའི་ཡོངས་སུ་འཆོལ་བ་ནི། གཟུགས་དེ་གཟུགས་ཀྱི་སྐྱེ་བ་སོགས་ཁྱད་པར་འདོགས་པའི་གཞིར་རང་གི་མཚན་ཉིད་ཀྱིས་གྲུབ་མ་གྲུབ་འཆོལ་བའོ། །འདི་ལ་བྱེ་བྲག་ཏུ་འདོགས་པ་ཡོངས་སུ་འཆོལ་བ་ཞེས་ཀྱང་ཟེར། འབྲས་བུ་ཡོངས་སུ་ཤེས་པ་བཞི་ནི། སྔར་ཇི་ལྟར་བཙལ་བ་ལྟར་མ་གྲུབ་པ་ཚོགས་སྦྱོར་གྱི་གནས་སྐབས་སུ་དོན་སྤྱིའི་སྒོ་ནས་ཤེས་པ་དང་། འཕགས་པའི་གནས་སྐབས་སུ་མངོན་སུམ་རྟོགས་པ་ཡེ་ཤེས་བཞི་①ལ་རིམ་པ་བཞིན་དུ་མིང་ཡོངས་སུ་ཤེས་པ་དང་། དོན་ཡོངས་སུ་ཤེས་པ་དང་། ངོ་བོ་ཉིད་དུ་འདོགས་པ་ཡོངས་སུ་ཤེས་པ་དང་། ཁྱད་པར་དུ་འདོགས་པ་ཡོངས་སུ་ཤེས་པ་ཞེས་བྱའོ། །གཞན་ཡང་། ཕྱི་རོལ་མེད་པའི་དབང་དུ་བྱས་ནས་འཆོལ་བ་བཞི་དང་ཤེས་པ་བཞི་ནི། གཟུགས་སོགས་ཀྱི་མིང་དང་། དོན་དང་། ངོ་བོ་དང་། ཁྱད་པར་རྣམས་ཕྱི་རོལ་དོན་དུ་གྲུབ་མ་གྲུབ་འཆོལ་བ་དང་ཤེས་པ་ཡིན་ཞིང་། འཆོལ་བ་བཞི་ནི་ལམ་ལ་མ་ཞུགས་ནའང་ཡོད་ལ། ཤེས་པ་བཞི་ནི་

---

①མེ་ལོང་དང་། མཉམ་ཉིད། སོར་རྟོག བྱ་གྲུབ་ཡེ་ཤེས། ཡང་ན་སྣང་བའི་ཡེ་ཤེས། མཆེད་པའི་ཡེ་ཤེས། ཐོབ་པའི་ཡེ་ཤེས། ཉེ་བར་ཐོབ་པའི་ཡེ་ཤེས།

ཆོས་ཀྱི་བདག་མེད་ལ་ངེས་ཤེས་ཙུང་ཟད་སྐྱེད་པ་ནས་འཛོག་དགོས་ཞེས་སོ། །གོང་སྨོས་ཀྱི་རིགས་པ་དེ་དག་གིས་གཟུགས་གཟུགས་འཛིན་རྟོག་པའི་ཞེན་གཞིར་རང་གི་མཚན་ཉིད་ཀྱིས་མ་གྲུབ་པ་གསལ་བར་བྱེད་ཐུབ་པ་ཡིན་ནོ། །

༢ དབུ་མ་པས་ཆོས་ཀྱི་བདག་མེད་ཇི་ལྟར་འདོད་ཚུལ།

(༡) དབུ་མ་རང་རྒྱུད་པ་གཉིས་ཀྱིས་ཆོས་ཀྱི་བདག་མེད་ཇི་ལྟར་འདོད་ཚུལ།

རྣལ་འབྱོར་སྤྱོད་པའི་དབུ་མ་རང་རྒྱུད་པའི་ལུགས་ལ། གོང་དུ་སེམས་ཙམ་པའི་སྐབས་སུ་ཞུས་པའི་གཟུང་འཛིན་རྫས་གཞན་གྱིས་སྟོང་པ་དང་། གཟུགས་རང་འཛིན་རྟོག་པའི་ཞེན་གཞིར་རང་གི་མཚན་ཉིད་ཀྱིས་གྲུབ་པས་སྟོང་པ་གཉིས་ཆོས་ཀྱི་བདག་མེད་རགས་པར་འདོད་ཅིང་། ཆོས་ཐམས་ཅད་བདེན་གྲུབ་ཀྱིས་སྟོང་པ་ཆོས་ཀྱི་བདག་མེད་ཕྲ་མོར་འདོད་པ་དང་། ཆོས་ཀྱི་བདག་མེད་ཕྲ་མོ་དང་དོན་དམ་བདེན་པ་དོན་གཅིག་ཏུ་བཞེད་དོ། །དེ་ཡང་། "རང་རྒྱུད་པའི་ལུགས་ལ་བདེན་གྲུབ་མི་འདོད་པ་ཡིན་ནའང་། ཆོས་རྣམས་རང་ངོས་ནས་གྲུབ་པ་དང་། རང་བཞིན་གྱིས་གྲུབ་པ། རང་གི་མཚན་ཉིད་ཀྱིས་གྲུབ་པ། རྫས་སུ་གྲུབ་པ་སོགས་ཡོད་པར་འདོད་དེ། གཞི་གྲུབ་ན་རང་ངོས་ནས་གྲུབ་པ། རང་བཞིན་གྱིས་གྲུབ་པ། རང་གི་མཚན་ཉིད་ཀྱིས་གྲུབ་པས་ཁྱབ་ཅིང་། དངོས་པོ་ཡིན་ན་རྫས་སུ་གྲུབ་པས་ཁྱབ་པའི་ཕྱིར། ཐལ་འགྱུར་བས་ནི་དེ་རྣམས་མེད་མཉམ་དུ་འདོད་དོ། །"① ཞེས་གསུངས་པ་ལྟར།

①རྗེ་བཙུན་བློ་བཟང་ནོར་བུ། གྲུབ་མཐའི་རྣམ་གཞག་གསལ་བར་བཤད་པ་ཐུབ་བསྟན་རིན་པོ་ཆེ་གསལ་བའི་སྒྲོན་མེ། བོད་ལྗོངས་བོད་ཡིག་དཔེ་རྙིང་དཔེ་སྐྲུན་ཁང་། ༢༠༠༨ལོའི་ཟླ་༨ ཤ༢༡༤

སྐབས་འདིར་ཆོས་རྣམས་བདེན་གྲུབ་ཀྱིས་སྟོང་པ་ཞེས་པ་ནི་དབུ་མ་ཐལ་འགྱུར་བའི་འདོད་པ་དང་མ་གཅིག་པ་ཡིན།

དུང་དཀར་རིན་པོ་ཆེས། དབུ་མ་རང་རྒྱུད་པས་ཡོད་ལུགས་ཡོད་སྟངས་དེ་དངོས་པོ་དེ་ཉིད་དང་པོ་ནས་ཡོད་པ་དེ་ལ་རང་གི་བློ་མ་འཁྲུལ་བ་སྟེ་བློ་གནོད་པ་མེད་པ་འདིས་དངོས་པོ་དེ་ལ་འཆར་སྣང་བྱུང་བའི་ཐོག་ནས་ཕར་བཞག་པ་ཞིག་ལས་ཕྱི་རོལ་ཡུལ་གྱི་ཐོག་ནས་ཚུར་གྲུབ་པ་ཞིག་མིན་པར་འདོད་ཅིང་། དཔེར་ན་ཧ་གཅིག་ལ་ཆ་བཞག་ན་རིགས་སོ་སོ་དང་ཡུལ་སོ་སོས་ཧ་ལ་མིང་འདོགས་སྟངས་མི་འདྲ་བ་ཡོད་དེ། བོད་རིགས་ཀྱིས་ཧ་ཟེར་བ་དང་། རྒྱ་མི་རིགས་ཀྱིས་མླ་ཟེར་བ། རྒྱ་གར་བས་ཧ་ཡ་ཟེར་བ①ཞེས་གསུངས་པ་ལྟར། འདིར་བསྟན་པ་ནི་ཆོས་རྣམས་བློའི་དབང་གིས་བཞག་མ་བཞག་ལས་རང་ངོས་ནས་བདེན་གྲུབ་ཏུ་མེད་པ་ཞེས་པའི་དོན་ཡིན། དཔེར་ན། སྒྱུ་མ་མཁན་གྱིས་ཤིང་ཧ་སླང་དུ་སྤྲུལ་བའི་ཚེ་ན། གང་ཟག་གསུམ་ལ་མཐོང་ཚུལ་མི་འདྲ་བ་གསུམ་ཡོད་དེ། སྔགས་རྫས་ཀྱིས་མིག་བསླད་པའི་ལྟད་མོ་བ་ལ་ཤིང་ཧ་སླང་དུ་སྣང་བ་མ་ཟད་དེར་ཞེན་པ་དང་། སྔགས་རྫས་ཀྱིས་མིག་མ་བསླད་པ་ལ་ཧ་སླང་ལ་སྣང་བ་མེད་ལ་དེར་ཞེན་པ་ཡང་མེད། སྒྱུ་མ་མཁན་ལ་ཧ་སླང་དུ་སྣང་བ་ཙམ་ཡོད་ཀྱང་དེར་ཞེན་པ་མེད། དཔེ་དེའི་ཐོག་ནས་བློ་གནོད་མེད་དབང་གིས་བཞག་མ་བཞག་སྟེ། སྣང་བ་དེ་སྣང་བ་ལྟར་དུ་ཡོད་མེད་ཀྱི་ཁྱད་པར་བསྟན་པ་ཡིན། དེས་ན་སྒྱུ་མའི་ལྟད་མོ་བ་མིག་བསླད་པའི་གང་ཟག་བཞིན་དུ་སེམས་ཅན་རྣམས་ཀྱིས

①དུང་དཀར་བློ་བཟང་འཕྲིན་ལས་ཀྱི་གསུང་འབུམ། གྲུབ་མཐའི་སྐོར་གྱི་རྣམ་བཤད། མི་རིགས་དཔེ་སྐྲུན་ཁང་། ༢༠༠༧ལོར་དཔར་ཐེངས་གཉིས་པ། ཤ༣༨༧

ཆོས་གང་བློའི་དབང་གིས་བཞག་པ་མ་ཡིན་པར་རང་གི་སྡོད་ལུགས་ཀྱི་ངོས་ནས་བདེན་པར་གྲུབ་པར་འཛིན་ནའང་། དེ་འདྲ་མེད་པས་ཆོས་རྣམས་བློ་གནོད་མེད་དབང་གིས་བདེན་པར་གྲུབ་པ་མེད་ཅེས་སོ། །དེ་ནི་སྟོང་པ་ཉིད་ཀྱང་ཡིན་པས་སྟོང་ཉིད་རྟོགས་མ་རྟོགས་ཀྱི་ཁྱད་པར་ལ་དཔེ་དེ་རྣམས་སྦྱར་ལུགས་འདི་ལྟ་སྟེ། ལྟད་མོ་བ་ལ་རྟ་གླང་གི་སྣང་ཞེན་གཉིས་ཀ་ཡོད་པ་བཞིན་དུ། སྟོང་ཉིད་མ་རྟོགས་པའི་གང་ཟག་ལ་གཟུགས་སོགས་བློའི་དབང་གིས་བཞག་པ་མ་ཡིན་པར་ཡུལ་རང་ངོས་ནས་གྲུབ་པར་སྣང་བ་དང་དེར་ཞེན་པ་གཉིས་ཀ་ཡོད་པ་དང་། སྒྱུ་མ་མཁན་ལ་དེར་སྣང་བ་ཡོད་ཀྱང་ཞེན་པ་མེད་པ་བཞིན་དུ། སྟོང་ཉིད་རྟོགས་ཤིང་བདེན་འཛིན་མ་སྤངས་པའི་གང་ཟག་ལ་ནི། དེ་ལྟ་བུའི་སྣང་བ་ཡོད་ཀྱང་ཞེན་པ་མེད། མིག་མ་བསླད་པའི་གང་ཟག་ལ་སྣང་ཞེན་གཉིས་ཀ་མེད་པ་བཞིན་དུ། བདེན་འཛིན་མ་ལུས་པ་སྤངས་པའི་སངས་རྒྱས་འཕགས་པ་ལ་དེ་ལྟར་སྣང་བ་དང་ཞེན་པ་གཉིས་ཀ་མེད་པར་གསུངས་སོ། །

མདོ་སྡེ་སྤྱོད་པའི་དབུ་མ་རང་རྒྱུད་པའི་ལུགས་ཀྱི་འདོད་ཚུལ་ཕལ་ཆེར་གོང་དང་མཚུངས་ཤིང་། ཉན་རང་རིགས་ངེས་ལ་ཆོས་ཀྱི་བདག་མེད་རྟོགས་པ་མེད་པར་བཞེད་པ་ཡིན། དེ་ལྟར་ནའང་མཁས་གྲུབ་ཐམས་ཅད་མཁྱེན་པའི་སྟོང་ཐུན་སྐལ་བཟང་མིག་འབྱེད་དུ་ཉན་རང་གཉིས་ཀྱིས་ཆོས་ཀྱི་བདག་མེད་རྟོགས་པ་ཡོད་ལུགས་ལེགས་པར་བསྟན་ཡོད་དེ། ཉན་རང་གཉིས་ཀྱིས་ཆོས་ཀྱི་བདག་མེད་རྟོགས་པ་ཡོད་མེད་རྒྱས་པར་བཤད་པ་ཞེས་པའི་སྐབས། དཔལ་ལྡན་ཟླ་བས་ཇི་ལྟར་བཤད་པའི་ཚུལ་དང་། དེ་ཉིད་མི་འཐད་པར་འདོད་པའི་ལོག་རྟོག་དགག་པ་དང་། ཉན་རང་

གིས་ཆོས་ཀྱི་བདག་མེད་རྟོགས་པ་ཡོད་པར་བཞེད་པའི་ཚད་ལྡན་གཞན་གྱིའང་ལུགས་བརྗོད་པ་དང་། ཉན་རང་གིས་ཆོས་ཀྱི་བདག་མེད་རྟོགས་པ་ཡོད་པ་འཐད་པའི་སྒྲུབ་བྱེད་ཀྱི་ལུང་རིགས་རྒྱས་པར་བཤད་པའོ། །དང་པོ་ནི། དཔལ་ལྡན་ཟླ་བས་ཉན་རང་གིས་ཆོས་ཀྱི་བདག་མེད་རྟོགས་པ་ཡོད་པར་ལུང་དང་རིགས་པ་གཉིས་ཀྱི་སྒོ་ནས་བསྒྲུབས་པའི་ལུང་ནི①ཞེས་སོགས་གསུངས་ཏེ། དགོངས་པ་འཆད་པའི་དོན་ལ་ཉན་རང་གིས་ཀྱང་ཆོས་ཀྱི་བདག་མེད་རྟོགས་པ་ཡོད་པར་གསུངས། དེ་བཞིན་དུ་གཟུང་འཛིན་རྫས་གཞན་གྱིས་སྟོང་བའི་ཡེ་ཤེས་མི་འདོད་ལ། ཕྱི་རོལ་དོན་འཛིན་གྱི་རྟོག་པ་ཤེས་སྒྲིབ་ཏུ་མི་འདོད་དེ། ལུགས་འདིས་ཐ་སྙད་ཙམ་དུ་ཕྱི་རོལ་དོན་གྱི་དམིགས་རྐྱེན་རྟུལ་ཕྲ་རབ་བསགས་པའི་ཕྱི་རོལ་དོན་ཁས་ལེན་པ་ཡིན་པའི་ཕྱིར་རོ། །

(༢) དབུ་མ་ཐལ་འགྱུར་བའི་ལུགས་ལ་ཆོས་ཀྱི་བདག་མེད་ཇི་ལྟར་འདོད་ཚུལ།

དབུ་མ་ཐལ་འགྱུར་བའི་ལུགས་ལ་རྟུལ་ཕྲན་ཆ་མེད་བསགས་པའི་རགས་པ་དང་། དེ་འཛིན་པའི་ཚད་མ་རྫས་གཞན་གྱིས་སྟོང་པ་སོགས་ཆོས་ཀྱི་བདག་མེད་རགས་པ་དང་། ཆོས་རྣམས་རང་བཞིན་གྱིས་གྲུབ་པས་སྟོང་པ་ཆོས་ཀྱི་བདག་མེད་ཕྲ་མོར་འདོད་པ་ཡིན། དོན་ལ་དབུ་མ་ཐལ་འགྱུར་བ་ཡིས་རང་རྒྱུད་པས་འདོད་པའི་བློ་གནོད་མེད་ཅེས་པ་སྣང་ཡུལ་དང་ཞེན་ཡུལ་རང་གི་མཚན་ཉིད་ཀྱིས་གྲུབ་པའི་དོན་ལ་

①དབུ་མའི་བསྟན་བཅོས་ཆེན་མོ་སྟོང་ཐུན་སྐལ་བཟང་མིག་འབྱེད་ཀྱི་ཉན་རང་གི་ཆོས་ཀྱི་བདག་མེད་རྟོགས་པ་ཡོད་མེད་རྒྱས་པར་བཤད་པ་ཞེས་པའི་ས་བཅད་ཀྱི་ཤོག་ངོས་༡༨༧ནས་རིམ་པར་གསལ་བས་གཟིགས་འཚལ།

མ་འབྲེལ་བ་ཞིག་དགོས་པ་དང་། དེ་ལ་འབྲེལ་ན་དེ་དོན་འཇོག་མི་ཤེས་ཕྱིར། ཆོས་རྣམས་བློ་གནོད་མེད་དབང་གིས་བཞག་མ་བཞག་ལས་རང་ངོས་ནས་བདེན་པར་གྲུབ་པ་མེད་པར་འདོད་པ་སོགས་ནི། ཆོས་ཀྱི་བདག་མེད་རགས་པ་ཙམ་ཡིན་པར་འདོད་ཅིང་། འདི་གཟུགས་སོ་སྙམ་པའི་ཐ་སྙད་ཚད་མ་ཡིན་ཡང་རང་གིས་བཞག་བྱའི་དོན་དེ་ལ་མ་འབྲེལ་བ་ནི་སོ་སོ་སྐྱེ་བོའི་རིགས་ལ་གཏན་ནས་མི་སྲིད་པར་འདོད་པ་ཡིན། དེས་ན་རང་རྒྱུད་པས་ཆོས་རྣམས་བློའི་དབང་གིས་བཞག་མ་བཞག་ལས་དོན་དུ་རང་རང་ངོ་བོ་ཉིད་དུ་ཡོད་པར་སོང་བ་ཡིན་ལ། ཐལ་འགྱུར་བས་ནི་ཐ་སྙད་དབང་གིས་ཡོད་པ་ལས་དོན་གྱི་ངོ་བོ་ཉིད་མེད་པར་འདོད་པས། ལུགས་གཉིས་ཀར་བློའི་དབང་གིས་བཞག་པར་འདོད་ཀྱང་འདོད་ལུགས་མ་གཅིག་པ་ཡིན་ནོ། །དཔལ་ལྡན་དབུ་མ་ཐལ་འགྱུར་བའི་ལུགས་ལ་ཆོས་རྣམས་རང་བཞིན་གྲུབ་པ་མེད་པས་རྟག་མཐའ་ལས་གྲོལ་ཞིང་། ཐ་སྙད་དུ་མིང་རྐྱང་བཏགས་ཡོད་ཙམ་དུ་ཡོད་པས་ཆད་མཐའ་ལས་གྲོལ་བར་བཞེད་པ་ཡིན་ཏེ། ཡོད་པ་ལ་མེད་པར་སྨྲ་བའི་སྐུར་འདེབས་དང་། མེད་པ་ལ་ཡོད་པར་འཛིན་པར་སྒྲོ་འདོགས་ཀྱི་མཐའ་གཉིས་ལ་མ་ལྷུང་བས་དབུ་མ་པ་ཞེས་རྟག་ཆད་ཀྱི་མཐའ་གཉིས་ཁེགས་པའི་རྒྱུ་མཚན་གྱིས་བྱེད་པ་ཡིན་①མོད། རང་རྒྱུད་པ་མན་ཆད་ཀྱིས་རང་རང་གི་ལུགས་ལ་རང་རང་དབུ་མ་པ་ཡིན་པར་བཞེད། དེ་ནི་འདི་ལྟ་སྟེ། བྱེ་བྲག་སྨྲ་བ་རྣམས་ཀྱིས་འབྲས་བུ་མྱུ་གུ་ལྟ་བུ་སྐྱེ་བའི་ཚེ་ན། རྒྱུ་འགགས་པ་ལས་སྐྱེ་བས་རྟག་མཐའ་སྤོང་བ་དང་། རྒྱུ་དེའི་མཇུག་ཐོག་ཏུ་འབྲས་བུ་འབྱུང་བས་

①འདིའི་སྐོར་ལ་ཙུང་ཟད་ཞིབ་པ་ལེའུ་འདིའི་ས་བཅད་གཉིས་པ་སྟེ་གླེང་མ་ཐག་པའི་སྐབས་ལ་ཙུང་ཟད་སྤྲོས་པ་ཡིན་པས་འདིར་བསྐྱུངས་སོ། །

ཆད་མཐའ་སྤོང་བར་འདོད་པ་དང་། མདོ་སྡེ་པས་འདུས་བྱས་རྣམས་སྐད་ཅིག་སྐད་ཅིག་ལ་འཇིག་པས་རྟག་མཐའ་སྤོང་བ་དང་། དེ་ཡང་རྒྱུན་ཆད་པ་མ་ཡིན་པར་སྐད་ཅིག་མ་གཅིག་གི་རྗེས་སུ་སྐད་ཅིག་མ་རྒྱུན་མཐུད་ཅིང་འཇུག་པས་ཆད་མཐའ་སྤོང་བར་འདོད། སེམས་ཙམ་པས་ཀུན་བཏགས་བདེན་པར་མེད་པས་རྟག་མཐའ་ལས་གྲོལ་བ་དང་། གཞན་དབང་ཡོངས་གྲུབ་བདེན་གྲུབ་ཏུ་ཡོད་པས་ཆད་མཐའ་སྤོང་བར་འདོད། དབུ་མ་རང་རྒྱུད་པ་རྣམས་ཀྱིས་ཆོས་རྣམས་དོན་དམ་དུ་མེད་པས་རྟག་མཐའ་ལས་གྲོལ་ཞིང་། ཐ་སྙད་དུ་ཡོད་པས་ཆད་མཐའ་ལས་གྲོལ་བར་བཞེད། འོན་ཏེ་དེ་དག་དབུ་མ་ཐལ་འགྱུར་བའི་ལུགས་ལ་ནི་རྟག་ཆད་ཀྱི་མཐའ་རུ་ལྷུང་བ་འབའ་ཞིག་ཡིན་པར་འདོད་དོ། །དབུ་མ་ཐལ་འགྱུར་བས་ཆོས་ཐམས་ཅད་རང་བཞིན་གྱིས་བདེན་པར་གྲུབ་པས་སྟོང་བར་བཞེད་པ་ཡིན་ཏེ། རང་བཞིན་གྱིས་གྲུབ་པ་ཐ་སྙད་ཙམ་དུ་ཡང་ཁས་མི་ལེན་པའི་ཕྱིར། དེ་ལྟར་འདོད་པ་ནི་གྲུབ་མཐའ་གཞན་ལྟ་ཅི། ཐ་ན་དབུ་མ་རང་རྒྱུད་པ་དང་ཡང་ཤིན་ཏུ་མ་གཅིག་པ་ཡིན། དེ་ཡང་རང་རྒྱུད་པས་བདེན་པར་གྲུབ་པ་དང་། དོན་དམ་དུ་གྲུབ་པ། དེ་ཁོ་ན་ཉིད་དུ་གྲུབ་པ། ཡང་དག་པར་གྲུབ་པ་བཅས་ཐ་སྙད་དུ་ཡང་མི་བཞེད་མོད། རང་གི་མཚན་ཉིད་ཀྱིས་གྲུབ་པ་དང་། རང་བཞིན་གྱིས་གྲུབ་པ། ངོ་བོ་ཉིད་ཀྱིས་གྲུབ་པ་ནི་ཐ་སྙད་དུ་གྲུབ་པར་བཞེད་དེ། དེ་དག་ཐ་སྙད་དུ་གྲུབ་པ་མེད་ན་ཆད་ལྟར་ལྷུང་བར་འདོད་པ་ཡིན། དབུ་མ་ཐལ་འགྱུར་བའི་ལུགས་ལ་གཟུགས་ནས་རྣམ་མཁྱེན་བར་གྱི་ཆོས་ཐམས་ཅད་བདེན་པར་གྲུབ་པའམ་རང་བཞིན་གྱིས་གྲུབ་པ་རྡུལ་ཙམ་ཡང་མེད་ཅིང་། ཐ་སྙད་དུ་མིང་རྐྱང་བཏགས་ཡོད་ཙམ་དུ་བྱ་བྱེད་ཐམས་ཅད་འཐད་པའི་ཚུལ་གཏན་ལ་འབེབས་

པར་བྱེད་དོ། །ལུགས་འདིའི་ཐ་སྙད་དུ་ཡོད་ཅེས་པ་ལ་མཁས་གྲུབ་རིན་པོ་ཆེས། "ཐ་སྙད་དུ་ཡོད་པས་ཡོད་པའི་གོ་ཆོད་དམ་མི་ཆོད་ཅེས་དྲིས་པ་ན་ཐ་སྙད་དུ་ཡོད་པས་ཐ་སྙད་དུ་ཡོད་པའི་གོ་ཆོད། དོན་དམ་དུ་ཡོད་པའི་གོ་མི་ཆོད། ཐ་སྙད་དང་དོན་དམ་གང་གིའང་ཁྱད་པར་མ་སྦྱར་བར་འདྲི་ན། བདེན་གཉིས་སུ་མ་འདུས་པའི་ཡོད་པ་ཕུང་གསུམ་པ་མི་སྲིད་ཅེས་ལན་འདེབས་པར་བྱེད་དོ། །"[①] ཞེས་གསལ་འདེབས་ཀྱི་ཚུལ་དུ་གསུངས་བར་གནང་ངོ་། །

གཉིས་པ། དབུ་མའི་ཆོས་བདག་འགོག་པའི་རིགས་པའི་སྐོར།

སྤྱིར་ཆོས་ཞེས་པ་ནི། ཆོས་ནི་ཤེས་བྱ་དང་ལམ་དང་ནི། །ཞེས་སོགས་གསུངས་པ་བཞིན་ཤེས་བྱ་སྤྱི་ལ་གོ་ཆོག་པ་ཡིན་ལ། དགག་བྱའི་ཆོས་དེ་ཆོས་ཐམས་ཅད་ལ་བརྗོད་པ་ཡིན་ནའང་ཐོག་མར་དོན་བྱེད་ནུས་པའམ་བྱ་བ་བྱེད་ནུས་ཀྱི་འདུས་བྱས་ཀྱི་ཆོས་རྣམས་འགོག་དགོས་པ་ཡིན་ཏེ། བྱ་བ་བྱེད་ནུས་ཀྱི་དངོས་པོ་ལ་བདེན་པར་སྣང་བའི་འཁྲུལ་གཞི་ཤུགས་ཆེ་བ་ཡོད་ཅིང་། བྱ་བ་མི་ནུས་པའི་འདུས་མ་བྱས་ལ་འཁྲུལ་གཞི་ཅུང་ཤུགས་ཆུང་བ་ཡོང་བས་ཡིན། དེས་ན་འདུས་བྱས་ཀྱི་སྟེང་དུ་རང་བཞིན་གྱིས་གྲུབ་པ་ཁེགས་ན་འདུས་མ་བྱས་ཀྱི་སྟེང་དུ་ཁེགས་སླ་བ་ཡིན་ཕྱིར། ཆོས་བདག་འགོག་པ་དེ་གཙོ་བོ་འདུས་བྱས་ཀྱི་དངོས་པོ་དཔེ་རུ་བཞག་ནས་སྒྲུབ་པར་བྱེད་

---

①མཁས་གྲུབ་དགེ་ལེགས་དཔལ་བཟང་། དབུ་མའི་བསྟན་བཅོས་ཆེན་པོ་སྟོང་ཐུན་སྐལ་བཟང་མིག་འབྱེད། སེར་གཙུག་ནང་བསྟན་དཔེ་སྐྲིང་འཚོལ་བསྡུ་ཕྱོགས་སྒྲིག་ཁང་། གངས་ཅན་ཁྱད་ནོར་དཔེ་ཚོགས་པོད་ཕྲེང་ང་གཅིག་པ། ༡༧༨

པ་ཡིན། དབུ་མ་རྩ་བ་ཤེས་རབ་ལས་ཀྱང་། "འདུས་བྱས་རབ་ཏུ་མ་གྲུབ་པས། །འདུས་མ་བྱས་ནི་ཇི་ལྟར་འགྲུབ། །"① ཅེས་གསུངས་པའོ། །དེ་ལྟར་གཙོ་བོ་ཕུང་པོ་དང་སྐྱེ་མཆེད། ཁམས་དང་བཅས་པའི་ཆོས་སྣ་ཚོགས་པ་དེ་རྣམས་རང་གི་ངོ་བོས་གྲུབ་པའི་རང་བཞིན་གྱིས་སྟོང་པ་ཡིན་པ་གཏན་ལ་དབབ་དགོས་པ་ཡིན་ཞིང་། གཏན་ལ་འབེབས་བྱེད་ཀྱི་རིགས་པར་ཡང་། རྡོ་རྗེ་གཟེགས་མའི་གཏན་ཚིགས་དང་། མཐའ་བཞི་སྐྱེ་འགོག་གི་རིགས་པ། ཡོད་མེད་སྐྱེ་འགོག་གི་རིགས་པ། མུ་བཞི་སྐྱེ་འགོག་གི་རིགས་པ་བཅས་བཞི་ཡོད་པར་གྲུབ་མཐའ་ཆེན་མོ②ལས་གསུངས་ཀྱང་། འཆད་པའི་སྐབས་ལ་མཐའ་བཞི་སྐྱེ་འགོག་གི་རིགས་པ་དང་ཡོད་མེད་སྐྱེ་འགོག་གི་རིགས་པ་གཉིས་ཅིག་ཅར་འཆད་པས། དེ་གཉིས་ལ་ཁྱད་པར་དབྱེ་དཀའ་ལ། ལྷག་དོན་དུ་ལྕང་སྐྱ་རིན་པོ་ཆེ་སོགས་གྲུབ་མཐའ་སྨྲ་བ་མང་པོས་ཆོས་བདག་འགོག་པའི་རིགས་པ་འཆད་པའི་སྐབས་སུ་མཐའ་བཞིའི་སྐྱེ་བ་འགོག་པ་དང་། ཡོད་མེད་སྐྱེ་འགོག་དང་མུ་བཞི་སྐྱེ་འགོག་གི་རིགས་པ་གསུམ་ལས་འཆད་མེད། དེ་དག་ལས་ཀྱང་གཙོ་བོར་གྱུར་པ་ནི། དྲང་ངེས་ལེགས་བཤད་སྙིང་པོ་ལས། "ཆོས་ཀྱི་བདག་མེད་སྒྲུབ་པའི་རིགས་པའི་གཙོ་བོ་ནི་མཐའ་བཞིའི་སྐྱེ་བ་འགོག་པའི་རིགས་པའོ། །"③

---

①རྗེ་བཙུན་བློ་བཟང་ནོར་བུ། གྲུབ་མཐའི་རྣམ་གཞག་གསལ་བར་བཤད་པ་ཐུབ་བསྟན་རིན་པོ་ཆེ་གསལ་བའི་སྒྲོན་མེར་དྲངས་པ་ལས་བཏུས། ཤ༣༨ ན་ལ་གསལ།

②ཀུན་མཁྱེན་འཇམ་དབྱངས་བཞད་པ། གྲུབ་མཐའི་རྣམ་བཤད་རང་གཞན་ཀུན་དང་ཟབ་དོན་མཆོག་ཏུ་གསལ་བ་ཀུན་བཟང་ཞིང་གི་ཉི་མ་ལུང་རིགས་རྒྱ་མཚོ་སྐྱེ་དགུའི་རེ་བ་ཀུན་སྐོང་། མཚོ་སྔོན་ནང་བསྟན་རིག་གནས་སྒྱུ་རྩལ་ཞིབ་འཇུག་ལྟེ་གནས་ཞིབ་འཇུག་ཁང་། ཤ༥༩༢

③རྗེ་ཙོང་ཁ་པ་བློ་བཟང་གྲགས་པ། དྲང་ངེས་ལེགས་བཤད་སྙིང་པོ། སེར་གཙུག་ནང་བསྟན་དཔེ་སྙིང་འཚོལ་བསྡུ་ཕྱོགས་སྒྲིག་ཁང་། གངས་ཅན་ཁྱད་ནོར་དཔེ་ཚོགས་པོད་ཕྲེང་བཅུ་གསུམ་པ། ཤ༢༧༥

ཞེས་གསུངས་པ་ལྟར། སྐབས་འདིར། གཙོ་བོར་མཐའ་བཞིའི་སྐྱེ་བ་འགོག་པའི་རྡོ་རྗེ་གཟེགས་མའི་གཏན་ཚིགས་འཆད་པ་དང་། གཞན་ཡོད་མེད་སྐྱེ་འགོག་དང་མུ་བཞི་སྐྱེ་འགོག་གི་རིགས་པ་གཉིས་རགས་ཙམ་འཆད་པར་བྱ་བ་ལ།

༡ མཐའ་བཞིའི་སྐྱེ་བ་འགོག་པའི་རྡོ་རྗེ་གཟེགས་མའི་རིགས་པ་བཤད་པ།

མཐའ་བཞིའི་སྐྱེ་བ་འགོག་པའི་རིགས་པ་ལ་ཁྱད་པར་འགོག་པ་མཐའ་བཞིའི་སྐྱེ་བ་འགོག་པའི་རིགས་པ་ཞེས་ཟེར་ལ། བོད་ཀྱི་དབུ་མའི་མཁས་པ་ཕལ་ཆེར་གྱིས་རྒྱུ་ལ་དཔྱོད་པ་རྡོ་རྗེ་གཟེགས་མའི་རིགས་པ་ཞེས་པའི་མིང་ཡང་བཏགས་ཡོད། དེ་ལ་ཁྱད་པར་འགོག་པ་མཐའ་བཞི་སྐྱེ་འགོག་གི་རིགས་པ་ཟེར་བ་ནི། དངོས་པོ་རྣམས་ཀྱི་ངོ་བོའམ་རང་བཞིན་བདེན་གྲུབ་འགོག་པའི་རིགས་པ། གཅིག་ཏུ་བྲལ་ཡིན་པ་ལ་བལྟོས་ནས་ཁྱད་པར་སྐྱེ་བ་རང་བཞིན་དུ་མེད་པ་འགོག་པ་ཡིན་པའི་ཆ་ནས། ཁྱད་པར་འགོག་པ་མཐའ་བཞིའི་སྐྱེ་བ་འགོག་པའི་རིགས་པ་ཞེས་ཟེར། ལྕང་སྐྱ་རོལ་པའི་རྡོ་རྗེ་སོགས་ཀྱིས་གོང་བཞིན་གསུངས་འདུག་ཀྱང་། ཁུ་བྱུག་གི་སངས་རྒྱས་ཆོས་ལུགས་ཀྱི་སྤྱི་དོན་གསར་དཔྱད་དུ་རྒྱུ་ལ་དཔྱོད་པ་རྡོ་རྗེ་གཟེགས་མའི་གཏན་ཚིགས་ཞེས་མཐའ་བཞིའི་སྐྱེ་བ་འགོག་པའི་རིགས་པ་རྣམས་བཀོད་ཡོད་ཀྱང་། རྒྱུ་འབྲས་གཉིས་ཀ་ལ་དཔྱོད་པའི་གཏན་ཚིགས་འཆད་པའི་སྐབས་སུ་མཐའ་བཞི་སྐྱེ་འགོག་གི་གཏན་ཚིགས་དང་མུ་བཞི་སྐྱེ་འགོག་གི་གཏན་ཚིགས་ཞེས་ཁག་གཉིས་འཆད་ཡོད་ཅིང་། དེ་ལས་མཐའ་བཞི་སྐྱེ་འགོག་གི་གཏན་ཚིགས་ཞེས་པ་འཆད་པའི་སྐབས་སུ། ལེགས་བཤད་གསེར་ཕྲེང་ལས། "གང་དོན་དམ་པར་ཡོད་པ་དང་མེད་པ་གཉིས་ག་དང་གཉིས་མིན་མི་སྐྱེ་ན། འབྲས་བུ་བདེན་པ་མི་སྐྱེ་བས་ཁྱབ་སྟེ་དཔེར་ན་མོ་གཤམ་

བུ་བཞིན། དངོས་པོ་འདི་དག་ཀྱང་དོན་དམ་པར་ཡོད་མེད་གཉིས་ཀ་དང་གཉིས་མིན་གང་དུ་མི་སྐྱེའོ། །"①ཞེས་གསུངས་པ་ལྟར་དུ་གནང་བ་ལ་བརྟོས་ན། ཁོང་གི་རྒྱུ་འབྲས་གཉིས་ཀ་ལ་དཔྱོད་པ་མཐའ་བཞི་སྐྱེ་འགོག་གི་གཏན་ཚིགས་ཞེས་པའི་དོན་ཚན་དེའི་བརྗོད་དོན་བབས་ས་འབྲས་བུ་ལ་དཔྱོད་པ་ཡོད་མེད་སྐྱེ་འགོག་གི་གཏན་ཚིགས་ཞེས་པའི་དོན་ཚན་དང་གཅིག་ཏུ་མི་འགྱུར་ཏམ་སྙམ་སྟེ། མ་གཞི་རྒྱུ་ལ་དཔྱོད་པ་རྡོ་རྗེ་གཟེགས་མའི་གཏན་ཚིགས་ཀྱི་ཁྱད་པར་འགོག་པ་མཐའ་བཞི་སྐྱེ་འགོག་གི་གཏན་ཚིགས་དང་། མཐའ་བཞི་སྐྱེ་འགོག་དང་ཡོད་མེད་སྐྱེ་འགོག་ཅེས་སོགས་སུ་འབྱེད་པ་ཡོད་ལ། དེ་གསུམ་གྱི་སྟེང་དུ་མུ་བཞི་སྐྱེ་འགོག་གི་རིགས་པ་བསྣན་ཏེ། ཆོས་བདག་འགོག་པའི་རིགས་པ་བཞི་ཞེས་པ་གྲུབ་པ་ཡིན་ཚུལ་གསུངས་ཀྱང་། གྲུབ་མཐའ་ཆེན་མོར། "མཐའ་བཞི་དང་ཡོད་མེད་སྐྱེ་འགོག་ཅིག་ཅར་བཤད་པ་ནི། གཞན་ལས་སྐྱེ་ན་ཡོད་མེད་གཉིས་མིན་ཀྱང་། །ཡོད་ལ་ཅི་དགོས་མེད་ལ་བྱ་བྱེད་བྲལ། །གཉིས་ཡིན་དེས་བསལ་གཉིས་བྲལ་ལ་དེས་ཅི། །"②ཞེས་དེ་གཉིས་ཅིག་ཅར་དུ་འཆད་པ་ལ་དགོས་པ་ཆེར་ཡོད་ངེས་པས། ཞུ་བྱུག་ནས་དེ་གཉིས་ལ་གཅིག་འབྲས་བུ་ལ་དཔྱོད་པ་དང་། གཅིག་ལ་རྒྱུ་འབྲས་གཉིས་ཀ་ལ་དཔྱོད་པ་ཞེས་ཁྱད་པར་ཕྱེ་བ་ལ་དཔྱད། རིགས་པ་འདིའི་ཁུངས་ཇི་ལྟ་བུ་ཡིན་ནམ་ཞེ་ན། དཔལ་མགོན་

①ཞུ་བྱུག སངས་རྒྱས་ཆོས་ལུགས་ཀྱི་སྤྱི་དོན་གསར་དཔྱད། མི་རིགས་དཔེ་སྐྲུན་ཁང་། ༢༠༠༢ལོའི་དཔར་གཞི། ཤ༢༤༧

②ཀུན་མཁྱེན་འཇམ་དབྱངས་བཞད་པ། གྲུབ་མཐའི་རྣམ་བཤད་རང་གཞན་ཀུན་དང་ཟབ་དོན་མཆོག་ཏུ་གསལ་བ་ཀུན་བཟང་ཞིང་གི་ཉི་མ་ལུང་རིགས་རྒྱ་མཚོ་སྐྱེ་དགུའི་རེ་བ་ཀུན་སྐོང་། མཚོ་སྔོན་ནང་བསྟན་རིག་གནས་སྒྱུ་རྩལ་ཞབས་ཞུ་ལྟེ་གནས་ཞབས་ཞུ་ཁང་། ཤ༥༩༨

འཕགས་པ་ཀླུ་སྒྲུབ་ཞབས་ཀྱིས། “བདག་ལས་མ་ཡིན་གཞན་ལས་མིན། །གཉིས་ལས་མ་ཡིན་རྒྱུ་མེད་མིན། །དངོས་པོ་གང་དག་གང་ན་ཡང་། །སྐྱེ་བ་ནམ་ཡང་ཡོད་མ་ཡིན། །”①ཞེས་གསུངས་པ་དང་། དཔལ་ལྡན་ཟླ་བའི་དབུ་མ་འཇུག་པ་ལས། “དེ་ཉིད་དེ་ལས་འབྱུང་མིན་གཞན་ལས་ལྟ་ག་ལ་ཞིག །གཉིས་ཀ་ལས་ཀྱང་མ་ཡིན་རྒྱུ་མེད་པར་ནི་ག་ལ་ཡོད། །”②ཅེས་གསུངས་པ་གཉིས་ཀའི་དོན་ལ་དངོས་པོ་རྣམས་བདག་ལས་སྐྱེ་བ་མ་ཡིན་པ་དང་། གཞན་ལས་སྐྱེ་བ་མ་ཡིན་པ། བདག་གཞན་གཉིས་ཀ་ལས་སྐྱེ་བ་མ་ཡིན་པ། རྒྱུ་མེད་ལས་སྐྱེ་བ་མ་ཡིན་པར་ནན་གྱིས་བསྒྲུབས་ནས། དངོས་པོ་རྣམས་རང་བཞིན་གྱིས་སྐྱེ་བ་མེད་པ་ཤེས་སུ་འཇུག་པ་ཡིན། རྒྱུ་མཚན་ནི་དངོས་པོ་རྣམས་རང་བཞིན་གྱིས་སྐྱེ་བ་ཡིན་ན། སྐྱེ་ཚུལ་བཞི་པོ་གང་རུང་ལས་མ་འདས་ཏེ། དངོས་པོ་རང་བཞིན་གྱིས་སྐྱེ་བ་ལ་རྒྱུ་ཡོད་མེད་གཉིས་སུ་ངེས་ཤིང་། རྒྱུ་ཡོད་པ་ཡིན་ན་རྒྱུ་བདག་གཞན་རེ་རེ་ལས་སྐྱེ་བ་དང་། གཉིས་ཀ་ལས་སྐྱེ་བར་ཐུག་དགོས་པ་དང་། རྒྱུ་མེད་ན་རྒྱུ་མེད་ལས་སྐྱེ་བ་ལ་ཐུག་དགོས་པས་དམ་དུ་བཅའ་བ་བཞི་ལས་མ་འགལ་བའི་ཕྱིར། དམ་བཅའ་བའི་རིགས་པ་འདི་ཡིས་རང་གཞན་སྡེ་པས་སྐྱེ་ཚུལ་བཞི་པོ་གང་རུང་འཐད་པར་འཛིན་པའི་ཕྱོགས་རྣམས་དགག་པར་བྱེད་པ་ཡིན།

---

①དཔལ་མགོན་འཕགས་པ་ཀླུ་སྒྲུབ་དང་ཀུན་མཁྱེན་གོ་རམས་པ་བསོད་ནམས་སེང་གེ། དབུ་མ་རྩ་བ་ཤེས་རབ་ཀྱི་རྩ་འགྲེལ། སི་ཁྲོན་མི་རིགས་དཔེ་སྐྲུན་ཁང་། ༢༠༠༨ལོའི་ཟླ་༧པར་དཔར་ཐེངས་གཉིས་པ། ཤ༧

②སློབ་དཔོན་ཟླ་བ་གྲགས་པ། དབུ་མ་འཇུག་པའི་རང་འགྲེལ། སེར་གཙུག་ནང་བསྟན་དཔེ་སྐྲིང་འཚོལ་བསྡུ་ཕྱོགས་སྒྲིག་ཁང་། བོད་ཕྲེང་བརྒྱ་དང་ང་དྲུག ཤ༨༢

(༡) བདག་སྐྱེ་འགོག་པ།

ཕྱི་རོལ་གྲངས་ཅན་པའི་ལུགས་ལ། ས་བོན་དང་མྱུ་གུ་གཉིས་ལ་མཚོན་ན། ས་བོན་གྱི་དུས་སུ་མྱུ་གུའི་ངོ་བོ་མངོན་པར་མ་གསལ་བའི་ཚུལ་གྱིས་ཡོད་པར་འདོད་ཅིང། ས་བོན་དེ་ནམ་ཞིག་རྐྱེན་དང་འཕྲད་པ་ན་རང་གི་ངོ་བོ་གསལ་བར་གྱུར་པ་ཡིན་པར་འདོད། ཕྱིར་སྐྱེ་བ་ཞེས་བརྗོད་ཚེ་སྔ་ན་མེད་པ་ཞིག་གསར་དུ་སྐྱེས་པ་ཞིག་དགོས་མོད། གྲངས་ཅན་གྱིས་རྒྱུའི་དུས་ནས་འབྲས་བུའི་ངོ་བོ་ཡོད་ཅེས་རྣམ་པ་མི་འདྲ་བ་ཙམ་ལས་དོན་དུ་ས་བོན་དང་མྱུ་གུ་གཉིས་ངོ་བོ་གཅིག་ཡིན་པར་བཤད་པ་དེས། རང་གི་ངོ་བོ་ཡོད་བཞིན་པ་ལས་རང་གི་ངོ་བོ་སྐྱེས་པ་ཞེས་པའི་དོན་དུ་གྱུར་བས། དེ་ལྟ་བུ་ནི་བདག་སྐྱེ་ཡིན་ཞིང་དགག་བྱ་ཡང་ཡིན་ནོ། །འགོག་པའི་རིགས་པ་ནི། རྗེ་བླ་མའི་རྣམ་བཤད་རིགས་པའི་རྒྱ་མཚོ་ལས། "དེ་འགོག་པ་ན་སྐྱེ་བ་དོན་མེད་དུ་ཐལ་བས་འགོག་པ་ནི་མྱུ་གུ་ལ་སོགས་པ་རྣམས་སླར་ཡང་སྐྱེ་བ་དོན་མེད་པར་འགྱུར་ཏེ་རང་གི་བདག་ཉིད་ཐོབ་ཟིན་པའི་ཕྱིར་རོ། །སྐྱེ་བ་ནི་རང་གི་བདག་ཉིད་ཐོབ་པའི་དོན་དུ་ཡིན་ན་དེ་ཐོབ་ཟིན་ནས་སླར་ཡང་སྐྱེ་ན་དགོས་པ་མེད་དོ། །གལ་ཏེ་རང་གི་བདག་ཉིད་ཐོབ་ཟིན་ཀྱང་སྐྱེ་དགོས་པ་མི་འགལ་ལོ་ཞེ་ན། ཐུག་མེད་དུ་ཐལ་བས་འགོག་པ་ནི། དེ་ལྟ་ན་མྱུ་གུ་ལ་སོགས་པ་དེ་ནམ་ཡང་སླར་མི་སྐྱེ་བར་མི་འགྱུར་ཏེ། གྲུབ་ཟིན་ཀྱང་ཡང་སྐྱེ་དགོས་པའི་ཕྱིར་རོ། །"① ཞེས་གསུངས་པའི་དོན་གནད་ནི།

---

①རྗེ་ཙོང་ཁ་པ་ཆེན་པོ། དབུ་མ་རྩ་བའི་ཚིག་ལེའུར་བྱས་པ་ཤེས་རབ་ཅེས་བྱ་བའི་རྣམ་བཤད་རིགས་པའི་རྒྱ་མཚོ། སེར་གཙུག་ནང་བསྟན་དཔེ་སྐྲིང་འཚོལ་བསྡུ་ཕྱོགས་སྒྲིག་ཁང་། གངས་ཅན་ཁྱད་ནོར་དཔེ་ཚོགས་པོད་ཕྲེང་བཅོ་བརྒྱད་པ། ཤ༨༥

སྐྱེ་བའི་མྱུ་གུ་དེ་རང་གི་བདག་ཉིད་ལས་སླར་ཡང་སྐྱེ་བ་དོན་མེད་པ་ཡིན་ཏེ། མྱུ་གུ་རང་གི་ངོ་བོ་ཡོད་པ་ཉིད་ སྔར་རང་གི་རྒྱུའི་དུས་ནས་ཐོབ་ཟིན་པའི་ཕྱིར་ཞེས་དང་། གལ་ཏེ་བདག་ཉིད་ཐོབ་ཟིན་ཀྱང་སླར་ཡང་སྐྱེ་ཟེར་བ་དེར་སྐྱོན་མེད་ཅེ་ན། ས་བོན་གྱི་རིགས་འདྲ་ཕྱི་མ་བདག་ཉིད་ཕྱི་མ་སྲིད་པའི་མཐར་ཐུག་པའི་བར་དུ་ཆད་མེད་དུ་སྐྱེ་བར་ཐལ་བའི་སྐྱོན་ཡོད་པ་ཡིན། རྒྱུ་མཚན་ནི་སྐྱེ་བ་ནི་རང་གི་བདག་ཉིད་དམ་རང་གི་ངོ་བོ་མི་འདྲ་བ་གང་ཡིན་པ་ཐོབ་པའི་དོན་དུ་ཡིན་པའི་ཕྱིར་ཞེས་པའི་དོན་ནོ། །

དེ་བཞིན་དུ། མིག་ཤེས་ཀྱིས་གཟུགས་མཐོང་ལྟ་བུ་ཡང་། བདག་སྐྱེ་མིན་ཏེ་གཞན་ལ་བལྟོས་པ་ལས་སྐྱེ་བ་ཡིན་པ་མངོན་སུམ་དུ་ཤེས་ཐུབ་པས་དང་། མིག་ཤེས་སྐད་ཅིག་གཉིས་པ་བདག་ཉིད་གཅིག་ཏུ་ཡང་བསྐྱེད་པ་མིན་ཏེ། དེ་འདྲ་ཡིན་ན་མིག་ཤེས་སྐད་ཅིག་གཉིས་པ་རང་ཉིད་གྲུབ་ཟིན་པ་གཅིག་ལས་བསྐྱེད་དམ་ཡང་ན་མ་གྲུབ་པ་ཞིག་ལས་བསྐྱེད། གལ་ཏེ་གྲུབ་ཟིན་པ་ཞིག་ལས་བསྐྱེད་ན་བསྐྱེད་པ་དགོས་མེད་དུ་ཐལ་བ་དང་། གལ་སྲིད་མིག་ཤེས་སྐད་ཅིག་གཉིས་པ་རང་ཉིད་མ་གྲུབ་པ་ཞིག་ལས་བསྐྱེད་པ་ཡིན་ན། རང་ཉིད་མ་གྲུབ་པ་ཞིག་ལས་ཇི་ལྟར་བསྐྱེད་པར་ནུས་སམ་①ཞེས་སོགས་ཀྱི་དཔེ་ལ་ལུང་ཡང་མང་དུ་འདྲེན་རྒྱུ་འདུག་པས། སྐབས་འདིར་དགོས་གལ་ཆེར་མ་མཐོང་བས་བསྐྱུངས་པའོ། །

(༢) གཞན་སྐྱེ་འགོག་པ།

རྗེ་བཙུན་བློ་བཟང་ནོར་བུས། "གཞན་སྐྱེ་འདོད་མཁན་ནི་བྱེ་བྲག་པ་སོགས

---

①རྗེ་བཙོན་དྭ་ར་ནཱ་ཐ། དབུ་མ་ཐེག་མཆོག མི་རིགས་དཔེ་སྐྲུན་ཁང་། ༢༠༠༧ལོར་བསྐྲུན། ཤ༢༨༣ ནང་དཔེ་འདི་བཞིན་གསལ།

གཞན་སྟེ་ཕལ་ཆེར་དང་། རང་རྒྱུད་པ་མན་ཆད་ཀྱི་རང་སྡེ་རྣམས་ཡིན་ལ། དེ་ཡང་གཞན་སྐྱེ་ནི་རྒྱུ་གཞན་ལས་འབྲས་བུ་གཞན་སྐྱེ་བ་ཙམ་མིན་གྱི། རང་གི་མཚན་ཉིད་ཀྱིས་གྲུབ་པའི་རྒྱུ་གཞན་ལས་རང་གི་མཚན་ཉིད་ཀྱིས་གྲུབ་པའི་འབྲས་བུ་གཞན་སྐྱེ་བ་ལ་བྱ་དགོས་ལ། དེ་ལྟར་ན་རྒྱུ་འབྲས་གཉིས་ཕན་ཚུན་འབྲེལ་བ་གཏན་ནས་མེད་པའི་ལྟོས་མེད་གཞན་ཡིན་དགོས་ལ་"①ཞེས་དང་། མཁས་གྲུབ་རྗེས། "དབུ་མ་རང་རྒྱུད་པ་མན་ཆད་གཞན་སྐྱེ་ཁས་ལེན་པ་ཐམས་ཅད་ཀྱང་རྒྱུ་འབྲས་རྫས་གཞན་ཡིན་པར་ཁས་ལེན་གྱི་རྒྱུ་འབྲས་ལྟོག་པ་དོན་གཞན་ཡིན་པ་ཙམ་གྱིས་གཞན་སྐྱེ་ཡིན་པར་ཁས་ལེན་པ་སུ་ཡང་མེད་དོ། །"②ཞེས་གསུངས་པ་ལྟར་དུ། རྒྱུ་དང་འབྲས་བུའི་སྐབས་སོ་སོའི་རྒྱུ་འབྲས་གཉིས་གཅིག་ལ་གཅིག་མི་བལྟོས་པའི་འབྲེལ་མེད་དོན་གཞན་གྱི་དོན་ཡིན་ཞིང་། དེ་ལྟར་ན་རྒྱུ་ཡིན་མིན་ཐམས་ཅད་ལས་འབྲས་བུ་ཡིན་མིན་ཐམས་ཅད་སྐྱེ་བར་ཐལ་བའི་སྐྱོན་ཡོད་པ་ཡིན་ཏེ། དཔེར་ན། སོལ་བ་ལས་ཀྱང་མྱུ་གུ་སྐྱེ་བར་འགྱུར་བ་ལྟ་བུའི་སྐྱོན་ཡོད་པ་ཡིན་ནོ། །རྩ་ཤེ་ལས། "རྒྱུ་དང་འབྲས་བུ་གཞན་ཡིན་ན། །རྒྱུ་དང་རྒྱུ་མིན་མཚུངས་པར་འགྱུར། །ཞེས་དང་། འགྲེལ་པ་རྣམ་བཤད་རིགས་པའི་རྒྱ་མཚོ་ལས། དེ་ཡི་ཕྱིར་ས་བོན་མྱུ་གུ་ལས་རང་གི་ངོ་བོ་ཐ་དད་པའི་དང་ཚུལ་དང་སོལ་བ་ལས་ཐ་དད་པའི་དང་ཚུལ་མཚུངས་ན་དེ་གཉིས་ལས་མྱུ་གུ་སྐྱེ་མི་སྐྱེ

①རྗེ་བཙུན་བློ་བཟང་ནོར་བུ། གྲུབ་མཐའི་རྣམ་གཞག་གསལ་བར་བཤད་པ་ཐུབ་བསྟན་རིན་པོ་ཆེ་གསལ་བའི་སྒྲོན་མེ། བོད་ལྗོངས་བོད་ཡིག་དཔེ་རྙིང་དཔེ་སྐྲུན་ཁང་། ༢༠༠༨ལའི་ཟླ་༦། ཤ༣༨༥

②མཁས་གྲུབ་དགེ་ལེགས་དཔལ་བཟང་། དབུ་མའི་བསྟན་བཅོས་ཆེན་པོ་སྟོང་ཐུན་སྐལ་བཟང་མིག་འབྱེད། སེར་གཙུག་ནང་བསྟན་དཔེ་རྙིང་འཚོལ་བསྡུ་ཕྱོགས་སྒྲིག་ཁང་། གངས་ཅན་ཁྱད་ནོར་པོད་ཕྲེང་༥༧ ཤ༣༢༨

ཡང་མཚུངས་པ་ཡིན་ཏེ། འཇུག་པ་ལས། ཐམས་ཅད་ལས་ཀྱང་ཐམས་ཅད་སྐྱེ་བར་འགྱུར་ཏེ་གང་གི་ཕྱིར། །སྐྱེད་པར་བྱེད་པ་མ་ཡིན་མ་ལུས་ལ་ཡང་གཞན་ཉིད་མཚུངས། །ཞེས་གསུངས་ཤིང་། གང་དག་རང་མཚན་ཉིད་ཀྱིས་སོ་སོ་བ། །དེ་དག་རྒྱུད་གཅིག་གཏོགས་པར་རིགས་མ་ཡིན། །ཞེས་རང་མཚན་གྱིས་གྲུབ་པའི་སོ་སོ་བ་ལ་རྒྱུད་གཅིག་པ་དང་རྒྱུ་འབྲས་བཀག་ཅིང་རང་མཚན་གྱིས་སོ་སོར་གྲུབ་པ་ལྟོས་པ་མི་རུང་བ་ལན་དུ་མར་གསུངས་སོ། །"①ཞེས་གསུངས་པ་ལྟར་དང་། འཇུག་པ་ལས། "གཞན་ལ་བརྟེན་ནས་གལ་ཏེ་གཞན་ཞིག་འབྱུང་བར་འགྱུར་ན་ནི། །འོ་ན་མེ་ལྕེ་ལས་ཀྱང་མུན་པ་མཐུག་པོ་འབྱུང་འགྱུར་ཞིང་། །ཐམས་ཅད་ལས་ཀྱང་ཐམས་ཅད་སྐྱེ་བར་འགྱུར་ཏེ་གང་གི་ཕྱིར། །སྐྱེད་པར་བྱེད་པ་མ་ཡིན་མ་ལུས་ལའང་གཞན་ཉིད་མཚུངས། །"②ཞེས་སོགས་གསུངས་པ་ཡང་། འབྲེལ་མེད་ཀྱི་ཆོས་གཞན་ཞིག་ལས་འབྲེལ་མེད་ཀྱི་ཆོས་གཞན་ཞིག་བསྐྱེད་པ་ཡིན་ན། ཆོས་རྣམས་གང་དང་ཅི་ཞིག་ལས་ཐམས་ཅད་སྐྱེ་བར་ནུས་པའི་ཁྱད་ཆོས་ཅན་ཞིག་ཏུ་འགྱུར་བར་ཐལ་བའི་སྐྱོན་ཡོད་ཚུལ་སོགས་གསལ་བར་བསྟན་པ་ལགས་སོ། །

(༣) བདག་གཞན་གཉིས་ཀ་ལས་སྐྱེ་བ་འགོག་པ།

གཉིས་ཀ་ལས་སྐྱེ་བ་འགོག་པ་ནི། "གཙོ་བོ་གཅེར་བུ་བས་འདོད་པའི་རིགས་

①རྗེ་ཙོང་ཁ་པ་ཆེན་པོ། དབུ་མ་རྩ་བའི་ཚིག་ལེའུར་བྱས་པ་ཤེས་རབ་ཅེས་བྱ་བའི་རྣམ་བཤད་རིགས་པའི་རྒྱ་མཚོ། སེར་གཙུག་ནང་བསྟན་དཔེ་རྙིང་འཚོལ་བསྡུ་ཕྱོགས་སྒྲིག་ཁང་། གངས་ཅན་ཁྱད་ནོར་དཔེ་ཚོགས་པོད་" ཕྲེང་བཅོ་བརྒྱད་པ། ༡༧༩

②སློབ་དཔོན་ཟླ་བ་གྲགས་པ། དབུ་མ་འཇུག་པའི་རང་འགྲེལ། སེར་གཙུག་ནང་བསྟན་དཔེ་རྙིང་འཚོལ་བསྡུ་ཕྱོགས་སྒྲིག་ཁང་། གངས་ཅན་ཁྱད་ནོར་དཔེ་ཚོགས་པོད་ཕྲེང་བརྒྱ་དང་ང་དྲུག ༡༥༨

པ་འགག་པ་ཡིན་ཏེ། གཅེར་བུ་བས་རྫ་བུམ་འཛིམ་པའི་བདག་ཉིད་དུ་ཡོད་པ་སྐྱེ་བ་འཛིམ་པ་ལ་ལྟོས་ཏེ་བདག་སྐྱེ་དང་རྫ་མཁན་དང་འཁོར་ལོ་ལ་སོགས་པ་ལ་ལྟོས་ཏེ་གཞན་སྐྱེ་དང་། མཆོད་སྦྱིན་ཚེ་རབས་སྔ་མའི་སྲོག་གི་བདག་ཉིད་དུ་ཡོད་པ་སྐྱེ་བས་སྲོག་ལ་ལྟོས་ཏེ་བདག་སྐྱེ་དང་ཕ་མ་དང་ལས་ལ་སོགས་པ་ལ་ལྟོས་ཏེ་གཞན་སྐྱེར་འདོད་པ་ཡིན་པའོ། །"①བདག་ལས་སྐྱེ་བའི་ཆ་བདག་སྐྱེ་འགོག་པའི་རིགས་པས་ཁེགས་པ་དང་། གཞན་ལས་སྐྱེ་བའི་ཆ་གཞན་སྐྱེ་འགོག་པའི་རིགས་པས་ཁེགས་པས། བདག་གཞན་གཉིས་ཀ་ལས་སྐྱེ་བར་འདོད་པ་ཡང་ཤུགས་ལ་ཁེགས་པར་གྱུར་པ་ཡིན་ཏེ། དཔེར་ན། སྔོན་པོ་དང་། སེར་པོ། དམར་པོ་གསུམ་ཁེགས་པ་ན། དེ་གསུམ་འདུས་པའི་ཁྲ་བོ་ཤུགས་ལ་ཁེགས་པ་བཞིན་ནོ། །འཇུག་པ་ལས། "གཉིས་ལས་སྐྱེ་བའང་རིགས་པའི་ངོ་བོ་མ་ཡིན་གང་གི་ཕྱིར། །བཤད་ཟིན་ཉེས་པ་དེ་དག་ཐོག་ཏུ་འབབ་པའི་ཡིན་ཕྱིར་རོ། །འདི་ནི་འཇིག་རྟེན་ལས་མིན་དེ་ཉིད་དུ་ཡང་འདོད་མིན་ཏེ། །གང་ཕྱིར་རེ་རེ་ལས་ནི་སྐྱེ་བ་འགྲུབ་པ་ཡོད་མ་ཡིན། །"②ཞེས་གསུངས་པ་ལྟར་དང་། དེ་བཞིན་དུ། རྗེ་བཙུན་ཏཱ་ར་ནཱ་ཐས། "གཞན་ཡང་བདག་གཞན་གཉིས་ཀ་ལས་སྐྱེ་ན། རང་དབང་ཅན་བདེན་པའི་སྐྱེ་བ་མ་ཡིན་པར་ལྟོས་ནས་གྲུབ་པའི་སྐྱེ་བར་འགྱུར་ཏེ། བདག་གཞན་གཉིས་པོ་ཕན་ཚུན་དུ་ལྟོས་པ་ལ་བརྟེན་ནས་སྐྱེ

①རྗེ་ཙོང་ཁ་པ་ཆེན་པོ། དབུ་མ་རྩ་བའི་ཚིག་ལེའུར་བྱས་པ་ཤེས་རབ་ཅེས་བྱ་བའི་རྣམ་བཤད་རིགས་པའི་རྒྱ་མཚོ། སེར་གཙུག་ནང་བསྟན་དཔེ་རྙིང་འཚོལ་བསྡུ་ཕྱོགས་སྒྲིག་ཁང་། གངས་ཅན་ཁྱད་ནོར་དཔེ་ཚོགས་པོད་ཕྲེང་བཅོ་བརྒྱད་པ། ཤ༧༧

②མངོན་རྟོགས་རྒྱན་དང་དབུ་མ་འཇུག་པའི་རྩ་བ། སི་ཁྲོན་མི་རིགས་དཔེ་སྐྲུན་ཁང་། ༡༩༨༨ལོའི་ཟླ༩ ཤ༡༠༣

བ་ཡིན་པའི་ཕྱིར་རོ། །”①ཞེས་བདག་གཞན་གཉིས་ལས་སྐྱེ་བ་ཡོད་གྱུར་ནའང་རང་བཞིན་དུ་མེད་པའི་སྐྱེ་བ་ལས་མ་འདས་པ་ཡིན་ལུགས་ནན་བཤད་ཀྱི་ཚུལ་དུ་གསུངས་སོ། །

(༤) རྒྱུ་མེད་ལས་སྐྱེ་བ་འགོག་པ།

རྒྱུ་མེད་ལ་སྐྱེ་བར་སྨྲ་བ་ནི་གྲངས་ཅན་ལས་གྱེས་ཉེར་ལྔ་ཡོད་པའི་གཅིག་ལ་བརྟེན་ནས་དྲང་སྲོང་འཇིག་རྟེན་མིག་ཅེས་སུ་འབོད་པས་རང་གི་ལོག་པར་སྤྱོད་པ་ལ་དམིགས་ནས་རྒྱང་འཕེན་པའི་གཞུང་ལུགས་འབུམ་ཕྲག་ཅིག་བརྩམས་པ་དེའི་རྗེས་སུ་འབྲངས་པ་རྣམས་ཡིན། དེས་དངོས་པོ་རྣམས་རྒྱུ་མེད་ལས་སྐྱེ་བར་བཀྲལ་ཞིང་། དཔེར་ན། རང་རང་གི་ཡིད་ཀྱི་རྣམ་པར་ཤེས་པ་ནི་ཚེ་འདིའི་ལུས་པོ་ལས་གློ་བུར་དུ་བྱུང་བར་འདོད་པ་སོགས་རྒྱུ་མེད་པ་ལས་འབྲས་བུ་ཡོང་བའི་རྣམ་གཞག་བྱེད་པ་ཡིན། དེ་འགོག་པ་ལ། འཇུག་པ་ལས། “གལ་ཏེ་རྒྱུ་མེད་པོ་ནར་སྐྱེ་བར་ལྟ་ཞིག་འགྱུར་ན་ནི། །དེ་ཚེ་མཐའ་དག་རྟག་ཏུ་ཐམས་ཅད་ལས་ཀྱང་སྐྱེ་འགྱུར་ཞིང་། །འབྲས་འབྱུང་ཆེད་དུ་འཇིག་རྟེན་འདི་ཡི་ས་བོན་ལ་སོགས་ནི། །བརྒྱ་ཕྲག་དག་གི་སྒོ་ནས་སྡུད་པར་བྱེད་པ་ཡང་མི་འགྱུར། །”②ཞེས་གསུངས་པ་ལྟར་དུ། རྒྱུན་པར་འཇིག་རྟེན་གྲགས་དབང་དང་མཐོང་ཆོས་སུ་ཡུལ་དུས་རང་བཞིན་ངེས་པའི་དངོས་པོ་སྣ་ཚོགས་པ་སྐྱེ་བ་རྣམས་ཏེ། དཔེར་ན། ནས་ཀྱི་ས་བོན་ལས་ནས་ཀྱི་མྱུ་གུ་ལྟ་བུ་ཙམ་མིན་པར། སྲན་

①རྗེ་བཙུན་ཏཱ་ར་ནཱ་ཐ། དབུ་མ་ཐེག་མཆོག མི་རིགས་དཔེ་སྐྲུན་ཁང་། ༢༠༠༧ལོར་དཔར་བཏབ། ཤ༢༩༥

②མངོན་རྟོགས་རྒྱན་དང་དབུ་མ་འཇུག་པའི་རྩ་བ། སི་ཁྲོན་མི་རིགས་དཔེ་སྐྲུན་ཁང་། ༡༩༨༨ལོའི་ཟླ༩ ཤ༨༥

མའི་ས་བོན་ལས་ཀྱང་ནས་ཀྱི་མྱུ་གུ་སྐྱེ་སྲིད་པ་སོགས། མདོར་ན་དངོས་པོ་གཅིག་ལས་དངོས་པོ་ཐམས་ཅད་སྐྱེ་ཡང་སྲིད་པ་དང་། དེ་བཞིན་ནས་ཀྱི་ས་བོན་ལ་ནས་ཀྱི་མྱུ་གུ་སྐྱེ་བའི་ཆེད་དུ་རེ་བ་བྱེད་པ་དང་། མཐུན་རྐྱེན་སྣ་ཚོགས་སྦྱོར་བ་སོགས་ཚང་མ་དོན་མེད་ཀྱི་བཀྱི་བ་འབབ་ཞིག་ཡིན་པར་ཐལ་བའི་སྐྱོན་སྣ་ཚོགས་ཡོད་པ་ཡིན། རྗེ་བཙུན་ཏཱ་ར་ནཱ་ཐས། "རྒྱུ་མེད་ལས་སྐྱེ་བ་ནི། འཇིག་རྟེན་གྱི་གྲགས་པས་ཀྱང་གནོད་པ་ཡིན་ཏེ། གང་ཅི་ཡང་བྱུང་བའི་དངོས་པོ་ཐམས་ཅད་རང་རང་གི་རྒྱུ་ལས་སྐྱེ་བར་ཀུན་དུ་གྲགས་པའི་ཕྱིར་རོ། །"①ཞེས་གསུངས་སོ། །

དེ་ལྟར་ཕྱི་ནང་གི་དངོས་པོ་ཐམས་ཅད་མཐའ་བཞི་གང་བྱུང་ལས་མི་སྐྱེ་བ་བསྒྲུབས་པ་ཡིས། རང་བཞིན་གྱིས་སྐྱེ་བ་མེད་པ་རིགས་པས་གྲུབ་པའོ། །རྗེ་བཙུན་བློ་བཟང་ནོར་བུས། "མཐའ་བཞིའི་སྐྱེ་བ་བཀག་པ་ནི་རང་བཞིན་གྱིས་སྐྱེ་བ་བཀག་པ་ཡིན་གྱི། ཐ་སྙད་ཙམ་གྱི་སྐྱེ་བ་བཀག་པ་མིན་ཏེ། ཐ་སྙད་ཙམ་གྱི་སྐྱེ་བ་ལ་མཐའ་བཞིའི་སྐྱེ་བ་གང་བྱུང་ཡིན་མི་དགོས་པའི་ཕྱིར། དེར་མ་ཟད། ཐ་སྙད་དུ་མྱུ་གུ་སོགས་རྒྱུ་རྐྱེན་ལ་བརྟེན་ནས་སྐྱེ་བའི་རྟེན་འབྱུང་ཡིན་པ་ཉིད་ཀྱིས་མཐའ་བཞི་ལས་མི་སྐྱེ་བ་དང་། བཏགས་དོན་བཙལ་ན་མཐའ་བཞི་ལས་མི་སྐྱེ་བ་ཉིད་ཀྱིས་ཐ་སྙད་ཙམ་དུ་བརྟེན་ནས་སྐྱེ་བར་གྲུབ་བོ། །"②ཞེས་གསུངས་ལ། ལྕང་སྐྱ་རོལ་པའི་རྡོ་རྗེས་ཀྱང་། "དེ་ལྟར་མཐའ་བཞིའི་སྐྱེ་བ་བཀག་པས་ཀྱང་རང་གི་མཚན་ཉིད་ཀྱིས་སྐྱེ་བ་

①རྗེ་བཙུན་ཏཱ་ར་ནཱ་ཐ། དབུ་མ་ཐེག་མཆོག མི་རིགས་དཔེ་སྐྲུན་ཁང་། ༢༠༠༧ལོའི་དཔར་གཞི། ཤ༢༨༥

②རྗེ་བཙུན་བློ་བཟང་ནོར་བུ། གྲུབ་མཐའི་རྣམ་གཞག་གསལ་བར་བཤད་པ་ཐུབ་བསྟན་རིན་པོ་ཆེ་གསལ་བའི་སྒྲོན་མེ། བོད་ལྗོངས་བོད་ཡིག་དཔེ་རྙིང་དཔེ་སྐྲུན་ཁང་། ༢༠༠༨ལོའི་ཟླ་༨ ཤ༣༨༧

ཁེགས་པར་འགྱུར་གྱི་ཐ་སྙད་ཙམ་དུ་སྐྱེ་བ་འགོག་པ་མ་ཡིན་ཏེ། ཐ་སྙད་ཙམ་དུ་སྐྱེ་བ་ལ་མཐའ་བཞིའི་སྐྱེ་བ་གང་རུང་ཡིན་མི་དགོས་པའི་ཕྱིར་རོ། །ཞེས་དང་། སློབ་དཔོན་སངས་རྒྱས་བསྐྱངས་ཀྱི་འགྲེལ་པ་བུདྡྷ་པཱ་ལི་ཏ་ལས། དེའི་ཕྱིར་སྐྱེ་བ་མེད་པས་སྐྱེབར་བརྗོད་པ་ནི་ཐ་སྙད་ཙམ་ཡིན་ནོ། །"①ཞེས་ལུང་དང་བཅས་ཏེ་གསུངས་སོ། །ཐ་སྙད་ཙམ་དུ་སྐྱེ་བ་ཡོད་གསུངས་པ་ནི་རང་བཞིན་གྱིས་སྟོང་པའི་སྐྱེ་བ་ཡོད་ཟེར་བ་ཡིན་འདུག་སྟེ། མཁས་གྲུབ་རྗེས། "དེ་ལྟར་མཐའ་བཞིའི་སྐྱེ་བ་འགོག་པའི་རིགས་པ་མང་དུ་གསུངས་པ་ཐམས་ཅད་ཀྱང་མཐར་གཏུགས་ན་ཕྱི་ནང་གི་དངོས་པོ་མཐའ་དག་རང་རང་གི་རྒྱུ་རྐྱེན་ལ་བརྟེན་ནས་འབྱུང་བ་ཉིད་ཀྱི་རྟགས་ཀྱིས་དངོས་པོ་རྣམས་རང་གི་མཚན་ཉིད་ཀྱིས་གྲུབ་པ་འགོག་པའི་རྟེན་འབྲེལ་གྱི་གཏན་ཚིགས་ལ་རག་ལས་པ་ཡིན་ཏེ། འཇུག་པ་ལས། གང་ཕྱིར་དངོས་པོ་བརྟེན་ནས་རབ་འབྱུང་བས། །རྟོག་པ་འདི་དག་བརྟག་པར་མི་ནུས་པ། །དེ་ཕྱིར་རྟེན་འབྱུང་རིགས་པ་འདི་ཡིས་ནི། །ལྟ་ངན་དྲ་བ་མཐའ་དག་གཅོད་པར་བྱེད། ཅེས་གསུངས་པ་ལྟར་རོ། །"②ཞེས་གསུངས་པ་ལས། མཐའ་བཞི་སྐྱེ་བ་འགོག་པའི་རིགས་པ་འདིས་འདུས་བྱས་རྟེན་ཅིང་འབྲེལ་འབྱུང་ཡིན་པར་རིགས་པས་གསལ་བར་བྱེད་པའི་གྲོགས་བྱེད་པ་ཡིན་ཞིང་། འདུས་བྱས་རང་བཞིན་གྱིས་མ་གྲུབ་པ་གསལ་བར་བྱེད་པ་

①ལྕང་སྐྱ་རོལ་པའི་རྡོ་རྗེ། གྲུབ་མཐའ་ཐུབ་བསྟན་ལྷུན་པོའི་མཛེས་རྒྱན། ཀྲུང་གོའི་བོད་ཀྱི་ཤེས་རིག་དཔེ་སྐྲུན་ཁང་། ༡༩༨༩ལོའི་ཟླ་༤ ཤ༢༩༤ནས་༢༩༧ལ་གསལ།

②མཁས་གྲུབ་དགེ་ལེགས་དཔལ་བཟང་། དབུ་མའི་བསྟན་བཅོས་ཆེན་པོ་སྟོང་ཐུན་སྐལ་བཟང་མིག་འབྱེད། སེར་གཙུག་ནང་བསྟན་དཔེ་རྙིང་འཚོལ་བསྡུ་ཕྱོགས་སྒྲིག་ཁང་། གངས་ཅན་ཁྱད་ནོར་དཔེ་ཚོགས་པོད་ཕྲེང་ང་གཅིག་པ། ཤ༣༢༧

དམིགས་པ་མཐར་ཐུག་ཡིན་ལ། རིགས་པའི་རྒྱལ་པོ་རྟེན་འབྲེལ་ཡིན་ཞེས་པ་ཡང་ང་ཚོས་ཕྱོགས་འདི་ནས་བསམ་གཞིག་ཙུང་ཞིག་བྱེད་ཐུབ་སྟེ། མཐའ་བཞིའི་སྐྱེ་བ་བྲལ་བའི་རིགས་པའི་ཉིང་དགོས་ནི་ཆོས་རྣམས་རྒྱུ་དང་རྐྱེན་ལས་གྲུབ་པའི་རྟེན་འབྲེལ་གྱི་གནས་ལུགས་གསལ་བར་བྱེད་སྣད་ཡིན་པས་སོ། །

༢ རིགས་པ་གཞན་གཉིས་རགས་ཙམ་བཤད་པ།

(༡) ཡོད་མེད་སྐྱེ་འགོག་གི་རིགས་པ།

ཡོད་མེད་སྐྱེ་འགོག་གི་རིགས་པ་ཞེས་པ་ནི། ལྕང་སྐྱ་རོལ་པའི་རྡོ་རྗེས། "རྒྱུས་འབྲས་བུ་རང་བཞིན་གྱིས་ཡོད་པ་མི་བསྐྱེད་དེ། རང་བཞིན་གྱིས་ཡོད་པ་ལ་རྐྱེན་གྱིས་དགོས་པ་མེད་པའི་ཕྱིར་རོ། །འབྲས་བུ་མེད་པའང་མི་བསྐྱེད་དེ། མེད་པ་ལ་རྐྱེན་གྱིས་བྱར་མེད་པའི་ཕྱིར་རོ། །འབྲས་བུ་ཡོད་མེད་གཉིས་ཀའང་མི་བསྐྱེད་དེ། །དེ་གཉིས་ཚོགས་པ་མི་སྲིད་པའི་ཕྱིར་རོ། །ཡོད་མེད་གཉིས་ཀ་དང་བྲལ་བའང་རྐྱེན་གྱིས་བསྐྱེད་པ་མ་ཡིན་ཏེ། དེ་གཉིས་གང་ཡང་མ་ཡིན་པ་མི་སྲིད་པའི་ཕྱིར་རོ། །"①ཞེས་དང་། གྲུབ་མཐའ་ཆེན་མོ་ལས། སྟོང་ཉིད་བདུན་ཅུ་པ་དང་དབུ་མ་འཇུག་པ། རྡོ་བོ་རྗེའི་ལམ་སྒྲོན་བཅས་ལས་ལུང་དྲངས་ཏེ་ཙུང་ཟད་རྒྱས་བཤད་གནང་འདུག་པ་སོགས་ལས། རྒྱུ་དུས་ན་ཡོད་པའི་འབྲས་བུ་སྐྱེ་བ་དང་། རྒྱུ་དུས་ན་མེད་པའི་འབྲས་བུ་སྐྱེ་བ་དང་། ཡོད་མེད་གཉིས་ཀ་ཡིན་པ་དང་གཉིས་ཀ་མ་ཡིན་པའི་འབྲས་བུ་སྐྱེ་བ་དག་འགོག་པ་ཡིན་ཞིང་། དོན་དུ་དངོས་པོ་གང་ཡང་རང་བཞིན་

①ལྕང་སྐྱ་རོལ་པའི་རྡོ་རྗེ། གྲུབ་མཐའ་ཐུབ་བསྟན་ལྷུན་པོའི་མཛེས་རྒྱན། ཀྲུང་གོའི་བོད་ཀྱི་ཤེས་རིག་དཔེ་སྐྲུན་ཁང་། ༡༩༨༩ ལོའི་ཟླ་༦ ཤ༢༡༧

གྱིས་སྐྱེ་འགག་གནས་གསུམ་དང་གཞན་ལས་སྐྱེ་བ་གང་ཡང་མེད་པ་བསྒྲུབས་ཡོད། རིགས་པ་འདི་ལ། ཡོད་པ་ཧ་ཅང་། མེད་པ་ཧ་ཅང་། གཉིས་ཀ་དང་གཉིས་མིན་ཞེས་མུ་བཞི་རྩེ་རྒྱུ་ཡོད་པས་མུ་བཞི་སྐྱེ་འགོག་ཀྱང་བྱས་ཆོག་པས་མཐའ་བཞི་འགོག་པ་དང་འགལ་བར་མ་སེམས་ཤིག①ཅེས་ཀུན་མཁྱེན་འཇམ་དབྱངས་བཞད་པས་གསུངས་སོ། །དེས་ན་གྲུབ་མཐའི་གཞུང་སོགས་སུ། མཐའ་བཞི་སྐྱེ་འགོག་དང་མུ་བཞི་སྐྱེ་འགོག་སོགས་མང་དུ་བྱུང་བ་རྣམས་ལ་གཞུང་སོ་སོའི་སྐབས་བབ་ཀྱི་བརྗོད་བྱའི་དོན་ལ་བལྟོས་ཏེ། སྤྱིར་གྱི་མུ་བཞི་སྐྱེ་འགོག་དང་མཐའ་བཞིའི་སྐྱེ་འགོག་གི་རིགས་པ། དེ་བཞིན་དུ་ཡོད་མེད་སྐྱེ་འགོག་གི་རིགས་པ་གང་ལ་གཏོགས་མིན་བརྟག་གལ་ཆེ་བ་ལས། ཀྱཻ་རྡོ་རྗེ་མུ་བཞི་ཞེས་གོ་བ་ཙམ་གྱིས་བདེན་གཉིས་རྣམ་འགྲེལ་ལས་གསུངས་པའི་མུ་བཞི་དེ་ལ་གོ་ན་སྐྱོན་ཡོད་པ་ཡིན་ཏེ། དཔེར་ན། སྟོང་ཐུན་སྐལ་བཟང་མིག་འབྱེད་དུ། བདེན་པ་འགོག་པ་ལ་ཡང་མུ་བཞི་སྐྱེ་འགོག་གི་རིགས་པ་ཉིད་འཇུག་པ་ལས་རྒྱལ་དུ་བཏོན་ནས་གསུངས་པས་འདིར་ཡང་ཚུལ་དེ་ཉིད་མདོ་ཙམ་བརྗོད་པར་བྱའོ། །②ཞེས་མཐའ་བཞིའི་སྐྱེ་བ་འགོག་པའི་རྡོ་རྗེ་གཟེགས་མའི་གཏན་ཚིགས་ཀྱི་བདག་སྐྱེ་འགོག་པའི་རིགས་པ་ལ་སོགས་འཆད་པར་མཛད་ཡོད་ལ། དུང་

①ཀུན་མཁྱེན་འཇམ་དབྱངས་བཞད་པ། གྲུབ་མཐའི་རྣམ་བཤད་རང་གཞན་ཀུན་དང་ཟབ་དོན་མཆོག་ཏུ་གསལ་བ་ཀུན་བཟང་ཞིང་གི་ཉི་མ་ལུང་རིགས་རྒྱ་མཚོ་སྐྱེ་དགུའི་རེ་བ་ཀུན་སྐོང་། མཚོ་སྔོན་ནང་བསྟན་རིག་གནས་སྲུ་རྩལ་ཞབས་ཞུ་ལྟེ་གནས་ཞབས་ཞུ་ཁང་། ཤ༥༦༧

②མཁས་གྲུབ་དགེ་ལེགས་དཔལ་བཟང་། དབུ་མའི་བསྟན་བཅོས་ཆེན་པོ་སྟོང་ཐུན་སྐལ་བཟང་མིག་འབྱེད། སེར་གཙུག་ནང་བསྟན་དཔེ་རྙིང་འཚོལ་བསྡུ་སྒྲིག་སྒྲིག་ཁང་། གངས་ཅན་ཁྱད་ནོར་དཔེ་ཚོགས་པོད་ཕྲེང་ང་གཅིག་པ། ཤ༣༠༨

དཀར་རིན་པོ་ཆེས་ཀྱང་། མུ་བཞི་སྐྱེ་འགོག་གི་རིགས་པ་ཞེས་མཐའ་བཞིའི་སྐྱེ་བ་འགོག་པའི་རྡོ་རྗེ་གཟེགས་མའི་གཏན་ཚིགས་རྣམས་གསུངས་གནང་ཡོད། མ་གཞི་ནས་མུ་དང་མཐའ་ཞེས་པའི་ཐ་སྙད་ཀྱི་བརྗོད་དོན་ལ་ཡང་ཁྱད་པར་ཆེར་མེད་པས། དེ་གཉིས་གང་འཚམ་གྱིས་སྦྱར་བ་མཚང་ཡིན་ནོ་སྙམ་ན་ཅི་ལ་འགྲིག དེ་བཞིན་གྲུབ་མཐའ་ཆེ་མོ་ལས་གསུངས་པ་བཞིན་དུ། ཡོད་མེད་སྐྱེ་འགོག་ལ་ཡང་མུ་བཞི་སྐྱེ་འགོག་ཅེས་བརྗོད་ཚོག་པས། དེ་ལ་མཐའ་བཞི་སྐྱེ་འགོག་ཅེས་བྱས་ན་མི་ཚོག་ཅེས་སྨྲ་བའི་རྒྱུ་མཚན་ཅི་ཡང་མེད་དོ། །

(༢) མུ་བཞི་སྐྱེ་འགོག་གི་རིགས་པ།

མུ་བཞི་སྐྱེ་འགོག་གི་རིགས་པ་ཞེས་པ་ལ། ལྕང་སྐྱ་རོལ་པའི་རྡོ་རྗེས། "རང་རེའི་ཕྱིས་ཀྱི་མཁས་པ་དག་ཡེ་ཤེས་སྙིང་པོའི་བདེན་གཉིས་རྩ་འགྲེལ་ལས་བཤད་པའི་རིགས་པ་རྣམས་འདིར་སྦྱར་བར་མཛད་ཅིང་ཐལ་འགྱུར་བའི་སྐོར་གྱི་གཞུང་ཕལ་མོ་ཆེ་ལས་རྡོ་རྗེ་གཟེགས་མའི་གཏན་ཚིགས་ཉིད་ལ་མུ་བཞིའི་སྐྱེ་འགོག་ཏུ་བཤད་པ་མ་གཏོགས་པ་བདེན་གཉིས་ཀྱིས་བཤད་པ་རྩལ་དུ་བཏོན་ནས་བཤད་པ་ཆེར་མི་སྣང་ངོ་། །"①ཞེས་གསུང་ཚུལ་ལ་བལྟས་ན་མུ་བཞི་སྐྱེ་འགོག་དང་མཐའ་བཞི་སྐྱེ་འགོག་གཉིས་རིགས་པའི་གཏོང་ཕྱོགས་མི་འདྲ་བ་ལས་འདུས་བྱས་རང་བཞིན་གྱིས་གྲུབ་པ་འགོག་པ་གཅིག་པ་ཡིན་འདུག གྲུབ་མཐའ་ཆེན་མོ་ལས། "དཔེར་ན་མིག་ཤེས་གཅིག་ལ་རྒྱུ་དུ་མས་ལག་རྗེས་ཡོད་ན་དོན་དམ་པར་རྒྱུ་གཅིག་གིས་བསྐྱེད་པར་མི་

①ལྕང་སྐྱ་རོལ་པའི་རྡོ་རྗེ། གྲུབ་མཐའ་ཐུབ་བསྟན་ལྷུན་པོའི་མཛེས་རྒྱན། ཀྲུང་གོའི་བོད་ཀྱི་ཤེས་རིག་དཔེ་སྐྲུན་ཁང་། ༡༩༨༩ལོའི་ཟླ་༤ ཤ༢༩༧

འགྱུར་ལ། རྒྱུ་དུ་མ་ལྟར་ལག་རྗེས་ཀྱིས་འབྲས་བུ་ཡང་རྣམ་ཤེས་དུ་མར་ཐལ་བར་འགྱུར་བ་སོགས་ཀྱི་རིགས་པ་མཁས་པའི་ཡིད་འཕྲོག་པ་དག་ཡོད་པའི་ཕྱིར་ཏེ། (སློབ་དཔོན་ཡེ་ཤེས་སྙིང་པོའི་) བདེན་གཉིས་སུ། དུ་མས་དངོས་པོ་གཅིག་མི་བྱེད། །དུ་མས་དུ་མ་བྱེད་མ་ཡིན། །གཅིག་གིས་དུ་མའི་དངོས་མི་བྱེད། །གཅིག་གིས་གཅིག་བྱེད་པའང་མིན། །"① ཞེས་སོགས་ལུང་དང་བཅས་ཏེ་གསུངས་པའི་དོན་རྟོག་ནི། རྒྱུ་དུ་མ་ལས་འབྲས་བུ་གཅིག་སྐྱེ་བ་མི་ཡོང་བ་དང་། རྒྱུ་གཅིག་ལས་འབྲས་བུ་དུ་མ་སྐྱེ་བ་མི་ཡོང་བ། རྒྱུ་གཅིག་ལས་འབྲས་བུ་གཅིག་པོ་ན་སྐྱེ་བ་མི་ཡོང་བ། རྒྱུ་དུ་མ་ལས་འབྲས་བུ་དུ་མ་སྐྱེ་བ་མི་ཡོང་བ་བཅས་བསྟན་ཞིང་། དོན་དུ་དེ་དག་རེ་རེ་ཡང་དོན་དམ་དུ་དང་རང་བཞིན་དུ་སྐྱེ་བ་མེད་པར་སྒྲུབ་པར་བྱེད་པ་ཡིན། དཔེར་ན། མྱུ་གུ་ལྟ་བུ་ལ་མཚོན་ན། མྱུ་གུ་དོན་དམ་པར་སྐྱེ་བ་མེད་པ་གྲུབ་སྟེ། མྱུ་གུ་རྒྱུ་དུ་མ་ལས་འབྲས་བུ་གཅིག་པོ་ན་དོན་དམ་པར་སྐྱེ་བའང་མ་ཡིན་ཞེས་སོགས་གཞན་གསུམ་པོ་ལ་ཡང་རིགས་བསྒྲེ་ཆོག་པ་ཡིན་འདུག་གོ །

①ཀུན་མཁྱེན་འཇམ་དབྱངས་བཞད་པ། གྲུབ་མཐའི་རྣམ་བཤད་རང་གཞན་ཀུན་དང་ཟབ་དོན་མཆོག་ཏུ་གསལ་བ་ཀུན་བཟང་ཞིང་གི་ཉི་མ་ལུང་རིགས་རྒྱ་མཚོ་སྐྱེ་དགུའི་རེ་བ་ཀུན་སྐོང་། མཚོ་སྔོན་ནང་བསྟན་རིག་གནས་སྒྱུ་རྩལ་ཞབས་ཞུ་ལྟེ་གནས་ཞབས་ཞུ་ཁང་། ཤ༥༧

ས་བཅད་ལྔ་པ། བདག་མེད་གཉིས་ཀ་སྒྲུབ་བྱེད་
རྟེན་འབྲེལ་གྱི་རིགས་པ་ཙུང་ཟད་འཆད་པ།

ས་བཅད་འདི་དང་འབྲེལ་བའི་ནང་དོན་གཤམ་གྱི་ལེའུ་གསུམ་པའི་ས་བཅད་གསུམ་པའི་སྐབས་སུ་ཡང་ཙུང་ཟད་ཞུ་བར་འདོད། ཕྲན་རང་བློ་མིག་རབ་ཏུ་དོགས་ཁར་ཕྲ་ཞིང་ཕྲ་བའི་རྟེན་འབྲེལ་རིགས་པའི་རྣམ་གཞག་གི་སྐོར་ལ་ལུང་ཁྲིད་ཀྱི་མན་ངག་བདུད་རྩི་ཟུར་ཙམ་ལས་ཐོབ་མ་མྱོང་ཞིང་། རྟེན་ཅིང་འབྲེལ་འབྱུང་གི་དབྱེ་སྒོ་དང་དཔྱད་སྒོམ་དང་འཇོག་སྒོམ་གྱི་སྐོར་སོགས་ལ་སྟོན་བྱེད་མཁས་གྲུབ་དམ་པའི་གསུང་དྲི་མ་མེད་པ་མང་དུ་ཡོད་པ་ལ་ཞིབ་མོའི་བློ་ཡིས་མཇལ་བའི་དུས་ཀྱི་ཁོམ་པ་མེད་པ་དང་ནུས་པས་མི་ལྕོགས་པ་སོགས་རྐྱེན་དུ་མའི་དབང་གིས། འདིར་ཤིན་ཏུ་རགས་པའི་སྒོ་ནས་ཙུང་ཟད་མཚམས་སྦྱོར་བྱ་བར་འདོད། དེ་ལ་ཆད་པ་དང་འཛོལ་བ་སོགས་ཀྱི་ཉེས་པ་ཅི་ཡང་ཡོང་སྲིད་པས། དཔྱོད་ལྡན་རྣམ་པས་གཟུ་བོའི་བློ་ཡིས་གཟིགས་པར་འཚལ་ལོ། དཔྱད་གསུམ་དག་པའི་བཀའ་སློབ་གནང་རྒྱུར་རེ།

དང་པོ། འདི་ནི་བདག་མེད་གཉིས་སྒྲུབ་པའི་རིགས་པ་ཐམས་ཅད་ཀྱི་རྩ་བ་ཡིན་པའི་སྐོར།

༡ འདི་ལ་རིགས་པའི་རྒྱལ་པོ་རྟེན་འབྲེལ་གྱི་རིགས་པ་ཞེས་འབོད་དོན།

རིགས་པའི་རྒྱལ་པོ་ཞེས་པའི་ཐ་སྙད་དེ་ལྟར་འདོགས་པའི་སྲོལ་ནམ་ཙམ་ལ་དར་བ་ཐུབ་གྱིས་སྐབས་འདིར་ཞུ་མ་སྤྱོབས་ཀྱང་། རྗེ་བཙུན་བློ་བཟང་ནོར་བུས། "དེས་ན་རིགས་པའི་རྒྱལ་པོ་རྟེན་འབྲེལ་གྱི་གཏན་ཚིགས་ཞེས་རྗེ་ཡབ་སྲས་ཀྱིས་བསྔགས་པར་མཛད་དེ་"① ཞེས་སོགས་གསུངས་ཚུལ་ལས་རྗེ་ཡབ་སྲས་ཀྱིས་ཐ་སྙད་དེ་ལྟར་བྱེད་པ་ལ་སྣང་ཆེན་པོ་མཛད་པ་གསལ་ལོ། །འོ་ན་ཅི་ཕྱིར་རིགས་པའི་རྒྱལ་པོ་ཞེས་འབོད་དམ་ཞེ་ན། འཇུག་པ་ལས། "གང་ཕྱིར་དངོས་པོ་བརྟེན་ནས་རབ་འབྱུང་བས། །རྟོག་པ་འདི་དག་བརྟག་པར་མི་ནུས་པ། །དེ་ཕྱིར་རྟེན་འབྱུང་རིགས་པ་འདི་ཡིས་ནི། །ལྟ་ངན་དྲ་བ་མཐའ་དག་གཅོད་པར་བྱེད། །ཅེས་དང་། རང་འགྲེལ་དུ། གང་གི་ཕྱིར་འདི་ལ་བརྟེན་ནས་འདི་འབྱུང་ངོ་ཞེས་བྱ་བའི་རིགས་པས་འདི་ཙམ་ཞིག་གིས་དངོས་པོ་ཀུན་རྫོབ་པ་རྣམས་ཀྱིས་བདག་གི་དངོས་པོ་ཡོད་པ་འཐོབ་ཀྱི་གཞན་དུ་མ་ཡིན་པ་དེའི་ཕྱིར་རྟེན་ཅིང་འབྲེལ་བར་འབྱུང་རྐྱེན་ཉིད་འདི་པ་

---

①རྗེ་བཙུན་བློ་བཟང་ནོར་བུ། གྲུབ་མཐའི་རྣམ་གཞག་གསལ་བར་བཤད་པ་ཐུབ་བསྟན་རིན་པོ་ཆེ་གསལ་བའི་སྒྲོན་མེ། བོད་ལྗོངས་བོད་ཡིག་དཔེ་རྙིང་དཔེ་སྐྲུན་ཁང་། ༢༠༠༨ལོའི་ཟླ་༨ ཤ༩༢༢

ཚམ་གྱི་རིགས་པ་འདིས་ཇི་སྐད་བཤད་པ་ངན་པའི་དྲ་བ་མཐའ་དག་གཅོད་པ་ཡིན་ནོ། །”①ཞེས་གསུངས་པ་ལྟར། ལྟ་བ་རྣམ་དག་སྒྲུབ་པར་བྱེད་པའི་ཆེད་དུ་རིགས་པ་ཅི་ཞིག་བཀོད་ཀྱང་། ཁ་དཔེར། བརྒྱ་བཤད་སྟོང་ལ་བཤད་ཀྱང་། །ཡོས་ལ་བབ་རྒྱུ་རྩམ་པ། །ཞེས་པ་བཞིན་དུ། ཆོས་ཐམས་ཅད་བདེན་མེད་དུ་སྒྲུབ་པར་བྱེད་པའི་སྙིང་དུ་བབས་དགོས་ཤིང་། དེ་ལ་ནི་རྟེན་འབྲེལ་གྱི་རིགས་པས་ཐག་བཅད་པ་ལས་ལེགས་པའི་ཐག་ཆོད་པ་ཞིག་མེད་པའི་དོན་ཡིན་ཏེ། འདིས་ལྟ་བ་ངན་པའི་རྣམ་རྟོག་གི་དྲ་བ་མཐའ་དག་གཅོད་པར་བྱེད་པའི་ཕྱིར་རོ། །

དེ་ལ་རིགས་པའི་རྒྱལ་པོ་ཞེས་རྒྱལ་པོ་དཔེ་རུ་བྱེད་པ་ལ་དཔེ་ཅན་དང་མཚུངས་ཆོས་ཇི་ལྟར་གྲུབ་པ་ཡིན་ཞེ་ན། དཔེར་ན། རྒྱལ་པོའི་རྒྱལ་ཁབ་ཅིག་ལ་ཆ་མཚོན་ན་ཡུལ་གྱི་དོན་ཆེན་པོའམ་གནད་འགག་ཆེ་བའི་དོན་རྣམས་ཐག་གཅོད་པའི་ཚེ། དམངས་ཀྱི་བསམ་གྲོས་ཇི་ལྟར་བྱས་པ་དང་། ལྷག་པར་དུ་བློན་པོས་ཐབས་རྟུས་ཤིན་ཏུ་མཛངས་པ་བརྗོད་ཐུབ་པ་ཡིན་ན་ཡང་། མཐར་ཕྱུག་རྒྱལ་པོ་ལ་སྙན་སེང་ཞུས་ནས་རྒྱལ་པོའི་ཚིག་མཆན་མེད་པར་བློན་འབངས་ཀྱི་བགྱི་བ་དོན་དུ་སྨིན་ཐབས་བྲལ་བ་བཞིན་དུ། རིགས་པ་ཅི་དང་གང་ཞིག་བཀོད་པར་བྱས་གྱུར་ཀྱང་། རིགས་པ་དེ་ཉིད་རྟེན་འབྲེལ་གྱི་རིགས་པ་དང་ཡ་མ་འབྲལ་བ་ཞིག་དགོས་ཤིང་། རྟེན་འབྲེལ་གྱི་རིགས་པ་ལ་གཏུགས་ཕྱིན་རྒྱལ་པོས་རྒྱལ་ཁབ་ཀྱི་དོན་ཐག་བཅད་པ་ཇི་བཞིན་དུ་རང་གི་བསྒྲུབ་བྱའི་གནད་དོན་ཀུན་ཐག་ཆོད་ཡོང་བས། རིགས་པའི་རྒྱལ་པོ་རྟེན་འབྲེལ་

①སློབ་དཔོན་ཟླ་བ་གྲགས་པས་མཛད་པའི་དབུ་མ་འཇུག་པའི་རང་འགྲེལ། སེར་གཙུག་ནང་བསྟན་དཔེ་རྙིང་འཚོལ་བསྡུ་ཕྱོགས་སྒྲིག་ཁང་། པོད་ཕྲེང་བརྒྱ་དང་ང་དྲུག ཤ༢༢༠

གྱི་རིགས་པ་ཞེས་སུ་བཏགས་སོ། །

༢ རིགས་པ་ཐམས་ཅད་རྟེན་འབྲེལ་གྱི་རིགས་པར་ཐུག་ཚུལ།

བདག་མེད་པ་སྒྲུབ་པར་བྱེད་པའི་རིགས་པ་ཅི་དང་གང་ཞིག་ཡོད་རུང་གཏན་ཚིགས་ཐམས་ཅད་ཀྱི་གནད་འགག་ཐུག་ས་ནི་རྟེན་འབྱུང་གི་རིགས་པ་ཡིན། རྒྱུ་མཚན་ནི་རྟེན་འབྲེལ་གྱི་རིགས་པ་འདིས་མཐའ་གཉིས་བསལ་ནས་དབུ་མའི་ལྟ་བ་སྒྲུབ་པར་བྱེད་པ་སྟེ། ཆོས་རྣམས་ཀྱི་རང་བཞིན་བདེན་གྲུབ་ཏུ་མེད་པའི་ཚུལ་ལ་མཆོག་ཏུ་བསྒྲུབ་པར་བྱ་བ་ཡིས། བསྒྲུབ་བྱའི་དམིགས་པ་གཅིག་པའི་རིགས་པ་ཅི་དང་གང་ཡང་མཐར་གཏུགས་ས་དང་ཐུག་ས་ནི་རྟེན་འབྲེལ་གྱི་རིགས་པ་ཡིན་པའོ། །

དེ་ཡང་བདག་མེད་གཉིས་གཏན་ལ་འབེབས་པའི་རིགས་པའི་གཙོ་བོ་ཤིང་རྟ་རྣམ་བདུན་གྱི་རིགས་པ་དང་། མཐའ་བཞིའི་སྐྱེ་བ་འགོག་པའི་རིགས་པ་དེ་གཉིས་ཀྱི་གནད་རྟེན་འབྱུང་ལ་གཏུགས་ཚུལ་ནི། "དེ་ཉིད་ལས། དེ་ནི་དེ་ཉིད་དུ་འམ་འཇིག་རྟེན་དུ། །རྣམ་པ་བདུན་གྱིས་འགྲུབ་གྱུར་ཡིན་མོད་ཀྱི། །རྣམ་དཔྱད་མེད་པར་འཇིག་རྟེན་ཉིད་ལ་འདིར། །རང་གི་ཡན་ལག་བརྟེན་ནས་འདོགས་པ་ཡིན། །"① ཞེས་རྣམ་བདུན་གྱི་རིགས་པ་རྟེན་འབྱུང་ལ་གཏུགས་ཚུལ་གསུངས་ཡོད་པ་དང་། འཇུག་པ་ལས། "གང་ཕྱིར་རྒྱུ་མེད་པ་དང་དབང་ཕྱུག་གི །རྒྱུ་ལ་སོགས་པ་བདག་གཞན་གཉིས་ཀ་ལས། །དངོས་རྣམས་སྐྱེ་བར་འགྱུར་བ་མ་ཡིན་པ། །དེ་ཕྱིར་བརྟེན་

①ལྕང་སྐྱ་རོལ་པའི་རྡོ་རྗེ། གྲུབ་མཐའ་ཐུབ་བསྟན་ལྷུན་པོའི་མཛེས་རྒྱན། ཀྲུང་གོའི་བོད་ཀྱི་ཤེས་རིག་དཔེ་སྐྲུན་ཁང་། ༡༩༨༩ ལོའི་ཟླ་༤ ཤ ༡༥༩ ལ་ལུང་དུ་དྲངས་ཡོད།

ནས་རབ་ཏུ་སྐྱེ་བར་འགྱུར། །"[①]ཞེས་མཐའ་བཞིའི་སྐྱེ་བ་འགོག་པའི་རིགས་པ་རྟེན་འབྱུང་ལ་གཏུགས་ཚུལ་གསུངས་ཡོད།

དྭང་ངེས་ལེགས་བཤད་སྙིང་པོ་ལས། "མྱུ་གུ་ལ་སོགས་པ་ཕྱི་དང་འདུ་བྱེད་ལ་སོགས་པ་ནང་གི་དངོས་པོ་རྣམས་ས་བོན་དང་མ་རིག་པ་ལ་སོགས་པའི་རྒྱུ་རྐྱེན་ལ་བརྟེན་ནས་འབྱུང་བ་ཉིད་ཀྱིས། དེ་དག་སྐྱེ་བ་ལ་སོགས་རང་གི་མཚན་ཉིད་ཀྱིས་གྲུབ་པའི་རང་བཞིན་གྱིས་སྟོང་པ་དང་། བདག་གཞན་གཉིས་ཀ་རྒྱུ་མེད་ལས་སྐྱེ་བ་མིན་ནོ་ཞེས་འགོག་པས་ལྷ་ངན་གྱི་དྲ་བ་མཐའ་དག་གཅོད་བྱེད་རིགས་པའི་རྒྱལ་པོ་རྟེན་འབྱུང་གི་རིགས་པ་ཉིད་གཏུགས་ནས་འགོག་གོ །"[②]ཞེས་དང་། "འདི་ཡང་ཕུང་པོ་ལ་བརྟེན་ནས་བཏགས་པ་ཉིད་ཀྱིས་བདུན་པོ་དེར་གང་ཟག་མི་རྙེད་པ་གང་ཟག་གི་བདག་མེད་ཀྱི་དོན་ཡིན་པས་རྟེན་འབྱུང་གི་རིགས་པ་ལ་ཐུག་གོ །"[③]ཞེས་གསུངས་པ་ལྟར། མྱུ་གུ་ལ་སོགས་པ་ཐ་སྙད་བཏགས་པའི་བཏགས་དོན་བཙལ་བ་ན་མཐའ་བཞི་གང་དུ་ཡང་རྙེད་རྒྱུ་མེད་པས། ཐ་སྙད་བཏགས་པ་ཙམ་གྱིས་རྟེན་ནས་འབྱུང་བ་ལས་རང་བཞིན་དུ་སྐྱེ་བ་མེད་པ་རིགས་པས་དེད་ཆོག་པ་ཡིས། དེ་ལྟར་མཐའ་བཞིའི་སྐྱེ་བ་འགོག་པའི་རིགས་པའི་གནད་དེ་རྟེན་འབྱུང་ལ་ཐུག་པ་གསལ་ལོ། དེ་བཞིན་དུ

---

①སློབ་དཔོན་ཟླ་བ་གྲགས་པ། དབུ་མ་འཇུག་པའི་རང་འགྲེལ། སེར་གཙུག་ནང་བསྟན་དཔེ་སྐྲིང་འཚོལ་བསྡུ་ཕྱོགས་སྒྲིག་ཁང་། གངས་ཅན་ཁྱད་ནོར་དཔེ་ཚོགས་པོད་ཕྲེང་བརྒྱད་དང་ང་དྲུག ཤ༢༡༨

②རྗེ་ཙོང་ཁ་པ་བློ་བཟང་གྲགས་པ། དྲང་ངེས་ལེགས་བཤད་སྙིང་པོ། སེར་གཙུག་ནང་བསྟན་དཔེ་སྐྲིང་འཚོལ་བསྡུ་ཕྱོགས་སྒྲིག་ཁང་། གངས་ཅན་ཁྱད་ནོར་དཔེ་ཚོགས་པོད་ཕྲེང་བཅུ་གསུམ་པ། ཤ༢༧༦

③རྗེ་ཙོང་ཁ་པ་བློ་བཟང་གྲགས་པ། དྲང་ངེས་ལེགས་བཤད་སྙིང་པོ། སེར་གཙུག་ནང་བསྟན་དཔེ་སྐྲིང་འཚོལ་བསྡུ་ཕྱོགས་སྒྲིག་ཁང་། གངས་ཅན་ཁྱད་ནོར་དཔེ་ཚོགས་པོད་ཕྲེང་བཅུ་གསུམ་པ། ཤ༢༧༧

གང་ཟག་རྣམ་པ་བདུན་དུ་བཅིལ་བས་རྙེད་པར་མི་འགྱུར་བས། གང་ཟག་ཕུང་པོ་ལ་བརྟགས་པ་ཙམ་ཡིན་པ་རྟོགས་ཐུབ་པ་ཡིན་ཞིང་། དེ་ལས་གང་ཟག་ཅེས་ཕུང་པོ་ལ་བརྟགས་པ་ཙམ་སྟེ་བརྟེན་ནས་བརྟགས་པ་ཡིན་པ་རིགས་པས་དེད་ཐུབ་པས། དེ་ལས་རྣམ་བདུན་གྱི་རིགས་པ་ཡང་རྟེན་འབྱུང་ལ་ཐུག་པ་ཤེས་ཐུབ། གོང་དུ་འཆད་པའི་གནད་ཆེ་བའི་རིགས་པ་རྣམ་པ་གཉིས་པོ་དེ་ཕུད་པའི་ཕྱིངས་ཀྱི་རིགས་པ་དག་ཀྱང་རྟེན་འབྲེལ་དང་ཁ་བྲལ་དུ་མེད་པས། རིགས་པ་ཐམས་ཅད་རྟེན་འབྲེལ་གྱི་རིགས་པར་གཏུགས་དགོས་ཚུལ་དང་། རྟེན་འབྲེལ་གྱི་རིགས་པ་ལ་ཐུག་པ་ཡིན་ཞེས་བརྗོད་པ་ཡིན་འདུག །

གཉིས་པ། རྟེན་འབྲེལ་རིགས་པས་ཆོས་ཐམས་ཅད་བདེན་མེད་དུ་སྒྲུབ་ཚུལ།

༡ རྟེན་འབྲེལ་གྱི་རིགས་པའི་འཕེལ་རིམ་ཙམ་བརྗོད་པ།

རྟེན་འབྲེལ་བསླུ་མེད་ཀྱི་རིགས་པའི་འཕེལ་ཚུལ་ལ། ཕྱིར་རང་སྡེ་ཉན་ཐོས་སྡེ་པ་ཆེས་ཆེར་དར་བའི་དུས་སྐབས་སུ་རྟེན་འབྲེལ་གྱི་གོ་བ་ཕལ་ཆེར་རྒྱུ་འབྲས་རྟེན་འབྲེལ་ཙམ་དུ་གནས་པ་དང་། ཕྱིས་ཀྱི་ཐེག་པ་ཆེན་པོ་དར་བའི་དུས་དང་། ལྷག་དོན་དུ་དབུ་མའི་ལུགས་སུ་རྟེན་འབྲེལ་གྱི་གོ་བ་རྒྱུ་འབྲས་ཀྱི་རྟེན་འབྲེལ་ཙམ་མ་ཡིན་པར་རིམ་བཞིན་རྒྱ་སྐྱེད་དེ་བརྟེན་ནས་བརྟགས་པའི་རྟེན་འབྱུང་དུ་འཕེལ་རྒྱས་སོང་ཡོད། གཤམ་དུ་དོན་ཚན་གཉིས་པའི་བརྗོད་དོན་ལ་གོ་བ་ལོན་པའི་གྲོགས་སུ་འགྱུར་སླད་རྟེན་འབྲེལ་གྱི་གོ་བའི་འཕེལ་ཚུལ་མདོར་ཙམ་ཞིག་འཆད་པར་བྱ།

རྟེན་འབྲེལ་གྱི་རིགས་པའི་མདོ་ཁུངས་ནི། "འདི་ཡོད་པས་འདི་འབྱུང་།

འདི་སྐྱེས་པའི་ཕྱིར་འདི་སྐྱེས་པ་སྟེ། གང་དུ་མ་རིག་པའི་རྐྱེན་གྱིས་འདུ་བྱེད། །"①
ཅེས་སོགས་བདག་ཅག་གི་སྟོན་པ་སངས་རྒྱས་ནས་ཞག་བདུན་གྱི་རྗེས་སུ་ཧིང་ངེ་
འཛིན་ལ་སྙོམས་པར་ཞུགས་པ་ལས་བཞེངས་ཏེ། མཚན་མོའི་ཐུན་དང་པོར་རྟེན་
ཅིང་འབྲེལ་བར་འབྱུང་བའི་སྐོར་འདི་གསུངས་པ་ཡིན་འདུག་ཅིང་། འདི་ཡང་གཙོ་
བོ་རྟེན་འབྲེལ་ཡན་ལག་བཅུ་གཉིས་ལུགས་འབྱུང་གི་ཚུལ་དུ་གསུངས་པ་ཡིན་འདུག
སྟོན་པའི་བཀའ་ལ་དྲང་ངེས་ཀྱི་རྣམ་གཞག་འབྱེད་རྒྱུ་ཡོད་པའི་རྐྱེན་གྱིས། རིགས་
པའི་གནད་ཆེ་ཆུང་མང་པོར་ནང་བསྟན་འཕེལ་རྒྱས་ཀྱི་བརྒྱུད་རིམ་ནང་དུ་གོ་བ་སྐྱེད་
ཚུལ་མི་འདྲ་བ་མང་དུ་བྱུང་ཞིང་། རྟེན་འབྲེལ་གྱི་རིགས་པ་འདི་དག་ཀྱང་། གཞི་
ཀར་ཐུབ་པའི་ལུང་ལ་གཏུགས་ནས་ཐོག་མར་གང་ཟག་ཙམ་དང་ཡང་ན་འགྲོ་བ་
སེམས་ཅན་སྤྱི་ཙམ་ལ་གོ་བ་དང་། རིམ་བཞིན་འདུས་བྱས་ཀྱི་ཆོས་རྣམས་ལ་གོ་བ།
དེ་རྗེས་འདུས་བྱས་དང་འདུས་མ་བྱས་ཀྱི་ཆོས་ཐམས་ཅད་རང་བཞིན་བདེན་གྲུབ་ཏུ་
མེད་པར་བསྒྲུབ་པའི་རིགས་པའི་གཙོ་བོ་ཞིག་ཏུ་འགྱུར་བ་ཡིན་འདུག་གོ །②ཕྱིར་
རྟེན་འབྲེལ་ལ། རྟེན་འབྲེལ་ཡན་ལག་བཅུ་གཉིས་ཏེ། མ་རིག་དང་འདུ་བྱེད་རྣམ་
ཤེས་དང་། །མིང་གཟུགས་སྐྱེ་མཆེད་རེག་པ་དང་། །ཚོར་བ་སྲེད་ལེན་སྲིད་པ་
དང་། །སྐྱེ་བ་ར་ཤི་བཅུ་གཉིས་སོ། །ཞེས་བྱ་བ་དེ་དག་ནི་ལུགས་འབྱུང་གི་དབང་དུ་
སྔ་མའི་རྒྱུ་ལས་ཕྱི་མའི་འབྲས་བུ་འབྱུང་ཚུལ་བསྟན་པ་ཡིན་ཞིང་། རྗེ་རིན་པོ་ཆེས།

①སངས་རྒྱས་ཀྱི་མདོ། ལྷ་ལྡན་ཞོལ་དཔར་ཁང་གི་ཤིང་དཔར། བཀའ་འགྱུར། ད་པ། ༡༢༤༨
②འདི་དོན་བོད་ལྗོངས་ཞིབ་འཇུག ༢༠༡༢ ལོའི་དུས་དེབ་གསུམ་པར་འཁོད་པའི་ཆུ་སྐྱེས་དགེ་འདུན་བསམ་གཏན་གྱི་དཔྱད་རྩོམ། ༡༤༥ལ་གསལ།

འཇིག་རྟེན་རྒྱུད་པ་ཇི་སྙེད་པ། །དེ་ཡི་རྩ་བ་མ་རིག་སྟེ། །ཞེས་གསུངས་པ་ལྟར། དེ་ལྟར་མ་རིག་པའི་དབང་གིས་འདུ་བྱེད་སོགས་མ་རིག་པའི་དབང་གིས་ཉོན་མོངས་པ་རྣམས་བསགས་ནས་སྲིད་པར་འཁོར་ཚུལ་བསྟན་ཅིང་། དེ་བཞིན་དུ་མ་རིག་པ་འགག་པས་འདུ་བྱེད་འགག་པ་སོགས་ལུགས་ལྡོག་གི་དབང་དུ་བྱས་ནས་གཅིག་འགག་པས་གཞན་གཅིག་འགག་འགྲོ་བ་སོགས་བསྟན་ནས་སྲིད་པར་འཁོར་ཚུལ་དང་སྲིད་པ་སྤྱོང་ཚུལ་ཟུང་དུ་ཡང་བསྟན་པ་བཅས་དོན་དུ་རིགས་པས་དེ་ལྟར་དེད་པ་ཡིས། སེམས་ཅན་རྣམས་ནི་རྟེན་ཅིང་འབྲེལ་བའི་ངང་དུ་འཁོར་བར་འཁོར་བ་ཡིན་པ་དང་སྐྱེ་ཀ་ན་འཆི་སོགས་ཀྱང་རྟེན་ཅིང་འབྲེལ་བྱུང་གི་ཆོས་ཉིད་ལས་མ་འདས་ལ། དེ་ལས་ཆོས་གཞན་ལ་གོ་བ་སྐྱེད་ཆོག་མོད། དེ་ནི་ཐོག་མར་ཉོན་མོངས་སྤྱོང་བར་འདོམས་པའི་ཡུལ་གང་ཟག་ལ་དམིགས་ཏེ་གསུངས་པ་གསལ་པོ་རེད། དེང་གི་ནང་བསྟན་སྨྲ་བ་ཤཱཀྱ་ཡེ་ཤེས་ཀྱིས། "ནང་བསྟན་གྱི་ཐེག་པར་གསུངས་པའི་སྟོང་པའི་དོན་ནི། ཐོག་མར་མི་ཉིད་ཀྱི་ཚེ་སྲོག་ལྟེ་བར་བྱས་ཤིང་། ཕྱིས་སུ་རྒྱ་སྐྱེད་དེ་ཆོས་ཐམས་ཅད་སྟོང་པའི་ཐོག་ཏུ་གཏན་ལ་ཕབ་པ་རེད་"①ཅེས་དང་། འཇམ་དབྱངས་བློ་གཏེར་དབང་པོའི་མཛོད་འགྲེལ་དུ། "མདོ་ལས་རྟེན་ཅིང་འབྲེལ་བར་བྱུང་བ་སོགས་སོ་སོར་གསུངས་པའི་དོན་གང་ཞེ་ན། བསྟན་བཅོས་གཉིས་ཀའང་འདུས་བྱས་ཀྱི་ཆོས་ཀྱི་མིང་གི་རྣམ་གྲངས་ཡིན་པས་རྒྱུ་འབྲས་བཤད་ཟིན་ལྟར་སྤྱི་ཙམ་གྱི་དབང་དུ་བྱས་

①释印顺著.《性空学探源》. 中华书局. 2011 年四月出版：第 9 页

པའོ། །”①ཞེས་གསུངས་ཚུལ་གཉིས་ལས་དཔོག་པར་ནུས་ལ། གཤམ་དུ་བྲིད་སྟོས་བརྟེན་གསུམ་གྱི་རྟེན་འབྲེལ་སྐོར་ཙུང་ཟད་ཞུ་བར་སྤྲོ་བས་དེ་ལས་ཀྱང་དཔོག་ནུས་པ་ཞིག་ལགས། དེ་བཞིན་ལྷུང་སྐྱ་རོལ་པའི་རྡོ་རྗེས། མུ་སྟེགས་བྱེད་དེ་དག་གིས་ནི་རྟེན་ཅིང་འབྲེལ་བར་འབྱུང་བའི་ཚུལ་ཁས་མི་ལེན་ཏེ། ལེགས་བཤད་སྙིང་པོ་ལས། གང་ཟག་དང་ཆོས་བརྟེན་ནས་འབྱུང་བའི་རྟེན་འབྲེལ་མི་འདོད་པར་དེ་གཉིས་བདེན་པར་འདོད་པའི་གཞན་སྡེ་ནི་རྟག་ཆད་ཀྱི་ལྟ་བའི་གཡང་དུ་ལྷུང་ལ་ཞེས་དང་། ཟླ་བས་ཀྱང་རིགས་པ་དྲུག་ཅུ་པའི་འགྲེལ་པར། མུ་སྟེགས་ཅན་རྟེན་ཅིང་འབྲེལ་བར་འབྱུང་བ་མ་ཡིན་པར་སྨྲ་བ་ཞེས་གསུངས་ཤིང་། རིགས་པས་ཀྱང་འགྲུབ་པས་སོ། །རང་གི་སྡེ་བ་རྣམས་ནི་ཐམས་ཅད་རྟེན་འབྲེལ་ཁས་ལེན་པར་མཚུངས་ཀྱང་འདོད་པའི་ཚུལ་ལ་ནི་དབྱེ་བར་བྱས་ཡོད་དེ། འདི་ལྟར་བྱེ་བྲག་སྨྲ་བ་དང་། མདོ་སྡེ་བ་དང་། རྣམ་པར་རིག་པ་ཙམ་དུ་སྨྲ་བ་རྣམས་ཀྱིས་ནི། འདུས་བྱས་རྣམས་རྒྱུ་རྐྱེན་ལ་བརྟེན་ནས་སྐྱེ་བ་རྟེན་འབྱུང་གི་དོན་དུ་འདོད། འདུས་མ་བྱས་རྣམས་བརྟེན་ནས་འབྱུང་བར་མི་འདོད་དོ། །②ཞེས་གསུངས་པ་ལས་ཀྱང་རྟེན་འབྲེལ་གྱི་རིགས་པའི་གོ་བ་བསྐྱེད་ཚུལ་ལ་ཐོག་མའི་རྒྱུ་འབྲས་རྟེན་འབྲེལ་ཙམ་དང་གང་ཟག་སྲོག་ལྡན་ཙམ་ལ་འཇུག་ཕྱོགས་གི་རྟེན་འབྲེལ་རྣམ་གཞག་བྱེད་པ་ནས། རིམ་གྱིས་འདུས་བྱས་ཀྱི་ཆོས་ཀུན་གྱི་སྟེང་དུ་སྦྱར་ནས་གོ་བ་བསྐྱེད་པ་དང་། ལྷག་དོན་དབུ་མའི་སྐབས་སུ་འདུས་བྱས་དང་འདུས

---

①སློབ་དཔོན་དབྱིག་གཉེན་དང་འཇམ་དབྱངས་བློ་གཉེར་དབང་པོས་མཛད་པའི་མངོན་པ་མཛོད་རྩ་འགྲེལ། སི་ཁྲོན་མི་རིགས་དཔེ་སྐྲུན་ཁང་། ༢༠༡༠ལོའི་ཟླ་བཞི་པར་དཔར་ཐེངས་གསུམ་པ། ཤ༡༤༥

②རྗེ་ཙོང་ཁ་པའི་བསྟོད་ཆེན་བཞིའི་རྩ་འགྲེལ། མཚོ་སྔོན་མི་རིགས་དཔེ་སྐྲུན་ཁང་། ༡༩༩༦ལོའི་ཟླ་༥ ཤ༣༩དང་༥༠

མ་བྱས་ཀྱི་ཆོས་ཀུན་རྟེན་ནས་འབྱུང་བར་འདོད་པའི་རྣམ་གཞག་བྱེད་པ་ཡིན་འདུག་གོ །

ཕྱིས་སུ་དཔལ་མགོན་འཕགས་པ་ཀླུ་སྒྲུབ་ཀྱིས། "རྟེན་ཅིང་འབྲེལ་བར་འབྱུང་བ་གང་། །དེ་ནི་སྟོང་པ་ཉིད་དུ་བཤད། །དེ་ནི་བརྟེན་ནས་གདགས་པ་སྟེ། །དེ་ཉིད་དབུ་མའི་ལམ་ཡིན་ནོ། །གང་ཕྱིར་བརྟེན་འབྱུང་མ་ཡིན་པའི། །ཆོས་འགའ་ཡོད་པ་མ་ཡིན་པ། །དེ་ཕྱིར་སྟོང་པ་མ་ཡིན་པའི། །ཆོས་འགའ་ཡོད་པ་མ་ཡིན་ནོ། །"①ཞེས་སོགས་རྟེན་འབྱུང་དང་སྟོང་པ་གཅིག་ཏུ་གསུངས་ནས། རྟེན་ཅིང་འབྲེལ་བར་བྱུང་བའི་རིགས་པ་དེ་ཆོས་རྣམས་རང་བཞིན་བདེན་གྲུབ་ཏུ་མེད་པར་བསྒྲུབ་པའི་རིགས་པའི་མཆོག་ཏུ་བསྟན་ཅིང་། རིགས་པ་དེ་ལེགས་པར་རྟོགས་མཁན་དཔལ་མགོན་འཕགས་པ་ཀླུ་སྒྲུབ་དང་། རྗེ་རིན་པོ་ཆེ་སོགས་ཀྱིས་རྟེན་འབྱུང་གི་རིགས་པ་གསུངས་པར་མཛད་མཁན་སྟོན་པ་ལ་ཡང་ཁ་ཞེ་གཉིས་སུ་མེད་པའི་སྒོ་ནས་བསྔགས་པ་ཆེན་པོ་མཛད་པ་ཡིན་ཏེ། རྟེན་འབྲེལ་བསྟོད་པ་ལས། "སྟོན་པའི་ནང་ན་རྟེན་འབྲེལ་སྟོན་པ་དང་། །ཤེས་རབ་ནང་ན་རྟེན་འབྲེལ་ཤེས་པ་གཉིས། །འཛིག་རྟེན་དག་ན་རྒྱལ་བའི་དབང་པོ་བཞིན། །ཕུལ་བྱུང་ལེགས་པར་ཁྱོད་མཁྱེན་གཞན་གྱིས་མིན། །"②ཞེས་སོགས་གསུངས་སོ། །

①དཔལ་མགོན་འཕགས་པ་ཀླུ་སྒྲུབ། དབུ་མ་རིགས་ཚོགས་དྲུག་དང་བྱང་ཆུབ་སེམས་འགྲེལ། སེར་གཙུག་ནང་བསྟན་དཔེ་རྙིང་འཚོལ་བསྡུ་སྒྲིག་ཁང་། གངས་ཅན་ཁྱད་ནོར་དཔེ་ཚོགས་པོད་ཕྲེང་དགུ་པ། ཤ༥༢

②རྗེ་ཙོང་ཁ་པའི་བསྟོད་ཆེན་བཞིའི་རྩ་འགྲེལ། མཚོ་སྔོན་མི་རིགས་དཔེ་སྐྲུན་ཁང་། ༡༩༩༨ལོའི་ཟླ་༩ ཤ༧

༢ རིགས་པ་འདིས་ཆོས་རྣམས་རང་བཞིན་བདེན་མེད་དུ་སྒྲུབ་ཚུལ་རགས་ཙམ་འཆད་པ།

དབུ་མ་ཐལ་འགྱུར་བའི་ལྟ་བའི་མཐར་ཐུག་པ་ནི་ཟབ་མོ་སྟོང་པ་ཉིད་ཀྱི་ལྟ་བ་སྟེ། སྤྱིར་ན་གཟུགས་ནས་རྣམ་མཁྱེན་བར་གྱི་ཆོས་རྣམས་རང་བཞིན་བདེན་པར་གྲུབ་པ་རྡུལ་ཙམ་ཡང་མེད་པར་འདོད་པ་དེ་ལུགས་ཤིང་། དེ་ནི་ཆོས་ཀྱི་བདག་མེད་པའི་ལྟ་བ་ཡང་ཡིན་པ་ས་བཅད་གོང་མ་དག་ཏུ་འཆད་ཟིན་པ་ལྟར་དང་། ཆོས་ཀྱི་བདག་མེད་རྟོགས་པ་ནི་སྟོང་པ་ཉིད་ཀྱི་ལྟ་བ་མཐར་ཐུག་རྟོགས་པ་ཡིན་ལ། དེ་དང་རྟེན་འབྱུང་ཟུང་དུ་བསྒོམས་ནས་གོ་བ་རྣམ་དག་བསྐྱེད་པ་ཡིས་སངས་རྒྱས་ཀྱི་ས་ལ་བསླེགས་ཐུབ་པ་ཡིན། མདོ་ལས། "དངོས་པོ་གཅིག་གི་བསམས་བྱས་ན། །དེ་དག་ཐམས་ཅད་སྒོམ་འགྱུར་ཏེ། །སངས་རྒྱས་ཀུན་གྱིས་ཆོས་མང་པོ། །ཇི་སྙེད་རབ་ཏུ་བསྟན་པ་རྣམས། །ཆོས་རྣམས་ཀུན་གྱི་བདག་མེད་ཡིན། །མི་གང་དོན་ལ་མཁས་རྣམས་ཀྱིས། །གནས་འདི་ལ་ནི་བསླབ་བྱས་ན། །སངས་རྒྱས་ཆོས་རྣམས་རྙེད་མི་དཀའ། །"①ཞེས་གསུངས་པ་བཞིན་ནོ། །

ཡོངས་སུ་གྲགས་པ་ལྟད་ལྟོས་བརྟེན་གསུམ་གྱི་རྟེན་འབྲེལ་ཞེས་པ་ལས། (༡) ལྟད་པ་ནི། ལྟད་ནས་སྐྱེ་བའི་གཏན་ཚིགས་ཀྱི་དོན་ཡིན་ཏེ། འདུས་བྱས་རྣམས་རང་རང་གི་རྒྱུ་དང་རྐྱེན་ལ་ལྟད་ནས་སྐྱེ་བ་ཙམ་ལ་བརྗོད་པ་ཡིན། འདི་ཙམ་འདོད་པ་ནི་གཙོ་བོ་རང་སྡེའི་དངོས་སྨྲ་བ་དག་གི་འདོད་ལུགས་ཡིན། (༢) ལྟོས་པ་

①རྗེ་ཙོང་ཁ་པའི་བསྟོད་ཆེན་བཞིའི་རྩ་འགྲེལ། མཚོ་སྔོན་མི་རིགས་དཔེ་སྐྲུན་ཁང་། ༡༩༩༦ལོའི་ཟླ་༥ ཤ༢༩ནང་ལུང་དྲངས་ཡོད།

ཞེས་ལྟོས་ནས་གྲུབ་པའི་གཏན་ཚིགས་བསྟན་པ་ཡིན་ཞིང་། ཆོས་རྣམས་རང་གི་ཆ་ཤས་ལ་ལྟོས་ནས་གྲུབ་པའི་གནས་ལུགས་བརྗོད་པ་ཡིན་པས། འདི་ནི་གོང་གི་ཕྲད་པའི་རྟེན་འབྲེལ་ལས་གོ་བ་གཏིང་ཟབ་པ་དང་ཁྱབ་ཆེ་བ་ཡོད་དེ། འདིར་འདུས་བྱས་དང་འདུས་མ་བྱས་གཉིས་ཀ་བསྟན་པ་ཡིན་ནོ། །འདི་ལ་རྗེ་བཙུན་བློ་བཟང་ནོར་བུས། "འདིས་ནི་ཆོས་ཐམས་ཅད་རྟེན་འབྱུང་དུ་བསྟན་པས་སྔ་མ་ལས་ཁྱབ་ཆེ་ཞིང་། དངོས་བསྟན་ཙམ་རང་རྒྱུད་པ་དང་ཐུན་མོང་བ་ཡིན་ལ། འོན་ཀྱང་རང་ངོས་ནས་རང་གི་ཆ་ཤས་སོགས་ལ་ལྟོས་དགོས་མི་དགོས་སོགས་ཀྱི་ཁྱད་པར་ཆེའོ། །"① ཞེས་གསུངས་སོ། (༣) བརྟེན་པ་ཞེས་པ་ནི་བརྟེན་ནས་བཏགས་པའི་གཏན་ཚིགས་ཀྱི་དོན་ཡིན་ལ། འདུས་བྱས་དང་འདུས་མ་བྱས་ཀྱི་ཆོས་ཐམས་ཅད་རང་གི་གདགས་གཞི་ལ་བཏགས་པ་ཙམ་དུ་ཡོད་པར་འདོད་པ་དག་ཡིན་ཞིང་། འདི་ནི་དབུ་མ་ཐལ་འགྱུར་བའི་ཐུན་མོང་མིན་པའི་ལྟ་བའི་ཁྱད་ཆོས་ཤིག་སྟེ། ཆོས་ཐམས་ཅད་རྟོག་པས་བཏགས་ཙམ་ལས་རང་ངོས་ནས་བདེན་གྲུབ་ཏུ་མེད་པར་འདོད་པའི་ལྟ་བ་འདི་ནི། གྲུབ་མཐའ་འོག་མ་གང་ལའང་མི་མངའ་བ་ཞིག་དང་། ཐལ་འགྱུར་བས་ཆོས་རྣམས་མིང་རྐྱང་བཏགས་ཡོད་ཙམ་དུ་རང་གི་བྱ་བྱེད་རྣམས་འཐད་ལྡན་སྒྲུབ་པར་བྱེད་ཐུབ་པའོ། །

ཆོས་རྣམས་བདེན་མེད་དུ་སྒྲུབ་པར་བྱེད་ཅེས་པའི་བདེན་པར་འཛིན་པ་མེད་པ་ནི་དོན་དུ་མཐར་འཛིན་པ་མེད་པའོ། །མཐར་འཛིན་པ་ནི་རྟག་ཆད་ཀྱི་མཐའ་

①རྗེ་བཙུན་བློ་བཟང་ནོར་བུ། གྲུབ་མཐའི་རྣམ་གཞག་གསལ་བར་བཤད་པ་ཐུབ་བསྟན་རིན་པོ་ཆེ་གསལ་བའི་སྒྲོན་མེ། བོད་ལྗོངས་བོད་ཡིག་དཔེ་རྙིང་དཔེ་སྐྲུན་ཁང་། ༢༠༠༨ལོའི་ཟླ་༨ ཤ༩༠༧

གཉིས་ལ་ལྟུང་བའི་ལྟ་བ་འཛིན་པའི་དོན་ཡིན་ཞིང་། མེད་པ་ཡོད་པར་འཛིན་པའི་སྒྲོ་འདོགས་དང་། ཡོད་པ་མེད་པར་འཛིན་པའི་སྐུར་འདེབས་ཀྱི་མཐའ་གཉིས་ཏེ་སྤྲོས་པ་དེ་གཉིས་ཀ་སྤང་བྱ་ཡིན་ཞིང་། རྟག་ལྟའམ་སྒྲོ་འདོགས་ཀྱི་ལྟ་བ་དང་ཆད་ལྟའམ་སྐུར་འདེབས་ཀྱི་ལྟ་བ་ཞེས་ཀྱང་བྱའོ། །མཐར་འཛིན་ལྟ་བ་གཅོད་པའི་གཉེན་པོ་རྨད་དུ་བྱུང་བ་ནི་རྟེན་འབྱུང་གི་རིགས་པ་ཡིན་ཏེ། རྗེ་རིན་པོ་ཆེས། “གཞན་ཡང་སྣང་བས་ཡོད་མཐའ་སེལ་བ་དང་། །སྟོང་བས་མེད་མཐའ་སེལ་ཞིང་སྟོང་པ་ཉིད། །རྒྱུ་དང་འབྲས་བུར་འཆར་བའི་ཚུལ་ཤེས་ན། །མཐར་འཛིན་ལྟ་བས་འཕྲོག་པར་མི་འགྱུར་རོ། །”①ཞེས་རྟེན་འབྲེལ་དུ་ཡོད་པས་ཡོད་པོ་ཆོད་པ་དང་རང་བཞིན་སྟོང་བས་མེད་པོ་ཆོད་ཅིང་། དེ་ནི་མཐའ་གཉིས་ལ་མ་ལྟུང་པའམ་མཐའ་གཉིས་དང་བྲལ་བར་གསུངས་སོ། །སྤྱིར་སྣང་བས་ཡོད་མཐའ་སེལ་བ་དང་སྟོང་བས་མེད་མཐའ་སེལ་བ་གཉིས་དབུ་མ་ཐལ་འགྱུར་བའི་ཐུན་མོང་མ་ཡིན་པའི་ལྟ་བའི་ཁྱད་ཆོས་ཞེས་སུ་གྲགས་མོད། གྲུབ་མཐའ་འོག་མ་རྣམས་སུ་རང་རང་ལུགས་ཀྱི་མཐའ་གཉིས་གསལ་བའི་ རིགས་ པའི་ འདོད་ ཚུལ་ ཡོད་ ལུགས་ ནི། རྗེ་ བཙུན་ བློ་ བཟང་ ནོར་ བུས། “གཞན་དུ་གྲུབ་མཐའ་བཞི་པོ་རང་རང་གི་ལུགས་ལ་ཡང་སྣང་བས་ཀྱང་ཡོད་མཐའ་དང་མེད་མཐའ་གཉིས་ཀ་སེལ་ཞིང་སྟོང་བས་ཡོད་མཐའ་དང་མེད་མཐའ་གཉིས་ཀ་སེལ་ནུས་པར་བཞེད་པ་ཡིན་ཏེ། དེ་བཞི་ཀས་རང་རང་གིས་ངོས་བཟུང་བའི་དགག་བྱས་སྟོང་བའི་རྒྱུ་མཚན་གྱིས་རྒྱུ་འབྲས་སོགས་བྱ་བྱེད་ཐམས་ཅད་འཐད་པར་བཞེད་

①བསྟོད་སྙན་ཕྱོགས་བསྒྲིགས། མཚོ་སྔོན་མི་རིགས་དཔེ་སྐྲུན་ཁང་། ༢༠༠༨ལོའི་ཟླ་དྲུག་པར་དཔར་ཐེངས་བཅུ་དྲུག་པ། ཤ༡༢༡

ཅིང་། དེ་འདྲའི་དགག་བྱ་སྟོང་པར་ངེས་པས་ཡོད་པའི་མཐའ་དང་བྲལ་བར་བཞེད་དོ། །”①ཞེས་སོགས་གསུངས་པ་ལྟར་ཡིན་ཞིང་། དབུ་མ་ཐལ་འགྱུར་བའི་ལུགས་ལ། དཔེར་ན། བུམ་པ་ཞེས་བྱ་བ་ལྟོས་ནས་གྲུབ་པ་དང་རྟེན་འབྲེལ་དུ་ངེས་པས་རང་བཞིན་དུ་མེད་པར་ངེས་པ་འདྲེན་ཐུབ་ཅིང་། དེ་ལྟར་སྣང་བས་ཡོད་མཐའ་སེལ་བ་དང་། བུམ་པ་རང་བཞིན་དུ་སྐྱེ་བ་མེད་པ་དེའི་ཕྱིར་བུམ་པ་ནི་ཐ་སྙད་དུ་རང་གི་ཉེར་ལེན་འཛིམ་པ་སོགས་ལས་བྱུང་བ་ལས། རྒྱུ་མེད་དང་རྒྱུ་མ་ཡིན་པ་ལས་བྱུང་བ་མ་ཡིན་པ་སོགས་ཐ་སྙད་དུ་བྱ་བྱེད་ཡོད་པར་འདོད་པས་སྟོང་བས་མེད་མཐའ་སེལ་བ་ཡིན་ནོ། །དེ་ནི་སྒྲ་ཙམ་བཤད་པ་ཡིན་ཞིང་སྣང་བ་དང་སྟོང་བ་ཟུང་དུ་འཇུག་པའི་ལྟ་བ་དང་། སྟོང་པ་དང་རྟེན་འབྲེལ་ཟུང་དུ་འཇུག་པའི་ལྟ་བ་ནི་ལྟ་བ་རྣམ་པར་དག་པའི་གང་ཟག་རྣམས་ཀྱི་རྒྱུད་དུ་བྱུང་བའི་སྒོམ་ཐོབ་ལས་སྐྱེ་བར་གསུངས་པས་བློ་དམན་བདག་འདྲས་ཀྱི་ཚོམ་དུ་སྒྲ་བའི་ཡུལ་ག་ལ་ཡིན་ཏེ། རྗེ་ཙོང་ཁ་པས། གནས་ལུགས་རྟོགས་པའི་ཤེས་རབ་མི་ལྡན་ན། །ངེས་འབྱུང་བྱང་ཆུབ་སེམས་ལ་གོམས་བྱས་ཀྱང་། །སྲིད་པའི་རྩ་བ་གཅོད་པར་མི་ནུས་པས། །དེ་ཕྱིར་རྟེན་འབྲེལ་རྟོགས་པའི་ཐབས་ལ་འབད། །ཅེས་དང་། “སྣང་བ་རྟེན་འབྲེལ་བསླུ་བ་མེད་པ་དང་། །སྟོང་བ་ཁས་ལེན་བྲལ་བའི་གོ་བ་གཉིས། །ཇི་སྲིད་སོ་སོར་སྣང་བ་དེ་སྲིད་དུ། །ད་དུང་ཐུབ་པའི་དགོངས་པ་རྟོགས་པ་མེད། །ནམ་ཞིག་རེས་འཇོག་མེད་པར་ཅིག་ཅར་དུ། །རྟེན་འབྲེལ་མི་བསླུར་མཐོང་བ་ཙམ་ཉིད་ནས། །ངེས་ཤེས་ཡུལ་གྱི་འཛིན་སྟངས

①རྗེ་བཙུན་བློ་བཟང་ནོར་བུ། གྲུབ་མཐའི་རྣམ་གཞག་གསལ་བར་བཤད་པ་ཐུབ་བསྟན་རིན་པོ་ཆེ་གསལ་བའི་སྒྲོན་མེ། བོད་ལྗོངས་བོད་ཡིག་དཔེ་རྙིང་དཔེ་སྐྲུན་ཁང་། ༢༠༠༨ལོའི་ཟླ་༨ ཤ༩༧༥

ཀུན་འཛིན་ན། །དེ་ཚེ་ལྟ་བའི་དཔྱད་པ་རྫོགས་པ་ལགས། །”① ཞེས་སོགས་གསུངས་པ་བཞིན་ནོ། །

འོ་ན་ཆོས་རྣམས་རང་གི་རང་བཞིན་དང་བྲལ་བའི་སྟོང་པ་དང་རྟེན་ཅིང་འབྲེལ་འབྱུང་གཉིས་དོན་གཅིག་ཏུ་ཇི་ལྟར་ཞེ་ན། རྗེ་རིན་པོ་ཆེའི་རྟེན་འབྲེལ་བསྟོད་པར། ཁྱོད་ནི་ནམ་ཞིག་སྟོང་པ་ཉིད། །རྟེན་འབྱུང་དོན་དུ་མཐོང་བ་ན། །རང་བཞིན་གྱིས་ནི་སྟོང་བ་དང་། །བྱ་བྱེད་འཐད་པའང་མི་འགལ་ཞིང་། །ཞེས་སོགས་གསུངས་ལ། ལྕང་སྐྱའི་འགྲེལ་པ་རུ། ཚད་མར་གྱུར་པའི་སྟོན་པ་ཐུབ་པའི་དབང་པོ་ཁྱོད་ཀྱིས་ནི། གང་དག་ཆོས་རྣམས་ཀྱི་ཡིན་ལུགས་འཚོལ་བ་དེ་དག་གིས་དུས་ནམ་ཞིག་ཚེ། སྐྱེ་བ་སོགས་ལ་རང་བཞིན་བཀག་པའི་སྟོང་པ་ཉིད་དེ། དེ་དག་གི་བརྟེན་ནས་སྐྱེས་པའམ་བརྟེན་ནས་བཏགས་པའི་རྟེན་འབྱུང་ཉིད་ཀྱི་དོན་དུ་མཐོང་བ་དེའི་ཚེ་ན། རྣལ་འབྱོར་བ་དེའི་བློ་ངོར་ཆོས་ཐམས་ཅད་རང་བཞིན་གྱིས་ནི་གྲུབ་པ་རྡུལ་ཙམ་ཡང་མེད་པའི་སྟོང་བ་དང་། རྒྱུ་འབྲས་དང་སྤང་བླང་སོགས་བྱ་བྱེད་ཐམས་ཅད་འཐད་པའང་མི་འགལ་ཞིང་འགལ་འདུ་ཙུང་ཟད་ཀྱང་མེད་པར་འཇོག་ནུས་སོ། །ཞེས་དང་། སྟོང་པ་རྟེན་འབྱུང་དོན་གཅིག་པ་ནི་ལྟ་བའི་དཔྱད་པ་རྫོགས་པའི་གང་ཟག་དབུ་མ་བ་རྣམས་ཀྱི་བློ་ངོར་འགྲུབ་པ་ཡིན་གྱི། གཞན་རྣམས་ལ་མ་ཡིན་ནོ། །དབུ་མ་བ་དེ་དག་གིས་ནི་ཕྱི་ནང་གི་དངོས་པོ་རྣམས་རྒྱུ་རྐྱེན་ལས་སྐྱེས་པའམ་བརྟེན་ནས་བཏགས་པའི་རྟེན་འབྱུང་དུ་དངོས་ངེས་པ་ན། བློ་དེ་ཉིད་ཀྱི་སྟོབས་ཤུགས་ལ་

①བསྟོད་སྨོན་ཕྱོགས་སྒྲིག མཚོ་སྔོན་མི་རིགས་དཔེ་སྐྲུན་ཁང་། ༢༠༠༨ལོའི་ཟླ་དྲུག་པར་དཔར་ཐེངས་བཅུ་དྲུག་པ། ༤༡༢༡

བརྟེན་ནས་མྱུ་གུ་རང་བཞིན་གྱིས་སྟོང་པར་ངེས་པར་འགྱུར་ཏེ། དེས་རང་བཞིན་གྱིས་ཡོད་པ་ལ་གཞན་ལ་ལྟོས་པ་མི་འཐད་ཅིང་། དེ་དང་རྟེན་འབྱུང་གཉིས་འགལ་བར་ཡང་ཚད་མས་རྟོགས་པའི་ཕྱིར་རོ། །[①] ཞེས་སོགས་གསུངས་པ་ལས། ཆོས་རྣམས་ནི་རང་བཞིན་དུ་མེད་ཅེས་པ་ལས་ཆོས་རྣམས་རྟེན་འབྱུང་དུ་ཡོད་ཅེས་པའི་དོན་གསལ་བ་ཡིན་ཏེ། རང་བཞིན་གྱིས་མེད་ན། བརྟེན་ནས་སྐྱེས་པའམ་བརྟེན་ནས་བཏགས་པ་ཞིག་ལས་མ་འདས་ཕྱིར། སྟོང་པ་དང་རྟེན་འབྲེལ་གཉིས་གཅིག་གི་རིགས་པའི་ཟླའམ་གྲོགས་སུ་གཅིག་གིས་བྱས་ནས་གནས་ལུགས་མཐར་ཐུག་སྟེ། ཆོས་ཐམས་ཅད་བདེན་གྲུབ་ཏུ་མེད་པའི་ལྟ་བ་རྣམ་དག་བསྒྲུབས་པ་ཡིན་ཞིང་། དེ་ལྟར་སྟོང་པ་དང་རྟེན་འབྱུང་ཟུང་གི་གོ་བ་ཤིན་ཏུ་རགས་པ་གོང་གི་དེ་ག་ཙམ་ཡིན་པ་ལས། ངོ་མ་ནི་བདག་མེད་རྟོགས་པའི་ཤེས་རབ་རྒྱུད་ལ་མ་སྐྱེས་ཕྱིན་ཆད་གསལ་བར་བརྗོད་ག་ལ་ནུས་ཏེ་མི་ནུས་སོ། །མདོ་ལས། གང་རྣམས་རྟེན་ཅིང་འབྲེལ་བར་འབྱུང་། །དེ་ནི་ངོ་བོ་ཉིད་ཀྱིས་མེད། །ཅེས་གསུངས་པ་བཞིན་དུ། རྟེན་འབྱུང་ནི་དོན་དམ་དུ་ཆོས་རྣམས་ངོ་བོ་ཉིད་ཀྱིས་སྟོང་པ་བསྟན་པ་ཡིན་པས། ཆོས་རྣམས་བདེན་པར་འཛིན་པའི་བློ་གཅོད་པ་ཡིན་ལ། བདག་ཏུ་མེད་པའི་ལྟ་བ་བསྐྱེད་པའི་ཐབས་རྣད་དུ་བྱུང་བ་ཡིན་པའོ། །

①རྗེ་ཙོང་ཁ་པའི་བསྟོད་ཆེན་བཞིའི་རྩ་འགྲེལ། མཚོ་སྔོན་མི་རིགས་དཔེ་སྐྲུན་ཁང་། ༡༩༩༤ལོའི་ཟླ་༥ ཤ༥༥དང་༥༥

རང་སྡེའི་གྲུབ་མཐའ་བཞི་པོའི་བདག་མེད་འདོད་ཚུལ་གྱི་ཅ་མ་གསལ་བའི་རེའུ་མིག

<table>
<tr><td colspan="2">བྱེ་བྲག་སྨྲ་བ།</td><td rowspan="2">གང་ཟག་རྟག་གཅིག་རང་དབང་ཅན་གྱིས་སྟོང་པ་གང་ཟག་གི་བདག་མེད་རགས་པ་དང་། གང་ཟག་རང་རྐྱ་ཐུབ་པའི་རྫས་ཡོད་ཀྱིས་སྟོང་པ་གང་ཟག་གི་བདག་མེད་ཕྲ་མོར་འདོད་ཅིང་། ཆོས་ཀྱི་བདག་མེད་མི་འདོད།</td></tr>
<tr><td colspan="2">མདོ་སྡེ་པ།</td></tr>
<tr><td colspan="2">སེམས་ཙམ་པ།</td><td>གང་ཟག་གི་བདག་མེད་ཕྲ་རགས་འདོད་ཚུལ་བྱེ་མདོ་གཉིས་དང་མཚུངས། ཆོས་ཀྱི་བདག་མེད་རགས་པ་ནི་རྡུལ་ཕྲན་ཆ་མེད་བསགས་པའི་ཕྱི་རོལ་དོན་གྱིས་སྟོང་པ་དང་། ཕྲ་མོ་ནི་གཟུང་འཛིན་རྫས་གཞན་གྱིས་སྟོང་པའི་སྟོང་ཉིད་དང་། གཟུགས་གཟུགས་ཞེས་པའི་སྒྲ་འཇུག་པའི་གཞིར་རང་གི་མཚན་ཉིད་ཀྱིས་གྲུབ་པས་སྟོང་པའི་སྟོང་ཉིད།</td></tr>
<tr><td rowspan="2">དབུ་མ་པ།</td><td>དབུ་མ་རང་རྒྱུད་པ།</td><td>གང་ཟག་གི་བདག་མེད་ཕྲ་རགས་འདོད་ཚུལ་གོང་དང་མཚུངས། གཟུང་འཛིན་རྫས་གཞན་གྱིས་སྟོང་པ་དང་། གཟུགས་རང་འཛིན་རྟོག་པའི་ཞེན་གཞིར་རང་གི་མཚན་ཉིད་ཀྱིས་གྲུབ་པས་སྟོང་པ་གཉིས་ཆོས་ཀྱི་བདག་མེད་རགས་པར་འདོད་ཅིང་། ཆོས་ཐམས་ཅད་བདེན་གྲུབ་ཀྱིས་སྟོང་པ་ཆོས་ཀྱི་བདག་མེད་ཕྲ་མོར་འདོད། (འདིའི་ཆོས་རྣམས་བདེན་མེད་འཛོག་ལུགས་དབུ་མ་ཐལ་འགྱུར་དང་མི་གཅིག)</td></tr>
<tr><td>དབུ་མ་ཐལ་འགྱུར་བ།</td><td>གང་ཟག་རང་རྐྱ་ཐུབ་པའི་རྫས་ཡོད་ཀྱིས་གྲུབ་པས་སྟོང་བ་གང་ཟག་གི་བདག་མེད་རགས་པ་དང་། གང་ཟག་བདེན་པས་སྟོང་པ་གང་ཟག་གི་བདག་མེད་ཕྲ་མོར་འདོད། རྡུལ་ཕྲན་ཆ་མེད་བསགས་པའི་རགས་པ་དང་། དེ་འཛིན་པའི་ཚད་མ་རྫས་གཞན་གྱིས་སྟོང་པ་སོགས་ཆོས་ཀྱི་བདག་མེད་རགས་པ་དང་། ཆོས་རྣམས་རང་བཞིན་གྱིས་གྲུབ་པས་སྟོང་པ་ཆོས་ཀྱི་བདག་མེད་ཕྲ་མོར་འདོད་དོ། །</td></tr>
</table>

ལེའུ་གསུམ་པ། བདག་མེད་ལྟ་བ་ལས་འཕྲོས་པའི་དོན་གནད་འགའ་སྐོར།

ལེའུ་འདིའི་ནང་དུ་བདག་དང་བདག་མེད་པའི་ལྟ་བ་དང་། ལྷག་དོན་དུ་བདག་མེད་པའི་ལྟ་བ་ལས་འཕྲོས་ཏེ། རང་གི་ལྟ་ཚུལ་འཆད་དེ་གཞན་གྱི་ལྟ་ཚུལ་འགའ་ལ་གདེང་འཇོག་བྱེད་པ་དང་འབྲེལ་ནས་བྲི་བར་བྱ་བ་ཡིན་ཞིང་། གོང་གི་ལེའུ་གཉིས་དང་བསྡུར་ན་སྤྱིར་ན་ལུང་ཚིག་ཉུང་ངུར་བྱས་ཏེ་འབྲི་འདོད་པ་ཡིན། རྒྱུ་མཚན་ནི་ཕྲན་གྱི་རྩོམ་ཡིག་འདི་བཞིན་སློང་བྱ་གཙོ་བོ་བདག་དང་བདག་མེད་ཀྱི་སྐོར་ཡིན་ཕྱིར། དེ་གཉིས་ཀྱི་སྐོར་གོང་གི་ལེའུ་གཉིས་པོར་ཙུང་ཟད་བསྡུས་པ་དང་གསལ་བའི་ཚུལ་གྱིས་ཞུས་པ་ལས་རྫོགས་ཐུབ་པས། སྐབས་བདག་དང་བདག་མེད་ཀྱི་ཐད་ལ་གསུངས་ཚུལ་འདི་ཡོད་འདི་མེད་ཀྱི་ལུང་དྲངས་ན། ངལ་དུབ་ཆེ་རིགས་དང་། ཤོག་གྲངས་ཆེ་རིགས་ཙམ་ལས་གློག་མཁན་ལ་ཤེས་རྒྱུ་གསར་པ་ཞིག་ཐོབ་དཀའ་སྙམ།

ས་བཅད་དང་པོ། བདག་མེད་ལྟ་བའི་འཕེལ་རིམ་ལ་དཔྱད་པ།

དང་པོ། བདག་མེད་ལྟ་བའི་འཕེལ་རིམ་གྱིས་གྲུབ་མཐའ་འོག་མ་འོག་མ་གོང་མ་གོང་མའི་སྟེགས་སུ་གྱུར་ཚུལ་མཚོན་པའི་སྐོར།

༡ དོན་གནད་འདི་ལས་འཕྲོས་ཏེ་ཕྱིར་རྟོག་ལ་ཕུལ་བའི་གཏམ།[①]

མིའི་རིགས་ཀྱི་སྤྱི་ཚོགས་འཕོ་འགྱུར་གྱི་དུས་རིམ་དུ་ཤེས་རིག་འཕེལ་རྒྱས་ནི་གོ་ལ་འདིའི་ཚེ་སྲོག་གི་འཕེལ་འགྱུར་དང་སྤྱི་ཚོགས་ཀྱི་འཕེལ་འགྱུར་གཉིས་དང་བསྡོངས་ནས་འཕེལ་རྒྱས་འགྲོ་བཞིན་ཡོད་པ་བསྙོན་དུ་མེད། དེ་བཞིན་དུ་ནང་པ་སངས་རྒྱས་པའི་ལུགས་ལ་བསྐལ་པ་འདི་ལ་ཡང་སྟོད་བཅུད་འཇིག་རྟེན་འཕེལ་འགྲིབ་ཀྱི་རང་བཞིན་ལྡན་པའི་ངང་མཐར་ཆགས་འཇིག་གནས་གསུམ་གྱི་མཐའ་ལས་གྲོལ་ཏེ་སྟོངས་པའི་དུས་ལ་སླེབས་པའི་ལྟ་ཚུལ་གསུངས་ཡོད་ལ། གྲུབ་མཐའི་འཕེལ་རྒྱས་དེ་ཡང་སྤྱི་ཚོགས་ཁྲོན་གྱི་ཤེས་རིག་འཕེལ་བའི་འགྲོས་དང་བསྡོངས་ནས་རིམ་བཞིན་ལྟ་བ་ཟབ་

---

①འདིར་ཚ་བ་མདའ་སྨུག་གི་ཕྱིར་རྟོག་ཅེས་པའི་དཔེ་དེབ་ནང་བྲིས་པའི་ལྟ་ཚུལ་རེ་ཟུར་ཐད་ལ་རང་གིས་ལྟ་སྣང་ཇི་ལྟར་འཛིན་ཚུལ་འཆད་ཡོད་པ་རྣམས་གཙོ་བོ་བདག་དང་བདག་མེད་ལས་འཕྲོས་པའི་དོན་རྣམས་ཡིན་ཞིང་། འདི་ནི་དོན་ལ་དམིགས་ནས་ཡིན་གྱི་གང་ཟག་ལ་དམིགས་ནས་མ་ཡིན་ནོ། །

རྒྱུས་སུ་འཕེལ་རྒྱས་སོང་བ་ཁས་ལེན་ཆོག་པ་ཡིན་ཏེ། གྲུབ་མཐའི་རྣམ་གཞག་འཕྲུལ་སྤྱོང་གནོད་ལྷའི་སྒྲ་དབྱངས་ལས། "རང་རང་མཐའ་བྲལ་རྟོག་བཏགས་གོང་མས་འགོག །འོག་མ་འོག་མའི་ལྟ་བའང་གོང་མའི་སྐྱེགས། །"①ཞེས་དང་། གྲུབ་མཐའ་རིན་ཆེན་ཕྲེང་བ་ལས། "གྲུབ་མཐའ་གོང་མ་གོང་རྣམས་ཀྱིས་འོག་མ་འོག་མའི་གྲུབ་མཐའི་ཐུན་མོང་མ་ཡིན་པ་རྣམས་འགོག་པར་བྱེད་ཀྱང་། འོག་མ་འོག་མའི་ལྟ་བ་གོ་བ་དེ། གོང་མ་གོང་མའི་ལྟ་བ་གོ་བའི་ཐབས་དམ་པར་སྣང་བས། གྲུབ་མཐའ་གོང་མ་ལ་མཆོག་ཏུ་བཟུང་ནས་འོག་མ་ལ་སྨད་པར་མི་བྱའོ། །"②ཞེས་སོགས་གསུངས་པ་བཞིན། རང་སྡེའི་ལུགས་ལ་གྲུབ་མཐའ་འོག་མའི་གཞི་ལམ་འབྲས་གསུམ་གྱི་རྣམ་གཞག་དང་། ཐ་ན་ཕྱི་རོལ་པའི་གྲུབ་མཐའ་སྨྲ་བ་ཚུན་ཆད་ནི་རང་ལ་ལྟ་བ་གསར་པ་སྐྱེད་པའི་ལྡེ་མིག་ལྟ་བུ་ཞིག་ཡིན་པར་འདོད་པ་ཡིན།

འོན་ཏེ་ཕྱིར་རྟོག་ཅེས་པའི་དཔེ་དེབ་ཏུ། "ཁོ་བོས་ནི་ང་ཚོ་རྒྱུད་པའི་རྩ་བ་དང་། སངས་རྒྱས་ཆོས་ལུགས་ཀྱིས་བཞག་པའི་བག་ཆགས་སྡུག་ཤོས་ཤིག་ནི། སྐྱོ་སྣང་རིང་ལུགས་ཀྱི་དྲིལ་བསྒྲགས་འདི་རེད་སྙམ་གྱིན་ཡོད་"③ཅེས་སོགས་ཀྱི་གཏམ་ལས་འཕྲོས་པའི་སྐབས་སུ་རང་རེ་བོད་པ་ཆོས་ཞེན་པ་ཆོས་གནའ་རབས་འབའ་ཞིག་

①ཀུན་མཁྱེན་འཇམ་དབྱངས་བཞད་པ། གྲུབ་མཐའི་རྣམ་བཤད་རང་གཞན་ཀུན་དང་ཟབ་དོན་མཆོག་ཏུ་གསལ་བ་ཀུན་བཟང་ཞིང་གི་ཉི་མ་ལུང་རིགས་རྒྱ་མཚོ་སྐྱེ་དགུའི་རེ་བ་ཀུན་སྐོང་། མཚོ་སྔོན་ནང་བསྟན་རིག་གནས་སྒྱུ་རྩལ་ཞབས་ཞུ་ལྟེ་གནས་ཞབས་ཞུ་ཁང་། ཤ༢

②གྲུབ་མཐའ་རིན་ཆེན་ཕྲེང་བའི་ཚིག་འགྲེལ་ཐོར་བུ། མི་རིགས་དཔེ་སྐྲུན་ཁང་། ༢༠༠༧ལོའི་ཟླ་༡ དཔར་ཐེངས་བཞི་པ། ཤ༡༢

③ཚེ་བ་མདའ་སྒྲུག ཕྱིར་རྟོག ཀན་སུའུ་མི་རིགས་དཔེ་སྐྲུན་ཁང་། ༢༠༡༡ལོའི་ཟླ་༥ ཤ༡༠༩

ཚད་ཤིང་དུ་བཞག་ནས་མདུན་སྐྱོད་ལ་རེ་བསྒྲིགས་མི་བྱེད་པའི་སྐོར་མང་དུ་བཤད་ཡོད། ཡང་ཁོང་གིས། "རྙིང་པ་དོར་ནས་གསར་པ་འཚོལ་དགོས་ཟེར་མཁན་གྱི་མི་དེ་ཚོ་ལྟ་ལོག་དང་། གཏམ་དེ་གྲས་ལྟས་ངན་ཡིན་པས་དེ་དག་ལ་དགྲ་ལྟར་ལྟ་ཞིང་དུག་ལྟར་འཛེམས་དགོས་པ་དང་། དེ་ལྟར་ཐབས་ཤེས་ཡོད་རྒྱ་རྩལ་སྨྲུག་གིས་རྒྱབ་བཤིག་བརྒྱབ་སྟེ་བསྡད་ན་ད་གཟོད་རྒྱ་མཐོངས་ནང་གི་ཉེ་ཐིག་ཙམ་གྱི་གནས་སྐབས་འཕེལ་བདེ་ཞིག་ཡོང་རེ་ཡོད་པ་དང་། དེ་མིན་གོམ་གང་མདུན་ལ་སོང་ན་ཐུག་རྒྱུ་མུན་ནག་དང་གཡང་ས་འབབ་ཞིག་ཡིན་པ་སོགས་རང་གིས་ཡིད་ལ་བསྒོམ་ཞིང་གཞན་ལ་བསླབ་བྱ་རྒྱག་བཞིན་ཡོད་པ་རེད་"① ཅེས་སོགས་བཤད་ནས་ནང་པའི་ཆོས་ལུགས་ཀྱི་བག་ཆགས་ཡོད་མཁན་ནི་ནམ་ཡང་ཕྱིར་བལྟས་འབབ་ཞིག་ལ་གཞོལ་བ་ལས་ཡར་བསྐྱོན་གྱི་སྤོབས་པ་མེད་པ་ལྟ་བུར་འཆད་འདུག་ཀྱང་། དོན་དུ་གོང་ལ་ཞུས་པའི་གྲུབ་མཐའི་གསུང་ཚུལ་གྱི་ལུང་གཉིས་པོ་ལས། ནང་པ་སངས་རྒྱས་པའི་ལྟ་བའི་ཁུངས་གཏུགས་ས་གནའ་བོའི་རྒྱ་གར་གྱི་གྲུབ་མཐའི་གཞུང་རྣམས་ཀྱང་ལྟ་བ་འོག་མ་ལས་ལྟ་བ་གོང་མ་ཁུངས་འཕེར་བ་དང་། རིགས་པ་བཙན་པ་ཡོད་པར་འདོད་ཅིང་། བདག་མེད་འདོད་ཚུལ་ལ་ཡང་རགས་པ་དང་ཕྲ་བའི་རྣམ་གཞག་བྱས་ནས་རིམ་བཞིན་དུ་རིགས་པའི་མཐར་ཐུག་ལ་བསྒྲིགས་པའི་ཚུལ་ཡོད་པ་སོགས་ནི། སྔ་མ་ཚད་མར་བཀུར་བའི་བག་ཆགས་ལས་བྱུང་བ་མིན་ན། ཅི་ཕྱིར་ནང་པ་སངས་རྒྱས་པ་ལ་ཞེན་པའི་སྐྱེས་བུས་ཁ་ཕྱིར་བལྟས་འབབ་ཞིག་བྱ་ཞེས་ཁ་ཚོན་གཅོད་པ་འོས་སུ

---

①ཚ་བ་མདའ་སྒྲུག ཕྱིར་རྟོག ཀན་སུའུ་མི་རིགས་དཔེ་སྐྲུན་ཁང་། ༢༠༡༡ལོའི་ཟླ་༨ ཤ༡༡༢ནས ༡༡༣

འགྱུར་རམ་སྙམ།

དེ་མིན་ཁོང་གིས། "བོད་ཡུལ་གྱི་མཁས་གྲུབ་རྣམ་པས་དེ་བཞི་ཁྲིད་ནས་ངོ་བོ་ཉིད་མེད་པར་སྨྲ་བའི་ལུགས་དེ་ཁོ་ན་དབུ་མའི་གྲུབ་མཐའ་ཡིན་རྒྱུར་བྱས་ཏེ། ལུགས་དེ་དང་མི་མཐུན་པའི་གྲུབ་མཐའ་གཞན་གསུམ་གྱི་རྣམ་གཞག་ཡོད་ཚད་ཕྱིན་ཅི་ལོག་འབའ་ཞིག་ཡིན་ཚུལ་དང་། གྲུབ་མཐའ་འདི་ལ་དུས་དང་རྣམ་པ་ཀུན་ཏུ་འཁྲུལ་པའི་དྲི་མ་ཕྲ་མོ་ཙམ་ཡང་མི་སྲིད་པ་དང་། གྲུབ་མཐའ་འདིའི་དགོངས་པ་དྲི་མ་མེད་པ་དེ་ལོན་མཁན་ནི་རང་དང་རང་གི་ཆོས་བརྒྱུད་འདི་གཅིག་པུ་ཡིན་པ་སོགས་སྨྲ་སྒྲོལ་ཡོད་པ་རེད་" ① ཅེས་བཤད་པའི་གྲུབ་མཐའ་དབུ་མར་ཞུགས་པའི་དབུ་མ་བས་གཞན་གསུམ་པོ་ཕྱིན་ཅི་ལོག་འབའ་ཞིག་ཡིན་པར་འདོད་པར་བཤད་པ་ལ་སོགས་པ་ཡང་གོང་དུ་དྲངས་པའི་གྲུབ་མཐའི་གཞུང་གི་ལུང་གཉིས་པོ་དེས་ལན་འདེབས་ནུས་ཏེ། གྲུབ་མཐའ་གོང་མ་ལ་མཆོག་ཏུ་བཟུང་ནས་འོག་མ་ལ་སྨད་པར་མི་བྱའོ། །ཞེས་སོགས་གསལ་ལེར་གསུངས་ཡོད་པའི་ཕྱིར།

ཡང་ཁོང་གིས་བདག་མེད་སྐོར་ལ། "བདག་དང་གང་ཟག་ཡོད་མེད་དཔྱད་པ་གཏོང་དུས་རྙེད་རྒྱུ་མེད་ཚེ་ཡང་ན་གཏན་ནས་མེད་པའི་རྟགས་དང་། ཡང་ན་འཚོལ་མ་ཤེས་པའི་རྟགས་རེད། དེ་ལྟ་མིན་ན་གཞི་གང་དུ་ཡོད་པ་དང་། ཚུལ་ཇི་ལྟར་ཡོད་པ་བཙལ་ན་ཅི་ལ་མི་རྙེད། ངའོ་བདག་གོ་སྙམ་པའི་བསམ་བློ་དེ་འཁྲུལ་པ་དང་བདག་འཛིན་ཡིན་ན། ང་མེད་བདག་མེད་སྙམ་པའི་བསམ་བློ་དེ་ཚད་མ་དང་བདག་མེད་སྒོམ་པའི་བློ་ཡིན་དགོས། དེ་ལྟར་ང་དང་བདག་མེད་དགོས་ཤིང་། དེ་ལ་

---

①ཚ་བ་མདའ་སྒྲུག ཕྱིར་རྟོག ཀན་སུའུ་མི་རིགས་དཔེ་སྐྲུན་ཁང་། ༢༠༡༡ལོའི་ཟླ་༤ ཤ་༡༡༨

འདོད་ཟེར་ན་ང་མེད་ཟེར་མཁན་ཕྱོད་རང་སུ་ཡིན་སྨྲ་དགོས་སོ། །དཔལ་ལྡན་ས་སྐྱའི་མཁས་པ་ཆེན་པོ་གཡག་པས་ཀྱང་ངའོ་སྙམ་པའི་བློ་དེ་ངར་འཛིན་ཡིན་པའི་ཞལ་བཞེས་ལ་བརྟེན་ནས་རྗེ་འཇིགས་བྲལ་ཞབས་ལ་རྩོད་པ་ཤོར་བར་གྲགས་ཏེ་ཁོང་ཐུགས་ཁག་མེད་དོ། །ངའོ་སྙམ་པའི་བློ་དེ་ངར་འཛིན་དང་། སེམས་ཅན་ནོ་སྙམ་པའི་བློ་དེ་བདག་འཛིན་ཡིན་ན། ངར་འཛིན་ཟད་པའི་འཕགས་པ་ཆོས་མི་ངོ་རང་ངོ་མི་ཕྱེད་པར་ཐལ་བ་སོགས་ཐོག་ལྟར་ཚ་བའི་ཉེས་སྐྱོན་མང་པོ་ཞིག་གཞན་གྱིས་བཀྲང་ཡོད་ལ"①ཞེས་སོགས་ཀྱི་གཏམ་ལ་དཔག་པར་བྱས་ན། ཁོང་གིས་བོད་སྤྱི་མས་ངའོ་སྙམ་པ་འཁྲུལ་བ་དང་ངར་འཛིན་ཡིན་པར་འདོད་པ་དེ་ལེགས་སུ་མ་འཐད་དོ་སྙམ་ནས་འགོག་པར་བྱ་བ་ཡིན་ཚུལ་བཤད་ཡོད། ཐྲན་གྱིས་བསམས་ན་ཁོང་གིས་ངའོ་སྙམ་པ་ཙམ་བཏགས་པ་ཙམ་གྱི་དབང་དུ་འདོད་པར་ངོས་བཟུང་ནས་ངར་འཛིན་མིན་ཟེར་ན་མ་གཏོགས་བདག་དང་བདག་གི་བར་འཛིན་པའི་རྟོག་པའི་ཞེན་ཡུལ་ངའོ་སྙམ་པ་ཡིན་པར་གཞུང་ལས་གསུངས་སོ། །དེ་ཡང་གྲུབ་མཐའ་ཆེན་མོར། "ཞིབ་པར་རྣམ་བཤད་རིགས་པའི་རྒྱ་མཚོ་ལས། ང་འོ་སྙམ་པ་སྐྱེ་བའི་གཞི་ང་ལ་དམིགས་ནས་རྣམ་པ་རང་གི་མཚན་ཉིད་ཀྱིས་གྲུབ་པར་འཛིན་པ་ནི་ངར་འཛིན་གྱི་འཇིག་ལྟ་ལྷན་སྐྱེས་དང་གང་ཟག་གི་བདག་ཏུ་སྨོངས་པ་གཉིས་ཀའོ། །ང་ཡི་བ་ལ་དམིགས་ནས་རྣམ་པ་རང་གི་མཚན་ཉིད་ཀྱིས་གྲུབ་པར་འཛིན་པའི་འཇིག་ལྟ་ལྷན་སྐྱེས་དང་གང་ཟག་གི་བདག་གི་བ་ལ་སྨོངས་པའི་མ་རིག་པ་གཉིས་ཀའོ། །ཞེས

①ཚ་བ་མདའ་སྨྱུག ཕྱིར་རྫོག ཀན་སུའུ་མི་རིགས་དཔེ་སྐྲུན་ཁང་། ༢༠༡༡ལོའི་ཟླ་༤ ཤ༡༩༡

གསུངས་སོ། །"①ཞེས་ལུང་དང་བཅས་ཏེ་གསུངས་པ་ལས། ངའོ་སྙམ་པ་འབྱུང་སའི་གཞི་འཛམ་རྟོག་པའི་ཞེན་ཡུལ་ང་དེ་བདེན་པར་འཛིན་ནས་ང་ཙམ་དུ་མ་སྙམ་པའམ་མ་རྟོགས་ན། ངའོ་སྙམ་པ་དེ་ཡང་ངར་འཛིན་འཕེལ་བྱེད་ཅིག་དང་། ངའོ་སྙམ་པ་དེ་འཁྲུལ་བ་ཡིན་མིན་ནི། དེ་ལ་ངོས་བཟུང་ཚུལ་ཐད་ནས་འཛོག་དགོས་ཤིང་། འཁྲུལ་གཞིར་འགྱུར་དང་མ་འགྱུར་ལ་བརྟག་རྒྱུ་ཞིག་མཆིས་ཏེ། ངའོ་སྙམ་པའི་བློ་དེ་དཔེར་ན་རང་རྒྱུད་མན་ཆད་ཀྱིས་ཕུང་པོ་བདག་གོ་སྙམ་དུ་སེམས་པ་ལྟ་བུ་ཞིག་ཡིན་ན། དབུ་མ་ཐལ་འགྱུར་བའི་ལུགས་ལ་དེ་འཁྲུལ་བ་ཡིན་པར་འདོད་པས། ངའོ་སྙམ་པ་མ་འཁྲུལ་བ་ཡིན་ཟེར་ན་སླུ་བ་སྐྱོན་ཅན་དུ་འགྱུར་འགྲོ། ངའོ་ཞེས་པ་ནི་ང་ལ་ངའོ་སྙམ་དུ་སེམས་པ་ཙམ་ཡིན་ཞེས་སྨྲས་ཚོག་ཀྱང་། ང་ནི་ངའོ་ཟེར་ན་ང་དེ་འཛོག་རྒྱུ་ཞིག་དགོས་པ་ལྟ་བུ་ཡོད་ཀྱང་དེ་ལྟར་མེད། རང་གི་ཕུང་སོགས་ལ་བལྟོས་ནས་དེ་དག་གང་རུང་ངའོ་སྙམ་པ་ཡིན་ན། དབུ་མ་ཐལ་འགྱུར་བའི་ལུགས་ལ་དེ་ལྟའི་ངའོ་སྙམ་པ་དེ་ཡང་འཁྲུལ་བ་ཡིན་པར་འདོད་ནས་འགག་པ་ཡིན་ཏེ། ཕུང་པོ་བདག་འགོག་གི་རིགས་པ་ཕྲ་ཞིང་ཕྲ་བ་ཡོད་པའི་ཕྱིར། སྤྱིར་ངའོ་ཞེས་པའི་སྐད་བསྒྱུའི་ཕྲད་དེ་ལ་བསམས་ན་དེའི་དོན་ནི་ང་ཡིན་ནོ་ཞེས་པར་གོ་རྒྱུ་ཡོད་དེ། གཞན་ནོ་སྙམ་པ་ལ་ང་མ་ཡིན་པའི་གཞན་ནོ་སྙམ་པ་ཡང་གོ་རྒྱུ་འདུག་པ་སོགས་ལས་རིགས་འདེད་ཐུབ། ཐུབ་པས་ཀྱང་། བདུད་རྩི་ལྟ་བུའི་ཆོས་ཤིག་བདག་ལ་རྙེད། །ཅེས་སོགས་ཀྱི་བདག་

①ཀུན་མཁྱེན་འཇམ་དབྱངས་བཞད་པ། གྲུབ་མཐའི་རྣམ་བཤད་རང་གཞན་ཀུན་དང་ཟབ་དོན་མཆོག་ཏུ་གསལ་བ་ཀུན་བཟང་ཞིང་གི་ཉི་མ་ལུང་རིགས་རྒྱ་མཚོ་སྐྱེ་དགུའི་རེ་བ་ཀུན་སྐོང་། མཚོ་སྔོན་ནང་བསྟན་རིག་གནས་སྒྲུ་རྩལ་ཞབས་ཞུ་ལྟེ་གནས་ཞབས་ཞུ་ཁང་། ༡༥༥༧

གསུངས་པ་ནི་ཐ་སྙད་ཀྱི་དབང་དུ་བཞག་པ་ཙམ་ཡིན། ང་ཞེས་པ་ཕུང་སོགས་ལ་མ་བལྟོས་པར་རང་བཞིན་དུ་ཡོད་པར་འཛིན་པ་ན་དེ་འཁྲུལ་བར་འགྲོ་བ་ཡིན་པ་བསྟོན་དུ་མེད། ང་ཙམ་ནི་འཁྲུལ་བར་མི་འགྲོ་ལ་འཇིག་རྟེན་པའི་གྲགས་དབང་དང་ངག་རྒྱུན་དུ་མང་མང་ཡོད་པ་དེ་ལ་སྐྱུར་བ་སྨུས་བྱེད། དེ་ནི་གཙོ་བོ་ཐ་སྙད་ལ་དབྱེ་ཞིབ་བྱེད་པ་ལ་ཐུག་འདུག་སྙམ། ཁོང་གིས་གཞི་གང་དུ་ཡོད་པ་དང་། ཚུལ་ཇི་ལྟར་ཡོད་པ་བཙལ་ན་ཅི་ལ་མི་རྙེད་ཅེས་པ་ལ་བརྟགས་ན་ཕལ་ཆེར་བཏགས་ཙམ་གྱི་ང་མིན་པའི་ཕུང་སོགས་ལས་ལོགས་སུ་ང་ཞིག་ཡོད་པར་བསྒྲུབ་འདོད་དམ་ཡང་ན་ང་མེད་ཅེས་པ་དེ་མི་འཐད་པར་བསྒྲུབ་འདོད་དམ། ཕྱིར་གྱི་ང་དང་གང་ཟག་སོགས་ནང་པའི་གྲུབ་མཐའ་ཀུན་གྱིས་འདོད་པའམ་ཁས་ལེན་པ་གོང་དུ་འཆད་ཟིན་པས་དེ་འདྲའི་ང་ཡོད་པར་འདོད་ན་རྩོད་པ་འཕེན་དོན་ཅི་ཡང་མི་འདུག་སྟེ། ཁོང་གིས་ཀྱང་བོད་ཀྱི་དབུ་མ་པ་ཕྱི་རབས་པས་ངའོ་ཙམ་དུ་འཛིན་པ་ནི་ངར་འཛིན་མིན་པར་གསུངས་པ་སོགས་འཐད་ལྡན་ལ་འདོད་པ་ཡིན་ནམ་སྐྱབ་བྱེད་ཡིན་ནམ་གང་ལྟར་གསུངས་པའི་ཕྱིར། སྔར་གྱི་མཁས་པས་བསྒྲུབས་ཟིན་པ་ཞིག་ལ་བསྐྱར་བཤད་ཙམ་ལས་མ་འདས་པས་དཔྱད་པར་བཞེད་ན་ངལ་བའི་གཞི་ཙམ་དུ་ཟད་སྙམ། མ་ཟད་དབུ་མ་པ་སྨུས་ངར་འཛིན་འཁྲུལ་བར་གསུངས་པ་དང་སྨུས་ངར་འཛིན་མ་འཁྲུལ་བར་གསུངས་པ་སོགས་ལ་ལུང་ཚིག་གི་གསལ་ཁ་བྲལ་བ་ནི་ཁྱུངས་འཕེར་བ་ཞིག་ཏུ་མ་མཐོང་། དེ་མིན་སྤྱི་མ་སྡོམ་གྱི་གཏམ་གྱིས་དགག་བཞག་བྱས་ན་འཕེན་གཏན་འཁེལ་མེད་པར་མདའ་མོ་འཕེན་པ་དང་གཉིས་སུ་མ་མཆིས་པ་ཞིག་ཏུ་མ་གྱུར་ཏམ་སྙམ། ཁོང་གིས་བདག་འཛིན་སྤངས་པའི་འཕགས་པ་ཚོས་རང་ངོ་མི་ངོ་མི་ཚོད་ཅེས་པ་ནི་མཁས་པ་སུ་ཞིག་གི་

གསུང་ལ་གཏུགས་པ་ཡིན་ནའང་ལུང་རྣམ་དག་དྲངས་ནས་འཆད་དགོས་ཏེ། དེ་ལྟར་བཤད་ན་འཕགས་པའི་རིགས་ཅན་གང་ལ་བལྟོས་ནས་འཆད་པ་དང་། མཐོང་ལམ་མཉམ་བཞག་ཡེ་ཤེས་དང་རྗེས་ཐོབ་ཀྱི་ཡེ་ཤེས་གང་གི་སྐབས་སོགས་ལ་བལྟོས་མིན་རྣམ་དབྱེ་ལེགས་པར་ཕྱེ་ནས་སྨྲས་དགོས་སྙམ་ལ། ཁོང་གི་རིགས་པ་ཐོག་ལྟར་ཚ་བ་ལྟར་ན། རང་རང་སོ་སྐྱེའི་རྒྱུད་ལ་རང་ངོ་ཟིན་པའི་རྒྱུ་ངའོ་སྙམ་པ་དེ་ཡིན་དགོས་ཏེ། འཕགས་པའི་སྐབས་ན་བདག་འཛིན་སྤངས་ན་རང་ངོ་མི་ཚོད་པར་གསུངས་པའི་ཕྱིར། དེ་ལ་གཅིག་ནས་འཕགས་པས་རང་ངོ་ཚོད་པ་དེ་གཞི་ངའོ་སྙམ་པ་དེ་ལ་བལྟོས་ནས་ཡིན་ཞེས་པའི་ལུང་རིགས་ཀྱི་སྒྲུབ་བྱེད་ཅིག་དགོས་ལ། ཁྱེད་ཀྱི་ངའོ་ཞེས་པ་ངར་འཛིན་ཡིན་ན་འཕགས་པས་རང་ངོ་མི་ངོ་མི་ཚོད་པར་འདོད་པ་དེ་ལས། རང་རང་རྒྱུད་ཀྱི་ངའོ་སྙམ་པ་དེ་རང་ངོ་མི་ངོ་ཚོད་པའི་གཞི་ཡིན་པར་འདོད་པ་གསལ་པོ་རེད། དེ་ལ་རིགས་པ་ཞིག་གཏོང་རྒྱུ་འདུག་སྟེ། ཕྱིར་ཐ་སྙད་ལ་མ་བརྟེན་ན་འཇིག་རྟེན་ཐམས་ཅད་རྫོངས་པར་འགྱུར་ཏེ། རྩ་ཤེ་ལས། “ཐ་སྙད་ལ་ནི་མ་བརྟེན་པར། །དམ་པའི་དོན་ནི་རྟོགས་མི་འགྱུར། །དམ་པའི་དོན་ནི་མ་རྟོགས་པར། །མྱ་ངན་འདས་པ་ཐོབ་མི་འགྱུར། །”①ཞེས་ཀྱང་གསུངས་སོ། །བུམ་པ་དང་ཀ་བ་སོ་སོར་ངོ་ཤེས་པ་དེ་དངོས་པོ་གང་དང་གང་ལ་བུམ་པ་དང་ཀ་བའི་ཐ་སྙད་སོ་སོར་སྦྱར་བ་དང་དེ་ལ་སྐྱེ་བོས་རྡུལ་བསགས་ཀྱི་བེམ་པོ་ལ་ཐ་སྙད་ཇི་ལྟར་སྦྱར་མིན་ངོས་བཟུང་ཐུབ་པས་ཡིན། གལ་སྲིད་དེ་ལྟར་ཐ་སྙད་མ་སྦྱར་ན་ཁྱེད་ལ་ཀ་བ་ཁྱེར་ཤོག་ཟེར་ན་

---

①དཔལ་མགོན་འཕགས་པ་ཀླུ་སྒྲུབ་དང་ཀུན་མཁྱེན་གོ་རམས་པ་བསོད་ནམས་སེང་གེ། དབུ་མ་རྩ་བ་ཤེས་རབ། སི་ཁྲོན་མི་རིགས་དཔེ་སྐྲུན་ཁང་། ༢༠༠༨ལོའི་ཟླ་བདུན་པར་དཔར་ཐེངས་གཉིས་པ། ཤ༢༨

ཁྱེད་ཀྱིས་དངོས་པོ་གང་ལ་ཟེར་མིན་མ་ཤེས་པར་འགྱུར་རོ། །བྱ་དངོས་ཐམས་ཅད་
དང་ཆོས་ཐམས་ཅད་ནི་དེ་ལྟར་བརྡ་ལ་བརྟེན་ནས་ངོས་བཟུང་ཐུབ་པ་ཞིག་རེད།
འོན་ཏེ་ངའོ་ཞེས་པས་ང་ངོ་ཤེས་པར་འདོད་ན། གཞན་ནོ་ཞེས་པས་གཞན་ངོ་ཤེས་
ཟེར་རྒྱུ་ལས་མེད། དེ་བཞིན་དུ་ཁོའོ། དེའོ། ཕ་གིའོ་སོགས་ཟེར་བས་དེ་དག་རེ་རེ་
ངོ་ཤེས་པར་མི་ཐལ་ལམ། བཏགས་པ་ཙམ་གྱི་ང་དང་། ཁྱེད། ཁོ། རང་། གཞན།
ཕ་གི འདི། མ་གི ཡ་གི་ཟེར་བ་སོགས་ནི་བཏགས་པ་བ་ཡིན་པ་གཅིག་མཚུངས་
ཡིན་ལ། དེ་དག་ལ་ཕྱོགས་ཙམ་ངོས་བཟུང་བའི་ཁྱད་ཆོས་ལས་དེ་དག་གིས་དངོས་པོ་
རེ་རེ་ཡོངས་སུ་ངོས་བཟུང་ཐུབ་པའི་ནུས་པ་ཡོད་ན་བརྡ་དང་ཐ་སྙད་མང་པོ་ཞིག་
དགོས་མེད་དུ་མི་འགྱུར་ཏམ། དཔེར་ན། རྒྱུས་མངའ་མེད་པའི་མི་ཞིག་ལ་ཐོག་མར་
བལྟ་དུས། ང་ནི་ངའོ་སྙམ་པས་ང་ངོ་ཤེས་ན། དེ་ལས་ལྡོག་སྟེ་གཞན་ནོ་སྙམ་པས་
ཀྱང་གཞན་དེ་ངོ་ཤེས་དགོས་པར་ཐལ་བས། དེ་ལ་འདོད་ཟེར་ན། ཁྱེད་ཀྱིས་འདུ་
འཛིའི་ཁྲོམ་དུ་མི་ཚོགས་ཀྱི་དཀྱིལ་དུ་གཞན་ནོ་སྙམ་པའི་བློ་འཆང་བ་དེ་ལྟའི་མོད་ལ་
རང་ལས་གཞན་པའི་སྐྱེ་བོ་ཡོད་དོ་ཅོག་ངོ་ཤེས་ཟེར་རྒྱུ་ལས་མེད། ཡང་ན་རང་ལས་
གཞན་པའི་ཆོས་ཡོད་དོ་ཅོག་ངོ་ཤེས་ཟེར་དགོས། ངའོ་སྙམ་པ་དང་། གཞན་ནོ་སྙམ་
པར་ཁྱད་པར་འདུག་ན་འཛོག་དགོས། གལ་སྲིད་བཏགས་པའི་བརྡ་དེ་དག་གི་ཁྱད་
ཆོས་གཅིག་འདྲར་འདོད་ན། ངའོ་སྙམ་པ་ངར་འཛིན་མིན་པར་བརྗོས་ནས་ངའོ་
སྙམ་པ་མེད་ན་རང་ངོ་མི་ཚོད་ཟེར་བ་རྩ་བ་ནས་བསྒྲུབ་ཐབས་མེད་དོ། །དེ་བཞིན་
ངའོ་སྙམ་པ་དེས་རང་ངོ་ཤེས་པར་འདོད་ན་ཡིན་ལུགས་ཤིག་བགྲང་དགོས། དེ་མིན་
འདི་ནི་བུམ་པའོ་སྙམ་པ་དེས་བུམ་པ་ངོས་བཟུང་བ་ཡིན་ལ། དེ་ལྟའི་བློ་བྱུང་བ་ནི་

གཅིག་ནས་རྟུལ་བསགས་བེམ་པོ་ལྟོ་ལྡིར་ཞབས་ཞུམ་ཆུ་སྐྱོར་བ་དེའི་བརྡ་ལ་བུམ་པ་ཞེས་ཟེར་བ་ངོས་བཟུང་ཐུབ་པས། འདི་ནི་བུམ་པའོ་སྙམ་པའི་བློ་བྱུང་བ་རེད། ངོས་བཟུང་མ་ཐུབ་པར་བུམ་པའོ་སྙམ་པའི་བློ་བྱུང་ཟེར་ན། ཀ་བ་ལའང་བུམ་པའོ་སྙམ་པའི་བློ་བྱུང་ངེས་ན། དེ་འདྲའི་བློ་ལ་ཆ་འཛོག་རྒྱུ་ཅི་ཡང་མེད། འོན་ཏེ་ངའོ་སྙམ་པ་དེ་ལས་ང་ཞེས་པ་ཕུང་སོགས་ལ་སྦྱར་བའི་ཐ་སྙད་ཡིན་པ་ངོས་བཟུང་ཐུབ་ནས། ཕུང་པོ་ང་ཡིན་པ་ངོ་ཤེས་ཟེར་ན་དེ་ནི་དབུ་མ་ཐལ་འགྱུར་བའི་ལུགས་ལ་དགག་བྱ་ཡིན་ཞིང་། དེ་ལྟར་འདོད་ན་གཞན་གྱི་ཕུང་པོ་གཞན་ཡིན་ཟེར་རྒྱུ་སོགས་གཞན་ལ་ཡང་དེ་ལྟར་འདོད་རྒྱུ་ལས་མེད་དེ། རང་གི་ཕུང་པོ་རང་ཡིན་པར་འདོད་པས་རང་ངོ་ཤེས་ཟེར་ན། གཞན་གྱི་ཕུང་པོ་གཞན་ཡིན་པར་འདོད་པས་གཞན་ངོ་ཤེས་ཟེར་ན་སྐྱོན་ཅི་ཞིག་འཕེན་རྒྱུ་འདུག་གམ། དེའི་ཕྱིར་རང་ངོ་མི་ངོ་མི་ཚོད་ཅེས་པའི་གཏམ་དེ་རང་འཚམ་པོ་ཞིག་མེད། ལྷག་དོན་དེང་གི་རིག་གནས་རླབས་རྒྱུན་གྱི་ཁྲོད་དུ་རང་ངོ་ཤེས་པ་(认识自己)ཟེར་བ་དེ་ལ་གོ་བ་ལེན་སྟངས་འདྲ་མིན་ཡོད་པས། ཁོང་དེང་རབས་ཀྱི་རིག་གནས་ཁས་ལེན་པ་ཞིག་གིས་ངའོ་སྙམ་པས་ང་ངོ་ཤེས་པར་འདོད་ན། ང་ངོ་ཤེས་རྒྱུ་དེ་ཡང་ལས་སླ་མོ་ཞིག་ཆགས་མི་འདུག་གམ།

ཡང་ཁོང་གིས། མདོར་ན་ངར་འཛིན་ལྷན་སྐྱེས་ཀྱི་དམིགས་ཡུལ་གྱི་ང་ཙམ་①ནི་འཆིང་གྲོལ་གྱི་གཞི་ཡིན་པས་མཐའ་གཅིག་ཏུ་འཛོག་དགོས་ཤིང་། འཛིན་སྟངས་ཀྱི་ཡུལ་དེ་ནི་ང་བདེན་གྲུབ་ཡིན་པས་མཐའ་གཅིག་ཏུ་དགག་དགོས་ཞེས་དང་། དེ་འདྲའི་རྣམ་གཞག་ཞིབ་ཆ་ཅན་དེ་ཀླུ་སྒྲུབ་ཡབ་སྲས་སོགས་ཀྱི་གཞུང་ཆེན་ཁག་ཏུ་

①ཕུང་སོགས་ལ་བརྟེན་ནས་ངའོ་སྙམ་དུ་འཛིན་པའི་རྟོག་པའི་ཞེན་ཡུལ་གྱི་ང་ཙམ་ཞེས་སྨྲ་དགོས་སོ་སྙམ།

གསལ་པོ་མེད་ཀྱང་། བླམ་དབུ་མ་པས་ཁྲིད་ཡོང་བའི་མདོ་ཁམས་ཀྱི་འཛམ་དབྱངས་དེ་ལ་བརྟེན་ནས་རྗེ་བཙུན་ཙོང་ཁ་བས་གསར་དུ་རྙེད་པ་ཡིན་ཞེས་སོགས་ཀྱང་སྨྲས་སྐད་འདུག་གོ །①ཞེས་གསུངས་པར། ཐོག་མར་དོགས་དྲི་འདི་འདྲ་ཞིག་འདུག་སྟེ། འདིར་ང་ཙམ་དང་ང་བདེན་གྲུབ་ཅེས་ངར་འཛིན་ལྷན་སྐྱེས་ཀྱི་དམིགས་ཡུལ་དང་འཛིན་སྟངས་ཀྱི་ཡུལ་དུ་བཞག་འདུག་པས། སྔོན་ལ་དེ་གཉིས་ལ་ཁྱད་པར་ཡོད་དམ་མེད། ཡོད་ན་སྐབས་འདིའི་དམིགས་ཡུལ་དང་འཛིན་སྟངས་ཀྱི་ཡུལ་ལ་ཁྱད་པར་ཡོད་དགོས་པས་དེ་གཉིས་ཀྱི་ཁྱད་པར་ཨེད། ཁྱད་པར་མེད་ན་ང་ཙམ་དང་ང་བདེན་གྲུབ་གཉིས་དོན་གཅིག་ཏུ་འདོད་དགོས་པས། དེ་གཉིས་དོན་གཅིག་ཏུ་འདོད་པ་ལུང་རིགས་ཀྱིས་བསྒྲུབ་པར་བྱ་ནུས་སམ། ཁོང་གིས་ང་བདེན་གྲུབ་འགོག་པའི་བདག་འགོག་གི་རིགས་པ་ཕྲ་ཞིང་རྒྱས་པ་དེ་ཚོ་ཀླུ་སྒྲུབ་ཡབ་སྲས་ཀྱི་གཞུང་ཆེན་ཁག་ཏུ་མེད་པ་སུའི་ཞལ་ནས་ཉན་པ་ཡིན་ནའང་འདྲ། གང་ལྟར་ངས་ནི་ལེའུ་གོང་མར་བདག་འགོག་གི་རིགས་པའི་སྐབས་སུ་དབུ་མ་རྩ་བ་ཤེས་རབ་དང་དབུ་མ་འཇུག་པ་སོགས་ནས་ལུང་གང་ཐུབ་ཀྱིས་དྲངས་པ་ཡིན་ལ། དཔེར་ན། ཤིང་རྟའི་དཔྱད་པ་བདུན་གྱི་རིགས་པ་དང་མཐའ་བཞིའི་སྐྱེ་བ་འགོག་པའི་རིགས་པ་ཡང་ཐོག་མའི་ཁུངས་ནི་དབུ་མ་འཇུག་པ་དང་རྩ་ཤེ་ལ་གཏུགས་ནས་འཆད་ཐུབ་པས་མང་དུ་བསྐྱར་དགོས་དོན་མི་འདུག མ་གཞི་ནས་དབུ་མ་ཐལ་འགྱུར་བའི་ལུགས་ཀྱིས་གང་ཟག་བདེན་པར་གྲུབ་པས་སྟོང་བར་འདོད་པས། དེ་ལ་བདེན་གྲུབ་ཀྱི་བདག་འགོག་པ་ཀླུ

①ཚ་བ་མདའ་སྨྱུག ཕྱིར་རྫོག ཀན་སུའུ་མི་རིགས་དཔེ་སྐྲུན་ཁང་། ༢༠༡༡ལོའི་ཟླ་༦ ཤ༡༥༢ནས༡༥༣

སྒྲུབ་ཡབ་སྲས་སོགས་ཀྱིས་མ་གསུངས་ཟེར་ན་ཤིན་ཏུ་མཚང་ཡིན་ནོ། །དེས་ན་ཁོང་གིས་བོད་སྔ་མ་སུའི་གསུང་ཡིན་པ་སོགས་ལུང་འདྲེན་གསལ་པོར་བཀོད་ནས་དགག་བཞག་བྱེད་པ་ལས། དོན་མེད་དུ་སྨྲས་སྐད་ཞེས་པ་སོགས་ཀྱིས་སྤྱར་གྱི་མཁས་པའི་སྐྱོན་མཚང་འབྱིན་ཨེ་ཐུབ་སླམ། དེ་བཞིན་དུ་གང་ཟག་གི་མཚན་གཞི་དེ་འཆིང་གྲོལ་གྱི་གཞི་ལ་འཇོག་དགོས་དོན་སོགས་ཀྱང་འཆད་ཟིན་པས་བསྐྱར་བཤད་བྱ་དགོས་དོན་མི་འདུག་སྟེ། འཆིང་གྲོལ་གྱི་གཞིའི་བདག་འདོད་པ་དང་། བདག་མེད་པར་འདོད་པའི་རྣམ་དབྱེ། གང་ཟག་དང་། བདག་དང་། སྐྱེས་བུ་དང་། ང་སོགས་འདོད་ཀྱང་གང་ཟག་གི་བདག་དང་ཆོས་ཀྱི་བདག་མི་འདོད་པའི་བདག་མེད་ཁས་ལེན་པའི་རྣམ་དབྱེ། རིགས་པ་དེ་དག་ཇི་ལྟར་ཡིན་ཚུལ་དང་། ཁུངས་དང་གཏན་ཚིགས། རྒྱུ་མཚན་རྣམ་དག་ཅན་འབའ་ཞིག་ཡིན་པ་བཅས་གོང་གི་ལེའུར་རྒྱུང་གསལ་བའི་ཚུལ་དུ་སྨྲས་ཟིན་པས་གོང་གི་ལེའུ་དག་གཟིགས་ན་འདི་དོན་གསལ་ཤེས་ཐུབ་པས། ལས་དང་པོ་བ་རྣམས་ཀྱིས་ཁོང་གི་གསུང་ལ་གཟིགས་ནས་མ་འཁྲུལ་བར་ཞུ།

ཁོང་གིས་ད་དུང་། "མདོར་ན་བདག་དང་གང་ཟག་སོགས་ཡོད་པ་སྨྲོང་བ་མངོན་སུམ་ཡིན་པས། སངས་རྒྱས་པ་ཆོས་བདག་དང་གང་ཟག་ཡོད་མེད་དམ། ཡང་ན་བདེན་གྲུབ་ཏུ་ཡོད་མེད་དཔྱོད་ཁུལ་བྱེད་པ་ནི་དོན་མེད་པའི་བྱ་སྤྱོད་ཡིན་ལ།"① ཞེས་སོགས་ཀྱི་གཏམ་ནི་ཐོག་མར་ངའོ་སླམ་པ་ལ་དཔྱོད་པ་ལས་འཕྲོས་ཏེ་མཇུག་སྡོམ་བྱས་པ་ཞིག་རེད་འདུག དེ་ལས་ཁོང་ནས་བདག་ཡོད་པ་ཞིག་བསྒྲུབ་འདོད་དམ་ཞེས་ཕྲོག་འདྲི་ཞིག་བྱ་འདོད་བྱུང་། ཐལ་ཆེར་ཁོང་གི་དཔེ་དེབ་ནང་ཁོང་

①ཚད་མ་མདའ་སྒྲུག ཕྱིར་རྟོག ཀན་སུའུ་མི་རིགས་དཔེ་སྐྲུན་ཁང་། ༢༠༡༡ལོའི་ཟླ༦ ཤ༡༥༥

རང་ཉོགས་དུང་གི་གདོང་གྲོགས་ཡིན་ཚུལ་གསུངས་པས། བདག་ཡོད་པ་ཞིག་ངེས་པར་བསྒྲུབ་དགོས་སྙམ་པ་མིན་ནམ་སྙམ། འོན་ཏེ་བདག་ཡོད་པ་ཞིག་ཇི་ལྟར་བསྒྲུབ་ཐུབ་འདུག་གམ་ཞེ་ན། རྩ་བ་ནས་བསྒྲུབ་ཐུབ་ཐབས་མེད། གལ་སྲིད་བཏགས་པའི་བདག་ཁས་ལེན་པ་ཡིན་ན་ནི་དེ་ལ་གཏམ་བརྒྱ་གཏོང་འཆད་དོན་རྩ་བ་ནས་མེད་དེ། དེ་ནི་ནང་པ་ཀུན་གྱིས་ཁས་འཆེས་པས་སོ། །ཁོང་གིས་ངའོ་སྙམ་པ་ལ་དཔྱོད་པ་ལས་འཕྲོས་ཏེ། ང་དང་བདག་ཡོད་པ་སྦྱོང་བ་མངོན་སུམ་ཡིན་ཚུལ་གསུངས་པ་ལ་དགོངས་གཞི་ཅི་ཞིག་ཡོད་དམ། ང་བཏགས་པ་བ་ཞིག་ཡོད་ཅེས་སོགས་ནི་གསུངས་མི་འདུག གཏམ་གྱི་མགོ་ལ་བསམས་ན་དབུ་མ་ཐལ་འགྱུར་བའི་ལུགས་སུ་ང་ཙམ་ཞེས་གང་ཟག་གི་མཚན་གཞིའི་གདགས་གཞི་ངེས་གཏན་ཞིག་དགོས་རྒྱུ་མེད་པར་བཤད་པ་དེ་ལ་རྒྱུ་མཚན་མེད་པར་འདོད་པ་ཡིན་ནམ་སྙམ། རྒྱུ་མཚན་ནི་བདག་འདོད་པའི་གྲུབ་མཐའ་ཞེས་བཤད་དེ་ནང་པའི་བཅིངས་གྲོལ་གྱི་གཞིའི་བདག་འདོད་སྟངས་དང་ཕྱི་རོལ་པའི་རྟག་བདག་སོགས་ཡུག་གཅིག་ཏུ་བཤད་པས་སོ། །འོན་ཏེ་དབུ་མའི་ལུགས་སུ་གང་ཟག་གི་མཚན་གཞི་འཛོག་སྟངས་དེ་ནི་ཁྱད་པར་བ་ཞིག་དང་ཁུངས་དག་པ་ཞིག་ཡིན་ཏེ། དེ་འདྲ་མ་ཡིན་སོང་ན་གྲུབ་མཐའ་འོག་མ་རྣམས་ལ་འདོད་ལུགས་མང་པོ་དེ་འདྲ་ཡོད་པ་ཚང་མ་ཡང་དག་པར་ཁས་ལེན་ནམ། ཡང་ན་ཕུང་པོ་ལྔ་པོ་གང་རུང་ཞིག་ང་ཡི་གདགས་གཞི་ཡིན་ལུགས་དང་གདགས་གཞི་དེ་ཡིན་ན་བཏགས་ཆོས་དེ་ཡིན་པ་ཞིག་ངེས་པར་བསྒྲུབ་དགོས། གདགས་གཞི་དང་བཏགས་ཆོས་ངེས་གཏན་ཞིག་དགོས་པ་མེད་སྙམ་ན་དབུ་མ་ཐལ་འགྱུར་བའི་གང་ཟག་གི་མཚན་གཞི་འཛོག་ལུགས་དེའི་ངོ་མཚར་གྱི་ཆ་དེ་མཐའ་ཡོང་ངེས་རེད། ཁོང་གི་

བསམ་པའི་ཀུན་སློང་ནི་ཕལ་ཆེར་འཇིག་རྟེན་པ་རྣམས་ཀྱིས་བདག་གཅེས་འཛིན་གྱི་བློ་ལ་བརྟེན་ནས་དངོས་པོའི་དཔལ་ཡོན་དང་། འཚོ་བའི་ལོངས་སྤྱོད་སོགས་བསྒྲུབ་དགོས་པས། བདག་ཡོད་པ་ཞིག་མ་བསྒྲུབ་ཐུ་མེད་རེད་སྙམ་པས་མིན་ནམ་སྙམ། དོན་དངོས་ཐོག་བདག་མེད་ཅེས་པའི་ཐ་སྙད་ཙམ་ལ་གོ་བ་ལོན་བདེ་བ་མ་གཏོགས་བདག་མེད་པའི་ལྟ་བ་དང་། བདག་མེད་བསྒོམ་པ་སོགས་ང་ཚོ་འཇིག་རྟེན་པས་འཛིན་མདོག་གི་སེམས་ངལ་བྱ་དགོས་དོན་ཆེན་པོ་ཨེ་ཡོད་སྙམ། མ་གཞི་ནས་བདག་མེད་པའི་ལྟ་བ་ཡང་དག་བསྟན་པ་དང་། བདག་མེད་པའི་ལྟ་བ་བསྒོམ་པ་སོགས་གདམས་པ་ནི་གྲོལ་བ་དོན་གཉེར་ཅན་རྣམས་དང་། ཁྱད་པར་དུ་ལུང་རིགས་ཀྱིས་རྗེས་ཟིན་པའི་སྐྱེས་བུ་རྣམ་པར་དག་པ་སྣོད་ལྡན་རྣམས་ལ་བསྟན་པར་བྱ་བ་ཡིན་པ་ལས། ནང་ཆོས་ལ་མོས་པ་དང་བྲལ་བ་ཕྱི་རོལ་མུ་སྟེགས་པ་སོགས་ལ་ནི་མིན་ཏེ། དབུ་མ་བཞི་བརྒྱ་པ་ལས། "དམ་པ་མིན་ལ་བདག་འཛིན་མཆོག །བདག་མེད་སྟོན་པ་མ་ཡིན་ཏེ། །ཞེས་དང་། དཔལ་ལྡན་ཟླ་བའི་ཞབས་ཀྱི་བཞི་འགྲེལ་ལས། དམ་པ་མ་ཡིན་པ་དེ་ལ་ནི་དེས་ཉེས་པར་སྤྱོད་པ་ལྡོག་པ་དང་མཐུན་པའི་ཕྱིར་བདག་བསྟན་པ་མཆོག་ཡིན་ནོ། །"①ཞེས་གསལ་བར་གསུངས་སོ། །གལ་ཏེ་ཁོང་ལ་ཡང་དེ་ལྟའི་དགོངས་གཞི་ཡོད་ན་ནི་བཀྲལ་བའི་དགོས་པ་མི་འདུག་སྟེ། སྔ་མོ་ནས་ལེགས་པར་གདམས་ཟིན་ལ། དེང་ནི་འཛམ་བུ་གླིང་དུ་ཆོས་ལུགས་འདྲ་མཉམ་དང་ལྷག་པར་དུ

①སློབ་དཔོན་ཟླ་བ་གྲགས་པ། བྱང་ཆུབ་སེམས་པའི་རྣལ་འབྱོར་སྤྱོད་པ་བཞི་བརྒྱ་པའི་རྒྱ་ཆེར་འགྲེལ་པ། སེར་གཙུག་ནང་བསྟན་དཔེ་རྙིང་འཚོལ་བསྡུ་ཕྱོགས་སྒྲིག་ཁང་། གངས་ཅན་ཁྱད་ནོར་དཔེ་ཚོགས་པོད་ཕྲེང་ཉེ་ཤུ་རྩ་གསུམ། ༡༥༤༧

ནང་ཆོས་མ་ཡིན་པའི་ཆོས་ལུགས་ཁག་གིས་བདག་ཁས་ལེན་ཡང་། སྤྱོད་པའི་ཆ་ནས་སྤྱི་ཚོགས་ཕན་བདེའི་བྱ་གཞག་སོགས་དོན་ལྡན་གྱི་བྱ་བ་མང་པོ་བྱེད་པ་རྣམས་ནི་ལེགས་པ་ཡིན་པ་ལས་ཉེས་པ་ཡིན་པར་བསྟན་འཛིན་གྱི་སྐྱེས་བུ་དམ་པ་སུས་ཀྱང་མི་འདོད། དེང་ནང་བསྟན་གྱི་གྲུབ་མཐའ་སྨྲ་བའི་སྐྱེས་ཆེན་རྣམས་ཀྱིས་ཀྱང་ཕྱི་རོལ་པའི་བདག་སོགས་འགོག་པར་བྱེད་མོད། མཐའ་གཅིག་ཏུ་ཆོས་ལུགས་དེ་དག་དམན་པར་བརྩིས་ནས་མཐར་བུད་ནི་རྩ་བ་ནས་མི་མཛད་དེ། ཁོ་ཚོའི་ལེགས་ཆ་མཐའ་དག་ཁས་ལེན་པས་སོ། །མ་ཟད་ནང་པས་བདག་མེད་འདོད་ཀྱང་བདག་མེད་འདོད་པའི་ཆོས་འདི་ཁོ་ན་ལེགས་པ་ལས་ཆོས་གཞན་པ་ཞན་པའི་འདོད་ཚུལ་མེད། གཙོ་བོ་ནི་བདག་མེད་ཅེས་པ་ནི་ལྟ་བའི་ཆ་ནས་ཡིན་པས་རྩེ་གཅིག་ཏུ་གྲོལ་བ་དོན་གཉེར་མཛད་མཁན་རྣམས་ལ་བསྟན་པ་དང་། བདག་མེད་འདོད་པ་ནི་བདག་འདོད་པ་ལས་ལེགས་ཆ་ཁྱད་པར་ཅན་ལྡན་པའི་དགོས་པ་ལྷག་པོ་ཆེ་ལ་དམིགས་པ་ཡིན་ཞིང་། ཇི་སྐད་དུ། བདག་གཞན་ཆ་ལས་འཛིན་དང་སྡང་། །དེ་དག་དང་ནི་ཡོང་འབྲེལ་ལས། །ཉེས་པ་ཐམས་ཅད་བྱུང་བར་འགྱུར། །ཞེས་པ་བཞིན་བདག་མེད་པར་འདོད་པའི་ལྟ་བས་གྲོལ་བ་དོན་གཉེར་ཅན་དང་དགེ་ཚོགས་གསོག་པ་གང་ལ་ཡང་སྨན་པས་ཡིན་ཞིང་། སྣང་ཚུལ་ལ་བདག་ཡོད་ཀྱང་དོན་དམ་གནས་ཚོད་ལ་བདག་མེད་པ་ནི་ཆོས་ཀུན་གྱི་གཤིས་ཡིན་ནོ། །དེའི་ཕྱིར་བདག་མེད་ཀྱི་ལྟ་བ་ནི་སྣོད་ཀྱི་ཁྱད་པར་ངེས་པར་བཟུང་ནས་བསྟན་པར་མཛད་དགོས་པའི་གནད་འགག་ཆེན་པོ་ཞིག་ཡོད་པས། ཆོས་ལ་དད་པ་ཙམ་གྱིས་བདག་མེད་འདོད་དོགས་དང་རྟོགས་དོགས་སོགས་ཀྱི་དོན་མེད་པའི་སེམས་ངལ་བྱ་དགོས་དོན་མེད། དཔེར་ན། ལོ་ན་ཕྲ་བའི་

སློབ་ཆུང་སློབ་མའི་མདུན་དུ་དགེ་རྒན་གྱིས་ནག་པང་སྟེང་དུ་ང་ཞེས་པའི་ཡིག་འབྲུ་ཆེན་པོ་ཞིག་བྲིས་ནས། ནག་པང་སྟེང་དུ་བྲིས་པ་དེར་མཛུབ་མོ་གཏད་དེ། འདི་ནི་ཡི་གེ་ང་རེད། དེ་རྗེས་རང་གི་ལུས་པོའི་གང་ཉུང་དུ་མཛུབ་མོ་བཙུགས་ཏེ་རྒན་ལགས་ཀྱིས་ང་ཟེར་བའི་ང་ནི་ང་མ་རེད། ང་ཟེར་བ་དོན་དངོས་སུ་མེད་ཅེས་སོགས་སྨྲས་ན། ཕལ་ཆེར་སློབ་ཕྲུག་ཚོས་མ་གོ་བས་གཅིག་མཐུན་གྱིས་ང་ཚོའི་རྒན་ལགས་སྨྱོ་འདུག་ཟེར་ངེས་རེད། ཕྱོགས་སྔ་དགེ་བཤེས་ཚོགས་པའི་དབུས་རང་གི་འདོད་སྟངས་གཞིར་བྱས་ནས་བདག་ཡོད་པའི་འདོད་ལུགས་ཇི་ལྟར་བཤད་ཀྱང་། རང་གི་གྲོལ་བ་ལ་དེ་ཉུར་སུན་འབྱིན་ནས་འགོག་པར་བྱ་ངེས་ལ། ཕལ་ཆེར་ཁྱེད་ལ་ལྐུགས་པ་ཞུ་ཚུགས་ཅན་ཞེས་བརྗོད་ངེས་པ་སོགས་དཔེ་དང་རིགས་པ་ཤིན་ཏུ་མང་ངོ་། །

ཡང་ཁོང་གིས། "ཆོས་ཀྱི་བདག་མེད་ཀྱི་སྐོར་ལ་སྐད་ཆ་ཅི་ཡང་མེད་མོད། ཕྱིས་སུ་མཁས་པ་མང་པོས་གང་ཟག་བདེན་མེད་དུ་སྒྲུབ་བྱེད་ཀྱི་རིགས་པ་དེ་དག་དངོས་པོ་གཞན་དག་ལ་ཁ་སྤྲོ་རྒྱུ་ཡོད་པར་ང་གོ་ནས། རྣམ་རིག་པ་དང་ངོ་བོ་ཉིད་མེད་པར་སྨྲ་བ་ཞེས་པའི་གྲུབ་མཐའ་གསར་པ་གཉིས་བཙུགས་ཏེ་ཆོས་ཀྱི་བདག་མེད་ཀྱི་རྣམ་གཞག་རྒྱས་པར་གཏན་ལ་ཕབ་པ་རེད་"①ཅེས་གསུངས་པ་བཞིན་ཆོས་ཀྱི་བདག་མེད་སངས་རྒྱས་ཀྱིས་གསུངས་ཨེ་ཡོད་སྙམ་པའི་དོགས་གཞི་དེང་གི་མཁས་པ་མང་པོར་ཡོང་གི་ཡོད་ནའང་། སྒྲུབ་བྱེད་གནད་ལ་ཐེབས་པ་ཞིག་འཚོལ་དཀའ་བ་རེད། གལ་སྲིད་ཆོས་ཀྱི་བདག་མེད་ཀྱི་ལྟ་བ་དང་དབུ་སེམས་གཉིས་ཀྱི་གྲུབ་མཐའ་ཕྱིས་སུ་གསར་དུ་བཙུགས་ཟེར་ན། ཐེག་ཆེན་བཀའ་སྒྲུབ་ཀྱི་རྣམ་གཞག་མཐའ་དག་

①ཚ་བ་མདའ་སྒྲུག ཕྱིར་རྟོག ཀན་སུའུ་མི་རིགས་དཔེ་སྐྲུན་ཁང་། ༢༠༡༡ལོའི་ཟླ་༤ ཤ༡༥༥

ལ་དགག་བཞག་བྱ་དགོས་ལ། ཀློ་གྲོས་མི་ཟད་པའི་མདོ་སོགས་ཀྱང་ཐུབ་པའི་བཀའ་མིན་པར་ཁས་ལེན་དགོས། མ་ཟད་ལྟ་བ་བཀའ་རྟགས་ཀྱི་ཕྱག་རྒྱ་བཞི་ལ་ཡང་དགག་བཞག་ཅིག་བྱ་དགོས། ལྟ་བ་བཀའ་རྟགས་ཀྱི་ཕྱག་རྒྱ་བཞི་རུ་ཆོས་ཐམས་ཅད་སྟོང་ཞིང་བདག་མེད་པ་ཞེས་པའི་ཚིག་ཕྲད། ཞིང་ཞེས་པ་དེ་ནི་ཚིག་དོན་གོང་འོག་གི་དོན་གཅིག་པའམ་འདྲ་བ་སོགས་ཀྱི་དོན་བསྟན་པའི་ནུས་པ་ཡོད་པ་ཞིག་ཡིན་པས། དེ་ལས་ཆོས་ཐམས་ཅད་ལ་སྟོང་བ་དང་བདག་མེད་པའི་རང་བཞིན་ཡོད་པར་གསུངས་པ་གསལ་པོ་རེད། དེ་འདྲ་ཡིན་བཞིན་དུ་སངས་རྒྱས་ཀྱི་སྐབས་ལ་ཆོས་ཀྱི་བདག་མེད་ཅེས་པའི་སྐད་ཆ་ཅི་ཡང་མེད་ཅེས་བརྗོད་དོན་ཅི་ཡིན་ནམ་སྙམ་པས་དཔྱད།

མ་གཞི་ནས་ངར་འཛིན་སྤོང་དགོས་པའི་ལྟ་ཚུལ་དེ་གཙོ་བོ་ཆོས་ཕྱོགས་ནས་ཡིན་ལ། དེ་ནི་ནང་བསྟན་རིག་གནས་ཀྱི་ཐུན་མིན་ཁྱད་ཆོས་ཤིག་ཡིན་པས། ཁོང་ཅག་མཁས་པས་འཛིན་ན་མ་གཏོགས་ང་ཅག་རིགས་པ་དམན་པས་དེ་ལ་དགག་པའི་མ་འཛིན་སུམ་རྒྱག་གི་རྟོག་སྒྲ་སྒྲིག་དགོས་དོན་མི་འདུག་སྙམ། ཆོས་ལུགས་ཀྱི་རིག་གནས་དང་འཇིག་རྟེན་གྱི་རིག་གནས་ཉ་ཟུང་མཉམ་བསྲེས་ཀྱིས་སྟོན་གྱི་གཞུང་ལས་བུད་མེད་ལ་དམའ་འཇོག་གནང་འདུག་ཟེར་མཁན་བྱུང་བ་ལྟ་བུ་སོགས་མདོར་ན། ཆོས་དང་ཆོས་མིན་གྱི་རྣམ་དབྱེ་མི་འབྱེད་པར་གང་བྱུང་དུ་གཏམ་སྨྲ་བ་ནི་རང་མགོར་རང་གིས་ཆུ་བླུགས་པའི་དཔེ་ཁོ་ན་ཡིན་པར་སེམས། དེ་དང་འདྲ་བར་ཆོས་དང་འཇིག་རྟེན་ཁག་ཁག་རེད་ཟེར་བ་དང་། འཇིག་རྟེན་མི་ཆོས་དང་དམ་པའི་ལྷ་ཆོས་ཁག་ཁག་རེད་ཟེར་བ། ཡང་ན་དེ་དག་གཉིས་རེ་གཉིས་རེ་འབྲེལ་བ་ཅན་དང་ཐ་ན་གཅིག་རེད་ཟེར་བའི་གང་བྱུང་གི་གླེང་སློང་མཁན་ཡང་མང་མང་འདུག་པ་ལ། ང་

ཚོས་བསམས་ན་ངོ་མ་ཏུ་བྲོ་བ་ཞིག་འདུག་སྟེ། དེ་དག་ལ་བལྟོས་བྱ་ལྟོས་བྱེད་ཀྱི་ཆ་ནས་དབྱེ་ཞིབ་བྱ་མི་ཤེས་པའི་ཕྱིར། ཤིན་ཏུ་ནས་ཐབས་སྡུག་ཏུ་སྣང་ངོ་། །

གཞན་ཞར་ལ་འཆད་རྒྱུ་ཞིག་ལ་ཕོང་གིས། "དེས་ན་འབྲི་གུང་གི་མཁས་པ་ར་སེ་དཀོན་མཆོག་རྒྱ་མཚོ་སོགས་ཀྱིས་སངས་རྒྱས་པས་འཇིག་རྟེན་མཐའ་མེད་དུ་བཤད་པ་དེ་དོན་ལ་གནས་པའི་ར་སྒྲོད་དེང་གི་གནམ་རིག་པས་བྱེད་ཀྱིན་ཡོད་ཅེས་གསུངས་འདུག་པ་ནི་མི་བདེན་པའི་གཏམ་དུ་ཤེས་པར་བྱའོ། །"① ཞེས་སོགས་གསུངས་པ་ནི་གཅིག་ན་སངས་རྒྱས་པའི་འདོད་ལུགས་དང་མི་མཐུན་ལ། གཉིས་ན་ཚན་རིག་པས་ཀྱང་འཇིག་རྟེན་ཁམས་ལ་རྩད་འཚོལ་དང་ཞིབ་དཔྱད་བྱེད་བཞིན་པ་ལས། དེ་ཡི་མཐའ་དང་མུ་འདི་ཡིན་ཞེས་གསལ་ཁ་ཞིག་གཏོད་པ་ད་བར་བྱུང་མེད་པས། ཚན་རིག་པས་འོད་ལོ②སོགས་ཀྱིས་སྐར་མའི་བར་ཐག་འཇལ་བས་ད་ལམ་འཇིག་རྟེན་གྱི་མཐའ་གསལ་བ་ལྟ་བུའི་གཏམ་སྨྲ་བ་ནི་འོས་པ་ཞིག་ཏུ་མ་མཐོང་། མཁས་པ་དཀོན་མཆོག་རྒྱ་མཚོས་འཇིག་རྟེན་ཞེས་ས་གཞི་རིལ་མོ་འདི་ཙམ་ལ་གོ་བ་ནི་ཨེ་ཡིན། འཇིག་རྟེན་ཞེས་པ་སྟོང་གསུམ་གྱི་སྟོང་ཆེན་པོའི་འཇིག་རྟེན་ལ་འདོད་ན། དེ་ལ་མཐའ་ཡོད་པ་སུས་བརྟག་དཔྱད་ཐུབ་ཡོད་དམ། མ་ཟད་ཕོང་གི་རྩོམ་ཡིག་དེ་རུ་སྣོད་ཀྱི་འཇིག་རྟེན་འཆད་སྐབས་འཇིག་རྟེན་དང་འཇིག་རྟེན་ཞེས་སྐབས་རེ་གོ་ལ་འདི་ལ་བཞག སྐབས་རེ་སྟོང་ཆེན་པོའི་འཇིག་རྟེན་ལ་བཞག དེ་དག་ལ་ཡང་རྣམ་

---

①ཚ་བ་མདའ་སྨྱུག ཕྱིར་རྟོག ཀན་སུའུ་མི་རིགས་དཔེ་སྐྲུན་ཁང་། ༢༠༡༡ལོའི་ཟླ་༤ ཤ ༧༨

②རྒྱ་ཡིག་ཏུ"光年"ཞེས་བྱ་བ་"དང་། དེ་ནི་རིང་ཚད་ཀྱི་ཚད་གཞི་ཞིག་ཡིན་ཞིང་། འོད་ཀྱིས་བར་སྣང་ཁམས་སུ་ལོ་གཅིག་བསྐྱོད་པའི་བར་ཐག་ལ་གོ་བ་དང་། འོད་ཀྱི་མྱུར་ཚད་དང་དུས་ཚོད་ཀྱི་རིང་ཐུང་ཟུང་དུ་བྱས་ནས་བརྩི་བ་ཞིག་ཡིན། གཙོ་བོ་སྟོང་ཁམས་ཆེན་མོའི་གོ་ལའི་བར་ཐག་བརྩི་བ་ལ་སྤྱོད་པའོ།

དབྱེ་གསལ་པོ་ཞིག་མི་འདུག ཐ་ན་ས་གཞི་རིལ་མོ་འདི་ལ་ས་ལྷང་ཞེས་པའི་ཐ་སྙད་གསར་པ་ཞིག་སྦྱད། དེ་ལྟར་སྦྱད་དགོས་མེད་པར་སའི་གོ་ལ་ཞེས་སྤྱི་མོ་ནས་བྱེས་པའི་སློབ་དེབ་ཏུ་ཡང་སྦྱོད་ཀྱི་ཡོད་པ་དེ་མ་སྦྱད་པར་བཞག་འདུག་སྙམ་པ་སོགས་དོགས་གཞིའམ་སླེང་བྱ་མང་ཡང་སྐབས་དོན་སྤྲིབ་དོགས་ཀྱིས་མི་སྤྲོའོ། །

མངོན་པའི་གཞུང་གི་ཐད་ལ་ཡང་ཐུན་གྱི་བསམ་པར་མངོན་པ་མཛོད་ཀྱི་གཞུང་མཛད་མཁན་སློབ་དཔོན་དབྱིག་གཉེན་གྱིས་དུས་སྐབས་དེ་གའི་མིའི་བསམ་པའི་འཁྱེར་སོ་དང་ཉེ་བའི་འཇིག་རྟེན་སྣོད་བཅུད་ཀྱི་རྟེན་འབྲེལ་རིགས་པ་ཞིག་གསུངས་པ་ཡིན་ན། སྐབས་དེའི་སྤྱི་ཚོགས་ལོ་རྒྱུས་ཀྱི་རྒྱབ་ལྗོངས་དང་། ཤེས་རིག་འཕེལ་བའི་གཞི་འགྲོས་ལ་བསྟུན་ནས་དབྱེ་ཞིབ་བྱེད་པ་ལས། གསུངས་ཚད་ཡིན་མིན་དང་ཡོད་མེད་ལ་བརྗོད་ནས་མཁས་པ་ལ་སྐྱུར་བ་འདེབས་པ་ནི་མི་འོས་པ་ཞིག་ཏུ་བསམས་ཏེ། ཉིང་བཅུད་རིག་གནས་སྟོམ་བཤད་ལས། དུས་སྐབས་སོ་སོའི་ལོ་རྒྱུས་དང་། རིག་གནས། བསམ་བློ་སོགས་མི་འདྲ་བའི་ཤུགས་རྐྱེན་འོག་ནང་བསྟན་ཤེས་རིག་ལ་འཕེལ་རྒྱས་ཆེན་པོ་བྱུང་ཞིང་། དེ་དང་མཉམ་དུ་སྣོད་བཅུད་ཀྱི་འཇིག་རྟེན་ངོས་འཛིན་ཐད་ལའང་བཞེད་པ་མི་མཐུན་པ་མང་དུ་བྱུང་ཡོད། དཔེར་ན། ཉན་ཐོས་སྡེ་པའི་དུས་སྐབས་སུ"ཁམས་གསུམ"ལ་བརྟེན་ནས་སྣོད་ཀྱི་འཇིག་རྟེན་འཆད་པ་དང་། ཐེག་ཆེན་གྱི་དུས་སྐབས་སུ་སྤྱིར་འཇིག་རྟེན་གྱི་ཁམས་ལ་གྲངས་མེད་པ་དང་། བྱེ་བྲག་ཏུ་མཆོག་གི་སྤྲུལ་སྐུ་གཅིག་གི་འདུལ་ཞིང་གི་དབང་དུ་བཏང་ན། གཞི་དང་སྙིང་པོ་མེ་ཏོག་གིས་བརྒྱན་པའི་ཞིང་གཅིག་ལ་བརྟེན་ནས་སྣོད་ཀྱི་འཇིག་རྟེན་འཆད་པ་དང་། དབང་པོ་དམན་པའི་ངོར"སྟོང་གསུམ"ཙམ་ལ་བརྟེན་ནས

འཆད་པ་སོགས་ཡོད་[1] ཅེས་པ་སོགས་ནི་རྒྱུ་མཚན་ཡང་དག་ཏུ་འཁྲུམས་སོ། །དེས་ན་མཁས་པས་གསུངས་པ་དེ་དུས་སྐབས་དེར་དེ་ལྟར་གསུངས་པ་ཡིན་ཞིང་། དེ་ནི་ད་ལྟའི་ཚན་རིག་དང་གསུངས་ལུགས་མི་གཅིག་པ་སོགས་འཆད་དེ། དགེ་སྐྱོན་ཕྱོགས་བསྡོམས་བྱེད་པ་ལས། ཕྱོགས་གཅིག་མཐོང་ལ་གཉིས་མ་མཐོང་། །གཡག་ཞར་བས་རྩ་ཟ་བ། །ཞེས་པའི་དཔེ་བཞིན་བྱས་ནས་ཡང་དག་པའི་ལེགས་བཤད་དག་ལ་སྐུར་བ་འདེབས་མི་རིགས་ཏེ། གོང་དུ་ཞུས་པའི་འཇིག་རྟེན་ཁམས་དེ་མཐས་ཡས་པ་མིན་པ་ལྟ་བུ་དེང་གི་ཚན་རིག་པ་སུས་བསྒྲུབས་འདུག་གམ་སྙམ། སྟོང་ཁམས་ཆེན་པོའི་འཇིག་རྟེན་ཞེས་པའི་ཐ་སྙད་དེ་ཙམ་ལ་གཟིགས་དང་། གནའ་མི་དེ་ཚོར་སྐུར་བ་འདེབས་བདེ་པོ་ཞིག་ཨེ་ཡོད་སྙམ་ལ། དུས་རབས་ཉི་ཤུའི་སྟོང་ཁམས་ཆེན་མོའི་རྣམ་གཞག་སློབ་པོ་ཧོ་ཁིན་གྱིས་བཤད་པའི་གསར་གཏོར་ཆེན་པོའི་རྣམ་གཞག་དང་། མུན་འཁྲིགས་ཁུང་བུ་(黑洞) ཞེས་པ་སོགས་ཀྱི་ལྟ་ཚུལ་གྲགས་ཅན་དེ་ཚོ་ནི་ཁོང་གིས་ལེགས་པར་གསུངས་མི་འདུག་པས། ཚན་རིག་པའི་ཆ་རྡུལ་དང་ཉེ་རྡུལ་[2] སོགས་ཀྱི་ཐ་སྙད་དེ་ཚོ་གཞན་རྩོམ་ལ་བལྟས་ན་ལབ་བདེ་པོ་ཞིག་ལས་ངོས་འཛིན་བདེ་པོ་ཞིག་དང་གསུང་ཚིག་ཚིག་ཅིག་ནི་ཨེ་ཡིན་སྙམ། ཕོ་བོས་བསམས་ན་ས་གཞི་ལེབ་ལེབ་སྒྲ་བ་དང་ཉི་ཟླ་རི་རབ་ཀྱིས་སྐོར་བ་སོགས་མངོན་པའི་གཞུང་ནས་ད་ལྟའི་ཚན་རིག་དང་མ་མཐུན་པར་ལོག་སྟེ་འཆད་འདུག་ཟེར་ན། དེ་ལ་ཀུན་གྱིས་ཁས་ལེན་པ་ལས་མེད།

---

①དགེ་འདུན་སོགས་ཀྱིས་སྒྲིག ཉིང་བཅུད་རིག་གནས་སྙོམ་བཤད། ཀན་སུའུ་མི་རིགས་དཔེ་སྐྲུན་ཁང་། ༢༠༡༠ལོའི་ཟླ་༣ ཤ༤༡ནས་༤༢བར།

②གོང་གི་ཐ་སྙད་དེ་གཉིས་པོ་ནི་རྒྱ་ཡིག་ཏུ“分子和原子”ཞེས་པ་ཡིན་ན། དེ་གཉིས་ནི་དངོས་པོ་གྲུབ་བྱེད་ཀྱི་རྩ་བའི་རྡུལ་ཕྲན་གཉིས་ཡིན་ནོ། །

འོན་ཏེ། དེ་ཙམ་གྱིས་སློབ་དཔོན་དབྱིག་གཉེན་འཕྲུལ་བར་ར་སྤྲོད་ཐུབ་ན། ཕ་སྤྲེལ་ཀན་བྱང་ཆུབ་སེམས་དཔའ་དང་མ་བྲག་སྲིན་གྱི་གཏམ་དེ་ཡང་དངོས་དོན་ལ་འགྲོག་བཤད་བྱས་པ་ཡིན་ཟེར་རྒྱུ་ལས་མེད། ཡིན་ནའང་དེང་གི་མཁས་པས་མགྲིན་གཅིག་ཏུ་ལྷ་སྲུང་དང་འབྲེལ་བའི་བོད་ཀྱི་མེས་པོ་བྱུང་བའི་ལོ་རྒྱུས་དེར་ཏར་ལྷུན་གྱི་འཕེལ་འགྱུར་སྨྲ་བ་དང་མཐུན་པའི་ཆ་འདུག་ཟེར་ནས་མཐེ་བོང་བསྒྲེངས་ཏེ་བསྟོད་པ་ལས། མཐའ་གཅིག་ཏུ་དེ་ནི་ལྷ་སྲུང་ལ་བརྟེ་མཁན་གྱི་གཟུར་གནས་ནི་མེད་ངེས། ཡིན་ཕྱིར་ཁོང་གི་རྩོམ་དེབ་དེའི་ལུང་དུ་བྱས་པའི་གསུང་སྟེ། སློབ་དཔོན་དབྱིག་གཉེན་ཁོང་དུས་རབས་ཉེར་གཅིག་འདིར་བྱོན་པ་ཞིག་ཡིན་ན་དེང་དུས་ཀྱི་མཐོང་བ་དང་མཐུན་པའི་གཞུང་མཇོད་ངེས་ཞེས་པའི་གསུངས་དོན་ལས། སྐབས་དེ་དུས་ཀྱི་མིས་མཐོང་བ་དང་འཚམ་པའི་གཞུང་ཞིག་མཇོད་ངེས་པ་གསལ་པོ་རེད། ཡང་ཁོང་གིས། "ས་ཡི་འོག་ཏུ་དམྱལ་བ་དང་ཡི་དྭགས་ཞེས་པའི་ཁྲིམས་ར་ཞིག་དང་། ནམ་མཁའི་ནང་དུ་ལྷ་དང་ཞིང་ཁམས་ཞེས་པའི་གླིང་ཁ་ཞིག་ཡོད་པར་འདོད་པ་འདི་མཐར་གཏུགས་ན་འཇིག་རྟེན་བྱེད་པོ་འདོད་པའི་ལུགས་ཡིན། དེ་ལྟ་མིན་ཚེ་རང་བྱུང་གི་ཁྲིམས་ར་དང་། མ་བཅོས་པའི་གླིང་ཁ་ཞིག་ཡོད་དོན་ཅི་ཡོད་"① ཅེས་སོགས་བཤད་པ་ནི། ལས་ཀྱི་དབང་གིས་འཇིག་རྟེན་སྣ་ཚོགས་བྱུང་བའི་ལྟ་བ་དེ་འགོག་པ་ཡིན་ནམ་སྙམ། འོན་ཏེ། ཁོང་ཚན་རིག་དང་བསྟུན་ནས་འཇིག་རྟེན་གྱི་བྱུང་རབས་སྨྲ་བ་ཡིན་པ་དང་། ནང་པ་ནི་ལས་དབང་སྨྲ་བ་ཡིན་པས་གནམ་བསྐོས་ལས་དབང་སྨྲ་མཁན་དང་འཇིག་རྟེན་བཀོད་པ་པོ་འདོད་མཁན་ཡིན་སྙམ་ན། ཁོང་ལ་ནང་པའི་ལས་ཀྱི་དབང་

①ཚ་བ་མདའ་རྒྱུག ཕྱིར་རྟོག ཀན་སུའུ་མི་རིགས་དཔེ་སྐྲུན་ཁང་། ༢༠༡༡ལོའི་ཟླ་༥ ཤ༡༠༢

གིས་ཞེས་པ་དེ་ཕར་བཞག་ནས་ཚན་རིག་གི་ལྟ་ཚུལ་ཞིག་གསུངས་རྒྱུ་ཡོད་དམ། འཇིག་རྟེན་ཁམས་སྤྱིའི་ཆགས་ཚུལ་དང་། ལྷག་པར་སྐྱེ་དངོས་ཀྱི་ཐོག་མའི་འབྱུང་ཁུངས་སོགས་ལ་ཚན་རིག་པས་ཞིབ་འཇུག་དང་། རིགས་འདེད། རྩད་གཅོད་བཅས་བྱེད་བཞིན་པ་ཞིག་ཡིན་པས་གསུངས་ཚུལ་མ་གཅིག་པ་མང་པོ་ཡོད་པ་ལས། མཐའ་གཅིག་ཏུ་འདིའོ་དང་གཞན་རྣམས་ནོར་རོ་ཞེས་པའི་ཆོད་འདོམས་གཅོང་མ་ཞིག་ནི་ཤིན་ཏུ་བྱ་དཀའ་བ་ཞིག་ཡིན་ནོ། །

ད་དུང་ཁོང་གིས། "རྣམ་གཞག་དེ་ཐམས་ཅད་ཀྱང་འཇིག་རྟེན་ལས་འདས་པའི་སངས་རྒྱས་ཀྱི་སྤྱན་ཞེས་བྱ་བ་དེས་དེ་ལྟར་དུ་གཟིགས་པ་ཡིན་ཞེས་པ་ཙམ་ལས། གཞན་དེ་ལྟར་ཡིན་ངེས་པའི་འཐད་པ་བཙལ་ཏེ་སྨྲས་པ་ནི་ཙུང་ཟད་ཀྱང་མེད་དོ། །"①ཞེས་སངས་རྒྱས་ཀུན་མཁྱེན་མིན་པ་ལྟ་བུའི་གཏམ་སྨྲ་བ་ནི་རང་སྡེའི་གྲུབ་མཐའ་འཛིན་པ་ཆོས་སྤྱི་མོ་ནས་བཀག་ཟིན་པ་ཡིན་ཏེ། ཕྱིར་ན་རང་སྡེ་ནང་པའི་གྲུབ་མཐའ་སྨྲ་བའི་བོད་གངས་ཅན་གྱི་མཁས་པ་ཆོས་རྒྱལ་བའི་བཀའ་ལ་དྲང་ངེས་ཀྱི་དབྱེ་བ་འབྱེད་དགོས་པའི་སྐོར་གྱི་གསུང་རྩོམ་ཕྲུས་དག་མང་དུ་མཛད་ནས། ཐ་ན་རྒྱལ་བའི་བཀའ་ཡང་དུས་སྐབས་སོ་སོའི་སེམས་ཅན་གྱི་ཁམས་དང་མོས་པ། གདུལ་བྱའི་སྐལ་བ་སོགས་ལ་བལྟོས་ནས་དྲང་བ་དང་ངེས་པའི་དོན་གྱི་ཁྱད་པར་འབྱེད་ཤེས་དགོས་ཚུལ་གསུངས་ཡོད་ན། རང་གི་རིགས་པས་བརྟར་ཤ་མ་བཅད་པར་གསུངས་ཚད་ཚད་མར་འཛིན་པ་ནི་མཚང་ཡིན་པ་མ་མཁྱེན་པའི་བོད་ཀྱི་མཁས་པ་སུ་འདྲ་ཡོད་དམ། གཡལ་སྲིད་རྒྱལ་བས་ཅི་གསུང་དེ་རང་དུ་གོ་ཚོག་ན། ཟབ་པ་དང་རྒྱ་ཆེ་བ། སྤྲས་

①ཚ་བ་མདའ་སྨྲུག ཕྱིར་རྟོག ཀན་སུའུ་མི་རིགས་དཔེ་སྐྲུན་ཁང་། ༢༠༡༡ལོའི་ཟླ་༦ ཤ༧༨

པའི་དོན་འཚོལ་བ་ཞེས་པའི་གཏམ་དེ་རིགས་མི་སྲིད་ལ། ཤིང་རྟའི་སྲོལ་འབྱེད་དུ་གྲགས་པའི་འཕགས་པའི་གང་ཟག་ཀྱང་ཕྱིན་པའི་དགོས་པ་མེད། དེ་ཡང་གྲུབ་མཐའ་ཆེན་མོར་ཡུ་སྟེགས་པ་ཆོས་སྟོན་པ་བཅོམ་ལྡན་འདས་ཀྱིས་སྐར་མའི་རྣམ་གཞག་མ་གསུངས་པས་ཀུན་མཁྱེན་མིན་པར་འདོད་པ་འགག་པ་སོགས་ཀྱི་སྐབས་སུ། ལུང་མ་བསྟན་གྱི་ལྟ་བ་བཅུ་བཞི་པོ་མི་མཁྱེན་པས་ཀུན་མཁྱེན་མིན་པར་སྒྲུབ་མི་འཐད་པར་ཐལ། དེ་བཅུ་བཞི་མཁྱེན་ཡང་བསྟན་ན་དོན་མ་ཡིན་པ་ཆེན་པོ་སྐྱེད་པར་དགོངས་ནས་མ་གསུངས་པ་དེ་ཐམས་ཅད་མཁྱེན་པའི་རྟགས་ཡིན་པའི་ཕྱིར་ཏེ། རིན་ཆེན་ཕྲེང་བ་ལས། "འཇིག་རྟེན་མཐའ་དང་ལྡན་ནམ་ཞེས། །ཞུས་ན་རྒྱལ་བ་མི་གསུངས་བཞུགས། །གང་ཕྱིར་དེ་ལྟར་ཟབ་པའི་ཆོས། །སྣོད་མིན་འགྲོ་ལ་མི་གསུངས་པ། །དེ་ཉིད་ཕྱིར་ན་མཁས་རྣམས་ཀྱིས། །ཀུན་མཁྱེན་ཐམས་ཅད་མཁྱེན་པར་ཤེས། །"① ཞེས་སོགས་དང་། བཞི་བརྒྱ་པའི་འགྲེལ་པ་ལས། "ཐུབ་ལ་མཛད་དང་མཛད་མིན་དང་། །གསུང་བྱ་གསུང་བྱ་མིན་མང་བ། །དེས་ན་ཀུན་མཁྱེན་ཀུན་མཁྱེན་ནི། །མིན་ཞེས་བྱ་རྒྱུ་ཅི་ལ་ཡོད། །"② ཅེས་སོགས་གསུངས་པ་ལས། ཐུབ་པ་ཆེན་པོས་ཆོས་རྣམས་གདུལ་བྱའི་ཁམས་དང་བསྟུན་ཏེ་གསུངས་པ་ལ་

---

①ཀུན་མཁྱེན་འཇམ་དབྱངས་བཞད་པ། གྲུབ་མཐའི་རྣམ་བཤད་རང་གཞན་ཀུན་དང་ཟབ་དོན་མཆོག་ཏུ་གསལ་བ་ཀུན་བཟང་ཞིང་གི་ཉི་མ་ལུང་རིགས་རྒྱ་མཚོ་སྐྱེ་དགུའི་རེ་བ་ཀུན་སྐོང་། མཚོ་སྔོན་ནང་བསྟན་རིག་གནས་སྒྱུ་རྩལ་ཞབས་ཞུ་ལྟེ་གནས་ཞབས་ཞུ་ཁང་། ཤ༡༥༠

②སློབ་དཔོན་ཟླ་བ་གྲགས་པ། བྱང་ཆུབ་སེམས་དཔའི་རྣལ་འབྱོར་སྤྱོད་པ་བཞི་བརྒྱ་པའི་རྒྱ་ཆེར་འགྲེལ་པ། སེར་གཙུག་ནང་བསྟན་དཔེ་སྐྲིང་འཚོལ་བསྡུ་ཕྱོགས་སྒྲིག་ཁང་། གངས་ཅན་ཁྱད་ནོར་དཔེ་ཚོགས་པོད་ཕྲེང་ཉེར་གསུམ་པ། ཤ༡༨༧

བརྟག་དགོས་པ་ལས་མ་གསུངས་ཕྱིར་ན་མ་མཁྱེན་པར་སྙམ་ནས་ཀྱི་ཚོམ་དུ་སྦྲ་བ་མང་མི་རུང་བ་ནི་ཤེས་བྱ་ཡིན་པར་སེམས་སོ། །

དེས་ན་དཔྱད་འོས་རྣམས་རིགས་པས་དཔྱད་བཟོད་ཀྱིས་གཏན་ལ་འབེབས་པ་ནི་བོད་ཀྱི་རྫོན་ཕྱོན་སྐྱེས་བུ་དམ་པ་ཚོའི་མཛད་པ་ཡིན་པ་ལས། ཡོང་རྣམ་པས་སྙིང་པ་ཚད་ཤེད་དུ་བྱས་ནས་འོང་བ་ཞིག་མིན་ཚོད་རེད་དེ། ཕྲན་རང་གིས་གོ་བས་ཚོགས་ཚོད་ཀྱིས་ཀུན་མཁྱེན་འཇམ་དབྱངས་བཞད་པའི་གསུང་ལ་བལྟས་པ་དང་། དེ་བཞིན་དུ་མཁས་གྲུབ་རྗེ་དང་རྒྱལ་ཚབ་རྗེ། རྗེ་བླ་མའི་གསུང་ཐར་ཐོར་སོགས་མཇལ་བ་ལས་ཤེས་བྱུང་། ལུང་རིགས་ཟུང་གི་སྦྲ་བ་ཟླ་མེད་པ་ལ་བརྟེན་ནས་རྫོན་ཕྱོན་མཁས་པའི་གསུང་ལ་བརྡར་ཤ་གཅོད་དགོས་པ་ལས། སྔར་གྱི་མཁས་པས་གསུངས་པ་ལ་ཡང་ཤར་མ་མཐུན་དང་ནུབ་མ་གཅིག་ཅེས་བརྒྱ་ཁ་གཅིག་གཅོད་ཀྱིས་ཁ་ཚོན་བཅད་ནས། མཁས་པ་ཆེན་པོ་ཀུན་གྱི་བཀུར་འོས་དག་ལ་སྐུར་བ་འདེབས་པ་དང་ཚིག་ངན་སྨྲོགས་པ་ནི་ཆེས་ཐལ་ཆེ་བའི་སྐྱོན་དུ་མི་འགྱུར་གྲང་སྙམ། ཡོང་གིས་ཕྱིར་རྟོག་ཅེས་པའི་དེབ་ཏུ་དཀག་ཚིག་གི་གཏམ་ལན་དུ་མ་བཤད་པའི་དམིགས་ཡུལ་ནི་རང་ཅག་མགོ་ནག་བོད་མིའི་བསམ་པའི་གོ་རྟོག་སད་སྣད་ཡིན་རྒྱུ་རེད་འདུག་ཀྱང་། དེ་ལྟའི་སྦྲ་བས་ཆོས་ཀྱི་གནས་ལུགས་ལ་སྐྱོ་ལམ་ཚོད་ལ་མ་ཚོད་ཀྱི་གཞོན་སྐྱེས་རབས་ཤིག་ལ་མཚན་ཉིད་དང་། གཏན་ཚིགས། བསླབ་སྡོམ་སོགས་ཀྱིས་རབ་ཏུ་ཕྱུག་པའི་ཤེས་རབ་བརྟན་པའི་དམ་པའི་ཆོས་ལ་ཡིད་ཆེས་ཉམས་པའི་འདུ་ཤེས་སྐྱེ་རྒྱུ་ལས་མི་ཡོང་སྙམ་པས། འདིར་ལྷག་བསམ་གྱི་བློ་ཚུང་རྟོན་དུ་བཏང་བའི་སྒོ་ནས་གོང་གསལ་ཞར་བྱུང་གི་གཏམ་དག་ཐལ་སོང་བར་སྐྱོན་འཛོལ་མེད་པ་མི་སྲིད་པས་གཟུ་བོར་གནས་པའི་སྐྱེས་བུ་ཆོས་བཀའ་སློབ་དགོངས་འཆར་གང་མང་བསྟུལ་དུ་གསོལ་ཞེས་གསལ་འདེབས་ཞུའོ། །

༢ བདག་མེད་ལྔ་བ་ལས་འཕྲོས་ཏེ་གྲུབ་མཐའ་འོག་མ་འོག་མ་གོང་མ་གོང་མའི་སྐེགས་སུ་སྦྱར་བ་མཚོན་ཚུལ་བཤད་པ།

གྲུབ་མཐའ་རིན་ཆེན་ཕྲེང་བ་སོགས་སུ་གྲུབ་མཐའ་འོག་མ་འོག་མའི་ལྟ་བ་གོང་མའི་སྐེགས་ཡིན་པར་གསུངས་པའི་འོག་མ་དང་གོང་མ་ཞེས་སུ་འབོད་པའི་ཐ་སྙད་དེ་གཉིས་ནི་གྲུབ་མཐའ་བྱུང་སྔ་ཕྱིའི་ཆ་ནས་བརྗོད་པ་མིན། གལ་ཏེ་དུས་ཀྱི་ཆ་ནས་སྨྲས་པ་ཡིན་ན། དུས་གོང་མ་དང་འོག་མ་ཟེར་ན་དུས་སྔོན་མ་དང་རྗེས་མ་ལྟ་བུའི་དོན་ལ་གོ་དགོས་པས། སྤྱི་ཚོགས་ཁྲོད་ཀྱི་ཤེས་རིག་འཕེལ་བའི་གོམ་འགྲོས་དང་ཡང་མི་འཚམ་པ་ཞིག་ཡིན། དེས་ན་འོག་མ་དང་གོང་མ་ཞེས་པ་གཙོ་བོ་ལྟ་བའི་ཆ་ནས་དང་། ལྟ་བ་ཇི་ཙམ་ཡང་རྩེ་ལ་བསྐྱེགས་པའི་ཁྱད་པར་ཆེ་ཆུང་གིས། འོག་མའི་ལྟ་བ་ལས་གོང་མའི་ལྟ་ཁུངས་འཕེར་བ་དང་རིགས་པ་བཙན་པར་འདོད་པ་ཡིན།

སྐབས་སུ་བབ་པ་གྲུབ་མཐའ་རྣམས་ཀྱི་གཞི་ལམ་འབྲས་གསུམ་གྱི་རྣམ་གཞག་ཕུན་སུམ་ཚོགས་པ་ཡི་བྱེ་བྲག་ལམ་གྱི་འདོད་ཚུལ་ལས་བདག་མེད་ལྟ་བའི་ཆ་ནས་ཅུང་ཟད་སྤྲོ་འདོད་པ་ནི། བདག་མེད་ལྟ་བའི་གནད་འགག་ཕྲ་རགས་འཕེལ་ཚུལ་ལས་གྲུབ་མཐའ་འོག་མ་འོག་མ་གོང་མ་གོང་མའི་སྐེགས་སུ་གྱུར་ཚུལ་ཅུང་ཟད་ར་སྤྲོད་འདོད་པ་ཡིན། དེ་ཡང་སྤྱོད་འཇུག་ལས། "རྣལ་འབྱོར་པ་ཡང་བློ་ཁྱད་ཀྱིས། །གོང་མ་གོང་མ་རྣམས་ཀྱིས་གནོད། །"①ཅེས་གསུངས་པ་བཞིན་དུ། འཇིག་རྟེན་

①བྱང་ཆུབ་སེམས་པའི་སྤྱོད་པ་ལ་འཇུག་པ་རྩ་བ་དང་འགྲེལ་པ། སི་ཁྲོན་མི་རིགས་དཔེ་སྐྲུན་ཁང་། ༡༩༩༠ལོར་དཔར་དུ་བསྒྲུབ། ཤ༡༠༣

ཆོས་ལ་མ་ཞུགས་པ་རྣམས་ཀྱི་ལྟ་བ་ནི་རྣལ་འབྱོར་པས་དེ་བཞིན་དུ་མིན་པའི་སྒྲོ་འདོགས་གཅོད་པར་བྱེད་མོད། རྣལ་འབྱོར་པ་རང་རང་ཡང་བློའི་ཁྱད་པར་དབང་གིས་ལྟ་བའི་ཡང་རྩེར་ཇི་ཙམ་ཉེ་བར་བསླེགས་པ་གང་གིས་འོག་མའི་ལྟ་བ་འགོག་པར་ནུས་པ་ཡིན། དེ་ལྟར་ནའང་། གྲུབ་མཐའ་ཆེན་མོ་རུ། "དེས་ན་གྲུབ་མཐའ་འོག་མ་འོག་མའི་འདོད་ཚུལ་ཐམས་ཅད་འགོག(འགོད)"①པ་མིན་གྱི། འོག་མ་འོག་མའི་འདོད་ཚུལ་ཕལ་ཆེར་གོང་མ་གོང་མའི་སྐེགས་སུ་འགྱུར་ཏེ། འཇིག་རྟེན་ཕལ་པ་ལས་གྲུབ་མཐའ་ཤེས་པའི་གང་ཟག་ཁྲིད་སླ་སྟེ། ཆོས་ཀྱི་ངོ་བོ་ཁྱད་པར་རྣམ་གྲངས་སོགས་ཤེས་པའི་ཕྱིར་②ཞེས་གསུངས་པ་བཞིན་དུ། འོག་མའི་ལྟ་བ་ནི་གོང་མའི་ལྟ་བ་གོ་བའི་སྐེགས་སུ་གྱུར་པ་ཡིན། ཕྱི་རོལ་པས་རྟག་གཅིག་རང་དབང་པའི་བདག་འདོད་པ་དེ། རང་སྡེས་བདག་མི་འདོད་པའི་ལྟ་བ་ཡིས་འགོག་པར་བྱེད་པ་ནི། བདག་འདོད་པའི་ལྟ་ཚུལ་དེ་རྒྱང་གཞི་འམ་ལྟ་བའི་སྐེགས་བུ་ལྟ་བུར་བྱས་ནས་འཕེལ་རྒྱས་སུ་ཕྱིན་པ་ཞིག་དང་། ཐུབ་པས་བདག་འདོད་པའི་སྐྱོན་དེ་ལ་དམིགས་ནས་བདག་མེད་གསུངས་པ་ཞིག་ཡིན་པར་སེམས་ཏེ། སློབ་དཔོན་ཟླ་བའི་ཞབས་ཀྱིས། "ཉོན་མོངས་སྐྱོན་རྣམས་མ་ལུས་འཇིག་ཚོགས་ལ། །ལྟ་ལས་བྱུང་བར་བློ་ཡིས་མཐོང་གྱུར་ཅིང་། །བདག་ནི་འདི་ཡི་ཡུལ་དུ་རྟོགས་བྱས་ནས། །རྣལ་འབྱོར་པ་ཡིས་བདག་

①མ་ཡིག་ན་འགོད་ཅེས་གསལ་ཡང་ཕྲན་གྱིས་དོན་ལ་བསྟུན་ནས་འགོག་ཅེས་པར་བཅོས་པའོ། །

②ཀུན་མཁྱེན་འཇམ་དབྱངས་བཞད་པ། གྲུབ་མཐའི་རྣམ་བཤད་རང་གཞན་ཀུན་དང་ཟབ་དོན་མཆོག་ཏུ་གསལ་བ་ཀུན་བཟང་ཞིང་གི་ཉི་མ་ལུང་རིགས་རྒྱ་མཚོ་སྐྱེ་དགུའི་རེ་བ་ཀུན་སྐོང་། མཚོ་སྔོན་ནང་བསྟན་རིག་གནས་སྤྱི་རྩལ་ཞབས་ཞུ་ལྟེ་གནས་ཞབས་ཞུ་ཁང་། ༦༥

ནི་འགོག་པར་བྱེད། །”①ཅེས་སོགས་ལུང་དུ་མ་ཡོད། གོང་དུ་ཞུས་ཟིན་པ་བཞིན་དུ་ཕྱི་རོལ་པས་བདག་དེ་རྟག་ཡོད་དང་། གཅིག་པུ། རང་དབང་ཅན་ཞིག་ཏུ་འདོད་པ་གང་ཞིག་གཟུགས་ཕུང་སོགས་ལ་ལྟོས་པ་མེད་པའི་བདག་དེ་ལ་ཁྱད་ཆོས་དགུ་དང་བརྒྱད་སོགས་མང་དུ་བཙལ་ནས་ལོག་པའི་ལྟ་བའི་རྒྱ་ལས་མ་ཐར་བས། བདག་གཅེས་འཛིན་གྱི་ལྟ་བ་འཕེལ་ནས། ཉེས་ལྟུང་གི་ཚོགས་མང་དུ་གསོག་པ་ཡིན། དེ་ལ་དམིགས་ནས་བདག་མེད་ལྟ་བ་བསྟན་པ་ཡིན་ཞིང་། བདག་འགོག་གི་རིགས་པ་རྣམས་ཀྱང་ཕྱི་རོལ་པས་བདག་འདོད་པའི་རྒྱུ་མཚན་རེ་རེ་ལ་དམིགས་ནས་གྲུབ་པ་ཡིན། དེས་ན། རང་སྡེའི་བདག་མེད་འདོད་ཚུལ་དང་བདག་འགོག་གི་རིགས་པ་རྣམས་ཀྱང་གཞི་རྐང་ཕྱི་རོལ་པའི་བདག་འདོད་ཚུལ་དག་སྐེགས་སུ་བྱས་ནས་འཕེལ་རྒྱས་ཕྱིན་པ་གསལ་ཐུབ་ལ། དེ་ནི་རྒྱུ་འབྲས་ཆོས་ཉིད་དང་མཐུན་པའི་འཕེལ་ཚུལ་ཞིག་དང་། རྙིང་པའི་རྨང་གཞིའི་ཐོག་གསར་པ་འཕེལ་བ་འམ་རྙིང་པས་རྐྱེན་དུ་བྱས་ནས་གསར་པ་འཕེལ་བ་སྟེ། དེང་གི་སྤྱི་ཚོགས་ཚན་རིག་གིས་རིག་གནས་འཕེལ་རྒྱས་ཀྱི་ཆོས་ཉིད་ལ་ཚོད་འདོམས་བྱས་པ་དང་ཡོངས་སུ་མཐུན་པ་ཞིག་གོ །

གྲུབ་མཐའ་ཆེན་མོ་རུ། “དེས་ན་གཞན་སྡེས་བདག་མི་རྟག་པར་ཁས་བླངས་ན་སྐྱེ་བ་སྔ་ཕྱི་འཇོག་མི་ཤེས་ལ། བྱེ་སྨྲས་དེ་ལྟར་ཤེས་པ་དེ། མདོ་སྡེ་པས་དངོས་པོ་རྫས་ཡོད་མིན་ཡང་།”②འདུས་བྱས་དང་འདུས་མ་བྱས་བཏགས་ཡོད་དུ་ཤེས་པའི་

①སློབ་དཔོན་ཟླ་བ་གྲགས་པས་མཛད་པའི་དབུ་མ་འཇུག་པའི་རང་འགྲེལ། སེར་གཙུག་ནང་བསྟན་དཔེ་རྙིང་འཚོལ་བསྡུ་ཕྱོགས་སྒྲིག་ཁང་། གངས་ཅན་ཁྱད་ནོར་དཔེ་ཚོགས། པོད་ཕྲེང་བརྒྱད་དང་ང་དྲུག ཤ༢༢༥

②མ་ཡིག་ཏུ། མདོ་སྡེ་པའི་དངོས་པོ་（དང་）རྫས་ཡོད་མིན་ཡང་ཞེས་གསལ་ཡང་། ཡིག་ནོར་ཡིན་དོགས་ཀྱིས་བཅོས་ནས་བྲིས་པའོ། །

སྐྱོགས་དང་། མདོ་སྡེ་པས་དེ་ལྟར་འཇོག་ཤེས་པ་དང་། མིང་དོན་འབྲེལ་བ་དངོས་མེད་བཏགས་ཡོད་དུ་ཤེས་པ་དེ། སེམས་ཙམ་པས་ཆོས་ཐམས་ཅད་མིང་གི་འཇུག་གཞིར་རང་དབང་གིས་མ་གྲུབ་ཀྱང་། བྱ་བྱེད་འཐད་པ་དང་། ཆོས་ཐམས་ཅད་ཀུན་བཏགས་པའི་ངོ་བོ་ཉིད་དུ་མ་གྲུབ་པར་གོ་བའི་སྐྱོགས་དང་། སེམས་ཙམ་པས་དེ་ལྟར་ཤེས་ཤིང་མཚན་ཉིད་གསུམ་འཇོག་ཤེས་པ་དེ། དབུ་མ་པས་ཆོས་ཐམས་ཅད་མིང་བརྡའི་དབང་གིས་བཞག་ཙམ་དང་། དེ་ལ་བྱ་བྱེད་དང་། དབུ་མ་པའི་ལུགས་ཀྱི་མཚན་ཉིད་གསུམ་འཇོག་ཤེས་པའི་སྐྱོགས་སུ་འགྱུར་བའི་ཕྱིར་རོ། །[1] ཞེས་གསུངས་པའི་དོན་ལས་འཕྲོས་ན། སྐབས་དོན་བྱེ་བྲག་སྨྲ་བས་བདག་མི་རྟག་པར་སྒྲུབ་བྱེད་འགོད་ཤེས་ལ། "ཚ་ཤེས་སོ་སོར་ཕྱེ་བའི་ཚ་ནས་བཏགས་ཡོད་དུ་འཇོག་ཤེས་པ་"[2] དང་། མདོ་སྡེ་པས་བྱེ་སྨྲའི་བདག་མེད་སྒྲུབ་བྱེད་ལས་རིགས་པ་བཙན་པའི་ཐོག་ནས་བདག་དེ་རྫས་ཡོགས་སུ་བཟུང་དུ་མེད་པར་མིང་དོན་འབྲེལ་བའི་དངོས་མེད་བཏགས་ཡོད་ཙམ་ལས་དོན་དམ་དུ་མེད་པའི་རིགས་པ་གཏོང་གི་ཡོད།

སེམས་ཙམ་པས་ཆོས་ཀྱི་བདག་འཛིན་བཀག་ནས་ཆོས་བདག་མེད་པར་འདོད་པ་ཡིན་ཞིང་། དེ་ནི་གཞི་བྱེ་མདོ་གཉིས་ཀྱི་ཕྱི་རོལ་གྱི་དོན་བདེན་པར་གྲུབ་པར་

---

①ཀུན་མཁྱེན་འཇམ་དབྱངས་བཞད་པ། གྲུབ་མཐའི་རྣམ་བཤད་རང་གཞན་ཀུན་དང་ཟབ་དོན་མཆོག་ཏུ་གསལ་བ་ཀུན་བཟང་ཞིང་གི་ཉི་མ་ལུང་རིགས་རྒྱ་མཚོ་སྐྱེ་དགུའི་རེ་བ་ཀུན་སྐོང་། སེར་གཙུག་ནང་བསྟན་དཔེ་སྐྲིང་འཚོལ་བསྡུ་ཁང་། གངས་ཅན་ཁྱད་ནོར་དཔེ་ཚོགས། བོད་ཕྱེད་བཞི་བརྒྱ་དོན་བདུན། ༤༥༩

②ཆོས་རྗེ་ངག་དབང་དཔལ་ལྡན། གྲུབ་མཐའ་ཆེན་མོའི་དཀའ་གནད་མདུད་གྲོལ་བློ་གསལ་གཅེས་ནོར། སེར་གཙུག་ནང་བསྟན་དཔེ་སྐྲིང་འཚོལ་བསྡུ་ཁང་། གངས་ཅན་ཁྱད་ནོར་དཔེ་ཚོགས་བོད་ཕྱེད་བཞི་བརྒྱ་དྲུག་ཅུ་རེ་གསུམ། ༤༥༨

འཛིན་པའི་ལྟ་བ་ལ་བལྟོས་ནས་གོ་བ་བསྐྱེད་པའི་ལྟ་བ་ཞིག་ཡིན་པར་སྣང་། སེམས་ཙམ་པས་མདོ་སྡེ་པའི་མིང་དོན་འབྲེལ་བའི་དངོས་མེད་བཏགས་ཡོད་ཅེས་པའི་འདོད་ཚུལ་ལས་བློ་སྐྱེད་ཅིང་། དོན་དམ་རང་གི་སྡོད་ལུགས་ཀྱི་ངོས་ནས་རིགས་པས་དཔྱད་བཟོད་དུ་ཡོད་པའི་འདོད་ཚུལ་ཁེགས་པར་བྱས་ནས། ཆོས་རྣམས་རང་གི་འཇུག་གཞིར་རང་དབང་བདེན་པར་མ་གྲུབ་པའི་ལྟ་བ་རྟེད་པ་དང་། ཤེས་བྱ་ལ་མཚན་ཉིད་གསུམ་སྟེ། འདུས་བྱས་ཐམས་ཅད་གཞན་དབང་དང་། ཆོས་ཉིད་ཐམས་ཅད་ཡོངས་གྲུབ། དེ་ལས་གཞན་པ་རྣམས་ཀུན་བཏགས་སུ་འདོད་ཅིང་། གཞན་དབང་ཡོངས་གྲུབ་བདེན་གྲུབ་དང་ཀུན་བཏགས་བདེན་མེད་དུ་འདོད་པ་ཡིན། མདོ་སྡེའི་བཏགས་ཡོད་ཀྱི་འདོད་ཚུལ་ལས་སེམས་ཙམ་པའི་ཀུན་བཏགས་པའི་འདོད་ཚུལ་གྱི་གོ་སྟོབས་འཕེལ་བར་གསལ་ཅིང་། དེ་ལས་ཀྱང་རིགས་པ་ཇེ་ཕྲ་ཇེ་རྣོར་གྱུར་ནས་ཀུན་བཏགས་མཚན་ཉིད་ངོ་བོ་ཉིད་མེད་པར་གོ་བ་བསྐྱེད་པ་ཡིན། དེ་ཡང་སེམས་ཙམ་པའི་ཆོས་ཀྱི་བདག་མེད་འདོད་ཚུལ་ཏེ། རྫུལ་ཕྲན་ཆ་མེད་བསགས་པའི་ཕྱི་རོལ་དོན་གྱིས་སྟོང་པ་དང་། གཟུང་འཛིན་རྫས་གཞན་གྱིས་སྟོང་པ། གཟུགས་གཟུགས་ཞེས་པའི་སྒྲ་འཇུག་པའི་གཞིར་རང་གི་མཚན་ཉིད་ཀྱིས་གྲུབ་པས་སྟོང་པ་དང་བཅས་པའི་ལྟ་བ་རྣམས་ཀྱང་། ཆོས་ཀྱི་བདག་འཛིན་འགོག་པ་སྟེ། ཕྱི་དོན་བདེན་པར་གྲུབ་པ་དང་། བདེན་གྲུབ་ལྟར་དུ་སྣང་བ་ནི་རྟོག་པའི་དབང་གིས་དང་། འཁྲུལ་བའི་དབང་གིས་དང་། བརྗ་ལམ་བཀྲོས་པ་མེད་པ་སོགས་ཀྱི་གསུང་ཚུལ་ཡིན་ཞིང་། དོན་དམ་མ་གྲུབ་ཀྱང་རྟོག་པའི་ངོ་བོར་གྲུབ་པ་དེ། ཀུན་བཏགས་ཀྱི་མཚན་ཉིད་དང་། དེ་ཡང་མིང་དང་བརྗས་བཞག་པ་ཙམ་ལས་རང་གི་མཚན་ཉིད་དུ་མེད་པར་འདོད་པ་

ཡིན། དེ་དག་གི་ཕྱིར་སེམས་ཙམ་པའི་བདག་མེད་འདོད་ཚུལ་དེ་གྲུབ་མཐའ་འོག་མ་ལས་གོང་དུ་འཕེལ་བ་གསལ་ཐུབ།

དབུ་མ་རང་རྒྱུད་པའི་སྐབས་སུ་གཞི་རྐང་སེམས་ཙམ་པའི་བདག་མེད་འདོད་ཚུལ་དང་མཐུན་ཞིང་། ཆོས་རྣམས་བློ་གནོད་མེད་དབང་གིས་བཞག་མ་བཞག་ལས་རང་ངོས་ནས་བདེན་གྲུབ་ཏུ་མེད་པའི་ལྟ་ཚུལ་བརྟན་པ་དང་། དབུ་མ་ཐལ་འགྱུར་བའི་སྐབས་སུ་རྟུལ་ཕྲན་ཆ་མེད་བསགས་པའི་རགས་པ་དང་། དེ་འཛིན་པའི་ཚད་མ་ཟུར་གཞན་གྱིས་སྟོང་པ་སོགས་ཆོས་ཀྱི་བདག་མེད་རགས་པའི་ལྟ་ཚུལ་དག་གཞི་རྐང་གྲུབ་མཐའ་འོག་མ་དང་གཅིག་འདྲར་གསུངས་ཀྱང་། གཟུགས་ནས་རྣམ་མཁྱེན་བར་གྱི་ཆོས་ཐམས་ཅད་བདེན་པར་གྲུབ་པ་རྡུལ་ཙམ་ཡང་མེད་པའི་ཆོས་ཀྱི་བདག་མེད་ཕྲ་མོའི་ལྟ་ཚུལ་དེའི་དབང་གིས། གང་ཟག་གི་བདག་མེད་ཕྲ་མོའི་འདོད་ཚུལ་ཡང་འོག་མ་རྣམས་ལས་ལོགས་སུ་གང་ཟག་བདེན་པར་གྲུབ་པས་སྟོང་པ་ཞེས་པའི་ལྟ་ཚུལ་བརྟན་ཡོད་པ་བཅས་ནི། ལྟ་བ་འོག་མ་ལས་འཕེལ་རྒྱས་ཕྱིན་པ་ཞིག་ཡིན་པ་བཅས་ལུང་དང་རིགས་པས་ཁུངས་འཕེར་བར་སེམས་སོ། །

གཉིས་པ། བདག་མེད་ལྟ་བའི་འཕེལ་རིམ་སྒྲིར་བཤད་པ།

བདག་མེད་པའི་ལྟ་བ་ནི་ཕྱི་ནང་གྲུབ་མཐའི་ལྟ་བའི་འབྱེད་ཆོས་ཡིན་ཏེ། གྲུབ་མཐའ་རིན་ཆེན་ཕྲེང་བ་ལས། “ལྟ་བ་རྟག་གཅིག་རང་དབང་ཅན་གྱི་བདག་གིས་སྟོང་པར་འདོད་པ་”① ཞེས་སོགས་གསུངས་ནས། ཕྱི་ནང་ལྟ་བའི་རྣམ་དབྱེ་

①གྲུབ་མཐའ་རིན་ཆེན་ཕྲེང་བའི་ཚིག་འགྲེལ་ཐོར་བུ། མི་རིགས་དཔེ་སྐྲུན་ཁང་། ༢༠༠༧ལོའི་ཟླ་དང་པོར་དཔར་ཐེངས་བཞི་པ་བཏབ། ཤ༣

གསལ་བར་བསྟན་པས་སོ། །དེས་ན་བདག་མེད་པའི་ལྟ་བའི་ཐོག་མའི་དར་དུས་ནི་
སྟོན་པས་ལྟ་བའི་གོལ་ས་མུ་སྟེགས་པའི་ལོག་རྟོག་དང་། སྐབས་དེའི་གདུལ་བྱའི་
ཁམས་དང་མོས་པ་སོགས་ལ་བསྟོས་ནས། གང་ཟག་གི་བདག་མེད་པའི་ལྟ་བ་གཙོ་
བོར་གསལ་བར་མཛད་པ་ཡིན་པར་སྙམ་སྟེ། གང་ཟག་གི་བདག་འདོད་པ་དེའི་
དབང་གིས་བདག་གཅིས་འཛིན་གྱི་འདུ་ཤེས་འཕེལ་ནས་ཉོན་མོངས་པའི་ཚོགས་
རྣམས་བྱུང་བ་ཡིན་ལ། ཉོན་མོངས་པའི་དབང་གིས་སྡུག་བསྔལ་བ་དང་། དེ་དག་
ལས་ཡང་ཡང་སྲིད་པར་འཁོར་བར་འདོད་པ་ཡིན་ཞིང་། ཇི་སྐད་དུ་མདོ་སྡེ་ལས།
“འཇིག་རྟེན་པ་དག་ཏིང་འཛིན་སྒོམ་བྱེད་ཀྱང་། །དེ་ནི་བདག་ཏུ་འདུ་ཤེས་འཇིག་
མི་བྱེད། །དེ་ནི་ཉོན་མོངས་ཕྱིར་ཞིང་རབ་འཁྲུགས་དེ། །ལྷག་སྤྱོད་ཀྱིས་ནི་ཏིང་
འཛིན་འདིར་སྒོམ་བཞིན། །”①ཞེས་གསུངས་པ་བཞིན་དུ། ཕྱི་རོལ་མུ་སྟེགས་པས
ནི་གཏན་བདེའི་འདུན་མ་ལ་དམིགས་ནས་དཀའ་ཐུབ་སྤྱོད་པ་དང་ཏིང་འཛིན་སྒོམ་
པ་སོགས་བྱེད་མོད་ཀྱང་། ལོག་པའི་ལམ་ལ་འཕྱན་པའི་དབང་གིས་བདག་གཅིས་
འཛིན་གྱི་རྒྱུ་ལས་མ་ཐར་བར་ཉེས་ལྟུང་གི་འདམ་ལ་ཇེ་ཟབ་ཏུ་བྱིང་འགྲོ་བ་ཡིན། རྒྱུ་
མཚན་ནི་ཕྱི་པས་བདག་ཅེས་པ་ལུས་དབང་བློ་ལས་ཐ་དད་དང་རྟག་པ་དང་གཅིག་པུ་
སོགས་ཇི་ལྟ་བུར་འདོད་ཀྱང་། སྔང་ངོར་བདག་ཅེས་པ་གང་ལྟར་གཟུགས་ཕུང་ལས་
ལོགས་སུ་ཆོས་ཤིག་ཡོད་པར་འཛིན་པ་གང་ཞིག དེ་ལ་དམིགས་ནས་དེ་ཡི་དོན་ལ་

①མཁས་གྲུབ་དགེ་ལེགས་དཔལ་བཟང་། དབུ་མའི་བསྟན་བཅོས་ཆེན་མོ་སྐལ་བཟང་མིག་འབྱེད། སེར་གཙུག་ནང་བསྟན་དཔེ་རྙིང་འཚོལ་བསྡུ་ཕྱོགས་སྒྲིག་ཁང་། གངས་ཅན་ཁྱད་ནོར་དཔེ་ཚོགས་པོད་ཕྲེང་ང་གཅིག་པ། ཤ༥ཡི་ནང་དུ་ལུང་དུ་དྲངས་ཡོད།

གཞོལ་བ་ན་གཏན་གྱི་བདེ་བ་ཐོབ་པར་འདོད་པ་ཡིན། དེས་ན་རང་སྡེ་ནང་པས་གང་ཟག་གི་བདག་འགོག་པ་དེ་གནད་ཤིན་ཏུ་ཆེན་པོར་གོང་གི་ལེའུར་བཤད་ཟིན་པ་བཞིན་ཡིན་ལ། དགེ་བཤེས་སྤྱན་སྔ་བའི་ཞལ་ནས། "སྤྱིར་གང་ཟག་གི་བདག་དང་ཆོས་ཀྱི་བདག་གཉིས་ལ་བརྟེན་ནས་ཉོན་མོངས་དང་ཕྱིན་ཅི་ལོག་མཐའ་དག་རྒྱུས། སྒོས་འཛ་སྐྱོལ་ལ་གང་ཟག་གི་བདག་ཁོ་ནས་གནོད་པ་བསྐྱལ་བས་ཐོས་བསམ་སྒོམ་གསུམ་གྱི་ཤེས་རབ་ཀྱིས་བརྟག་པར་བྱ་རྒྱུ་གང་ཟག་གི་བདག་ཡིན་ཏེ། འོ་ཅག་ཐོས་བསམ་སྒོམ་གསུམ་བྱ་ཀྱིན་ང་བདག་ཇེ་ཆེར་སོང་ནས་བཟོད་བསྲན་ཤའུ་ལས་ཆུང་། ཀོ་ལོང་① གཙང་བཙན་ལས་དམ་པར་འདུག་པ་འདི་ཐོས་བསམ་སྒོམ་གསུམ་གྱི་ཤེས་རབ་ལོག་པར་སོང་བའི་རྟགས་ཡིན། ཕྱིའི་སྣང་བ་སྟོང་སྟོང་པོར་བྱས་ནས་ནང་གི་ང་བདག་ལ་སྐྱི་ཤུས་ཙམ་ཡང་མ་སོང་བ་འདི། དཔེར་ན། འཕེན་དྲུང་དུ་བཞག་ནས་མདའ་རྒྱང་དུ་འཕེན། ཀུན་མ་ནགས་ལ་ཤོར་ནས་རྗེས་སྤང་ལ་གཙོད། འདྲེ་ཤར་སྒོར་བཞག་ནས་གཏོར་མ་ནུབ་སྒོར་སྐྱེལ་བ་ཡིན་" ② གསུངས་པ་བཞིན་དུ་ཕྱི་རོལ་པའི་ཐར་གྲོལ་གྱི་ལམ་ལ་བསྟེན་པའི་ལས་རྣམས་ནི་འཕེན་དྲུང་དུ་བཞག་ནས་མདའ་རྒྱང་དུ་འཕེན་པ་ལས་མ་འདས། ཕྱི་ནང་གྲུབ་མཐས་གང་ཟག་ཅེས་པའི་བརྡ་ལ་གོ་བ་ལེན་ཚུལ་འདྲ་ཡང་དོན་ལ་ཞིབ་དཔྱད་གཏོང་ལུགས་མི་འདྲ་བའི་ཆ་ནས་རང་སྡེའི་གང་ཟག་གི་མཚན་གཞི་འཛོག་སྟངས་དང་བདག་མེད་འདོད་ཚུལ་ནི་ཕྱི་རོལ་པའི་

①ཀོ་ལོང་ཞེས་པ་ནི་རྐྱེན་ཆུང་དུ་ལ་ཡང་ཁོང་ཁྲོ་ལང་སླ་བ་པའི་དོན་ཏེ། ཁ་རྒྱུན་དུ་ཡང་། ཐོབ་བྱ་དེ་ཙམ་མ་རག་པར་ཀོ་ལོང་ཆེན་པོ་བྱ་དགོས་དོན་ཨེ་ཡོད་ཅེས་སྨྲའོ། །

②ཇོ་བོ་རྗེ་སོགས་ཀྱིས་མཛད། བཀའ་གདམས་པའི་སྐྱེས་བུ་དམ་པ་རྣམས་ཀྱི་གསུང་བགྲོས་ཐོར་བུ། དཔལ་ཡ་ཆེན་ཨོ་རྒྱན་བསམ་གཏན་གླིང་། (ནང་ཁུལ་གྱི་དཔེ་དེབ) ཤ༢༢༨

བདག་ཞེན་གྱི་ལོག་རྟོག་དེ་སེལ་བ་ལས་འཕེལ་བར་སེམས།

དེ་ཡང་སྟོན་པ་ཞལ་བཞུགས་དུས་ཆོས་རྣམས་དྲི་བ་དྲིས་ལན་གྱི་རྣམ་པའི་ཐོག་ནས་གསུངས་པ་ཡིན་ཞིང་། དེ་ཡང་གཙོ་བོ་ཆོས་འཁོར་རིམ་པ་གསུམ་དུ་བསྐོར་བ་ཡིན། སྟོན་པའི་ཞལ་ནས་གསུངས་པ་རྣམས་ཉན་ཐོས་དགྲ་བཅོམ་པ་རྣམས་ཀྱིས་རང་གི་དྲན་པའི་སྟོབས་ལ་བརྟེན་ནས་གཞན་ལ་སྒྲོགས་པར་བྱེད་པ་ཡིན་མོད། སྟོན་པ་འདས་རྗེས་བཀའ་ལ་གོ་བ་བསྐྱེད་ཚུལ་མི་འདྲ་བའི་དབང་གིས་བཀའ་བསྡུ་རིམ་པ་གསུམ་དུ་བྱ་དགོས་བྱུང་ཡོད། གྲུབ་མཐའ་མི་འདྲ་བ་བཞི་པོ་ཡང་འཁོར་ལོ་གསུམ་གྱི་དགོངས་པ་སོ་སོར་བཀྲལ་བའི་དབང་གིས་བྱུང་བ་ཡིན་ལ། དོན་སྨྲ་སྡེ་གཉིས་ནི་བཀའ་དང་པོ་བདེན་བཞིའི་ཆོས་འཁོར་གྱི་རྗེས་སུ་འཛིན་པ་དང་དམ་བཅའ་བ་ཡིན་ཞིང་། སྡུག་བསྔལ་འཕགས་པའི་བདེན་པ་ལ་མི་རྟག་པ་དང་། སྡུག་བསྔལ་བ། སྟོང་པ། བདག་མེད་པ་བཅས་བཞི་རུ་འབྱེད་ཚུལ་ནི། ཉེར་ལེན་གྱི་ཕུང་པོ་ཆོས་ཅན། མི་རྟག་པའི་རྣམ་པ་ཡིན་ཏེ། རེས་འགའ་སྐྱེ་བའི་ཕྱིར། སྡུག་བསྔལ་བའི་རྣམ་པ་ཅན་ཡིན་ཏེ། སྡུག་བསྔལ་གསུམ་གྱིས་རྒྱུན་མི་ཆད་པར་འཚེ་བའི་ཕྱིར། སྟོང་པའི་རྣམ་པ་ཡིན་ཏེ། དོན་གཞན་གྱི་བདག་གིས་སྟོང་བའི་ཕྱིར། བདག་མེད་པའི་རྣམ་པ་ཡིན་ཏེ། རང་གི་ངོ་བོར་གྲུར་བའི་བདག་མེད་པའི་ཕྱིར་ཞེས་སོགས་ཡོངས་སུ་གྲགས་པའི་འགྲེལ་ཚུལ་ཡིན། ཁུ་བྱུག་གིས། "བདག་མེད་པ། ཆོས་དང་གང་ཟག་གི་རང་རྒྱ་ཐུབ་པའི་རྫས་ཡོད་ཀྱིས་མ་གྲུབ་པས་བདག་མེད་པའོ། །"[①]ཞེས་གསུངས་སོ། །

---

①ཁུ་བྱུག སངས་རྒྱས་ཆོས་ལུགས་ཀྱི་སྤྱི་དོན་གསར་དཔྱད། མི་རིགས་དཔེ་སྐྲུན་ཁང་། ༢༠༠༢ལོའི་དཔར་གཞི། ༤༣༧༣

དེ་ལྟར་ན། ཆོས་རང་རྐྱ་ཐུབ་པའི་རྫས་ཡོད་ཀྱིས་མ་གྲུབ་པ་དང་། གང་ཟག་རང་རྐྱ་ཐུབ་པའི་རྫས་ཡོད་ཀྱིས་མ་གྲུབ་པ་ཞེས་གཉིས་ཡོད་པར་ཐལ། ཆོས་དང་གང་ཟག་གི་རང་རྐྱ་ཐུབ་པའི་རྫས་ཡོད་ཀྱིས་མ་གྲུབ་པ་ཞེས་གསུངས་པའི་ཕྱིར། འདོད་ན། ཆོས་རང་རྐྱ་ཐུབ་པའི་རྫས་ཡོད་ཀྱིས་མ་གྲུབ་པ་ཞེས་པའི་ལུང་ཁུངས་འཛོག་དགོས། གཞན་ཡང་སྐབས་འདིའི་བདག་མེད་དེ་གང་ཟག་རང་རྐྱ་ཐུབ་པའི་རྫས་ཡོད་ཀྱིས་མ་གྲུབ་པར་གོ་ན། རང་སྡེའི་གནས་མ་བུ་བས་གང་ཟག་རང་རྐྱ་ཐུབ་པའི་རྫས་ཡོད་ཀྱི་བདག་འདོད་པའི་ཆ་ནས། ཕྱི་ནང་གྲུབ་མཐའ་སྨྲ་བའི་འབྱེད་ཆོས་ལ་ལྟ་བ་རྟག་གཅིག་རང་དབང་ཅན་གྱི་བདག་གིས་སྟོང་པ་ཞེས་སྨྲས་པ་ཡང་དགོས་པ་མེད་པར་ཐལ་འགྲོ་ལ། རང་སྡེའི་མང་བཀུར་སྡེ་ལྔ་པོས་བདེན་བཞི་མི་རྟག་སོགས་ཀྱི་ཁྱད་ཆོས་ཀྱི་བདག་མེད་དེ་ཁས་མི་ལེན་པར་ཐལ་འགྲོ དེ་ལ་སྐྱོན་མེད་དོ་སྙམ་ན། མང་བཀུར་སྡེ་ལྔས་སྐབས་འདིར་འཆད་བྱའི་བདག་མེད་མི་འདོད་པའི་ལུང་རིགས་འཛོག་དགོས། ཕྲན་གྱི་སློབ་དཔོན་གྱིས་ནི། སུཧྲིལླེཁཀས། རང་དབང་བདག་མི་དམིགས་པ་བདག་མེད་དོན་ཞེས་སྨྲས་ན་ལེགས་ཏེ། རང་སྡེ་ཐུན་མོང་བས་རང་དབང་ཅན་དང་། རྟག་པ། གཅིག་པུའི་བདག་མེད་པ་དེ་བདག་མེད་པའི་དོན་ལ་བྱེད་པའི་ཕྱིར། ཞེས་སོགས་གསུངས། ཁུ་བྱུག་གིས་གསུངས་པའི་བདེན་བཞིའི་ཁྱད་ཆོས་མི་རྟག་སོགས་བཅུ་དྲུག་སྐབས་ཀྱི་བདག་མེད་པའི་གོ་དོན་དེ་འདྲར་བཞག་ན། བཀའ་དང་པོ་བདེན་བཞིའི་རྗེས་འབྲང་གིས་ཀྱང་ཆོས་ཀྱི་བདག་མེད་ཀྱི་རྣམ་གཞག་ཁས་ལེན་པར་ཐལ་བར་མི་འགྱུར་ཏམ། མ་གཞི་འཕགས་པའི་བདེན་པ་བཞི་པོ་དེ་ཐེག་ཆེན་པའི་ལུགས་ལ་ཁས་མི་ལེན་པ་མིན་ལ། མཁས་གྲུབ་ཐམས་ཅད་མཁྱེན་པས། "བདེན་

པའམ་སྟོང་ཉིད་རྟོགས་པའི་ཚ་ནས་ཉན་ཐོས་དགྲ་བཅོམ་པའི་རིགས་ཀྱིས་ཆོས་ཀྱི་བདག་མེད་རྟོགས་པ་ཡོད་ལུགས་སོགས་གསུངས་ཡོད་ན་ཡང་ཆོས་ཀྱི་བདག་མེད་ཀྱི་རྣམ་གཞག་ཁས་ལེན་པ་རྩ་བ་ནས་གསུངས་མེད་པས། དེ་ག་ཙམ་གྱིས་བདེན་བཞི་མི་རྟག་སོགས་བཅུ་དྲུག་གི་བདག་མེད་ལ་ཆོས་དང་གང་ཟག་གི་བདག་མེད་གཉིས་ཀ་སྦྱར་ན། འཁོར་ལོ་དང་པོའི་རྗེས་འབྲང་གིས་ཀྱང་ཆོས་ཀྱི་བདག་མེད་འདོད་པར་གོ་བ་ལེན་རྒྱུ་ལས་མེད། དཔེར་ན། བདེན་པ་མཐོང་བས་གྲོལ་འགྱུར་གྱི། །སྟོང་ཉིད་ལྟ་བས་ཅི་ཞིག་བྱ། །ཞེས་པའི་གསུངས་ཚུལ་ལ་གཞིགས་ནས། བྱེ་མདོ་ཉིད་ཀྱིས་སྟོང་པའི་ལྟ་བ་མི་འདོད་ཅེས་བརྗོད་ན་མི་འཐད་དེ། སྐབས་འདིར་སྟོང་ཉིད་ལྟ་བས་ཅི་ཞིག་བྱ་ཞེས་པ་ནི་ཆོས་ཐམས་ཅད་བདེན་པར་གྲུབ་པས་སྟོང་པ་ཉིད་མཐོང་བའི་ཕྱིར་དུ་འབད་པས་ཅི་ཞིག་བྱ་ཞེས་པའི་དོན་ཡིན་”① ཞིང་། བདེན་བཞིའི་མི་རྟག་ཁྱད་ཆོས་སོགས་ལའང་མི་རྟག་སྡུག་བསྔལ་སྟོང་བདག་མེད་ཅེས་སྟོང་པའི་ལྟ་བ་གསུངས་པ་མ་ལགས་སམ། དེས་ན་གོང་དུ་འཆད་པའི་བདེན་བཞིའི་ཁྱད་ཆོས་སྐབས་ཀྱི་བདག་མེད་ལ་རང་གི་ངོ་བོར་གྱུར་བའི་བདག་མེད་པ་ཟེར་བ་ནི་དོན་དུ་རང་རྐྱ་ཐུབ་པའི་རྫས་ཡོད་ཀྱི་བདག་གི་ལོངས་སྤྱོད་བྱར་མ་གྲུབ་པའི་རང་གི་ངོ་བོར་གྱུར་པའི་གང་ཟག་གི་བདག་མེད་པ་② ཞེས་པའི་དོན་ཡིན་ཏེ། དེ་ནི་གཙོ་བོ་གང་ཟག་གི་བདག

①མཁས་གྲུབ་དགེ་ལེགས་དཔལ་བཟང་། དབུ་མའི་བསྟན་བཅོས་ཆེན་མོ་སྐལ་བཟང་མིག་འབྱེད། སེར་གཙུག་ནང་བསྟན་དཔེ་རྙིང་འཚོལ་བསྡུ་ཕྱོགས་སྒྲིག་ཁང་། གངས་ཅན་ཁྲིད་ནོར་དཔེ་ཚོགས་པོད་ཕྲེང་ང་གཅིག་པ། ཤོག༢༡༨ལ་གསལ།

②དགེ་འདུན་སོགས་ཀྱིས་སྒྲིག ཉིང་བཅུད་རིག་གནས་སྒོམ་བཤད། ཀན་སུའུ་མི་རིགས་དཔེ་སྐྲུན་ཁང་། ༢༠༡༠ལོའི་ཟླ་༣ ཤོག༡༨པར་དེ་ལྟར་གསལ་འགྲེལ་གནང་།

འཛིན་ཀུན་བརྟགས་པ་འགོག་པའི་ཆ་ནས་ཡིན་ཞིང༌། སྡུག་བསྔལ་བདེན་པའི་ཆ་ནས་རང་ཅག་རྣམས་འཁོར་བ་ཐོག་མ་མེད་པ་ནས་སྡུག་བསྔལ་གསུམ་གྱིས་མནར་བ་དང༌། དེ་ལྟར་སྡུག་བསྔལ་བའི་འབྱུང་གཞི་བདག་འཛིན་མ་རིག་པ་ནི་གཙོ་བོ་ང་ཞེས་གཅེས་ཧུང་དུ་མེད་བཞིན་དུ་ཡོད་པར་འཛིན་པའི་ལོག་རྟོག་དེ་ཡིན་ལ། དེ་ཡང་བདག་ཕུང་པོ་ལ་བལྟོས་ནས་བཏགས་ཙམ་མིན་པར་རང་རྒྱ་བར་ཡོད་སྙམ་པ་ལས་འཕེལ་བ་ཡིན་པས་སོ། །གཞན་ཡང་མཁས་གྲུབ་ཐམས་ཅད་མཁྱེན་པས། "ཐེག་དམན་གྱི་སྡེ་སྣོད་ལས་ཀྱང་གང་ཟག་གི་བདག་མེད་ཕྲ་བ་དངོས་སུ་སྟོན་པའི་སྣོད་དུ་མི་ཧུང་བ་གདུལ་བྱ་རྒྱུད་ཡོངས་སུ་མ་སྨིན་པའི་ཉན་ཐོས་ཀྱི་རིགས་ཅན་གྱི་དབང་དུ་མཛད་ནས། བདེན་བཞིའི་མི་རྟག་སོགས་ཁྱད་ཆོས་བཅུ་དྲུག་གཙོ་བོར་སྨོས་པའི་ཆ་ནས་གང་ཟག་རང་རྐྱ་ཐུབ་པའི་རྫས་ཡོད་བཀག་པ་ཙམ་གྱི་གང་ཟག་གི་བདག་མེད་གསུངས་ཚུལ་ཞིག"①ཅེས་སོགས་གསུངས་པ་ལས་ཤིན་ཏུ་གསལ་ལོ། །

སྐབས་བབ་བརྗོད་འདོད་པ་ནི་རང་སྡེ་འཁོར་ལོ་དང་པོའི་རྗེས་འབྲང་དོན་སྨྲ་སྡེ་གཉིས་ཀྱི་ལུགས་ལ་ཆོས་ཀྱི་བདག་མེད་མི་འདོད་པས། དེ་གཉིས་ཀྱི་ལུགས་ལ་བདེན་བཞིའི་ཁྱད་ཆོས་སྐབས་ཀྱི་བདག་མེད་དེ་གང་ཟག་གི་བདག་མེད་ལ་གོ་བ་ཙམ་ཡིན་ཞེས་པའི་དོན་ཡིན་ཏེ། མཉམ་མེད་དྭགས་པོ་ལྷ་རྗེས། "ཉན་ཐོས་དང་རང་རྒྱལ་བ་དག་གི་ཐོས་བསམ་སྒོམ་གསུམ་ལས་བྱུང་བའི་ཤེས་རབ་སྟེ། ཉེ་བར་ལེན་པའི་

①མཁས་གྲུབ་དགེ་ལེགས་དཔལ་བཟང༌། དབུ་མའི་བསྟན་བཅོས་ཆེན་མོ་སྐལ་བཟང་མིག་འབྱེད། སེར་གཙུག་ནང་བསྟན་དཔེ་སྙིང་འཚོལ་བསྡུ་ཕྱོགས་སྒྲིག་ཁང༌། གངས་ཅན་ཁྱད་ནོར་དཔེ་ཚོགས་པོད་ཕྲེང་ང་གཅིག་པ། ༡༧༨༣

ཕུང་པོ་འདི་མི་གཙང་བ་དང་། སྡུག་བསྔལ་བ་དང་། མི་རྟག་པ་དང་། བདག་མེད་པར་རྟོགས་པའོ། །”①ཞེས་གསུངས་པ་སོགས་ཉན་ཐོས་སྡེ་པ་དར་ཆེ་བའི་སྐབས་ལ་གང་ཟག་གི་བདག་མེད་པའི་ལྟ་བ་གཙོ་བོར་འཛིན་པ་རིགས་པས་དཔྱད་བཟོད་ཀྱི་ལུང་ཁུངས་གཙང་མ་མང་ལ། བདག་མེད་ལྟ་བ་ཐོག་མར་དར་དུས་ནི་གང་ཟག་རྟག་གཅིག་རང་དབང་ཅན་གྱི་བདག་གིས་སྟོང་པ་སྒྲུབ་བྱེད་གཙོ་བོར་བྱས་ནས་དར་ཡོད་པར་སེམས། གནའ་བོའི་རྒྱ་གར་གྱི་གྲུབ་མཐའི་དར་ཚུལ་ལ་ཡོངས་སུ་གྲགས་པ་སྟོན་པ་མྱ་ངན་ལས་འདས་ནས་དུས་ཡུན་ཤིན་ཏུ་རིང་པོའི་ནང་དུ་ཉན་ཐོས་སྡེ་པ་དར་ཆེ་བ་ལས། སྐབས་དེར་ཉན་ཐོས་དོན་སྨྲ་སྡེ་གཉིས་ཀྱི་གྲུབ་མཐའ་འཛིན་པའི་སྐྱེ་བོ་མང་བ་གསལ་པོ་རེད་ལ། དེས་ན་ཆོས་ཀྱི་བདག་མེད་མི་འདོད་པའི་དོན་སྨྲ་སྡེ་གཉིས་ཀྱི་སྐབས་ལ་བདེན་བཞི་མི་རྟག་བཅུ་དྲུག་སོགས་ཀྱི་བདག་མེད་དེ་གང་ཟག་གི་བདག་མེད་ལ་གོ་བ་བསྒྲོན་དུ་མེད་པས། བདག་མེད་ལྟ་བའི་འཕེལ་རིམ་གྱི་ཆ་ནས་ཆེས་ཐོག་མར་སྟོན་པས་ཆོས་རྣམས་བདག་མེད་གསུངས་པ་ལ་གཞི་བྱས་ནས། གཙོ་བོ་གང་ཟག་གི་བདག་མེད་པའི་ལྟ་བ་དར་བ་ཡང་རིགས་པས་དེད་རྒྱུ་ཡོད་པ་ཞིག་ལགས་སྙམ། དེ་ལ་རྒྱུ་མཚན་གཞན་ཞིག་ནི་ཕྱི་པའི་བདག་གི་འདོད་ལུགས་དེ་འགོག་པ་གཞིར་བྱས་པས་གཙོ་བོ་ཕྱི་པ་ཐར་གྲོལ་གྱི་ལམ་ཁས་ལེན་པ་ཆོས་བདག་དེ་འཆིང་གྲོལ་གྱི་རྟེན་ལ་བྱེད་པ་ཡོད་ཕྱིར། དེ་ལས་རང་སྡེའི་ལུགས་ཀྱི་བདག་མེད་ཀྱི་ལྟ་བའི་འཕེལ་རྒྱུས་དེ་ཡང་། གང་ཟག་ལ་འཆིང་གྲོལ་གྱི་གཞིར་གྱུར་པའི་རྟག་གཅིག་རང་དབང་པའི་

①ལྷ་རྗེ་བ་བསོད་ནམས་རིན་ཆེན། དམ་ཆོས་ཡིད་བཞིན་ནོར་བུ་ཐར་པ་རིན་པོ་ཆེའི་རྒྱན། སི་ཁྲོན་མི་རིགས་དཔེ་སྐྲུན་ཁང་། ༢༠༡༢ལོར་དཔར། ཤ༢༩

བདག་དེ་འདྲ་མེད་པ་སྒྲུབ་པར་བྱེད་པ་ཡིས། གང་ཟག་གི་བདག་མེད་འདོད་ཚུལ་གྱི་ལྟ་བ་དེ་ཐོག་མར་དར་ཆེ་བ་ཡིན་ལ། ཐུབ་པའི་ལུགས་ཀྱི་དགག་བྱ་མཐར་གཏུགས་ཀྱང་ང་དང་ང་ཡི་བར་འཛིན་པའི་ལྷན་སྐྱེས་ཀྱི་གང་ཟག་བདག་ཏུ་འཛིན་པ་དེ་ཡིན་ནོ་སྙམ་མོ། །

ཐེག་པ་ཆེན་པོའི་ཆོས་རྣམས་བར་སྐབས་ཤིག་རིང་རྒྱ་གར་དུ་ཕལ་ཆེར་ཉམས་ཤིང་། ཕྱིས་ཤིང་རྟ་རྣམ་གཉིས་ཀྱིས་ཐེག་པ་ཆེན་པོའི་ཆོས་ཀྱི་སྲོལ་ལེགས་པར་ཕྱེ་ནས། སླར་ཐེག་ཆེན་གྱི་བསྟན་པ་དར་བར་མཛད་ཅེས་ཡོངས་སུ་གྲགས་ལ། ཐེག་ཆེན་བཀའ་གྲུབ་ཀྱི་རྣམ་གཞག་ཀྱང་སྔོན་གྱི་མཁས་གྲུབ་རྣམ་པས་མང་དུ་མཛད་པ་ཡིན། འུ་ཅག་གིས་བསམ་གཞིག་བགྱིས་དགོས་པ་ཞིག་ནི། གྲུབ་མཐའ་འོག་མ་འོག་མ་གོང་མ་གོང་མའི་སྟེགས་སུ་གྱུར་བ་ཞེས་པའི་གསུངས་སྟངས་ནི། གྲུབ་མཐའ་འོག་མ་བ་ཞིག་གྲུབ་མཐའ་གོང་མ་ལ་ཞུགས་པར་གྲུབ་མཐའ་འོག་མའི་ལྟ་བས་གྲོགས་བྱེད་པའི་དོན་མིན་ལ། གྲུབ་མཐའ་འོག་མ་སྔོན་ལ་བྱུང་ནས་དོན་གོ་བ་ཡིས་གྲུབ་མཐའ་གོང་མ་ཡི་སྲོལ་དར་ཞེས་པའི་དོན་ཡང་མིན་ཏེ། དུང་དཀར་རིན་པོ་ཆེས། “ཐེག་པ་ཆུང་ངུའི་ལྟ་བ་རྣམས་ཀྱང་རིམ་གྱིས་ཐེག་པ་ཆེན་པོའི་ལྟ་བའི་གོ་རྟོགས་སད་ཐུབ་པའི་བློ་དམན་པ་ལ་ཕན་ཐོགས་ཡོད་པའི་རྨང་གཞི་ཡིན་པ་དང་། སྐབས་ལ་འཛེགས་པའི་སྐས་ཐེམ་འོག་མ་དང་འདྲ་བར་ཁས་ལེན་གྱི་ཡོད་”① ཅེས་ལྟ་བའི་གོ་རྟོགས་སད་

①དུང་དཀར་རིན་པོ་ཆེ། གྲུབ་མཐའི་སྐོར་གྱི་རྣམ་བཤད། མི་རིགས་དཔེ་སྐྲུན་ཁང་། སྔོན་པ་ཐུ་དང་ལས་འདས་ནས་ལོ་བཞི་བརྒྱ་ཙམ་ལ་ཐེག་དམན་དར་ཆེ་ཞིང་། ལོ་བཞི་བརྒྱ་ནས་དྲུག་བརྒྱའི་བར་དེར་ཀླུ་སྒྲུབ་བྱོན་པ་དང་། ལོ་དགུ་བརྒྱའི་མཚམས་ལ་ཐོགས་མེད་སྐུ་མཆེད་བྱོན་ནས་སེམས་ཙམ་པའི་སྲོལ་ཕྱེ་བར་མཁས་པས་བཞེད། ༢༠༠༧ལོའི་ཟླ་༡༠པར་དཔར་ཐེངས་གཉིས་པ། ཤ༣༣༠

པ་ཞེས་ཚིག་ཟིན་ལ་གསལ་བར་གསུངས་པ་ལས་དོན་གསལ་ནུས་སོ། །དེ་ལྟར་ནའང་ཕྱིར་དུས་སྔ་ཕྱིའི་ཆ་ནས་སྨྲས་ན་གྲུབ་མཐའ་བཞི་པོ་ལས་ཐོག་མར་ཐུབ་པས་གདུལ་བྱའི་ཁམས་ལ་བསྟུན་ནས་ཆོས་ཀྱི་འཁོར་ལོ་བསྐོར་བ་ཡིས་ཐེག་པ་ཆུང་ངུའི་བསྟན་པ་དར་ཆེ་བ་ཡིན།

སེམས་ཙམ་པའི་གྲུབ་མཐའི་ཐོག་མའི་སྤྲོལ་གཏོད་པ་པོ་ནི་སློབ་དཔོན་ཐོགས་མེད་ཡིན་ཞིང་། ཁོང་གིས་ས་སྡེ་ལྔ་དང་སྡོམ་རྣམ་གཉིས་སོགས་མཛད་ནས། སངས་རྒྱས་ཀྱི་བཀའ་ལ་བྲང་བ་དང་ངེས་པའི་རྣམ་གཞག་ལེགས་པར་ཕྱེ་གནང་ཡོད་ལ། བདག་མེད་འདོད་ཚུལ་གྱི་ཆ་ལའང་གང་ཟག་གི་བདག་མེད་འདོད་པ་ཙམ་ལས་འགོངས་ཏེ་ཆོས་བདག་འགོག་པའི་རིགས་པ་འཆད་སྐབས་གཙོ་བོ་གྲུབ་མཐའ་འོག་མའི་ཕྱི་དོན་བདེན་གྲུབ་ཀྱི་ལྟ་ཚུལ་ལྟ་བའི་གོལ་སར་བཟུང་ནས་འཕེལ་རྒྱས་སོང་ཡོད། " སེམས་ཙམ་པས་ཀུན་གཞིའི་རྣམ་ཤེས་ཐོག་ཏུ་ལས་ཀྱི་བག་ཆགས་བཞག་པའི་མཐུས་རྫས་ཀྱི་སྟེང་ནས་གཟུགས་སྒྲ་དྲི་རོ་རེག་བྱ་སྐྱེ་བ་དང་། སྔོན་པོ་དང་སྔོ་འཛིན་ཤེས་པ་ལྟ་བུ་རྫས་གཅིག་ཏུ་འདོད་ཅིང་། སེམས་ལས་ལོགས་སུ་གྲུབ་པའི་ཕྱི་དོན་མི་འདོད་དོ། །"①དེ་ལྟའི་རྒྱུ་མཚན་དུ་མའི་ཐོག་ནས་བདག་མེད་ལྟ་བ་ནི་ཐོག་མར་གང་ཟག་གི་བདག་མེད་གཙོ་བོར་དར་བ་ཡིན་ཞིང་། དེ་ལ་ཡང་གདུལ་བྱའི་ཁམས་མོས་དང་མཐུན་པའི་ཁྱད་ཆོས་ཡོད་པར་བརྗོད་ཆོག དུས་ཕྱིས་ཐེག་ཆེན་བསྟན་པ་དར་ཆེ་བའི་

①དོར་ཞི་གདོང་དྲུག་སྙེམས་བློ། གྲུབ་མཐའ་སྨྲ་བ་བཞིའི་འདོད་ཚུལ་འགའ་ཞིག་གི་ཁྱད་པར། ༢༠༡༡ལོའི་ཟླ་༠༢པའི་ཚེས་༢༣ཉིན་ཁམས་པའི་གསར་འགྱུར་དྲ་བའི་ལེ་ཚན་དུ་བཀོད་པར་གསལ། ht-tp://ti. gzznews. com/html/ZongJiao/ZangChuanFoJiao/1335, htm/

སྐབས་ལ་ཆོས་རྣམས་བདེན་གྲུབ་ཏུ་མེད་པའི་བདག་མེད་པའི་ལྟ་བ་དང་། རང་བཞིན་བདེན་གྲུབ་ཏུ་མེད་པའི་བདག་མེད་པའི་ལྟ་བ་དར་ནས། བདག་མེད་དང་རྟེན་འབྱུང་ཟུང་དུ་འབྲེལ་བའི་ལྟ་ཚུལ་ཡང་དར་བ་ཡིན་འདུག དུང་དཀར་རིན་པོ་ཆེས། "ཡོད་པའི་མཐའ་བཀག་ཡས་ཀྱི་ཐབས་ཤེས་ནི་སྟོང་པ་ཉིད་ཡིན་པ་དང་། མེད་པའི་མཐའ་བཀག་ཡས་ནི་རྟེན་འབྱུང་ཟེར་བ་དེ་ཡིན་"① ཞེས་གསུངས་པ་བཞིན་དུ། ཆོས་རྣམས་རྟེན་ཅིང་འབྲེལ་འབྱུང་ཡིན་པ་ལས་རང་བཞིན་བདེན་པར་གྲུབ་ནས་མེད་པས་ཡོད་མཐའ་སེལ་བ་དང་། ཆོས་རྣམས་རང་བཞིན་བདེན་གྲུབ་ཏུ་མེད་ཀྱང་མིང་རྐྱང་བཏགས་ཡོད་ཙམ་དུ་རྒྱུ་རྐྱེན་རྟེན་འབྲེལ་དང་བཅས་ཡོད་པས་མེད་པའི་མཐའ་བཀག་སྟེ་དབུ་མའི་ལུགས་ཀྱི་ཁྱད་ཆོས་གསལ་བར་མཛད་ཅིང་། དེ་དག་དང་འབྲེལ་ཏེ་ སྔར་མེད་ཀྱི་གཏན་ཚིགས་རྣམ་དག་གི་སྒོ་ནས་ཡོད་རྒྱུའི་བདག་དང་མེད་རྒྱུའི་བདག་གི་རྣམ་དབྱེ་མཛད་པས། སྐུར་འདེབས་དང་སྒྲོ་འདོགས་ཀྱི་ཆ་རྣམས་གསལ་བར་མཛད་དོ། །དེ་ལྟར་ཐེག་པ་ཆེན་པོའི་ལུགས་ཀྱི་གནས་ལུགས་མཐར་ཐུག་དང་ཟབ་མོའི་དེ་ཁོ་ན་ཉིད་ཀྱི་རྣམ་གཞག བདག་མེད་རྟོགས་པའི་ཤེས་རབ་འཕྲུགས་མེད་དུ་བསྟན་ཕྱིར། ཐབས་ཤེས་ཡ་མ་བྲལ་བའི་སྒོ་ནས་དེ་བཞིན་གཤེགས་པའི་ལམ་ཆེན་གང་ལགས་པ་དེ་ཉི་ཟླ་ལྟ་བུར་འོད་ཟེར་འབུམ་ལྡན་དུ་བྱས་སོ་སྙམ་མོ། །

①དུང་དཀར་རིན་པོ་ཆེ། གྲུབ་མཐའི་སྐོར་གྱི་རྣམ་བཤད། མི་རིགས་དཔེ་སྐྲུན་ཁང་། ༢༠༠༧ལོའི་ཟླ་༡༠པར་དཔར་ཐེངས་གཉིས་པ ཤ༣༧༨

ས་བཅད་གཉིས་པ། དཔེ་དེབ་འགའ་རུ་བདག་སྤྱོད་བའི་སྐོར་གྱི་སྤྱོད་བརྗོད།

དུས་གསར་པ་འདི་ཤར་མ་ཐག་པའི་སྐབས་ཙམ་ལ་ཡུན་ནན་མི་རིགས་དཔེ་སྐྲུན་ཁང་གིས་དཔར་དུ་བསྐྲུན་པའི་དཔེ་དེབ་སྐོར་ཞིག་ལ་བདག་གི་མིང་བཏགས་ཡོད། དཔེ་དེབ་དེ་དག་ཐོན་མ་ཐག་པའི་སྐབས་སློབ་ཆེན་སློབ་མས་གཙོས་པའི་སློབ་མ་མི་ཉུང་བ་དང་། སྤྱི་ཚོགས་སྟེང་གི་རྩོམ་ཞེན་པ་སྐོར་ཞིག་སོགས་ནས་ཧབ་ཐོབ་ལྟ་བུར་བྱས་ནས་ཉོས་ཏེ། དེ་དག་ལས་འཕྲོས་ནས་གླེང་བརྗོད་ཀྱང་མང་དུ་བྱས་ཡོད། དེ་སྔོན་ཐུན་རང་སློབ་ཆེན་དུ་དངོས་གཞིའི་སློབ་སྦྱོང་བྱེད་པའི་སྐབས་སུ་དཔེ་དེབ་དེ་དག་ཐོན་པས། སྤྱ་མོ་ནས་དོ་སྣང་བྱེད་མྱོང་། འོན་ཏེ་མཁས་པ་འགའ་ཡིས། ཇི་སྐད་དུ། དཔེ་མང་ལྟ་བ་ཤེས་རབ་འཆལ་བའི་རྒྱུ། །ཞེས་པ་བཞིན་དུ་དེབ་དེ་རིགས་ཀྱིས་རིག་པ་འཆལ་བ་དང་རྣམ་རྟོག་ངན་པ་སྐྱེ་བའི་རྒྱུན་བྱེད་པ་ལས་རང་གཞན་ལ་ཕན་པའི་འདུ་ཤེས་སམ་ལྟ་བ་ཡག་པོ་ཞིག་ནི་རྙེད་མི་ཐུབ་པར་གསུངས་མྱོང་། དོན་དུ་དཔེ་དེབ་དེ་དག་ལ་བལྟ་རིན་མི་འདུག་མ་སྙམ་པར། དཔེ་དེབ་དེ་དག་གི་དགེ་སྐྱོན་ལ་དགག་བཞག་བྱ་རྒྱུ་ནི་དཔྱོད་ལྡན་ཚོའི་འོས་བབ་ཀྱི་དོན་ལགས་པས། ངེས་པར་དུ་དེ་དག་ལས་འཆད་པའི་དོན་ལ་དབྱེ་ཞིབ་བྱ་དགོས། ཕྱིར་དཔེ་དེབ་དེ་དག་གི་ནང་དོན་ཐད་ལ་རིག་གནས་དང་སྤྱི་ཚོགས་སོགས་ལ་ སྨན་པའི་དོན་བཟང་པོ་འཆད་པ་མང་དུ་ཡོད་པ་རྣམས་འདིར་གླེང་བར་མི་བྱ་ཞིང་། གཙོ་བོ་མི་འདང་སའི་ཆ

རྣམས་སྐྱོང་བར་བྱ་སྟེ། ལོ་རྒྱུས་ཀྱི་རྗེས་ལུས་དཔེ་རུ་དྲངས་ན་བོད་འདི་ཆོས་ཡོད་པས་རྗེས་སུ་ལུས་ཞེས་དུས་རབས་གོང་མའི་མཁས་པ་ཚོས་དྲན་སྐྱེན་པའི་གནད་ཡིན་ཚོད་ཀྱིས་སྐྱོང་སྐྱོང་མང་དུ་བྱེད་པའི་ཤུགས་རྐྱེན་ཡིན་ནམ་ཅི། ཁོ་ཆོས་ཀྱང་རྗེས་ལུས་ཀྱི་ཞྭ་མོ་ཆོས་ལ་གཡོགས་ཏེ། འདུ་ཤེས་རྙིང་པ་དང་། བསམ་བློ་རྙིང་པ། བག་ཆགས་རྙིང་པ་སོགས་ཕར་ལ་བསྐྱུར་ནས་ང་གཅེས་འཛིན་གྱིས་ཀུན་སྤྱོད་གཙང་ལ་ཆོས་ལས་ལོག་པའི་མི་བུ་སྙེར་ཕུལ་བྱུང་ཞིག་ལ་བསྟོན་དགོས་པར་བསྐུལ་བ་དང་། ཁོ་ཆོས་ནང་པའི་ཆོས་ཀྱི་བག་ཆགས་ལས་འདུ་ཤེས་ངན་པ་ཅི་བྱུང་གི་དཔེ་ཡང་མང་རབས་ཤིག་བཀོད་འདུག་པར། ཕྲན་གྱིས་ནི་ཁོ་ཚོའི་གསུང་སྣང་ནོར་བ་རེད་ཅེས་ཤོད་མ་འདོད་ལ་ཤོད་ཀྱང་མ་ནུས་ན་ཡང་། སྐབས་བབ་ཀྱི་སྐྱོང་བྱ་དང་འབྲེལ་ནས་གནད་ལ་གསུང་ཕྱོགས་དང་ཚིག་ལ་ཉན་ཕྱོགས་ཡོད་ཚུལ་ལྟར་རང་གི་དྲན་ཚུལ་འགའ་དང་འབྲེལ་ནས་བསྒྲོ་སྐྱོང་གི་ཚུལ་དུ་སྐྱོང་བར་འདོད་པ་སྟེ།

དང་པོ། བདག་དཔེ་ཚོགས་ཀྱི་བདག་ལ་ངོས་འཛིན་ཇི་ལྟར་བྱ་དགོས་ཚུལ་སྐོར།

རྩོམ་པ་པོ་ཏོར་ནག་པ་ཀླུ་སྒྲོན་གྱིས། ང་ཚོས་འདི་འདྲ་བའི་གནད་འགག་དང་ཚབས་ཆེ་བའི་གནས་བབས་ཀྱི་བཙན་ཤུགས་དང་བ་ཅོར་རྒོལ་འཚིག་ཁྲ། བདག་སྟེ་བདག་འཛིན་བསྐྱུར་དུ་བཞེངས་སྐུལ་བྱས་ཏེ་བོད་ལ་ཁ་ཕྱོགས་འགྱུར་མཚམས་ཀྱི་བྱེད་ནུས་ཤིག་ཐོན་པ་བྱེད་དགོས། བདག་དཔེ་ཚོགས་ཀྱི་རྩོམ་པ་པོ་དག་གིས་བདག་མེད་དང་ནང་བསྟན་（སློལ་རྒྱུན་རིག་གནས་）ཀྱི་ཁྱད་ཡོན་མ་མཐོང་བ་མིན་གྱི།

འཚོ་གནས་ཀྱི་དགོས་མཁོ་དང་དུས་རབས་ཀྱི་གནས་བབས་འོག་ཏུ། བོད་སྤྱི་དང་རང་རིགས་ཀྱི་བདེ་སྡུག་ལ་གཞིགས་ན་འདི་ལྟར་མི་ཨོད་ཐུ་མེད་རེད①ཅེས་སོགས་བྲིས་ཡོད་པ་དང་། དཔེ་ཚོགས་ཀྱི་སྔོན་འགྲོའི་གཏམ་དུ་ཡང་། འཚོ་གནས་ཀྱི་སྲོག་རྩ་དེ"བདག"ཡིན་པའང་བརྗོད་དུ་མ་འཇུག་ཅིག་ཅེས་དང་། ང་ཚོས"བདག"ཉིད་ཀུན་ལས་རྒྱལ་བའི་བསམ་འདུན་གྱི་རི་མོ་འཇིག་རྟེན་ནས་འབྲི། ང་ཚོས"བདག"གི་ཡོད་ཚད་འབུལ་བའི་རིན་ཐང་གི་ལྟད་མོ་མི་ཡུལ་ནས་སྟོན། ཡོངས་རྫོགས"བདག"གི་ཕྱིར་དུ། ང་ཚོས་ཞེས་སོགས་བྲིས་ཡོད་ལ། དོགས་སློང་སྙིང་སྟོབས་ཞེས་པའི་དཔེ་དེབ། ཆོས་ལུགས་རིག་གནས་དང་། མི་ཚོས་ཀུན་སྤྱོད། ཡུལ་སྲོལ་གོམས་གཤིས་ཀྱིས་མི་རྣམས་ལ་ཧམ་སེམས་དང་། ཆགས་སྲེད། བདག་འཛིན། དབང་ཞེན་སོགས་ཡོད་མི་རུང་བའི་བླང་བྱ་བཙན་པོ་འདོན་གྱི་འདུག་ཅིང་། ཁོ་ཚོས་ཆོས་ལུགས་རིག་གནས་དང་། མི་ཚོས་ཀུན་སྤྱོད། ཡུལ་སྲོལ་གོམས་གཤིས་སོགས་ཀྱི"སྨྱོ་ཆུ"བཏུངས་བཏུངས་ནས་སྐད་མེད་སྨྱོན་པ་ལྟ་བུ་ཆགས་འདུག་ཅེས་སོགས་བྲིས་ཡོད། དེ་མིན་རིགས་ཤེས་ཀུན་གྲོལ་ཞེས་པར། སྟོང་བདག་མེད་དང་མི་རྟག་ལས་དབང་སོགས་ཀྱི་བསམ་བློ་ཤུགས་ཆེ་བའི་དབང་གིས་ལེ་ལོ་དང་སྐྱིད་ལུག རྣམ་གཡེང་། བག་མེད་སོགས་ཀྱི་འདུ་ཤེས་བསྐྱེད་ཅིང་། འདུ་ཤེས་དེ་སོགས་ཀྱི་དབང་གིས་མི་རྣམས་ལ་རང་བཀུར་གྱི་བློ་དང་། རང་གཅེས་ཀྱི་བློ། རང་སྙོམ་གྱི་བློ། རང་ཆེས་ཀྱི་བློ། ངའོ་སྙམ་པའི་བློ་སོགས་སྐྱེ་ཐབས་མེད་པ་བཟོས་པའི་དུས་མཚུངས་སུ་

①དྲ་ཚིགས་http://www.tibetcm.com/html/list.03/201110273726.htm/ ལ་གསལ།

ཁོག་དཔུང་དང་ལ་རྒྱའི་འདུ་ཤེས་ཀྱང་མེད་པ་བཟློས་སོང་བ་རེད་ཅེས་སོགས་བྲིས་ཡོད་པ་ལས། བདག་དཔེ་ཚོགས་ཀྱི་བདག་ཅེས་མིང་དུ་འདོགས་པའི་རྒྱུ་མཚན་གསལ་ཙམ་རྟོགས་ནུས།

ཁོང་ཚོའི་བརྗོད་བྱ་སྣ་ཚོགས་ཕྱུངས་པའི་དཔེ་དེབ་དེ་དག་ཏུ་རྩོམ་རིག་སྒྱུ་རྩལ་གྱི་རིན་ཐང་བཟློག་འདོན་དང་དཔྱད་ཞིབ་བྱས་པ་ཆེས་མང་ཞིང་། ནང་བསྟན་ལས་གསུངས་པའི་བདག་མེད་ཀྱི་ལྟ་བར་ཟུར་ཕུད་བྱེད་པ་ཞིག་ཡོགས་སུ་བྲིས་མེད་ལ། བྲི་བྱའི་དམིགས་པ་ཡང་མིན་པར་སྣང་། འོ་ན་ཁོང་ཚོའི་བརྗོད་འདོད་དེ་གང་ཡིན་ཞེ་ན། ཕྱི་རོལ་པའི་བདག་འདོད་ཀྱི་ལྟ་བ་དང་། ནང་པའི་བདག་མེད་ཀྱི་ལྟ་བ་གང་ཡང་ཁོ་ཚོའི་དགག་སྒྲུབ་ཀྱི་རིགས་པ་གཏོང་སའི་དམིགས་འབེན་མིན་ཡང་། བསམ་བློའི་བབས་ས་ནི་འཚོ་གནས་ཀྱི་ཆེད་དུ་བདག་གཅེས་འཛིན་གྱི་འདུ་ཤེས་གོང་མཐོར་གཏོང་རྒྱུ་སྟེ། ཁ་ཅིག་ན་རེ། རང་ཉིད་ཀྱི་དོན་དག་ཐམས་ཅད་རང་ཉིད་གཅིག་པུའི་དོན་ཡིན་ཙ་ན་རང་ཉིད་ཀྱི་དོན་དག་རང་ཉིད་ཀྱིས་བསམ་དགོས་ལ་རང་ཉིད་ཀྱི་བྱ་བ་རང་ཉིད་ཀྱིས་རྩོམ་དགོས་ཟེར་རྒྱུ་ཡིན་ཞེས་སོགས་འཆད་ཡོད་པ་ལྟ་བུའི་བདག་གི་གནས་བབས་གོང་མཐོར་གཏོང་ཐབས་བྱ་དགོས་པའི་འབོད་སྐུལ་དག་ཡིན་ཞིང་། རང་ཉིད་གཅིག་པུའི་དོན་ཞེས་པ་ནི་ནང་ཆོས་ལ་བལྟོས་ན་ནང་པའི་བདག་མེད་ཀྱི་ལྟ་བ་དང་རྒྱབ་གཏད་ཀྱི་བཤད་སྟངས་ཤིག་ལོས་ཡིན།

ནང་པའི་ལྟ་བར་འཁོར་བར་འགྱུར་པའི་སེམས་ཅན་ཐམས་ཅད་དེ། ཐ་ན་འབུ་སྲིན་གྲོག་མ་ཡན་ཆད་ནས་མཐོན་པོའི་ཆོས་ཁྲིར་བཞུགས་མཛད་བླ་མ་ཚུད་པའི་སེམས་ཅན་ཡོད་དོ་ཅོག་ལ་ལྷན་སྐྱེས་ཀྱི་བདག་གཅེས་འཛིན་གྱི་འདུ་ཤེས་ཤིག་ཡོད་ལ།

དེ་ལྟའི་འཛིན་པ་ནི་དཔེ་ཆར་གོ་བ་བསྐྱེད་པ་ཙམ་གྱིས་གཙང་སེལ་ཐུབ་པ་ཞིག་མིན་ཕྱིར། གྲོལ་བ་དོན་གཉེར་ཅན་རྣམས་ལ་ཆེད་དུ་བདག་མེད་སྒོམ་པའི་ཐབས་དང་ལམ་གྱི་རིམ་པ་སོགས་བསྟན་གནང་ཡོད། རྗེ་བླ་མས། "གང་དག་སྲིད་པའི་བདེ་ལ་མ་ཆགས་ཤིང་། །དལ་འབྱོར་དོན་ཡོད་བྱ་ཕྱིར་བརྩོན་པ་ཡིས། །རྒྱལ་བ་དགྱེས་པའི་ལམ་ལ་ཡིད་རྟོན་པའི། །སྐལ་ལྡན་དེ་དག་དང་བའི་ཡིད་ཀྱིས་ཉོན། །"① ཞེས་སོགས་གདམས་པའི་རྒྱལ་བ་དགྱེས་པའི་ལམ་ལ་ཡིད་རྟོན་པ་ཞེས་པའི་ཚིག་དང་། དེ་བཞིན་དུ་རྒྱལ་སྲས་ལག་ལེན་ལས། ཕན་བདེའི་འབྱུང་གནས་རྫོགས་པའི་སངས་རྒྱས་རྣམས། །དམ་ཆོས་བསྒྲུབས་ལས་བྱུང་སྟེ་དེ་ཡང་ནི། །དེ་ཡི་ལག་ལེན་ཤེས་ལ་རག་ལས་པས། །རྒྱལ་སྲས་རྣམས་ཀྱི་ལག་ལེན་བཤད་པར་བྱ། །② ཞེས་སོགས་གསུངས་པའི་དམ་པའི་ཆོས་ལག་ལེན་ལ་ཞུགས་མཛད་དངོས་རྒྱལ་སྲས་ཞེས་བསྟན་པ་སོགས་ལས་བདག་མེད་ལྟ་བའི་འཆད་ཡུལ་གཙོ་བོ་རིགས་ཅན་སུ་འདྲ་ཡིན་པ་རྟོགས་ནུས། དེ་བཞིན་སྟོང་པ་ཉིད་ཀྱི་ལྟ་བ་དེ་དཔེ་ཆ་བལྟས་ནས་དེ་འདྲ་རེད་འདུག་སྙམ་པས་རང་རྒྱུད་ལ་ངེས་ཤེས་འཁྲུངས་དཀའ་བས། "དེ་ལ་ཐོག་མར་གོ་བ་ཆགས་པའི་དུས་སྐབས་གཅིག་དང་། དེ་ནས་སྟོང་པ་ཉིད་རྟོགས་པའི་སྐབས་སུ་སྤྲག་སྣང་སྐྱེ་བའི་དུས་སྐབས་གཅིག དེ་ནས་དངོས་འབྲེལ་སྟོང་པ་ཉིད་ཀྱི་ལྟ་བ་ངོས་བཟུང་བའི་དུས་སྐབས

①བསྟོད་སྨོན་ཕྱོགས་སྒྲིག མཚོ་སྔོན་མི་རིགས་དཔེ་སྐྲུན་ཁང་། ༢༠༠༨ལོར་དཔར་ཐེངས་བཅུ་དྲུག་པ། ༤༡༡༩

②ཐུབ་བསྟན་ཆོས་ཀྱི་གྲགས་པ། རྒྱལ་སྲས་ལག་ལེན་རྩ་འགྲེལ། སི་ཁྲོན་མི་རིགས་དཔེ་སྐྲུན་ཁང་། ༢༠༡༠ལོའི་ཟླ་བ་ལྔ་པར་དཔར་ཐེངས་ལྔ་པ། ༤༣

གཅིག་བཅས་དུས་སྐབས་གསུམ་ཡོད་”①པ་རེད། དེ་ལྟར་བདག་མེད་ཅེས་རིགས་པས་བརྟགས་ནས་ཧ་གོ་བས་མི་ཚོག་པར་ངེས་པ་དོན་གྱི་གོ་བ་རྒྱུད་ལ་སྐྱེ་དགོས་པས་ལས་སླ་བ་ཞིག་མ་ཡིན་ལ། བདག་འཛིན་དགོས་ཞེས་ཁ་ནས་ལབ་དགོས་མེད་དུ་འཁོར་བ་པ་ཐམས་ཅད་ཀྱི་རྒྱུད་ལ་ཡོད་ཕྱིར། བདག་འཛིན་དགོས་ཞེས་སེམས་ཅན་ཐམས་ཅད་ཀྱིས་བདག་མེད་སྒོམ་དགོས་དང་རྟོགས་དགོས་ཀྱི་སེམས་ཁྲལ་ཡང་བྱ་དགོས་དོན་མེད་པར་མཐོང་།

ཁ་ཅིག་གིས་འཇིག་རྟེན་གྱི་བདེ་དགའ་མངོན་དུ་སྤྱོད་ཕྱིར་བདག་ཁོ་ན་དོན་དུ་གཉེར་བའི་གང་ཟག་དེ་འཇིག་རྟེན་པའི་སྐྱེས་བུ་ཆུང་ངུ་དང་། འཇིག་རྟེན་གྱི་བདེ་དགའ་མངོན་དུ་སྤྱོད་ཕྱིར་བདག་གཞན་གཉིས་ཀའི་དོན་བྱེད་པའི་གང་ཟག་དེ་འཇིག་རྟེན་པའི་སྐྱེས་བུ་འབྲིང་དང་། འཇིག་རྟེན་གྱི་བདེ་དགའ་མངོན་དུ་སྤྱོད་ཕྱིར་བདག་གཞན་སྣོད་བཅུད་ཐམས་ཅད་དང་མི་རབས་རྗེས་མའི་དོན་ཤས་ཆེར་བྱེད་པའི་གང་ཟག་དེ་འཇིག་རྟེན་པའི་སྐྱེས་བུ་ཆེན་པོར་འཇོག་གི་ཞེས་བྲིས་འདུག གོང་དུ་འཁོད་པ་ལས་བདག་གཞན་སྣོད་བཅུད་ཐམས་ཅད་དང་མི་རབས་རྗེས་མ་ཕན་ཚད་ལ་སྨན་པའི་དོན་བྱ་ཐུབ་པ་ནི་ཆོས་ནས་བཤད་ནའང་བསོད་ནམས་ཀྱི་ཚོགས་ཆེན་པོ་གསོག་པའི་བགྱི་བ་ཡིན་ལ། དེ་འདྲའི་བསམ་བློ་ནི་བདག་གཅེས་འཛིན་གྱི་བསམ་བློ་ཆུང་ངུར་བྱས་ནས་འཇིག་རྟེན་གྱི་སྣོད་བཅུད་མཐའ་དག་གཅིག་ལ་གཅིག་བརྟེན་དང་ནང་ཕན་ཚུན་རྟེན་ཅིང་འབྲེལ་བའི་ཚུལ་དུ་ཡོད་པའི་ཆོས་ཉིད་ལ་བརྩི་འཇོག་གིས་གཞན་

①དུང་དཀར་རིན་པོ་ཆེ། གྲུབ་མཐའི་སྐོར་གྱི་རྣམ་བཤད། མི་རིགས་དཔེ་སྐྲུན་ཁང་། ༢༠༠༧ལོའི་ཟླ་༡༠པར་དཔར་ཐེངས་གཉིས་པ། ཤ༨༡༡

གཅེས་འཛིན་གྱི་ལམ་ལ་ཞུགས་པར་བརྗོད་པ་ཡིན་ན། དེ་ནི་བྱམས་པ་དང་སྙིང་རྗེའི་སྟོབས་ཀྱིས་ཡིན་པ་བསྟོན་དུ་མེད་ཕྱིར། རང་གཅེས་འཛིན་གྱི་བློ་སོགས་དགོས་གལ་ཆེ་བར་འཆད་པ་དང་རྒྱབ་འགལ་དུ་ཅིས་མི་གྱུར་ཏམ། དེ་བཞིན་བདག་ཁོ་ནའི་དོན་གཉེར་བ་འཇིག་རྟེན་པའི་སྐྱེས་བུ་ཆུང་ངུར་བཞག་ན། བདག་གཅེས་འཛིན་སྤངས་བྱར་བསྟན་པ་ཤུགས་སུ་གོ་ནུས་སོ་སྙམ། ཡར་ཁ་ཅིག་གིས་ཆོས་སུ་གསུངས་པའི་སྐྱེས་བུ་གསུམ་གྱི་ལམ་གྱི་རིམ་པ་ཞེས་པའི་ཁྱད་པར་ཆེ་ལུགས་འཇིག་རྟེན་པའི་སྐྱེ་བོར་སྦྱར་བ་དེ་གསར་གཏོད་ཅི་ཡང་མིན་སྙམ་སྟེ། སྐྱེ་བོ་ལ་རབ་འབྲིང་མཐའ་གསུམ་དབྱེ་ཚུལ་ནི། དཔལ་སྤྲུལ་འཇིགས་མེད་ཆོས་ཀྱི་དབང་པོས། "སྤྱིར་མི་ལ་རབ་འབྲིང་ཐ་གསུམ་ཡོད། རབ་ཀྱིས་ཡུལ་ཁམས་སྡེ་འབངས་ཀུན་གྱི་སྤྱི་ཡི་དོན་བྱེད་བཞིན་རང་དོན་ཞོར་དུ་འགྲུབ་ཡོང་། འབྲིང་གིས་གཞན་ལ་མི་གནོད་བཞིན་རང་དོན་སྒྲོན་རྒྱུ་ཞིག་འགྲུབ། ཐ་མས་གཞན་ལ་གནོད་སྐྱེལ་བཞིན་རང་དོན་ཁོ་ན་བསྒྲུབ་པ་ཡིན"① ཞེས་གསུངས་ཡོད་ལ། སྐྱེ་བོ་ལ་རབ་འབྲིང་ཐ་ཡི་དབྱེ་ལུགས་དེ་ཡང་གཙོ་བོ་བདག་འཛིན་ཤུགས་ཆེ་ཆུང་གི་ཆ་ནས་གསུངས་པ་དང་། གོང་ཞུས་བཞིན་སྐྱེ་བོ་ཐ་མ་ནི་རང་དོན་ཁོ་ན་བསྒྲུབ་པ་ཞེས་བདག་གཅེས་འཛིན་གྱི་བློ་ཤུགས་ཆེ་བས་རྐྱེན་བྱས་པ་ལས་ཡིན་ཞིང་། དེ་ལྟར་བདག་གཅེས་འཛིན་ཤུགས་ཆེ་བ་སྐྱེ་བོའི་ཐ་རུ་སྨོས་མེད་ཡིན་ན། ཁ་ཅིག་གིས་ངའོ་སྙམ་པའི་བློ་སོགས་ཀྱི་ངར་འཛིན་མེད་པ་ལ་སྐྱོན་ཡིན་ཚུལ་སྨྲས་

①དཔལ་སྤྲུལ་འཇིགས་མེད་ཆོས་ཀྱི་དབང་པོ། གཞོན་ནུ་བློ་ལྡན་གྱི་དྲིས་ལན་ལེགས་བཤད་བློ་གྲོས་སྙིང་པོ། ལེགས་རྩོམ་སྙིང་བསྡུས་（སི་ཁྲོན་ཞིང་ཆེན་བོད་ཡིག་སློབ་གྲྭས་བསྒྲིགས） མི་རིགས་དཔེ་སྐྲུན་ཁང་། ༢༠༠༤ལོའི་ཟླ་གསུམ་པར་དཔར་ཐེངས་གསུམ་པ། ཤ༢༨༤

པ་དང་ནང་འགལ་ཆེན་པོ་མི་འདུག་གམ།

དེས་ན་དཔེ་ཚོགས་དེ་དག་ལ་“ བདག་” ཅེས་མིང་དུ་བྱེད་པ་ནི། ཁོང་ཚོས་མི་བུ་སྐྱེར་དང་། མི་བུ་སྐྱེར་གྱི་འཚོ་གནས། མི་གཞི་དང་མི་གཉིས་ཞེས་པ་སོགས་དང་འབྲེལ་ནས་བོད་མིའི་འཚོ་གནས་ལ་གཏུགས་ཤིང་། བོད་མི་ཚོས་རང་གི་ལྟོ་གོས་གཏམ་གསུམ་གྱི་གནད་དོན་ཐག་གཅོད་ལེགས་པོ་ཞིག་བྱེད་པའི་བློ་མི་འཚོལ་བར། ཉིན་ལྟར་ཏ་ཡམ་ཁ་གདངས་ཚོད་ལ་མ་འགྱུར་སེམས་ཅན་ཐམས་ཅད་ཅེས་སྨོན་ལམ་འདེབས་པའི་འདུ་ཤེས་ཏེ། རང་ཉིད་བཀྲག་ཀྱང་རུང་། འཆི་ཡང་རུང་། གང་ལྟར་སེམས་ཅན་ཐམས་ཅད་ཀྱི་དོན་ལ་མ་བསླབས་བཞིན་དུ་བསླབས་ཁུལ་བྱེད་པའི་ཐད་ལ་ཟུར་ཟ་དང་མཚང་འབྲིན་གྱིས། སྔོན་ལ་སེམས་ཅན་ཐམས་ཅད་ཀྱི་དོན་བཞག་ནས་རང་གི་འཚོ་གནས་ཀྱི་དོན་ལ་བསམ་གཞིག་བྱ་དགོས་ཞེས་པའི་བསམ་པའི་ནླབས་རྒྱུན་དེ་སྒྲོགས་པར་བྱ་ཕྱིར་དང་། བོད་པས་བོད་པར་གཅེས་འཛིན་གྱི་དོན་གསལ་བའི་སླད་དུ་བདག་དཔེ་ཚོགས་ཞེས་པའི་བདག་གི་མིང་བཏགས་པ་མ་ཡིན་ནམ་སྙམ། དེ་འདྲ་མིན་པར་བློ་ཆུང་གང་དྲན་སྨྲ་བ་འགས་དཔེ་དེབ་དེ་རིགས་ལ་བལྟ་ཙམ་མ་བྱས་པར། ཁོང་ཚོས་འདོད་པའི་བདག་འཛོག་རྒྱུ་ཡོད་དམ། བདག་མེད་པ་སྟོན་གྱི་མཁས་པས་ལུང་དང་རིགས་པ་དུ་མས་བསྒྲུབས་ཟིན་པ་ལ། ཁོ་ཚོས་བདག་གླེང་བ་ནི་ཁོ་ཚོ་མུ་སྟེགས་པ་ཡིན་པའི་རྟགས་སམ། ཡང་ཚོས་ལ་ངན་ཁ་དཀྲི་འདོད་ཆེ་བས་རེད་སོགས་སྐྲང་ལམ་གྱི་གཏམ་ངན་ལྷ་བུའི་ལབ་གླེང་མང་དུ་ཡོད་པ་དེ་དག་ནི་ཁུངས་མེད་ཡིན་ངེས་སྙམ། མ་གཞི་ཁོ་བོས་དཔེ་ཚོགས་དེའི་དཔེ་དེབ་ཁག་ལ་སྤྱིར་རོལ་གང་ཐུབ་ཅིག་ཞུས་མོད། ཕྱིར་སེམས་ཅན་ཐམས་ཅད་སེམས་པ་དང་རང་དོན་

ལ་མི་གཞོལ་བ་ཞེས་པའི་བདེན་ཁ་ར་འཕྲོད་པའི་གཏམ་ལེགས་པོ་ཞིག་མ་མཐོང་ལ། སེམས་ཅན་ཐམས་ཅད་ལ་བསམས་ཆེ་སེམས་ཅན་ཐམས་ཅད་ཀྱི་ཕོངས་སུ་རང་འདུས་ཕྱིར་རང་དོན་ཡང་ཞར་ལ་སྒྲོན་པ་ཡིན་ཞིང་། སེམས་བསྐྱེད་ནི་ཡ་རབས་ཀུན་སྤྱོད་གསོ་བའི་གསོས་ལྟ་བུ་ཞིག་ཡིན་པས། སེམས་ཅན་ཐམས་ཅད་ལ་སྒྲོན་པ་དང་འཇུག་པའི་བགྱི་བ་དག་ཕོང་ཅག་གིས་ཇི་ལྟར་རྗེས་ལུས་སུ་བསླབས་པའི་རིགས་པའི་རྩལ་མ་རིག འོན་ཏེ་ཕོང་ཆོས་ཕྱི་རོལ་པ་ལྟ་བུའི་རྟག་གཅིག་རང་དབང་པའི་བདག་བཞེད་པ་མིན་ལ། ནང་པའི་བདག་མེད་ལྟ་བ་ལ་དགག་པ་བྱེད་པ་ཡང་མ་ཡིན་ཞིང་། རང་རེ་སོ་སྐྱེ་མགོ་ནག་པ་སུ་རུང་ལ་ངར་འཛིན་མེད་དོགས་ཀྱི་སེམས་ཁྲལ་བྱེད་པ་ཡང་ཨེ་ཡིན་སྙམ་པས། ཧོར་ནག་པ་ཀླུ་སྒྲོན་ཞེས་པས་བདག་དཔེ་ཚོགས་ཀྱི་བདག་དོན་ལ་དཔྱད་སྐབས་བདག་འཛིན་བསྐྱུར་བཞེངས་ཞེས་པའི་ཚིག་རྩ་དེ་ཕོན་ལས་གཏམ་དོན་དུ་མ་སོང་བ་གསལ་ཡོང་སྙམ། བོད་པ་སུ་ཡི་བདག་འཛིན་ཡལ་སོང་བ་མ་ལགས་ལ་འཆི་སོང་བ་ཡང་མ་ཡིན་པའི་ཕྱིར་ན། དེ་ལ་བསྐྱུར་བཞེངས་དགོས་པའི་ངལ་བ་ཅི་ལ་བརྟེན་དགོས་སྙམ་མོ། །

གཉིས་པ། ཞར་བྱུང་རང་བློའི་དོགས་སློང་།

མ་གཞི་རང་ཅག་རེ་འགའ་བས་རང་གི་འཚོ་ཐབས་རྒྱབ་ལ་བསྐྱུར་ནས་འགྲོ་འདུག་སྤྱོད་གསུམ་དཀོན་མཆོག་གསུམ་གྱི་རྗེས་སུ་འབྲངས་པ་དང་བདེ་སྡུག་ཅི་ཡོང་དཀོན་མཆོག་ལ་སྐྱབས་སུ་རེ་བའི་གནས་ཚུལ་ད་དུང་ཡང་མེད་པ་མ་ཡིན་མོད། འདི་ལ་ཕྲན་གྱིས་ད་དུང་ཡང་ཞེས་པའི་རྒྱུ་མཚན་ནི་དེང་སང་གི་བོད་རིགས་ཕལ་ཆེར་ཁྲིམ་

རའི་དཔལ་འཁོར་གྱི་འགྲན་རྩོད་དྲག་པོའི་འོག་ཏུ་བསམ་རྒྱུ་ང་དང་། དྲན་རྒྱུ་ང་ཡིན་མཁན་དུ་སྣང་ལ། དངུལ་བྱུང་ན་ཆོས་དང་སྐྱབས་འགྲོ་བཞག་ནས་ལ་རྒྱ་སོགས་རྗོག་རོལ་དུ་བྱེད་ལ། ཐ་ན་སོ་སོའི་ཡན་ལག་འཚོང་དགོས་རུང་འཛེམས་དོགས་ཅི་ཡང་མི་བྱེད་མཁན་དཔེ་གསོན་པོ་མེད་པ་མ་ཡིན། གོང་ཞུས་ཀྱི་གཏམ་དང་འབྲེལ་ཏེ་གཤམ་དུ་རྒྱ་ཆེའི་ཞིང་འབྲོག་མང་ཚོགས་དང་འབྲེལ་བའི་དཔེ་གཞི་གཉིས་བརྗོད་པར་བྱ་བ་ལ། ཕྲན་གྱི་གྲོགས་པོ་ཞིག་ཆབ་མདོ་གྲོང་ཁྱེར་དཔལ་འབར་རྫོང་གི་རབ་ཡུལ་ཤང་ཅི་ཀོང་གྲོང་ཚོ་ཞེས་པར་གཤམ་སྐྱོད་ཀྱི་ལས་བྱར་ཞུགས་སྐབས་ཤེས་རྟོགས་བྱུང་བར། མང་ཚོགས་འགས་འབྲོག་པ་ཡིན་བཞིན་དུ་སེམས་ཅན་གསོས་གསོས་ནས་ལོ་འཁོར་མོར་ཟོག་གཅིག་ཙམ་ལས་མ་བཤས་པ་དང་། དེ་ནི་སྡིག་པ་ལ་འཛེམས་པ་ཡིན་ཚུལ་བརྗོད་མཁན་ཡོད་ཅིང་། ཕྱུགས་རིགས་གསོས་ནས་ཤ་ཉོ་དགོས་རྒྱུ་དང་མར་ཡང་ཉོ་དགོས་རྒྱུའི་གནས་ཚུལ་ཡོད་པ་དང་། འགས་ནི་རང་ལ་དངུལ་སྒོར་མོ་ལྔ་ལས་མེད་ཅིང་གྲོད་པ་ལྟོགས་པར་ལུས་ཡོད་ཀྱང་དེ་དགོན་པར་འབུལ་གྱི་ཡིན་ཟེར་མཁན་འདྲ་འདུག་ཟེར། གནས་ཚུལ་དེ་རིགས་ནི་ངས་ཞོགས་དུང་སོགས་ལ་ཁག་མི་འདུག་ཅེས་ཟེར་བའི་རྒྱུ་མཚན་ཡིན་ལ་དཔེ་ཡང་ཡིན། དེ་ལྟར་ན་ཡང་འདིར་དཔེ་རུ་བྱས་པའི་གྲོང་ཚོ་ནི་སྐབས་དེའི་ཆ་ལ་གཞུང་ལམ་མེད་པའི་རི་གྲོང་གི་གྲོང་ཚོ་ཤིན་ཏུ་དབུལ་པོ་ཞིག་དང་། དེང་རབས་ཀྱི་ཆ་འཕྲིན་དང་ཁྲོམ་རའི་འགྲན་རྩོད་སོགས་ལ་དོ་སྣང་དང་ཆ་རྒྱུས་ཤིན་ཏུ་དཀོན་པའི་ལུང་ཁུག་ཅིག་གི་གནས་ཚུལ་ལགས། ཡང་ཁོ་བོ་ཆབ་མདོ་སྨར་ཁམས་རྫོང་སྤྱང་མདའ་ཤང་རྒྱ་སྟེ་སྟེང་གྲོང་ཚོར་བཅའ་སྡོད་བྱེད་སྐབས་ཤེས་རྟོགས་བྱུང་བར། དེང་གི་སྲིད་ཇུས་ལ་མང་ཚོགས་ཀྱི་སྒོ་ཟོག་སེམས་ཅན་ཏེ། ནོར་

དང་། མཛོ། བ་གླང་། ར་ལུག ཕག་སོགས་ལ་འཆི་སྐྱོན་བྱུང་ཚེ་འགན་བཅོལ་
ཀྱང་སེམས་ནོར་དང་། མཛོ། བ་གླང་ལ་གྲུབ་གསབ་ཀྱི་དངུལ་སྒོར་༤༢༠༠དང་ལུག་
ལ་སྒོར་༤༠༠སོགས་སྤྲོད་སྲོལ་ཡོད། གྲོང་མི་ཞིག་གིས་འཆད་པར། རྒྱལ་ཁབ་ཀྱི་
སྲིད་ཇུས་ཡག་པོའི་འོག་འདི་ལོ་ང་ཚོའི་གྲོང་ཚོའི་གྲོང་མི་ག་གེ་མོའི་ནོར་ལུག་ཤི་བའི་
གྲུབ་གསབ་དངུལ་སྒོར་ཁྲི་༣ལོན་འདུག འདི་ལོ་ཁོ་ཚང་གི་འཚོ་བར་སེམས་ཁྲལ་
མེད། ང་ཡང་ད་ལོ་རླུང་རྟ་རྒྱུགས་བྱུང་། ངའི་ཁྱིམ་ལ་བ་མོ་ཞིག་ཡོད་པ་དེ་གྲོང་
རོགས་ཤིག་གིས་དངུལ་སྒོར་༧༥༠༠བྱས་ནས་ཉོ་རྩིས་འདུག་ཀྱང་ཁོ་པོས་བཙོངས་
མེད། མཐར་ང་ཚོས་གཟན་རྩྭ་སོགས་པའི་ལྟ་སྐྱོང་ལེགས་པོ་མ་ཐུབ་པར་ཤི་སོང་།
དེའི་རྐྱེན་པས་ད་ཆ་དངུལ་སྒོར་༤༢༠༠ལེན་རྒྱུ་བྱུང་། ཏ་ཏ་ཞེས་སོགས་གཏམ་གླེང་
སྣ་ཚོགས་ལས་གྲོང་མི་མི་ཉུང་བའི་འདུ་ཤེས་སུ་གཟན་རྩྭ་སྟེར་རྒྱུ་ཡོད་ཀྱང་ཉུང་མེད་
ཀྱང་ཉུང་སྣོ་ཟོག་མང་ཙམ་གསོས་ན་འཆི་ཡང་གྲུབ་གསབ་རག་གི་རེད་སྙམ་པ་དང་།
ཡང་ཟོག་ཤ་ཤེད་མི་ལེགས་པ་དེ་ཚོ་བཙོངས་ཀྱང་རིན་མི་རག་ལ་འདི་ཁྲུལ་ལ་ཟོག་ཤ་
དེ་ཙམ་ཁྲིན་པོ་མེད་པས་གསོ་ཚགས་གང་ལེགས་མ་བྱས་པར་འཆི་རུ་བཅུག་ན་ཁེ་
བཟང་ཆེ་སྙམ་པའི་བསམ་བློ་མཆིས་པས། དེ་ཁུལ་གྱི་གྲོང་ཚོར་ལོ་གཅིག་ལ་སྣོ་ཟོག་ཤི་
བའི་གྲངས་ཚད་ཏ་ལམ་སྣོ་ཟོག་སྤྱི་གྲངས་ཀྱི་གསུམ་ཆ་གཅིག་ཙམ་ཟིན་པའི་སྣང་ཚུལ་
ཡང་མཆིས། དེ་ལྟའི་འདུ་ཤེས་ནི་གཅིག་ནས་རྒྱལ་ཁབ་ཀྱི་སྲིད་ཇུས་དང་འགལ་བའི་
བསམ་བློ་སྟེ། རྒྱལ་ཁབ་ཀྱིས་སྣོ་ཟོག་གསོ་ཉར་བྱེད་པའི་ལས་ལ་སྐུལ་འདེད་ཀྱིས་མང་
ཚོགས་རྣམས་ཕྱུག་པོའི་ལམ་དུ་འགྲོ་བར་སྐུལ་འདེད་བྱེད་པ་ཡིན་མོད། ཁོ་ཚོར་སྣོ་
ཟོག་གསོ་ཉར་གང་ལེགས་བྱེད་པའི་འདུ་ཤེས་མེད་པར་སྣོ་ཟོག་འཆི་སྐྱུག་གིས་མིག་

མདུན་གྱི་ཁེ་ཕན་ཆུང་ངུར་རེ་བའི་བསམ་བློ་ལྡན་ཡོད། གཉིས་ནས་དེ་ལྟར་རང་སོ་སོའི་གསོ་ཚགས་ཀྱི་ནུས་པར་མི་བལྟའམ་ཐབས་ནུས་ཡོད་རྒྱུས་སྔོ་ཐྲིག་གསོ་ཚགས་གང་ལེགས་མི་བྱེད་པར་འཆེན་དགའ་བ་བསྒོམ་པའི་བགྱི་བ་ནི་རང་གཅེས་འཛིན་གྱི་འཛིན་པ་ཤུགས་ཆེ་བ་དང་གཞན་སེམས་ཅན་ལ་བྱམས་པ་དང་སྙིང་རྗེ་བྲལ་བའི་དབང་གིས་བྱུང་བ་ཞིག་ལགས་སོ་སྙམ་ལ། ནང་ཆོས་ལ་ཆ་ཙམ་རྒྱུས་ལོན་མེད་པར་ཁ་ནས་མ་ཏི་ཡིག་དྲུག་འདོན་པར་གོམས་པའི་ཆོས་ལུགས་ཀྱི་བག་ཆགས་དང་ཡང་འབྲེལ་ལོ་སྙམ།

གང་ལྟར་ནའང་། དེང་གི་དུས་སུ་བོད་སྤྱི་ལ་བསམས་ན་ཆོས་ལུགས་ཀྱི་བག་ཆགས་སྙིང་པ་འཛིན་མཁན་ལས། ཆོས་ལུགས་ཀྱི་རྣམ་རྟོག་གསར་པ་འཛིན་མཁན་མང་བ་དང་། སྤྱི་ཚོགས་ཀྱི་ཤེས་རིག་སྟེ། གཙོ་བོ་དེང་གི་ནུབ་དར་བསམ་བློ①དང་དཔལ་འབྱོར་དོན་གཉེར་གྱི་བསམ་བློ་སོགས་མེད་པ་ནས་ཡོད་པར་འཕེལ་བཞིན་པ་ཡིན་ཞིང་། ཞར་ལ་ནང་བསྟན་ལ་རྙོངས་དད་བྱེད་མཁན་ནི་སྤྱི་ཚོགས་གསར་པ་དང་ཤེས་རིག་གསར་པའི་གོམ་ཁ་དང་མ་མཐུན་པར་སྣང་བཞིན་ཇེ་མང་ཇེ་མང་རེད། དེས་ན་ཕྲན་གྱིས་བརྗོད་འདོད་པ་ནི་ཆོས་པའི་ངོས་ནས་ཆོས་ཆོས་བཞིན་ཤེས་མཁན་དགོས་ལ། ཆོས་ཆོས་བཞིན་བྱ་མཁན་ཡང་དགོས་པ་དང་། འཇིག་རྟེན་པའི་ངོས་ནས་དཔལ་འབྱོར་དོན་གཉེར་ཤེས་མཁན་དགོས་ལ། དོན་གཉེར་ཚུལ་བཞིན་བྱ་

---

①སྐབས་འདིའི་ནུབ་དར་བསམ་བློ་ཞེས་པ་ནི་ཡོད་ཚད་ནུབ་ཕྱོགས་ལས་དར་བའི་བསམ་བློ་གསར་པ་ལ་ཆ་འཛོག་བྱེད་པ་ལས། སྲོལ་རྒྱུན་ལ་རྗོག་རོལ་བྱེད་པའི་བསམ་བློ་ལ་གོ་མོད། འདིར་དེ་ལས་སྣན་པའི་ཐ་སྙད་ཅིག་མ་རྙེད་པས་འདིས་འཐུས་པར་བྱས་སོ། །རྒྱ་ཡིག་ཏུ་ནི“西化思想”ཞེས་སོ། །

མཁན་ཡང་དགོས་སྙམ། དེ་ལྟར་མིན་པར་སྤྱི་མོ་མི་རིགས་གཞན་གྱི་བསམ་བློའི་འཕུར་མཆོངས་ལྟ་བུ་ཞིག་ང་ཚོའི་སྐབས་འདི་ལ་བྱུང་ན་བསམས་པ་ལེགས་མོད། དེ་ཡོང་རྒྱུ་ཞྭ་དཔེ་ལྷམ་འགེབས་བྱས་དྲགས་ན་རང་སོ་སོ་ལ་ཡོད་པའི་ནོར་བུ་དེ་ཡང་ནོར་ཪོ་མི་ཆོད་པའི་ངང་སྟང་མེད་དུ་བརླག་འགྲོ་བ་ལས་གཞན་ཡོང་རྒྱུ་གང་ཡང་མེད་སྙམ།

གོང་དུ་དཔེར་དྲངས་པའི་རང་ལ་སྒོར་མོ་ལྔ་ལས་མེད་ཀྱང་དགོན་པར་འབུལ་བའི་བསམ་བློ་དེ་རང་གི་ཕྱག་འོས་དང་དད་འོས་དཀོན་མཆོག་གསུམ་ལ་སྐྱབས་སུ་རེ་བའི་བསམ་བློ་ཡིན་ལ། དེ་ནི་དད་པའི་སྙིང་སྟོབས་མཚོན་པ་ཞིག་ཀྱང་ཡིན་འདུག་འོན་ཏེ་ནང་ཆོས་སུ་དཀོན་མཆོག་གི་རྟེན་ལ་ཕྱག་དང་མཆོད་འབུལ་བྱེད་པར་རང་གི་ཁོས་བབ་ལ་གཞིག་དགོས་པ་ལས། རྫོངས་ཆོད་ཀྱིས་བྱ་རྒྱུར་འབོད་སྐུལ་བྱས་པ་ཞིག་ག་ལ་ཡོད། མཆོད་པ་འབུལ་ཚོག་ལ་ཕུལ་བ་དེས་དགེ་བ་བསྐྱེད་ངེས་ན་ཡང་། རང་གི་ཆ་རྐྱེན་ཞན་པོ་ཡིན་ན་ཡོན་ཆབ་ལྟ་བུ་ཙམ་ཀྱང་ཆོག་སྟེ། གངས་ལྗོངས་དམ་ཆོས་རིན་ཆེན་གཏེར་འབུམ་ལས། "ཐ་ན་ལམ་ཀ་ཞིག་ན་ཆུ་དྭངས་མོ་འབབ་པའམ། མེ་ཏོག་གི་ཐང་ཞིག་འདུག་པ་ཙམ་ཆད་ཡིད་འབབས་པའི་རི་ར་བ་ཁང་ཁྱིམ་སོགས་དངོས་པོ་ཅི་མཐོང་ཡང་ཐམས་ཅད་རང་གི་བློས་བླངས་ཏེ་དཀོན་མཆོག་གསུམ་ལ་མཆོད་སྙམ་པ་ཡིད་ལ་བྱས་ན་ཚོགས་ཞར་དང་ཞོར་ལ་རྫོགས་པ་ཡིན" ① ཞེས་གསུངས་པ་བཞིན་དུ་དགེ་ཚོགས་གསོག་པར་དཀོན་མཆོག་ལ་མཆོད་སྙམ་པ་ཡིད་ལ་བྱས་པས་ཀྱང་ཕན་པ་ཡིན་ཚུལ་གསུངས་པས། འཇིག་རྟེན་པས་རང་གི་ཡོད་ཆད་

①རིག་བསྟན། གངས་ལྗོངས་དམ་ཆོས་རིན་ཆེན་གཏེར་བུམ། མི་རིགས་དཔེ་སྐྲུན་ཁང་། ༢༠༠༨ལོའི་ཟླ་༡༡ ཤ༣༣

དགོན་པར་ཕྱུལ་ནས་རང་ཉིད་ལྟོགས་གྲིར་ཤི་བ་ལྟ་བས་ཆེ་ཚུལ་བྱེད་པ་ཡང་དག་ཡིན་པར་གསུངས་པ་ག་ལ་ཡོད། སྤྱོད་འཇུག་ལས། "ཕན་པར་བསམས་པ་ཙམ་གྱིས་ཀྱང་། །སངས་རྒྱས་མཆོད་ལས་ཁྱད་འཕགས་ན། །"①ཞེས་སོགས་གསུངས་པ་བཞིན་དུ། མ་འགྱུར་སེམས་ཅན་ཐམས་ཅད་ལ་ཕན་འདོགས་པའི་བསམ་པ་ཤིན་ཏུ་གལ་ཆེན་ཡིན་པ་དང་། དེ་ལྟའི་བསམ་པ་ནི་དགེ་ཚོགས་སྐྱེ་བའི་རྒྱུ་དང་ཆོས་གཤའ་མ་ཡིན་ན། བསམ་སྤྱོད་ལ་དགེ་བའི་ལས་མ་བསྒྲུབ་ན་དཀོན་མཆོག་ལ་མཆོད་ཀྱང་ཕན་པ་ཆེན་པོ་ཅི་འོང་། དེས་ན་གོང་དུ་འཆད་པའི་སྣང་ཚུལ་དེ་རིགས་ནི་ཆོས་ཆོས་བཞིན་དུ་བྱེད་མ་ཤེས་པས་ལན་པ་ཞིག་ལོས་ཡིན་ཏེ། དེ་ཡང་བཅོམ་ལྡན་འདས་ཀྱིས་ཆོས་ཆོས་བཞིན་དུ་མ་སྤྱད་ན་ཆོས་ཀྱིས་སླར་ངན་སོང་དུ་འགྲོ་བའི་རྒྱུ་བྱེད་ཅེས་གདམས་པ་ལྟར་ཆོས་མིན་གྱི་སྤྱོར་བས་སྡིག་ལྟུང་གི་རྒྱུ་གསོག་པ་ལས་འབྲས་བུ་བཟང་པོ་མི་འབྱུང་བའོ། །

ཕྲན་གྱི་བསམ་ངོར་ད་ལྟའི་དུས་སྐབས་འདིར་རང་ཅག་ལ་མཆིས་སོ་སྙམ་པའི་བག་ཆགས་རྙིང་པ་དང་འདུ་ཤེས་རྙིང་པ་གང་ཡོད་བཅལ་ནས་དེ་དག་ནང་ཆོས་ཀྱིས་ལན་པ་དང་། དེས་བོད་རྗེས་སུ་ལུས་བཙུག་པར་སླ་བའི་ཁག་དགྲི་བའི་གཏམ་དེ་ཚོ་ནི་རྒྱུ་མཚན་ལྡན་པ་ཞིག་མ་ལགས་སྙམ། ཕྱག་འཚལ་བ་ནི་ཕྲན་གྱི་རང་གཤིས་ཉིད་ཅེས་པའི་རྩོམ་ཡིག་ཏུ་ཁ་ཅིག་གིས། ཨ་མདོ་ནས་ལྷ་ས་ལ་ཕྱག་གི་བར་སྤྱི་ལེ་ཉིས་སྟོང་ལ་ཉེ་བའི་ས་གཞི་སྲ་མོ་མི་ལུས་ཤ་རུས་མཉེན་མོས་དུམ་བུར་བཅད་ཅིང་གཏུབས་ཏེ་

---

①སློབ་དཔོན་ཞི་བ་ལྷ་དང་རྫོགས་ཆེན་མཁན་པོ་ཀུན་བཟང་དཔལ་ལྡན། བྱང་ཆུབ་སེམས་པའི་སྤྱོད་པ་ལ་འཇུག་པ་རྩ་བ་དང་འགྲེལ་པ། སི་ཁྲོན་མི་རིགས་དཔེ་སྐྲུན་ཁང་། ༡༩༩༠ ལོའི་ཟླ་༩ ཤ༧

སྡུག་རུས་ཀྱིས་ཕྱུག་འཚོལ་མཁན་ཡང་མི་ཉུང་བ་འདུག དད་པས་བསྐུལ་བའི་སྙིང་སྟོབས་དེ་འདྲ་གནམ་འོག་འདི་ན་ཡོད་མི་སྲིད་དེ། ཡོད་མི་སྲིད་པའི་བརྩོན་སེམས་དེ་ཉིད་འཇིག་རྟེན་མི་ཆོས་ཀྱི་ཕྱོགས་སུ་བསྒྱུར་ནུས་ན། ཨུ་ཚོའི་འདོད་དོན་མངོན་དུ་འགྱུར་བ་ལ་དཀའ་ངལ་ཅི་ཞིག་ཡོད་དམ་ཞེས་སོགས་ཨུ་ཐུག་ཐུག་གིས་བཤད་འདུག་པ་དག་ནི། དོན་དུ་ཨུ་ཅག་ཚོས་དམ་པའི་ལྷ་ཆོས་ལ་དད་མདོག་གིས་འཇིག་རྟེན་མི་ཆོས་ཀྱང་ལེགས་པར་བསྒྲུབ་མི་ཐུབ་པའི་སྣང་ཚུལ་ཉམ་ང་བ་དག་དགག་པ་ཡིན་འདུག་ཀྱང་། ཆོས་དང་ཆོས་མིན་གཉིས་ནི་དབྱེ་མཚམས་གསལ་པོ་ཡོད་པ་གང་ཞིག་ལྷ་ཆོས་དང་མི་ཆོས་གཉིས་འབྲེལ་མེད་དོན་གཞན་ལྟ་བུ་མིན་ཕྱིར། ཚིག་ལ་གོ་ཕྱོགས་ཡོད་སྲིད་པས་གཏམ་ལ་གསུང་ཕྱོགས་ངེས་པར་ཡོད་དགོས་སྙམ།

གངས་ལྗོངས་ལ་ཆོས་ལྡན་ཞིང་ཁམས་ཞེས་རིང་མོ་ནས་གྲགས་ལ་ནང་ཆོས་ཀྱིས་བོད་མིར་བཞག་པའི་བག་ཆགས་ཀྱང་ལས་སླ་མོར་འགྱུར་ལྡོག་གཏོང་བདེ་བ་ཞིག་ག་ལ་ཡིན། དེ་ནི་དུང་དཀར་རིན་པོ་ཆེས་ནང་ཆོས་ལ་མང་ཚོགས་ཀྱི་རྨང་གཞི་བརྟན་པོ་ཡོད་ཅེས་གསུངས་པ་ལས་ཀྱང་བདེན་པར་མཐོང་ཐུབ། དེ་ཡང་སྔ་དེང་དུས་སྐབས་མང་པོའི་རིང་བོད་ཀྱི་མགོ་ནག་སྐྱེ་བོ་ཕལ་མོ་ཆེས་ཆོས་ལྡན་བོད་ལ་སྐྱེས་པ་བསོད་སྐལ་ཆེ་ལུགས་སྨྲ་བ་དང་། ནང་བསྟན་ཤེས་རིག་ནི་བོད་མི་རིགས་ཀྱི་མཚོན་བྱེད་དང་རང་མདངས་ལྟ་བུར་ངོམས་ནས་བརྩི་མཐོང་ཆེན་པོ་བྱེད་མུས་ལ། ཆོས་ལ་སྐུར་འདེབས་ཀྱི་གཏམ་སྨྲ་བ་ནི་དཀའ་ལས་ཆེ་ལ་དོན་གོ་ཆུང་བའི་ལས་འགའ་ཞིག་ཡིན་པ་དཔྱོད་ལྡན་ཚོས་བཞེད། དཔེར་ན། བོད་བཙན་པོའི་སྐབས་སུ་བན་བོན་འཐབ་རྩོད་དྲག་པོ་བྱུང་རྗེས་ནང་པ་སངས་རྒྱས་པའི་ཆོས་ལུགས་འཕེལ་རྒྱས་ཆེན་

པོར་སོང་མོད་ཀྱང་། བོན་ཆོས་ཀྱི་ཆོ་ག་དང་གོམས་སྲོལ་རྙིང་པ་དེ་ཚོ་ནང་ཆོས་དང་འདྲེས་ནས་ད་དུང་ཡང་བན་བོན་དབྱེ་འབྱེད་མེད་པར་གནས་པ་དང་། མང་ཚོགས་ཀྱིས་གོམས་སྲོལ་རྙིང་པ་དེ་ཚོ་སངས་རྒྱས་ཆོས་ལུགས་ཀྱི་ཡིན་ཤག་ཤག་བྱེད་པ་རེད་ལ། དེ་འདྲའི་ཀུན་སྤྱོད་ཀྱི་ཆོ་ག་དེ་དག་དགོས་གལ་མེད་པ་མིན་ལུགས་ཀྱང་འགྲེལ་ཚུལ་མང་དུ་ཡོད། གོང་གི་ཁ་ཅིག་གི་སྨྲ་བ་དེ་ལྟ་བུ། ཕྲན་ཡིན་ན་ཕྱག་འཚལ་བ་ནི་བྲན་གྱི་རང་གཞིས་ཉིད་ཅེས་པའི་ཁ་ཕོ་ཆེན་པོའི་གཏམ་དེ་འདྲ་སྨྲ་མི་སྲིད། རྒྱུ་མཚན་ནི་ཕྱག་འཚལ་བ་ནི་དད་པའི་མཚོན་རྟགས་ཡིན་ན་འོས་འཚམ་གྱིས་དད་པའི་ཡུལ་ལ་ཕྱག་བྱེད་པ་ནི། ཡ་རབས་ཚུལ་མཐུན་དང་འཇིག་རྟེན་མི་ཆོས་དང་ཡང་ཤིན་ཏུ་མཐུན་པའི་བྱ་བ་ཞིག་དང་། ལུས་སེམས་ལ་བདེ་སྣང་བརྗོད་མི་ཤེས་པ་སྐྱེ་བ་ནི་དད་པ་དག་སྣང་ཅན་གྱི་ཕྱག་འཚལ་བ་ཆོས་སྤྱོད་ཐུབ་པ་ཞིག་ལས་སྣང་ཚུལ་ཕྱོགས་རེ་ཙམ་གྱིས་ཚོད་འདོམས་བྱེད་ཐུབ་པ་ཞིག་ཙ་བ་ནས་མ་ཡིན་ཞིང་། བོད་ཀྱི་གསོ་རིག་སྨན་པ་འགགས་ནད་རིགས་འགའ་ལ་དམིགས་ནས་ཆེད་མངགས་ནད་པར་ཕྱག་འཚལ་དུ་འཇུག་པ་ཡང་ཡོད་པས་ལུས་པོ་གསོ་བར་ཆེས་ཕན་པ་ཞིག་ཡིན་པ་ཡང་བསྙོན་དུ་མེད། མ་གཞི་སྨད་ཨ་མདོ་ནས་དབུས་ལྷ་ས་བར་དུ་ཕྱག་བྱས་ནས་ཡོང་མཁན་ཆོས་ཡིད་ལ་ཅི་ཞིག་སྨོམ་པ་དང་། ཕྱག་འཚལ་གྱི་ཕན་ཡོན་ལ་བསམ་བློ་ལེགས་པར་བཏང་ཡོད་པ་འཆད་དཀའ་མོད། དེ་ནི་སྙིང་སྟོབས་ཤིག་དང་གསོ་སྦྱོང་ཞིག དག་སྣང་ཞིག་དང་བདེ་སྐྱིད་ཅིག་ཡིན་མི་སྲིད་པ་སུས་ཁ་ཆོན་གཅོད་ནུས། དེ་ལྟར་མིན་ན་རྐང་འཁོར་བཞོན་པའམ་རྐང་ཐང་ལ་ནང་ས་ནས་བོད་ལྗོངས་སྐོར་མཁན་གྱི་ཕྱུན་ཧླའི་མི་རིགས་ཚོ་ཡང་གླེན་པ་ཕྱུགས་ལྟ་བུ་འབའ་ཞིག་རེད་ཅེས་ཟེར་རྒྱུ་ལས་མ་འདས་སོ། །

འོན་ཏེ་བོད་པ་སེར་སྐྱ་ཚོའི་ཁྲོད་དུ་ཆོས་ཡིན་ཁྲུལ་གྱིས་ལད་ཟློས་བྱེད་མཁན་མང་དུ་ཡོད་པས་སུ་ལ་ཡང་ལན་ཁག་མེད་པ་ལྟ་བུར་སྣང་ཡང་། དོན་དུ་ཆོས་ཇི་བཞིན་མ་ཤེས་པས་སྔོན་གྱི་སྡིག་པའི་ལས་ཅི་བསགས་ལུས་ཀྱི་དཀའ་ཐུབ་དེ་ལྟ་བུས་དག་འགྲོ་བ་ལྟ་བུའི་སྣང་བ་ཡང་ཡོད་སྲིད་ཅིང་། དེ་འདྲ་བསམས་པ་ནི་ཆོས་ཕྱི་པ་དང་མུ་སྟེགས་པའི་ལྟ་བ་ཆགས་བསྐྱད་ཡོད། ཕྱི་རོལ་མུ་སྟེགས་པས་མེ་ལྔ་ལ་བརྟེན་པ་དང་། རང་གི་སྐྲ་ཉིན་བཞིན་དུ་ཟད་པར་ཕྱིས་པས་ཐར་པར་འདོད་པ་①སོགས་ལུས་ཀྱི་དཀའ་ཐུབ་ལ་བརྟེན་ནས་ནང་གི་སྡིག་སྒྲིབ་དག་པར་བྱེད་ལ། ཐུབ་པ་ཆེན་པོས་ཀྱང་བྱང་ཆུབ་ཤིང་དྲུང་དུ་ལོ་དྲུག་ངེས་འབྱུང་དཀའ་བ་སྤྱད་ནས། དགེ་སློང་ཚོས་དཀའ་ཐུབ་ཀྱིས་སྡིག་པ་དག་ཐབས་དང་ཐར་ལམ་ལ་བསྒྲིགས་ཐབས་བྱེད་པ་དེ་དག་མ་འོས་པར་གཟིགས་ཏེ་རགས་པའི་ཟས་ལ་བསྟེན་པར་མཛད་པ་དང་། ཕྱིས་ཀྱི་དགྲ་བཅོམ་པ་དང་འཕགས་པའི་གང་ཟག་རྣམས་ཀྱིས་ཀྱང་ཕྱི་རོལ་མུ་སྟེགས་པས་རང་ལུས་སྡུག་ལ་སྦྱར་ནས་ཐར་པ་དོན་གཉེར་གྱི་བློ་འཁྲིར་བ་ནི་མི་འོས་ཏེ། རང་ལ་གཅེས་པར་བྱེད་པས་གཞན་ལ་ལྟ་ཅི་སྨོས་སོགས་གསུངས་ནས་འགོག་པར་བྱེད་ལུགས་གོང་གི་ལེའུར་འཆད་ཟིན་པ་ལྟར་རོ། །འོས་ཤིང་འཚམ་པའི་སྒོ་ནས་གུས་འོས་དང་སྐྱབས་འོས་ཀྱི་བླ་མ་དང་དགེ་རྒན། རྟེན་ཁྱད་པར་ཅན་སོགས་ལ་ཕྱག་བགྱི་བ་ནི་བྲན་གྱི་རང་གཤིས་རེད་ཟེར་ན་གང་དྲན་གྱི་གཏམ་ལྟ་བུ་དང་། ཚུལ་དང་མཐུན་པའི་འཇིག་རྟེན་མི་ཆོས་ལ་ཡང་འཚལ་གཏམ་ཁོ་ན་མིན་ནམ་སྙམ།

①ཀུན་མཁྱེན་འཇམ་དབྱངས་བཞད་པ། གྲུབ་མཐའ་ཆེན་མོ། མཚོ་སྔོན་ནང་བསྟན་རིག་གནས་སྤྱི་རྩལ་ཞབས་ཞུ་ལྟེ་གནས་ཞབས་ཞུ་ཁང་། ༡༧༤༨

ཕྱག་བགྱི་བ་ནི་བྲན་གྱི་འདུ་ཤེས་མ་ཡིན་ཞིང་། དད་གུས་མོས་པའི་རྣམ་འགྱུར་ཡིན་ཏེ། གངས་ལྗོངས་དམ་ཆོས་རིན་ཆེན་གཏེར་འབུམ་ལས། "ཕྱིར་ཕྱག་འཚལ་ཞེས་པ་ནི་ཞེ་ས་དང་གུས་པའི་རྣམ་འགྱུར་ཙམ་ཡིན་པས"①ཞེས་གསུངས་པ་ལྟར། ཕྱག་འཚལ་བ་ནི་ལུས་ངག་ཡིད་གསུམ་གྱི་མོས་གུས་དང་སྨོན་པའི་བྱ་བ་བྱེད་པའི་རྣམ་འགྱུར་དང་མཚོན་བྱེད་ཅིག་ལས་བྲན་གྱི་འདུ་ཤེས་ཤིག་མ་ལགས་ཏེ། གནའ་བོའི་རྒྱ་གར་གྱི་རིག་གནས་ཀྱི་འདུ་ཤེས་བོད་ལ་ས་དར་རྗེ་དར་དུ་གྱུར་པའི་དབང་གིས་དེང་གི་བོད་པ་རྣམ་རབས་ཕལ་ཆེར་གྱིས་གཞན་ལ་ཐུགས་རྗེ་ཆེ་ཟེར་དུས་ཕྱག་བཏབ་ནས་གུས་པ་མཚོན་པར་བྱེད་སྲོལ་ཡོད། མདོར་ན་ཕྱག་བགྱི་བ་ནི་གུས་པ་མཚོན་བྱེད་ཀྱི་ལུས་ཀྱི་རྣམ་འགྱུར་ཞིག་ཡིན། གོང་གི་ལུང་དུ་དྲངས་པའི་གསུང་གི་ཙམ་སྨྲས་ཕྱག་འཚལ་བ་ནི་ཐར་ལམ་བསྒྲིགས་པའི་ཐབས་དང་སྡིག་སྒྲིབ་སྦྱོང་བའི་ཐབས་དམ་པ་མ་ཡིན་པ་བསྟན་ལ། ཕྱག་འཚལ་ཡུལ་ཡང་གོང་གི་དཔེ་ཆ་དེ་ལས། སྐུ་གསུང་ཐུགས་རྟེན་དང་། བླ་མ། ཇོ་སེར།② དགེ་རྒན་བཅས་ཡོད་སར་ཕྱག་འཚལ་དགོས་ཤིང་། དེ་མིན་གཞི་བདག་དང་ལབ་རྩེ་སོགས་འཇིག་རྟེན་པའི་ལྷ་ལ་ཕྱག་འཚལ་མི་རུང་བ་ཀུན་གྱིས་ཤེས་དགོས་སོ། །③ཞེས་གསུངས་པས། ཕྱག་འཚལ་

①རིག་བསྟན། གངས་ལྗོངས་དམ་ཆོས་རིན་ཆེན་གཏེར་འབུམ། མི་རིགས་དཔེ་སྐྲུན་ཁང་། ༢༠༠༨ལོའི་ཟླ་༡༡ ཤ༢༩

②ཇོ་སེར་ཞེས་པ་ནི། ཇོ་བོ་རྣམ་གཉིས་དང་སེར་མོ་བ་ལ་ཕྱག་བྱ་འོས་པའི་དོན་མིན་པར། ཇོ་སེར་ཞེས་སྐབས་རྟེན་གྱི་ལྷ་ཞིག་ལ་གོ་བ་མིན་ནམ་སྙམ་ཡང་། ཁ་གསལ་ཞུ་མ་ཐོབས་པས་དཔྱད་པར་འཚལ།

③རིག་བསྟན། གངས་ལྗོངས་དམ་ཆོས་རིན་ཆེན་གཏེར་འབུམ། མི་རིགས་དཔེ་སྐྲུན་ཁང་། ༢༠༠༨ལོའི་ཟླ་བ་༡༡ ཤ༢༧

ཡུལ་ངེས་པ་ཅན་ལ་ཕྱག་བགྱི་འོས་པ་ཡང་བསྟན་ཏོ། །ལམ་ཐག་རིང་པོར་རྒྱང་ཕྱག་འབུལ་མཁན་ཚོ་ཡང་གཅིག་ན་དད་པ་གཙང་མ་དང་། སྨོན་ལམ་གཙང་མ་ཡིན་པ་གང་ཞིག་རང་གི་སྡུ་གོས་སོགས་ལ་སེམས་ཁྲལ་ཆེར་མེད་པའི་རྣང་གཞིའི་ཐོག་ཡིན་པས། འགའ་ཞིག་ལུས་ཀྱི་དུབ་པ་སྐྱངས་ནས་རྐང་ཐང་ངམ་རྐང་འཁོར་བཞོན་ཏེ་རྒྱ་ནག་གི་ཡུལ་སོགས་ནས་བོད་ཡུལ་དབུས་གཙང་སྐོར་མཁན་གྱི་ཡུལ་སྐོར་བ་ཡོད་པ་དེ་ཚོ་དང་ཆ་འདྲ་ཡང་དེ་གཉིས་ལ་ངོ་བོའི་ཐད་ཀྱི་ཁྱད་པར་ལྡན་ཡོད་པར་སེམས།

ང་ཚོ་ནི་ངོ་མ་བག་ཆགས་རྙིང་པས་བཏུམས་ཤིང་། གོམས་སྲོལ་རྙིང་པ་ཇེ་སྙེད་ཅིག་ཚད་མར་བཀུར་མཁན་རེད་ཟེར་ན་ཧ་ལམ་མི་འོས་རྒྱུ་མེད་དེ། ཚུལ་མིན་གྱི་བག་ཆགས་དང་ཚུལ་མིན་གྱི་གོམས་སྲོལ་སྣ་ཚོགས་ཀྱིས་ང་ཚོའི་མི་རིགས་འདི་ཉིད་གོམ་གང་མདུན་དུ་བསྐྱུར་བར་བཀག་རྡོ་བྱེད་པ་མ་ཟད། རང་བརྩི་རང་བཀུར་དང་། རང་གི་མ་འོངས་ལ་འཚོལ་སློག་བྱེད་པའི་བསམ་བློ་ངར་མ་དེ་ཡང་བརྩོམ་འགྲོ་བའི་སྣང་ཚུལ་ཡོད་ཅེས་བཤད་ཀྱང་ཆོག འོན་ཏེ་མིག་མདུན་གྱི་སྐྱུག་བྲོ་ལ་ཡ་ང་བའི་ཉམས་སྣང་ཅི་ཡོད་ནི་ཆོས་ཀྱིས་ལན་པ་མ་ཡིན་ཞིང་། ཆོས་ཆོས་བཞིན་མ་ཤེས་པས་ལན་པ་ཤས་ཆེ་ལ། སྐྱེ་ལ་སེམས་པའི་འདུ་ཤེས་མེད་པར་རང་གཅེས་འཛིན་གྱི་བསམ་བློ་ཤས་ཆེ་བས་ལན་པ་རེད་སྙམ།

དེ་སྔོན་སྐྱེ་ཚོགས་རྙིང་པའི་སྐབས་སུ་བོད་ཀྱི་སེ་འབྲས་སོགས་དགོན་པའི་ནང་གྲྭ་བཙུན་སྟོང་ཕྲག་མང་པོ་ཡོད་པས་ཚུལ་དེར་བསམས་ན་དེ་དུས་ནང་ཆོས་ཤིན་ཏུ་དར་ཆེན་པོ་ཡིན་ཚོད་རེད། དོན་དུ་དེ་དུས་མང་ཚོགས་ལྷ་ཞོག་དགོན་པའི་ནང་དུ་ཡང་ཆོས་ལེགས་པར་ཤེས་མཁན་ནི་གྲྭ་བཙུན་གྱི་མི་གྲངས་སྤྱི་ལ་བསྡོས་ན་ཤིན་ཏུ་ཉུང་

ཉུང་ལས་མེད་པས། མང་ཚོགས་ཕལ་མོ་ཆེ་དོན་དམ་སྒོངས་དད་བྱེད་མཁན་འབའ་ཞིག་ལས་མ་འདས། དེས་ན་ཨུ་ཅག་གི་བླ་མས་གསུངས་པ་བཞིན་དུ། ཁ་ནས་དཀོན་མཆོག་གསུམ་ཟེར་མཁན་གཅིག་ཨོར་ཉིས་ཨོར་ཡིན་ཡང་། ཡང་སྙིང་དཀོན་མཆོག་གསུམ་ཟེར་ན་ཅི་ཞིག་ཡིན་མིན་ཤེས་མཁན་སྟོང་གི་ནང་ལ་གཅིག་ཀྱང་དཀའ་མོ་ཆགས་བསྡད་ཡོད་པས། སྤྱི་ཚོགས་རྙིང་པའི་ནང་དུ་ནང་ཆོས་ཤེས་རིག་དག་ཤེས་ལྡན་པ་ཕན་ཚུན་གྱི་བློ་གྲོས་ཀྱི་མྱུང་བྱ་ལྷ་བུའི་རྣམ་པ་ཆགས་ནས་གསུང་རབ་རི་བོའི་གཏོས་དང་མཉམ་པ་མཆིས་ཀྱང་། མང་ཚོགས་སྤྱིར་བཞིན་ཆོས་ལ་སྒོངས་དད་འབའ་ཞིག་བྱེད་པའི་རྣམ་པར་ལུས་ཡོད། དེང་གི་སྤྱི་ཚོགས་འདིར་དངོས་པོའི་དཔལ་འབྱོར་གང་ཙམ་འཕེལ་རྒྱས་འགྲོ་བཞིན་པ་དང་། ཕྱིའི་རིག་གནས་ཀྱིས་བོད་མིའི་བློ་ངོར་ཤུགས་རྐྱེན་ངེས་ཅན་ཐེབས་བཞིན་པ་ལགས་ན། ད་དུང་བོད་མི་ཕལ་མོ་ཆེ་ཆོས་ལ་སྒོངས་དད་བྱེད་ཀྱིན་བསྡད་ན་ག་ལ་འོས། དེའི་ཕྱིར་ང་ཚོས་སློང་རིན་ཡོད་པ་ནི་ཆོས་དང་ཆོས་མིན་གྱི་དབྱེ་མཚམས་རེད་ལ། དེ་ལས་མང་ཚོགས་ཚོའི་རང་གཅེས་འཛིན་ཚུལ་བཞིན་མི་ཤེས་པའི་འདུ་ཤེས་རྙིང་པ་དང་། ནད་ཅིག་བྱུང་ན་ལྷ་ལ་སྐྱབས་བཅོལ་བྱས་ཏེ་སྨན་པ་རྒྱབ་ལ་བསྐྱུར། ལྷ་གསོལ་དུས་ཀྱང་ལྷ་དེ་ཚོ་འདི་ཕྱིའི་དཔུང་རོགས་སུ་གདུང་འབོད་བྱེད་པ་སོགས་ནི་ཆོས་མི་ཤེས་པས་ལན་པ་ལས་ཅི། འབྲི་གུང་ར་སེ་དཀོན་མཆོག་རྒྱ་མཚོས་ཀྱང་། “ང་ཚོ་སྒོངས་དད་ལ་དགའ། ཧ་ཅང་དགའ། རིག་གནས་གསར་བརྗེའི་དུས་སྐབས་ལ་ཆོས་དད་བྱེད་པ་ལ་སྒོངས་དད་བྱེད་པ་ཟེར་ཞིང་། མི་ཚོས་དད་ཅན་ལ་ཁོ་སྒོངས་དད་ཆེན་པོ་ཡོད་པ་ཞིག་རེད་ཟེར་གྱི་ཡོད། ཆོས་དད་དང་སྒོངས་དད་ཐ་དད་ཕྱེ་དུས་མེད་དེ་འཚམ་པོ་མི་འདུག

ཡོད། འོན་ཀྱང་ང་ཚོའི་སྔོན་དང་ད་ལྟའི་དངོས་ཡོད་གནད་དོན་ལ་བསྟུར་ཞིང་དཔྱད་པ་བྱས་ན། ཆོས་དད་པ་གྲྭ་བཙུན་དང་མང་ཚོགས་ཚོའི་ཆོས་བྱེད་སྟངས་དང་། འདུ་ཤེས་འཛིན་སྟངས་ཀུན་ནི་རྙོང་ས་དད་རྒྱུང་ཡིན་པས། མིང་དེ་མི་འཚམ་པ་མི་འདུག་ལ་དེ་བས་འཚམ་པོ་འདུག་སྙམ་”①ཞེས་གསུངས་ལ། “ཡང་སེར་སྐྱ་ཚོ་ནི་ལྷ་ཆོས་སོགས་གསོལ་མཆོད་བྱེད་པོའི་ལྟ་བ་ཅན་གྱི་ནང་པ་ཞིག་ཆགས་འདུག་”②ཅེས་གསུངས་པ་ལྟར་རོ། །ཆོས་ཙུང་ཟད་ཤེས་མཁན་ཞིག་ཡིན་ན་འཇིག་རྟེན་པའི་ལྷ་འབའ་ཞིག་ལ་སྐྱབས་སུ་འགྲོ་རིན་ཅི་ཡོད། འཇིག་རྟེན་ལྷ་ཡང་འཁོར་བའི་བཙོན་རར་ཚུད་པ་མ་ཡིན་ནམ། དེས་ན་བག་ཆགས་རྙིང་པ་དང་། གོམས་སྲོལ་རྙིང་པ་མང་པོ་ཞིག་གི་འབྱུང་གཞི་ནི་ཆོས་ཆོས་བཞིན་མ་ཤེས་པས་ལན་པ་ཡིན་ནོ། །

ད་ཆ་དབུས་ལྷ་སའི་སེ་ར་ཧྭ་མགྲིན་དང་གྲྭ་བཞི་ལྷ་མོ་མཇལ་བར་འགྲོ་མཁན་ཉིན་ལྟར་གྲལ་བསྒྲིགས་ནས་འཚང་ཁ་ཤིག་ཤིག་རེད། ཉིན་ལྟར་ཁང་པ་ན་ན་གྲལ་བསྒྲིགས་ནས་མཇལ་ཁ་ཞིག་ཞུས་པས་དད་པའི་ཕན་ཡོན་ཞིག་ཡོད་ངེས་ཀྱང་། ལེགས་པར་བསམས་ན་དེ་ལྟའི་བགྱི་བས་འདི་ཕྱིའི་དགེ་ཚོགས་གསོག་པར་གྲོགས་གང་ཞིག་བྱེད་ཐུབ་མིན་ལྕང་རིགས་ཀྱིས་བརྟགས་ན་འཆད་དཀའ་བ་ཞིག་རེད། ཆོས་ཙུང་ཟད་ཤེས་མཁན་གྱི་མང་ཚོགས་ཤིག་ཡིན་ན་ལྟ་བ་རྣམ་དག་ཅིག་མ་འཛོན་ཡང་། སྤྱོད་པའི་ཐད་ལ་རང་གཞན་ཕན་དགེའི་བྱ་བ་འདྲ་བསྒྲུབ་སྲིད་པས། དེ་ནི་རྟེན་སྲུང་

①འབྲི་གུང་ར་སེ་དཀོན་མཆོག་རྒྱ་མཚོ། བོད་རེ་བ་ཅན། ཀན་སུའུ་མི་རིགས་དཔེ་སྐྲུན་ཁང་། ༢༠༡༠ལོའི་ཟླ་༣ ཤ༨༥

②འབྲི་གུང་ར་སེ་དཀོན་མཆོག་རྒྱ་མཚོ། བོད་རེ་བ་ཅན། ཀན་སུའུ་མི་རིགས་དཔེ་སྐྲུན་ཁང་། ༢༠༡༠ལོའི་ཟླ་༣ ཤ༡༠༠

བྱིན་རླབས་ཅན་ལ་མཇལ་ཁ་ཞུས་པ་ལས་ལྷག་འགྱུར་གྱིས་ཕན་ཁ་ཆེ་ངེས་རེད། སྔོན་བྱོན་མེས་པོ་དམ་པ་དེ་ཆོས་སྲོག་ཀྱང་གཏོང་ཕོད་ཀྱིས་ཆོས་བླངས་ཆོས་ཆོས་བཞིན་དུ་འགྲེལ་བར་མཛད་པ་རྣམས་ནི་ཤིན་ཏུ་རྩ་ཆེ་བ་སྟེ། རྐང་པ་ན་ནའི་ངང་དུ་གྲལ་བསྒྲིགས་ནས་མཇལ་ཁ་ཞུས་པས་དོན་གོ་ཆོད་པ་ལྟ་བུའི་སྐབས་བདེ་པོ་ཞིག་ག་ལ་ཡིན། གཙུག་ལག་ཁང་སོགས་ལའང་ཐག་རིང་སྨད་མདོ་ཁམས་ནས་ཕེབས་པ་ཁྲི་དང་ཁྲི་བྱས་ནས་ཚང་ཁ་བརྒྱབ་སྟེ་མཇལ་ཁར་ཡོང་ནས་ཁོ་ཚོའི་སེམས་སུ་ཇོ་བོ་མཇལ་ན་སངས་རྒྱས་གསུང་མ་བྱོན་མཁན་དེ་མཇལ་བྱུང་སྙམ་གྱི་ཡོད་བཟོ་རེད་① དོན་དུ་ཇོ་བོ་སངས་རྒྱས་ཀྱི་སྐུ་འདྲ་ཡིན་པ་ཤེས་ན་ཡང་། རྗེ་རིན་པོ་ཆེས། མཛད་པ་ཀུན་ལས་གསུང་གི་ནི། །མཛད་པ་མཆོག་ཡིན་དེ་ཡང་ནི། །དེ་ཉིད་ཡིན་ཕྱིར་མཁས་པ་ཡིས། །འདི་ལས་སངས་རྒྱས་རྗེས་དྲན་བྱོས། །② ཞེས་གསུངས་པ་བཞིན་དུ། སངས་རྒྱས་ཀྱི་གསུང་རབ་ཚིག་རེ་གཉིས་མཇལ་ནས་གོ་བ་ཅུང་ཟད་རེ་ལོན་ན་སངས་རྒྱས་ངོ་མ་མཇལ་བ་དང་ཁྱད་མེད་སྙམ་པའི་སེམས་སྐྱེ་དགོས་རྒྱུའི་འདུ་ཤེས་དེ་མེད་པས་ལན་པ་རེད་ལ། དེ་དག་ཀྱང་ཆོས་ཆོས་བཞིན་མ་ཤེས་པས་ལན་པའོ། །

དེང་གྲྭ་བཙུན་འགས་རབ་ཏུ་བྱུང་བའི་ཆས་གོས་དེ་གོན་པ་ཙམ་གྱིས་རང་གི་བསོད་ནམས་བསགས་ཡོད། དགེ་ཚོགས་བསྒྲུབ་ཡོད་སྙམ་པའི་སྤྱོབས་པ་ཁོ་ན་ཁོང་དུ་བཅུག་ནས། ལོག་འཚོའི་ཉེས་ལྟུང་གི་འཇིགས་པ་ཡེ་ནས་མི་བསམས་པར་ཉིན་

---

①འདིར་ཁོ་བོས་བླ་མའི་གསུང་ཅུང་གཡར་བ་ལགས།

②བསྟོད་སྨོན་ཕྱོགས་སྒྲིག མཚོ་སྔོན་མི་རིགས་དཔེ་སྐྲུན་ཁང་། ༢༠༠༨ལོར་དཔར་ཐེངས་བཅུ་དྲུག ཤ༥༠

ལྷར་དཔེ་ཆ་ཁྲི་ཕྲོར་ཞིག་འདོན་གྱི་མེད་ཐག་ཆོད་རེད། དཔེ་ཆ་ངག་ནས་འདོན་པ་ཡང་ཉུང་ངུ་ལས་མེད་ན། དོན་རྣལ་མ་ཧ་ཅང་དུ་ཉར་ཞིང་སེམས་སུ་སྨས་ནས། གོ་བ་ བླབས་པོ་ཆེ་སྐྱེད་དེ་ཐུབ་པའི་བསྟན་ལ་ལག་རྗེས་འཇོག་རྒྱུ་ནི་ཉི་མ་ནུབ་ནས་ཤར་བ་ རང་རེད། དེ་ཡང་བློ་ཤེས་རབ་རྒྱ་མཚོས། "ལྷག་པར་དུ་ཆོས་པ་ཡིན་ཁུལ་གྱི་གྲྭ་ ཆས་སྤྲས་པ་ཚོའི་ངོས་ནས་ནི། ཟབ་གཞུང་འདི་དག་གི་བརྗོད་དོན་ཅི་ཡང་མི་ཤེས་ པར་དུང་ཞེན་རྐྱང་བ་ཞིག་ལ་ཤི་འཐམ་རོ་འཐམ་བྱས་ཏེ། རྒྱལ་བའི་བསྟན་པ་འཛིན་ དགོས་ཚུལ་གྱི་ཀུ་ཅོ་འདོན་གྱིན་པ་ནི་ཧ་འདྲའི་དགོས་བྲོ་ཞིང་དུ་འཚོར་བ་ཞིག་རེད་ ཨང་" ① ཞེས་སོགས་གསུངས་པ་ནི་ཡོ་འཁྲུག་མེད་པའི་ཤ་ཚའི་སྙིང་གཏམ་རང་དུ་ འཁྲུམས་སོ། །ཆོས་ཆོས་བཞིན་མ་ཤེས་པའི་སྣང་ཚུལ་ནི་བོད་ཀྱི་ས་སྣང་འདི་ཡི་ཁུལ་ ལ་ས་ཁྱབ་རྗེ་ཁྱབ་ཡིན་པས། ད་ལྟའི་དབང་གིས་བོད་པས་སེམས་ཅན་ཐམས་ཅད་ཀྱི་ དོན་དུ་ཞེས་པའི་སྨོན་ལམ་དེ་ཡང་ཧ་ལམ་རྫུན་མ་ལྟ་བུར་འགྱུར་འགྲོ། བསམས་ཆེ་ བོད་རིགས་ཀྱི་སློབ་ཐོན་པ་དང་། ཞིང་འབྲོག་མང་ཚོགས་སོགས་ཚད་ཧ་ལམ་བརྒྱ་ཆ་ བརྒྱད་ཅུ་དགུ་བཅུས་ནང་ཆོས་ལ་དད་པ་བྱེད་ཀྱི་ཡོད་སྲིད་མོད། དེའི་གྲས་སུ་བརྒྱ་ཆ་ གསུམ་བཞི་ཙམ་གྱིས་ཀྱང་ཆོས་ལ་གོ་བ་ཡང་དག་བསྐྱེད་ཐུབ་མཁན་དཀའ་མོ་ཡིན་ པས། རྨོངས་དད་རྐྱང་རྐྱང་དབང་གིས་བྱ་ལུགས་བྱེད་ལུགས་རྙིང་པ་མང་པོར་ནང་ ཆོས་ཡིན་བསམས་འགྲོ་བས། ཆོས་ཆོས་བཞིན་མི་བྱེད་པའི་སྣང་ཚུལ་སྣ་ཚོགས་ལ་ རྣམ་གཞག་བྱེད་རྒྱུ་ནི། བོད་ཀྱི་ཤེས་རིག་བསྟན་པ་དར་སྤེད་དང་། བོད་མིའི་བསམ་

① བློ་ཤེས་རབ་རྒྱ་མཚོ། རྒྱན་ཤེས་དང་ལམ། ཀན་སུའུ་མི་རིགས་དཔེ་སྐྲུན་ཁང་། ༢༠༡༡ལོའི་ཟླ་༦ ཤ༨ནས་༡ཡི་བར།

བློའི་གོ་རྟོགས་སད་རྒྱུ། བོད་མིའི་འཚོ་གནས་སོགས་ཕྱོགས་ཚང་མར་སྨན་པ་ཞིག་ཡིན་པར་སེམས།

ངོ་མ་བོད་ཀྱི་མགོ་ནག་རྣམས་ལ་ནང་ཆོས་ཀྱིས་བཞག་པའི་བག་ཆགས་ཡོད་དམ་མེད་ཅེ་ན། ཤིན་ཏུ་ཆེན་པོ་ཡོད་ལ། ཡ་རབས་དགེ་བའི་བག་ཆགས་ཀྱིས་མི་རབས་མང་པོར་ཕན་དགེའི་བགྲོད་ལམ་བསྟན་ཡོད། ནང་ཆོས་ཀྱིས་ཚུལ་མཐུན་གྱི་མི་ཆོས་ཀུན་སྤྱོད་དང་། སྐྱེ་ཁམས་ཁོར་ཡུག་སྲུང་སྐྱོང་། སེམས་ཁམས་གསོ་བ་སོགས་ལ་སྨན་པ་ཀུན་གྱིས་ཁས་ལེན་པ་ཡིན་མོད། ནང་ཆོས་ཀྱིས་བཞག་པའི་བག་ཆགས་ཡིན་མིན་ཆ་མི་འཚལ་བའི་བག་ཆགས་རྙིང་རུལ་འགའ་ཡིས། ནང་ཆོས་འདི་ཡང་སོ་སྐྱེའི་སྣང་ངོར་རྫུན་མ་དང་ལྷད་ཅན་ལྟ་བུར་སྣང་བ་རེད། དེས་ན་ཆོས་དང་ཆོས་མིན་གྱི་སྣང་ཚུལ་ལ་རྣམ་དབྱེ་འབྱེད་པའི་བགྱི་བ་ནི་མཁས་པས་བྱ་འོས་པའི་ལས་དོན་ཧླབས་པོ་ཆེ་ཞིག་རེད། ང་རང་དེང་གི་ན་གཞོན་འགའི་བསམ་བློ་དང་སྙིང་སྟོབས། བསམ་ཕོད་ཤོད་ཕོད་དང་། ངལ་བ་ཁུར་དུ་ལེན་པའི་དཔའ་ཁོག་ལ་སྙིང་ནས་མོས་ལ། ཁོ་ཚོའི་སྙིང་སྟོབས་ནི་དེང་དུས་ཀྱི་ན་གཞོན་རབས་ཤིག་ལ་དགོས་ངེས་ཀྱི་བསམ་བློ་ཞིག་རེད་སྙམ། ཁོ་ཚོ་དང་མི་གཅིག་པར་དེང་གི་མཁས་པར་རློམ་པ་འགས་ན་གཞོན་གྱི་བསམ་སྤྱོད་མཐའ་དག་ལ་བསུན་མདོག་བྱེད་པ་དང་། ཐ་ན་སྐད་ཀྱང་འདྲེས་མ་འབབ་ཞིག་ལ་གོམས་པའི་མཁས་ཉམས་དེ་རང་གི་ངོར་དུ་མེད་པའི་འཚོ་གནས་ཀྱི་གདམ་ངར་བརྩིས་ནས། ཀུན་གྱིས་བཀུར་ནས་སློབ་དཔོན་དུ་བསྟེན་ཡང་གཏམ་འཆལ་ལུང་པ་གང་གིས་ཐག་མ་ཆོད་པའི་དོན་ཆུང་ཆུང་ཞིག་ལ་ཤི་འཐམ་རེ་འཐམ་བྱས་ཏེ། དོན་དུ་བོད་ཟལ་མོ་སྒང་གི་ཕྱི་རབས་ལ་སྨན་པའི་དོན་བཟང་པོ་སྣ་

གཅིག་ཏ་ལམ་བསླབ་མི་ཐུབ་ཚོད་རེད། མ་གཞི་བོད་ཀྱི་རིག་གནས་སམ་བོད་རིག་པ་ཞེས་སུ་གྲགས་པའི་ཁྱབ་ཁོངས་རྒྱ་ཤིན་ཏུ་ཆེ་བ་ལགས་མོད་ཀྱང་། ཐག་ཆོད་ལ་མ་ཚོད་དང་རང་གཅེས་འཛིན་གྱི་བསམ་པ་ཤུགས་ཆེན་དེ་སློད་མ་ཐོང་བའི་སྔོན་ནས་མཁས་པའི་མི་ཚེ་དེ་རྫོགས་འགྲོ་དུས། ན་གཞོན་སྙིང་སྟོབས་ཅན་དེ་ཚོས་བོད་པ་དུ་མར་དྲན་སྐུལ་གྱི་ཅོང་བརྡུང་བ་སོགས་ཕན་པ་རྣག་ཐོག་བཙག་འཁེལ་དུ་བསྒྲུན་བཞིན་པ་ལ་དམའ་འཛོག་མཛད་པ་ཆེས་མི་འོས་སྙམ།

དེང་གི་མཁས་པའི་མིང་འཛིན་པ་འགས་རང་ཉིད་རྒྱ་ཆེ་བ་དང་ཟབ་པའི་དོན་ལ་ཞིབ་འཇུག་ཆེན་པོ་ཞིག་བྱ་བཞིན་པ་སོགས་ལ་ཁ་གཡར་ཏེ། སྤྱི་ཚོགས་དང་རིག་གནས་གླིང་བརྗོད་ཀྱི་དེབ་ སྣ་ཚོགས་ཆར་རྗེས་ཀྱི་ཤ་མོ་བཞིན་ཐོན་པ་དག་ལ་དམའ་འབེབས་པ་སོགས་བྱེད་པ་ལས། རང་ཉིད་ཀྱིས་དོན་ངོ་མར་ལག་པ་འགྲུལ་ནས་དཔའ་ཁོག་ཆེན་པོས་དངོས་དོན་ལ་སྨྲན་པའི་གཏམ་དྲང་པོ་ཞིག་ཡི་གེར་འབེབས་པར་མི་བྱེད། དེང་གི་བོད་པ་ཚོ་ལ་ཆ་མཚོན་ན་སོ་སོ་རང་ཉིད་ཀྱིས་བྱ་བ་ཆུང་ངུ་ནས་འགོ་བཙུགས་ཏེ་རིམ་པ་བསྒྲིམས་ནས་ཏང་དང་རྒྱལ་ཁབ་ཀྱི་སྲིད་ཇུས་བཟང་པོ་དམ་དུ་འཛིན་ཏེ་སྐད་ཡིག་རྒྱུད་འཛིན་དང་དར་སྤེལ་ལ་ཞབས་འདེགས་ཞུ་མཁན་དང་། བྱ་སྤྱོད་སྤེལ་མཁན། དེ་བཞིན་དུ་སྤྱི་ཚོགས་དང་རིག་གནས་ཐད་ལ་དཔྱད་སྒྲུབ་ཀྱི་རྩོམ་ཡིག་འདྲ་སྤེལ་ནས་བོད་པ་ཚོ་རང་ངོ་རང་གིས་ཟིན་དུ་འཇུག་མཁན་མང་དུ་དགོས་པ་ཡིན། འགའ་ཞིག་གིས་ནི་ང་མཁས་པ་ཡིན་ཏེ་མང་པོ་མང་པོ་ཞིག་ཤེས། ངས་སྐད་ཆ་འདྲེས་མ་རེ་གཉིས་ལབ་པ་དང་བྱ་སྤྱོད་ཡ་མ་ཟུང་རེ་གཉིས་བྱས་པ་ལ་ཉེས་པ་ཆེ་རྒྱུ་ཅི་ཡོད་སྙམ་པའམ་ཡང་ན་གཞོན་ནུ་སྙིང་སྟོབས་ཅན་ཚོའི་བྱ་འགུལ་ལ་

འགག་པ་འདྲ་བརྒྱབ་ཀྱིན་ཕོ་ཚོ་བྱབ་ཆུང་དུ་སེམས་མཁན་ཡང་ཡོད་སྲིད་ལ། ཡོད་ཚད་ཅི་ཞིག་ལ་ཁག་དཀྲི་བཏགས་ནས་ང་ནི་ཡོན་ཏན་ཆེ། ངས་ནི་མང་པོ་ཞིག་ཤེས་པས། ངའི་གོམས་འདྲིས་ཅན་གྱི་སྐད་འདྲེས་མ་དེ་ཙམ་གྱིས་སྐྱོན་ཆེན་པོ་མེད་ལ། ཚུལ་མཐུན་མིན་པའི་གོམས་སྲོལ་ཞིག་བསྐྱངས་ན་ཡང་ཉེས་པ་ཆེ་རྒྱུ་ཅི་ཡོད། གང་དག་དོན་དངོས་ལ་བསྟུན་ཏེ་རང་དོན་ལ་གཞོལ་བ་དང་རང་གཅེས་འཛིན་གྱི་འཛིན་པ་གསོ་བ་ནི་བློ་གྲོས་ཅན་གྱི་ལས་ཡིན་པ་དང་དེ་བཞིན་དུ་མི་བྱེད་མཁན་ནི་གླེན་པོའི་ངང་ཚུལ་རེད་བསམས་མཁན་མེད་པ་ག་ལ་ཡིན། དོན་དངོས་ཐོག་བསམ་ཚུལ་དེ་རིགས་ནི་འགོ་འདོགས་རིང་ལུགས་ཀྱི་བསམ་བློ་རང་རེད། རང་རེའི་རྒྱལ་ཁབ་ཀྱི་མི་རིགས་ཀྱི་སྐད་ཡིག་སྲིད་ཇུས་ནི་ཡག་པོ་རེད་ལ་ཆོས་དད་རང་མོས་ཀྱི་སྲིད་ཇུས་ཀྱང་ལེགས་པོ་ཡོད་པ་ཡིན་ན། རང་ངོས་ནས་འགོ་བཙམས་ཏེ་གོ་སྐབས་དམ་འཛིན་དང་ལ་རྒྱ་བརྟན་སྲུང་མི་བྱེད་པར། མཁས་མདོག་ཆེ་མདོག་གིས་ཕྱི་རབས་པར་བག་ཆགས་ངན་པ་འཇོག་མཁན་གྱི་མཁས་མེང་འཛིན་པ་དེ་རིགས་ནི་ཅི་ཡང་མི་ཤེས་མཁན་གྱི་ཕྱུགས་ལྷ་བུ་ཞིག་ཡིན་ན་དགའ་རབ་ལགས། དེ་ལས་རིག་གནས་ཀྱི་ཆུ་ཚད་དམན་པས་ཐ་ན་གླུ་ཚིག་དག་ཀྱང་དགོན་མེད་པར་འདོན་དཀའ་བའི་དེང་གི་གླུ་པ་གླུ་མ་སྐོར་ཞིག་གིས་འགྲོ་གྲོན་མང་པོ་བཏང་ནས་ཕ་སྐད་གཙང་མའི་གླུ་གཞས་ཆེད་སྒྲིག་གང་མང་བཏོན་པ་དེས། བོད་པ་མང་པོའི་གླུ་གར་སྒྱུ་རྩལ་གྱི་བསམ་བློའི་དགོས་མཁོ་དེ་རང་སྐད་ཡིག་དང་རང་གི་རིག་གནས་དང་ཡ་མ་བྲལ་བའི་ངང་ནས་བསྐངས་ཐུབ་ཡོད་ལ། ཆེད་ལས་པ་ལས་ལྷག་པར་སྲོལ་རྒྱུན་གྱི་དམངས་གཞས་རྩམ་དྲི་ཁ་བ་རྣ་བའི་གསོས་སུ་གྱུར་པ་མང་པོ་བསྡུ་རུབ་དང་ཕྱོགས་སྒྲིག་གནང་ཡོད་པས་ཕོ་ཚོ་ཅི་

འདྲའི་བཀུར་འོས་ཀྱི་དམ་པ་མ་ལགས་སམ་སྙམ། དེ་དག་གི་ཕྱིར་ན། ང་རང་མཁས་པ་ཨུ་ཚུགས་ཅན་དང་རང་ཤེད་ཅན་དེ་ཚོར་དགའ་པོ་མེད་ཅིང་། ན་གཞོན་སྙིང་སྟོབས་ཅན་ཚོར་བཙོས་མིན་གྱིས་དགའ་ཞིང་མགུ། འོན་ཏེ་ན་གཞོན་སྙིང་སྟོབས་ཅན་ཚོས་ངེས་པར་དུ་ཆོས་དང་ཆོས་མིན་གྱི་ས་མཚམས་དེ་གསལ་པོ་ཞིག་དབྱེ་ནས་གླེང་སློང་དགོས་པ་ནི། རང་རེའི་ཤེས་རིག་ཉིང་ཁུ་དག་ལ་གོད་ཆགས་མ་བྱུང་བའི་ཁག་ཐེག་ཡིན་ཏེ། ཁུ་བྱུག་ལགས་ཀྱིས། "བོད་ཀྱི་འདས་དང་ད་ལྟ། མ་འོངས་པ་གང་གི་ཆ་ནས་བཤད་ན། སངས་རྒྱས་ཆོས་ལུགས་ནི་བོད་ཀྱི་རིག་གནས་ཀྱི་སྙིང་པོ་དང་ཁྱད་ཆོས་གཙོ་བོ་ཞིག་ཏུ་གྱུར་པ་དང་འགྱུར་བཞིན་པའི་ཕྱིར་ན"①ཞེས་སོགས་གསུངས་པ་ལྟར་ཡིན་ནོ། །

དཔེར་ན། རྒྱུན་ཤེས་དང་ལམ་ཞེས་པའི་དཔེ་དེབ་དང་། འབྲི་གུང་ར་སེ་དཀོན་མཆོག་རྒྱ་མཚོའི་བོད་རེ་བ་ཅན་ཞེས་པའི་དཔེ་དེབ། ཐེལ་བརྩུ་ཡར་འཕེལ་རྒྱ་མཚོས་བརྩམས་པའི་རང་ཁ་རང་གསོ་ཞེས་པའི་དཔེ་དེབ། པད་མ་ཚེ་རིང་གི་རྣམ་རྟོག་གི་ཞགས་པས་བཅིངས་པའི་འཇིག་རྟེན་ཞེས་པའི་དཔེ་དེབ། རྒྱ་གྲོལ་གྱི་ནང་བསྟན་སློབ་དེབ་སྐལ་བཟང་འཛུག་ངོགས་སོགས་སྤྱི་ཚོགས་དང་རིག་གནས་གླེང་བརྗོད་ཀྱི་དཔེ་དེབ་མང་པོ་ཡོད་པ་དག་ནི་དཔེ་དེབ་ཚོང་ཁང་དུ་བྲིན་ཁ་རྒྱུག་ཤོས་ཀྱི་དཔེ་ཆ་ཁག་རེད། འགའ་ཞིག་གིས་དེ་ལ་ཡ་མཚན་རྒྱུ་ཅི་ཡོད། དཔེར་ན་ལྷིང་

①ཁུ་བྱུག སངས་རྒྱས་ཆོས་ལུགས་དང་བོད་ཀྱི་རིག་གནས་ལས་འཕྲོས་པའི་གནད་དོན་སྐོར་གླེང་བ་བདེན་གཏམ་ཡིད་ཀྱི་མུན་སེལ། བོད་ལྗོངས་མི་དམངས་དཔེ་སྐྲུན་ཁང་། ༢༠༡༡ལོའི་ཟླ་བ་ལྔ་པར་དཔར་ཐེངས་གཉིས་པ། ༦༡

འཇགས་ཀྱི་ཁྲིམ་གཞུང་དུ་མི་ཁ་རྫོད་རྒྱུག་མཁན་དང་འཛིང་མཁན་འདྲ་བྱུང་ན་ཚང་མས་ཊུབ་ནས་བལྟ་བར་བྱེད་པ་ལྟ་བུ་རེད། ཕོ་ཚོ་ཁྲི་ཕྲུག་ཆུང་ཆུང་དང་འདྲ་བར་སྤོབས་ཤུགས་མེད་ཀྱང་རྨུག་རྒྱུར་དགའ་བ་སོང་ཙང་དོ་སྣང་བྱེད་མཁན་བྱུང་བ་ལས། དོན་དུ་ཕོ་ཚོའི་རིག་གནས་ཀྱི་གནས་ཚད་དེ་ཏ་ལམ་དཔེ་དེབ་ཅིག་འབྲི་བའི་ཚད་ལ་སླེབས་མེད་ཟེར་མཁན་ཡང་ཡོད། ངོ་མ་ཤོད་སྟངས་དེ་རིགས་ནི་རང་ཉིད་རིག་གནས་སྣ་ཚོགས་ལ་དོ་སྣང་བྱ་རྒྱུར་མི་དགའ་བའི་དན་རྟགས་རྗེན་མར་བཤམས་པ་ཙམ་ལས་མ་འདས་སྙམ།

འོན་ཀྱང་ཕོང་ཚོའི་དཔེ་དེབ་དེ་རིགས་ཀྱིས་དེང་གི་སྤྱི་ཚོགས་སྟེང་དུ་བག་ཆགས་ངེས་ཅན་ཞིག་འཇོག་བཞིན་ཡོད་དེ། ཕོང་ཚོའི་དཔེ་དེབ་དེ་ཚོ་གླིང་སྐོར་ལམ་ཀྱི་རྒན་པོ་ཆོས་ཀྱང་ཁྲར་ཁྲོར་ཞིག་གླིང་ན། ཀོ་སླ་བའི་དཔེ་དེབ་དེ་ཆོས་བོད་པའི་རིག་གནས་འཚོ་བའི་དགོས་མཁོ་ངེས་ཅན་སྐོང་བཞིན་པ་རེད་ལ། རང་གི་སྐད་ཡིག་དང་རིག་གནས་ལ་བཙངས་པའི་འདུ་ཤེས་དག་ལེགས་པར་སྐྱེད་སྲིང་བྱེད་པ་དང་། འཚོ་གནས་དང་འབྲེལ་བའི་བསམ་གཞིག་གསར་པ་དང་དྲི་གཞི་གསར་པ་སྣ་ཚོགས་བཏོན་པས། སྐྱེ་བོ་སྐོར་ཞིག་མནལ་ལས་སད་རྒྱུར་ཅོང་བརྡ་བརྡུང་བ་ལགས་ན། དེ་དག་ལ་གཡམ་ཆུང་མཛད་རྒྱུ་མི་འདུག་ཅེས་མཁས་མིང་འཛིན་པ་རྣམས་ལ་ཞུའོ། །གང་ལྟར་ནའང་ང་ཚོ་བོད་པ་ཚོར་གདོང་དམར་བོད་པ་ཞེས་སུ་གྲགས་པའི་བཀུར་འོས་རིགས་བཟང་དེ་ཇི་ཙམ་གནས་ཐུབ་པ་དེ་ནི་རང་གི་སྐད་ཡིག་དང་སྲོལ་རྒྱུན་བཟང་པོ་ཉམས་མི་ཉམས་ལ་ཐུག་ཡོད་པས། ནང་ཆོས་ལ་དམའ་འབེབས་པ་ནི། ཁ་དཔེར་མ་འཛོན་སུམ་རྒྱུག་བརྒྱབ་ན། །སྤོ་ལོ་ལངས་ནས་འཕུར་ཡོང་། །ཞེས་པའི་

དཔེ་ལྟར་རྩོམ་མཁན་རང་ཉིད་ཀྱི་སྔོ་ལོ་འཁྱུར་རོགས་དང་རང་ལུས་ལ་འདམ་གྱིས་འགོས་རོགས་ལས་མེད་དེ། ནང་ཆོས་ཀྱི་དགེ་མཚན་སྐོར་ལ་ཞིབ་འཇུག་དང་སློབ་སྦྱོང་བྱེད་མཁན་དེང་སེ་ལྷེ་བཞིན་འཛམ་བུའི་ཁྱོན་ལ་མཆེད་བཞིན་པ་དང་། ནང་ཆོས་ཀྱིས་ཕྱོགས་མང་པོ་ནས་བོད་ཀྱི་རང་ཚུགས་ཐུབ་པའི་རིག་གནས་འཛིན་སྐྱོང་སྤེལ་གསུམ་ལ་ཕན་དགེ་བསྐྱུན་བཞིན་ཡོད་པས་སོ། །མཁན་པོ་ཚུལ་ཁྲིམས་བློ་གྲོས་ཀྱི་བག་ཆགས་རྫོང་སྨྲུག་གི་ལན་དུ། དེ་ནས་དུས་རབས་ཉི་ཤུ་པའི་ནང་དུ་འཛམ་གླིང་ནུབ་ཕྱོགས་ཡོ་རོབ་དང་ཨ་རི་ལ་སོགས་པར་དར་ཏེ། ད་ལྟ་དུས་རབས་ཉེར་གཅིག་པའི་མགོ་ཟུག་པའི་བར་དུ་ནུབ་ཕྱོགས་པའི་སྐྱེ་བོ་མཁས་བླུན་རབ་ཏུ་མང་པོ་རྣམས་ཀྱིས་དད་འདུན་རྒྱ་ཆེན་པོ་བྱེད་དེ། དབྱིན་ཇིའི་ལོ་རྒྱུས་སྨྲ་བའི་མཁས་པ་ཨར་ནོད་ཐོ་ཡིན་བྷིས་ArnoldToynbce དུས་རབས་ཉི་ཤུ་པར་ཆེས་གལ་ཆེ་བའི་བྱ་བ་དེ་ནང་བསྟན་ནུབ་ཕྱོགས་སུ་དར་བ་དེ་ཡིན་ཞེས་ཟེར། ནུབ་ཕྱོགས་པ་དངོས་པོའི་ལོངས་སྤྱོད་དར་རྒྱས་སུ་སོང་སྟེ་སེམས་ཀྱི་འཁྲེར་སོ་ཡང་ཞིང་ཡི་མུག་པའི་གནས་སུ་གྱུར་པ་དག་གི་འདི་ཕྱི་གཉིས་ཆར་ལ་ཕན་པ་ཤིན་ཏུ་ཆེན་པོ་བྱུང་ངོ་། །① ཞེས་སོགས་གསུངས་པ་ལས་ཀྱང་དཔོག་ནུས་སོ། །དེས་ན་ཁུ་ཅག་ཆོས་ཆོས་དང་ཆོས་མིན་གྱི་རྣམ་དབྱེ་གང་ལེགས་འབྱེད་ཐུབ་ཐབས་ལ་འབད་པའི་རྨང་གཞིའི་ཐོག་བློ་མིག་གྱུང་པོ་དང་རུས་ཁོག་གཙང་མའི་ཐོག་ནས་བོད་ཀྱི་ད་ལྟའི་སྤྱི་ཚོགས་ཀྱི་གསེང་གསེང་ཁྲུག་ཁྲུག་ལ་གང་མང་གཟིགས་ན་སྙམ་མོ། །

①དཔལ་བླ་རུང་གི་མཁན་པོ་ཚུལ་ཁྲིམས་བློ་གྲོས་ཀྱི་གསུང་འབུམ། དེབ་དང་པོ། མི་རིགས་དཔེ་སྐྲུན་ཁང་། ༢༠༠༧ལོར་དཔར་བཏབ། ཤ༢༤༧

བོད་ཀྱི་རིག་གནས་འཕེལ་རྒྱས་ནི་སྙིང་པའི་རྨང་གཞི་ཡོད་དགོས་ལ་གསར་པ་དར་སྤེལ་ཡང་ཡོད་དགོས་པ་དེང་གི་མཁས་པས་གཅིག་ལབ་ཉིས་ལབ་ཡིན་པས། ལོ་རྒྱན་མཁས་དགུའི་མཁྱེན་དཔྱོད་ཡངས་པའི་རིག་གནས་ལ་དཔྱད་འདོམས་དགོས་ལ། ལོ་གཞོན་ངར་མའི་རྣམ་དཔྱོད་སྐྱེན་པོའི་རིག་གནས་ངོ་རིས་ཀྱི་གླེང་བརྗོད་དང་དོན་དངོས་སྒྱི་ཚོགས་འཚོ་བའི་གྲུ་ཟུར་གྱི་བསམ་གཞིག་ཀྱང་དེ་བས་ཁ་ཚ་དགོས་གཏུགས་ཡིན་སྙམ། དེ་ཡང་ཁུ་བྱུག་ལགས་ཀྱིས། "བོད་རྒྱན་ཁ་ཐོག་དཀར་པོའི་སྙིང་གཏམ་དང་། །བོད་གཞོན་ལ་རྒྱ་ཅན་གྱི་བློ་སྟོབས་རྣམས། །ཕན་ཚུན་བསྡུར་ནས་རྣམ་པར་དཔྱད་པ་ན། །འབྱུང་འགྱུར་འཚོལ་བའི་ལམ་མཆོག་སྙེད་པར་འགྱུར། །"①ཞེས་གསུངས་པ་ལྟར་ལགས། མདོར་ན་ཆོས་དང་ཆོས་མིན་གྱི་བགྱི་བ་ཅི་དང་གང་ཡང་རུང་བར་ཡང་ཆོས་རབ་ཏུ་རྣམ་པར་འབྱེད་པའི་བློ་གྲོས་འཕེལ་བར་འབད་དེ། རང་དོན་ཁོ་ན་དོན་དུ་གཉེར་བའམ་རང་གཅེས་འཛིན་གྱི་འཛིན་པ་འཕེལ་བའི་ལས་འབའ་ཞིག་ལ་གཞོལ་བའི་དབང་གིས། གཞན་སེམས་ཅན་སྤྱི་དང་ཁྱད་པར་དུ་ཁ་བ་གངས་རིའི་སྟོད་བཅུད་དྭངས་མར་སྨན་པའི་ལས་མི་བགྱི་བའི་དམན་པའི་བྱ་སྤྱོད་རྣམས་སྤོང་ཐབས་བྱ་དགོས་པར་སེམས་སོ། །

①ཁུ་བྱུག 《སངས་རྒྱས་ཆོས་ལུགས་དང་བོད་ཀྱི་རིག་གནས་ལས་འཕྲོས་པའི་གནད་དོན་སྐོར་གླེང་བ་བདེན་གཏམ་ཡིད་ཀྱི་མུན་སེལ》 བོད་ལྗོངས་མི་དམངས་དཔེ་སྐྲུན་ཁང་། ༢༠༡༡ལོར་དཔར་ཐེངས་གཉིས་པ་བཏབ། ཤ༣༢༤

ས་བཅད་གསུམ་པ། བདག་མེད་ལྟ་བའི་མཚོན་དོན་དང་ཕན་དགེའི་སྐོར།

དང་པོ། བདག་མེད་ལྟ་བས་ནང་པ་སངས་རྒྱས་པའི་ལྟ་སྤྱོད་ཟུང་མཚོན་པའི་སྐོར།

༡ ནང་པའི་ལྟ་སྤྱོད་སྤྱི་ཙམ་བཤད་པ།

ནང་པ་སངས་རྒྱས་པའི་ཆོས་ཀྱི་ལྟ་བ་ནི་རྟེན་ཅིང་འབྲེལ་འབྱུང་དང་། སྤྱོད་པ་ནི་འཚེ་བ་མེད་པའོ། །རྟེན་འབྱུང་གི་ཐད་ལ་མདོ་ལས། མཁས་པས་རྟེན་འབྱུང་ཆོས་རྣམས་ཡོངས་ཤེས་ནས། །མཐར་ལྟ་བ་ལ་བརྟེན་པར་ཡང་མི་བྱེད། །རྒྱུ་དང་བཅས་ཤིང་རྐྱེན་བཅས་ཆོས་ཤེས་ཀྱི། །རྒྱུ་མེད་རྐྱེན་མེད་ཆོས་ཉིད་ཡོད་མ་ཡིན། །ཞེས་དང་། ཡང་ས་ལུ་ལྗང་པའི་མདོ་ལས། ཅི་ཕྱིར་རྟེན་ཅིང་འབྲེལ་བར་འབྱུང་བ་ཞེས་བྱ། སྨྲས་པ། རྒྱུ་དང་བཅས། རྐྱེན་དང་བཅས་པ་ལ་བྱ་ཡི། རྒྱུ་མེད་རྐྱེན་མེད་པ་ནི་མ་ཡིན་ཏེ། དེའི་ཕྱིར་རྟེན་ཅིང་འབྲེལ་བར་འབྱུང་བ་ཞེས་བྱའོ། །ཞེས་གསུངས་པ་ལྟར་ཡིན་ཞིང་། རྟེན་འབྱུང་གི་དོན་ལ་གདུལ་བྱའི་ཁམས་དང་གནས་ཚད་མ་གཅིག་པའི་དབང་གིས་གོ་བ་བསྐྱེད་ཚུལ་མ་གཅིག་པ་ཡོད་པ་ཡིན། ཕྱིར་རྟེན་འབྱུང་ལ། རྒྱུ་འབྲས་ཀྱི་རྟེན་འབྱུང་དང་བརྟེན་ནས་བཏགས་པའི་རྟེན་འབྱུང་གཉིས་སུ་དབྱེ་བ་དང་། བརྟེན་ནས་བཏགས་པའི་རྟེན་འབྱུང་ལ་ཡང་ཆ་ཤས་ལས་བརྟེན

ནས་བཏགས་པའི་རྟེན་འབྱུང་དང་འདུ་ཤེས་ལ་བརྟེན་ནས་བཏགས་པའི་རྟེན་འབྱུང་ཞེས་པའི་དབྱེ་བ་གཉིས་ཡོད་ཅིང་། དེ་ལ་མིང་རྐྱང་བཏགས་ཡོད་ཙམ་གྱི་རྟེན་འབྱུང་ཞེས་ཀྱང་བྱའོ། །མདོར་ན་འཕྲད་ལྟོས་རྟེན་གསུམ་མམ་རྒྱུ་རྐྱེན་དབང་གིས་དང་། ཕན་ཚུན་བལྟོས་པས་དང་། འདུ་ཤེས་དབང་གིས་གསུམ་དང་། དེ་དག་གི་དཔེར། ཇི་སྐད་དུ་ཤིང་འབྲས་དམར་པོ་ཆེན་པོ་ཞེས་གསུངས་པ་ལྟར། ཆོས་རྣམས་ཀྱི་རང་བཞིན་ནི་ཤིང་འབྲས་ཞེས་པས་རྒྱུ་འབྲས་དང་། དམར་པོ་ཞེས་པས་འདུ་ཤེས་ཀྱིས་བཏགས་པ། ཆེན་པོ་ཞེས་པས་ཕན་ཚུན་བལྟོས་པ་མཚོན་པ་བཞིན་ནོ། །དེ་བཞིན་རྟེན་ཅིང་འབྲེལ་འབྱུང་ལ་ངོ་བོ་ལ་བལྟོས་པ་དང་ཐ་སྙད་རྣམ་འཇོག་ལ་བལྟོས་པ་ཞེས་པ་དང་། ཕྱི་ནང་དང་། འདུས་བྱས་འདུས་མ་བྱས་དང་། རྟེན་འབྲེལ་ཡན་ལག་བཅུ་གཉིས་ལ་སོགས་དབྱེ་སྒོ་དུ་མ་མཆིས་པ་རྣམས་ཀྱིས་རྟེན་འབྲེལ་གྱི་དོན་དཔྱིས་ཕྱིན་པ་གསལ་བར་བྱེད་མོད། སྐབས་འདིར་ཆ་ཙམ་སྤྲོས་ནས་འཐུས་པར་བགྱིའོ། །

གང་ཟག་དབུ་མ་པ་རྣམས་ལྟར་ན། འདུས་བྱས་ཐམས་ཅད་རྟེན་འབྲེལ་གྱི་ཆོས་ཅན་ཡིན་པ་ལས་དེ་དག་གི་རང་བཞིན་བདེན་པར་གྲུབ་པ་མེད་པར་འདོད་པས། རྟེན་འབྱུང་གི་ལྟ་བ་དང་སྟོང་པ་ཉིད་ཀྱི་ལྟ་བ་ཞེས་པ་ནི་མི་འགལ་བ་ཡིན་ཏེ། རྗེ་རིན་པོ་ཆེས། ཕན་མཛད་ཁྱོད་ཀྱིས་འགྲོ་བ་ལ། །སྨན་པའི་སྐད་དུ་བཀའ་བསྩལ་པ། །བསྟན་པའི་སྙིང་པོ་སྟོང་པ་ཉིད། །ངེས་པའི་རྒྱུ་མཚན་ཟླ་མེད་པ། །རྟེན་ཅིང་འབྲེལ་བར་འབྱུང་བའི་ཚུལ། །འགལ་བ་དང་ནི་མ་གྲུབ་པར། །མཐོང་བ་འདི་ཡིས་ཁྱོད་ཀྱི་ལུགས། །ཇི་ལྟར་ཁོང་དུ་ཆུད་པར་ནུས། །ཞེས་སོགས་གསུངས་ལ། དབུ་མ་རྩ་བ་ཤེས་རབ་ལས་ཀྱང་། རྟེན་ཅིང་འབྲེལ་བར་འབྱུང་བ་གང་། །དེ་ནི་སྟོང་པ་ཉིད་དུ་

བཤད། །དེ་ནི་བརྟེན་ནས་གདགས་པ་སྟེ། །དེ་ནི་དབུ་མའི་ལམ་ཡིན་ནོ། །ཞེས་སོགས་གསུངས་པ་ལྟར། ཆོས་རྣམས་རྒྱུ་དང་རྐྱེན་སོགས་ལས་འབྱུང་བའི་རྟེན་ཅིང་འབྲེལ་འབྱུང་ཡིན་པས་ན། རང་བཞིན་བདེན་པར་གྲུབ་པས་སྟོང་པ་ཡང་ཡིན། འོན་ཏེ། དེ་ནི་སྨྲ་བཤད་པ་ཙམ་ལས་དོན་དངོས་སུ། ལྟུང་སྐྱོ་རོལ་པའི་རྡོ་རྗེས། “སྟོང་པ་དང་རྟེན་འབྱུང་དོན་གཅིག་པ་ནི་ལྟ་བའི་དཔྱད་པ་ཟོགས་པའི་གང་ཟག་དབུ་མ་པ་རྣམས་ཀྱི་བློ་ངོར་འགྲུབ་པ་ཡིན་གྱི། གཞན་རྣམས་ལ་མ་ཡིན་ནོ། །”①
ཞེས་སོགས་གསུངས་པ་ལྟར་རོ། །

སངས་རྒྱས་ཆོས་ལུགས་ཀྱི་སྤྱོད་པ་འཚེ་བ་མེད་པ་ཞེས་པ་ནི། མདོ་ལས། སེམས་ཅན་གང་ལ་གནོད་པ་དང་འཚེ་བ་བྱེད་པ་པོ་ནི་གང་ཡིན་ཡང་ངའི་རྗེས་སུ་འབྲང་བར་མི་རིགས་སོ། །ཞེས་སོགས་དང་། ཡང་། གཞན་གྱི་སྲོག་གཅོད་པ་རྣམས་ངའི་རྗེས་སུ་འཇུག་པར་མི་རིགས་ཏེ་དེས་དགེ་བའི་རྩ་བ་གཅོད་དོ། །ཞེས་སོགས་དང་། དབུ་མ་བཞི་བརྒྱ་པ་ལས། “ཆོས་ནི་མདོར་ན་མི་འཚེ་བར། །དེ་བཞིན་གཤེགས་པ་རྣམས་ཀྱིས་གསུངས། །ཞེས་དང་། འགྲེལ་པར། འཚེ་བ་ནི་གཞན་ལ་གནོད་པར་ཞུགས་པའི་ཕྱིར་སེམས་ཅན་ལ་གནོད་པའི་བསམ་པ་དང་། དེས་ཀུན་ནས་བསླངས་པའི་ལུས་དང་ངག་གི་ལས་ཡིན་ལ། མི་འཚེ་བ་ནི་དེ་ལས་བཟློག་པའི་སྒོ་ནས་དགེ་བ་བཅུའི་ལས་ཀྱི་ལམ་མོ། །གང་ཡང་རུང་ཟད་གཞན་ལ་ཕན་འདོགས་པ་དེ་ཐམས་ཅད་ཀྱང་མི་འཚེ་བའི་ཁོངས་སུ་འདུ་བ་ཡིན་ནོ། །དེ་

①ལྕང་སྐྱ་རོལ་པའི་རྡོ་རྗེ། རྟེན་འབྲེལ་བསྟོད་པའི་འགྲེལ་པ་ལེགས་བཤད་ནོར་བུའི་བང་མཛོད། རྗེ་ཙོང་ཁ་པའི་བསྟོད་ཚིན་བཞིའི་རྩ་འགྲེལ། མཚོ་སྔོན་མི་རིགས་དཔེ་སྐྲུན་ཁང་། ༡༩༩༨ལོའི་དཔར་གཞི། ཤ༧༥

བཞིན་གཤེགས་པ་རྣམས་ཀྱི་ཆོས་ནི་མདོར་བསྡུ་ན་མི་འཚེ་བ་དེ་ཉིད་ཡིན་ནོ་ཞེས་བསྟན་ཏོ། །”①ཞེས་སོགས་གསུངས་པ་ལྟར། སངས་རྒྱས་པའི་ཆོས་ཀྱི་ལྟ་བ་ཉམས་སུ་ལེན་མཁན་རྣམ་པར་དག་པ་ཞིག་ཡིན་ན། སྤྱོད་པའི་ཆ་ནས་འགྲོ་བ་ཀུན་ཏེ་སྲིན་འབུ་གྲོག་མ་ཡན་ཆད་ནས་བརྩིས་པའི་སྲོག་ལྡན་ཡོད་དོ་ཅོག་ལ་རབ་ལ་བྱམས་པ་དང་སྙིང་རྗེའི་སེམས་ཀྱིས་ཕན་འདོགས་པར་བྱེད་པ་དང་། དེ་ལྟར་ཕན་འདོགས་པའི་ལས་བྱ་མ་ཐུབ་ཀྱང་གནོད་པ་དང་གཙེས་པའི་ལས་མི་བྱ་བར་འདོམས་པ་ཡིན། དེས་ན། རང་དོན་ལ་དམིགས་ནས་གཞན་སེམས་ཅན་ལ་འཚེ་བ་མེད་པ་ཙམ་མིན་པར། གཙོ་བོ་བྱམས་བརྩེས་རྒྱུད་བཟིན་པའི་སྒོ་ནས་གཞན་སེམས་ཅན་ལ་འཚེ་བ་མི་བྱེད་པ་དང་ཕན་འདོགས་པར་བྱེད་པའི་བགྱི་བ་ལ་སྤྱོད་པ་འཚེ་བ་མེད་པ་ཞེས་གྲགས་སོ། །

༢ བདག་མེད་ལྟ་བས་ནང་པའི་ལྟ་སྤྱོད་མཚོན་ཚུལ།

བདག་ཏུ་མེད་པའི་ལྟ་བ་ནི་མཐར་ཐུག་ན་ཆོས་ཀུན་རང་བཞིན་སྤྲོས་པ་དང་བྲལ་བ་ཟབ་མོ་སྟོང་པ་ཉིད་ཀྱི་ལྟ་བ་ལགས་ཏེ། སྟོན་པ་བཅོམ་ལྡན་འདས་མངོན་པར་རྫོགས་པའི་སངས་རྒྱས་ནས་གདུལ་བྱའི་ཁམས་དང་མོས་པ་ལ་འཚམ་པའི་ཆོས་ཀྱི་འཁོར་ལོ་མཐའ་ཡས་པ་བསྐོར་ཅིང་། མཐར་གདུལ་བྱ་རྟག་འཛིན་རྣམས་ཀྱིས་འདུས་བྱས་རྟག་པར་འཛིན་པའི་བློ་ལྡོག་པ་སོགས་ལ་དམིགས་ནས། སྐུའི་བཀོད་པ་བསྡུས་ཏེ་མྱ་ངན་ལས་འདས་པའི་ཚུལ་བསྟན་ཁ་མའི་སྔོན་དུ་གསུང་གི་ཐ་མ་ལྟ་བ

①སློབ་དཔོན་ཟླ་བ་གྲགས་པ། བྱང་ཆུབ་སེམས་པའི་རྣལ་འབྱོར་སྤྱོད་པ་བཞི་བརྒྱ་པའི་རྒྱ་ཆེར་འགྲེལ་པ། སེར་གཙུག་ནང་བསྟན་དཔེ་སྙིང་འཚོལ་བསྡུ་ཕྱོགས་སྒྲིག་ཁང་། གངས་ཅན་ཁྱད་ནོར་དཔེ་ཚོགས་པོད་ཕྲེང་ཉེ་ཤུ་རྩ་གསུམ། ༡༥༠༩

བཀའ་རྟགས་ཀྱི་ཕྱག་རྒྱ་བཞི་གསུངས་ཡོད་པ་དེ་ལས། གཅིག་ནི་ཆོས་ཐམས་ཅད་བདག་མེད་པའོ་ཞེས་གསུངས་པའོ། །དེའི་དོན་དབུ་མ་ཐལ་འགྱུར་གྱི་ལུགས་བཞིན་གོ་བདེར་ཕྱུས་ན་ཆོས་ཐམས་ཅད་ནི་རང་བཞིན་བདེན་པར་གྲུབ་པས་སྟོང་པའི་བདག་མེད་པ་ཡིན་པའི་དོན་ནོ། །དབུ་མ་རང་རྒྱུད་པ་དང་། སེམས་ཙམ་པས་རྒྱང་རང་རང་ལུགས་ཀྱི་ཆོས་རྣམས་བདེན་གྲུབ་ཀྱིས་སྟོང་པའི་བདག་མེད་པ་འདོད་ཚུལ་ཇི་ལྟ་བུ་ཡོད་པ་གོང་གི་ལེའུར་ཕྱུས་ཟིན། བྱེ་མདོ་གཉིས་ཀྱིས་ཆོས་ཀྱི་བདག་མེད་མི་འདོད་ལ། གང་ཟག་བདེན་པར་གྲུབ་པས་སྟོང་པ་མི་འདོད། དུང་དཀར་རིན་པོ་ཆེས། "བྱེ་བྲག་སྨྲ་བས་བདེན་པར་མ་གྲུབ་པའི་སྟོང་པ་ཉིད་དེ་ཁས་མི་ལེན། བདེན་པར་གྲུབ་པ་ཡོད། བདག་ཏུ་གྲུབ་པ་མེད་བསམས་ནས་གང་ཟག་གི་བདག་མེད་པར་འདོད་"①ཅེས་གསུངས་པ་ལྟར་རོ། །

བདག་མེད་པའི་ལྟ་བ་དེ་མཐར་ཐུག་ན་ཟབ་མོའི་དེ་ཁོ་ཉིད་ཀྱི་ལྟ་བ་ཡིན་པ་གང་ཞིག་དེ་དང་ཆོས་རྣམས་རྟེན་ཅིང་འབྲེལ་བར་འབྱུང་བའི་ལྟ་བ་ནི། རྩ་ཤེ་ལས། "གང་ཕྱིར་རྟེན་འབྱུང་མ་ཡིན་པའི། །ཆོས་འགའ་ཡོད་པ་མ་ཡིན་ལ། །དེ་ཕྱིར་སྟོང་པ་མ་ཡིན་པའི། །ཆོས་འགའ་ཡོད་པ་མ་ཡིན་ནོ། །"②ཞེས་གསུངས་པ་བཞིན་དུ་རྟེན་འབྲེལ་དང་སྟོང་ཉིད་དོན་གཅིག་ཏུ་བབས་པ་དེའི་ཕྱིར་བདག་མེད་ལྟ་བས་ནང་

①དུང་དཀར་རིན་པོ་ཆེ། གྲུབ་མཐའི་སྐོར་གྱི་རྣམ་བཤད། མི་རིགས་དཔེ་སྐྲུན་ཁང་། ༢༠༠༧ལོའི་དཔར་ཐེངས་༢ ཤ༣༥༣

②དཔལ་མགོན་འཕགས་པ་ཀླུ་སྒྲུབ་དང་ཀུན་མཁྱེན་གོ་རམས་པ་བསོད་ནམས་སེང་གེ། དབུ་མ་རྩ་བ་ཤེས་རང་གྱི་རྩ་འགྲེལ། སི་ཁྲོན་མི་རིགས་དཔེ་སྐྲུན་ཁང་། ༢༠༠༨ལོའི་ཟླ་བ་བདུན་པར་དཔར་ཐེངས་གཉིས་པ་བཏབ། ཤ༣༠

པ་སངས་རྒྱས་པའི་ཆོས་ཀྱི་ལྟ་བ་མཆོག་པ་ཡིན་ནོ་ཞེས་སྨྲས་པ་ནི་ཤིན་ཏུ་འཐད་པའོ། །ཆོས་རྣམས་ཀྱི་རང་བཞིན་བདག་ཏུ་མེད་པས་འདུས་བྱས་ཆོས་ཀུན་རྒྱུ་དང་རྐྱེན་སོགས་ཚོགས་པ་ལས་འབྱུང་བའི་རྟེན་འབྲེལ་གྱི་ཆོས་ཉིད་ཅན་ཡིན་པ་ལས། བདག་ཏུ་གྲུབ་པའི་ཆོས་ནི་རྡུལ་ཙམ་མེད་པས། བདག་དང་གཞན་ཞེས་སོ་སོར་འབྱེད་པའི་གཞི་ཡང་མེད་དོ། །དེ་ཡི་ཕྱིར་བདག་གཅིག་པུའི་དོན་ལ་བསམས་པའི་བློ་དེ་གང་ཐུབ་ཀྱིས་དོར་དགོས་པ་ཡིན་ཏེ། རང་རང་རྒྱུད་ཀྱི་མ་རིག་པའི་དབང་གིས་གང་དག་ཁ་དང་མིག་དང་ལག་པ་སོགས་ལ་ངའི་སྙམ་དུ་བསམས་པ་དང་། ན་དུས་ང་ན་སོང་སྙམ་པ་དང་། ཡང་ན་ངའི་གློ་བ་དང་མཆིན་པ་གང་རུང་ན་སོང་སྙམ་པ། མདོར་ན་སྡུག་དུས་ང་སྡུག་སོང་སྙམ་པ་དང་སྐྱིད་དུས་ང་སྐྱིད་སོང་སྙམ་པ་ཇི་ལྟར་བྱུང་ཡང་། དོན་ངོ་མར་ང་དང་ངའི་སྙམ་དུ་མང་མང་མང་དུ་སེམས་པའི་གཞི་ང་ཞེས་པ་འཛོག་ཏུ་མེད་པས། དེ་ལ་གཅེས་པར་འཛིན་པའི་དགོས་པ་ཡང་མེད་ལ། དེ་བཞིན་དུ་གཞན་ལ་གཞན་ཞེས་སོ་སོར་བྱེད་པ་ཡང་དོན་ངོ་མར་འཛོག་ཏུ་མེད་པ་ཡིན་ན། གཞན་ལ་བདག་དང་བདག་ལ་གཞན་ཞེས་བློས་བཏགས་ཀྱང་མི་ཆོག་རྒྱུ་མེད་པ་ཡིན་ཏེ། སྤྱོད་འཇུག་གི་འགྲེལ་པར། “འདི་ལ་བདག་ཏུ་འདོགས་པའི་རྒྱུ་མཚན་འདི་ཡིན་ནོ་ཞེས་དང་གཞན་ལ་བདག་ཏུ་འདོགས་མི་རུང་བའི་རྒྱུ་མཚན་འདི་ཡིན་ནོ་ཞེས་རྒྱུ་མཚན་ཅི་ཡང་བརྗོད་དུ་མེད་པས་ན་གཞན་སྡུག་བསྔལ་བའི་འགྲོ་བ་ཐམས་ཅད་ལ་བདག་ཅེས་མིང་བཏགས་ཏེ་བློས་ཀྱང་བདག་གོ་སྙམ་དུ་བཟུང་ནས་གོམས་པར་བྱས་ནས་གཞན་སེམས་ཅན་རྣམས་ལའང་བདག་གི་བློ་འབྱུང་ཞིང་སྐྱེ་བར་འགྱུར་ལ་དེ་ལྟ་

ན་ཐམས་ཅད་བདག་བཞིན་བསྲུང་བའི་བློ་ཡང་འབྱུང་ངོ་གསུངས་”①ཞེས་གསུངས་པ་ལྟར་དུ། ང་དང་ངའི་སླམ་དུ་ཡང་ཡང་བསམས་པའི་བློ་ཇི་ཙམ་འཕོར་བ་དེ་དག་ཐམས་ཅད་ནི་སྙིང་པོ་མེད་པའི་དོན་དུ་སོང་བ་ཡིན་པ་ཤེས་ནས། ང་དང་ངའི་སླམ་པའི་བློ་དེ་ཆུང་ དུར་བྱེད་ ཐབས་ཀྱིས་གཞན་ཀྱི་དོན་ལ་ཡང་། ང་ངའི་དོན་ཞེས་བཏགས་འོས་པ་ཤེས་ནས་གཞན་གྱི་དོན་གང་ཡིན་པ་ང་དང་ངའི་དོན་སླམ་དུ་སེམས་དགོས་པ་ཡིན། སྤྱོད་འཇུག་ལས། “གང་ཚེ་བདག་དང་གཞན་གཉིས་ཀ །བདེ་བ་འདོད་དུ་མཚུངས་པ་ལ། །བདག་དང་ཁྱད་པར་ཅི་ཡོད་ན། །གང་ཕྱིར་བདག་གཅིག་བདེ་བ་བརྩོན། །གང་ཚེ་བདག་དང་གཞན་གཉིས་ཀ །སྡུག་བསྔལ་མི་འདོད་མཚུངས་པ་ལ། །བདག་དང་ཁྱད་པར་ཅི་ཡོད་ན། །གང་ཕྱིར་གཞན་མིན་བདག་བསྲུང་བྱེད། །”②ཅེས་གསུངས་པ་བཞིན་དུ། གང་དག་བདག་ཅེས་བྱ་བ་བློས་བཏགས་པ་ཡིན་པ་ཤེས་ནས་དེ་གཅེས་འོས་ཀྱི་དགོས་པ་མེད་པ་ཤེས་དགོས་པ་དང་། དེ་ཤེས་ནས་གཞན་ཞེས་བདག་ལས་ལོགས་སུ་བྱས་ནས་ཐ་དད་སོ་སོའི་སླམ་པའི་བློ་ཡང་འགོག་ཐབས་ཀྱིས། བདག་ཅེས་བློས་བཏགས་པ་ཙམ་ཡིན་པ་ལ་ཡང་གཅེས་པའི་བློ་དགོས་མེད་དུ་སྐྱེ་རྒྱུ་ཡོད་པ་བཞིན་དུ། གཞན་ལའང་དེ་འདྲ་ཡོད་སྲིད་པས། ཅི་ཕྱིར་བདག་བདེ་བ་ལ་བསྐྱེགས་པ་བཞིན་དུ་གཞན་ཡང་བདེ་བ་ལ་བསྐྱེགས་པ་མ་ལགས་སམ་སླམ་པའི་བློ་སྐྱེ་ཐབས་ཀྱིས། རང་གི་དོན་དང་གཞན་གྱི་དོན་ཞེས་སོ་སོར་

①སློབ་དཔོན་ཞི་བ་ལྷ་དང་རྗོགས་ཆེན་མཁན་པོ་ཀུན་བཟང་དཔལ་ལྡན། བྱང་ཆུབ་སེམས་པའི་སྤྱོད་པ་ལ་འཇུག་པ་རྩ་བ་དང་འགྲེལ་པ། སི་ཁྲོན་མི་རིགས་དཔེ་སྐྲུན་ཁང་གིས་༡༩༩༠ལོའི་ཟླ་༩ ཤ་༥༦༧ནས་༥༦༨བར།

②སློབ་དཔོན་ཞི་བ་ལྷ་དང་རྗོགས་ཆེན་མཁན་པོ་ཀུན་བཟང་དཔལ་ལྡན། བྱང་ཆུབ་སེམས་པའི་སྤྱོད་པ་ལ་འཇུག་པ་རྩ་བ་དང་འགྲེལ་པ། སི་ཁྲོན་མི་རིགས་དཔེ་སྐྲུན་ཁང་གིས་༡༩༩༠ལོའི་ཟླ་༩ ཤ་༨༩ནས་༩༠

མི་བྱེད་པར། གཞན་དོན་རང་དོན་དུ་བསམས་པའི་བསམ་པ་ རླབས་པོ་ཆེ་སྐྱེ་བ་ལ་འབད་དགོས་པ་དང་། དེ་འདྲ་མ་བྱུང་ཡང་། གཞན་ཡང་སྡུག་བསྔལ་མི་འདོད་ཅིང་ བདེ་བ་འདོད་པ་འབའ་ཞིག་ཡིན་པས། རང་གི་བདེ་སྐྱིད་གཞན་གྱི་སྡུག་བསྔལ་གྱི་ ཐོག་ཏུ་མི་འཛུག་པའི་བློ་སྐྱེད་དགོས་པ་ཡིན་ནོ། །

གཞན་དོན་སེམས་པ་དང་། རབ་ལ་བདག་གཞན་བརྗེ་བའི་བློ་ཞེས་པ་ནི། སྤྱོད་འཇུག་ལས། "གོམས་ན་སླ་བར་མི་འགྱུར་བའི། །དངོས་དེ་གང་ཡང་ཡོད་པ་ མ་ཡིན། །ཞེས་གསུངས་པ་བཞིན་དུ། རང་གི་དོན་འབའ་ཞིག་ལ་མ་སེམས་པར་ གཞན་གྱི་དོན་ལ་ཡང་ཡང་སེམས་པའི་བློ་རྒྱུན་པར་གོམས་འདྲིས་སུ་འགྱུར་ཐབས་ བྱས་ན། གཞན་དོན་བྱེད་པ་ནི་དཀའ་བ་ཞིག་མ་ཡིན་ཞིང་། དེའི་གནད་འགག་གཙོ་ བོ་ནི་སེམས་ལ་ཐུག་པ་ཡིན། རྒྱུ་མཚན་ནི། སངས་རྒྱས་བཅོམ་ལྡན་འདས་ཀྱིས་ འཇིག་རྟེན་འདི་ན་བཏུལ་ཞིང་ལམ་དུ་བཞག་ན་འདུལ་ཁ་ཉན་པའམ་འདུལ་བར་སླ་ བ་ལ་སེམས་ལྟ་བུ་གཞན་མ་གཟིགས། མ་བཏུལ་ན་འདུལ་ཁ་མི་ཉན་པ་སེམས་ལྟ་བུ་ གཞན་མ་གཟིགས"① ཞེས་སོགས་གསུངས་སོ། །གོམས་པའི་དབང་གིས་གཞན་གྱི་ དོན་ལྷུར་ལེན་པ་ལ་ངལ་བ་མེད་པ་ལ། སྤྱོད་འཇུག་གི་འགྲེལ་པ་ལས། "འདི་ལྟར་ རིམ་གྱིས་གོམས་པར་བྱས་པའི་མཐུ་ཡིས་ནི། དང་པོ་མ་གོམས་པའི་དུས་སུ་གཞན་གྱི་ སྡུག་བསྔལ་དང་དུ་ལེན་པའི་བདག་གཞན་བརྗེ་བ་སོགས་གང་གི་མིང་ཐོས་པ་ཙམ་

①སློབ་དཔོན་ཞི་བ་ལྷ་དང་རྗོགས་ཆེན་མཁན་པོ་ཀུན་བཟང་དཔལ་ལྡན། བྱང་ཆུབ་སེམས་པའི་སྤྱོད་པ་ལ་ འཇུག་པ་རྩ་བ་དང་འགྲེལ་པ། སི་ཁྲོན་མི་རིགས་དཔེ་སྐྲུན་ཁང་གིས་༡༩༩༠ལོའི་ཟླ་༩ ཤ༥༧༠ནས་༥༧༡ལ་ ལུང་དུ་དྲངས།

གྱིས་འཇིག་པ་ཆེན་པོ་སྐྱེ་བར་འགྱུར་བ་ཡང་ཕྱིས་གོམས་པའི་དུས་སུ་གཞན་དོན་དང་དུ་ལེན་པ་དེ་ཉིད་མེད་ན་མི་དགར་ཏེ་མི་དགའ་བར་འགྱུར་བའི་ཕྱིར། དཔེར་ན་དང་པོ་གང་གི་མིང་ཐོས་ན་ཡང་འཇིགས་ཤིང་སྐྲག་པའི་སེམས་ཅན་དེ་དང་རང་འདྲིས་ཤིང་གོམས་པས་དགའ་བར་གྱུར་ན་དེ་ཉིད་མེད་ན་མི་དགའ་བར་འགྱུར་བ་བཞིན་ནོ། །"①ཞེས་སོགས་གསུངས་པ་ལྟར་དུ། བདག་གཅེས་པར་འཛིན་པའི་བློ་དེ་སེམས་ཅན་ཐམས་ཅད་ཀྱི་རྒྱུད་ལ་ངམ་ངམ་དུ་ཡོད་པ་དང་། གཞན་གཅེས་པར་སྐལ་པའི་བློ་དེ་སྐྱེད་དཀའ་བ་ཡིན་ཡང་། རང་རང་སོ་སོ་སྐྱེ་བོ་ལམ་ལ་མ་ཞུགས་པའི་ཐ་མལ་བའི་ངོས་ནས་གཞན་དོན་རྩོམ་པ་སྟེ་རེ་ནས་གོམས་འདྲིས་སུ་གྱུར་བར་བྱས་ན། ངམ་ངམ་དུ་གཞན་གྱི་དོན་བྱེད་པ་ལ་དགའ་བ་ཞིག་ཆགས་ཐབས་ཡོད་པ་ཡིན་ནོ། །ནང་པའི་ཆོས་ལ་ལྟ་བ་འདི་ལྟ་བུ་ཞིག་འབྱུང་བའི་གཞི་ནི་ཐུབ་པ་ཆེན་པོས་གང་དག་སེམས་ཅན་མཐའ་ཡས་པ་རྣམས་བདེ་བ་དོན་དུ་གཉེར་བ་འབའ་ཞིག་ཡིན་ཡང་། ལས་ཉོན་གྱི་རྒྱུ་བདག་ཏུ་འཛིན་པའི་མ་རིག་པའི་དབང་དུ་སོང་ནས། རང་བདེ་འབའ་ཞིག་དོན་དུ་གཉེར་བ་མ་ཟད། དེའི་དབང་གིས་འདི་ཕྱིའི་དགེ་ཚོགས་གཅོད་པ་དང་། སྡུག་བསྔལ་ཡང་མང་པོས་མནར་བ་ལ་དམིགས་ནས་གསུངས་པ་གསལ་ཐུབ་ལ། ནང་བསྟན་འདི་ཉིད་རང་གཞན་གཏན་བདེའི་རྒྱུ་ཐུན་སུམ་ཚོགས་པ་ཡིན་པར་གསུངས་དགོས་དོན་ལྟ་བ་འདི་ཉིད་ལ་ཐུག་པ་རེད་སྙམ།

བདག་མེད་པའི་ལྟ་བ་དེ་སེམས་ཅན་གཞན་ལ་ཕན་འདོགས་པའི་ལྟ་བར་སོང་

---

①སློབ་དཔོན་ཞི་བ་ལྷ་དང་རྫོགས་ཆེན་མཁན་པོ་ཀུན་བཟང་དཔལ་ལྡན། བྱང་ཆུབ་སེམས་པའི་སྤྱོད་པ་ལ་འཇུག་པ་རྩ་བ་དང་འགྲེལ་པ། སི་ཁྲོན་མི་རིགས་དཔེ་སྐྲུན་ཁང་གིས་༡༩༩༠ལོའི་ཟླ་༩ ཤ༥༨༩

ཡོད་པ་གསལ་པོ་ཡིན་ལ།   ལྟ་བ་དེ་རྣལ་མ་ཞིག་རྒྱུད་ལ་སྐྱེ་བར་བདག་མེད་རྟོགས་པའི་ཤེས་རབ་ལ་བརྟེན་དགོས་པ་དང་།   དེ་ཡང་ཐབས་ཤེས་ཡ་མ་བྲལ་བའི་སྒོ་ནས་ཟབ་མོའི་དེ་ཉིད་འཚོལ་བའི་བགྱི་བ་ལ་འབད་དགོས་པ་ཡིན།   ཐབས་ནི་སྙིང་རྗེ་ཆེན་པོ་སྟེ།   གཞན་ཕན་བྱང་ཆུབ་སེམས་ཞེས་བྱ་བ་ཡིན་ཞིང་།   དེ་ནི་གཞན་དོན་བྱེད་པ་ལ་འབད་པ་ལྷུར་ལེན་པ་དང་གཞན་སེམས་ཅན་གྱི་སྡུག་བསྔལ་ལ་སྙིང་བརྩེ་བའི་ལུས་ངག་ཡིད་ཀྱི་སྤྱོར་བ་ནྲབས་པོ་ཆེ་དག་ཡིན།   དེ་ལ་ནྲབས་པོ་ཆེ་ཞེས་སུ་འབོད་པ་ནི་རང་གཞན་བདེ་བའི་རྒྱུ་ཡིན་ཏེ།   དེའི་ཕན་ཡོན་ནི།   སྤྱོད་འཇུག་ལས།   "དགེ་བ་གཞན་཈ུན་ཆུ་ཤིང་བཞིན་དུ་ནི། །འབྲས་བུ་བསྐྱེད་ནས་ཟད་པར་འགྱུར་བ་ཉིད། །བྱང་ཆུབ་སེམས་ཀྱི་ལྗོན་ཤིང་རྟག་པར་ཡང་། །འབྲས་བུ་འབྱིན་པས་མི་ཟད་འཕེལ་བར་འགྱུར། །"①ཞེས་གསུངས་པ་བཞིན་ནོ། །

སྤྱོད་འཇུག་ལས།   "འཇིག་རྟེན་དག་ན་འཚེ་བ་གང་ཡོད་དང་། །འཇིགས་དང་སྡུག་བསྔལ་ཇི་སྙེད་ཡོད་གྱུར་པ། །དེ་ཀུན་བདག་ཏུ་འཛིན་པ་ལས་བྱུང་ན། །འདྲེ་ཆེན་འདི་ཀོ་བདག་ལས་ཅི་ཞིག་བྱ། །"②ཞེས་གསུངས་པ་ལྟར།   འཇིག་རྟེན་ན་གཞན་འཚེ་བ་སྟེ་གཞན་གྱི་སྲོག་གཅོད་པ་དང་།   གནོད་པ་དང་གཅེས་པའི་ལས་ཅི་བགྱིས་པ་ཐམས་ཅད་ནི་བདག་གཅེས་ཀྱི་ཞེན་པའི་དབང་གིས་གཞན་སྡུག་བསྔལ་ལ་སྦྱོར་བ་ཧྲུང་ཧྲུང་ཡིན།   སྤྱོད་འཇུག་གི་འགྲེལ་པར།   "རང་གི་ལུས་གང་ཞིག་བཀྲེས་

---

①སློབ་དཔོན་ཞི་བ་ལྷ་དང་རྫོགས་ཆེན་མཁན་པོ་ཀུན་བཟང་དཔལ་ལྡན། བྱང་ཆུབ་སེམས་པའི་སྤྱོད་པ་ལ་འཇུག་པ་རྩ་བ་དང་འགྲེལ་པ། སི་ཁྲོན་མི་རིགས་དཔེ་སྐྲུན་ཁང་། ༡༩༩༠ལོའི་ཤོག ༤༥

②སློབ་དཔོན་ཞི་བ་ལྷ་དང་རྫོགས་ཆེན་མཁན་པོ་ཀུན་བཟང་དཔལ་ལྡན། བྱང་ཆུབ་སེམས་པའི་སྤྱོད་པ་ལ་འཇུག་པ་རྩ་བ་དང་འགྲེལ་པ། སི་ཁྲོན་མི་རིགས་དཔེ་སྐྲུན་ཁང་། ༡༩༩༠ལོའི་ཤོག ༤༩༥

པ་དང་རྐྱམ་པ་དང་ཚ་གྲང་ལ་སོགས་པ་རྣམས་གསོ་བའི་ཐབས་སམ་ཆོ་ག་བྱེད་པར་འདོད་པས་ཟས་གོས་སོགས་པའི་ཆེད་དུ་བྱ་དང་ཉ་དང་རི་དྭགས་དང་བ་ལང་ལ་སོགས་དག་གསོད་པར་བྱེད”①ཅེས་སོགས་གསུངས་པ་བཞིན་དུ་ང་གཅེས་འཛིན་གྱི་བློ་དེའི་དབང་གིས། ངའི་ལུས་ཁམས་གསོ་བ་སོགས་ལ་དམིགས་ནས་སེམས་ཅན་རྣམས་དུས་མིན་དུ་གསོད་པ་དང་། གསོད་ལུགས་མི་གཅིག་པ་སྣ་ཚོགས་ཀྱིས་གསོད་པ་ཡོད་དེ། དཔེར་ན། འཇིག་རྟེན་འདི་ན་སྦྲུལ་གསོན་པོའི་མགོ་བོ་བཤགས་ནས་ཁྲག་པ་བལྷུགས་ཀྱིན་དུ་གསོད་པ་སོགས་ཡ་ང་བའི་བྱ་སྤྱོད་ཇི་སྙེད་ཅིག་མཆིས་པ་ལྟ་བུའོ། །

བདག་གི་དོན་དུ་སེམས་ཅན་གཞན་གྱི་སྲོག་ལ་འཚེ་བ་བྱེད་པ་ནི་འགྲོ་བ་མིར་ཡོད་པའི་ཆེས་འཇིག་སྣང་ཆེ་བའི་རང་གཤིས་ཤིག་ཡིན་ཞིང་། རང་རེ་བོད་ཆོས་ལྡན་ཡུལ་ལ་མཚོན་ན་རང་གི་འཚོ་ཆེས་ཤ་ཡི་སླད་དུ་སེམས་ཅན་གཞན་གྱི་སྲོག་གཅོད་པ་ནི་ སྤྱིར་ན་རྨིག་པ་ཅན་དང་སྡེར་མོ་ཅན། རྨིག་པ་ཁ་དབྲག་མ་དང་སྒོར་སྒོར་ཅན་དབྱེ་བ་སོགས་ཤ་རུ་རུང་དང་མི་རུང་གི་དབྱེ་བ་ཡོད་པ་ཡིན་ཞིང་། དེས་སེམས་ཅན་སྣ་ཚོགས་པའི་སྲོག་གཅོད་པ་འཛོམ་བྱར་གྱུར་བ་ཡིན་ལ། དེ་བཞིན་དུ་ར་លུག་འབྲི་གཡག་སོགས་བཤས་པའི་ཆེ་ན་ན་ཚོད་ལ་བརྟགས་ནས་བཤས་པ་ལས་གང་བྱུང་དུ་སྐྱེ། ཆུང་ངུ་ནས་བཤས་པ་སོགས་མི་བྱེད། བཤས་ལུགས་ལ་ཡང་སྔོ་ཁ་ཁྲུལ་དུ་ར་དང་གནག་ཕྱུགས་སོགས་བཤའ་དུས་མཛིང་པའི་མཚམས་སུ་སྣུང་གིས་བསྣུན་ དེ་དེ་མུར་

①སློབ་དཔོན་ཞི་བ་ལྷ་དང་རྫོགས་ཆེན་མཁན་པོ་ཀུན་བཟང་དཔལ་ལྡན། བྱང་ཆུབ་སེམས་པའི་སྤྱོད་པ་ལ་འཇུག་པ་རྩ་བ་དང་འགྲེལ་པ། སི་ཁྲོན་མི་རིགས་དཔེ་སྐྲུན་ཁང་། ༡༩༩༠ལོའི་ཟླ་༩ ཤ༥༨༥

དབུགས་བཀག་སྟེ་བཤུས་དགོས་པ་མ་ཟད། བཤད་པས་ངག་ནས་མ་ཊི་བཟླ་གིན་སྐུང་གིས་དབྲིལ་མ་ཐག་པའི་སེམས་ཅན་གྱི་ཁ་ལ་ཆུ་གྲང་མོའམ་བྱིན་རྗེན་རླུགས་ནས་སྨོན་ལམ་ཡང་ཡང་འདེབས་པར་བྱེད་པ་སོགས་ཀྱི་སྲོལ་ཡོད་པ་ལས། རང་དགར་བཤའ་སྲོལ་མེད། འོན་ཏེ་དེང་གི་རང་རེ་འགའ་ཡིས་ཁྱིམ་དུ་ལུག་རེ་གཉིས་སོགས་ཕག་པ་དོ་གསོད་བྱེད་པ་ལྟར་ལེགས་པར་གསོས་ནས་ཤ་རྒྱུགས་པའི་ཚོད་ལ་གསོད་པ་ལས། ལོ་དུས་ལ་མི་བལྟ་བ་ནི་ཆོས་ཕྱོགས་ནས་བཤད་ན་སྡིག་ཉེས་ལ་འཛེམས་མི་ཤེས་པའི་བྱེད་སྟངས་ཤིག་ཡིན་པ་རེད། ང་གཅེས་འཛིན་དེའི་དབང་གིས་རང་རང་གི་ལུས་དང་བདེ་བ་སོགས་ལ་ཁ་གཡར་ནས་སྣང་མེད་དུ་རང་རང་གི་ཉིན་རེའི་ཐུན་གསུམ་གྱི་བཟའ་བཏུང་གི་བར་ན་སེམས་ཅན་གཞན་གྱི་སྲོག་གཅོད་པ་མི་ཤེས་མཁན་འགའ་ཡིས། ཆོས་ཤེས་མདོག་དང་ལྟ་བ་མཐོ་མདོག་གིས་ཐ་ན་ཉ་སྟོང་བརྒྱད་སོགས་ལ་ཡང་ཤ་མ་གཅད་པར། ཁྱིད་ཆོས་ཤ་གཅོད་ཐུབ་པ་ཡག་པོ་རེད། དེ་ངས་ཤེས་ཀྱི་ཡོད། ངས་ནི་འཛིན་མ་སོང་ཞེས་སོགས་ཤོད་མཁན་འདུག ཡང་སྐྱུག་བྲོ་བའི་མཐོང་སྣང་འདི་ལྟ་བུ་ཞིག་སྟེ། ཆོས་བཟང་གི་ཉིན་ཞིག་ཟ་ཁང་ཞིག་ལ་ཤ་མེད་ཐུག་པ་འཐུང་མཁན་ཚོའི་ཁྲོད་དུ། དུར་སྨྱིག་གོས་ཡིན་མདོག་གིས་གོན་ཞིང་སྐུ་ཤ་འཁྱོར་བའི་མགོ་རིལ་ཞིག་ཁེར་རྐྱང་དུ་ཤ་ཡོད་ཐུག་པའི་སྣང་ལ་ཤ་ཚལ་སྣ་ཚོགས་ཟ་བཞིན་འདུག ངོ་མ་ཁ་དཔེར། རྟོགས་པ་ལྷ་དང་མཉམ་ཡང་། །སྤྱོད་པ་མི་དང་མཉམ་དགོས། །ཞེས་པ་ལྟར་ཆོས་ཕྱོགས་ནས་བཤད་ན། རབ་ཏུ་བྱུང་བ་ཞིག་གི་བྱེད་སྟངས་དེ་འུ་ཅག་སོ་སྐྱེ་ཐ་མལ་པའི་སྣང་ངོར་དད་ལྡན་སྐྱ་པ་ཚོའི་སྤྱོད་ལམ་ལས་ཀྱང་ཞན་པ་ཞིག་མ་ལགས་སམ་སྙམ། མ་གཞི་བོད་ལ་ཐེག་པ་ཆེན་པོའི་ལྟ་བ་གཙོ་བོར་

བྱེད་པ་ཡིན་ལ། སྤྱོད་པ་ཐེག་པ་དམན་པའི་ལུགས་ཡིན་ཞིང་། སངས་རྒྱས་ཀྱིས་དགོས་པ་དམིགས་བསལ་བ་ལ་ཤ་ཟ་རུང་དུ་བསྟན་སྐད་ལ། ཇོ་བོས་ཡུལ་གྱི་གནས་ཚོད་ལ་བསྟུན་ནས་ཤ་ཟ་རུང་གི་སྡོམ་པ་གནང་ཡོད་པ་སོགས་ཇི་ལྟར་ཡང་། ཆོས་བཟང་དུས་བཟང་ལ་ཡང་ཤ་ལ་མི་འཛེམས་ན་རབ་བྱུང་པའི་ཆས་གོས་དེ་ཅི་ལ་འཚོས་སམ་སྙམ་པ་གང་ཟག་ཐ་མལ་སུ་ཞིག་གི་བློ་ངོར་མི་འབྱུང་མི་སྲིད་པ་ཞིག་མ་ལགས་སམ་སྙམ། འཇིག་རྟེན་ཁྱིམ་པའི་སྐྱེ་བོ་མང་པོས་ཆོས་བཟང་གི་སྐབས་དང་ས་ག་ཟླ་བ་སོགས་ལ་ཤ་གཅོད་པ་ནི། གཅིག་ནས་ཤ་ཐུབ་གཅིག་འཛེམས་པས་རང་རང་རྒྱུད་ཀྱི་རང་གཅེས་འཛིན་གྱི་བློ་དེ་རུང་ཟད་ཆུང་དུ་གཏོང་ཐུབ་པ་ཡིན་ལ། སེམས་ཅན་གཞན་གྱི་སྲོག་བླུས་པ་དང་ཁྲུད་མེད་ཟེར་བ་དང་། དེ་མིན་ང་ཚོ་བོད་པ་ཆོས་ལ་དད་པ་དང་འཚེ་མེད་ཞི་བདེ་ལ་དགའ་ཞེས་པའི་བསམ་བློ་ཡང་སྤྱོད་པ་དེ་ལྟ་བུའི་ཐོག་ནས་མཚོན་ཐུབ་པས། དེ་ནི་རང་མདངས་ཤིག་དང་མི་རིགས་རིག་གནས་ཀྱི་མཚོན་བྱེད་ཅིག་ཀྱང་རེད་སྙམ། མཚམས་འདིར་ཁོ་བོས་ཐུལ་བྱུང་གི་གླུ་ཚིག་ཅིག་དྲན་བྱུང་། སྙིང་རྗེ་བསྐྱེད་ཅིང་བསམ་ཚུལ་ཤེས་མཁན་མེད། །དུད་འགྲོ་ཨ་མ་དམར་གསོད་མ་བྱེད་ཞུ། །ཤ་ཁྲག་སྡིག་ཟས་འཚོ་བར་སྤྱོད་པའི་མི། །རང་ཕུང་རང་བརླག་ཕྱི་མ་འོ་བརྒྱལ་ཆེ། །ཆོས་དང་མི་རིགས་ཁྲུད་ཆོས་མི་བཞིག་པར། །རང་ཚུགས་དགེ་བ་བཅུ་ཡི་ལམ་སྲོལ་སྲུང་། །འདི་ཕྱིའི་ཕན་བདེ་གཞི་མའི་ལམ་ཆེན་སྟོན། །དེ་ནི་གངས་ཅན་པ་ཡི་རྒྱུན་ཆ་རེད། །ང་དང་ང་ཞེས་འཛིན་པས་མི་སླད་པར། །ཕྱོགས་མེད་ལྷ་བ་མཐོན་པོའི་ལ་རྒྱ་ཟུངས། །བདེ་སྐྱིད་ཆེ་བ་སེམས་ཀྱི་བདེ་སྐྱིད་རེད། །བྱམས་དང་སྙིང་རྗེའི་བྱང་ཆུབ་སེམས་མཆོག་བསྐྱེད། །ནང་གི་བདེ་བའི་འཚོལ་ཐབས་སྟོན་པ་

དེ། །འཛམ་བུ་གླིང་གི་ཁྱད་ཆོས་བསྟན་པ་རེད། །ཆགས་སྡང་ཅན་གྱི་ཕྱི་ཡི་བདེ་བ་ལ། །ཇི་ལྟར་བསྐྱེད་ཀྱང་བདེ་བ་མི་སྐྱེ་ཞིང་། །སྡུག་བསྔལ་ཅན་གྱི་གནས་ལ་མི་སེམས་པར། །ཐར་པ་བདེ་བའི་ལམ་མཆོག་གང་རེད་སོམས། །①ཞེས་པ་དེའོ། །

སྐྱེ་བོ་དུ་མ་ཞིག་གིས་བདག་གཅེས་འཛིན་གྱི་བློ་དེ་ཤུགས་ཆེར་འཕེལ་བའི་དབང་གིས་རང་གི་སྐབས་ཤིག་གི་བདེ་བའི་སླད་དུ་སྐྱེ་བོ་གཞན་གྱི་སྲོག་འཕྲོག་པ་དང་། ཐ་ན་རང་ལ་བརྩེ་བའི་ཕ་མ་ལའང་འཚེ་བར་བྱེད་པ་ཡིན། སེམས་ཅན་གཞན་ལ་གང་ཐུབ་ཐུབ་ཀྱིས་འཚེ་བ་བྱེད་པ་ནི་བདག་གཅེས་འཛིན་པོ་ན་ལས་གཞན་གྱི་བདེ་སྡུག་ལ་མི་བསམ་པའི་བློ་ལས་བྱུང་བ་ཡིན་ཞིང་། བདག་གཅེས་འཛིན་དེའི་དབང་གིས་སྙིང་རྗེ་ཞེས་པ་བཀག་འགྲོ་བ་དང་ཆོས་ལས་ལོག་པའི་སྡིག་པའི་ལས་ལ་འཛེམ་བག་ཡེ་མེད་པར་འགྱུར་བ་ཡིན། ཇི་སྐད་དུ། སྙིང་རྗེ་མེད་ན་ཆོས་ཀྱི་རྩ་བ་རུལ། །ཞེས་དང་། ཆོས་ནི་མདོར་ན་མི་འཚེ་བ། །ཞེས་སོགས་གསུངས་པ་བཞིན་དུ། ཆོས་ཀྱི་སྙིང་པོ་ནི་མི་འཚེ་བ་ཡིན་ཡང་། མི་དགེ་བའི་བསམ་པ་བདག་ཏུ་འཛིན་པའི་བློ་ཡིས། བདག་དང་བདག་གི་དོན་དུ་ཡང་སྙིང་རྗེ་མེད་པར་སེམས་ཅན་མང་པོར་འཚེ་བ་བཟོད་དཀའ་བ་བྱེད་པ་ཡིན། ཉེས་ལྟུང་གི་ལས་སེམས་ཅན་གཞན་ལ་འཚེ་བ་བྱེད་པ་ནི་བདག་གཅེས་པར་འཛིན་པའི་བློའི་དབང་གིས་ཡིན་ཞིང་། ཉེས་ལྟུང་གི་ཚོགས་དེ་རྣམས་སེལ་བར་ཐབས་ཤེས་ཡ་མ་བྲལ་བའི་སྒོ་ནས་བདག་མེད་པའི་ལྟ་བ་ལ་བརྟེན་དགོས་པས། བདག་མེད་ཀྱི་ལྟ་བས་ནང་པའི་ཆོས་ཀྱི་སྙིང་པོ་འཚེ་བ་མེད་པ་མཚོན་པ་ཡིན་ཞེས་བརྗོད་པ་ཡིན་ནོ། །

①རྒྱལ་སྲས་པད་མ་དབང་རྒྱལ། སྙིང་རྗེའི་ཞལ་གདམས། （གཞས་ཆོག）

མདོར་ན་བདག་འཛིན་གྱི་གཉེན་པོ་བདག་མེད་རྟོགས་པའི་ཤེས་རབ་དང་། བདག་གཅེས་འཛིན་གྱི་གཉེན་པོ་གཞན་གཅེས་འཛིན་ཡིན་ཞིང་། དེ་གཉིས་ཀ་བདག་མེད་ཀྱི་ལྟ་བ་ལ་ཐུག་ཡོད། བདག་འཛིན་དང་བདག་གཅེས་འཛིན་གཉིས་ལ་ཞིབ་ན་དེ་གཉིས་གཅིག་མ་ཡིན་ཞིང་། དེ་གཉིས་པོ་འཛོམས་བྱེད་གཅིག་གིས་ནང་པའི་ལྟ་བ་མཚོན་པ་དང་། ཅིག་ཤོས་ཀྱིས་ནང་པའི་སྤྱོད་པ་མཚོན་པ་ཡིན་ཏེ། ཆོས་རྣམས་ཀྱི་ངོ་བོ་བདག་ཏུ་མེད་པའི་ལྟ་བ་ནི་རྟེན་ཅིང་འབྲེལ་འབྱུང་ཡིན་པ་དང་། བདག་གཅེས་འཛིན་གྱི་འཛིན་པ་མེད་པ་ནི་གཞན་གཅེས་འཛིན་ཡིན་ཞིང་། གཞན་གཅེས་འཛིན་ཡང་བྱམས་པ་དང་སྙིང་རྗེའི་སེམས་ཀྱིས་ཡིན་པས། བདག་མེད་ལྟ་བས་ནང་པའི་ལྟ་སྤྱོད་ཟུང་གཅིག་ཏུ་མཚོན་པ་ལེགས་པར་གྲུབ་བོ། །

གཉིས་པ། བདག་མེད་ལྟ་བས་མི་ཆོས་ཀུན་སྤྱོད་ལ་ཕན་པའི་སྐོར།

མི་ཆོས་ཀུན་སྤྱོད་ཅེས་པ་ནི་ཕྱིར་འཇིག་རྟེན་མི་ཡི་ཡ་རབས་དགེ་བའི་ཀུན་སྤྱོད་ལ་གོ་བ་ཡིན་ཞིང་། ཀན་བསྟན་འཛིན་དོན་གྲུབ་ལགས་ཀྱིས། "འཇིག་རྟེན་མི་ཆོས་ཞེས་པ་ནི་ཇི་ལྟར་རྒྱུ་འཇིག་རྟེན་ཡ་རབས་ཀྱི་བསམ་སྤྱོད་ཇི་སྙེད་པ་དག་དང་། དེ་དག་གི་འབྲས་བུ་བཟང་པོའི་ཕན་དགེ་ཤེས་ཤིང་དེ་འདྲའི་འབྲས་བུ་དག་ལག་ཏུ་ལོན་ཕྱིར་དེའི་རྒྱུ་རྩོམ་པ་ལ་ཚུལ་བཞིན་གཞོལ་བ་དེའོ། །"①ཞེས་གསུངས་པ་ལྟར་

---

①བོད་ལྗོངས་ཞིབ་འཇུག ༢༠༡༢ལོའི་དུས་དེབ་གསུམ་པ། ༢༠༡༢ལོའི་ཟླ་༤པར་དཔར་དུ་བསྒྲུབ། ཤ༡༢༥

དུ། མི་ཆོས་ཀུན་སྤྱོད་ནི་དམ་པའི་ལྷ་ཆོས་ལྟ་བུ་མངོན་མཐོ་ངེས་ལེགས་ཀྱི་རྒྱུ་འབའ་ཞིག་གསོག་པ་མ་ཡིན་ཡང་། འཇིག་རྟེན་འཚོ་བའི་ཁྲོད་དུ་རང་བདེ་གཞན་སྐྱིད་ཀྱི་བསམ་སྤྱོར་དོན་དུ་གཉེར་ནས། དགེ་བ་དང་ཡ་རབས་ཚུལ་མཐུན་གྱི་ལས་ལ་གཞོལ་བའི་སྐྱེ་བོ་སུ་དང་གང་ཡང་འཇིག་རྟེན་མི་ཆོས་དང་ལྡན་པ་ཡིན།

དམ་པའི་ལྷ་ཆོས་དང་འཇིག་རྟེན་མི་ཆོས་གཉིས་ཀར་ཆོས་ཞེས་པའི་བརྗ་ཡོད་པ་ནི་གཅིག་པ་ཡིན་པ་མ་ཟད། ཡོངས་སུ་གྲགས་པར་ཆོས་ཞེས་པའི་བརྗ་ཡི་འབྱུང་གཞི་ནི་མི་དགེའི་ལས་དག་འཚོས་པའི་འཚོས་ཞེས་པ་ཡིན་པར་འདོད་ཕྱིར། འཇིག་རྟེན་མི་ཆོས་ཞེས་པ་ནི་ཡ་རབས་དགེ་བའི་དཀར་ཕྱོགས་ཚུལ་བཞིན་སྐྱོང་བའི་ལས་དང་། མ་རབས་སྡིག་པའི་ནག་ཕྱོགས་གང་ལེགས་ལེགས་སུ་འཚོས་པར་བྱེད་པའི་བསམ་སྤྱོད་ལ་གོ་བ་ཡིན་པ་གསལ་ལོ། །དེ་འདྲ་སོང་ཙང་། ཕྱིར་ན་འཇིག་རྟེན་མི་ཆོས་དང་དམ་པའི་ལྷ་ཆོས་གཉིས་འགལ་བར་གསུངས་པ་ནི་ཅིས་ཀྱང་ཡོད་པར་མི་འགྱུར་རོ། །ལུགས་གཉིས་བསླབ་བྱ་རབ་གསལ་ལས། "གཞན་དུ་དཔལ་མགོན་འཕགས་པ་ལྟར། །མི་ཡི་ཆོས་ལུགས་ལེགས་སྲུང་ན། །ལྷ་ཡུལ་བགྲོད་པ་ཐག་མི་རིང་། །གསུངས་པས་མི་ཆོས་ཚུལ་མཐུན་གཅེས། །"① ཞེས་དང་། རྒྱ་ཡི་བླ་མ་ཅིང་ཧུད་ཅེས་པས་ཀྱང་། "མི་ཡག་པོ་ཞིག་བྱེད་པ་ནི་ཆོས་སློབ་པའི་ཐོག་མའི་བྱ་བ་

①ལྕང་སྐྱ་ངག་དབང་བློ་བཟང་ཆོས་ལྡན། ལུགས་གཉིས་ཀྱི་བསླབ་བྱ་རབ་གསལ། གངས་ལྗོངས་མཁས་དབང་རིམ་བྱོན་གྱི་རྩོམ་ཡིག་གསེར་གྱི་སྦྲམ་བུ། མཚོ་སྔོན་མི་རིགས་དཔེ་སྐྲུན་ཁང་། པར་ཀ ༢༠༠༨ ལོའི་ཟླ་༢ པར་དཔར་ཐེངས་གསུམ་པ། ཤ༡༨༠

ཡིན་”①ཞེས་གསུངས་པ་ལྟར་དུ། འཇིག་རྟེན་མི་ཆོས་ཞེས་བྱ་བ་ནི་ཡ་རབས་དགེ་བའི་བསམ་སྦྱོར་ལ་གཙོ་བོར་གོ་ཞིང་། འཇིག་རྟེན་མི་ཆོས་ལེགས་པར་བསྐྱངས་པས་བསོད་ནམས་ཀྱི་ཚོགས་འཕེལ་ནས་མངོན་མཐོ་ངེས་ལེགས་ཀྱི་གོ་འཕང་དོན་དུ་གཉེར་བ་ལ་གྲོགས་བྱེད་པ་ཡིན་ནོ། །མི་ཆོས་ལུགས་ཀྱི་བསྟན་བཅོས་མེ་ཏོག་ཕྲེང་མཛེས་ལས་ཀྱང་། “བཟང་པོས་དགེ་སྤྱོད་ངན་པས་སྡིག་ལས་སྤྱོད། །བུང་བས་མེ་ཏོག་ཤ་སྦྲང་མི་གཙང་སྤྱོད། །”②ཅེས་གསུངས་པ་ལྟར་རོ། །འོ་ན་ཆོས་དང་འཇིག་རྟེན་ཐ་དད་དུ་གསུངས་ཤིང་། ཆོས་དང་འཇིག་རྟེན་མཐུན་ཐབས་མེད་པར་གསུངས་པས། མི་ཆོས་དང་ལྷ་ཆོས་ཀྱང་འགལ་བར་མ་གྱུར་ཏམ་སྙམ་ན། ཆོས་དང་འཇིག་རྟེན་གཅིག་མཐུན་དུ་འཇོག་མི་རུང་བར་གསུངས་པ་བསྡོམས་ས་རབ་ཏུ་བྱུང་བ་སྡོམ་གསུམ་རྣམ་པར་དག་པ་ཐར་པ་དོན་གཉེར་ལ་རྩེ་གཅིག་ཏུ་གཞོལ་བ་དག་ལ་དམིགས་པ་ཡིན་པས། རབ་བྱུང་རྣལ་མ་དག་ལ་འཇིག་རྟེན་གྱི་ཟང་ཟིང་རྣམས་ནི་དོར་བྱ་ཡིན་ཞིང་། དེ་ལྟར་མིན་ན་བྱ་བཏང་རྣལ་འབྱོར་བ་ཞེས་པའི་མཚན་ཡང་འབྱུང་ཐབས་མེད། དེ་ཡང་སྤྱན་སྔ་བློ་གྲོས་རྒྱལ་མཚན་གྱིས། “ཆོས་དང་འཇིག་རྟེན་གཉིས་སྦྲུལ་དང་ནེའུ་ལེ་བཞིན་ལྷན་ཅིག་མི་གནས་འགལ་བ་ཡིན་ཏེ། ད་ལྟར་ལས་དང་པོའི་སྐྱེས་བུ་ཞིག་གིས་གཉིས་ཀ་མཉམ་དུ་འགྲུབ་ཐབས་མེད་དོ། །ཆོས་ལེགས་པར་བྱ་བ་ལ་ནི་བྱ་བ་

①净慧法师.《做人的佛法》. 文化艺术出版社. 2009 年出版 . 自序(前言)

②སུམ་པ་ཡེ་ཤེས་དཔལ་འབྱོར། མིའི་ཆོས་ལུགས་ཀྱི་བསྟན་བཅོས་མེ་ཏོག་ཕྲེང་མཛེས། གངས་ལྗོངས་མཁས་དབང་རིམ་བྱོན་གྱི་རྩོམ་ཡིག་གསེར་གྱི་སྦྲམ་བུ། མཚོ་སྔོན་མི་རིགས་དཔེ་སྐྲུན་ཁང་། པར་ཀ ༢༠༠༨ལོའི་ཟླ་༩པར་དཔར་ཐེངས་གསུམ་པ། ཤ༣༢༨

གཅིག་ཀྱང་བྱེད་རྒྱུ་མེད་པ་དགོས་ན། འཇིག་རྟེན་གྱི་བྱ་བ་དང་ལྡན་ཅིག་ཏུ་ཇི་ལྟར་ཡོང་། །དེའི་ཕྱིར་ཡོན་ཏན་སྒྲུབ་པ་(དམ་པའི་ལྷ་ཆོས་ལ་གཞོལ་བ་)དང་འཇིག་རྟེན་གྱི་བྱ་བ་ཡང་འགལ་ཏེ་" ① ཞེས་སོགས་གསུངས་པ་བཞིན་ནོ། །དེ་ལྟར་བསྟོས་བྱ་སྟོས་བྱེད་ལ་མི་སེམས་པར་སྐྱེས་བུ་གོང་མ་རྣམས་ཀྱིས་གསུངས་ཚད་ལ་ཚིག་ཙམ་བསམས་ནས། འཇིག་རྟེན་མི་ཆོས་དང་དམ་པའི་ལྷ་ཆོས་ཀྱང་ཡོངས་སུ་འགལ་བ་མིན་ནམ་སྙམ་པ་ནི་ཚོལ་ཙུང་གི་བསམ་པ་ལས་མ་འདས་སོ། །

ཆོས་དང་འཇིག་རྟེན་གཉིས་ནི་ཆོས་པས་དེ་གཉིས་ཀ་ལེགས་པར་འཛིན་པ་ཞིག་ཡོང་དཀའ་བ་དང་། ཁྱིམ་པས་དེ་གཉིས་ཀ་ལེགས་པར་འཛིན་པ་ཞིག་ཡོང་དཀའ་བས། དགོས་པ་དམིགས་བསལ་གྱི་དབང་གིས་ཆོས་དང་འཇིག་རྟེན་སོ་སོ་ཞེས་པའི་གཏམ་དེ་བྱུང་བ་རེད་མ་གཏོགས་ཆོས་དང་འཇིག་རྟེན་འབྲེལ་མེད་དོན་གཞན་དང་། དེ་གཉིས་ཡོངས་སུ་མཐུན་ཐབས་མེད་པ་ཞིག་ག་ལ་ཡིན། དེ་ལྟའི་ཕྱིར་ན་མཁན་པོ་ཚུལ་ཁྲིམས་བློ་གྲོས་ཀྱིས། "བོད་སྤྱི་ལ་དམིགས་ནས། མ་གཞི་འཇིག་རྟེན་གྱི་ཐོག་ནས་ཡག་པོ་ཞིག་ཡོང་མ་ཐུབ་ན་ཆོས་ཀྱང་ཡག་པོ་ཞིག་གཏན་ནས་ཡོང་གི་མ་རེད། དེ་ཡང་མི་སྒེར་གྱི་དབང་དུ་བྱས་ན་ཇོ་བཙུན་མི་ལ་རས་པ་ནང་བཞིན་བྱས་ནས་འཇིག་རྟེན་རྒྱབ་ཏུ་གཡུགས་བཞག་པ་ཡིན་ན་ཡག་ཤོས་རེད་དེ། བོད་ཞེར་དུས་མི་གཅིག་དང་ཁྱིམ་ཚང་གཅིག་ཙམ་མ་ཡིན་པར་སྤྱི་ཚོགས་ཆེན་པོ་ཞིག་ཡིན་དུས་ཆོས་དང་འཇིག་རྟེན་གཉིས་ཀ་དགོས་པ་རེད། དེས་ན་ཐམས་ཅད་ཀྱིས་དེ་ལྟར་ནུས་

①སྤྱན་སྔ་བློ་གྲོས་རྒྱལ་མཚན་གྱི་གསུང་འབུམ་པོད་གསུམ་པའི་སྨད་ཆ། ལེགས་པར་བཤད་པ་མི་ཆོས་གནད་ཀྱི་ཐེང་བ། སེར་གཙུག་ནང་བསྟན་དཔེ་རྙིང་འཚོལ་བསྡུ་ཕྱོགས་སྒྲིག་ཁང་། ཤ༦༧༨ནས་༦༧༩

ཞུགས་སྒྲིལ་དགོས་པ་རེད་”①ཅེས་སོགས་གདམས་པ་ནི་བཀའ་གདམས་གོང་མ་རྣམས་བཞིན་ཚེ་འདི་ལ་འཁྲི་བ་སྤངས་ཏེ་དབེན་པ་ལ་བཞུགས་མཁན་དེ་འདྲ་ལ་ཞུ་གི་མེད་ཚུལ་གསལ་བཤད་ཀྱང་གནང་འདུག་པ་སོགས་ལས། ཆོས་དང་འཇིག་རྟེན་ཁག་ཁག་ཟེར་བའི་གཏམ་ལ་གོ་བ་ཡང་དག་ཅིག་བསྐྱེད་ཐུབ།

འཇིག་རྟེན་མི་ཆོས་ཀྱི་ཐད་ལ་སྤྱིར་རྒྱ་གར་གྱི་སློབ་དཔོན་དམ་པ་དཔལ་མགོན་འཕགས་པ་ཀླུ་སྒྲུབ་དང་བོད་ཀྱི་ཆོས་རྒྱལ་སྲོང་བཙན་གྱིས་གཙོས་ཁྱིས་ས་པཎ་སོགས་ཀྱིས་ལེགས་བཤད་ཀྱི་ནོར་བུ་གསུངས་པ་སོགས་མང་དུ་མཆིས་པ་དེ་དག་ཐམས་ཅད་ནི། དམ་པའི་ལྷ་ཆོས་དོན་གཉེར་གྱིས་གཏན་གྱི་བདེ་བའི་འདུན་མ་ལ་བསྒྲིགས་པ་མ་ཡིན་ཡང་། གནས་སྐབས་འཇིག་རྟེན་འཚོ་ཆོས་སྐྱོང་བའི་སྐབས་སུ། རང་བདེ་གཞན་སྐྱིད་ཀྱི་སླད་དུ་དགེ་སྡིག་སྤང་བླང་སོགས་མདོར་ན། རང་རང་སྒེར་གྱི་འཚོ་བ་དང་། ཆེན་པོའི་ཆབ་སྲིད་སྐྱོང་བ་སོགས་བྱ་བ་ཆེ་ཕྲ་ཆུང་གསུམ་སྣ་ཚོགས་དང་། བསམ་སྤྱོད་ཡོད་སྲིད་ཅི་རིགས་ལ་དམིགས་ནས་དགེ་སྡིག་བླང་དོར་གྱི་གནས་ལུགས་བསྟན་ཏེ་གདམས་པ་འབབ་ཞིག་ཡིན། དེས་ན་འཇིག་རྟེན་མི་ཆོས་ཚུལ་བཞིན་སྲུང་ཐུབ་ན་འདི་ཕྱི་གཉིས་ལ་སྨན་པས། དེ་ནི་དམ་པའི་ལྷ་ཆོས་ལ་གཞོལ་བ་ལྟ་བུ་རྒྱུ་རྐྱེན་གཏན་ཆེ་གསོག་པ་མིན་ཡང་། བསོད་ནམས་ཀྱི་ཚོགས་རྒྱ་ཆེན་པོ་གསོག་པ་ཡིན་ཏེ། ཇི་སྐད་དུ། བསྒྲུབ་ན་ཁྱིམ་དུ་གནས་ནའང་ཐར་པ་ཡོད། །འཕགས་བོད་རྒྱལ་བློན་མར་པ་ལ་སོགས་བཞིན། །མ་བསྒྲུབས་རི་འགོར་གནས་ཀྱང་ངན་སོང་རྒྱུ། །ཕྱི་

①ཚུལ་ཁྲིམས་སྐྲ་གྲོས། ཛ་ཚེ་རིང་བཀྲ་ཤིས་ཀྱིས་ཡི་གེར་ཕབ། དུས་ཐོག་ཆར་པ། ཀན་སུའུ་མི་རིགས་དཔེ་སྐྲུན་ཁང་། ༢༠༡༢ ལོའི་ཟླ་༣ ཤ༢༣༨

པ་ས་ཡི་ཁྱུང་བུར་མཚམས་བཅད་བཞིན། །ཞེས་གསུངས་པ་བཞིན་ནོ། །

འཇིག་རྟེན་མི་ཆོས་ནི་འཇིག་རྟེན་པའི་འཚོ་བའི་ཁྲོད་ཀྱི་ཡ་རབས་དགེ་བའི་ལམ་ཕྱིན་ཅི་མ་ལོག་པར་བསྟན་པ་ལ་ཟེར་བ་ཡིན་པ་གོང་དུ་འཆད་ཟིན་པ་བཞིན་དང་། མི་ཆོས་གནད་ཀྱི་ཕྲེང་བ་ལས། “གྲོགས་དང་འགྲོགས་ལུགས་སུ་ལ་འཚོལ་ཡང་རུང་། །གཞན་དང་བསྟུན་པ་མི་ཆོས་རྩ་བ་ཡིན། །དེ་ཡི་སྙིང་ནས་འདུན་མ་བཤད་ཀྱི་ཉོན། །བྱ་བྱེད་ཡོངས་ཀྱི་མགོ་ལྟག་ཕྱེ་ཡི་ཉོན། །”① ཞེས་གསུངས་པ་བཞིན་དུ། འཇིག་རྟེན་མི་ཆོས་ཚུལ་བཞིན་སྲུང་བ་ནི། རང་བདེ་འབའ་ཞིག་དོན་དུ་གཉེར་བ་མ་ཡིན་པར། གཞན་ལ་བསྟུན་ཞིང་གཞན་ལ་བསམས་ཏེ། རྒྱུ་འབྲས་རྟེན་འབྲེལ་གྱི་ཆོས་ཉིད་ཚུལ་བཞིན་དུ་སྲུང་བ་དང་། སྡིག་པ་ལ་གང་ནུས་ཀྱིས་འཛེམས་ཤིང་། དགེ་བ་གྲོགས་སུ་བསྟེན་པ་ཞིག་ཡིན་ཕྱིར། དེ་ནི་ནང་པ་སངས་རྒྱས་པའི་བདག་མེད་པའི་ལྟ་བ་དང་ཤིན་ཏུ་མཐུན་པ་ཞིག་ཡིན།

མི་ཆོས་དང་མཐུན་པའི་སྤྱོད་པ་ནི་སྤྱོད་པ་ཚུལ་མཐུན་ཡིན་ཏེ། སྐྱེ་བོ་གསོ་ཐིགས་ལས། “སྤྱོད་པ་རྣམས་ལ་བག་ཡོད་བྱ། །བག་མེད་རྒྱུན་དུ་སྤང་བར་བྱ། །གླང་ཆེན་སྨྱོས་པ་ལྟ་བུ་ནི། །ནམ་ཡང་བྱ་བ་མ་ཡིན་ནོ། །”② ཞེས་སོགས་གདམས་པ་ལྟར་དུ། སྤྱོད་པ་ཚུལ་མཐུན་དུ་བྱེད་པ་འཇིག་རྟེན་མི་ཆོས་དང་མཐུན་པ་ལགས་

①འབྲོམ་སྟོན་པ་རྒྱལ་བའི་འབྱུང་གནས་ཀྱི་མི་ཆོས་གནད་ཀྱི་ཕྲེང་བ། གངས་ལྗོངས་མཁས་དབང་རིམ་བྱོན་གྱི་རྩོམ་ཡིག་གསེར་གྱི་སྙིམ་པ། མཚོ་སྔོན་མི་རིགས་དཔེ་སྐྲུན་ཁང་། སྟོད་ཆ། ༢༠༠༨ལོའི་ཟླ་༤པར་དཔར་ཐེངས་གསུམ་པ། ༣༧༧

②འཕགས་པ་ཀླུ་སྒྲུབ། ལུགས་ཀྱི་བསྟན་བཅོས་སྐྱེ་བོ་གསོ་ཐིགས། ལེགས་རྩོམ་སྙིང་བཏུས། མི་རིགས་དཔེ་སྐྲུན་ཁང་། ༢༠༠༦ལོའི་ཟླ་༤པར་དཔར་ཐེངས་གསུམ་པ། ༣༥༩

ཞེས་བརྗོད་བདེ་བ་ཞིག་ལགས་ན་ཡང་། འཇིག་རྟེན་མི་རྣམས་ལ་ལྷན་སྐྱེས་སུ་རང་ཉིད་གཅེས་པར་འཛིན་པ་དེ་ཤུགས་ཆེན་པོ་ཡོད་པ་ཡིན་ལ། བདག་གཅེས་འཛིན་ཤུགས་ཆེ་ཆུང་དབང་གིས་འཛིན་པ་ཤིན་ཏུ་ཤུགས་ཆེ་བའི་སྐྱེ་བོ་ཚོའི་སྤྱོད་པ་ཐ་ཤལ་དུ་འཆལ་ཏེ། སྡིག་པ་དང་མ་རབས་ཀྱི་བྱ་བ་སྣ་ཚོགས་རྩོམ་པར་སྤྲོ་བ་ཡིན། བྱིས་པ་བསམ་མེད་ཚོས་རྩེད་མོའི་དབང་དུ་གཞན་གནོད་ཀྱི་ལས་གསོག་པ་ཡང་སྔོན་གོམས་བག་ཆགས་དང་འབྲེལ་ཡོད་ན། ན་ཚོད་ལོངས་བའི་སྐྱེ་བོ་སུ་དང་གང་ཞིག་གིས་གཞན་ལ་གནོད་པ་དང་འཚེ་བའི་ལས་བྱེད་པ་ནི་མདོར་ན་བདག་གཅེས་པར་འཛིན་པའི་བློ་དེའི་དབང་གིས་ཡིན་པ་ལྟ་ཅི་སྨོས། སྐྱེ་བོ་མི་ཉུང་བ་ཞིག་གིས་ཁྲིལ་དང་ངོ་ཚ་སོགས་ཀུན་དོར་ནས། རང་དོན་འགྲུབ་ན་ཆ་ལུགས་ངན་ཡང་ངན། །ཞིམ་པོ་བྱུང་ན་སྤྲོས་ནས་ཤི་ཡང་ཤི །ཞེས་པའི་ཁ་དཔེ་བཞིན་དུ། རང་གི་དོན་བསྒྲུབ་ན་ཚུལ་མིན་གྱི་སྤྱོད་པ་མ་རབས་ཐ་ཤལ་ཅི་ཞིག་བྱས་ཀྱང་ངོ་གནོང་མི་དགོས་སྙམ་གྱི་ཡོད། རང་བདེ་འབའ་ཞིག་དོན་དུ་གཉེར་བ་ཡིས། དུག་འཚོང་བ་དང་། རྐུ་རྒྱག་པ་དང་། གཉེན་ལ་འཚེ་བ་དང་། གྲོགས་པོ་འཚོང་བ་དང་། ལ་རྒྱ་འཚོང་བ་སོགས་ཀྱི་བྱ་ངན་སྤྱོད་ངན་མང་དུ་རྩོམ་པར་བྱེད་ཀྱང་མཐའ་མར། སྤྱོད་འཇུག་ལས། “འཇིག་རྟེན་བདེ་བ་ཇི་སྙེད་པ། །དེ་ཀུན་གཞན་བདེ་འདོད་ལས་བྱུང་། །འཇིག་རྟེན་སྡུག་བསྔལ་ཇི་སྙེད་པ། །དེ་ཀུན་བདག་བདེ་འདོད་ལས་བྱུང་། །”①ཞེས་གསུངས་པ་བཞིན་དུ། རང་བདེ་དོན་དུ་གཉེར་ནས་གཞན་ལ་འཚེ་བ་དང་གནོད་པའི་བགྱི་བ་བརྩམས་པས།

①སློབ་དཔོན་ཞི་བ་ལྷ་དང་རྫོགས་ཆེན་མཁན་པོ་ཀུན་བཟང་དཔལ་ལྡན། བྱང་ཆུབ་སེམས་པའི་སྤྱོད་པ་ལ་འཇུག་པ་རྩ་བ་དང་འགྲེལ་པ། སི་ཁྲོན་མི་རིགས་དཔེ་སྐྲུན་ཁང་། ༡༩༩༠ལོའི་ཤོག ༤༩༨

འཇིག་རྟེན་གྱི་འཚོ་བ་དག་ཀྱང་ཆོས་ཉིད་རྟེན་འབྲེལ་གྱི་རང་བཞིན་ལས་མ་འདས་ཕྱིར། མཐར་རང་ཉིད་སྡུག་ལ་སྨྱུར་བར་བྱེད་པ་ཡིན།

གངས་ཅན་བོད་ཀྱི་ཡུལ་དུ་སྔོན་གྱི་སྐབས་ཆེན་སྐྱེས་བུ་རིམ་བྱོན་གྱིས་མི་ཆོས་ཀྱི་བསླབ་བྱ་བསམ་གྱིས་མི་ཁྱབ་པ་མཛད་དེ། མི་རྣམས་ཀྱིས་ཁྲེལ་དང་འཛེམ་བག་ལྡན་པའི་སྤྱོད་པ་སྐྱོང་ཞིང་། ཚུལ་མཐུན་གྱི་སྤྱོད་པས་རང་ཉིད་ལ་བདེ་བ་འབྱུང་བར་བྱེད་དགོས་པ་གསུངས་ནའང་། མི་རྣམས་ནི་བདག་འཛིན་མ་རིག་པའི་དབང་གིས་མི་ཆོས་ལ་རྫོག་རོལ་དུ་གཏོང་བ་དང་། རང་གཞན་ཀུན་ལ་བདེ་བ་མི་འབྱུང་བའི་ལས་གསོག་པར་བྱེད་མཁན་སྔར་བཞིན་ཡོད།

དཔེ་སྐབས་བདེ་ཞིག་ཞུས་ན། རང་གི་འཚོ་ཐབས་འབའ་ཞིག་བསམས་པ་ལས་གཞན་གྱི་བདེ་སྡུག་བློ་ཡུལ་དུ་ཡེ་མེད་པས། གཞན་གྱི་ནོར་བརྐུ་བ་དང་གཞན་གྱི་སྲོག་འཕྲོག་པ་སོགས་བྱེད་ཅིང་། དེའི་རྐྱེན་གྱིས་རང་ཉིད་འཇིག་རྟེན་ཁྲིམས་ཀྱི་རྒྱ་ལས་མ་ཐར་བར་བཙོན་དུ་མི་ཚེ་སྐྱེལ་དགོས་པ་དང་། ཐ་ན་སྲོག་ཀྱང་འཕྲོག་པར་བྱེད་པ་སོགས་ཅི་རིགས་པའི་བགྱི་བ་ངན་པ་དང་འབྲས་བུ་ངན་པ་ནི་འཇིག་རྟེན་མི་ཆོས་ལ་རྫོངས་པ་ལས་ཡིན་ཞིང་། རྩ་བ་ནི་རང་བདེ་འབའ་ཞིག་དོན་དུ་གཉེར་བ་དེས་ཡིན། རང་བདེ་འབའ་ཞིག་དོན་དུ་གཉེར་བའི་བསམ་སྦྱོར་གྱིས་གཞན་ལ་གནོད་པའི་ལས་བྱེད་པར་ཐེ་མི་ཚོམ་པས། བསམ་སྦྱོར་ངན་པ་དེས་འཇིག་རྟེན་མི་ཆོས་ཚུལ་བཞིན་གནས་པ་དང་། ཚུལ་བཞིན་སྲུང་བ་ལ་ཕུ་དགྲུག་མདའ་དགྲུག་བཟོ་བ་ཡིན།

རང་རེ་བོད་གངས་ཅན་གྱི་སྐྱེ་བོ་ལ་རིང་མོ་ཉིད་ནས་ཆོས་ལྡན་བོད་ཀྱི་མི་ནི་ཡ་

རབས་དགེ་ལ་བརྩོན་པ་ཞེས་མཐེ་བོང་བསྒྲེངས་ནས་བསྟོད་པའི་མི་ཆོས་དང་མཐུན་པའི་ཡ་རབས་ཀྱི་ཀུན་སྤྱོད་ནི་དམ་པའི་ལྷ་ཆོས་ཀྱི་ཤུགས་རྐྱེན་ལས་བྱུང་བ་ཤིན་ཏུ་གསལ། བདག་མེད་ལྷ་བས་མི་རྣམས་ལ་རང་བདེ་འབའ་ཞིག་དོན་དུ་གཉེར་བའི་བསམ་པ་འཕྲེར་བ་ནི་ནོར་འཁྲུལ་གྱི་བསམ་བློ་ཞིག་ཡིན་པ་གསལ་བར་བརྗོད་པ་མ་ཟད། མི་རྣམས་ལ་རང་ཉིད་ཀྱི་བདེ་བ་ནི་གཞན་ལ་གཅེས་པའི་བསམ་སྤྱོད་ལས་བྱུང་བའི་རྟེན་འབྲེལ་གྱི་གནས་ལུགས་གསལ་འགྲེལ་ཐུབ་པས། མི་རྣམས་ཀྱིས་ཚུལ་མཐུན་གྱི་མི་ཆོས་བསྐྱངས་ནས་རང་གཞན་བདེ་བའི་ཐབས་ལ་གཞོལ་བར་འབོད་སྐུལ་ཐུབ། མ་གཞི་འཛིག་རྟེན་མི་རྣམས་ཆོས་ནས་བཤད་པའི་བདག་མེད་པའི་བསམ་པ་དང་སྙིང་སྟོབས་རྒྱུད་ལ་བཙངས་ཏེ་རང་གི་ཡོད་ཚད་བློས་བཏང་སྟེ་གཞན་སེམས་ཅན་གྱི་དོན་ལ་སེམས་པ་ཞིག་ཡོང་ཐབས་མེད་ལ། དེ་འདྲ་ཡོང་དགོས་པའི་རེ་བ་ཡང་མཐའ་གཅིག་ཏུ་མེད་མོད། བདག་མེད་ལྷ་བའི་བག་ཆགས་ཀྱི་དབང་གིས་མི་རྣམས་ལ་ང་འབའ་ཞིག་གཅེས་པར་བསམས་པ་ནི་སྡིག་པ་ཡིན་པ་དང་། མི་དགེ་བ་ཡིན་སྙམ་པའི་བློ་སྐྱེས་ཡོང་བ་མ་ཟད། རང་རང་འཛིག་རྟེན་འཚོ་བའི་ལམ་ལ་གཞོལ་བཞིན་དུ་གཞན་ལ་སྨན་པའི་དགེ་ཚོགས་བསྒྲུབས་པ་ཡིས། གཞན་སེམས་ཅན་སུ་དང་གང་གིས་ཀྱང་རང་ལ་ཕན་པའི་ལན་སློག་ནས་རང་གཞན་བདེ་བའི་དོན་བྱ་ཐུབ་པ་ཡིན་ནོ། །དེ་ནི་གཙོ་བོ་ང་ཁོ་ན་གཅེས་པར་འཛིན་པའི་བསམ་བློ་དེ་གང་ཙམ་བློས་བཏང་བ་དེ་ཙམ་གྱིས་སྟོད་བཙུད་རྟེན་འབྲེལ་གྱི་ཆོས་ཉིད་དེའི་དབང་གིས་རང་ལ་འབྲས་བུ་བཟང་པོ་སྨིན་པ་ཡིན་ནོ། །

མདོར་ན། སྐྱེ་བོ་ཚང་མས་རང་ཁོ་ན་བསམས་ཤིང་། རང་གི་དོན་འབའ

ཞིག་དོན་དུ་གཉེར་བ་དང་། གཞན་སེམས་ཅན་སྤྱི་དང་བྱེ་བྲག་གང་གི་བདེ་སྡུག་ལ་མ་བསམས་ཕྱིན་ཆད་ལ། ཚུལ་མཐུན་གྱི་སྤྱོད་པ་དང་ཡ་རབས་དགེ་བའི་མི་ཆོས་བསྐྱངས་པ་ཞེས་པ་དེ་ཡོང་ཐབས་མེད་པ་ཞིག་རེད། རྒྱུ་མཚན་ནི། མི་ཆོས་སྐྱོང་བའི་སྐྱེ་བོ་རྣམས་ཀྱིས་སྡིག་པའི་ལས་དང་ཚུལ་མིན་གྱི་ལས་ཅི་དང་གང་ཞིག་རྩོམ་པར་བྱེད་པའི་བློ་སྐྱེ་ཡང་། གཞན་ལ་གནོད་དོགས་ཀྱིས་འཛེམ་པར་བྱེད་པ་དང་། ཐ་མར་ཡང་འདི་བྱས་ན་གཞན་ལ་ངོ་ཚ། ཕ་གི་བྱས་ན་གཞན་གྱིས་འཕྱ་སྨྲོད་སོགས་སྙམ་ནས། གཞན་དང་གཞན་གྱི་དོན་བློ་ལ་འཛིན་པ་ཡིན། རང་གཙོས་པར་འཛིན་པའི་བློ་དེ་ཇི་ཙམ་གྱིས་ཆུང་དུ་གཏོང་བར་བྱེད་པ་ནི་བདག་མེད་ལྟ་བ་བསྟན་པའི་དམིགས་པ་ཡིན་པས། སྐབས་འདིར་བདག་མེད་ལྟ་བས་འཇིག་རྟེན་མི་ཆོས་ཀྱི་ཀུན་སྤྱོད་ལ་ཕན་པ་ཡིན་ཞེས་ཚིག་ཐག་ཆོད་པོས་སྨྲས་པ་ཡིན་ནོ། །

གསུམ་པ། བདག་མེད་ལྟ་བས་སྤྱི་ཚོགས་རིང་ལུགས་ཀྱི་ཞི་མཐུན་སྤྱི་ཚོགས་དང་ཤེས་དཔལ་འཛུགས་སྐྲུན་ལ་ཕན་པའི་སྐོར།

གཅིག བདག་མེད་ལྟ་བས་སྤྱི་ཚོགས་ཞི་མཐུན་ལ་ཕན་ཚུལ་སྤྱིར་བཤད་པ།

སྤྱི་ཚོགས་རིང་ལུགས་ཀྱི་ཞི་མཐུན་སྤྱི་ཚོགས་(社会主义和谐社会)ནི་མིའི་རིགས་ཀྱིས་རེ་སྒུག་འཚོར་སའི་མཛེས་སྡུག་ལྡན་པའི་སྤྱི་ཚོགས་ཤིག་ཡིན་པ་དང་།

དམངས་གཙོ་རིང་ལུགས་ཏང་སྲིད་ཀྱིས་འབད་འབུངས་ལྷོད་མེད་ཀྱིས་བརྩོན་ལེན་བྱེད་པའི་ཕྱུགས་བསམ་ཞིག་ཡིན་ཞིང་། རྒྱལ་ཕྱི་རྒྱལ་ནང་གི་ལོ་རྒྱུས་ཐོག་ཞི་མཐུན་སྤྱི་ཚོགས་དང་འབྲེལ་བའི་དགོངས་པ་མི་ཉུང་བ་བྱུང་མྱོང་ཡོད། དུས་རབས་ཉེར་གཅིག་པའི་རྗེས་སུ་རང་རེའི་ཏང་གི་ཚོགས་ཆེན་ཐེངས་བཅུ་དྲུག་པ་དང་སྐབས་བཅུ་དྲུག་པའི་ཀྲུང་ཡུ་ཚང་འཛོམས་གྲོས་ཚོགས་ཐེངས་གསུམ་པ་དང་བཞི་པའི་ཐོག་སྔོ་ཀུན་ནས་འཁོར་འཁྲིད་སྤྱི་ཚོགས་འཛུགས་སྐྲུན་བྱེད་པ་དང་། ཀྲུང་གོའི་ཁྱད་ཆོས་ལྡན་པའི་སྤྱི་ཚོགས་རིང་ལུགས་བྱ་གཞག་གི་རྣམ་པ་གསར་པ་གཏོད་པའི་ཁྱོན་ཡོངས་ལ་དམིགས་ནས། ཞི་མཐུན་སྤྱི་ཚོགས་འཛུགས་སྐྱོང་གི་འཐབ་ཇུས་ཁ་གསལ་བཏོན་པ་མ་ཟད། དེ་ཉིད་ཏང་གི་སྲིད་སྐྱོང་ནུས་པ་འཛུགས་སྐྱོང་ལ་ཤུགས་སྣོན་རྒྱག་པའི་གལ་ཆེའི་ནང་དོན་ཡིན་པར་གསུངས་ཡོད། ཏང་གི་ཚོགས་ཆེན་ཐེངས་བཅུ་དྲུག་པར་ཐེངས་དང་པོར་"སྤྱི་ཚོགས་སྔར་བས་ཞི་མཐུན་"ཞེས་པའི་དམིགས་འབེན་གལ་ཆེན་བཏོན་པ་དང་། སྐབས་བཅུ་དྲུག་པའི་ཀྲུང་ཡུ་ཚང་འཛོམས་གྲོས་ཚོགས་ཐེངས་བཞི་པར་སྔར་ལས་ལྷག་པའི་སྒོ་ནས་ཞི་མཐུན་སྤྱི་ཚོགས་བསྐྲུན་པའི་ལས་འགན་བཏོན་ཡོད། དམངས་གཙོ་ཁྲིམས་སྐྱོང་དང་། དྲང་སྙོམས་དྲང་བདེན། ཐོལ་མེད་མཛའ་མཐུན། སྐྱེ་སྟོབས་ཀྱི་དཔལ་རབ་ཏུ་འབར་བ། ཞི་འཇགས་སྒྲིག་ལམ་ལྡན་པ། མི་དང་རང་བྱུང་ཁམས་ཞི་མཐུན་མཉམ་གནས་དྲུག་ནི་ཞི་མཐུན་སྤྱི་ཚོགས་ཀྱི་རྩ་བའི་ཁྱད་ཆོས་དྲུག་ཡིན། ཉེ་བའི་ལོ་ཟླའི་ནང་ཏང་དང་རྒྱལ་ཁབ་ཀྱིས་རྒྱལ་ཡོངས་ཀྱི་ཤེས་ལྡན་མི་སྣ་དང་། ཏང་ཡོན་ལས་བྱེད་པ། དེ་བཞིན་རྒྱ་ཆེའི་མི་དམངས་མང་ཚོགས་ལ་སྤྱི་ཚོགས་རིང་ལུགས་ཀྱི་ཞི་མཐུན་སྤྱི་ཚོགས་འཛུགས་སྐྱོང་ལ་ཤུགས་སྣོན་རྒྱག

དགོས་པའི་འཕོད་སྒྲུལ་དང་དྲིལ་བསྒྲགས། དེ་བས་ལག་བསྟར་གྱི་བྱ་འགུལ་སྣ་ཚོགས་རྩོམ་ཟུས་ཡིན། སྤྱི་ཚོགས་རིང་ལུགས་ཀྱི་ཞི་མཐུན་སྤྱི་ཚོགས་འཛུགས་སྐྲུན་གྱི་སྟོན་འགྲོ་ནི་རྒྱལ་ཡོངས་མི་རིགས་ཁག་གི་མི་དམངས་ཡོངས་ཀྱིས་བློ་བརྟན་འགྱུར་མེད་དང་ཀྲུང་གོ་གུང་ཁྲན་ཏང་གི་འགོ་ཁྲིད་འོག་མཐུན་སྒྲིལ་རྡོག་རྩ་གཅིག་སྒྲིལ་གྱིས། ཀྲུང་གོའི་ཁྱད་ཆོས་ལྡན་པའི་སྤྱི་ཚོགས་རིང་ལུགས་ཀྱི་འགྲོ་ལམ་ཐོག་ཏུ་བསྐྱོད་དེ། ཐུན་མོང་ཐོག་འབྱོར་འབྲིང་གི་སྤྱི་ཚོགས་དང་འབྱོར་འབྲིང་གི་འཚོ་བ་མངོན་དུ་འགྱུར་བར་འབད་ཐབས་བྱེད་དགོས་པ་དེ་རེད། སྤྱི་ཚོགས་རིང་ལུགས་ཀྱི་ཞི་མཐུན་སྤྱི་ཚོགས་འཛུགས་སྐྲུན་བྱེད་པ་ནི། རང་རེའི་ཏང་གིས་ཕྱོགས་ཡོངས་ནས་འབྱོར་འབྲིང་གི་སྤྱི་ཚོགས་མངོན་འགྱུར་བྱེད་པ་དང་། ཀྲུང་གོའི་ཁྱད་ཆོས་ལྡན་པའི་སྤྱི་ཚོགས་རིང་ལུགས་བྱ་གཞག་གི་རྣམ་པ་གསར་པ་གཏོད་བྱེད་ཀྱི་ཁྱོན་ཡོངས་ལ་དམིགས་ནས་བཏོན་པའི་གལ་ཆེའི་ལས་འགན་ཞིག་དང་། ཀྲུང་གོའི་འཕེལ་རྒྱས་དང་བསྒྱུར་བཅོས་ཀྱི་འགག་རྩའི་དུས་སྐབས་དང་འཚམ་པའི་རེ་བ་ཞིག་ཡིན་པ་མ་ཟད། རྒྱ་ཆེའི་ངལ་རྩོལ་མི་དམངས་མང་ཚོགས་ཀྱི་རྩ་བའི་ཁེ་ཕན་དང་ཐུན་མོང་གི་རེ་སྨོན་དང་འཚམ་པ་ཞིག་ཡིན།

ང་ཚོ་ནི་སྤྱི་ཚོགས་རིང་ལུགས་ཀྱི་སྤྱི་ཚོགས་སུ་འཚོ་བ་ཡིན་པས། སྤྱི་ཚོགས་རིང་ལུགས་ཀྱི་ཞི་མཐུན་སྤྱི་ཚོགས་ཞེས་པ་ནི་ང་ཚོའི་ངོས་ནས་བཤད་ན་གནད་དོན་གལ་ཆེན་པོ་ཞིག་རེད། ཏང་དང་རྒྱལ་ཁབ་ཀྱིས་ཞི་མཐུན་གྱི་སྤྱི་ཚོགས་འཛུགས་སྐྲུན་ལ་ཤུགས་སྣོན་བྱེད་པ་གང་ཞིག་ཞི་མཐུན་སྤྱི་ཚོགས་འཛུགས་སྐྲུན་བྱེད་པ་དེ་མི་དམངས་ཀྱི་ཐུགས་འདུན་དང་འཚམ་པ་ཞིག་ཡིན་པར་གསུངས་ཡོད། རྒྱུ་མཚན་ནི།

ཞི་མཐུན་གྱི་སྤྱི་ཚོགས་འཛུགས་སྐྱོང་ཡོང་བར་སྤྱི་ཚོགས་ཀྱི་གྲུབ་ཆ་གཙོ་བོ་འགྲོ་བ་མིའི་བསམ་སྤྱོད་ལ་ཡར་རྒྱས་འགྲོ་དགོས་ལ། མི་རྣམས་ཀྱིས་རང་ཁོ་ནར་བརྩེ་བའི་བསམ་བློ་དོར་ནས། གཞན་ཕན་དང་དྲང་བཞག་སོགས་ཀྱིས་ཕན་ཚུན་དབར་བརྩེ་བ་བརྩོས་མ་མིན་པ་ཞིག་བཙངས་ཏེ། བརྩེ་བས་ཁྱབ་པའི་སྤྱི་ཚོགས་ཤིག་དང་། མཐུན་སྒྲིལ་གྱི་སྤྱི་ཚོགས་ཤིག ཡ་རབས་ཀྱི་སྤྱི་ཚོགས་ཤིག་གཏོད་རྒྱུར་འབད་པ་བྱ་དགོས་པ་ཡིན།

ཁུ་བྱུག་ལགས་ཀྱིས། "དེང་རབས་སྤྱི་ཚོགས་ཀྱི་ཆ་ནས་བཤད་ན། འཛམ་གླིང་གི་ཤར་ལྷོ་ནུབ་བྱང་གི་མི་མང་ཕྱོགས་ཕྱིའི་དངོས་པོའི་རྒྱུ་ནོར་སོགས་ལ་འདོད་ཧམ་ཆེན་པོ་རྒྱས་ཏེ་དུས་རབས་གསར་པའི་ཚན་རིག་གསར་གཏོད་ཀྱི་དངོས་པོའི་འཚོ་བ་ལོངས་སུ་སྤྱོད་པའི་ཟང་ཟིང་གི་ལམ་ནས་མགོ་འཁོར་ཞིང་། ཆེ་ས་ནས་སྤྱི་ཚོགས་ཡོངས་དང་། ཆུང་ས་ནས་འཇིག་རྟེན་ཁྱིམ་གཞིའི་ནང་གི་མི་ཕལ་ཆེར་གྱི་བསམ་སྤྱོད་ནི་ངན་པའི་ཕྱོགས་སུ་འགྱུར་གྱིན་ཡོད་པ་ཀུན་གྱིས་མཐོང་ཐུབ་སྟེ། དཔེར་ན་མི་ལ་མགོ་སྐོར་གཏོང་བ་དང་། སྐོར་མོ་དང་རྒྱུ་ནོར་སོགས་བསླུ་ལེན་བྱེད་པ། ཁ་འཁྲུག་གཏམ་ངན་བཤད་པ། རྫུན་གཏམ་སྨྲ་བ། རྒྱ་ཆེའི་མང་ཚོགས་ལ་མགོ་སྐོར་གཏོང་བ་སོགས་ཇེ་མང་དུ་འགྱུར་གྱིན་འདུག གལ་སྲིད་དེ་རིགས་མུ་མཐུད་དུ་རྒྱ་ཇེ་ཆེ་དང་ཇེ་མང་དུ་འགྱུར་ན་སྤྱི་ཚོགས་ཀྱི་ཡ་རབས་སྤྱོད་བཟང་དང་། ལམ་ཕྱོགས་ཡང་དག་པ། སྤྱི་ཚོགས་ཀྱི་ཁྲིམས་དང་སྒྲིག་ལམ་སོགས་ཀྱང་རིམ་བཞིན་

ཉམས་ནས་མེད་པར་འགྲོ་བ་རེད་”①ཅེས་སོགས་གསུངས་པ་དང་། མཁས་དབང་དུང་དཀར་རིན་པོ་ཆེས། ནང་པ་སངས་རྒྱས་པའི་ཆོས་ལ་སྙིང་སེམས་སྲུང་རྒྱུའི་སློབ་གསོ་གཏོང་བའི་རིགས་པའི་གཞུང་ལུགས་ཆ་ཚང་ཞིག་ཡོད་པ་ཞེས་པའི་གཏམ་གསུངས་པའི་སྐབས་སུ། “དེ་ཡང་འཇིག་རྟེན་ཐོག་གི་བྱ་སྤྱོད་ངན་པ་ཚང་མའི་རྩ་བ་ནི་སྙིང་སེམས་ཁོ་ནར་ཐུག་ཡོད་ཅིང་། གལ་ཏེ་མི་རྣམས་ཚང་མ་སྙིང་སེམས་མེད་པ་ཞིག་ཏུ་འགྱུར་ཚེ་སྤྱི་ཚོགས་ཐོག་ཕན་ཚུན་གསོད་རེས་བྱེད་པ་དང་། རྐུན་མ་བརྐུ་བ། འཕྲོག་བཅོམ་བྱེད་པ། སོག་གཡེམ་བྱེད་པ་སོགས་ཀྱི་བྱ་ངན་སྤྱོད་ངན་རིགས་ཡོང་མི་སྲིད་ཅེས་དང་། སྙིང་སེམས་སྲུང་བའི་ཐད་ལ་སངས་རྒྱས་ཆོས་ལུགས་དང་གུང་ཁྲན་རིང་ལུགས་གཉིས་ཀྱི་བཤད་ཚུལ་འདྲ་བ་ལ་བསྟོས་ནས། ཡང་། སངས་རྒྱས་ཆོས་ལུགས་ཀྱི་ལྟ་ཚུལ་དང་གུང་ཁྲན་རིང་ལུགས་ཀྱི་ལྟ་ཚུལ་དེ་གཉིས་མི་རོ་རྒྱབ་ཏུ་འཁྱེར་བ་ལྟར་ཐད་དེ་རྒྱབ་འགལ་དེ་འདྲ་ཡིན་བཟོ་མི་འདུག་སྙམ”②ཞེས་ཀྱང་གསུངས་ཡོད། གོང་གི་གསུང་ཚུལ་དེ་གཉིས་དང་། ད་ལྟའི་ཞི་མཐུན་སྤྱི་ཚོགས་འཛུགས་སྐྲུན་གྱི་བསམ་བློ་གཉིས་པོ་མཉམ་དུ་བསམ་གཞིག་བགྱིས་ཚེ། དེང་གི་ཆར་ཞི་མཐུན་སྤྱི་ཚོགས་འཛུགས་སྐྲུན་གྱི་བསམ་བློ་དང་རྒྱབ་འགལ་དུ་འགྱུར་བའི་མ་རབས་ཀྱི་བསམ་སྤྱོད་དང་། ལངས་ཕྱོགས་ཡང་མ་དག་པ། སྤྱི་ཚོགས་ཀྱི་སྒྲིག་ཁྲིམས་ལ་གཏོར་བཤིག་

①ཁྱེ་བྱུག སངས་རྒྱས་ཆོས་ལུགས་དང་བོད་ཀྱི་རིག་གནས་ལས་འཕྲོས་པའི་གནད་དོན་སྐོར་གླེང་བ་བདེན་གཏམ་ཡིད་ཀྱི་མུན་སེལ། བོད་ལྗོངས་མི་དམངས་དཔེ་སྐྲུན་ཁང་། ༢༠༡༡ལོའི་དཔར་ཐེངས་གཉིས་པ། ཤ༡༨

②དུང་དཀར་རིན་པོ་ཆེ། གྲུབ་མཐའི་སྐོར་གྱི་རྣམ་བཤད། མི་རིགས་དཔེ་སྐྲུན་ཁང་། ༢༠༠༧ལོའི་ཟླ་༡༠པར་དཔར་ཐེངས་གཉིས་པ། ཤ༡༩༢ནས་༡༩༣

གཏོང་བ། མདོར་ན་རང་གི་སྐབས་འཕྲལ་གྱི་བདེ་བ་འབའ་ཞིག་དོན་གཉེར་ལ་གཞོལ་ཆེ་བས། རྫུན་དང་ཕྲ་མས་གཞན་བསླུ་བ་དང་། གཞན་ཕུང་ལ་སྦྱོར་བ། མི་དང་མིའི་དབར་དབྱེན་སྦྱོར་བྱེད་པ་སོགས་བྱ་ངན་སྤྱོད་ངན་རིགས་ཅི་མཆིས་ཀྱི་འབྱུང་རྩ་ནི་ངར་འཛིན་གྱི་འདུ་ཤེས་ལས་སྙིར་སེམས་ཆེས་ཆེར་འཕེལ་བས་ཡིན་ཞིང་། ངར་འཛིན་ལས་གཞན་ལ་མི་བསམ་པ་དང་། སྤྱི་ཚོགས་དང་ཐུན་མོང་ལ་མི་བསམ་པའི་བྱ་ངན་སྤྱོད་ངན་སྣ་ཚོགས་པ་དག་བྱུང་བ་གསལ་པོ་རེད།

ཞི་མཐུན་གྱི་སྤྱི་ཚོགས་འཛུགས་སྐྲུན་ལེགས་པོ་ཞིག་བྱེད་པར་མི་རྣམས་སྙིར་སེམས་ཆེ་དྲགས་ན་ཡོང་ཐབས་མེད་ལ། མི་རྣམས་སྙིར་སེམས་ཆེ་བས་རང་བདེ་འབའ་ཞིག་དོན་དུ་གཉེར་ན། གུང་ཁྲན་རིང་ལུགས་ཀྱི་ཕྱུགས་བསམ་མངོན་གྱུར་ཞེས་པའང་ཧ་ཅང་ཡོང་དཀའ་བ་ཞིག་ཡིན། མི་རྣམས་ཀྱིས་རང་ཕོ་ནར་གཅེས་པའི་བསམ་བློ་དེ་ཆུང་དུ་གཏོང་ཐབས་བྱེད་པ་དང་། རང་གི་བདེ་སྐྱིད་དང་གཞན་གྱི་བདེ་སྐྱིད། ལྷག་པར་དུ་སྤྱི་ཚོགས་ཧྲིལ་པོའི་བདེ་སྐྱིད་བཅས་འབྲེལ་མེད་དོན་གཞན་ཡིན་པ་ལྟ་བུའི་ལྟ་ཚུལ་བསྒྱུར་ཏེ། སྣོད་བཅུད་ཀྱི་ཆོས་རྣམས་ཀྱི་རང་བཞིན་བདག་ཏུ་མེད་པའི་རྟེན་འབྲེལ་གྱི་རང་བཞིན་ཡིན་ཕྱིར། རང་གཞན་གྱི་བདེ་བ་ཡང་ཕན་ཚུན་གཅིག་ལ་གཅིག་བརྟེན་གྱི་རང་བཞིན་ལས་མ་འདས་པའི་ལྟ་ཚུལ་དེ་ཡོད་དགོས། དེ་ནི་བདག་མེད་ཀྱི་ལྟ་བས་སྤྱི་ཚོགས་ཞི་མཐུན་ལ་ཕན་ཞེས་པའི་གཞུང་ལུགས་ཀྱི་གཞི་འཛིན་ས་དེ་ཡིན།

མི་འགའ་ཞིག་གིས་ཆོས་ཞེས་པ་དང་ཆབ་སྲིད་ཀྱི་སྐད་ཆ་གཉིས་མེ་དང་སྤྲུ་ཐུག་པ་ལྟ་བུའི་ཁག་ཁག་ཡིན་ཤག་བྱེད་ཀྱང་། དོན་དུ་དེ་འདྲ་ཞིག་ག་ལ་ཡིན། གུང་

ཁྲན་ཏང་ཡོན་གྱིས་ཆོས་ལ་དད་པ་བྱས་མི་ཆོག་ཀྱང་ཆོས་ཀྱི་བཟང་ངན་ལ་རྟོག་དཔྱོད་བྱེད་ཤེས་དགོས་ལ། དེ་ལྟར་བྱེད་མཁན་གྱི་བསམ་བློ་བ་དག་ཧྲོན་མེད་ན། མར་ཁེ་སེའི་ཆོས་ལུགས་ལ་འཛིན་པའི་ལྟ་ཚུལ་དེ་ཚོ་ཡང་ཡོང་ཐབས་མེད་པ་ཞིག་རེད། མ་གཞི་ནས་ནང་པའི་ཆོས་སུ་ཆོས་པ་རྣལ་མ་རྣམས་ལ་ཐར་པ་དོན་གཉེར་ལ་དམིགས་ཏེ་བདག་འཛིན་རྩད་ནས་གཅོད་ཐབས་བྱེད་དགོས་པར་གདམས་ཡོད་ལ། དེ་ལྟར་བདག་འཛིན་ཡོངས་སུ་གཅོད་ཐུབ་སྟེ་གཞན་དོན་ལ་གཞོལ་བས་རང་གི་དོན་ཡང་ཞར་ལ་འགྲུབ་པ་ཡིན། འཇིག་རྟེན་པས་བདག་འཛིན་བློས་གཏོང་ཡང་མི་ཐུབ་ལ་ངེས་པར་གཏོང་ཐབས་བྱ་དགོས་པར་ཡང་གདམས་མེད་པས། འཇིག་རྟེན་པས་རང་གཅིག་པུའི་དོན་མ་བསམས་པར་གཞན་ལ་གཅེས་པའི་བསམ་སྤྱོད་ཇི་ཙམ་བསྐྱངས་པ་དེ་ཙམ་གྱིས་མི་ཆོས་དང་མཐུན་པའི་བྱ་ལས་རྫོམ་པར་འགྲོ་བ་ཡིན་ཞིང་། དོན་དུ་རྟེན་འབྲེལ་མི་བསླུའི་ཆོས་ཉིད་ཀྱིས་རང་གི་དོན་དང་གཞན་གྱི་དོན་གཉིས་ཆར་སྐྱོང་བའི་ལས་གསོག་ཐུབ་པར་གདམས་པ་ཡིན། དེ་འདྲ་མིན་ན་ང་ཚོའི་སྲོལ་རྒྱུན་རིག་གནས་སུ་དོན་གཉིས་སྒྲུབ་པ་ཞེས་མང་དུ་སློང་བ་དེ་འདྲ་ཡོང་དོན་མེད། དེ་ཕྱིར་ནང་པ་སངས་རྒྱས་པའི་ཆོས་ཀྱི་ལེགས་ཆ་རྣམས་ཀྱིས་དེང་གི་སྤྱི་ཚོགས་ལ་ཇི་ལྟར་སྨན་ཚུལ་ལ་ཞིབ་དཔྱད་མཛད་རྒྱུ་ནི་ཤིན་ཏུ་གལ་ཆེན་པོ་ཡིན།

སྤྱི་ཚོགས་རིང་ལུགས་ཀྱི་ཞི་མཐུན་སྤྱི་ཚོགས་ཞེས་པ་ནི་དོན་དངོས་ཐོག་མི་རྣམས་ཀྱིས་ཐུན་མོང་གི་ཕྱུགས་འདུན་སྣང་དུ་འབད་པ་བསྐྱེད་པ་དང་། མི་དང་མིའི་དབར་ཞི་མཐུན་གྱིས་སྤྱི་ཚོགས་ལ་ཞི་བདེ་བསྐྲུན་ཏེ། ཐུན་མོང་གི་ཕྱུགས་འདུན་དེ་གང་མགྱོགས་མངོན་དུ་འགྱུར་སྣང་མཐུན་རྐྱེན་འཛོམས་པའི་སྤྱི་ཚོགས་ཤིག་ལ་བརྗོད་

པ་ཡིན་པས། མི་རྣམས་ཀྱིས་སྙིང་སེམས་ཆེན་པོས་རང་ཕོ་ནའི་གནས་སྐབས་ཀྱི་བདེ་བ་ལ་བསམ་པ་ལས་སྤྱི་ཚོགས་དང་ཐུན་མོང་གི་ཕུགས་འདུན་ལ་མ་བསམས་ན་ཡོང་ཐབས་མེད་པ་ཞིག་རེད། དེས་ན་མི་རྣམས་ཀྱི་བློ་དང་ཤེས་པས་རང་ཉིད་ཀྱི་བདེ་བ་འབའ་ཞིག་ལ་བསམས་པ་དེ་འདྲས་གཞན་ལ་བདེ་བ་ལྟ་ཅི། རང་གི་བདེ་བ་ཡང་བཅོམ་འགྲོ་བའི་ཆོས་རྣམས་ཀྱི་རང་བཞིན་དང་གནས་ལུགས་དེ་ཅུང་ཟད་རྟོགས་དགོས། དཔེར་ན། ཏང་གི་ཚོགས་ཆེན་བཅོ་བརྒྱད་ཀྱི་དགོངས་དོན་གཞིར་བཞག་ནས་ཀྲུང་དབྱང་གིས་ད་ལམ་རུལ་སུངས་ལ་ངོ་རྒོལ་དང་ཐེར་འདོན་སོགས་བྱེད་པའི་བྱ་ཐབས་རབ་དང་རིམ་པ་སྤེལ་མུས་ལགས་ཏེ། སྤྱི་ཁྱབ་ཧྲུའུ་ཅི་ཞི་ཅིན་ཕིན་གྱིས་རིམ་པ་གོང་མས་རུལ་སུངས་འགོག་པ་ལ་ལྷུགས་བརྡུང་བར་རང་ལུས་མཁྲེགས་དགོས་ཞེས་གདམས་པ་དང་། ལྕེ་རྩེའི་སྟེང་གི་རྒྱུས་སྤྲོས་དང་འཁོར་ལོའི་སྟེང་གི་རུལ་སུངས་①འགོག་དགོས་ཞེས་གདམས་པ་སོགས་ཀྱི་བཀའ་སློབ་ལས་དཔོག་ནུས། དེ་ལྟར་གནང་བའི་རྒྱུ་མཚན་ནི་རུལ་སུངས་སྣ་ཚོགས་པའི་རྐྱེན་གྱིས་མི་དམངས་ཀྱིས་འགོ་ཁྲིད་སྤྱི་དང་ཐན་ཏང་སྲིད་ལ་ཡིད་ཆེས་ཉམས་ཏེ། སྤྱི་ཚོགས་སྟེང་ཟིང་ཆ་བསླངས་ནས་ཞི་མཐུན་སྤྱི་ཚོགས་འཛུགས་སྐྲུན་ལ་གེགས་བར་བཟོ་བ་སོགས་ཀྱིས་རེད། སྙིག་ཟ་སྙིག་ཛན་ལེན་པ་སོགས་རུལ་སུངས་ལ་གོམས་པའི་འགོ་ཁྲིད་ངན་པའི་བྱ་སྤྱོད་ཐ་ཤལ་སྣ་ཚོགས་པའི་འབྱུང་གཞི་ནི་སྙིང་སེམས་ཆེ་དྲགས་པས། མི་དམངས་ཀྱི་ཁྲལ་དངུལ་ལས་གྲུབ་པའི་གཞུང་གི་ཟླ་ཕོགས་ཀྱིས་མ་ཚོམ་པར། གཞུང་རྒྱུ་ཟ་བ་དང་དམངས་རྒྱུ་

①གོང་གི་བཀའ་སློབ་རྣམས་རྒྱ་ཡིག་ཏུ་རིམ་པར། “打铁还需自身硬”“舌尖上的浪费”“车轮上的腐败”ཞེས་སོ། །

ཟ་བར་བྱེད། ཟ་རྫམ་ཆེ་བའི་དཔོན་ངན་དེ་རིགས་ཀྱིས་རང་ཕོ་ན་ལས་གཞན་མི་དམངས་དང་། སྤྱི་ཚོགས། རྒྱལ་ཁབ་སོགས་མི་བསམས་པའི་བསམ་སྤྱོད་དེ་རིགས་ནི་བླུན་པོའི་རང་བཞིན་ལས་མ་འདས་ཏེ། རང་བདེ་འབའ་ཞིག་ལ་གཞོལ་བ་ནི་མི་དགེ་བ་དང་། བྱ་བའི་ཕུང་གཞི་སོགས་ཡིན་པ་ཆོས་རྣམས་ཀྱི་རང་བཞིན་བདེན་གྲུབ་ཏུ་མེད་པའི་རྟེན་འབྲེལ་མི་བསླུ་བའི་ལྟ་བ་དང་། རང་བདེ་འབའ་ཞིག་གཉེར་བའི་སྙིར་སེམས་ཀྱི་ང་དང་བདག་ཅེས་པའི་གཅེས་པར་བཟུང་བྱའི་གཞི་ཡང་དོན་དུ་ཅི་ཡང་མེད་དོ་སྙམ་པའི་བསམ་ཚུལ་དེ་རིགས་ཡོད་ན། ཁྲེལ་མེད་ཀྱི་ལས་དེ་དག་རྫོམ་པར་ཕྱིར་བཟློག་བྱ་སྲིད། མདོར་ན་བདག་མེད་ལྟ་བ་དང་འབྲེལ་ཏེ་བྱམས་པ་དང་སྙིང་རྗེ། བརྩེ་བ་ངེས་ཅན་ཞིག་འཕེལ་ནུས་པ་ཡིན་ལ། གཞན་ཕན་སྒྲུབ་འདོད་ཀྱི་བློ་ཡང་ངང་གིས་སྐྱེ་བར་གྲོགས་བྱེད་ཕྱིར། གཞན་གཅེས་འཛིན་གྱི་བློ་ལྡན་པ་སུ་དང་གང་གིས་ཀྱང་རང་རེའི་སྤྱི་ཚོགས་འདི་ཉིད་དམངས་གཙོ་ཁྲིམས་སྐྱོང་དང་། དྲང་སྙོམས་དྲང་བདེན། ཟོལ་མེད་མཛའ་མཐུན། སྐྱེ་སྟོབས་ཀྱི་དཔལ་རབ་ཏུ་འབར་བ། ཞི་འཇགས་སྒྲིག་ལམ་ལྡན་པ། མི་དང་རང་བྱུང་ཁམས་ཞི་མཐུན་མཉམ་གནས་ཡོང་སླད་ནུས་པ་འདོན་སྲིད་པར་སེམས་སོ། །

གཉིས། བྱེ་བྲག་བདག་མེད་ལྟ་བས་མི་དང་རང་བྱུང་ཁམས་ཞི་མཐུན་མཉམ་གནས་ཡོང་བར་སྐུལ་ཚུལ་བཤད་པ།

དེ་ནི་གཙོ་བོ་ལྟ་བའི་སྙིང་པོ་ཆོས་རྣམས་རང་བཞིན་བདེན་གྲུབ་ཏུ་མེད་པའི་བདག་མེད་ཀྱི་ལྟ་བ་ལ་གཏུགས་པ་ཡིན་ཏེ། བདེན་གྲུབ་ཏུ་མེད་ན་རྟེན་འབྱུང་དུ་ཡོད་

ཚུལ་གསལ་བ་ཞིག་ཡིན་པས། སངས་རྒྱས་ཆོས་ལུགས་ཀྱི་ཆོས་རྣམས་རང་བཞིན་བདེན་གྲུབ་ཏུ་མེད་པའི་ཁྱད་དུ་འཕགས་པའི་རྟེན་འབྲེལ་གྱི་དགོངས་པ་དེས། སྟོད་བསྟུད་མཐའ་དག་ལ་གཏན་གྱི་བདེ་བ་ཐོབ་ཐབས་གསལ་བར་བྱེད་པ་ཡིན། དེ་ཡང་། རང་བྱུང་སྐྱེ་ཁམས་(自然生态)ཞེས་པ་ནི་རང་བྱུང་རི་བྲག་ཆུ་བོ་དང་མཁའ་ཀླུང་། རྩྭ་དང་རྩི་ཤིང་སོགས་དང་། སྲོག་ཆགས་སྐྱེ་འགྲོ་དབུགས་ལྡན་ཡོད་དོ་ཅོག་བར་གྱི་འབྲེལ་བའི་རྣམ་པ་ཞིག་ལ་ཟེར་བ་ཡིན་ཞིང་། འགྲོ་བ་མིས་རང་གི་འཚོ་གནས་ཀྱི་སྐད་དུ་མིའི་རིགས་ལ་དགོས་ངེས་ཀྱི་དངོས་པོ་དང་འཚོ་བའི་ལོངས་སྤྱོད་སོགས་རང་བྱུང་སྐྱེ་ཁམས་ཀྱི་གྲུབ་ཆ་གཞན་ལས་མགོ་སླུབ་བྱས་ཏེ། འཚོ་གནས་ཐད་ཀྱི་དཔལ་ཡོན་ཞིག་གཏོད་ཀྱིན་ཡོད་པ་རེད། འོན་ཏེ་དེ་ལྟའི་འཚོ་གནས་ཀྱི་འཕེལ་རྒྱས་སམ་དངོས་པོའི་དཔལ་ཡོན་གྱི་ལམ་ཆེན་གཏོད་པའི་བརྒྱུད་རིམ་ནང་སྣང་མེད་དུ་སྐྱེ་ཁམས་ཀྱི་གྲུབ་ཆ་གཞན་ལ་ཕོག་ཐུག་ཚད་མེད་པ་གཏོང་བ་སྟེ། སྐྱེ་ཁམས་སྙོམ་སྒྲིག་ལེགས་པོ་ཡོང་བའི་ཚད་མཐོའི་ལྟ་བ་ནི་ནང་པ་སངས་རྒྱས་པའི་ཆོས་རྣམས་ཀྱི་རང་བཞིན་བདེན་གྲུབ་ཏུ་མེད་པའི་རྟེན་འབྱུང་གི་ལྟ་བ་རྣམ་དག་དེ་ཡིན་པའོ། །

གལ་སྲིད་མགོ་ནག་སྐྱེ་བོ་ཕལ་མོ་ཆེས་སྟོད་བསྟུད་རྟེན་འབྲེལ་རང་བཞིན་གྱི་ཆོས་ཉིད་ལ་བརྩི་འཛོག་བྱེད་པའི་བསམ་བློའི་གོ་རྟོགས་འཕེལ་བར་བྱས་ནས། རང་ནུས་ཅི་ལྕོགས་ཀྱིས་སྐྱེ་ཁམས་ཁོར་ཡུག་ལ་སྲུང་སྐྱོབ་བྱས་ན། འགྲོ་བ་ཕྱི་ལ་ཡུན་རིང་གི་བདེ་སྐྱིད་བསྐྱུན་ཐུབ་ངེས་ཡིན། དེ་ཡང་ཁུ་ཅག་ཆོས་རྒྱུན་པར་རང་གཅིག་པུ་ཙམ་བསམས་པའི་ཀུ་རྫོག་གི་བསམ་བློ་དེ་དོར་ནས། མིའི་རིགས་ཀྱི་འཚོ་གནས་ནི་རང་བྱུང་ཁམས་ཆེན་པོ་དང་ཁ་བྲལ་དུ་མེད་ལ། མི་སྙེར་སོ་སོའི་འཚོ་གནས་ནི་ཕྱི་ཚོགས

རྒྱལ་པོ་དང་ཁ་བྲལ་དུ་མེད་པ་སོགས་ཀྱི་རྟེན་འབྲེལ་གྱི་རང་བཞིན་ལ་ངོས་འཛིན་ཡང་དག་ཐུབ་པ་བྱེད་པ་དང་། རང་གི་བདེ་བ་དེ་ཡང་གཞན་སྡོད་བཅུད་སྤྱིའམ་རང་བྱུང་སྐྱེ་ཁམས་ཆེན་པོ་དག་དང་ཁ་བྲལ་དུ་མེད་པའི་རྟེན་འབྲེལ་གྱི་ཆོས་ཉིད་ལ་བརྟེ་འཛུག་བྱེད་དགོས་ཤིང་། དཔེར་ན། དུད་འགྲོ་ལ་འཚེ་བ་བྱེད་པ་དང་རྩ་རྩི་ཤིང་ལ་སྲུང་སྐྱོབ་མི་བྱེད་པ་སོགས་ནི་རང་ལ་འཚེ་བ་དང་། རང་ལ་མི་གཙེས་པ་ཡིན་པ་ལྟ་བུའི་འདུ་ཤེས་དང་། ཆུ་དང་གཙང་པོར་གནོད་པ་བྱེད་པ་ནི་རང་གི་ཟུངས་ཁྲག་ལ་དུག་བསྲེས་ནས་བསླད་སྐྱོན་གཏོང་བ་དང་ཁྱད་མེད་ཕྱིར། ཆོས་རྣམས་ཀྱི་རང་བཞིན་བདེན་གྲུབ་ཏུ་མེད་པའི་རྟེན་འབྲེལ་ལ་བསླུ་བ་མེད་པའོ་སྙམ་པའི་འདུ་ཤེས་སྐྱེ་དགོས་པ་ཡིན་ཏེ། དེ་འདྲའི་བསམ་བློའི་འདུ་ཤེས་དེས་རང་བྱུང་སྐྱེ་ཁམས་སྐྱོམ་སྒྲིག་ལ་སྨན་སྲིད་པ་གོར་མ་ཆག

བདག་མེད་ལྟ་བས་ནང་པའི་ལྟ་སྤྱོད་མཚོན་ཚུལ་བཤད་པ་ལས་གསལ་བ་བཞིན་དུ། མི་རྣམས་རང་བདེ་འབའ་ཞིག་འདོད་དེ་རང་གཅེས་པར་འཛིན་པའི་སྒོར་སེམས་ལས་གཞན་སེམས་ཅན་གང་དང་ཅི་ལ་འཚེ་བ་བྱེད་པ་ཡིན་ཚུལ་ཡང་གོང་དུ་འཆད་ཟིན་ལྟར། མི་རྣམས་ཀྱིས་རང་གི་གནས་སྐབས་ཀྱི་བདེ་བ་དོན་གཉེར་གྱི་ཆེད་དུ་བདག་མེད་ཀྱི་རི་དྭགས་དང་གཅན་གཟན་མང་པོའི་སྲོག་གཅོད་པར་ཐེ་མི་ཚོམ་པར། རང་གི་སྐབས་ཤིག་གི་བདེ་བ་དོན་གཉེར་དང་རང་ཕོ་ན་གཅེས་པར་འཛིན་པ་དེ་འཁྲིག་པ་ཡིན་པ་ལྟ་བུར་སྙམ་གྱི་ཡོད། ནང་པའི་བདག་མེད་ཀྱི་ལྟ་བ་གཞིར་བྱས་ན་ལྟ་ཚུལ་དེ་རིགས་ནི་ནོར་བ་དང་འཁྲུལ་བ་ཞིག་དང་། ལྷུན་པོའི་རང་རྟགས་ཤིག་རེད་དེ། དེ་ལྟའི་འདུ་ཤེས་ཀྱིས་མི་དང་རང་བྱུང་ཁམས་ཀྱི་བར་ལ་གནས

པའི་བརྩེ་བ་རྣམས་རྨང་ནས་བཤིག་པར་བྱས་ནས་མི་དང་རང་བྱུང་ཁམས་ཞི་མཐུན་མཉམ་གནས་ཡོང་བར་གེགས་བྱེད་པ་རེད། མི་རྣམས་སྙིང་སེམས་ཆེ་བའི་དབང་གིས་གཞན་སེམས་ཅན་ལ་རྣམ་པ་མི་འདྲ་བའི་འཚེ་བ་བྱེད་པ་ཡིན་ཞིང་། རང་བྱུང་ཁམས་ཀྱི་ངོས་ནས་བརྗོད་ན་ཡང་མི་རྣམས་སྙིང་སེམས་དབང་གིས་གནས་སྐབས་ཀྱི་བདེ་བ་ལ་མགོ་རྨོངས་ནས་རི་ཆུ་རྩི་ཤིང་སོགས་ལ་ཕྱུགས་མང་པོའི་གནོད་འཚེ་གཏོང་བར་བྱེད་པ་ལས། མིག་རྒྱང་རིང་བའི་བསམ་བློ་ཞིག་གཏོང་དཀའ་བ་རེད།

༢༠༡༣ ལོའི་ཕྱི་ཟླ་གསུམ་པའི་ནང་དུ་གྲོང་ཁྱེར་ཧྲང་ཧའི་རྒྱ་རྒྱུད་ཀྱི་གཙང་པོར་①ཕག་པ་ཤི་བའི་རོ་སྟོང་ཚོ་མང་པོ②འཁྱེར་ནས་འོང་བའི་གནས་ཚུལ་དེ་ནི་གསར་འགྱུར་དྲིལ་བསྒྲགས་ཚན་པས་དོ་སྣང་ཆེན་པོ་བྱས་ཡོད་ལ། ལྷག་དོན་དུ་སྣང་ཚུལ་དེའི་རྐྱེན་པས་རྒྱ་ཆེའི་མང་ཚོགས་ཀྱི་སེམས་ཁམས་སུ་འཇིགས་སྣང་ཤིན་ཏུ་ཆེན་པོ་ཞིག་སླེབས་ཡོད་པ་རེད། གནས་ཚུལ་དེར་མི་རྣམས་ཀྱིས་དོ་སྣང་དང་སེམས་ཁམས་སུ་འཇིགས་སྣང་ཞིག་ངམ་ངམ་དུ་སླེབས་དོན་ནི། གཙོ་བོ་ཕག་རོ་ཤིན་ཏུ་མང་པོ་གཙང་པོར་གཡུགས་པ་དེས་སྐྱེ་འགྲོའི་འཐུང་ཆུར་སྦག་སྐྱོན་དང་། མཁའ་རླུང་ལ་བཙོག་སྐྱོན། དེ་བས་མི་རྣམས་ཀྱིས་ཕག་ཤའི་སྤྱུས་ཚད་ལ་སེམས་ཁྲལ་ཆེན་པོ་ཞིག་བྱུང་བས་རེད། གསར་འགྱུར་ཚན་པས་གནས་ཚུལ་དེར་ཞིབ་དཔྱད་བྱས་པར་

①དེར་རྒྱ་ཡིག་ཏུ"黄浦江松江段水域"ཞེས་བྲིས་ཡོད།

②http://www. chinanews. com/gn/2013/03 – 12/4637270. shtmlདུ་ཚོགས་སུ་ཕྱི་ཟླ་༣པའི་ཚེས་༡༢བར་ཧྲང་ཧའི་ཏུ་ཕག་རོ་འདོན་མཁན་གྲུ་༢༣༣བཏང་བ་ཡིས་ཁྱོན་ཕག་རོ་༥༩༡༦བཏོན་ཡོད་པའི་སྐོར་བྲིས་ཡོད། རྒྱ་ཡིག་ཏུ"3 月 12 日,上海已累计出动打捞船只 233 艘,共打捞死猪 5916 具"ཞེས་འཀོད་ཡོད།

གཞིགས་ན། གཙང་ཆུའི་རྒྱ་རྒྱུད་ཀྱི་ཕག་པ་གསོ་མཁན་གྲོང་ཚོ་རྣམས་སུ་ཕག་པ་གསོ་མཁན་གྱི་དུད་ཁྱིམ་ཚོས་རང་གི་ཁེ་ཕན་ནམ་སྒོར་མོ་མང་དུ་གསོག་ཕྱིར་ཕག་གསོ་རྭ་བ་རྒྱ་ཆུང་ཆུང་ཞིག་གི་ནང་དུ་ཕག་པ་སྟོང་ཕྲག་མང་པོ་གསོ་སྐྱོང་བྱེད་ཀྱི་ཡོད། ཕག་པ་གསོ་མཁན་ཚོས་སྒོར་མོ་འབའ་ཞིག་ལས་མི་བསམས་པའི་བསམ་སྤྱོད་དེ་ལ་གནས་ཚུལ་འདི་འདྲ་ཞིག་འདུག་སྟེ། ཆེད་མངགས་ཕག་ཕྲུག་མང་པོ་སྐྱེ་ཐུབ་པའི་མོ་ཕག་གསོ་མཁན་སྐྱར་ཞིག་ཡོད་ཅིང་། དེ་ཚོས་ལོ་ལྟར་ཕག་ཕྲུག་ཤིན་ཏུ་མང་པོ་ཕག་པ་ཆེན་པོ་གསོ་མཁན་ཚོར་འཚོང་བ་དང་། ཕག་པ་ཆེན་པོ་གསོ་མཁན་གྱིས་དམིགས་བསལ་གྱི་བྱ་ཐབས་ལ་བརྟེན་ནས་ཕག་ཕྲུག་དེ་ཚོ་ཆེན་པོ་ཆགས་ཐབས་བྱས་ཏེ་ཕག་ཕྲུག་དེ་ཚོ་ཟླ་བ་ཁ་ཤས་ཀྱི་རྗེས་སུ་བཤའ་བར་བྱེད། དེ་ནི་ང་ཚོ་བོད་གངས་ཅན་ཡུལ་དུ་ས་ཞིང་ལས་ལོ་རེའི་སྟོན་ཐོག་བསྡུ་བ་ལས་ཀྱང་དུས་ཡུན་ཐུང་བར་སྲོག་ཆགས་དེ་ཚོའི་ཚེ་སྲོག་བསྡུ་བར་བྱེད་ཀྱི་ཡོད་ཚོད་ལགས། ཕག་པ་གསོ་མཁན་ཚོས་ཕག་པ་ཇི་ཙམ་མང་བ་གསོས་ནས་གང་མྱུར་ཁྲོམ་རྭར་གཏོང་རྒྱུ་དེ་ཡོང་འབབ་ཆེན་པོ་གསོག་པའི་ཐབས་དམ་པ་ཡིན་པར་བརྩི་བ་རེད། ཁོ་ཚོས་ཕག་པ་གསོ་བ་དེ་ཚལ་འདེབས་པ་ལྟ་བུ་སྟེ། ཚལ་ཞིང་ཆུང་ཆུང་ཞིག་ཏུ་ཚལ་མང་པོ་བཏབ་ནས་གང་མྱུར་ཁྲོམ་རྭར་བཙོངས་ཏེ་སྐྱར་ཚལ་གསར་པ་འདེབས་ཐུབ་ན་ཡོང་འབབ་ཆེན་པོ་ཡོང་བར་བརྩི་བ་དང་ཤིན་ཏུ་མཚུངས། སེམས་ཅན་ལ་ཡ་ང་སྙིང་རྗེ་བྲལ་བའི་གསོ་ཉར་བྱེད་པའི་ཐབས་དེའི་རྐྱེན་གྱིས་སྡེབ་གཅིག་ཏུ་སྤུངས་པ་ལྟ་བུའི་ཕག་པ་སྟོང་ཚོ་མང་པོར་ཉེན་ཚབས་ཆེ་བའི་ནད་ཡམས་རྟག་ཏུ་ཡོང་གི་ཡོད། དཔེར་ན། གྲེ་ཙང་ཞིང་ཆེན་ཙ་ཤིན་གྲོང་རྡལ་གྱི་གྲུ་ལིན་གྲོང་ཚོར་༢༠༡༣ལོའི་ཟླ་བ་དང་པོར་ནད་ཡམས་ཀྱི་རྐྱེན་པས

ཕག་པ་ཆེག་ཁྲི་སྟོང་མེད་བརྒྱ་མེད་བདུན་ཅུ་དོན་བརྒྱད་ཤི་བ་རེད།[①] ཕག་པ་འཆི་ཚེ་གསོ་མཁན་ཚོས་ཕག་རོ་སྲིད་གཞུང་གི་རེ་བ་གཞིར་བཟུང་ཐག་གཅོད་མི་བྱེད་པར་ཆུ་ལ་བསྐྱུར་བར་བྱེད། དེ་སྔོན་ཁོ་ཚོའི་ཁུལ་ལ་ཉེན་ལྟར་ཕག་པ་ཤི་བའི་རོ་ཉོ་མཁན་ཡོད་པ་དང་། ཕག་རོ་ཉོ་མཁན་ཚོས་ཤི་ཤ་རྣམས་ཤ་སོས་པ་ཡིན་མདོག་གིས་ཁྲིམ་ནར་རིན་གོང་ཅུང་ཁེ་བའི་ཐོག་ནས་འཚོང་གི་ཡོད་མོད། ཉེ་ལམ་ཕག་རོ་ཉོ་མཁན་སྐོར་ཞིག་འཛིན་བཟུང་བྱས་པས་ཁོ་ཚོའི་ཕག་རོ་དེ་རྣམས་བེད་མེད་དུ་གྱུར་པ་རེད། དེས་ན་ཁོ་ཚོས་བེད་མེད་ཀྱི་ཕག་རོ་དེ་ཐག་གཅོད་བྱ་རྒྱུ་སྐབས་བདེ་བར་བསམས་ནས་གཙང་ཆུར་བསྐྱུར་ཡོད། ས་གཞི་སྲིད་གཞུང་ནས་ཕག་རོ་ས་སྦས་ཐུལ་གཏོང་བྱ་སའི་ས་དོང་རེ་གཉིས་བཟོས་ཡོད་ཀྱང་གཅིག་ནས་ས་དོང་ཉུང་དྲགས་པས་ཕག་རོ་མི་ཤོང་བ་དང་། གཉིས་ནས་དེ་སྔོན་ཕག་རོ་ཁྲིམ་ནར་འགྲོ་རྒྱུག་ཡོད་རྐྱེན་སྲིད་གཞུང་གི་དཔོན་པོ་འགས་ཀྱང་སྣང་མེད་དུ་གོང་རིམ་ནས་ཞིང་པར་ཕག་པ་ཤི་བའི་གྲུབ་གསབ་ཀྱི་སྒོར་བརྒྱད་ཅུ་ཡོད་པ་དེ་ཡང་སྐྱིག་ཟ་བྱས་པ་དང་། ཞིང་པ་རྣམས་ལ་ཁ་གཡར་ས་ཡོད་པས་ཕག་རོ་ས་དོང་དུ་མ་སྦས་ཀྱང་ལན་པ་བཙལ་དོགས་ཀྱི་སེམས་ཁྲལ་མི་བྱེད་པ་རེད།

རང་བྱུང་སྐྱེ་ཁམས་སྲུ་ལ་གནོད་པའི་ཉེན་ཚབས་ཆེ་བའི་གོང་གི་གནས་ཚུལ་དེའི་འབྱུང་རྐྱེན་ལ་ང་ཚོས་ཤིན་ཏུ་ངོས་ཤིང་འཚམ་པའི་དཔེ་ཞིབ་ཅིག་བྱས་ཆོག་པ་སྟེ།

---

①http://www.zj.xinhuanet.com/finance/2013-03/14/c_115019641.htm ཌ་ཚོགས་སུ་རྒྱ་ཡིག་ལ"嘉兴市新丰镇竹林村在 2013 年 1 月生猪死亡 10078 头,2 月死亡 8325 头"ཞེས་འཁོད་འདུག

གཅིག་ཕག་པ་གསོ་མཁན་ཚོ་སྣེར་སེམས་ཆེ་བས་རང་རང་སྣེར་གྱི་ལྟོ་གོས་སམ་བརྒྱ་ལོར་དམར་མོ་ལས་མི་བསམས་ཕྱིར། ཕག་པ་གསོ་སྐྱངས་ལ་དོ་སྣང་མི་བྱེད་པར་དོན་དངོས་ལས་འདས་ཏེ་གྲངས་མེད་ཚོད་མེད་དུ་ཕག་པ་གསོས་དྲགས་པ། གཉིས་ཕག་པ་གསོ་མཁན་ཚོ་སྣེར་སེམས་ཆེ་དྲགས་པ་ཡིས་རང་རྒྱུད་ལ་ཡོད་སྲིད་པའི་བྱམས་པ་དང་སྙིང་རྗེ། བརྩེ་བ་བཅས་རྩིག་མེད་དུ་ཟད་ཕྱིར། རང་གཞན་བརྩེ་བའི་འདུ་ཤེས་རིང་དུ་དོར་ནས་སྐྱེ་བོ་གཞན་གྱི་ཚེ་སྲོག་གི་བདེ་ཐང་ལ་མི་བསམས་པར་ཕག་རོ་ཁྲིམ་ནར་གཏོང་བ། གསུམ་དཔོན་འགའ་སྣེར་སེམས་ཆེ་དྲགས་པས་གཞུང་དངུལ་ལམ་མང་ཚོགས་ལ་སྤྲོད་བྱེད་ཀྱི་དངུལ་སྣེར་གྱིས་བཟས་པ། བཞི་ཕག་པ་གསོ་མཁན་ཚོ་སྣེར་སེམས་ཆེ་དྲགས་པ་ཡིས་རང་རྒྱུད་ལ་ཡོད་སྲིད་པའི་བྱམས་པ་དང་སྙིང་རྗེ། བརྩེ་བ་བཅས་རྩིག་མེད་དུ་བཙོམ་ཕྱིར་སྣོད་བཅུད་སྤྱི་ཡི་བདེ་འཇགས་སྲུང་སྐྱོབ་དང་འགྲོ་བ་གཞན་གྱི་བདེ་ཐང་ལ་མི་བསམས་པར་ཕག་རོ་གཙང་ཆུར་བསྐྱུར་བ་རེད། གནས་ཚུལ་དེའི་ཉེན་ཚབས་ཀྱི་སྐོར་ལ་ཚན་རིག་པས་བརྟག་དཔྱད་བྱས་འབྲས་ལ། ཕག་རོ་མང་པོ་དེ་དག་ནི་སྤྱིར་བཏང་གི་སེམས་ཅན་ཤི་རོ་ཙམ་མིན་པར་ཕལ་ཆེར་ནད་དུག་ལྡན་པ་ཡིན་ངེས་པས། མི་དང་སྲོག་ཆགས་བྱིངས་ཀྱི་བདེ་ཐང་དང་། ཆུའི་འབྱུང་ཁམས་སོགས་སྐྱེ་ཁམས་སྤྱི་ཡི་བདེ་འཇགས་ཐད་གནོད་འཚེ་ཡོད་པ་སྨྲོས་མེད་ཡིན་པའི་ཚོད་འདོམས་བྱས་ཡོད། གལ་སྲིད་དེ་གའི་ཞིང་པ་རྣམས་ཀྱིས་སྣོད་བཅུད་ཆོས་རྣམས་ཀུན་གྱི་རང་བཞིན་བདག་ཏུ་མེད་པ་རྟེན་འབྲེལ་བསླུ་བ་མེད་པའི་ཆོས་ཉིད་ལ་ཙུང་ཟད་རྒྱུས་མངའ་དང་བག་ཆགས་ཙུང་ཡོད་པ་དང་། དེའི་དབང་གིས་རང་གི་བདེ་བའི་སླད་དུ་གཞན་སེམས་ཅན་སྤྱི་བྱེ་བྲག་ལ་འཚེ་བའི་ལས་སམ་གནོད་པའི་ལས་

རེ་ཞིག་བཀྲིས་པ་ནི། རྟེན་འབྲེལ་མི་བསླུའི་དབང་གིས་རང་ཉིད་ལ་འབྲས་བུ་ངན་པ་ཞིག་ནམ་ཞར་དུ་ཡོང་ངེས་རེད་སྙམ་པའམ་སེམས་རྒྱུད་དུལ་བ་བྱམས་དང་བརྩེ་བའི་འདུ་ཤེས་རྫུང་མཆིས་ཆོ། རང་བྱུང་སྐྱེ་ཁམས་སྲི་ཡི་འབྱུང་ཁམས་ལ་གནོད་པའི་ཉེན་ཚབས་ཆེ་བའི་གནས་ཚུལ་དེ་རིགས་ཡོང་མི་སྲིད། གོང་དུ་བཤད་པའི་དཔེ་གཞི་དེ་ཡིས་བདག་མེད་ལྟ་བས་མི་དང་རང་བྱུང་ཁམས་ཞི་མཐུན་མཉམ་གནས་ཡོང་བར་སྣན་པའི་ཐད་ལ་བདེན་དཔང་ཐུབ་པར་སེམས་སོ། །

གསུམ། བདག་མེད་ལྟ་བས་ཤེས་དཔལ་འཛུགས་སྐྱོང་ལ་སྣན་ཚུལ་བཤད་པ།

ཤེས་དཔལ་འཛུགས་སྐྱོང་ནི་ཏང་གི་ཚོགས་ཆེན་བཅོ་བརྒྱད་པར། འགྱུར་སྤྲུག་དང་། དམངས་གསོ། ཤེས་དཔལ། ཞི་མཐུན། རང་མོས། འདྲ་མཉམ། གཞུང་དྲང་། ཁྲིམས་སྐྱོང་། རྒྱལ་གཅེས། ལས་བརྩོན། ཡིད་རྟོན། མཛའ་མཐུན་བཅས་པའི་ཡིག་འབྲུ་ཉི་ཤུ་རྩ་བཞི་ཅན་གྱི་སྤྱི་ཚོགས་རིང་ལུགས་ཀྱི་ལྟེ་བའི་རིན་ཐང་ལྟ་བ་གསལ་སྟོན་གནང་བའི་ནང་སེམས་ཤིག་ཡིན་ཞིང་། དེ་དག་ལས་འགྱུར་སྤྲུག་དང་དམངས་གསོ། ཤེས་དཔལ། ཞི་མཐུན་བཅས་ནི་རྒྱལ་ཁབ་ངོས་ཀྱི་རིན་ཐང་དམིགས་ཚད་དང་། རང་མོས་དང་། འདྲ་མཉམ། གཞུང་དྲང་། ཁྲིམས་སྐྱོང་བཅས་ནི་སྤྱི་ཚོགས་ངོས་ཀྱི་རིན་ཐང་ལྟ་བ་འཛིན་ཕྱོགས། རྒྱལ་གཅེས་དང་། ལས་བརྩོན། ཡིད་རྟོན། མཛའ་མཐུན་བཅས་ནི་སྤྱི་དམངས་སྒེར་གྱི་རིན་ཐང་ལྟ་བའི་ཚད་གཞི་བཅས་ཡིན་པ་དང་། ཡང་འགྱུར་སྤྲུག་དང་། དམངས་གསོ། ཤེས་དཔལ། ཞི་མཐུན་བཅས་ནི་རང་རྒྱལ་སྤྱི་ཚོགས་རིང་ལུགས་ཀྱི་དེང་རབས་ཅན་རྒྱལ་ཁབ་ཀྱི་

འཛུགས་སྐྲུན་དམིགས་ཚད་ཡིན་པ་དང་། ཤེས་དཔལ་ནི་རིན་ཐང་གི་དམིགས་ཚད་ཐོག་ནས་སྤྱི་ཚོགས་རིང་ལུགས་ཀྱི་ལྟེ་བའི་རིན་ཐང་ལྟ་བའི་གཞི་རྩའི་འདུ་ཤེས་སྒྲིང་བསྡུས་བྱས་པ་ཞིག་ཡིན་པས། སྤྱི་ཚོགས་རིང་ལུགས་ཀྱི་ལྟེ་བའི་རིན་ཐང་ལྟ་བའི་ཁྲིད་དུ་རིམ་པ་མཐོ་ཤོས་སུ་གནས་ཡོད་པ་དང་། དེས་དེ་མིན་གྱི་རིན་ཐང་ལྟ་བའི་འདུ་ཤེས་ཁྲིད་གཙོ་ཁྲིད་ཀྱི་ནུས་པ་ཐོན་གྱི་ཡོད་པ་རེད། དེ་བཞིན། སྤྱི་ལོ་༢༠༡༧ལོར་བོད་རང་སྐྱོང་ལྗོངས་ཏང་ཨུད་དང་ལྗོངས་དྲིལ་བསྒྲགས་པུའུ་ཡིས་སྤེལ་བའི་“སྣང་ཆེན་བཞི་དང་དགའ་ཞེན་བཞི”ཡི་བརྗོད་བྱ་གཙོ་བོའི་སྒྲོགས་འགྲེལ་བཤད་བསྡུས་ཀྱི་ནང་གསེས་གཅིག་ནི་ཤེས་དཔལ་ལ་སྣང་ཆེན་གྱིས་འཚོ་བར་དགའ་ཞེན་བྱ་དགོས་ཞེས་པ་དེ་རེད།

སྤྱི་ཁྱབ་ཧྲུའུ་ཅི་ཞི་ཅིན་ཕིང་གིས། ཀྲུང་ཧྭ་མི་རིགས་ཀྱིས་ལོ་རྒྱུས་ཡུན་རིང་ལྡན་པའི་ཀྲུང་ཧྭ་ཡི་རིག་གནས་གསར་གཏོད་བྱས་ཡོད་པས། ཀྲུང་ཧྭ་རིག་གནས་ཀྱི་འོད་སྣང་གསར་པ་ཡང་གཏོང་ཐུབ་ངེས་རེད་ཅེས་དམིགས་བཀར་མཇུབ་སྟོན་གནང་ཡོད་པས། སྤྱི་ཚོགས་རིང་ལུགས་ཀྱི་སྔོན་ཐོན་རིག་གནས་དར་སྤེལ་གཏོང་དགོས་ཤིང་། དེའི་གནད་འགག་གཙོ་བོ་ནི་སྤྱི་ཚོགས་རིང་ལུགས་ཀྱི་བསམ་པའི་དཔལ་ཡོན་འཛུགས་སྐྱོང་ལ་ཤུགས་སྣོན་རྒྱག་པ་དང་། ཤེས་དཔལ་འཚོ་བ་དར་སྤེལ་གཏོང་རྒྱུ་དེ་ཡིན་པ་རེད། རང་ལྗོངས་ཀྱི་“སྣང་ཆེན་བཞི་དང་དགའ་ཞེན་བཞི”ཡི་སྒྲོགས་འགྲེལ་བཤད་བསྡུས་སུ། ཀྲུང་ཧྭ་མི་རིགས་ཀྱི་སྲོལ་རྒྱུན་ཁྱིམ་ཚང་གི་ཀུན་སྤྱོད་བཟང་པོ་དར་སྤེལ། ཁྱིམ་ཚང་འཆམ་མཐུན་ཡོང་རྒྱུར་སྐུལ་འདེད། གཉེན་ཉེ་ཕན་ཚུན་གཅིག་ཕན་གཅིག་རོགས་བྱ་རྒྱུར་སྐུལ་འདེད། མི་རབས་རྗེས་མ་སྐྱོན་བྲལ་ངང་

འཚར་ལོངས་ཡོང་རྒྱུར་སྐུལ་འདེད། ཀུན་གོན་རྣམས་ཀས་རྗེས་གསོ་མཁན་ཡོང་རྒྱུར་སྐུལ་འདེད་བཅས་བཏང་ནས་ཁྱིམ་ཚང་ཁྲི་སྟོང་མང་པོ་རྒྱལ་ཁབ་ཀྱི་འཕེལ་རྒྱས་དང་མི་རིགས་ཀྱི་ཡར་ཐོན། སྤྱི་ཚོགས་ཀྱི་ཞི་མཐུན་བཅས་ཀྱི་གལ་ཆེའི་རྨང་གཞི་ཞིག་ཏུ་གྱུར་བ་བྱ་དགོས་ཞེས་གསུངས་ཡོད།

ཤེས་དཔལ་འཇུག་སྒོ་ནི་མདོར་ན་མི་རྣམས་ཀྱི་བསམ་པའི་དཔལ་ཡོན་འཇུག་སྒོ་གི་ཐད་ནས་གསུངས་པ་ཡིན་པས། དགོངས་པ་དེ་དང་བདག་མེད་ལྟ་བའི་དབང་གཅིག་མཐུན་གྱི་རང་བཞིན་ཞིག་གྲུབ་ཡོད་པར་སྣང་། བདག་མེད་ལྟ་བས་མཐར་འཛིན་གཅོད་པར་བྱེད་པ་ཡིན་ལ། དེ་ལྟའི་བག་ཆགས་རྩུང་ཙམ་གྱིས་ཀྱང་རང་གཅེས་པར་འཛིན་པའི་གཉེན་པོ་གཞན་གཅེས་འཛིན་གྱི་བློ་བསྐྱེད་པར་གྲོགས་བྱེད་པ་ཡིན། སྐྱེ་འགྲོ་རྣམས་ལ་མ་རིག་པའི་དབང་གིས་ང་དང་ང་ཡི་བར་འཛིན་པའི་བློ་བཅོས་མ་མིན་པ་རྒྱུད་ལ་ཡོད་ཅིང་། རིག་པའི་སྟོབས་ཀྱིས་འཁྲུལ་པ་ཚར་མ་བཅད་ཕྱིན་ཆད་ལ་ཐབས་ཤེས་ཟུང་དང་འབྲེལ་བའི་ཤེས་རབ་མཆོག་རྙེད་པ་མི་སྲིད་པ་ཡིན། ཇི་སྲིད་གཞན་གཅེས་འཛིན་གྱི་བློ་དང་བྲལ་བའི་སྐྱེ་བོའི་ཚོགས་འདུས་པའི་སྤྱི་ཚོགས་ལ་ནམ་ཡང་ཤེས་དཔལ་གྱི་སྒྲོན་མེ་འབར་བ་ཞེས་པ་ཡོང་མི་སྲིད་ལ། རྩ་བ་གཞན་གཅེས་འཛིན་གྱི་བློ་སྐྱེ་བའི་གཞི་མ་བདག་མེད་པའི་ལྟ་བ་དང་བདག་མེད་རྟོགས་པའི་ཤེས་རབ་ལ་ཐུག་ཡོད་པས། བདག་མེད་ལྟ་བས་ཤེས་དཔལ་འཇུག་སྒོ་ལ་སྨན་ཞེས་བརྗོད་པ་ཡིན། གཞན་གཅེས་འཛིན་ཞེས་པའི་གཞན་ནི་བདག་བས་གཞན་ཏེ། བདག་བས་གཞན་པའི་སྣོད་བཅུད་ཀུན་ལ་གོ་ཞིང་། སྐབས་འདིར་རང་རེའི་སྤྱི་ཚོགས་ནང་གི་སྐྱེ་འགྲོ་གཞན་དང་། རང་མི་རིགས་དང་། རང་

རྒྱལ་ཁབ་ལ་གཅེས་པར་འཛིན་པ་གཙོ་བོར་བྱས་ཏེ་སྨྲས་པ་ཡིན། དེ་ཡང་། བདག་མེད་ལྟ་བར་གོ་བ་ཤིན་ཏུ་རགས་པ་ཙམ་ཆགས་པ་ཡིས་ཀྱང་། རང་རྒྱུད་ལ་གཞན་གཅེས་འཛིན་གྱི་བརྩེ་བ་སྐྱེ་བར་གྲོགས་བྱེད་ཅིང་། སེམས་ལ་བརྩེ་བའི་འོད་སྣང་དང་ལྡན་པའི་སྐྱེ་བོས་ཁྱིམ་ཚང་དང་། སྤྱི་ཚོགས། མི་རིགས། རྒྱལ་ཁབ་བཅས་ལ་ཡ་རབས་ཤེས་དཔལ་གྱི་ངོ་སྐྱེད་སྤྲིན་ནས། ཕན་པའི་བྱ་བ་རྩོམ་པར་གཞོལ་བ་དང་གནོད་པའི་ལས་བགྱི་བ་ལ་བཟློག་བར་བྱེད། བརྩེ་བས་ཁྱབ་པའི་སྤྱི་ཚོགས་ལ་དགཟོད་རྒྱན་བཀུར་གཞོན་གཅེས་དང་། ཡ་རབས་གཞུང་དྲང་། འདྲ་མཉམ་ཡིད་རྟོན། གཅིག་ཕན་གཅིག་རོགས། དགའ་སྤྱོད་ཡར་བརྩོན་སོགས་ཐུན་མོང་གི་ཕུགས་འདུན་སྣང་དུ་འབད་འཐབ་བྱེད་པའི་གསོན་ཤུགས་ལྡན་ཡོང་ལ། དེ་ལྟའི་ཤེས་དཔལ་གྱི་འོད་སྣང་འཚེར་བའི་ཡར་ཐོན་ཅན་གྱི་སྤྱི་ཚོགས་ཀྱིས་རྒྱལ་ཁབ་དང་མི་རིགས་ལ་ཞུམ་པ་མེད་པའི་རེ་བ་སྐྱེར་ངེས་པར་སེམས། རང་རེ་རྣམས་གོམས་འདྲིས་རྙིང་པ་ཞིག་གི་རྐྱེན་པས་རྫོངས་ཞེན་ལ་ཇི་མི་སྙམ་པ་དང་ཡར་བརྩོན་ལ་དཔའ་ཞུམ་ཕྱིར། རྗེས་ལུས་ཀྱི་གོམ་པ་ལྷི་མོས་རང་ལུས་མི་ཐེག་པར་གཞན་གཅེས་འཛིན་གྱི་བརྩེ་སེམས་སྒྲོན་མེ་ལག་ཏུ་ཐོགས་ཟེར་ཡང་། ཤེས་དཔལ་གྱི་སྣང་བ་རྒྱས་མ་ཐུབ་པ་རེད་ལ། བསམ་སྤྱོད་གཉིས་ཀ་སྐྱེར་སེམས་ཀྱི་བསླུ་བྲིད་དབང་དུ་ཚུད་བཞིན་པ་རེད། མི་རྣམས་ཀྱིས་ཐུན་མོང་གི་ཕུགས་བསམ་ལྡན་པ་དང་། ཡར་བརྩོན་གྱི་དཔའ་ཕོག་མངའ་བའི་སྒོ་ནས་གཞན་གཅེས་འཛིན་གྱི་བརྩེ་སེམས་ཀྱི་སྒྲོན་མེ་སྤར་ཆོ། རང་རེའི་སྤྱི་ཚོགས་ལ་ཤེས་དཔལ་གྱི་སྣང་བ་རྒྱས་ཐུབ། དཔེར་ན། ཁྱིམ་ཚང་ཞིག་གི་ནང་དུ་སྐྱེ་བོ་གང་ཉུང་ཞིག་གིས་བརྩེ་སེམས་ཀྱི་འཛུམ་མདངས་སྤྲུང་། ཁྱིམ་སྐྱོང་གི་ལས་ལ

གཞོལ། རྒྱུན་ལ་བཀུར་ཅིང་གཞོན་ལ་བྱམས་པ་སོགས་གཞན་བདེ་དོན་དུ་གཉེར་ཆེ་རང་གི་བདེ་བའང་ཞར་དུ་གྲུབ་པ་མ་ཟད། ཁྱིམ་ཚང་དེར་ཤེས་དཔལ་གྱི་སྣང་བ་རྒྱས་ཐུབ། རང་རྒྱུད་ལ་ཤེས་དཔལ་མངའ་བའི་སྐྱེ་བོས་སྤྱི་ཚོགས་ཀྱི་འཕྲོད་བསྟེན་ལ་བསམས་ནས་རང་གི་གཙང་སྦྲ་དོ་སྣང་བྱེད་པ་དང་། སྐྱེ་ཁམས་ལ་བརྩེ་བ་བཅངས་ཏེ་ཁོར་ཡུག་གི་གཙང་སྦྲ་དོ་སྣང་བྱེད་པ་སོགས་མདོར་ན་རང་གི་བསམ་སྤྱོད་མཐའ་དག་གཞན་གྱི་བདེ་སྡུག་དང་འབྲེལ་ཏེ་བསམ་གཞིག་བགྱིས་པ་ཡིས། གང་དག་བྱ་ངན་སྤྱོད་ངན་ཅི་རིགས་པ་འཛེམ་བྱར་བཟུང་བ་ཡིན་ཞིང་། དེའི་རྐྱེན་གྱིས་ཁྱིམ་ཚང་ཡ་རབས་དང་སྤྱི་ཚོགས་ཞི་མཐུན་སོགས་སྣ་ཀུན་ནས་ཤེས་དཔལ་གྱི་སྣང་བ་རྒྱས་ཐུབ་པར་སེམས་སོ། ། ། །

མཇུག་བསྡུ་བའི་གཏམ།

ཕྲན་གྱི་རྩོམ་ཡིག་འདིའི་ནང་བདག་འདོད་པའི་ལྟ་བ་དང་། བདག་མི་འདོད་པའི་ལྟ་བའི་རྣམ་དབྱེའི་སྐོར་ལུང་རིགས་ཟུང་གིས་འཆད་ཡོད་ལ། ལྟ་བའི་ཆ་ནས་འདོད་ཚུལ་དེ་གཉིས་ཀྱི་དགེ་སྐྱོན་སྐོར་ལ་གླེང་སློང་གང་ནུས་བྱས་ཡོད་པ་ནི་གཙོ་བོ་མཚན་ཉིད་རིག་པའི་ལྟ་ཚུལ་དེ་གཉིས་ལ་ཡང་དག་པའི་རིགས་པ་དང་གཏན་ཚིགས་རྣམ་དག་ཇི་ལྟ་བུ་ལྡན་མིན་སོགས་ལ་བསྙོས་ཏེ་འཆད་པ་ཞིག་ལས་རང་ལྟ་ཐན་འཕྱིར་གྱིས་ལྟ་བ་འདི་འཛིན་དགོས་པ་དང་ལྟ་བ་དེ་འདོར་དགོས་པ་སོགས་ནི་བརྗོད་པ་མ་ཡིན། དེ་བས་ཕྱི་རོལ་མུ་སྟེགས་པས་བདག་འདོད་པས་ཁོ་ཚོའི་ལྟ་སྤྱོད་མཐའ་དག་ཐ་ཤལ་དུ་འཕེན་པར་བརྗོད་པ་སོགས་ཀྱི་ཚོམ་གྱི་སྒྲ་བ་ནི་རྩ་བ་ནས་མེད། དེ་མིན་རྩོམ་ཡིག་གི་ཐོག་མཐའ་བར་གསུམ་དུ་མཁས་པ་འགའི་གསུང་ལ་དོགས་སློང་ཙུང་ཟད་དང་འབྲེལ་ཏེ་རང་གི་ལྟ་ཚུལ་འཆད་པ་རྣམས། སྐབས་བབ་ཀྱི་བརྗོད་དོན་ལ་གཞིགས་ནས་ཡིན་གྱི་མཁས་པ་ཚོའི་ཡོན་ཏན་དང་ཤེས་རབ་ཀྱི་ཆ་ལ་བློ་དམན་བདག་གིས་སྐུར་འདེབས་བྱེད་པའམ་བྱ་འདོད་ཀྱི་འདུན་པ་ཡོད་པ་སོགས་ཀྱང་ཡེ་ནས་མ་ཡིན། ལོ་ངོ་ཉིས་སྟོང་ལྷག་བརྒྱའི་གོང་རོལ་དུ་གནའ་བོའི་རྒྱ་གར་དུ་དར་བའི་ངོ་མཚར་ཁྱད་འཕགས་ཅན་གྱི་བདག་ཏུ་མེད་པའི་ལྟ་གྲུབ་ནི། འདི་ཕྱིའི་ལེགས་ཚོགས་ཀྱི་མུན་པ་སེལ་བའི་སྒྲོན་མེ་ལྟ་བུ་ཞིག་ཡིན་ཞིང་། ད་ཆ་དུས་རབས་ཉེར་གཅིག་པའི་སྐབས་འདི་དང་ཕྱིན་ཆད་ལ་ཡང་བདག་མེད་ལྟ་བ་དང་དེ་འབྲེལ་གཞན་ཕན་སྙིང་བརྗེའི་རིག་གནས་ཀྱིས་མི་ཡུལ་འདིར་ཞི་བདེ་དང་ཤེས་དཔལ་གྱི་སྣང་བ་རྒྱས་སུ་འཇུག་ངེས་

ལགས་པས།

འདི་ལྟའི་བགྱི་བ་ཁྱེར་དུ་བླངས་པའི་ཉིང་དགོས་ཀྱང་ཞར་ལ་གསལ་ལོ། །

ལྷ་ཡི་རྗིང་རིང་གར་ཁྱབ་ཕྱོན་གྱི་ས་གསུམ་འགྲོ་བ་ཉོན་མོངས་པ། །

བདག་མེད་རྟོགས་པའི་ཤེས་རབ་དང་བྲལ་བདག་འཛིན་ལྟུགས་ཀྱི་དྲ་བར་ཚུད། །

མི་མཐིད་སྙིང་པོ་ཐུབ་པའི་མཁྱེན་བརྩེས་ཤེས་རབ་རལ་གྲི་འཆང་བའི་མུས། །

སྲིད་པའི་རྩ་བ་བདག་འཛིན་ཕྲ་རགས་མ་ལུས་གཅོད་མཛད་སྲིད་ན་དགེ །

བདག་ཅེས་ཡོད་མེད་བློས་བཏགས་ཙམ་ལས་དེ་ཚུལ་བདེན་པར་གྲུབ་མ་ཡིན། །

བདག་ནི་མེད་ཀྱང་ཡོད་པར་འཛིན་པའི་འཛིན་པ་དེ་ཡང་ཇི་ལྟར་གྲུབ། །

ཆོས་རྣམས་རང་བཞིན་བདག་གིས་སྟོང་པའི་རྟེན་འབྲེལ་མི་བསླུའི་བདེན་པ་ཡིས། །

བདག་མེད་རྣམ་གཞག་ལེགས་པར་གསལ་མཛད་བླ་མ་རྣམས་ལ་རྟག་ཏུ་འདུད། །

ཕྱི་པ་མུ་སྟེགས་མུ་ལ་འཁྲུམས་ནས་བདག་གི་དོན་དུ་ཐར་པ་འཚོལ། །

ཕྱི་པ་མུ་སྟེགས་བདག་ལ་ཞེན་པས་རང་གཞན་འཚེ་བའི་ཆོས་ཤིག་སྒྲོགས། །

མུ་སྟེགས་ཐར་པ་བདག་ལ་འཁྲིང་བས་བདག་གི་འགྲེལ་ཚུལ་གྱི་ནོམ་ཡང་། །

སྒྲོ་འདོགས་མཐའ་དག་སྨྱོན་པའི་ཚིག་འདྲ་དེ་ཡང་སྙིང་རྗེའི་ཡུལ་དུ་འོས། །

བྱེ་མའི་ཚངས་བུ་རྟུལ་དུ་ཞིག་བཞིན་ཕྱི་པའི་བདག་གི་གཟུགས་འཛིག་སླ། །

བདག་ཅེས་འགོག་དཀའ་གཅོད་པར་དཀའ་བ་རང་རང་རྒྱུད་ལ་ངང་གིས་གནས། །

དོན་དམ་གཅད་བྱ་ངར་འཛིན་ལྷན་སྐྱེས་གཉེན་པོས་ཇི་ཙམ་གནོམ་ནུས་པས། །

རང་གཞན་བདེ་བའི་བསོད་ནམས་རྒྱུ་ཚོགས་རྒྱ་ཆེར་གསོག་པ་བདེན་པའི་སྒྲ། །

བདག་འཛིན་རྨོངས་པའི་འདམ་ནང་རབ་བྱིངས་ཚུལ་དེ་དམུས་ལོང་ཚས་པ་བཞིན། །

བདག་འཛིན་ཡིད་ཀྱི་གཙུབ་ཤིང་བརྡར་ནས་འདི་ཕྱིའི་དགེ་རྒྱུན་སྲེག་ལ་ཁད། །
ལྷག་བསམ་ཆུ་འཛིན་ངལ་བས་འདུས་བྱས་བཤེས་གཉེན་ཆེན་པོའི་ཞབས་འོག་ནས། །
དྲི་མེད་རིགས་པའི་གྲུ་ཆར་ཟླ་ལ་མ་ཡིད་ཀྱི་ཞིང་སར་ལྷུང་ལྷུང་བབས། །
བསོད་སྐལ་བཟང་པོ་ཐོག་ཏུ་སྨིན་པ་བདེ་ལེགས་ལམ་ལ་སེམས་ཀྱིན་དུ། །
དམ་པའི་གསུང་གི་ཉིང་ཁུ་སྙོལ་མཛད་སྐྱབས་འོས་སྟོན་ཕྱིན་མེས་པོའི་གསུང་། །
ཇི་སྙེད་དག་པའི་རྒྱ་མཚོའི་འཛིངས་ལས་ཟེགས་མ་ཙམ་ཞིག་ལེགས་བླངས་ནས། །
རང་གཞན་ཕན་བདེའི་དགེ་ལེགས་དངོས་གྲུབ་ཡང་ཡང་འཕེལ་སྣང་འབད་པས་བཀོད། །
ཆོས་ཀྱི་གནས་ལུགས་ཟབ་མེད་གནད་ལ་འགའ་ཡིས་དབྱེན་སྦྱོར་གཏམ་ངན་བྲིས། །
ཕལ་མོ་ཆེ་ནི་རྨོངས་པའི་དབང་གིས་ཆོས་མིན་ཆོས་ལ་བཀུར་ཞིང་མཆིས། །
གངས་ཅན་ལྗོངས་ཀྱི་ཆོས་དང་རིག་གཞུང་བསྟན་ལ་ཕུང་ཟད་བློ་ཉེ་བས། །
རིག་གནས་བྱེ་བའི་ཤེས་རིག་གླིང་ནས་མདོ་བསམ་སྐྱུར་མོའི་བདེན་ཁ་གསོ། །
དཔྱད་པས་མི་བཟོད་མེད་པ་དེ་ཡང་ཤེས་བྱའི་རང་གཤིས་རྣལ་མ་ཡིན། །
རང་བཞིན་བདེན་གྲུབ་མེད་པ་དེ་ཡང་ཤེས་བྱའི་རང་གཤིས་རྣལ་མ་ཡིན། །
ཆོས་ལ་སློབ་པ་ཆོས་ཚུལ་མ་ཤེས་ཞིབ་འཇུག་པ་དེ་རྣལ་མ་མིན། །
བསམས་བཞིན་ངལ་བ་དང་དུ་བླངས་འདིས་དཀའ་བའི་དོན་གོ་ཆོད་པར་ཤོག །
གངས་ཅན་སྟོད་བཅུད་རྟེན་འབྲེལ་མི་འཁྲུགས་བདག་མེད་རྟོགས་པའི་བཀྲ་ཤིས་ཤོག།
རྒྱལ་ཕྱི་རྒྱལ་ནང་རྟེན་འབྲེལ་མི་འཁྲུགས་བདག་མེད་རྟོགས་པའི་བཀྲ་ཤིས་ཤོག།
ཁྱད་པར་དབུས་ཀྱི་ཉི་མ་ལྷ་ས་དག་ཞིང་ཀུན་དགའི་སྐྱིད་ཚལ་དུ། །
ཤེས་རིག་དར་བའི་རྟེན་འབྲེལ་མི་འཁྲུགས་བདག་མེད་རྟོགས་པའི་བཀྲ་ཤིས་ཤོག །

ཐུགས་རྗེ་ཞུ་བའི་གཏམ།

ཐོས་པ་དོན་གཉེར་བྱེད་པའི་གོ་སྐབས་ཅུང་ཟད་བྱུང་བ་དེར་ལས་སྐལ་བཟང་པོ་ཐོག་ཏུ་སྨིན་ཞེས་སྨྲ་ཆོག་ལ། བཤེས་གཉེན་བཟང་པོ་དང་མཇལ་བ་དེ་ཡང་སྔོན་བསགས་བསོད་ནམས་དབང་གིས་ཡིན་ཞེས་བརྗོད་ཆོག ད་དུང་ཚ་སོབ་སོབ་ཀྱི་དྲ་སྐྱིད་ཁྱིམ་ཚང་དེ་ལས་མངོན་མེད་དུ་འབར་བའི་བརྩེ་སེམས་ཀྱི་འོད་སྣང་དང་། ནམ་ཡང་ཁྲ་ལྷམ་མེར་མིག་མདུན་ན་གསལ་བའི་དེང་རབས་ཅན་གྱི་གློག་ཀླད་དེ་ཀོ་ཡང་སུ་ཞིག་གིས་ང་ལ་ཆེད་དུ་བཀོད་སྒྲིག་བྱས་པ་མིན་ན། ང་རང་ཨབ་བསོད་ཆེན་པོ་ཞིག་ཡིན་པའི་དན་རྟགས་རེད། དོན་དུ་དེ་དག་རེ་རེ་དང་ཐམས་ཅད་ནི་ཆོས་རྣམས་ཀྱི་རང་བཞིན་བདག་ཏུ་མེད་པའི་རྟེན་འབྲེལ་མི་བསླུའི་ཆོས་ཉིད་ཀྱིས་ཁོ་བོར་སྨིན་པའི་གནས་ལུགས་ཀྱི་བདེན་ཁ་དེ་རེད།

སྐྱེས་སྦྱངས་ཀྱི་ཤེས་རབ་དམན་པའི་གཉོམ་ཆུང་བདག་ལ། མེས་པོས་བཞག་པའི་རིན་ཐང་གི་ཤེས་ནོར་དག་ལ་བརྩོས་མ་མིན་པའི་དང་ཞེན་ཞིག་ཡོད་ལ། ཡོད་ཚད་བདེན་དོན་གྱི་དཔང་པོ་ཚད་ཤིང་དུ་བཞག་ནས་རང་གི་རིགས་པའི་སྟོབས་ཀྱིས་བརྡར་ཤ་ཞིག་བཅད་ན་སླམ་པའི་སྤོབས་པ་ཡང་ཅུང་ཟད་ཡོད། འོན་ཏེ་མཚན་ལྡན་བླ་མའི་དྲུང་ན་ཤེས་བརྩོན་ཟུང་གིས་ནང་བསྟན་ཤེས་རིག་སྤྱི་དང་བྱེ་བྲག་ཀུན་ལ་ཐོས་པ་གསོག་པའི་གོ་སྐབས་ཆུང་ཞིང་། ཤེས་བྱའི་གནད་འགག་ཕྲ་ཞིང་ཞིབ་པ་དག་ལ་རྣམ་འབྱེད་ཐུབ་པའི་བློ་རྩལ་ལ། ཟང་ཟིང་ལས་ཀྱི་བྲེལ་བས་ཐུན་དྲུག་གི་མགོ་ཟ་ཐལ་ཆེར་མནན་པས། རྩོམ་ཡིག་འདི་འདྲ་ཞིག་བྲིས་བསམས་པའི་སྐྱུལ་སྣོང་ཡང་འབྱུང་

དཀའ་ཚོད་རེད། དེའི་ཕྱིར་ཐོག་མར་ཆོས་འབྲིའི་འཕོད་སྐྱལ་གནང་མཁན་ཇོ་བོའི་སློབ་དཔོན་མཆོག་དང་། དེ་བཞིན་གཉེན་ཉེ་དུ་དང་གྲོགས་བློ་དཀར་ཡོངས་ལ་བཀའ་དྲིན་ཆེ་ཞེས་ཞུ་རྒྱུ་ཡིན། ལྷག་པར་དུ་ཁྲིམས་ཀྱི་བྱ་བྱེད་ཀུན་མ་བཙོལ་དང་དུ་བླངས་ནས་ཁོ་བོར་ཆོས་འབྲིའི་ཁོམ་པ་ལྷུག་པོར་སྦྱིན་མཛད་མཆོག་འགྱུར་ཁྲིམས་འཛིན་མ་ལ་ཐུགས་རྗེ་ཆེ་ཞེས་ཞུ་རྒྱུ་དང་། ཆོས་འབྲིའི་བརྒྱུད་རིམ་ནང་དུ་དཔྱད་གཞི་གཡར་བ་དང་། རིན་ཐང་དགོངས་འཆར་གནང་མཁན་གྱི་གྲོགས་མཆེད་བློ་དཀར་རྣམས་ལ་ཡང་ཐུགས་རྗེ་ཆེ་ཞེས་ཞུ་རྒྱུ་ཡིན།

མཇུག་འདིར་སྐབས་འདིའི་ཐུགས་རྗེ་ཞུ་ཡུལ་དངོས་ནི། ཕྲན་གྱི་ཆོས་ཡིག་འདི་ལེགས་འགྲུབ་བྱེད་པའི་སྟ་བར་ཕྱི་གསུམ་དུ་ཐུགས་བརྩེ་བའི་གཟིགས་པ་རྒྱ་ཆེན་པོས་དཀའ་བའི་གནད་ཇི་སྙེད་ལས་འགྲོལ་རོགས་གནང་མཁན་མཁྱེན་བརྩེའི་བདག་ཉིད་ཅན་གྱི་བོད་ལྗོངས་སློབ་གྲྭ་ཆེན་མོའི་རིག་གཞུང་སློབ་གླིང་གི་དགེ་བའི་བཤེས་གཉེན་ཆེན་མོ་ལྷག་པ་ཚེ་བརྟན་མཆོག་ལ་སྒོ་གསུམ་གུས་པ་ཆེན་པོས་བཀའ་དྲིན་ཆེ་ཞེས་ཞུ་སྟེ། གལ་སྲིད་གཞུང་འདི་ཆོས་རིང་ཡོང་ནས་བཀའ་སློབ་ཡང་ཡང་ཕེབས་པ་དང་། ཆོས་འབྲི་ཟིན་རྗེས་གང་ཅིར་ཡོང་གི་ཞིབ་དཔྱོད་མཛད་པ་རྣམས་མེད་ན། ད་ཆ་ཆོས་ཡིག་འདི་བཞིན་གཟིགས་དཔྱད་གནང་མཁན་ཚོའི་སྤྱན་ལམ་དུ་བསྟར་ཐབས་བྲལ་ལོ། །

གཞན་ཡང་གཞུང་འདི་བདེ་བླག་ངང་དཔར་སྐྲུན་བྱེད་པར་མཐུན་རྐྱེན་ལེགས་པར་བསྐྲུན་མཛད་བོད་ལྗོངས་བོད་ཡིག་དཔེ་སྙིང་དཔེ་སྐྲུན་ཁང་གི་དབུ་ཁྲིད་དང་ཆོས་སྒྲིག་གནང་མཁན་གྱི་ལས་བྱ་ཡོངས་ལ་དགའ་དད་སྒོ་གསུམ་གྱིས་བཀའ་དྲིན་རབ་ཏུ་ཆེ་ཞེས་ཞུའོ། །

དཔྱད་གཞིའི་ཡིག་རིགས།

༡ ཀུན་མཁྱེན་འཇམ་དབྱངས་བཞད་པའི་གྲུབ་མཐའི་རྣམ་བཤད་རང་གཞན་ཀུན་དང་ཟབ་དོན་མཆོག་ཏུ་གསལ་བ་ཀུན་བཟང་ཞིང་གི་ཉི་མ་ལུང་རིགས་རྒྱ་མཚོ་སྐྱེ་དགུའི་རེ་བ་ཀུན་སྐོང་ཞེས་བྱ་བ་བཞུགས་སོ། །མཚོ་སྔོན་ནང་བསྟན་རིག་གནས་སྒྱུ་རྩལ་ཞབས་ཞུ་ལྟེ་གནས་ཞབས་ཞུ་ཁང་ནས་དཔར་དུ་བསྐྲུན།

༢ ཀུན་མཁྱེན་ཀློང་ཆེན་རབ་འབྱམས་ཀྱིས་མཛད་པའི་ཐེག་པ་མཐའ་དག་གི་དོན་གསལ་བར་བྱེད་པ་གྲུབ་པའི་མཐའ་རིན་པོ་ཆེའི་མཛོད། སྒྲིག་རྩལ་དཔེ་ཆ།

༣ ཀོང་སྤྲུལ་ཡོན་ཏན་རྒྱ་མཚོས་མཛད་པའི་ཤེས་བྱ་ཀུན་ཁྱབ་སྟོད་སྨད་བར་གསུམ། མི་རིགས་དཔེ་སྐྲུན་ཁང་། ༡༩༨༢ལོར་དཔར།

༤ ཁུ་བྱུག་གིས་བརྩམས་པའི་སངས་རྒྱས་ཆོས་ལུགས་ཀྱི་སྤྱི་དོན་གསར་དཔྱད། མི་རིགས་དཔེ་སྐྲུན་ཁང་། ༢༠༡༢ལོར་དཔར།

༥ ཁུ་བྱུག་གིས་བརྩམས་པའི་སངས་རྒྱས་ཆོས་ལུགས་དང་བོད་ཀྱི་རིག་གནས་ལས་འཕྲོས་པའི་གཏམ་དོན་སྙིང་བསྡུས་སྙིང་པོ་བདེན་གཏམ་ཡིད་ཀྱི་མུན་སེལ། བོད་ལྗོངས་མི་དམངས་དཔེ་སྐྲུན་ཁང་། ༢༠༡༡ལོར་དཔར།

༦ མཁས་གྲུབ་དགེ་འདུན་བསྟན་པ་དར་རྒྱས་ཀྱིས་མཛད་པའི་བསྟན་བཅོས་ཆེན་པོ་དབུ་མ་ལ་འཇུག་པའི་སྤྱི་དོན་རྣམ་བཤད་དགོངས་པ་རབ་གསལ་གྱི་དགོངས་པ་གསལ་བར་བྱེད་པའི་བློ་གསལ་སྒྲོན་མེ། སེར་གཙུག་ནང་བསྟན་དཔེ་སྙིང་འཚོལ་བསྡུ་ཕྱོགས་སྒྲིག་ཁང་། གངས་ཅན་ཁྱད་ནོར་དཔེ་ཚོགས། པོད་གྲངས་༢༡༩

༧ མཁས་གྲུབ་དགེ་ལེགས་དཔལ་བཟང་གིས་མཛད་པའི་དབུ་མའི་བསྟན་བཅོས་ཆེན་མོ་སྐལ་བཟང་མིག་འབྱེད། སེར་གཙུག་ནང་བསྟན་དཔེ་སྙིང་འཚོལ་བསྡུ་ཕྱོགས་སྒྲིག་ཁང་། གངས་ཅན་ཁྱད་ནོར་དཔེ་ཚོགས། པོད་གྲངས་༥༡

༨ མཁས་གྲུབ་དགེ་ལེགས་དཔལ་བཟང་གིས་མཛད་པའི་རྣམ་བཤད་རྟོགས་དཀའི་སྣང་བ། སེར་གཙུག་ནང་བསྟན་དཔེ་སྙིང་འཚོལ་བསྡུ་ཕྱོགས་སྒྲིག་ཁང་གིས་དཔར་དུ་བསྐྲུན། ཁྱད་ནོར་དཔེ་ཚོགས། པོད་གྲངས་༥

༩ མཁས་དབང་ཚུལ་ཁྲིམས་བློ་གྲོས་ཀྱི་བཀའ་སློབ། ཛ་ཆེ་རིང་བཀྲ་ཤིས་ཀྱིས་ཡི་གེར་ཕབ། དུས་ཐོག་ཆར་པ། ཀན་སུའུ་མི་རིགས་དཔེ་སྐྲུན་ཁང་། ༢༠༡༢ལོར་དཔར།

༡༠ མཁྱེན་ རབ་ དབང་ ཕྱུག་ གིས་ མཛད་ པའི་ གྲུབ་ མཐའ། བོད་ ལྗོངས་ མི་ དམངས་ དཔེ་ སྐྲུན་ ཁང་། ༢༠༠༩ལོར་དཔར།

༡༡ མཁྱེན་རབ་དབང་ཕྱུག་གིས་མཛད་པའི་གྲུབ་མཐའ་རིན་ཆེན་ཕྲེང་བའི་ཚིག་འགྲེལ་ཐོར་བུ། མི་རིགས་དཔེ་སྐྲུན་ཁང་། ༢༠༠༧ལོར་དཔར།

༡༢ དགེ་བཤེས་ཆོས་ཀྱི་གྲགས་པས་བརྩམས་པའི་བརྡ་དག་མིང་ཚིག་གསལ་བ། མི་རིགས་དཔེ་སྐྲུན་ཁང་། ༡༩༤༥ལོར་དཔར།

༡༣ དགེ་འདུན་ཆོས་འཕེལ་གྱི་གསུང་རྩོམ་ཕྱོགས་སྒྲིག པོད་གཉིས་པ། རྒྱལ་ཁམས་རིག་པས་བསྐོར་བའི་གཏམ་རྒྱུད་གསེར་གྱི་ཐང་མ། བོད་ལྗོངས་བོད་ཡིག་དཔེ་རྙིང་དཔེ་སྐྲུན་ཁང་། ༡༩༩༠ལོར་དཔར།

༡༤ དགེ་འདུན་སོགས་ཀྱིས་བསྒྲིགས་པའི་ཉིང་བཅུད་རིག་གནས་སྙོམ་བཤད། ཀན་སུའུ་མི་རིགས་དཔེ་སྐྲུན་ཁང་། ༢༠༡༠ལོར་དཔར།

༡༥ སྒོ་ཤེས་རབ་རྒྱ་མཚོས་མཛད་པའི་རྒྱུན་ཤེས་དང་ལམ། ཀན་སུའུ་མི་རིགས་དཔེ་སྐྲུན་ཁང་། ༢༠༡༡ལོར་དཔར།

༡༦ རྒྱ་ཡེ་བཀྲ་རྡོས་བརྩམས་པའི་རྒྱ་གར་འཕགས་པའི་ཡུལ་གྱི་རིག་གནས་བོད་གངས་ཅན་གྱི་རྩོམ་རིག་དང་ཇི་ལྟར་འབྲེལ་བའི་ཚུལ་ལ་དཔྱད་པ་དཔྱོད་ལྡན་ཡིད་ཀྱི་དགའ་སྟོན། ཀྲུང་གོའི་བོད་རིག་པ་དཔེ་སྐྲུན་ཁང་། ༢༠༡༥ལོར་དཔར།

༡༧ རྒྱལ་བ་དགེ་འདུན་རྒྱ་མཚོ་སོགས་ཀྱིས་མཛད་པའི་རྗེ་བཙུན་རྣམ་ཐར་དངོས་གྲུབ་ཆར་འབེབས་སྡེ་བདུན་ལ་འཇུག་པའི་སྒོ་དོན་གཉེར་ཡིད་ཀྱི་མུན་སེལ་གྲུབ་མཐའ་རྒྱ་མཚོར་འཇུག་པའི་གྲུ་རྫིངས་བོད་ལྷ་སྟགས་དང་བཅས་པའི་མིང་གི་རྣམ་གྲངས། སེར་གཙུག་ནང་བསྟན་དཔེ་རྙིང་འཚོལ་བསྡུ་ཕྱོགས་སྒྲིག་ཁང་། གངས་ཅན་ཁྱད་ནོར་དཔེ་ཚོགས། པོད་ཕྲེང་༡༥༦

༡༨ རྒྱལ་ཚབ་དར་མ་རིན་ཆེན་མཆོག་གིས་མཛད་པའི་རྣམ་འགྲེལ་ཐར་ལམ་གསལ་བྱེད། མཚོ་སྔོན་མི་རིགས་དཔེ་སྐྲུན་ཁང་། ༢༠༡༠ལོར་དཔར།

༡༩ ལྕང་སྐྱ་ངག་དབང་བློ་བཟང་ཆོས་ལྡན་གྱིས་མཛད་པའི་ལུགས་གཉིས་ཀྱི་བསླབ་བྱ་རབ་གསལ། གངས་ལྗོངས་མཁས་དབང་རིམ་བྱོན་གྱི་རྩོམ་ཡིག་གསེར་གྱི་སྦྲམ་བུ། མཚོ་སྔོན་མི་རིགས་དཔེ་སྐྲུན་ཁང་། པར་ཀ ༢༠༠༨ལོར་དཔར།

༢༠ ལྕང་སྐྱ་རོལ་པའི་རྡོ་རྗེའི་གྲུབ་མཐའ་ཐུབ་བསྟན་ལྷུན་པོའི་མཛེས་རྒྱན། ཀྲུང་གོའི་བོད་ཀྱི་ཤེས་རིག་དཔེ་སྐྲུན་ཁང་། ༡༩༨༩ལོར་དཔར།

༢༡ ལྕང་སྐྱ་རོལ་པའི་རྡོ་རྗེས་མཛད་པའི་རྟེན་འབྲེལ་བསྟོད་པའི་འགྲེལ་པ་ལེགས་བཤད་ནོར་བུའི་བང་མཛོད། རྗེ་ཙོང་ཁ་པའི་བསྟོད་ཆེན་བཞིའི་རྩ་འགྲེལ། མཚོ་སྔོན་མི་རིགས་དཔེ་སྐྲུན་ཁང་། ༡༩༩༦ལོར་དཔར།

༢༢ ཆུ་སྐྱེས་དགེ་འདུན་བསམ་གཏན་གྱིས་མཛད་པའི་ཚད་མའི་དགོངས་དོན་གསལ་བར་བྱེད་པའི་གཏན་ཚིགས་དུས་ཀྱི་སྒྲོན་མེ། ཀན་སུའུ་མི་རིགས་དཔེ་སྐྲུན་ཁང་། ༡༩༩༥ལོར་དཔར།

༢༣ ཆུ་སྐྱེས་དགེ་འདུན་བསམ་གཏན་གྱིས་མཛད་པའི་བོད་བརྒྱུད་ནང་བསྟན་ཤེས་རིག་ཆེན་པོའི་གཞི་རྩའི་རྣམ་བཤད་དུས་རབས་ཉེར་གཅིག་པའི་བློ་གྲོས་པད་མོའི་ཁ་འབྱེད་ཅེས་བྱ་བ་བཞུགས་སོ། །ཀན་སུའུ་མི་རིགས་དཔེ་སྐྲུན་ཁང་། ༢༠༠༠ལོར་དཔར།

༢༤ མཆིམས་འཇམ་པའི་དབྱངས་ཀྱིས་མཛད་པའི་དམ་པའི་ཆོས་མངོན་པ་མཛོད་ཀྱི་ཚིག་ལེའུར་བྱས་པའི་འགྲེལ་པ་མངོན་པའི་རྒྱན། སེར་གཙུག་ནང་བསྟན་དཔེ་སྙིང་འཚོལ་བསྡུ་ཕྱོགས་སྒྲིག་ཁང་། གངས་ཅན་ཁྱད་ནོར་དཔེ་ཚོགས། པོད་ཕྲེང་༩༧

༢༥ ཆོས་རྗེ་ངག་དབང་དཔལ་ལྡན་གྱིས་མཛད་པའི་གྲུབ་མཐའ་ཆེན་མོའི་མཆན་འགྲེལ་དཀའ་གནད་མདུད་གྲོལ་བློ་གསལ་གཅེས་ནོར། སེར་གཙུག་ནང་བསྟན་དཔེ་སྙིང་འཚོལ་བསྡུ་ཕྱོགས་སྒྲིག་ཁང་ནས་བསྒྲིགས། གངས་ཅན་ཁྱད་ནོར་དཔེ་ཚོགས། པོད་ཕྲེང་༤༦༣

༢༦ ཛོ་ནང་རྗེ་བཙུན་ཏཱ་ར་ནཱ་ཐས་མཛད་པའི་རྒྱ་གར་ཆོས་འབྱུང་། སི་ཁྲོན་མི་རིགས་དཔེ་སྐྲུན་ཁང་། ༡༩༨༦ལོར་དཔར།

༢༧ ཇོ་ནང་རྗེ་བཙུན་ཏཱ་ར་ནཱ་ཐས་བརྩམས་པའི་དབུ་མ་ཐེག་མཆོག མི་རིགས་དཔེ་སྐྲུན་ཁང་། ༢༠༠༧ལོར་དཔར།

༢༨ ཇོ་ནང་རྗེ་བཙུན་ཏཱ་ར་ནཱ་ཐས་མཛད་པའི་ཤེར་སྙིང་འགྲེལ་པ་སྔོན་མེད་ལེགས་བཤད། བོད་ལྗོངས་མི་དམངས་དཔེ་སྐྲུན་ཁང་། ༢༠༠༤ལོར་དཔར།

༢༩ ཇོ་བོ་རྗེ་སོགས་ཀྱིས་མཛད་པའི་བཀའ་གདམས་པའི་སྐྱེས་བུ་དམ་པ་རྣམས་ཀྱི་གསུང་བགྲོས་ཐོར་བུ། དཔལ་ཡ་ཆེན་ཨོ་རྒྱན་བསམ་གཏན་གླིང་།

༣༠ འཇིགས་མེད་དམ་ཆོས་རྒྱ་མཚོས་མཛད་པའི་དྲང་ངེས་ལེགས་བཤད་སྙིང་པོའི་འཇུག་ངོགས། ཀྲུང་གོའི་བོད་ཀྱི་ཤེས་རིག་དཔེ་སྐྲུན་ཁང་། ༡༩༩༩ལོར་དཔར།

༣༡ རྗེ་བཙུན་ཆོས་ཀྱི་རྒྱལ་མཚན་གྱི་གྲུབ་དོན་ས་གསུམ་དང་མཁས་གྲུབ་རྗེའི་རྣམ་ཐར། སེར་གཙུག་ནང་བསྟན་དཔེ་སྙིང་འཚོལ་བསྡུ་ཕྱོགས་སྒྲིག་ཁང་། གངས་ཅན་ཁྱད་ནོར་དཔེ་ཚོགས། པོད་ཕྲེང་༢༦༢

༣༢ རྗེ་བཙུན་བྱམས་མགོན་དང་དཔལ་ལྡན་ཟླ་བ་གྲགས་པས་མཛད་པའི་མངོན་རྟོགས་རྒྱན་དང་དབུ་མ་འཇུག་པ། སེར་གཙུག་ནང་བསྟན་དཔེ་སྙིང་འཚོལ་བསྡུ་ཕྱོགས་སྒྲིག་ཁང་། གངས་ཅན་ཁྱད་ནོར་དཔེ་ཚོགས། པོད་ཕྲེང་༢༣༡

༣༣ རྗེ་ཙོང་ཁ་པས་མཛད་པའི་དྲང་ངེས་ལེགས་བཤད་སྙིང་པོ། སེར་གཙུག་ནང་བསྟན་དཔེ་སྙིང་འཚོལ་བསྡུ་ཕྱོགས་སྒྲིག་ཁང་། གངས་ཅན་ཁྱད་ནོར་དཔེ་ཚོགས། པོད་ཕྲེང་༡༣

༣༤ རྗེ་བློ་བཟང་གྲགས་པའི་དཔལ་གྱིས་མཛད་པའི་བྱང་ཆུབ་ལམ་རིམ་ཆེན་མོ། སེར་གཙུག་ནང་བསྟན་དཔེ་སྙིང་འཚོལ་བསྡུ་ཕྱོགས་སྒྲིག་ཁང་། གངས་ཅན་ཁྱད་ནོར་དཔེ་ཚོགས། པོད་ཕྲེང་༩༢

༣༥ རྗེ་ཙོང་ཁ་པ་ཆེན་པོས་མཛད་པའི་དབུ་མ་རྩ་བའི་ཚིག་ལེའུར་བྱས་པ་ཤེས་རབ་ཅེས་བྱ་བའི་རྣམ་བཤད་རིགས་པའི་རྒྱ་མཚོ། སེར་གཙུག་ནང་བསྟན་དཔེ་སྙིང་འཚོལ་བསྡུ་ཕྱོགས་སྒྲིག་ཁང་། གངས་ཅན་ཁྱད་ནོར་དཔེ་ཚོགས། པོད་ཕྲེང་༡༢

༣༦ རྗེ་ཙོང་ཁ་པ་བློ་བཟང་གྲགས་པས་མཛད་པའི་ལེགས་བཤད་རིན་པོ་ཆེ་གསེར་གྱི་ཕྲེང་བ། སྟོད་ཆ་དང་སྨད་ཆ། སེར་གཙུག་ནང་བསྟན་དཔེ་སྙིང་འཚོལ་བསྡུ་ཕྱོགས་སྒྲིག་ཁང་གིས་དཔར་དུ་བསྒྲུབ། གངས་ཅན་ཁྱད་ནོར་

དཔེ་ཚོགས། པོད་ཕྲེང་༨༥དང་༨༦

༣༧ རྗེ་བཙུན་བློ་བཟང་ནོར་བུས་མཛད་པའི་གྲུབ་མཐའི་རྣམ་གཞག་གསལ་བར་བཤད་པ་ཐུབ་བསྟན་རིན་པོ་ཆེ་གསལ་བའི་སྒྲོན་མེ། བོད་ལྗོངས་བོད་ཡིག་དཔེ་རྙིང་དཔེ་སྐྲུན་ཁང་། ༢༠༠༦ལོར་དཔར།

༣༨ སྨན་བཟང་པ་དགེ་འདུན་གྱིས་བརྩམས་པའི་ནང་དོན་རིག་པའི་སྤྱི་བཤད། ཀྲུང་གོའི་བོད་ཀྱི་ཤེས་རིག་དཔེ་སྐྲུན་ཁང་། ༡༩༩༧ལོར་དཔར།

༣༩ བསྟོད་སྨོན་ཕྱོགས་སྒྲིག མཚོ་སྔོན་མི་རིགས་དཔེ་སྐྲུན་ཁང་། ༢༠༠༦ལོར་དཔར།

༤༠ ཐུབ་བསྟན་ཆོས་ཀྱི་གྲགས་པས་བརྩམས་པའི་རྒྱལ་སྲས་ལག་ལེན་རྩ་འགྲེལ། སི་ཁྲོན་མི་རིགས་དཔེ་སྐྲུན་ཁང་། ༢༠༡༠ལོར་དཔར།

༤༡ སྟག་ཚང་ཤེས་རབ་རིན་ཆེན་དབུས་པ་བློ་གསལ་གྱིས་མཛད་པའི་གྲུབ་མཐའ་ཀུན་ཤེས་ནས་མཐའ་བྲལ་སྒྲུབ་པ་ཞེས་བྱ་བའི་བསྟན་བཅོས། གྲུབ་པའི་མཐའ་རྣམ་པར་བཤད་པའི་མཛོད། མི་རིགས་དཔེ་སྐྲུན་ཁང་དང་མཚོ་སྔོན་མི་རིགས་དཔེ་སྐྲུན་ཁང་། ༢༠༠༥ལོར་དཔར།

༤༢ ཐུའུ་བཀྭན་བློ་བཟང་ཆོས་ཀྱི་ཉི་མས་བརྩམས་པའི་ཐུའུ་བཀྭན་གྲུབ་མཐའ། ཀན་སུའུ་མི་རིགས་དཔེ་སྐྲུན་ཁང་། ༢༠༡༠ལོར་དཔར།

༤༣ དུང་དཀར་ཚིག་མཛོད་ཆེན་མོ། སྟོད་ཆ། སྨད་ཆ། བར་ཆ། ཀྲུང་གོའི་བོད་རིག་པ་དཔེ་སྐྲུན་ཁང་། ༢༠༠༢ལོར་དཔར།

༤༤ དུང་དཀར་རིན་པོ་ཆེའི་གསུང་འབུམ་ལས་གྲུབ་མཐའི་སྐོར་གྱི་རྣམ་བཤད། མི་རིགས་དཔེ་སྐྲུན་ཁང་། ༢༠༠༧ལོར་དཔར།

༤༥ རྡོ་རྗེ་གཅོད་པ་ཤིང་དཔར་གྱི་དཔར་མ། དཔེ་ཐུང་།

༤༦ པཎ་ཆེན་བསོད་ནམས་གྲགས་པས་མཛད་པའི་དབུ་མའི་སྤྱི་དོན་ཟབ་དོན་གསལ་བའི་སྒྲོན་མེ། སེར་གཙུག་ནང་བསྟན་དཔེ་རྙིང་འཚོལ་བསྡུ་ཕྱོགས་སྒྲིག་ཁང་། གངས་ཅན་ཁྱད་ནོར་དཔེ་ཚོགས། པོད་ཕྲེང་༦༢

༤༧ དཔའ་བོ་གཙུག་ལག་ཕྲེང་བས་མཛད་པའི་དམ་པའི་ཆོས་ཀྱི་འཁོར་ལོ་བསྒྱུར་བ་རྣམས་ཀྱི་བྱུང་བ་གསལ་བར་བྱེད་པ་མཁས་པའི་དགའ་སྟོན། སྟོད་ཆ་དང་སྨད་ཆ། མི་རིགས་དཔེ་སྐྲུན་ཁང་། ༡༩༨༥ལོར་དཔར།

༤༨ དཔལ་མགོན་འཕགས་པ་བློ་གྲོས་ཀྱིས་མཛད་པའི་དབུ་མ་རིགས་པའི་ཚོགས་དྲུག་དང་བྱང་ཆུབ་སེམས་འགྲེལ། སེར་གཙུག་ནང་བསྟན་དཔེ་རྙིང་འཚོལ་བསྡུ་ཕྱོགས་སྒྲིག་ཁང་། གངས་ཅན་ཁྱད་ནོར་དཔེ་ཚོགས། པོད་ཕྲེང་༣༦

༤༩ དཔལ་མགོན་འཕགས་པ་བློ་གྲོས་དང་ཀུན་མཁྱེན་གོ་རམས་པ་བསོད་ནམས་སེང་གེས་བརྩམས་པའི་དབུ་མ་རྩ་བ་ཤེས་རབ་ཀྱི་རྩ་འགྲེལ། སི་ཁྲོན་མི་རིགས་དཔེ་སྐྲུན་ཁང་། ༢༠༠༦ལོར་དཔར།

༥༠ དཔལ་མགོན་འཕགས་པ་བློ་གྲོས་ཀྱིས་མཛད་པའི་ལུགས་ཀྱི་བསྟན་བཅོས་སྐྱེ་བོ་གསོ་ཐིགས། ལེགས་སྦྱར་སྙིང་བཏུས། མི་རིགས་དཔེ་སྐྲུན་ཁང་། ༢༠༠༦ལོར་དཔར།

༥༡ དཔལ་ལྡན་ཆོས་གྲགས་ཀྱིས་མཛད་པའི་རྒྱས་པའི་བསྟན་བཅོས་ཚད་མ་རྣམ་འགྲེལ། སེར་གཙུག་ནང་བསྟན་དཔེ་རྙིང་འཚོལ་བསྡུ་ཕྱོགས་སྒྲིག་ཁང་། གངས་ཅན་ཁྱད་ནོར་དཔེ་ཚོགས། པོད་ཕྲེང་༢༡༨

༥༢ དཔལ་སྤྲུལ་འཇིགས་མེད་ཆོས་ཀྱི་དབང་པོས་མཛད་པའི་གཞོན་ནུ་བློ་ལྡན་གྱི་དྲིས་ལན་ལེགས་བཤད་བློ་གྲོས་སྙིང་པོ། ལེགས་སྦྱར་སྙིང་བསྡུས། སི་ཁྲོན་ཞིང་ཆེན་བོད་ཡིག་སློབ་གྲྭས་བསྒྲིགས། མི་རིགས་དཔེ་སྐྲུན་ཁང་། ༢༠༠༦ལོར་དཔར།

༥༣ འཕགས་པ་གསེར་འོད་དམ་པ་མདོ་སྡེའི་དབང་པོའི་རྒྱལ་པོ་ཞེས་བྱ་བ་ཐེག་པ་ཆེན་པོའི་མདོ། མཚོ་སྔོན་མི་རིགས་དཔེ་སྐྲུན་ཁང་། ༢༠༠༩ལོར་དཔར།

༥༤ བན་དེ་ཚེ་རིང་གིས་རྩོམ་སྒྲིག་བྱས་པའི་གནའ་བོའི་རྒྱ་གར་གྱི་ཤེས་རིག་བྱུང་འཕེལ། ཀན་སུའུ་མི་རིགས་དཔེ་སྐྲུན་ཁང་། ༢༠༠༥ལོར་དཔར།

༥༥ བོད་རྒྱ་ཚིག་མཛོད་ཆེན་མོ། སྟོད་ཆ། སྨད་ཆ། མི་རིགས་དཔེ་སྐྲུན་ཁང་། ༢༠༠༩ལོར་དཔར།

༥༦ འབྲི་གུང་ར་སེ་དཀོན་མཆོག་རྒྱ་མཚོས་བརྩམས་པའི་བོད་རེ་བ་ཅན། ཀན་སུའུ་མི་རིགས་དཔེ་སྐྲུན་ཁང་། ༢༠༡༠ལོར་དཔར།

༥༧ མང་ཐོས་བློ་གྲོས་རྒྱ་མཚོ་དང་འདར་སྟོད་དགྲ་འདུལ་དབང་པོས་མཛད་པའི་བསྟན་རྩིས་གསལ་བའི་ཉིན་བྱེད་དང་ཐ་སྙད་རིག་གནས་ལྔའི་བྱུང་ཚུལ་བློ་གསལ་མགྲིན་རྒྱན། བོད་ལྗོངས་མི་དམངས་དཔེ་སྐྲུན་ཁང་། ༡༩༨༨ལོར་དཔར།

༥༨ ཚ་བ་མདའ་སྒྲུག་གིས་བརྩམས་པའི་ཕྱིར་རྟོག ཀན་སུའུ་མི་རིགས་དཔེ་སྐྲུན་ཁང་། ༢༠༡༡ལོར་དཔར།
༥༩ ཚུལ་ཁྲིམས་རྒྱ་མཚོས་མཛད་པའི་ཚད་མའི་དཀའ་གནད་སེལ་བར་བྱེད་པའི་དུས་ཀྱི་མེ་ལོང་། མི་རིགས་
དཔེ་སྐྲུན་ཁང་། ༡༩༩༡ལོར་དཔར།
༦༠ རིག་བརྟན་གྱིས་བརྩམས་པའི་གངས་ལྗོངས་དམ་ཆོས་རིན་ཆེན་གཏེར་བུམ། མི་རིགས་དཔེ་སྐྲུན་ཁང་།
༢༠༠༦ལོར་དཔར།
༦༡ སུམ་པ་ཡེ་ཤེས་དཔལ་འབྱོར་གྱིས་བརྩམས་པའི་མིའི་ཆོས་ལུགས་ཀྱི་བསྟན་བཅོས་མེ་ཏོག་ཕྲེང་མཛེས།
གངས་ལྗོངས་མཁས་དབང་རིམ་བྱོན་གྱི་རྩོམ་ཡིག་གསེར་གྱི་སྦྲམ་བུ། མཚོ་སྔོན་མི་རིགས་དཔེ་སྐྲུན་ཁང་། པར་ཀ།
༢༠༠༨ལོར་དཔར།
༦༢ སེམས་སེམས་བྱུང་གི་རྣམ་ཚིག་དང་འགྲེལ་པ། ཀྲུང་གོ་བོད་བརྒྱུད་མཐོ་རིམ་ནང་བསྟན་སློབ་གླིང་གིས་
བསྒྲིགས། མི་རིགས་དཔེ་སྐྲུན་ཁང་གིས་བསྐྲུན། ༡༩༩༨ལོར་དཔར།
༦༣ སློབ་དཔོན་དབྱིག་གཉེན་དང་འཇམ་དབྱངས་བློ་གཏེར་དབང་པོས་བརྩམས་པའི་མངོན་པ་མཛོད་ཀྱི་རྩ་
འགྲེལ། སི་ཁྲོན་མི་རིགས་དཔེ་སྐྲུན་ཁང་། ༢༠༡༠ལོར་དཔར།
༦༤ སློབ་དཔོན་དབྱིག་གཉེན་དང་རྗེ་ཙོང་ཁ་པ་སོགས་ཀྱིས་མཛད་པའི་ཀུན་གཞིའི་རྩ་འགྲེལ་ཕྱོགས་སྒྲིག སེར་
གཙུག་ནང་བསྟན་དཔེ་རྙིང་འཚོལ་བསྡུ་ཕྱོགས་སྒྲིག་ཁང་། གངས་ཅན་ཁྱད་ནོར་དཔེ་ཚོགས། པོད་ཕྲེང་༥༩
༦༥ སློབ་དཔོན་ཞི་བ་ལྷ་དང་རྫོགས་ཆེན་མཁན་པོ་ཀུན་བཟང་དཔལ་ལྡན་གྱིས་མཛད་པའི་བྱང་ཆུབ་སེམས་པའི་
སྤྱོད་པ་ལ་འཇུག་པ་རྩ་བ་དང་འགྲེལ། སི་ཁྲོན་མི་རིགས་དཔེ་སྐྲུན་ཁང་། ༡༩༩༠ལོར་དཔར།
༦༦ སློབ་དཔོན་ཟླ་བ་གྲགས་པས་མཛད་པའི་བྱང་ཆུབ་སེམས་པའི་རྣལ་འབྱོར་སྤྱོད་པ་བཞི་བརྒྱ་པའི་རྒྱ་ཆེར་
འགྲེལ་པ་ཞེས་བྱ་བཞུགས་སོ། །སེར་གཙུག་ནང་བསྟན་དཔེ་རྙིང་འཚོལ་བསྡུ་ཕྱོགས་སྒྲིག་ཁང་། གངས་ཅན་ཁྱད་
ནོར་དཔེ་ཚོགས། པོད་ཕྲེང་༢༢༣
༦༧ སློབ་དཔོན་ཟླ་བ་གྲགས་པས་མཛད་པའི་དབུ་མ་འཇུག་པའི་རང་འགྲེལ། སེར་གཙུག་ནང་བསྟན་དཔེ་རྙིང་
འཚོལ་བསྡུ་ཕྱོགས་སྒྲིག་ཁང་། གངས་ཅན་ཁྱད་ནོར་དཔེ་ཚོགས། པོད་ཕྲེང་༡༥༦

༤༨ སློབ་དཔོན་ལེགས་ལྡན་འབྱེད་ཀྱིས་མཛད་པའི་དབུ་མ་སྙིང་པོའི་འགྲེལ་པ་རྟོག་གེ་འབར་བ། སྟོད་ཆ་དང་སྨད་ཆ། སེར་གཙུག་ནང་བསྟན་དཔེ་རྙིང་འཚོལ་བསྡུ་ཕྱོགས་སྒྲིག་ཁང་ནས་བསྒྲིགས། གངས་ཅན་ཁྱད་ནོར་དཔེ་ཚོགས། པོད་ཕྲེང་༣༧༨

༤༩ ཀྲུང་གོའི་བོད་རིག་པ་དང་། བོད་ལྗོངས་ཞིབ་འཇུག བོད་ལྗོངས་སློབ་གྲྭ་ཆེན་མོའི་རིག་དེབ་གསུམ་པོའི་སྤྱི་ལོ་༢༠༠༠ལོ་ཚུན་ཆད་ཀྱི་དུས་དེབ་འགའ།

汉文文献

1、姚卫群.《古印度六派哲学经典》. 商务印书馆 2003 年版.

2、姚卫群.《印度哲学》. 北京大学出版社. 1992 年版.

3、姚卫群. “古印度主要哲学经典中的“我”的观念”.《杭州师范大学学报》. 2013(6)

4、净慧法师.《做人的佛法》. 文化艺术出版社. 2009 年版.

6、释印顺著.《性空学探源》. 中华书局. 2011 年版

7、周贵华.《作为佛教的佛教》. 宗教文化出版社. 2010 年版.

8、黄心川.《印度哲学史》. 商务印书. 1989 年版.

9、金仓圆照.《印度哲学史》. 平乐寺书店. 1963 年版.

10、杜继文.《佛教史》. 江苏人民年版社. 2011 年版.

11、多识洛桑图丹琼排.《爱心中爆发的智慧》. 甘肃人民年版社. 1998 年版.

12、堪布贡觉丹增.《佛法精义福乐星辰》. 西藏人民年版社. 2002 年版.

13、刘建、朱明忠、葛维钧、汝信.《印度文明》. 福建教育年版. 2008 年版.

14、米尔恰・伊利亚德.《宗教思想史》. 上海社会科学院年版社. 2004 年版.

15、汤用彤.《印度哲学史略》. 中华书局. 1988 年版.

གནའ་རབས་རྒྱ་གར་གྱི་མཚན་ཉིད་རིག་པ་ལས་བདག་དང་བདག་མེད་ལྟ་བའི་འདོད་ཚུལ་དང་འཕྲོས་དོན་སྐོར་གླེང་བ།

རྩོམ་པ་པོ།	ཨེ・ཕུར་བཀྲ།
རྩོམ་སྒྲིག་འགན་འཁུར་བ།	ཡོངས་ཁང་ཕུན་ཚོགས་རྡོ་རྗེ།
དཔེ་སྐྲུན་ཚན་པ།	བོད་ལྗོངས་བོད་ཡིག་དཔེ་རྙིང་དཔེ་སྐྲུན་ཁང་།
འགྲེམས་སྤེལ་ཚན་པ།	བོད་ལྗོངས་ཞིན་ཧྭ་དཔེ་ཚོང་ཁང་།
པར་འདེབས་ཚན་པ།	ལྷ་ས་གྲོང་ཁྱེར་མིང་ཞིན་པར་འདེབས་ཚད་ཡོད་ཀུང་སི།
དེབ་ཚད།	880×1230 1/32
པར་ཤོག	12.625
པར་གཞི།	2018ལོའི་ཟླ12པར་པར་གཞི་དང་པོ་བསྒྲིགས།
པར་ཐེངས།	2018ལོའི་ཟླ12པར་པར་ཐེངས་དང་པོ་བཏབ།
པར་གྲངས།	01－3,000
དཔེ་རྟགས།	ISBN978－7－5700－0168－2
རིན་གོང་།	སྒོར 32.00